Deutschland, Wirtschaft

Naturräume

- Hochgebirgsregion
- dichter, hochstämmiger Wald
- Sumpf, Moor
- Watt

Landwirtschaft

- Ackerland, Felder
- Ackerland auf sehr gutem Boden
- Grünland (Wiesen, Weiden)

Gewässer

- Fluss
- schiffbarer Fluss
- wichtiger Schifffahrtskanal
- Stausee, Staudamm
- 395 Seehöhe über NN
- .2963 Höhe über NN

Orte und Grenzen

- ■ über 1 Million Einw.
- ▪ 500 000 – 1 Million Einw.
- • 100 000 – 500 000 Einw.
- ∘ unter 100 000 Einw.
- dicht bebaute Flächen
- **Berlin** Hauptstädte sind unterstrichen
- **Bonn** Regierungssitz
- Staatsgrenze

Bergbau

- Steinkohle
- Braunkohle
- Erdöl
- Erdgas
- Raffinerie
- Eisen
- Kupfer
- Magnesit
- Kali
- Kochsalz
- Graphit
- Kaolin

Industrie

- Eisenhüttung, Stahlerzeugung
- Buntmetallverhüttung
- Leichtmetallverhüttung
- Schwerindustrie, Stahlverformung
- Maschinenbau, Metallwaren
- Schiffbau
- Schienenfahrzeugbau
- Kraftfahrzeugbau
- Luft- und Raumfahrttechnik
- Metallwaren, Werkzeuge
- Elektrotechnik, Elektronik
- Feinmechanik, Optik, Uhren
- Schmuckwaren
- Spielwaren, Musikinstrumente
- Textilien
- Bekleidung
- Lederwaren, Schuhe
- Chemie, Kunststoffe
- Gummi
- Holzbearbeitung, Zellulose, Papier
- Holzverarbeitung, Möbel
- Druckereien, Verlage
- Baustoffe
- Keramik, Porzellan
- Glas
- Nahrungs- und Genussmittel
- Fischverarbeitung

Rübenernte in der Börde

Braunkohlentagebau Garzweiler

Automobilwerk Sindelfingen bei Stuttgart

Im Hamburger Hafen

Wirtschaftsgeographie Deutschlands

PERTHES GEOGRAPHIEKOLLEG

Wirtschafts-geographie Deutschlands

Herausgegeben von
Elmar Kulke

mit Beiträgen von
Adolf Arnold
Ruth Bördlein
Wolf Gaebe
Reinhold Grotz
Hans-Dieter Haas
Peter Jurczek
Hartmut Kowalke
Elmar Kulke
Bärbel Leupolt
Ingo Liefner
Helmut Nuhn
Eckhard Oelke
Jochen Scharrer
Ludwig Schätzl
Irmgard Schickhoff
Manfred Schrader
Rolf Sternberg

140 Abbildungen und 101 Tabellen

KLETT-PERTHES

Gotha und Stuttgart

Die Deutsche Bibliothek – CIP-Einheitsaufnahme

Wirtschaftsgeographie Deutschlands : 101 Tabellen / hrsg. von
Elmar Kulke. Mit Beitr. von Adolf Arnold ... – Gotha ; Stuttgart :
Klett-Perthes, 1998
   (Perthes Geographie-Kolleg)
   ISBN 3-623-00837-0

Anschrift des Herausgebers:
Prof. Dr. ELMAR KULKE, Humboldt-Universität zu Berlin, Geographisches Institut –
Wirtschaftsgeographie, Sitz: Chausseestraße 86, Unter den Linden 6, 10099 Berlin

Einbandfoto:
Dortmund, Universitätsgelände, Hängebahn mit moderner Plastik
(Foto: ENGELBERT WÜHRL, Bochum)

ISBN 3-623-00837-0
1. Auflage
© Justus Perthes Verlag Gotha GmbH, Gotha 1998
Alle Rechte vorbehalten.
Lektor: Dr. EBERHARD BENSER
Redaktionsschluß: März 1998
Einband: KLAUS MARTIN, Arnstadt, und UWE VOIGT, Erfurt
Druck und buchbinderische Verarbeitung: Salzland Druck & Verlag, Staßfurt

Gedruckt auf Papier aus chlorfrei gebleichtem Zellstoff.

Inhaltsverzeichnis

Vorwort des Herausgebers

Die Wiedervereinigung Deutschlands führte zu massiven Veränderungen der Rahmenbedingungen für alle Arten wirtschaftlicher Aktivitäten. In Ostdeutschland kam es zu einem rasanten Transformationsprozeß mit einer völligen Restrukturierung der wirtschaftlichen Basis; Betriebsstillegungen, Aufgliederungen und Privatisierungen von Kombinaten, Neugründungen kleiner Dienstleistungs- und Handwerksbetriebe oder die Errichtung von Zweigbetrieben westdeutscher Unternehmen stellen Elemente dieses Wandels dar. Auch in Westdeutschland ergaben sich durch die veränderten Markt- und Wettbewerbsbedingungen sowohl neue Entwicklungspotentiale als auch Grenzen des Erhalts vorhandener Strukturen.

Die durch die Wiedervereinigung induzierten Veränderungen erhielten zusätzliche Dynamik durch Wandlungen in den internationalen Verflechtungen. Der Ende 1992 realisierte Europäische Binnenmarkt erlaubt den unbegrenzten Austausch von Produktionsfaktoren, Gütern und Dienstleistungen innerhalb der Europäischen Union. Zugleich zeigen sich im Weltmaßstab fortschreitende Prozesse der Globalisierung und Internationalisierung wirtschaftlicher Aktivitäten.

Die Veränderungen in den Rahmenbedingungen und in den Arten der wirtschaftlichen Aktivitäten waren verbunden mit tiefgreifenden räumlichen Restrukturierungen. Raumeinheiten mit einer dominierenden Prägung durch einen Wirtschaftsbereich sahen sich einem besonders hohen Anpassungsdruck ausgesetzt. In Ostdeutschland erfuhren Gebiete mit alten, nicht mehr wettbewerbsfähigen Produktionsbereichen – wie z. B. die durch die Textilindustrie geprägte Lausitz – massive Deindustrialisierungsprozesse. Auch in den Altindustriegebieten Westdeutschlands wurde der Strukturwandel beschleunigt. Gleichzeitig ergaben sich für vorhandene High-Tech-Regionen der Industrie oder Cluster moderner Dienstleistungsbetriebe zusätzliche Entwicklungsperspektiven. Es entstehen neue nationale Wachstumszentren oder international orientierte Global Cities.

Der vorliegende Band „Wirtschaftsgeographie Deutschlands" dokumentiert wichtige wirtschaftsräumliche Strukturen und Entwicklungen im wiedervereinten Deutschland. Als Aufgabe wirtschaftsgeographischer Analysen wird dabei verstanden, räumliche Strukturen und Entwicklungen zu erklären, zu beschreiben und zu gestalten. Anliegen des Lehrbuches ist es, grundlegende Erkenntnisse der allgemeinen Wirtschaftsgeographie mit regionalgeographischen Untersuchungen zusammenzuführen. Dementsprechend berücksichtigen die einzelnen Kapitel relevante theoretische Erklärungsansätze, nehmen eine detaillierte empirische Analyse am regionalen Beispiel vor und leiten daraus – soweit es sinnvoll und möglich ist – raumwirtschaftspolitische Handlungsempfehlungen ab.

Die inhaltliche Gliederungskonzeption orientiert sich an dem bereits vorliegenden Band „Physische Geographie Deutschlands". Im ersten, allgemeinen Teil erfolgt eine Diskussion struktureller und räumlicher Entwicklungen der wichtigsten Sektoren der Wirtschaft. In diesem Teil finden allgemeine Erkenntnisse und großräumige Vergleiche – z. B. zwischen West- und Ostdeutschland, zwischen Wirtschaftsraumtypen – besondere Berücksichtigung. Das abschließende Kapitel über regionale Disparitäten und Raumgestaltung leitet zu den regionalen Fallstudien über. Im zweiten, regionalen Teil werden kleinräumigere Beispiele vorgestellt. Im Unterschied zur „Physischen Geographie Deutschlands" erfolgt jedoch hier keine vollständige flächendeckende Bearbeitung des Landes. Sie wurde aufgrund der zu erwartenden starken Überschneidungen zu den sektoralen Kapiteln und wegen der Problematik der Identifikation und Gliederung Deutschlands in zusammenhängende, flächendeckende Wirtschaftsräume als ungeeignet angesehen. Vielmehr behandeln die Kapitel jeweils Raumeinheiten, die entweder eine deutliche wirtschaftliche Prägung aufweisen und damit einen spezifischen Typ von Wirtschaftsraum repräsentieren (z.B. Ruhrgebiet als Altindustriegebiet, München als High-Tech-Region, Frankfurt als international orientiertes Dienstleistungszentrum), oder Räume, die gegenwärtig trotz diversifizierter wirtschaftlicher Basis starke Restrukturierungen erfahren (z.B. Berlin und Berliner Umland, Dresden und Lausitz). Es ist nicht Ziel des regionalen Teils, eine landeskundliche Vollständigkeit zu erreichen, sondern die strukturellen Dominanten von ausgewählten Raumtypen zu erkennen. Bei den vorgestellten Einheiten handelt es sich überwiegend um Agglomerationsräume; auf eine Behandlung von Teilgebieten des ländlichen Raumes (z.B. landwirtschaftliche Intensivgebiete, Fremdenverkehrsgebiete der Küste) wurde verzichtet, da sie im allgemeinen Teil Berücksichtigung finden.

An der Bearbeitung des Bandes „Wirtschaftsgeographie Deutschlands" beteiligten sich Wissenschaftler aus West- und Ostdeutschland. Sie brachten ihre spezifischen und ihre gemeinsamen Kenntnisse ein, um ein umfassendes Bild wirtschaftsräumlicher Strukturen und Entwicklungen zu erarbeiten. Allen Beitragenden sei an dieser Stelle herzlich für ihr Engagement gedankt.

Bei der großen Zahl der Beitragenden ergab sich eine unterschiedliche Termintreue bei der Manuskriptabgabe. Zudem mußte zu einem späten Zeitpunkt aufgrund des nicht absehbaren Ausscheidens eines der Autoren dessen Kapitel von einem Kollegen übernommen werden. Dadurch hat sich der vorgesehene Erscheinungstermin des Buches verzögert, wofür Herausgeber und Verlag die Leser um Nachsicht bitten.

Berlin, Frühjahr 1998   ELMAR KULKE

Autorenverzeichnis

ARNOLD, ADOLF, Prof. Dr.; Universität Hannover, Geographisches Institut, Abteilung Kulturgeographie, Schneiderberg 50, 30167 Hannover

BÖRDLEIN, RUTH, Dr.; Johann-Wolfgang-Goethe-Universität Frankfurt am Main, Institut für Kulturgeographie, Stadt- und Regionalforschung, Senckenberganlage 36, 60325 Frankfurt am Main

GAEBE, WOLF, Prof. Dr.; Universität Stuttgart, Institut für Geographie, Azenbergstraße 12, 70174 Stuttgart

GROTZ, REINHOLD, Prof. Dr.; Rheinische Friedrich-Wilhelms-Universität Bonn, Geographisches Institut, Meckenheimer Allee 166, 53115 Bonn

HAAS, HANS-DIETER, Prof. Dr.; Ludwig-Maximilians-Universität München, Institut für Wirtschaftsgeographie, Seminar für internationale Wirtschaftsräume und betriebliche Standortforschung, Ludwigstraße 28 VG, 80539 München

JURCZEK, PETER, Prof. Dr.; Technische Universität Chemnitz, Lehrstuhl Sozial- und Wirtschaftsgeographie, Reichenhainer Straße 39, 09126 Chemnitz

KOWALKE, HARTMUT, Prof. Dr.; Technische Universität Dresden, Institut für Geographie, Lehrstuhl Wirtschafts- und Sozialgeographie Ost- und Südosteuropas, Mommsenstraße 13, 01062 Dresden

KULKE, ELMAR, Prof. Dr.; Humboldt-Universität zu Berlin, Geographisches Institut – Wirtschaftsgeographie, Sitz: Chausseestraße 86, Unter den Linden 6, 10099 Berlin

LEUPOLT, BÄRBEL, Prof. Dr.; Universität Hamburg, Institut für Geographie, Bundesstraße 55, 20146 Hamburg

LIEFNER, INGO, Dipl.-Geogr.; Universität Hannover, Geographisches Institut, Abteilung Wirtschaftsgeographie, Schneiderberg 50, 30167 Hannover

NUHN, HELMUT, Prof. Dr.; Philipps-Universität Marburg, Fachbereich Geographie, Deutschhausstraße 10, 35037 Marburg

OELKE, ECKHARD, Prof. Dr.; Tulpenstraße 10, 06198 Salzmünde

SCHARRER, JOCHEN, Dipl.-Geogr.; Ludwig-Maximilians-Universität München, Institut für Wirtschaftsgeographie, Seminar für internationale Wirtschaftsräume und betriebliche Standortforschung, Ludwigstraße 28 VG, 80539 München

SCHÄTZL, LUDWIG, Prof. Dr.; Universität Hannover, Geographisches Institut, Abteilung Wirtschaftsgeographie, Schneiderberg 50, 30167 Hannover

SCHICKHOFF, IRMGARD, Prof. Dr.; Johann-Wolfgang-Goethe-Universität Frankfurt am Main, Institut für Kulturgeographie, Stadt- und Regionalforschung, Senckenberganlage 36, 60325 Frankfurt am Main

SCHRADER, MANFRED, Dr.; Universität Hannover, Geographisches Institut, Abteilung Wirtschaftsgeographie, Schneiderberg 50, 30167 Hannover

STERNBERG, ROLF, Prof. Dr.; Universität zu Köln, Wirtschafts- und Sozialgeographisches Institut, Albertus-Magnus-Platz, 50923 Köln

Abbildungsverzeichnis

A   Allgemeiner Teil

A.5 Regionale Disparitäten und Raumgestaltung

B Regionaler Teil

B.1 Maritime Wirtschaft in Norddeutschland

Vorderes Vorsatz:
Deutschland: Landschaft und Wirtschaft 1 : 3 000 000. Quelle: Alexander Pro
[Schulatlas]. 1. Aufl. Gotha und Stuttgart 1996, S. 4 – 5. Fotos: Rübenernte in der
Börde, Automobilwerk Sindelfingen bei Stuttgart, Im Hamburger Hafen – Quelle:
Alexander Schulatlas. 2. Aufl. Gotha und Stuttgart 1995, S. 9; Braunkohlentagebau
Garzweiler – Quelle: Rheinbraun AG, Köln.
Hinteres Vorsatz:
Deutschland: Wirtschaft 1 : 3 000 000. Quelle: Alexander Pro [Schulatlas]. 1. Aufl.
Gotha und Stuttgart 1996, S. 35.

Tabellenverzeichnis

A   Allgemeiner Teil

B   Regionaler Teil

B.1   Maritime Wirtschaft in Norddeutschland

A Allgemeiner Teil

A.1 Landwirtschaft

ADOLF ARNOLD, Hannover

1.1   Einführung

Die deutsche Landwirtschaft nimmt neben den anderen Wirtschaftssektoren eine ausgesprochene Sonderstellung ein:
- Sie ist von den drei Wirtschaftssektoren mit Abstand der unbedeutendste, was ihr wirtschaftliches Gewicht betrifft,
- sie hat wegen ihres Flächencharakters die größte geographische Raumrelevanz,
- sie umspannt seit der Vereinigung der beiden deutschen Staaten die größten Strukturgegensätze zwischen den alten und neuen Bundesländern,
- sie unterliegt von allen Wirtschaftssektoren den stärksten politischen Einfluß-nahmen.

Der *Bedeutungsschwund,* den die Landwirtschaft in allen Industrieländern im Vergleich zu den übrigen Wirtschaftssektoren erfahren hat, ist eine Binsenwahrheit. In Deutschland war sie bis in die zweite Hälfte des 19. Jh. der dominierende Wirtschaftszweig. Nimmt man als Indikator das Nettoinlandsprodukt der Volkswirtschaft, so übertraf erstmals im Jahrzehnt 1890 – 1899 der sekundäre Sektor mit einem Anteil von 38% den primären, der nur noch 31% erreichte; gemessen an der Zahl der Beschäftigten verlor die Landwirtschaft sogar erst 1905 – 1909 ihren Rang als größter Sektor (ACHILLES 1993, S. 211). Der Anteil der Erwerbspersonen in der Land- und Forstwirtschaft sank kontinuierlich von mehr als 40% (1882) auf 27% (1907), 21% (1933) und 14% im Jahre 1961 (RÖHM 1964, S. 85) ab und scheint sich jetzt bei einem Wert von 3,7% (1992) stabilisiert zu haben. Bis in die 30er Jahre dieses Jahrhunderts war der Rückgang des Anteils der landwirtschaftlichen Erwerbspersonen nur ein relativer, verursacht durch das starke Wachstum von Gesamtbevölkerung und Erwerbspersonen im sekundären und tertiären Sektor. Die absolute Zahl der in der Landwirtschaft Tätigen wuchs zwischen 1850 und 1913 sogar noch von 8,3 Mio. auf 10,6 Mio. an (ACHILLES 1993, S. 211). Abseits der Industriegebiete hielt sich die Zahl der landwirtschaftlichen Betriebe und ihrer Beschäftigten relativ konstant bis zur Mitte des 20. Jh. Selbst die landwirtschaftliche Nutzfläche, die durch Industrialisierung und Verstädterung verlorenging, konnte durch Ödlandkultivierung lange Zeit wettgemacht werden. Moore wurden urbar gemacht, Heideflächen kultiviert und junges Marschland eingedeicht. Um 1970 endete diese Jahrhunderte während Binnenkolonisation, nachdem die wachsenden Agrarüberschüsse in der EG und ein zunehmendes Umweltbewußtsein die Gewinnung neuer agrarer Produktionsflächen obsolet erscheinen ließen. Der rapide Strukturwandel setzte nach 1950 ein, er ließ den Anteil der Landwirtschaft an der volkswirtschaftlichen Bruttowertschöpfung in den alten Ländern von 5,2% (1960) auf 2,9% (1970) und 1,8% (1980) absinken; im vereinten Deutschland kam er 1993 nur noch auf 1,1%. Noch geringer ist der Anteil der Landwirtschaft am Steueraufkommen; er dürfte nur noch Bruchteile eines Prozents ausmachen. In der alten Agrargesellschaft hatten die Bauern den staatlichen Überbau durch die Grundsteuer getragen.

   Aus volkswirtschaftlicher Sicht erscheint die Landwirtschaft heute als marginaler Sektor. Der Produktionswert der gesamten deutschen Landwirtschaft, erarbeitet in 579 000 Betrieben, wird für das Wirtschaftsjahr 1993/94 auf 59,6 Mrd. DM geschätzt, während allein der Daimler-Benz-Konzern 1994 einen Umsatz von 104 Mrd. DM erzielte! An den Erwerbspersonen hatte die Landwirtschaft 1992 einen Anteil von 3,7% (Statist. Jb. BRD 1994, S. 116). Hinter diesem Durchschnittswert verbergen sich starke regionale Gegensätze, lag der Anteil der Flächenländer 1992 doch in Nordrhein-Westfalen bei 1,9%, Hessen 2,9%, Baden-Württemberg 3,2%, Rheinland-Pfalz 3,8%, Bayern 6%, Brandenburg 6,5% und Mecklenburg-Vorpommern bei 9%.

Dennoch wäre es falsch, die Bedeutung der Landwirtschaft allein nach einigen volkswirtschaftlichen Parametern zu beurteilen. In allen Industriestaaten übt sie zusätzliche gesellschaftliche Funktionen aus, die ihr eine beachtliche Sonderstellung verschaffen. An erster Stelle muß die *Ernährungssicherung* genannt werden. Auch Industrieländer mit traditionell hohen Importquoten von Nahrungsgütern, wie z. B. Großbritannien, verzichten nicht auf eine angemessene Grundversorgung. In Deutschland wurden 1990/93 – ohne Berücksichtigung der mit importierten Futtermitteln erzeugten tierischen Produkte – je nach Ernteausfall 84 – 89% des Nahrungsmittelbedarfs aus eigener Scholle erzeugt. Bezieht man die Erzeugung aus Importfuttermitteln mit ein, so erreichte der Selbstversorgungsgrad sogar 95 – 99% (Stat. Jb. ELF 1994, S. 187). Diese Leistung wurde erreicht, obwohl heute nur noch 0,21 ha an landwirtschaftlich genutzter Fläche (LF) je Einwohner zur Verfügung stehen, verglichen mit 0,47 ha im Jahre 1925.

Aus geographischer Sicht verleiht der *Flächencharakter* der landwirtschaftlichen Produktion diesem Wirtschaftssektor eine besondere Raumrelevanz. Von der Gesamtfläche der Bundesrepublik von 356 970 km² entfallen 54,7% auf die sog. Landwirtschaftsfläche. Das sind alle Flächen, die dem Ackerbau, der Wiesen- und Weidewirtschaft, dem Gartenbau und dem Weinbau dienen. Weitere 29,2% nehmen Waldflächen ein. Damit werden rund 84% des Bundesgebietes land- und forstwirtschaftlich genutzt. Die Anbaufläche im engeren Sinne, die landwirtschaftlich genutzte Fläche (LF), umfaßt 48% des Bundesgebietes. Dieser Flächencharakter hat weitreichende Folgen. Der überwiegende Teil des Bundesgebietes befindet sich im Eigentum privater Land- und Forstwirte. Wenn man auch nicht mehr von einem „Boden-Monopol" der Landwirte (RÖHM 1964, S. 87) sprechen kann, so verleiht doch der breitgestreute Landbesitz den Landwirten eine starke Stellung bei Planungs- und Bauvorhaben. Dieses Bodenvermögen mit einem Verkehrswert von mehreren hundert Milliarden Mark bildet ein wichtiges soziales Polster, zumal es nur minimal besteuert wird. Große Bedeutung hat die Landwirtschaft darüber hinaus für die Pflege der Kulturlandschaft; sie hängt zum überwiegenden Teil von der Tätigkeit der Landwirtschaft ab. Dabei wirkt die moderne Landwirtschaft sowohl umwelterhaltend wie umweltzerstörend. Bilanziert man die gesellschaftlichen Funktionen der deutschen Landwirtschaft, so kommt ihr ein Stellenwert zu, der weit über ihre geschrumpfte ökonomische Bedeutung hinausgeht. Mit diesen gemeinwirtschaftlichen Funktionen wird auch die staatliche Förderpolitik legitimiert, die zu erheblichen Transferleistungen zugunsten der Landwirtschaft führt.

1.2   Agrarstrukturelle Rahmenbedingungen

Im Agrarraum spiegeln sich die Beziehungen zwischen Mensch und Boden wieder, die durch eine Vielzahl von Einzelfaktoren beeinflußt werden. Seit langem hat die agrargeographische Forschung die naturräumliche Differenzierung, Flur- und Siedlungsformen, Bevölkerungsverteilung, Verkehrsinfrastruktur, Betriebsgrößen, Grundeigentumsverteilung, Rechtsformen der Landnutzung, Erbsitten sowie die Persistenz historisch gewachsener Agrarsysteme berücksichtigt. In der Gegenwart haben die gesamtwirtschaftlichen Rahmenbedingungen sowie die Agrarpolitik an Gewicht gewonnen. Im Rahmen dieses Kapitels können nur die wichtigsten Einflußgrößen berücksichtigt werden.

1.2.1   Der natürliche Eignungsraum

Verglichen mit anderen Staaten der EU, sind die natürlichen Produktionsbedingungen für die deutsche Landwirtschaft allenfalls durchschnittlich.

Das gilt vorab für das *Klima.* Im Unterschied zu den großen Staaten der EU – Großbritannien, Frankreich, Italien – treten großräumig nur relativ geringe Differenzierungen auf. Weit größer sind die reliefbedingten kleinräumigen Gegensätze zwischen den Gebirgen und den Tiefebenen und Becken (Tab. 1.1).

Von Nordwest nach Südost wird das Klima deutlich kontinentaler, wie ein Vergleich der Stationen Hamburg und Cottbus zeigt. Die Sommertemperaturen liegen höher, die Winter sind kälter, die Jahresschwankung der Temperatur wächst. Gleichzeitig nehmen der Jahresniederschlag und die Zahl der Niederschlagstage ab. Die niedrigere Breitenlage Süddeutschlands wirkt sich nur in den Becken günstig aus (Beispiel Mainz), ansonsten gleicht die ansteigende Höhe über dem Meeresspiegel den größeren Einfallswinkel der Sonne wieder aus (Beispiel Donaueschingen). Die Niederschläge sinken im Norddeutschen Tiefland von Nordwesten nach Südosten, im übrigen sind sie primär vom Relief abhängig. Die Spanne der Jahresniederschläge reicht von weniger als 500 mm in einigen Becken mit westlich vorge-

Klimaelement	Hamburg 28 m	Eisleben 122 m	Cottbus 72 m	Mainz 94 m	Donau- eschingen 693 m
Temperatur [°C]					
Jahresmittel	8,5	8,5	8,5	10,0	6,3
Monatsmittel Januar	0,3	-0,5	-0,7	1,1	-3,1
Monatsmittel Juni	17,1	17,8	18,2	19,2	15,8
Frosttage	62	91	92	63	152
Jahresniederschlag [mm]	740	490	589	515	732
Niederschlagstage	198	160	168	156	162

Tab. 1.1: Klimawerte ausgewählter Stationen
Quelle: HAEFKE (1959)

lagerten Mittelgebirgen bis zu Werten über 1 500 mm in den Hochlagen. Die Dauer der Vegetationszeit – aus agrargeographischer Sicht eine der wichtigsten Klimagrößen – reicht von 160 Tagen in den Gebirgen bis zu etwa 240 Tagen im Oberrheingraben. Klimatisch begünstigt sind in Deutschland nur relativ kleine Gebiete, wie die Kölner Bucht, der Oberrheingraben, die Täler von Mosel, Main, Neckar, Unstrut und Oberelbe. Hier haben ursprünglich mediterrane Kulturen, wie die Weinrebe, ihre Polargrenzen. Die ausgedehnten Areale über 500 m Meereshöhe sind heute wegen hoher Niederschläge und kurzer Vegetationszeit überwiegend absolute Grünlandgebiete mit Rinderhaltung. Für die Anbauentscheidung des einzelnen Bauern ist das Klima, dieser langjährige Mittelwert des Wettergeschehens, nur von untergeordneter Bedeutung. Viel wichtiger ist die Witterung, d.h. der Ablauf des Wettergeschehens im Jahresgang. Sie ist in Mitteleuropa durch unvorhersehbare Wechselhaftigkeit gekennzeichnet, verursacht durch den wechselnden Einfluß von polaren, ozeanischen, kontinentalen und subtropischen Luftmassen. Dennoch ist das Wetterrisiko im Klima der gemäßigten Breiten verhältnismäßig gering, wenn man es mit den Verhältnissen in wechselfeuchten Klimaten vergleicht. Außerdem konnten im Vergleich zur vorindustriellen Zeit die witterungsbedingten Ertragsschwankungen durch Technologieeinsatz stark gemildert werden. Ertragsmindernde Extremwetterlagen, wie starke Fröste mit Temperaturen von –15 °C bis –20 °C, Spätfröste zur Zeit der Reb- und Obstbaumblüte oder längere Dürreperioden, sind relativ selten. Größere Ernteschwankungen treten nur bei denjenigen Pflanzen auf, die an ihrer Polargrenze angebaut werden, wie Wein und Obst.

Die *Bodendecke* Deutschlands ist vielgestaltig, charakteristisch ist ein kleinräumiger Wechsel. In der globalen Gliederung der Pedosphäre wird Deutschland überwiegend der Zone der Braunerden bzw. Parabraunerden zugeordnet (SCHMIDT 1994, S. 198). Diese großklimatisch bedingte Zonierung wird aber differenziert durch die geologisch-geomorphologische Großgliederung in glazial geprägtes Tiefland, Lößgürtel, Bergland sowie Alpenvorland und Alpen. Dabei treten auch innerhalb der Großlandschaften extreme pedologische Gegensätze auf. Man denke nur an die unterschiedlichen Böden innerhalb der glazialen Serie. Insgesamt lassen sich die Böden nach vier Gruppen mit folgenden Flächenanteilen gliedern (SCHMIDT 1994, S. 203):

• Bodengesellschaften der Flußauen, Niederungen, Marschen	5 1739 km²	
	15,2 %	
• Bodengesellschaften der glazialen Sedimentationsgebiete	99 337 km²	
	29,2 %	
• Bodengesellschaften der Lößbörden und Beckenlandschaften	63 219 km²	
	18,5 %	
• Bodengesellschaften der Bergländer und Gebirge	126 229 km²	
	37,1 %	

Es dominieren also die Bodengesellschaften der Bergländer mit 37 % sowie die der pleistozänen Sedimentationsgebiete mit fast 30 %. Zwei Drittel der Bodenfläche Deutschlands gelten bestenfalls als mittelmäßig, etwa ein Viertel wird von Grenzertragsstandorten gebildet. Hier sind hohe Waldanteile, eine Nutzung als absolutes Dauergrünland sowie ein Ackerbau mit einer stark eingeengten Feldpflanzenge-

Abb. 1.1: Die natürlichen Produktionsvoraussetzungen
Quellen: Raumordnungsbericht 1991; ECKART, WOLLKOPF u.a. (1994)

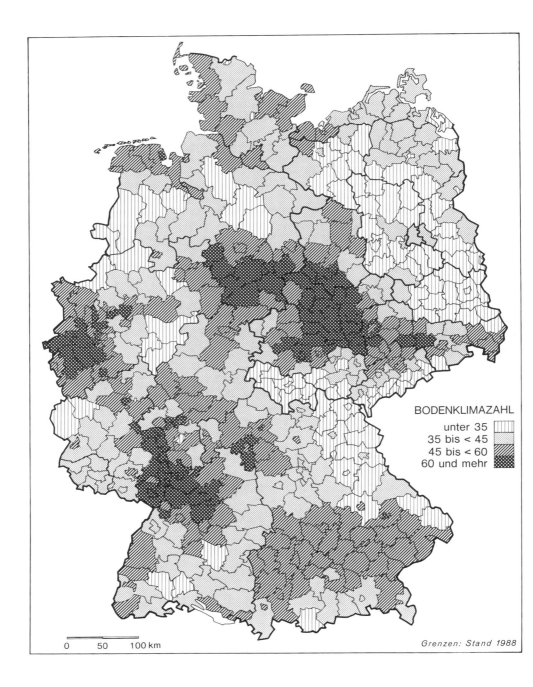

BODENKLIMAZAHL

unter 35
35 bis < 45
45 bis < 60
60 und mehr

0   50   100 km

Grenzen: Stand 1988

sellschaft anzutreffen. Ob auf diesen Standorten in Zukunft noch eine landwirtschaftliche Nutzung aufrechterhalten werden kann, erscheint angesichts der stark
abgesenkten Erzeugerpreise nach der Agrarreform der EG von 1992 sehr fraglich.

Als agrares Gunstgebiet kann nur etwa ein Fünftel der deutschen Bodenfläche
angesehen werden. Nach dem Gesetz zur Reichsbodenschätzung von 1934 wurden
die landwirtschaftlichen Böden hinsichtlich ihrer Produktivität eingeschätzt und
nach Ackerzahlen (Ertragsmeßzahl = EMZ) auf einer Skala zwischen 0 und 100 bewertet. Dabei erhielten Schwarzerdeböden der Magdeburger und Hildesheimer
Börde mit der EMZ 100 den höchsten Wert. Als gut gelten Böden mit einer EMZ
über 64, als mittelmäßig diejenigen von 33 bis unter 64 und als schlecht die Standorte mit weniger als 33. Die regionale Verteilung der Bodenklimazahlen ist aus Abbildung 1.1 ersichtlich.

Mit diesem meist durchschnittlichen natürlichen Potential erzielen die deutschen Bauern Flächenerträge, die zu den höchsten auf der Erde zählen. Das natürliche Standortpotential wird offensichtlich einer maximalen Ausnutzung unterzogen.

1.2.2 Sozioökonomische Rahmenbedingungen

Ende 1993 lebten im vereinten Deutschland 81,187 Mio. Einw. auf einer Staatsfläche
von 356 970 km². Die landwirtschaftlich genutzte Fläche umfaßte 172 000 km², so
daß auf jeden Einwohner eine LF von 0,21 ha entfiel (Statist. Jb. ELF 1994, S. 10). Es
ist allgemein bekannt, daß die Bevölkerung Deutschlands sehr ungleich verteilt ist.
Schon auf der Ebene der Flächenländer reicht die Spanne der Bevölkerungsdichte
von 80 Einw./km² in Mecklenburg-Vorpommern bis zu 519 Einw./km² in Nordrhein-Westfalen. Diese Disparitäten haben sich im Gefolge der politischen Um-
brüche des 20. Jh. erheblich verschärft. Zwischen 1950 und 1993 wuchs die Bevölkerung der alten Bundesländer von 50 auf 65,5 Mio. Einw., d.h. um 31%. Gleichzeitig verringerte sich die Bevölkerungszahl von DDR/neue Länder von 18,4 Mio. auf
15,6 Mio oder um 15%. Wohnten 1950 noch 27% der Bevölkerung Deutschlands im
Osten, so sind es heute nur noch 19%. Diese Ost-West-Verschiebung des deutschen
Bevölkerungsschwerpunkts ist mittelfristig irreversibel. Sie beeinträchtigt die Ab-
satzchancen der ostdeutschen Landwirtschaft aufgrund der größeren Marktferne.

Die Landwirtschaft ist ein *Schlüsselsektor* durch ihre zahlreichen Verflechtungen mit vor- und nachgelagerten Wirtschaftsbereichen. Über die Jahrhunderte hatte der alte Bauernhof möglichst vielseitig und mit internen Stoffkreisläufen produziert, sein Produktionsziel war eine möglichst weitgehende Autarkie. Im Gefolge
der Industrialisierung stieg die Vermarktungsquote der landwirtschaftlichen Produktion von 20% um 1850 auf 75% (1955) und lag im Wirtschaftsjahr 1992/93 bei 94%
(Statist. Jb. ELF 1994, S. 150). Der heutige Agrarbetrieb produziert fast ausschließlich
für den Markt, nur 6% des Produktionswertes dienen noch dem Eigenverbrauch. Er
ist der Rohstofflieferant für ein breit gestaffeltes produzierendes Ernährungsgewerbe aus Industrie- und Handwerksbetrieben. Die Direktvermarktung spielt nur
eine untergeordnete Rolle. Sie beschränkt sich auf Teilmärkte, wie etwa für Wein,
Kartoffeln, Spargel. In den arbeitsteilig organisierten Industriegesellschaften stellt
eine breite Palette von Verarbeitungs- und Distributionsbetrieben die Verbindung

zwischen Erzeuger und Konsument her. Das hat zur Folge, daß der Anteil der Landwirtschaft an den Endverbraucherpreisen immer geringer wird. Im Wirtschaftsjahr 1950/51 erhielt der Bauer noch 64 Pfennige für jede Mark, die der Verbraucher für Nahrungsmittel ausgab; 1993/94 waren es gerade noch 26,1 Pfennige (Agrimente 95, S. 28). Die Wertschöpfung hat sich immer mehr in die nachgelagerten Bereiche von Nahrungsgewerbe und Handel verschoben. Das auf der Rohstoffbasis der Landwirtschaft aufbauende Ernährungsgewerbe gliedert sich in das produzierende Ernährungsgewerbe und den Ernährungshandel. Das produzierende Ernährungsgewerbe Deutschlands, welches statistisch eine Wirtschaftsgruppe mit 28 Zweigen darstellt, umfaßte 1993 5 253 Betriebe mit 545 000 Beschäftigten. Sein Umsatz von 216 Mrd. DM übertraf den der vorgelagerten Landwirtschaft um das Dreieinhalbfache (Statist. Jb. ELF, 1994, S. 246).

Neben der Outputverwertung steht die Inputbeschaffung. Der heutige Agrarbetrieb ist im Gegensatz zum weitgehend autarken Bauernhof früherer Zeiten sehr stark auf Vorleistungen wie Futtermittel, Dünger, Agrochemikalien, Saatgut, Energie und Maschinen angewiesen. Im Produktionswert der deutschen Landwirtschaft von 59,6 Mrd. DM (1993/94) waren Vorleistungen in Höhe von 33,1 Mrd. DM enthalten, die Bruttowertschöpfung umfaßte also nur noch 26,5 Mrd. DM oder 44% des Produktionswertes. Der Landwirt ist auf der Inputseite angewiesen auf die vorgelagerten Zulieferer wie Futtermittelindustrie, Saatgutzüchter, chemische Industrie, Maschinen- und Gerätebauer, Energielieferanten sowie auf Anbieter von Dienstleistungen wie Reparaturbetriebe, Beratungsfirmen, Finanzierungs- und Versicherungsgesellschaften. Auf der Outputseite sind Landhandel, Genossenschaften, Molkereien, Schlachtereien, Fabriken für Fertigkost und zahlreiche andere Verarbeitungsbetriebe seine Abnehmer. In diesem hochdifferenzierten Agrarsystem ist der einzelne Agrarbetrieb nurmehr ein schwaches Glied.

Da die Agrarpreise wegen des Überangebots stagnieren, z.T. sogar sinken, die Preise für die Vorleistungen aber steigen, gerät die Landwirtschaft in die bekannte *Preis-Kosten-Schere*. So erhöhten sich im alten Bundesgebiet von 1962 bis 1989 die Erzeugerpreise durchschnittlich um 44%, die Einkaufpreise für landwirtschaftliche Betriebsmittel aber um 94%. Seit den 80er Jahren sind in der EG die Preise wichtiger Agrarprodukte stark gefallen. Beispielsweise wurde der Preis für eine Dezitonne Weizen von 46,20 DM (1980/81) auf 27,10 DM (1993/94) gesenkt (Agrimente 95, S. 25). Will der Landwirt wirtschaftlich überleben, muß er entweder seine Produktion ausweiten oder seine Kosten senken. Produktionssteigerungen sind durch Aufstockung von Fläche bzw. Tierzahl oder durch Ertragssteigerung je Flächeneinheit oder Tier möglich. Kostensenkungen erfolgen vor allem durch die Umkombination der Produktionsfaktoren Arbeit, Boden und Kapital. Dabei wird die sehr teuer gewordene menschliche Arbeitskraft durch verstärkten Einsatz des relativ billigen Sachkapitals (Maschinen, ertragssteigernde Betriebsmittel) sowie durch höheren Einsatz des Bodenfaktors (Aufstockung der Betriebsfläche) substituiert. Der Kostensenkung dient auch die Vereinfachung der früher so vielseitigen Produktion. Die meisten Agrarbetriebe sind auf wenige Produktionsziele spezialisiert.

Daß Deutschland heute eine wichtige Rolle im *Weltagrarhandel* spielt, ist wenig bekannt. Mit Einfuhren im Wert von 57,3 Mrd. DM war Deutschland 1993 der mit Abstand größte Importeur von Agrargütern auf der Erde. Für ein dichtbesiedeltes

Industrieland ist dies zu erwarten. Erstaunlicherweise nimmt Deutschland weltweit die vierte Position unter den Agrarexporteuren ein – nach den USA, Frankreich und den Niederlanden. Die wichtigsten Exportgüter sind Milchprodukte, Fleisch und Fleischwaren sowie pflanzliche Nahrungsmittel. Mit dem Wert der Agrarexporte wurden 1993 immerhin 59 % der Agrarimporte abgedeckt; im Jahre 1978 lag der Deckungsgrad erst bei 36 %.

1.2.3 Agrarpolitik

Die wichtigste Einflußgröße auf die Landwirtschaft ist heute die Agrarpolitik. Darunter ist die Gesamtheit der Bemühungen und Maßnahmen des Staates und der von ihm autorisierten Körperschaften zu verstehen, die darauf abzielen, die Entwicklung und Gestaltung der Landwirtschaft zu beeinflussen. Träger sind die Organe der EU, des Bundes und der Länder sowie Körperschaften des öffentlichen Rechts wie Landwirtschaftskammern und Einfuhr- und Vorratsstellen. Nach dem Agrarbericht 1995, S. 89, verfolgt die Bundesregierung vier agrarpolitische Hauptziele:
1. Verbesserung der Lebensverhältnisse im ländlichen Raum und Teilnahme der in der Land- und Forstwirtschaft Tätigen an der allgemeinen Einkommens- und Wohlstandsentwicklung;
2. Versorgung der Bevölkerung mit hochwertigen Produkten der Agrarwirtschaft zu angemessenen Preisen, Verbraucherschutz im Ernährungsbereich;
3. Verbesserung der agrarischen Außenwirtschaftsbeziehungen und der Welternährungslage,
4. Sicherung und Verbesserung der natürlichen Lebensgrundlagen, Erhaltung der biologischen Vielfalt, Verbesserung des Tierschutzes.

Nach diesen Zielsetzungen lassen sich fünf Teilbereiche der Agrarpolitik unterscheiden, nämlich Markt- und Preispolitik, Strukturpolitik, Agrarsozialpolitik und mit deutlich geringerem Gewicht die Regionalpolitik und die Umweltpolitik.

Kernstück ist die von Brüssel bestimmte *Markt- und Preispolitik*. Mittels eines fast unübersichtlichen Systems von staatlichen Eingriffen steuert die EU die Produktion fast aller wichtigen Agrarprodukte (Getreide, Zucker, Öle und Fette, Obst und Gemüse, Wein, Hopfen, Tabak, Milch und Milcherzeugnisse, Rindfleisch, Eier, Seidenraupen), so daß diese dem freien Spiel von Angebot und Nachfrage teilweise entzogen sind. Im Vergleich zur gewerblichen Wirtschaft nimmt die Landwirtschaft eine Sonderstellung ein, indem 90 % ihrer Produktion den Marktkräften entzogen sind.

Der europäische Agrarprotektionismus hat eine lange Geschichte. Als um 1880 die billigen Agrarprodukte der Neuen Welt auf den europäischen Markt drängten, reagierte das Deutsche Reich 1879 mit Schutzzöllen. In den 30er Jahren erwuchs daraus eine interventionistische Agrarpolitik, welche die EG ab 1957 mit ihren sog. „Marktordnungen" perfektionierte. Gegenüber dem Weltmarkt ist die EU selbst bei Produkten wie Bananen, die nur in geringen Mengen innerhalb ihrer Grenzen produziert werden, abgeschottet.

Unter *Strukturpolitik* werden im Agrarbereich alle Maßnahmen zur Verbesserung der Produktions- und Arbeitsbedingungen verstanden. Sie gehen teilweise bis ins 19. Jh. zurück, wie z.B. die Flurbereinigung, und liegen im Kompetenzbereich von Bund und Ländern. Der jüngste Teilbereich ist die *Agrarsozialpolitik*, welche die bäuerliche Bevölkerung in die sozialen Sicherungssysteme einbeziehen soll (Altersversicherung, Krankenversicherung). Da einer wachsenden Zahl von Empfängern eine schrumpfende Zahl von Beitragszahlern gegenübersteht, sind – ähnlich wie bei der Knappschaftsversicherung des Bergbaus – umfangreiche staatliche Zuschüsse erforderlich.

In allen Industrieländern haben die Subventionen für die Landwirtschaft ein derartiges Ausmaß angenommen, daß sie zu einer Belastung für die öffentlichen Haushalte geworden sind. Der Agrarbericht 1995 der Bundesregierung beziffert die Transferleistungen der öffentlichen Hand für die deutsche Landwirtschaft für 1994 mit folgenden Summen:

Subventionen von Bund und Ländern	8,4 Mrd. DM
Bundesmittel für Agrarsozialpolitik	6,1 Mrd. DM
Steuermindereinnahmen	1,5 Mrd. DM
Summe der Aufwendungen von Bund und Ländern	16,0 Mrd. DM
EU-Finanzmittel für Deutschland	11,8 Mrd. DM
Summe der Aufwendungen von EU, Bund und Ländern	27,8 Mrd. DM

Die Gesamtsumme der Transferleistungen von 27,8 Mrd. DM übertraf 1994 erstmals die Bruttowertschöpfung der deutschen Landwirtschaft in Höhe von 26,5 Mrd. DM und erreichte fast die Hälfte ihres Produktionswertes von 59,6 Mrd. DM!

Die größten Einzelposten im Subventionstopf sind die auf Deutschland entfallenden Marktordnungs- und Strukturausgaben der EU in Höhe von 11,8 Mrd. DM; die Bundesmittel für die Agrarsozialpolitik schlagen mit 6,1 Mrd. DM zu Buche, wovon 4,1 Mrd. DM auf die Altershilfe und 2 Mrd. DM auf die Krankenversicherung entfallen.

Zur Verringerung der Agrarüberschüsse wurde vom Wirtschaftsjahr 1993/94 an eine *Agrarreform* in der EU eingeleitet. Sie läßt sich auf folgende Grundsätze reduzieren:
• Senkung der Erzeugerpreise, besonders bei Getreide;
• Ausgleich der dadurch entstehenden Einkommensverluste durch Direktzahlungen an die Landwirte für Getreide, Mais, Hülsenfrüchte und Ölsaaten, die im Durchschnitt 600,– DM je Hektar betragen;
• Verpflichtung zur Stillegung von 15% der Ackerfläche.

Die frühere Hochpreispolitik wurde zumindest auf Teilgebieten aufgegeben; die Getreidepreise in der EU liegen heute nur wenig über dem Weltmarktniveau. An die Stelle der Subvention über hohe Binnenpreise, die zu riesigen Überschüssen führten, ist die Direktzahlung an die Betriebe getreten. Diese Ausgleichszahlungen und Beihilfen betrugen 1993/94 durchschnittlich 19 338,– DM je Vollerwerbsbetrieb.

Die Vereinigung der beiden deutschen Staaten im Jahre 1990 bescherte der Agrarpolitik die unerwartete Aufgabe, die Landwirtschaft der ehemaligen DDR von einer zentral gelenkten Planwirtschaft auf marktwirtschaftliche Verhältnisse umzustellen. Langfristig soll eine vielfältig strukturierte, leistungsfähige Land- und Ernährungswirtschaft entwickelt werden, die im europäischen Wettbewerb konkurrenzfähig ist. In der alten DDR wurde aus Autarkiestreben alles produziert, was das Klima erlaubte. Das Ziel war die Maximalerzeugung – ohne Rücksicht auf die Kosten. Nun mußte die Produktion auf marktgerechte, absatzfähige Qualitätserzeugnisse ausgerichtet werden. Am schmerzlichsten erwies sich die Senkung der weit überhöhten Erzeugerpreise der DDR auf das EU-Niveau. Die ökologisch und ökonomisch unsinnige Trennung von Tier- und Pflanzenproduktion mußte überwunden werden. Die dominierenden sozialistischen Betriebsformen waren in vielfältige Formen bürgerlichen Rechts zu überführen, das Privateigentum an Grund und Boden war wiederherzustellen. Am 31. Dezember 1991 erloschen die Rechtsformen der LPG und der kooperativen Einrichtungen (ECKART, WOLLKOPF u. a. 1994, S. 18). Die Bundesregierung förderte mit Nachdruck die Einrichtung privater, bäuerlicher Familienbetriebe – mit geringem Erfolg, wie noch zu zeigen sein wird. Schließlich mußten das komplizierte Gemeinschaftsrecht der EU und deren Marktordnungen eingeführt werden. Positiv wirkte sich die Erklärung der gesamten ehemaligen DDR zum Fördergebiet der EU aus. Die deutsche Landwirtschaft ist in den Agrarmarkt der EU integriert, die wichtigsten Entscheidungen auf dem Gebiet der Markt- und Preispolitik fallen heute nicht mehr in nationaler Eigenverantwortung, sondern durch die Organe der EU in Brüssel. Das vereinte Deutschland nimmt als Agrarproduzent innerhalb der EU die beachtliche zweite Position nach Frankreich ein. Es verfügt über eine landwirtschaftlich genutzte Fläche von 17,2 Mio. ha (1993), das sind 13 % der LF der EU-12 von 130 Mio. ha – und 12 % der 7,7 Mio. landwirtschaftlichen Erwerbspersonen. Sie produzierten im Durchschnitt der Jahre 1990 bis 1993 21 % des Getreides (28 % der Gerste und sogar 70 % des Roggens), 25 % der Kartoffeln, 26 % des Zuckers und 44 % der Ölfrüchte Raps und Rübsen der EU. Bei den tierischen Produkten beträgt der Anteil 20 % beim Fleisch und 25 % bei der Milch. Unterdurchschnittliche Anteile sind bei Obst (4 %), Gemüse (6 %) und Wein (7 %) zu verzeichnen, deren Kulturen ihren naturgemäßen Schwerpunkt im Mittelmeerraum haben, sowie bei Geflügelfleisch (9 %).

1.3 Agrarbetriebe

Deutschland hat als Erbe der Teilung und der unterschiedlichen gesellschaftlichen Entwicklung der beiden deutschen Staaten eine sehr heterogene Betriebsstruktur. Das betrifft sowohl die Betriebsgrößen als auch die Agrarverfassung, d. h. die juristischen Betriebsformen und die Besitzverhältnisse am Boden.

Die Zahl der landwirtschaftlichen Betriebe hat sich nach 1945 in beiden Teilen Deutschlands laufend verringert. In der DDR lief dieser Prozeß unter Zwang im Gefolge der Kollektivierung ab. Im Jahre 1939 gab es auf dem Gebiet der späteren DDR 455 000 Betriebe. Nach Abschluß der Kollektivierung im Jahre 1960 bewirtschafteten die 20 280 sozialistischen Großbetriebe (LPG, GPG, VEG) bereits 90 % der LF. Mit

Betriebsgrößen von 150 bis 600 ha waren sie noch überschaubar. Ab 1968 begann die Einführung der sog. „industriemäßigen Produktion", die dörflichen Genossenschaften wurden zu übergemeindlichen Einheiten mit mehreren tausend Hektar Betriebsfläche zusammengefaßt, und ab 1975 wurde die pflanzliche von der tierischen Produktion organisatorisch getrennt. Um 1976 hatte der Konzentrationsprozeß seinen Höhepunkt erreicht, man zählte bis zur Wende nur noch 465 VEG und 3 890 LPG, zusammen also 4 355 sozialistische Großbetriebe. Von ihnen waren rund 3 000 ausschließlich auf die tierische und nur noch 1 230 auf die pflanzliche Produktion spezialisiert. Letztere bewirtschafteten 95 % der LF, im Durchschnitt 4 800 ha pro Betrieb.

Mit dem Beitritt der DDR zur BRD am 3. 10. 1990 wurden die sozialistischen Großbetriebe einem Veränderungsprozeß unterworfen, der noch keineswegs abgeschlossen ist. An die Stelle der früheren LPG und VEG ist eine Vielzahl von Unternehmensformen getreten (Tab. 1.2).

Ein Teil der LPG ging in Konkurs oder löste sich auf. Die Mehrzahl lebt aber in der Rechtsform der eingetragenen Genossenschaft (durchschnittliche LF: 1 461 ha) oder der GmbH weiter, so daß die etwa 2 900 Betriebe in der Hand juristischer Personen weiterhin etwa 60 % der LF der neuen Länder bewirtschaften. Die Zahl der privaten Einzelunternehmen ist auf 22 500 angewachsen, sie kommen bei einer durchschnittlichen Betriebsgröße von 150 ha im Vollerwerb auf einen Anteil von 20 % der LF. Den gleichen Anteil von 20 % der gesamten LF bewirtschaften die 2 379 Personengesellschaften mit durchschnittlich 469 ha; hier handelt es sich um Zusammenschlüsse von mehreren Wieder- oder Neueinrichtern. Fünf Jahre nach der Wende haben nur relativ wenige der 860 000 landwirtschaftlichen Arbeitskräfte, die 1989 im Agrarsektor der DDR tätig waren, den Schritt in die Selbständigkeit gewagt. In den neuen Ländern dominieren heute Betriebsgrößen von 500 bis 1 500 ha, die im europäischen Raum ungewöhnlich sind. Aufgrund ihrer „economies of scale" dürften sie in der Zukunft konkurrenzlos günstig produzieren. Erhalten hat sich auch das großgliedrige Parzellengefüge mit Schlaggrößen von 100 bis 200 ha.

Rechtsform	Betriebe		Fläche		Durchschnittliche Betriebsgröße [ha LF]
	Zahl	[%]	1000 ha LF	[%]	
Natürliche Personen	24 884	89,6	2 198,1	40,4	88
davon Einzelunternehmer	22 505	81,0	1 081,7	19,9	48
Personengesellsch.	2 379	8,6	1 116,4	20,5	469
Juristische Personen	2 899	10,5	3 238,3	59,6	1 117
davon					
eingetr. Genossensch.	1 336	4,8	1 952,1	35,9	1 461
GmbH	1 335	4,8	1 178,0	21,7	882
sonstige jur. Personen	228	0,8	108,2	2,0	475
Betriebe insgesamt	27 783	100,0	5 436,4	100,0	196

Tab. 1.2: Landwirtschaftliche Betriebe über 1 ha LF in den neuen Bundesländern nach Rechtsformen
Quelle: Agrarbericht 1995, S. 14

In der alten Bundesrepublik hat sich die Zahl der landwirtschaftlichen Betriebe über 1 ha LF von 1949 bis 1994 von 1 647 000 auf 551 000 oder um 66,5 % verringert. Hier vollzog sich der Konzentrationsprozeß unter den Zwängen der Marktwirtschaft – obwohl die staatliche Agrarpolitik immer das Leitbild des bäuerlichen Familienbetriebs verfochten hat. Das Ausscheiden von zwei Dritteln der Betriebe ist wohl das signifikanteste Merkmal des Strukturwandels in der Nachkriegszeit, der noch keineswegs abgeschlossen ist. So gaben zwischen 1993 und 1994 wieder 2,3 % der Betriebe auf. Das Ausmaß der Betriebsaufgaben ist abhängig von der Rentabilitätslage der einzelnen Höfe und vom Angebot außerlandwirtschaftlicher Arbeitsplätze. Daher schwankt die Rate je nach Konjunkturlage zwischen 1,5 % und 4 % pro Jahr. Der Schwund begann in den 50er Jahren bei den Kleinbetrieben unter 10 ha und griff von den 60er Jahren an auf immer höhere Betriebsgrößenklassen über. Die Schwelle zwischen schrumpfenden und wachsenden Betriebsgrößenklassen, die sog. Wachstumsschwelle, liegt z. Z. bei 50 ha. Die Betriebsaufgabe erfolgt meist ohne soziale Härte im Generationenwechsel oder durch einen schrittweisen Ausstieg vom Haupterwerb über den Nebenerwerb zur Stillegung.

Der Konzentrationsprozeß in der westdeutschen Landwirtschaft wird noch deutlicher, wenn man die von den einzelnen Betriebsgrößenklassen bewirtschafteten Flächen betrachtet (Tab. 1.3). Zwischen 1949 und 1990 stieg der Anteil der Gruppe über 50 ha von 10,1 % auf 31,9 % der LF, während gleichzeitig der Anteil der Kleinbetriebe unter 10 ha von 38,7 % auf 10,6 % gefallen ist. Die Betriebsgrößenstruktur weist große regionale Unterschiede auf. In den alten Anerbengebieten von Schleswig-Holstein, Niedersachsen und Südbayern liegen die durchschnittlichen Betriebsgrößen erheblich über dem Durchschnitt der alten Länder (1994: 21,4 ha). In Niedersachsen zählt die Gruppe über 50 ha 19 % der Betriebe, bewirtschaftet aber die Hälfte der LF. Überdurchschnittlich viele Kleinbetriebe haben sich in den ehemaligen Realteilungsgebieten von Hessen, Rheinland-Pfalz, Baden-Württemberg und Franken erhalten. Unterschiede in den *Erbsitten* treten heute kaum mehr auf, überall hat sich das Anerbenrecht mit der geschlossenen Hofübergabe durchgesetzt, während die

Rechtsform	1949	1960	1980	1990
Betriebe [1 000]	1 646,7	1 385,3	797,4	629,7
davon 1 – 10 ha [%]	76,7	69,3	51,0	47,0
10 – 30 ha [%]	19,9	26,4	35,6	33,3
30 – 50 ha [%]	2,5	3,1	9,5	12,1
über 50 ha [%]	0,9	1,2	3,9	7,6
LF [1 000 ha]	13 279,6	12 934,8	12 172,6	11 773,4
davon in Betrieben				
1 – 10 ha [%]	38,7	31,7	14,3	10,6
10 – 30 ha [%]	39,9	45,6	42,3	32,8
30 – 50 ha [%]	11,3	12,4	23,3	24,7
über 50 ha [%]	10,1	10,3	20,1	31,9

Tab. 1.3: Entwicklung der Betriebsgrößenstrukturen in den alten Bundesländern
Quelle: Statist. Jb. ELF 1994, S. 30

Realerbteilung praktisch verschwunden ist. Die Erbsitten, denen RÖHM (1964) in seinem Werk über die westdeutsche Landwirtschaft noch ein ganzes Kapitel gewidmet
hatte, haben sich angeglichen.

In der Betriebgrößenstruktur ist Deutschland heute dreigeteilt:
• Großbetriebe mit amerikanischen Größenordnungen in den neuen Ländern,
• bäuerliche Großbetriebe in Nordwestdeutschland und Altbayern,
• Klein- und Mittelbetriebe in den ehemaligen Realteilungsgebieten.

Auf der Ebene der Bundesländer variierte die durchschnittliche Betriebsgröße 1993
von 14,5 ha in Baden-Württemberg und 15,6 ha in Rheinland-Pfalz über 31,8 ha in
Niedersachsen und 40,8 ha in Schleswig-Holstein bis zu 298,9 ha in Mecklenburg-
Vorpommern (Agrarbericht 1995, Materialband, Tab. 10).

Das Verschwinden von 1,1 Mio. Betrieben in den alten Ländern seit 1949 und
von 400 000 Einheiten in den neuen Ländern seit 1939 hat einen riesigen *Pacht-
flächenmarkt* entstehen lassen. Bei einer Betriebsaufgabe wird Grund und Boden
wegen seiner vermeintlichen Wertbeständigkeit nur selten verkauft. In der Regel
verpachtet man an aufstockungswillige Betriebe. Aus diesem Grund ist der Pacht-
anteil in den alten Ländern von 30% der LF (1977) auf 42,5% (1991) angestiegen (Statist. Jb. ELF 1994, S. 39). In den neuen Ländern ist er mit fast 90% noch weit höher
(Agrarbericht 1995, S. 15). Die landwirtschaftlich genutzte Fläche des vereinten
Deutschland ist heute zu mehr als der Hälfte Pachtland. Schon aus diesem Grunde
bedarf die idealistische Vorstellung vom freien Bauern auf eigener Scholle einer Re-
vision. Die deutsche Agrarverfassung nähert sich der anderer europäischer Länder
an, in der die Pacht schon immer eine große Rolle gespielt hat, wie z.B. in Großbritannien, Belgien, Italien.

Die *Erwerbsstruktur* der landwirtschaftlichen Betriebe ist nur für die alten Länder statistisch gut erfaßt. Demnach waren 1993 nur 48,7% der 567 300 Betriebe Vollerwerbsbetriebe, 8,2% hatten einen nichtlandwirtschaftlichen Zuerwerb, während
für 43,1% die Landwirtschaft nur einen Nebenerwerb darstellte. Auf die Haupter-
werbsbetriebe – unter diesem Begriff faßt man Voll- und Zuerwerbsbetriebe zusammen – entfielen aber 86,6% der LF. Die 244 000 Nebenerwerbsbetriebe stellen
zwar eine zahlenmäßig beachtliche Gruppe dar, doch ist ihre wirtschaftliche Bedeutung mit nur 13,4% der LF und etwa 10% der Verkaufserlöse relativ gering. Dafür
spricht auch die geringe Durchschnittsgröße von 6,4 ha je Nebenerwerbsbetrieb,
während sie beim Vollerwerbsbetrieb 33,4 ha beträgt (Statist. Jb. ELF 1994, S. 45).
Die Erwerbsstruktur eines Betriebes hängt primär von seiner Größe ab. Von den
290 000 Betrieben unter 10 ha werden 78% im Nebenerwerb bewirtschaftet, bei der
Größengruppe 10 – 20 ha sinkt der Anteil auf 29% und bei derjenigen von 20 – 30 ha
auf nur noch 5,6% ab. Der räumliche Schwerpunkt der Nebenerwerbsbetriebe liegt
in den alten Realteilungsgebieten, wo nicht selten Dörfer ohne einen einzigen Vollerwerbsbetrieb anzutreffen sind.

Die 1971 eingeführte *Betriebssystematik* unterscheidet fünf Hauptbetriebsfor-
men je nach ihrer Produktionsrichtung. Diese wird ausschließlich am monetären
Ertrag, nicht an der Flächennutzung gemessen. Für 1993 gibt der Agrarbericht 1995
(S. 11) folgende Zahlen von Betrieben an:

Futterbaubetriebe	255 600	47,1 %
Marktfruchtbetriebe	159 900	29,4 %
Veredlungsbetriebe	46 600	8,6 %
Dauerkulturbetriebe	50 200	9,2 %
Gemischtbetriebe	30 600	5,6 %

Die größte Gruppe bilden die *Futterbaubetriebe* mit einem Anteil von 47,1%. In ihr sind die verschiedenen Typen der Rinderhaltung wie Mast, Zucht und vor allem die Milcherzeugung zusammengefaßt. Dominierend sind klein- und mittelbäuerliche Betriebe unter 50 ha LF; die Milch ist das mit Abstand wichtigste Produkt, sie erbringt ein Viertel des gesamten Verkaufswertes der deutschen Landwirtschaft (1992/93: 16,3 Mrd. DM). Die räumlichen Schwerpunkte der Futterbaubetriebe sind die natürlichen Grünlandgebiete der Marsch, die Niederungen der Geest mit hohen Grundwasserständen, die Mittelgebirge und das Alpenvorland sowie die Alpen.

Die *Marktfruchtbetriebe* bilden mit einem Anteil von 29% die zweitgrößte Gruppe. Sie beziehen mehr als 50% ihres Einkommens aus dem Verkauf von Ackerfrüchten wie Getreide, Zuckerrüben, Kartoffeln und Ölfrüchten. Diese Betriebsform ist in der Regel an überdurchschnittlich große Betriebe gebunden. Sie findet sich vor allem in den neuen Bundesländern, in der Bördenzone und in den süddeutschen Gäulandschaften.

Die *Veredlungsbetriebe* haben ihre Produktionsschwerpunkte in der Schweine- und Geflügelhaltung. Hähnchen und Eier sowie Ferkel und Mastschweine sind die Hauptprodukte. Diese Betriebsform konzentriert sich hochgradig im westlichen Niedersachsen und im Münsterland. In den neuen Bundesländern hat dieser Typ mit nur noch 900 Betrieben eine relativ geringe Bedeutung. Die Tierhaltung ist weitgehend losgelöst von der eigenen Futterfläche, zugekaufte Futtermittel bilden meist die Futterbasis.

Von den rund 50 000 *Dauerkulturbetrieben* über 1 ha LF sind etwa 35 000 auf den Weinbau spezialisiert. Hier dominiert der Kleinbetrieb, denn 33 000 von ihnen bewirtschaften weniger als 10 ha. Große Weingüter sind in Deutschland selten, nur 70 Betriebe verfügen über mehr als 50 ha Rebfläche. Die zweite Gruppe der Dauerkulturbetriebe bilden die 9 400 Obstbauspezialbetriebe; nur 300 von ihnen liegen in den neuen Ländern. Obst- und Weinbaubetriebe konzentrieren sich auf relativ kleine Anbauinseln, die mit Klimagunst und Anbautradition zu erklären sind. Eine dritte Gruppe besteht aus den rund 4 000 Hopfenbaubetrieben mit einer Hopfenfläche von 22 500 ha. Zum weltweit größten Anbauzentrum hat sich die Hallertau nördlich von München entwickelt. Der Hopfen dürfte das einzige Agrarprodukt sein, mit dem Deutschland eine führende Position in der Weltproduktion einnimmt.

1.4   Erwerbstätige

Im Rahmen des Strukturwandels der deutschen Landwirtschaft nach dem Zweiten Weltkrieg hat die Zahl der landwirtschaftlichen Arbeitskräfte noch stärker abgenommen als die der Betriebe. Exakte Zahlen für diesen Prozeß sind schwierig anzugeben, da die erfaßten Betriebsgrößen mehrfach geändert wurden und da in der

Landwirtschaft, wie in keinem anderen Wirtschaftszweig, die Übergänge zwischen voll- und teilzeitbeschäftigten Arbeitskräften fließend sind. Außerdem muß die recht unterschiedliche Entwicklung in beiden Teilen Deutschlands berücksichtigt werden.

In der alten Bundesrepublik waren 1950/51 noch rund 6,8 Mio. Menschen haupt- oder nebenberuflich in der Landwirtschaft beschäftigt (Statist. Jb. ELF 1968). Bis 1994 ging diese Zahl auf etwa 1,6 Mio., d. h. auf ein Viertel zurück. Dabei verringerte sich die Zahl der Familienarbeitskräfte von 5,56 Mio. auf 1,41 Mio., während die Zahl der familienfremden Arbeitskräfte sogar von 1,22 Mio. auf 162 000 Personen sank; von diesen sind aber nur 80 000 ständig im Betrieb beschäftigt. Um die gesamte betriebliche Arbeitsleistung darzustellen, werden die Teilbeschäftigten (1950/51: 1,63 Mio.; 1994: 985 000) nach einem komplizierten Schlüssel in synthetische Arbeitskrafteinheiten (AKE) umgerechnet. Demnach reduzierte sich die betriebliche Arbeitsleistung von 3,885 Mio. AKE (1950/51) auf nur noch 610 000 (1994), was einem Rückgang von 84% entspricht. Umgerechnet auf 100 ha LF, verringerte sich der Besatz an AKE folgendermaßen: 29 (1950), 18,3 (1960), 11,4 (1970), 8,1 (1980), 5,1 (1990) und 4,6 (1992; Statist. Jb. ELF, div. Jahrgänge). In den westdeutschen Betrieben dominieren heute die Familienarbeitskräfte. Ihr Anteil an den ständig Beschäftigten ist von 85% (1950) auf 94,6% (1994) gestiegen. Im selben Zeitraum ging die Zahl der ständig beschäftigten Lohnarbeiter von 766 000 auf 80 000 zurück. Sie sind nur noch in wenigen Großbetrieben anzutreffen. Nahezu verschwunden ist das Gesinde, d. h. die ins Familienleben auf den Höfen einbezogenen Knechte und Mägde. Es hat bereitwillig seine abhängige, sozial wenig angesehene und meist nur mäßig entlohnte Position geräumt.

Auch in der DDR wanderten anfangs viele Erwerbspersonen aus der Landwirtschaft in andere Sektoren ab. Die Zahl der Berufstätigen sank von 2 Mio. (1950) bis zur Vollkollektivierung 1960 auf 1,2 Mio. ab. Viele Familienarbeitskräfte antworteten auf die Sozialisierung ihrer Betriebe mit der Abwanderung in andere Berufe oder mit der Flucht in den Westen. Die Zusammenlegung von Betrieben in den 60er und 70er Jahren führte zu Rationalisierungseffekten, so daß die Zahl der landwirtschaftlichen Berufstätigen bis 1980 auf einen Tiefpunkt von 823 000 sank. Dann kam es zu einer Trendwende, die einmalig für Industriestaaten ist, denn der Agrarsektor wuchs bis 1986 wieder auf 864 000 Berufstätige an. Dafür lassen sich verschiedene Gründe anführen: Autarkiestreben mit arbeitsintensiven Produktionen (z. B. Obstbau), Horten von Arbeitskräften durch die Betriebe, gute Einkommensverhältnisse, vor allem aber eine hohe Fertigungstiefe bei der Beschaffung der Vorleistungen (Maschinenreparatur, Bauwesen, Kindergärten). So zählten in der DDR Arbeitsbereiche zur Landwirtschaft, die in Westdeutschland statistisch in anderen Wirtschaftsbereichen auftauchen. Aus diesem Grund war der Besatz mit Arbeitskräften in der alten DDR trotz der großbetrieblichen Struktur weit höher als im alten Bundesgebiet mit seinen kleinen Familienbetrieben. Für 1984 wurde für die DDR ein Wert von 12,3 AK/100 ha und für die BRD ein solcher von 7,6/100 ha errechnet (Bundesministerium für Innerdeutsche Beziehungen 1987, S. 435). Wenn auch ein direkter Vergleich des Arbeitskraftbesatzes in den beiden deutschen Staaten wegen der unterschiedlichen Berechnungsgrundlagen problematisch ist, läßt sich der eindeutige Überbesatz in der alten DDR nicht bestreiten.

Die Wende führte zu einem Einbruch bei den Beschäftigtenzahlen. Die Zahl der Berufstätigen in der Landwirtschaft ging von 850 000 (1989) auf 362 000 (1991) und 165 000 (April 1994) zurück. Wie viele dieser Arbeitsplätze durch Ausgliederung in andere Wirtschaftsbereiche erhalten blieben, ist unbekannt. Der Rückgang vollzog sich im wesentlichen zu Lasten der ständigen familienfremden Arbeitskräfte, die 1994 nur noch 112 900 Personen zählten. Dagegen stieg die Zahl der Familienarbeitskräfte auf 44 100 an – es kommt also zu einem gewissen Angleichungsprozeß an westdeutsche Verhältnisse. Rechnet man alle Arbeitskräfte auf vollbeschäftigte Arbeitskrafteinheiten um, so zählte die ostdeutsche Landwirtschaft 1994 nur noch 132 300 AKE. Bezogen auf die landwirtschaftlich genutzte Fläche, wurden in den neuen Ländern 1994 nur noch 2,4 AKE / 100 ha LF ermittelt. Der Arbeitskräftebesatz ist nur noch halb so hoch wie in den alten Ländern. Von den ursprünglichen Arbeitsplätzen sind 80 % innerhalb weniger Jahre verlorengegangen.

Die neuen Bundesländer sind auf dem Weg zu einer großflächigen, arbeitsextensiven und durchrationalisierten Landwirtschaft weit fortgeschritten. Die drastische Verringerung des Angebots an Arbeitsplätzen schafft schwere soziale Probleme im peripheren ländlichen Raum, in dem gewerbliche Arbeitsplätze selten sind. Die junge aktive Bevölkerung wandert ab, es drohen Überalterung und letztlich Verödung.

1.5 Bodennutzung

Die landwirtschaftlich genutzte Fläche Deutschlands schrumpfte zwischen 1960 und 1990 von 20,7 auf 18,0 Mio. ha oder um 12,8 %. Die Umwidmungen zu Bauland und Verkehrsflächen sind die Hauptursache für diesen Schwund. Im Mittel gehen täglich 100 ha LF verloren. Daneben wachsen aber auch die Waldflächen durch Aufforstung und die Wasserflächen durch Auskiesung. Der weitere schnelle Rückgang auf 17,162 Mio. ha bis 1993 ist dagegen überwiegend auf Flächenstillegungen zurückzuführen. Von den bis 1990 registrierten Landverlusten von 2,7 Mio. ha (eine exakte Zeitreihe ist nicht möglich, da ab 1979 die Flächen von Betrieben unter 1 ha nicht mehr erfaßt wurden) entfielen 2,3 Mio. ha auf das frühere Bundesgebiet. In der alten DDR wurden nur etwa 300 000 ha umgewidmet – eine Folge der geringeren und konzentrierteren Bautätigkeit. Mit der Wende hat auch hier ein rapider Rückgang der LF eingesetzt. Von 1990 bis 1993 verringerte sich in den neuen Ländern die LF um 850 000 ha oder um 14 %. Davon entfielen 700 000 ha auf Stillegungen und der Rest auf Umwidmungen.

Das *Acker-Grünland-Verhältnis* gliedert die gesamtdeutsche LF von 17,162 Mio. ha 1993 in 68 % Ackerland und 30,8 % Dauergrünland (Abb. 1.2 u. 1.3). In den neuen Ländern war der Grünlandanteil aus naturbedingten Gründen mit 20 % immer bedeutend niedriger als im Altbundesgebiet. Hier hat sich seit Jahrzehnten der Grünlandanteil laufend verringert, nämlich von 40,5 % (1970) auf 35,9 % (1993). Der Rückgang der Wiesen- und Weideflächen ist vor allem auf den Umstand zurückzuführen, daß sich hier die Erträge nicht annähernd so stark steigern lassen wie auf den Ackerflächen. Meliorationen und Wasserbaumaßnahmen haben das Nässerisiko auf feuchten Standorten vermindert. In vielen Talauen mit ihren guten Auelehmböden wurden die Wiesen weitgehend zu Ackerland umgebrochen, Flora und Fauna sind entsprechend verarmt.

Abb. 1.2: Ackerlandanteil an der LF 1991
Quelle: Laufende Raumbeobachtung der BfLR

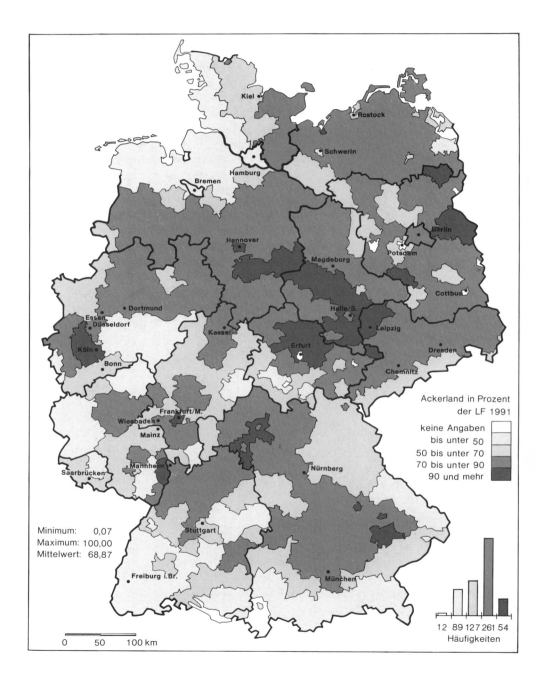

Abb. 1.3: Grünlandanteil an der LF 1991
Quelle: Laufende Raumbeobachtung der BfLR

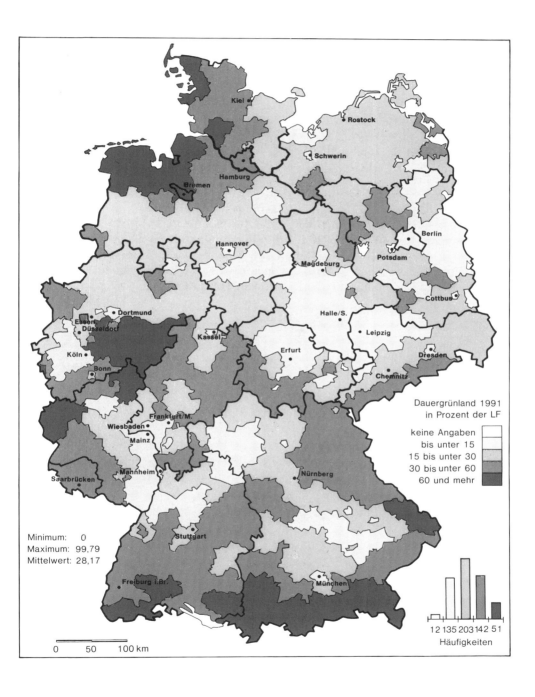

Dauergrünland 1991
in Prozent der LF

keine Angaben
bis unter 15
15 bis unter 30
30 bis unter 60
60 und mehr

Minimum: 0
Maximum: 99,79
Mittelwert: 28,17

12 135 203 142 51
Häufigkeiten

0   50   100 km

Die Feldpflanzengemeinschaft auf dem Ackerland ist einem fortwährenden Wandel unterworfen (Tab. 1.4). Er wird unter marktwirtschaftlichen Bedingungen durch die sich ändernden Absatzverhältnisse, etwa durch einen Wandel der Konsumgewohnheiten, gesteuert. Den gleichen Einfluß üben betriebswirtschaftliche Zwänge aus. So hat die fortlaufende Verteuerung des Faktors Arbeit arbeitsintensive Kulturen zurückgedrängt. In der ehemaligen DDR waren Marktkräfte und Kostenzwänge nur bedingt wirksam, weshalb deren Entwicklung gesondert betrachtet werden muß.

In der früheren Bundesrepublik war die auffälligste Veränderung in der Anbaustruktur die zeitweilige *Ausweitung der Getreidefläche* (Abb. 1.4). Ihr Anteil stieg von 60% des Ackerlandes um 1960 auf 71% um 1980. Von diesem Höhepunkt ist er bis 1993 wieder auf 56% gefallen, was auf mehrere drastische Getreidepreissenkungen der EU zurückzuführen ist. Der Getreideanteil hat heute wieder einen Wert wie in den 50er Jahren erreicht, als die Fruchtfolgeregeln der klassischen Fruchtwechselwirtschaft mit Halm- und Blattfrüchten noch in Kraft waren. Unter den einzelnen Getreidearten gab es erhebliche Verschiebungen. Die Flächen von Winterweizen und Gerste wurden erheblich ausgeweitet, da beide Getreidearten ein hohes Ertragspotential aufweisen. Dagegen ist die Roggenfläche auf ein Fünftel des früheren Umfangs geschrumpft, nämlich von 1,734 Mio. ha (Ø 1935 – 1938) auf 326 000 ha (1993). Roggen nimmt nur noch auf den leichten Sandböden des Norddeutschen Tieflands größere Flächen ein. Für diesen Einbruch sind sowohl die geringe Ertragsleistung des Roggens wie die gesunkene Nachfrage nach Roggenmehl verantwortlich. Die Reduktion der Haferfläche von 1,465 Mio. ha (Ø 1935 – 1938) auf

Anbaukultur	Ø 1935/38	1960	1980	1993
Ackerland [1 000 ha]	8609	7979	7270	7383
Anteil am Ackerland [%]				
Getreide	59,8	61,4	71,7	56,4
Weizen	13,1	17,5	22,9	20,9
Roggen, Menggetreide	20,1	17,5	7,8	4,5
Gerste	9,4	12,3	27,5	20,0
Hafer	15,8	14,0	9,5	4,0
Körnermais, Corncob	0,2	0,1	1,6	4,0
Ölfrüchte	0,3	0,4	1,9	14,4
Hackfrüchte	22,2	23,3	11,2	8,7
Kartoffeln	13,4	13,0	3,5	3,2
Zuckerrüben	1,5	3,7	5,4	5,0
Futterpflanzen	14,2	12,0	13,8	16,0
Klee, Luzerne	10,8	7,7	2,8	2,3
Grün- und Silomais	0,4	0,6	9,6	11,8
Hülsenfrüchte	1,2	0,4	0,2	0,5
Brache	0,6	1,0	0,1	10,5

Tab. 1.4: Entwicklung der Ackernutzung in den alten Bundesländern nach den Hauptgruppen des Anbaus   Quellen: Statist. Jb. ELF 1968, 1981, 1994

Abb. 1.4: Anteil der Getreidefläche am Ackerland 1991
Quelle: Laufende Raumbeobachtung der BfLR

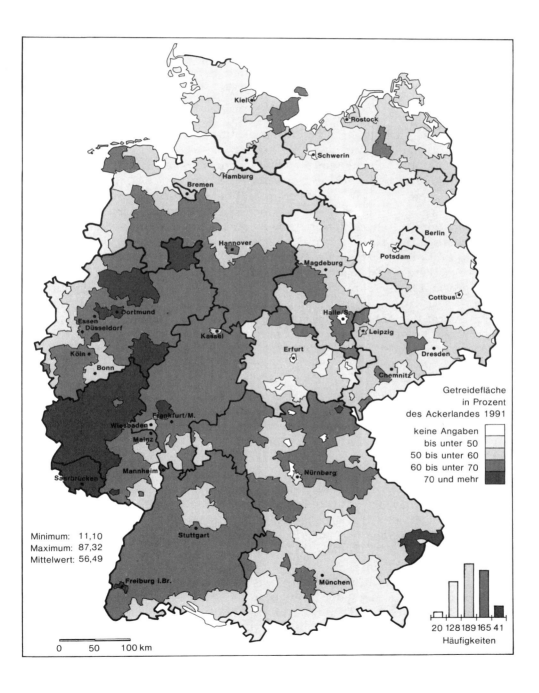

298 000 ha (1993) läßt sich mit dem Rückgang des Pferdebestandes erklären. Außerdem hat die Rolle des Hafers als sog. „abtragende Frucht" in der Fruchtfolge heute der weitaus ergiebigere Raps übernommen. Neugezüchtete Maissorten erlaubten die polwärtige Ausweitung des Körnermaisanbaus von früheren Inseln im Oberrheintal bis an die Elbe.

Stark geschrumpft ist die früher in der Fruchtfolge so wichtige *Hackfruchtfläche.* Ihr Anteil sank von 25 % des Ackerlandes (1951) auf nur noch 8,7 % (1993). Am stärksten war der Schwund bei der Kartoffelfläche, nämlich von 1 041 Mio. ha (1960) auf nur noch 238 000 ha (1993). Für diese Hackfrucht gibt es im Gegensatz zum Getreide keine Preis- und Absatzgarantie. Der menschliche Verzehr hat sich stark verringert, außerdem spielt sie als Viehfutter keine Rolle mehr. Möglicherweise findet die Kartoffel in der Stärkefabrikation einen neuen Absatzmarkt. Nur noch lokale Bedeutung hat heute die Runkelrübe, deren Anbaufläche von über 600 000 ha um 1950 auf nur noch 30 000 ha abgesunken ist. Dagegen wurde die Zuckerrübenfläche im Altbundesgebiet nach dem Zweiten Weltkrieg stark ausgeweitet, nachdem die Anbauzentren in Mitteldeutschland durch die Teilung Deutschlands abgeschnitten waren. In Süddeutschland wurden neue Anbaugebiete erschlossen und moderne Zuckerfabriken errichtet. In der Folge verdoppelte sich die westdeutsche Anbaufläche von 130 000 ha (Ø 1935 – 1938) bis 1955 auf 262 000 ha, erreichte 1976 mit 440 000 ha ihr Maximum und sank dann wieder zu Beginn der 90er Jahre auf etwa 370 000 ha. Der Zuckerrübenanbau nimmt eine Sonderstellung ein. Er erbringt hohe Natural- und Gelderträge je Flächeneinheit. Die Verkaufserlöse von jährlich etwa 2,7 Mrd. DM bilden einen wichtigen Einnahmeposten für die Rübenbauern. Der Anbau ist seit langem kontingentiert, der Rübenpreis wird im Rahmen des Kontingents garantiert. Die hohen Ansprüche der Zuckerrübe an Boden und Klima schränken ihren Anbau auf die ackerbaulichen Gunstgebiete der Börden und der süddeutschen Beckenlandschaften ein. Hier kann die Zuckerrübe Anteile von 20 – 30 % des Ackerlandes erreichen.

Der Anteil der *Feldfutterpflanzen* am Ackerland ist mit 12 – 16 % relativ konstant geblieben, allerdings haben sich zwischen den einzelnen Pflanzenarten erhebliche Verschiebungen ergeben. Die Flächen von Klee und Luzerne, seit der Einführung der verbesserten Dreifelderwirtschaft im 18. Jh. die klassischen Futterpflanzen für die Stallfütterung und Bodenverbesserer, sind von 930 000 ha (Ø 1935 – 1938) auf 171 000 ha (1993) geschrumpft. Mit 2,3 % der Ackerfläche bilden sie nur noch einen Restposten. Dafür schob sich der Grün- oder Silomais in den Vordergrund, dessen Anbaufläche von 50 000 ha (0,6 %) im Jahre 1960 auf 874 000 ha (1993) anstieg. Mit einem Anteil von 11,8 % der Ackerfläche nimmt er heute die gleiche Position ein wie in den 30er Jahren Klee und Luzerne. Mais bildet bei hoher Ertragsleistung eine ideale Futterbasis für die Rinderhaltung. Er ist mit sich selbst verträglich, kann also jedes Jahr auf derselben Fläche angebaut werden. Nicht zuletzt prädestiniert ihn sein hoher Nährstoffbedarf zur Gülleverwertung in den Gebieten mit hohem Viehbesatz. Silomais hat sich seit den 60er Jahren als die wichtigste Futterpflanze für die Viehwirtschaft durchgesetzt und leistungsschwächere Pflanzen verdrängt. Seine Hauptverbreitungsgebiete korrelieren mit den Gebieten mit hohem Rinderbesatz, wie Dümmerniederung, Westfalen, Voralpenraum. Hier kann der Mais Flächenanteile von 30 % bis über 50 % des Ackerlandes erreichen.

Eine weitere Innovation auf dem Ackerland war in den 80er Jahren die explosions-
artige Ausweitung des *Ölfruchtanbaus.* Besonders der Winterraps war wegen seines
von der EU gestützten Preises recht attraktiv. In den letzten Jahren wurde auch die
Sonnenblume in das Anbauspektrum aufgenommen. Mit dieser Förderpolitik woll-
te die EU einerseits die Getreideüberschüsse reduzieren, andererseits die beträchtlichen Importe pflanzlicher Öle und Fette substituieren. Folglich stieg die Anbaufläche für Ölfrüchte von 32 000 ha (1960) auf 138 000 ha (1980) an und erreichte im
Jahre 1991 mit 617 000 ha ihr Maximum. Bis 1993 war sie dann wieder auf
440 000 ha gefallen. Für die Bauern bildet der Raps einen willkommenen Hack-
fruchtersatz in der Fruchtfolge, außerdem ist sein Anbau als Mähdruschfrucht voll
mechanisierbar und folglich arbeitsextensiv.

Feldfrüchte, die nicht in die gängige Einteilung Getreide, Hackfrüchte und Futterpflanzen passen, gelten in Deutschland als *Sonderkulturen.* Darunter fallen sowohl die langlebigen Dauerkulturen Wein, Obst und Hopfen sowie Dauer-Gemüse-
kulturen (Spargel, Rhabarber), die sich jeglicher Rotation entziehen, als auch annu-
elle Kulturen wie Tabak, Arzneipflanzen und Feldgemüse. Allen Sonderkulturen ist
eine hohe Arbeits-, Kapital- und Ertragsintensität zu eigen. Da sie meist hohe Ansprüche an das Klima stellen, nehmen sie in Deutschland im Gegensatz zum Mittelmeerraum keine großen Flächen ein. In ihren jeweiligen Anbauinseln können
die Sonderkulturen von eminenter wirtschaftlicher Bedeutung sein, sie können
sogar Monokulturen bilden, wie etwa stellenweise der Weinbau.

Die *Rebfläche* Deutschlands hatte nach dem Zweiten Weltkrieg einen Tiefstand mit
59 000 ha (1958) erreicht. Seitdem ist eine Ausweitung auf 103 000 ha (1993) erfolgt,
wovon etwa 700 ha auf die neuen Länder entfallen. Der Weinbau, der im Spätmittelal-
ter mit seinem Klimaoptimum weit größere Flächen einnahm, ist heute auf wenige kli-
matische Gunstgebiete konzentriert. Die wichtigsten der insgesamt 13 Anbaugebiete
sind die Rheinpfalz, Rheinhessen, Mosel – Saar – Ruwer, Baden, mittleres Neckartal
und Franken. Die Verkaufserlöse der Winzer liegen bei jährlich etwa 2 Mrd. DM.

Auch der *Erwerbsobstbau* konzentriert sich auf wenige Anbauinseln: Oberrheintal, Bodenseeraum, Langförden in Oldenburg, Unterelbe, Dresdner Elbtal,
Süßer See bei Halle, Werder bei Potsdam. Das Verbreitungsmuster ist nur teilweise
mit Klimagunst zu erklären. Bei den meisten Gebieten lassen sich auch soziale
Gründe – Kleinbetriebe können nur durch Intensivanbau ihr Auskommen finden –
und jahrhundertealte Tradition anführen. Der Erwerbsobstbau im Hochlohnland
Deutschland steht heute in einem harten Konkurrenzkampf mit ausländischen Anbietern, die sowohl niedrigere Produktionskosten als auch ein geringeres Witte-
rungsrisiko aufweisen Die deutsche Obstfläche von 70 000 ha (1993) ist daher rückläufig. In den neuen Ländern wurde nach der Wende der größte Teil der Obstfläche
gegen EU-Prämien gerodet, die Obstfläche sank von 66 000 ha (1990) auf 20 000 ha
(1993). Allerdings war die Obstfläche der alten DDR aus den bekannten Autarkiegründen auch überdehnt gewesen.

In der ehemaligen DDR diktierte das Autarkiestreben über das Mittel der zentralen Produktionsplanung die gesamte Anbaustruktur. Die Wandlungen der Feldpflanzengesellschaft folgten daher anderen Gesetzen. Es fällt auf, daß die DDR die
„Vergetreidung" nicht mitgemacht hat. Die Getreidefläche lag zwischen 1960 und
1989 recht konstant bei 2,5 Mio. ha, was einem Anteil von 53 % des Ackerlandes von

4,7 Mio. ha entspricht. Zwar verdoppelte sich auch hier die Weizen- und Gersten-fläche auf (1989) 16,6 bzw. 19% des Ackerlandes, doch hatte auch der Roggen im letz-ten Jahr der DDR noch einen Anteil von 13,3%. Die Hackfruchtfläche war mit 15 bis 16% noch recht umfangreich, den Löwenanteil davon hielt erstaunlicherweise die Kartoffel mit 9 – 10%. Dies läßt sich einmal durch den höheren Pro-Kopf-Verbrauch von Speisekartoffeln („Sättigungsbeilagen") erklären, der größere Teil der Kartoffel-ernte diente aber – wie vor dem Krieg – als Schweinefutter. Insgesamt bot das An-baugefüge der DDR bis zu ihrem Ende trotz der Riesenschläge ein konservatives Bild; die Feldpflanzengesellschaft war viel stärker den Vorkriegsverhältnissen ver-haftet als in Westdeutschland.

Die Umstellung auf Marktwirtschaft und EU-Markt bewirkte eine tiefgreifende Veränderung der Anbaustruktur. Innerhalb weniger Jahre wurden jetzt Entwick-lungen nachgeholt, die im Westen Jahrzehnte gedauert hatten. Exakte Zahlen über den Fortgang der Flächennutzung liegen zwar noch nicht vor, doch lassen sich ge-wisse Trends erkennen. Zwischen 1989 und 1993 ging die Ackerfläche von 4,7 Mio. auf 4,3 Mio. ha zurück. Der Rückgang des Viehbestandes bewirkte die Reduzierung der Feldfutterfläche auf die Hälfte. Die Hackfruchtfläche schrumpfte sogar auf ein Drittel des früheren Umfangs, vor allem wegen der drastischen Einschränkung des Kartoffelanbaus. Auch die Zuckerrübenfläche wurde von 200 000 ha auf 150 000 ha reduziert. Dagegen erfuhr die Fläche der Ölfrüchte eine Ausweitung von 160 000 ha auf mehr als 500 000 ha. Starke Einbrüche sind bei den Sonderkulturen (Obst, Gemüse, Tabak) zu verzeichnen, die früher aus Autarkiegründen stark ausgeweitet worden waren. Doch dürften die traditionellen Anbaugebiete, wie etwa das Obst-baugebiet von Werder, zumindest in ihren Kernräumen erhalten bleiben. Auch für die kleinen Weinbaugebiete an Saale, Unstrut und Elbe besteht aufgrund ihrer Qua-litätsprodukte offensichtlich keine Gefahr.

Die Landwirtschaft des vereinten Deutschlands hat seit 1990 nicht nur die Aus-wirkungen des Vereinigungsprozesses zu verkraften – sie betreffen fast ausschließ-lich die neuen Länder –, sondern auch die *Agrarreform der EU*, welche die Redu-zierung der nicht mehr finanzierbaren Überschüsse bezweckte. Die starke Absen-kung des Getreidepreises hat in Deutschland zu einer Reduzierung der Getreide-fläche von 7,7 Mio. ha (1980) auf 6,2 Mio. ha (1993) geführt; sie nahm 1993 nur noch 53% des Ackerlandes ein. Zum Ausgleich der finanziellen Einbußen erhielten die Bauern direkte Ausgleichszahlungen von durchschnittlich 1 100,- DM/ha. Dafür mußten zur Ernte 1993 15%, ab 1996 nur noch 10% der Getreidefläche stillgelegt wer-den, wenn ein Landwirt die Ausgleichszahlungen beantragte. Auf diese Weise ver-ringerte sich die LF Deutschlands von 18 Mio. ha (1990) auf 17,2 Mio. ha (1993). Gleichzeitig verdoppelte sich die Brachfläche von 781 000 ha auf 1,433 Mio. ha (1994). Die Hälfte davon entfiel auf die neuen Länder. Hier ist die Stillegungsquote mit 15% höher als in den alten Ländern mit 11% der Ackerfläche. Die stillgelegten Flächen müssen nicht völlig aus der Bewirtschaftung genommen und können viel-mehr mit sog. „nachwachsenden Rohstoffen" bestellt werden. Im Jahre 1994 wur-den fast 400 000 ha für die Erzeugung von Roh- und Energiestoffen genutzt. Ange-baut wurden vor allem Raps für Biodiesel, Sonnenblumen und Öllein (Agrarbericht 1995, S. 146). Die Getreidepreissenkung verfolgt auch den Nebenzweck, mehr ein-heimisches Getreide anstelle von Importfuttermitteln an das Vieh zu verfüttern.

1.6   Erträge

Die Flächenerträge aller landwirtschaftlichen Kulturen konnten durch Züchtung, verbesserte Anbautechnik und vor allem durch den Einsatz ertragssteigernder Betriebsmittel, wie Mineraldünger, Fungizide, Herbizide und Halmverkürzungsmittel, beträchtlich gesteigert werden. Die Steigerung der Hektarerträge setzte bereits im 19. Jh. langsam ein, richtig beschleunigt hat sie sich aber erst nach dem Zweiten Weltkrieg. Es dauerte 70 Jahre, bis die Erträge von Winterweizen von 13,2 dt/ha (Ø 1881 – 1890) auf 26,2, dt/ha (Ø 1948 – 1952) verdoppelt wurden; die jährliche Steigerungsrate lag in diesem Zeitraum bei 1,1 % (FISCHBECK 1993, S. 567). Für die nächste Verdoppelung auf 50 dt/ha benötigte man nur noch 30 Jahre (1979), die Zuwachsrate konnte auf 2 % erhöht werden. Im Mittel der Jahre 1991 – 1994 erntete man 65,7 dt/ha (Tab. 1.5), was eine Steigerung von 106 % gegenüber der Durchschnittsernte von 1957/61 bedeutet. Bei Roggen (+99 %) und Gerste (+88 %) war die Ertragssteigerung etwas geringer, aber doch noch weit höher als bei den Hackfrüchten. Seit 1957/61 betrug der Zuwachs 58 % bei Kartoffeln und 48 % bei Zuckerrüben. Die Ertragsdifferenz zwischen Winterweizen und Roggen hat sich von 6,1 dt/ha (1957/61) auf 14,3 dt/ha (1991/94) erweitert; dies ist der Hauptgrund für den Rückgang des Roggenanbaus und dessen Abdrängung auf ungünstige Standorte.

In der ehemaligen DDR lagen die Hektarerträge von Getreide um etwa 10 % und bei den Hackfrüchten sogar um rund 40 % unter den westdeutschen Werten. Dieser Rückstand konnte inzwischen fast vollständig eingeholt werden. Im Jahre 1995 lagen die neuen Länder bei der Getreideernte mit 59,9 dt/ha nur noch unmerklich hinter den alten mit 60,9 dt/ha.

Bei regionaler Betrachtung werden nach wie vor erhebliche Ertragsdifferenzen als Folge unterschiedlicher Naturräume sichtbar. In Niedersachsen differieren auf Landkreisebene die Hektarerträge von Winterweizen zwischen 79 dt/ha (Salzgitter) und 49,6 dt /ha (Kreis Grafschaft Bentheim), d.h. Maximum und Minimum liegen um fast 30 dt auseinander (ARNOLD 1993, S.108)! Boden und Klima sind eben trotz aller technischen Fortschritte wichtige Bestimmungsgrößen für das Ertragsniveau. Die stärksten Ertragsdifferenzen treten in Jahren mit extremen Witterungsverläufen auf. Dann kommt die Bodenqualität – in Dürrejahren speziell der Bodenwasserhaushalt – stärker zum Tragen als in Normaljahren. Eine mächtige Lößdecke kann den Niederschlag eines Jahres speichern und an die Pflanzenwurzeln abgeben,

Anbaukultur	Ø 1935/38	Ø 1957/61	Ø 1991/94	Zuwachs 57/61 – 91/94
Winterweizen	22,4	31,9	65,7	106 %
Gerste	21,2	28,5	53,7	88 %
Roggen	18,3	25,8	51,4	99 %
Kartoffeln	168,2	223,9	353,6	58 %
Zuckerrüben	327,2	366,2	541,9	48 %

Tab. 1.5: Entwicklung der Hektarerträge in den alten Bundesländern 1935 – 1994 [dt]
Quellen: Statist. Jb. ELF 1969, 1994

Anbaukultur	1960	1980	1993
Getreide	21 907	32 713	35 547
Weizen	6 421	11 254	15 767
Roggen	6 174	4 015	2 984
Hafer	4 282	3 240	1 731
Körnermais	25	676	2 656
Ölfrüchte	264	685	2 791
Kartoffeln	39 366	15 908	12 260
Zuckerrüben	19 223	26 156	28 606
Hülsenfrüchte	163	90	217

Tab. 1.6: Entwicklung der Erntemengen wichtiger Feldfrüchte in Deutschland 1960 – 1993 [1 000 t]
Quellen: Statist. Jb. der DDR 1981; Statist. Jb. ELF 1969, 1994

während auf leichten Sandböden sehr viel früher Trockenschäden auftreten. Auf Lößböden wurden bei optimalem Witterungsverlauf bereits Spitzenerträge von mehr als 100 dt/ha Winterweizen geerntet.

Die *Ertragssicherheit* hat sich im Vergleich zu früheren Jahrhunderten durch die Entwicklung der Agrartechnologie stark verbessert, so daß die Ertragsschwankungen bei den üblichen Feldfrüchten relativ gering sind. In der preußischen Provinz Hannover konnte die Weizenernte in ungünstigen Jahren des Jahrzehnts 1890 – 1899 um 37 % und die Kartoffelernte sogar um 40 % unter den Durchschnittswert sinken. In Niedersachsen betrugen die Abweichungen im Jahrzehnt 1970 – 1979 nur noch 14 % bei Weizen und 24 % bei Kartoffeln. Lediglich bei den Dauerkulturen Wein und Obst, die in Deutschland an ihrer Polargrenze angebaut werden, treten nach wie vor erhebliche Ertragsschwankungen auf; das Anbaurisiko ist hier weit größer als bei den üblichen Feldfrüchten. Beispielsweise wurden 1980 4,6 Mio. hl Weinmost gekeltert, 1982 aber 15,4 Mio. hl. Die Hektarerträge schwankten in den beiden Erntejahren zwischen 51,8 hl und 173 hl oder im Verhältnis 1 : 3,3! Bei einem Durchschnittswert von 103,9 hl/ha für das Jahrzehnt 1980 – 1989 betragen die Abweichungen in den beiden Extremjahren +66,5 % und –50,2 %! Bei Wein und Obst bilden Spätfröste die größten Risikofaktoren. Fröste zur Blütezeit im Mai können zu erheblichen Ertragseinbußen führen, obwohl auch hier technische Hilfsmittel wie etwa die Frostberegnung das Risiko vermindert haben. Im Jahrzehnt 1904 – 1913 hatte die Weinmosternte im Deutschen Reich noch zwischen 7 hl (1910) und 35,4 hl (1904) je Hektar gependelt.

Als Folge dieser Ertragssteigerungen, die vor einigen Generationen noch unvorstellbar waren, hat sich die pflanzliche Bruttoproduktion trotz rückläufiger Anbauflächen bis Ende der 80er Jahre laufend erhöht (Tab. 1.6). Die pflanzliche Brutto-Bodenproduktion, ausgedrückt in Getreideeinheiten (GE), stieg in den alten Bundesländern von 48 Mio. t (Ø 1957/61) auf 88,3 Mio. t (1991/92) an. Für das vereinte Deutschland wurde für 1991/92 ein Wert von 122,4 Mio. t GE errechnet (Statist. Jb. ELF 1994, S. 144).

Angesichts einer stagnierenden Nachfrage haben diese enormen Produktionssteigerungen zu erheblichen Überschüssen bei den wichtigsten Agrarprodukten geführt. So betrug der *Selbstversorgungsgrad* 1991/92 bei Getreide 127 %, Zucker

Anbaukultur	1960/61	1970/71	1980/81	1989/90	1991/92
Getreide	79	70	92	101	127
Weizen	75	78	108	109	135
Roggen	92	99	106	123	163
Kartoffeln	98	95	81	92	90
Zucker	90	87	123	141	129
Gemüse	74	47	34	38	37
Obst	83	54	56	56	55
Pflanzliche Öle u. Fette	5	7	14	41	45
Fleisch insgesamt	85	86	88	90	86
Rindfleisch	83	91	107	122	123
Schweinefleisch	93	92	88	86	79
Geflügelfleisch	43	51	61	58	60
Milch	100	100	101	113	106
Käse	61	74	93	103	95
Butter	97	96	127	96	87
Eier	59	85	72	70	77

Tab. 1.7: Selbstversorgungsgrad bei Nahrungsmitteln (Inlandserzeugung in Prozent des Gesamtverbrauchs)
Quellen: IMA: Agrimente 93, 94.

129%, Rindfleisch 123%, Frischmilch 106% (Tab. 1.7). Dagegen bestanden Defizite bei Hülsenfrüchten (Deckungsgrad 28%), Gemüse (37%), Obst (12%), Schweinefleisch (79%), Geflügelfleisch (60%) sowie bei pflanzlichen Ölen und Fetten (46%). Die Vereinigung der beiden deutschen Staaten hat zu Verschiebungen bei der Selbstversorgungsrate geführt. Während sie bei Getreide von 114% (1990/91) auf 127% (1991/92) anwuchs, fiel sie bei Fleisch wegen der Abschlachtung von zwei Dritteln der ostdeutschen Viehbestände von 97% auf 86% ab. Das Defizit wird durch Importe, vor allem aus den Niederlanden, mühelos gedeckt.

Die Ernährungssicherung der Bevölkerung, seit Beginn des Industriezeitalters mit seinem starken Bevölkerungswachstum eine Hauptsorge der Agrarpolitik, ist heute weitgehend aus eigener Scholle gewährleistet – eine Folge der erwähnten Ertragssteigerungen. Sie ist das Resultat einer produktionstechnischen Forschung von mehr als 100 Jahren. Die frühere Ideologie vom „Volk ohne Raum" ist damit eindeutig widerlegt.

1.7 Viehwirtschaft

Die deutsche Landwirtschaft erwirtschaftete 1992/93 64% ihrer Verkaufserlöse von 65,8 Mrd. DM mit tierischen Produkten, auf pflanzliche Erzeugnisse entfielen 36%. In den alten Ländern liegt der Anteil tierischer Produkte wegen der größeren Bedeutung von Rinderhaltung und Veredlungswirtschaft sogar bei 70%. Allein die Erlöse für Milch in Höhe von 16 Mrd. DM oder 26,6% aller Verkäufe erreichten zwei Drittel des Wertes der gesamten Pflanzenproduktion. Da außerdem die Milch meist

in kleinen und mittleren Betrieben erzeugt wird und das Milchgeld monatlich an-
fällt, kommt ihm eine hohe wirtschaftliche und soziale Bedeutung zu; der Milch-
preis ist ein Politikum. Schweine erbrachten 15,4%, Rinder und Kälber ebenfalls
15,4%, Geflügel und Eier 5,5% der Verkaufserlöse (Tab. 1.8). Dieses Übergewicht der
tierischen Produktion ist typisch für die meisten Industrieländer mit hohem Le-
bensstandard. Innerhalb der EU zeichnet sich aus klimatischen Gründen eine Spezialisierung der nördlichen Mitgliedsländer auf tierische Produkte ab, während die
Mittelmeerländer einen Schwerpunkt in der pflanzlichen Produktion aufweisen.
Deren Anteil lag 1991 in Spanien bei 61%, in Italien bei 63% und in Griechenland
sogar bei 73%, während die tierische Produktion in Großbritannien auf 61%, in Belgien auf 65%, in Dänemark auf 72,5% und in Irland sogar auf 86% kam.

Die Tierhaltung hat in der Nachkriegszeit in ganz Deutschland große Wandlungen erfahren. Als erstes wurde der große *Pferdebestand* abgebaut, nämlich von
2,3 Mio. (1950) auf 323 000 (1975). Das Pferd fiel als Zugtier im bäuerlichen Betrieb
der Mechanisierung zum Opfer. Dadurch wurden etwa 10% der LF, die für das Pfer-
defutter benötigt wurden, für andere Nutzungen frei. Der Anteil der Haferfläche am
Ackerland sank von 16% (1935/38) auf heute 4% ab. Vom Tiefpunkt um 1975 erhol-
ten sich die Pferdebestände bis 1993 wieder auf 531 000 Tiere; es handelt sich zum
allergrößten Teil um Pferde der Freizeit-Tierhaltung.

Anbaukultur	Alte Bundesländer				Deutschland
	1960/61	1970/71	1980/81	1989/90	1992/93
Verkaufserlöse [Mrd. DM]	20 172	30 420	52 922	56 327	61 274
Getreide	11,5	7,9	10,3	9,2	12,6
Kartoffeln	3,8	3,0	1,6	2,0	1,8
Zuckerrüben	4,6	3,4	4,1	4,0	4,4
Ölsaaten	0,2	0,4	0,6	2,2	1,1
Obst	2,9	2,3	2,0	2,3	2,2
Gemüse	1,6	1,7	1,4	1,6	3,8
Wein	1,6	2,6	3,0	4,4	3,3
Pflanzliche Erzeugnisse	26,9	27,8	29,8	32,5	36,1
Milch	27,0	23,2	25,5	26,7	26,6
Rinder, Kälber	18,2	18,8	18,7	17,0	15,4
Schweine	21,9	21,5	19,2	17,7	15,4
Geflügel	0,9	1,9	1,9	2,1	2,5
Tierische Erzeugnisse	73,1	72,2	70,2	67,5	63,9

Tab. 1.8: Verkaufserlöse der Landwirtschaft nach Erzeugnissen
Quellen: Statist. Jb. ELF 1968, 1994; Agrarbericht 1995, Materialband, Tab. 21

Völlig bedeutungslos ist die *Ziegenhaltung* geworden, sanken doch die Bestände in ganz Deutschland von 3 Mio. (1950) bis 1975 auf 90 000 Tiere ab. Auch die alternative Landwirtschaft hat bisher zu keiner Renaissance der früheren „Kuh des kleinen Mannes" geführt, sie wurde vielmehr zu einer zoologischen Rarität. Viele lokale Ziegenrassen sind vom Aussterben bedroht, in der amtlichen Statistik wird der Ziegenbestand nur noch geschätzt.

Die Entwicklung der *Schafhaltung* verlief in beiden deutschen Staaten unterschiedlich. Im Altbundesgebiet sank der Schafbestand zunächst von 1,6 Mio. (1950) auf 0,8 Mio. (1965), stieg aber bis Ende der 80er Jahre wieder auf 1,7 Mio. Tiere an. In der DDR wurde aus Autarkiegründen immer ein hoher Bestand von 2 bis 2,6 Mio. Tieren gehalten. Bei einem Ankaufpreis von 50 Mark je Kilo Wolle war die Schafhaltung auch für Privatpersonen überaus lukrativ. Als nach der Wende diese Subventionen wegfielen, sank der Schafbestand in den neuen Ländern schlagartig auf ein Viertel, d.h. auf etwa 700 000 Tiere, ab.

In Deutschland haben heute nur noch drei Zweige der Nutztierhaltung größere wirtschaftliche Bedeutung, nämlich die Rindviehhaltung, die Schweinehaltung und die Geflügelhaltung. Die Pferdezucht hält nur noch regional – etwa in Niedersachsen – eine gewisse Position; bei Verkaufserlösen von 70 Mio. DM in ganz Deutschland kann sie vernachlässigt werden. Insgesamt hat die Entwicklung der letzten Jahrzehnte zu einer Verarmung der Nutztiergesellschaft auf den Höfen geführt.

Die größte wirtschaftliche Bedeutung kommt der *Rinderhaltung* zu, stammen doch aus Milch-, Fleisch- und Zuchttierverkäufen etwa 40% der gesamten Verkaufserlöse der deutschen Landwirtschaft. Im alten Bundesgebiet wurde der Rinderbestand von 11,1 Mio. (1950) bis 1985 auf den Rekordwert von 15,6 Mio. Tieren aufgestockt. Nach der Einführung der Milchquote in der EG 1984 sanken die Zahlen bis 1993 um 2,5 Mio. oder 16% auf 13,1 Mio. ab (Tab. 1.9). Auch in der DDR war der Bestand von 3,6 Mio. (1950) auf 5,7 Mio. (1980) angestiegen, ein Niveau, das bis zum Ende des Staates gehalten wurde. Die Wende wirkte sich katastrophal aus: Zwischen

Tierbestand/Halter	Alte Bundesländer			Deutschland
	1950	1970	1993	1992
Rinder [1 000]	11 149	14 026	13 086	16 207
Rinderhalter [1 000]	1 536	843	291	311
Tiere je Halter	7,3	16,6	45,0	52
Schweine [1 000]	11 890	20 969	22 101	26 514
Schweinehalter [1 000]	2 394	1 028	234	256
Tiere je Halter	5,0	20,4	94,4	103,5
Hühner [1 000]	48 064	98 601	74 017	95 632
Hühnerhalter [1 000]	3 750	1 305	230 [1]	306
Tiere je Halter	13,8	76	322	313

[1] 1992

Tab. 1.9: Entwicklung der Tierbestände in den alten Bundesländern
Quellen: Statist. Jb. ELF 1968, 1981, 1994

1989 und 1993 halbierte sich der Rinderbestand von 5,7 Mio. auf 2,8 Mio. Tiere. Viele rinderhaltende LPG lösten sich auf, andere reduzierten ihre Bestände. Ganze Milchkuhherden, die nicht tuberkulosefrei waren, wanderten in die Schlachthöfe.

Die Zahl der *rinderhaltenden* Betriebe ist in den alten Bundesländern zwischen 1950 und 1993 von 1,5 Mio. auf unter 300 000 gesunken, 80 % der Rinderhalter haben aufgegeben. Gleichzeitig ist die durchschnittliche Tierzahl je Halter von 7,3 auf 45 gestiegen. Die verbleibenden Betriebe konnten nur durch Aufstockung ihrer Bestände überleben. Der Konzentrationsprozeß wird auch bei den Bestandsgrößen sichtbar. Auf das oberste Drittel der Rinderhalter mit 50 und mehr Tieren entfallen bereits 67 % des gesamten Bestandes. Besonders bei der Kälber- und Bullenmast haben sich auch in den alten Ländern recht große Einheiten ausgebildet. Demgegenüber ist die arbeitsintensive *Milchkuhhaltung* nach wie vor eine Domäne des bäuerlichen Klein- und Mittelbetriebes. In den alten Ländern standen 1991 87 % der 4,7 Mio. Milchkühe in Beständen mit weniger als 50 Tieren. Die Gruppe der Großbetriebe mit 50 und mehr Tieren kam auf einen Anteil von 3,5 % der Halter und 13 % der Kühe (Statist. Jb. ELF 1994, S. 127 f.). Eine völlig andere Situation liegt in den neuen Bundesländern vor, wo die großbetrieblichen Strukturen der DDR teilweise überdauert haben. Die nur 2 346 Betriebe mit 100 und mehr Milchkühen vereinten 1993 92 % des Bestandes von etwa 1 Mio. Tieren auf sich; im Durchschnitt standen in jedem Betrieb dieser Größenklasse 394 Milchkühe im Stall (Agrarbericht 1995, Materialband, S. 22 f.).

Nach der Rinderhaltung ist die *Schweinehaltung* der zweitwichtigste Zweig der Viehwirtschaft. Sie erbringt etwa ein Fünftel aller Verkaufserlöse der Landwirtschaft und läßt sich in die zwei Betriebszweige Zucht und Mast differenzieren.

Bei der *Schweinemast* ist die Konzentration auf Großbetriebe schon weit fortgeschritten. Nach der Landwirtschaftszählung von 1991 standen 43 % der Tiere in Beständen mit mehr als 400 Köpfen, 44 % bildeten mittelgroße Bestände mit 50 – 399 Schweinen, und nur 13 % der Tiere wurden noch in kleinbäuerlicher Haltung mit weniger als 50 Tieren gemästet. In den neuen Ländern sind sogar 97 % des Bestandes auf Betriebe mit mehr als 400 Tieren konzentriert. In der *Schweinezucht* ist die Konzentration noch nicht so weit fortgeschritten. In den alten Ländern standen 48 % der Zuchtsauen in Beständen mit weniger als 50 Tieren; die Mäster kaufen Ferkel von den kleinen Zuchtbetrieben zu. Dagegen dominiert in den neuen Ländern auch bei der Zucht der Großbetrieb: 96 % der Sauen stehen in Betrieben mit mehr als 100 Tieren.

Jährlich werden in Deutschland etwa 40 Mio. Schweine erzeugt. Die Viehzählung Ende 1993 erfaßte einen Bestand von 26 Mio. Tieren, davon 4 Mio. in den neuen Ländern. Damit ist der Schweinebestand in den neuen Ländern auf ein Drittel seines ursprünglichen – im Verhältnis zur Bevölkerungszahl wohl überhöhten – Bestandes von 12 Mio. Tieren gesunken.

Im Wirtschaftsjahr 1992/93 erzielte die deutsche Landwirtschaft aus dem Verkauf von Geflügel und Eiern Erlöse von 3,4 Mrd. DM oder 5,5 % ihrer Gesamterlöse. Die *Geflügelhaltung* steht also in ihrer wirtschaftlichen Bedeutung weit hinter der Rinder- und Schweinehaltung zurück. Als Geflügelarten sind nur noch Hühner, Truthühner, Enten und Gänse von nennenswerter Bedeutung. Dabei ist der Geflügelfleischverzehr pro Kopf von 4,4 kg (1960) auf 12,4 kg (1993) angestiegen – eine Folge stärkeren Gesundheitsbewußtseins. Der gleiche Trend ließ allerdings in jüngster Zeit den Eierverbrauch von 285 Stück je Kopf und Jahr (1980) auf 244 (1990) sinken – eine Folge der Cholesterindebatte. Die deutsche Landwirtschaft war aber nicht in der Lage, diese Nachfrage zu decken, beträgt doch der Selbstversorgungsgrad bei Geflügel nur etwa 60% und bei Eiern 70%. Die Geflügelhaltung weist den stärksten Konzentrationsgrad in der gesamten tierischen Produktion auf. So waren die Legehennen 1993 in den alten Ländern zu 73% in Beständen mit mehr als 5 000 Tieren konzentriert, in den neuen Ländern sogar zu 95%! In nur 956 Betrieben des vereinten Deutschlands wurden 77% des Hennenbestandes von 30 Mio. Tieren gehalten, der Durchschnitt lag bei 31 000 Tieren je Betrieb. Im Grunde kann man hier nicht mehr von bäuerlichen Betrieben sprechen; es handelt sich um eine horizontal und vertikal verflochtene Agroindustrie mit ausgesprochener Massentierhaltung.

Innerhalb Deutschlands gibt es große Differenzen beim Viehbesatz in Relation zur Fläche (Abb. 1.5). Auffallend ist der niedrige Viehbesatz in den neuen Ländern, nachdem die Bestände der alten DDR bei Rindern um die Hälfte, bei Schweinen um zwei Drittel und bei Schafen sogar um drei Viertel reduziert wurden. Sicherlich waren die Bestände der alten DDR zwecks unrentabler Selbstversorgung – etwa bei Schafwolle – oder zur Devisenbeschaffung überhöht . Auch korrelieren heute die Viehbestände der neuen Länder in etwa mit deren Bevölkerungsanteil von 18% an der Gesamtbevölkerung Deutschlands. In Relation zur Nutzfläche ist aber der Viehbesatz sehr niedrig geworden, er bewegt sich in den meisten Landkreisen zwischen 40 und 80 Großvieheinheiten (GVE) je 100 ha LF. Die ostdeutsche Landwirtschaft hat bei der tierischen Produktion offensichtlich Marktanteile an die westdeutsche und niederländische Konkurrenz verloren, haben doch ostdeutsche Lebensmittel in den neuen Ländern nur einen Marktanteil von etwa 50%. Die Regionen mit hohem Viehbesatz, d.h. mit mehr als 120 GVE / 100 ha, liegen im westlichen Niedersachsen und nördlichen Westfalen mit ihren Veredlungsbetrieben sowie in Ober- und Niederbayern, wo Milchviehhaltung und Bullenmast ihre Schwerpunkte haben. Hier liegen die 19 Landkreise mit mehr als 160 GVE / 100 ha, während in keinem einzigen Landkreis der neuen Länder diese Dichte anzutreffen ist (Agrarbericht 1995, S. 11).

Die räumlichen Schwerpunkte der Rinderhaltung sind natürliche Grünlandgebiete, besteht doch zwischen Grünlandanteil und Rinderbesatz eine ziemlich enge Korrelation, da Rinder eine gewisse Grundmenge an faserreichem Rauhfutter benötigen. Die Flächenbindung ist daher stärker ausgeprägt als bei den anderen Tierarten. In grünlandreichen Landkreisen der Wesermarsch, in der Grafschaft Bentheim, im Oberallgäu und am Chiemsee werden Spitzenwerte von mehr als 200 Rindern je 100 ha LF erreicht. Das andere Extrem bilden Ackerbaugebiete der Börde und des nördlichen Oberrheingrabens mit weniger als 50 Tieren je 100 ha. Im Landkreis Hildesheim wurden 28 und im Landkreis Wolfenbüttel gar nur 10 Rinder je 100 ha gezählt. Hier sind Dörfer ohne eine einzige Milchkuh anzutreffen.

Im Gegensatz zur noch stark flächengebundenen Rinderhaltung wirtschaften die Veredlungsbetriebe der Schweine- und Geflügelhaltung weitgehend bodenunabhängig. Die erwähnte betriebliche Konzentration geht mit einer räumlichen einher. Schwerpunkträume sind das südliche Oldenburg um Vechta und Cloppenburg, Emsland, Münsterland und die nördliche Niederrheinische Bucht. Diese hochgradige Konzentration erklärt sich aus der Nähe der Importhäfen für Futtermittel, der Nähe des Ruhrgebiets als größter Absatzmarkt und aus historischen Entwicklungen, die z.B. im Raum Vechta bereits vor dem Ersten Weltkrieg einsetzten. Der

Abb. 1.5: Viehbestände 1992
Quelle: Laufende Raumbeobachtung der BfLR

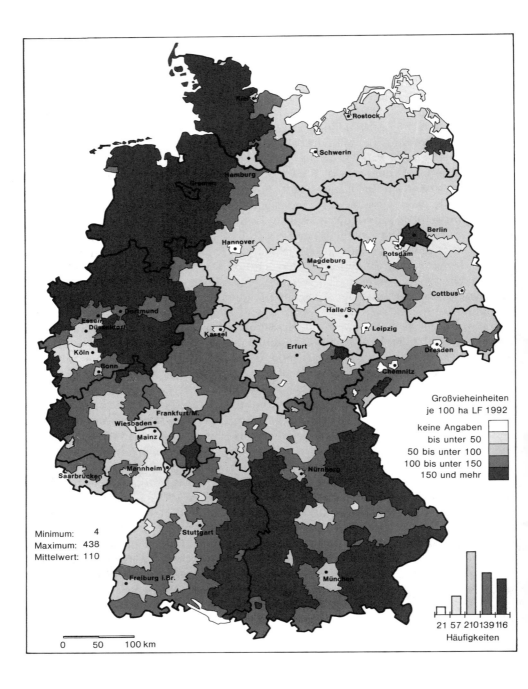

Großvieheinheiten
je 100 ha LF 1992

keine Angaben
bis unter 50
50 bis unter 100
100 bis unter 150
150 und mehr

Minimum: 4
Maximum: 438
Mittelwert: 110

21 57 210 139 116
Häufigkeiten

0   50   100 km

Landkreis Vechta erreicht einen Spitzenwert von 1 200 Schweinen auf 100 ha LF. In den Ländern Niedersachsen und Nordrhein-Westfalen waren 1993 44% der Zuchtsauen, 53% der Mastschweine und 48% der Legehennen des Bundesgebietes konzentriert – aber nur 32% der Bevölkerung! Die Konzentration derartiger Tierbestände auf engem Raum führt zu ernsten Umweltproblemen, wie Geruchsbelästigung, Seuchengefahr (Schweinepest!) und Nitratbelastung von Grund- und Oberflächenwasser. In Süddeutschland treten inselhaft einige Schweinehaltungszentren in Ackerbaugebieten auf. Ihr Besatz von maximal 250 Schweinen / 100 ha reicht aber nicht entfernt an den der marktbeherrschenden Schweinemastzentren in Nordwestdeutschland heran.

1.8   Ausblick

Der tiefgreifende Strukturwandel, den die deutsche Landwirtschaft seit den 50er Jahren durchläuft, geht auch am Ende des 20. Jh. weiter. Angesichts der bereits stark geschrumpften Zahlen von Betrieben und Beschäftigten dürfte die künftige Entwicklung aber nicht mehr so dramatisch verlaufen wie in den letzten 40 Jahren. Voraussagen über die künftige Entwicklung der deutschen Landwirtschaft sind schwierig, weil die politische Einflußnahme auf die Agrarstruktur auf europäischer wie nationaler Ebene weit größer ist als bei anderen Wirtschaftssektoren. Gab es 1950 in den alten Ländern noch mehr als 1,6 Mio. landwirtschaftlicher Betriebe, so sind es jetzt im vereinten Deutschland nur noch 579 000. Davon entfallen 551 000 auf die alten Länder (1994), von denen aber nur 269 000 Vollerwerbsbetriebe sind. Letztere bewirtschaften im Mittel 34,5 ha. Setzt man für die Zukunft die heutige Wachstumsschwelle von 50 ha als Mindestgröße an, so würden 220 000 Betriebe ausreichen, eine ebenfalls reduzierte Nutzfläche von 11 Mio. ha in den alten Ländern zu bewirtschaften. Die jetzigen Betriebszahlen würden sich nochmals um die Hälfte reduzieren.

Was die Arbeitsplätze in der Landwirtschaft betrifft, so genügen für die Bewirtschaftung der gesamtdeutschen Nutzfläche von 17 Mio. ha etwa 400 000 vollbeschäftigte Arbeitskrafteinheiten (AKE), wenn man den in den neuen Ländern bereits erreichten Besatz von 2,4 AKE je 100 ha LF zugrunde legt. Das würde bedeuten, daß von den heute etwa 700 000 AKE nochmals 300 000 abgebaut werden. Angesichts der Altersstruktur der (vollbeschäftigten) Betriebsinhaber – im Jahre 1993 waren 58 % älter als 45 Jahre – könnte sich dieser Prozeß in weniger als 20 Jahren lautlos im Generationenwechsel vollziehen. Nicht zu beantworten ist die Frage nach der künftigen Rolle von Teilzeitbeschäftigung und Nebenerwerbscharakter in der Landwirtschaft. Sie hängt von der allgemeinen Einkommensentwicklung und dem Angebot an außerlandwirtschaftlichen Arbeitsplätzen ab, das bekanntlich immer spärlicher wird.

Der noch bevorstehende Strukturwandel wird starke Auswirkungen auf den ländlichen Raum haben. Dabei dürften sich große regionale Disparitäten ausbilden. Drei Kategorien von Agrarräumen lassen sich unterscheiden:
1. Agrarräume im Randbereich der städtischen Agglomerationen,
2. agrarische Intensivgebiete in naturräumlichen Gunstregionen,
3. agrarische Extensivgebiete auf von Natur aus benachteiligten Standorten und in peripherer Lage.

An den Rändern der städtischen Agglomerationen bieten sich den Agrarbetrieben relativ günstige Einkommensmöglichkeiten durch Direktvermarktung, Freizeitaktivitäten (z. B. Reiterhöfe), Übernahme von Lohnarbeit, Verpachtungen und Vermietungen von Flächen und Gebäuden sowie in letzter Konsequenz durch Baulandverkäufe.

In den naturräumlichen Gunstgebieten (Börden, Gäulandschaften) wird weiterhin intensiver Ackerbau betrieben werden. Die verbleibenden Betriebe werden versuchen, die Preiseinbrüche der EU-Agrarreform durch Ertragssteigerung und Aufstockung der Flächen auszugleichen. Mit Flächenstillegungen größeren Umfangs ist hier nicht zu rechnen.

Völlig anders stellt sich die Situation in den von der Natur benachteiligten Räumen dar, zumal in denen an der Peripherie, d. h. in Bergländern, alten Marschen, ehemaligen Moorgebieten und vor allem auf den ausgedehnten glazialen Sandflächen. Auf diesen ertragsschwachen Standorten dürfte sich nach den drastischen Preissenkungen der EU ein herkömmlicher Ackerbau kaum mehr lohnen. Über die möglichen Folgenutzungen dieser Flächen ist eine lebhafte Diskussion entbrannt (WAGNER 1995). Als Nutzungsformen werden extensive Bewirtschaftung (z. B. Wildgehege), subventionierte Brache, Aufforstung, Flächen für Freizeit und Naturschutz genannt. Besonders kritisch ist die soziale Situation in den peripheren Ungunsträumen der neuen Länder, über die der Strukturwandel unverhofft hereingebrochen ist. Hier fehlen auch die nichtlandwirtschaftlichen Arbeitsplätze, die in ähnlich strukturierten Räumen des Altbundesgebietes in Jahrzehnten entstanden sind. Ein weites Feld für die Regionalpolitik zeichnet sich hier ab.

Literatur

ACHILLES, W. (1993):
Deutsche Agrargeschichte im Zeitalter der Reformen und der Industrialisierung. Stuttgart.

ARNOLD, A. (1985):
Agrargeographie. Paderborn. = UTB **1380**.

ARNOLD, A. (1993):
Landwirtschaft. In: JUNG, H.-U., u. L. SCHÄTZL [Hrsg.]: Atlas zur Wirtschaftsgeographie von Niedersachsen. Hannover, 98 – 111.

BERGMANN, E. (1992):
Räumliche Aspekte des Strukturwandels in der Landwirtschaft. Geographische Rundschau, **44**: 143 – 147.

Bundesministerium für Ernährung, Landwirtschaft und Forsten [Hrsg.]:
Statistisches Jahrbuch über Ernährung, Landwirschaft und Forsten. Bonn, diverse Jahrgänge.

Bundesministerium für Ernährung, Landwirtschaft und Forsten. [Hrsg.] (1995):
Agrarbericht der Bundesregierung. Text- und Materialband. Bonn.

Bundesministerium für Innerdeutsche Beziehungen [Hrsg.] (1987):
Materialien zum Bericht zur Lage der Nation im geteilten Deutschland. Bonn.

ECKART, K., WOLLKOPF, H.-F., u.a. (1994):
Landwirtschaft in Deutschland. Veränderungen der regionalen Agrarstruktur in Deutschland zwischen 1960 und 1992. Leipzig. = Beiträge zur Regionalen Geographie, **36**.

FISCHBECK, G. (1993):
Entwicklungsphasen in der Steigerung der Hektarerträge wichtiger Kulturpflanzen des Ackerlandes in der Bundesrepublik Deutschland 1955 – 1990. Berichte über Landwirtschaft, **71**: 567 – 579.

HAEFKE, F. (1959):
Physische Geographie Deutschlands. Berlin.

Informationsgemeinschaft für Meinungspflege und Aufklärung (IMA) [Hrsg.] (1995):
Agrimente 95. Hannover.

RÖHM, H. (1964):
Die westdeutsche Landwirtschaft. München.

SCHMIDT, R. (1994):
Böden. In: LIEDTKE, H., u. J. MARCINEK [Hrsg.]: Physische Geographie Deutschlands. Gotha, 197 – 218.

WAGNER, R. (1995):
Die zukünftige Nutzung ertragsschwacher Standorte in den neuen Bundesländern. Berichte über Landwirtschaft, **73**: 466 – 508.

A.2 Bergbau, Bodenschätze und Energie

HANS-DIETER HAAS /
JOCHEN SCHARRER, München

2.1   Bergbau und Bodenschätze in Deutschland

Deutschland ist ein Land mit nur relativ geringen Rohstoffvorkommen. Zwar existieren in den alten und neuen Bundesländern reichhaltige Kohlenlagerstätten, jedoch stehen andere Primärenergieträger (d. h. Stoffe, die in der Natur vorkommen und in denen Energie gespeichert ist) und metallische Rohstoffe für die industrielle Weiterverarbeitung nur in eng begrenztem Umfang zu Verfügung (vgl. TIETZE et al. 1990, S. 412). Auch durch die Wiedervereinigung hat sich an dieser Situation nichts geändert.

So ist Deutschland seit Jahrzehnten auf die Einfuhr von Rohstoffen aus dem Ausland angewiesen; lediglich bei Kali- und Steinsalzen besteht eine völlige Eigenversorgung (vgl. KEGEL 1994, S. 25). Für eine Industrienation wie Deutschland sind Primärenergierohstoffe nicht nur unter dem Aspekt der Grundversorgung zu bewerten, sondern sie stellen auch einen strategischen Faktor dar. Die Auswirkungen von Engpässen in der Energieversorgung wurden während der beiden Ölkrisen deutlich (vgl. GLÄSSER u. VOSSEN 1985, S. 258). Um eine einseitige Importabhängigkeit bei den Rohstoffen zu vermeiden und die Sicherung der inländischen Energieversorgung zu gewährleisten, ist deshalb die Förderung von Primärenergierohstoffen aus nutzbaren heimischen Ressourcen von großer Bedeutung (vgl. REICHEL 1995, S. 363).

Gebunden an die gesetzlichen Normen der alten Bundesländer und eingebettet in die neuen energiepolitischen Leitlinien der Europäischen Union, befindet sich gegenwärtig die ostdeutsche Energiewirtschaft in einem tiefgreifenden Erneuerungsprozeß. Insbesondere die von der Kohlewirtschaft geprägten Räume haben erhebliche Probleme, da vier Jahrzehnte planwirtschaftlicher Entwicklung deutliche Spuren hinterließen.

Die Strategie einer importunabhängigen Energieversorgung führte in der ehemaligen DDR zu einer Ausbeutung der heimischen Braunkohlenvorkommen ohne Berücksichtigung wirtschaftlicher und ökologischer Aspekte. Seit der deutschen Wiedervereinigung vollzieht sich hier eine energiewirtschaftliche Umstrukturierung. Damit verbunden sind die Schaffung einer effizienten ökonomischen Struktur der Energieträger, der an den Zielen des Umweltschutzes orientierte Um-, Aus- und Neubau von Kraftwerken sowie der systematische Aufbau einer Erdgasversorgung (vgl. FLATH 1992, S. 39). Eine Folge dieser Prozesse ist unter anderem die erhebliche Reduzierung der ostdeutschen Kohlenförderung .

2.1.1   Primärenergierohstoffe

Deutschland verfügt mit seinen zahlreichen Braun- und Steinkohlenvorkommen über einen bedeutenden Energievorrat. Sowohl bei der Steinkohle wie auch bei der Braunkohle ergeben sich Reichweiten bis weit ins nächste Jahrtausend. Mit der Braunkohle steht zudem der einzige Energierohstoff bereit, der in Deutschland in ausreichendem Umfang ohne Subventionen zu international konkurrenzfähigen Bedingungen abgebaut werden kann. Seit der Wiedervereinigung addieren sich die bei heutiger Technik wirtschaftlich gewinnbaren Vorräte an Steinkohle auf rund

24 Mrd. t Steinkohleeinheiten (1 kg SKE wurde als die Energiemenge festgelegt, die 1 kg Steinkohle mit einem Heizwert von 7 000 kcal/kg entspricht); sie würden bei heutiger Förderung rechnerisch 400 Jahre reichen. Dem gegenüber belaufen sich die gewinnbaren Vorräte an Braunkohle auf ca. 13 Mrd. t SKE (vgl. REICHEL 1995, S. 360). 1994 erreichte der Verbrauch an Braunkohle rund 63,5 Mio. t SKE. Davon entfielen nur 2% auf Importe (vgl. SCHIFFER 1995, S. 150).

Der Braunkohlenbergbau existiert in Deutschland bereits seit dem 17. Jh. Zunächst erfolgte der Abbau nur punkthaft zur Versorgung von Handwerksbetrieben und Haushalten mit Brennmaterial. Erst um 1900 wurde mit der maschinellen Abraumbeseitigung und der vollmechanisierten Gewinnung begonnen (vgl. Institut für Länderkunde 1992, S. 64). Zur Zeit wird die Braunkohle in Deutschland in drei großen Braunkohlenlagerstätten gefördert. Hierbei handelt es sich um das Rheinische Revier, das Lausitzer Revier und das Mitteldeutsche Revier. Daneben gibt es das Helmstedter Revier, die Zeche Hirschberg im Hessischen Revier und ein kleineres Braunkohlengebiet im Nordosten von Bayern (Abb 2.1). Diese Reviere setzen sich aus diversen Abbaubereichen zusammen. So erfolgte die Kohlenförderung Ende 1994 im Rheinischen und im Mitteldeutschen Revier in vier sowie im Lausitzer Revier in neun Abbaubereichen. Dort sind mehrere Stillegungen bis zum Ende der 90er Jahre geplant (vgl. MAASSEN u. SCHIFFER 1995, S. 242; SCHIFFER 1995, S 150 f.).

Aufgrund der Mächtigkeit der Kohleflöze vollzieht sich der Abbau von Braunkohle in Deutschland fast ausschließlich in großflächigen offenen Gruben unter Einsatz großer Förder- und Absetzgeräte (vgl. TIETZE et al. 1990, S. 423, und Abb. 2.2). Lediglich in der Zeche Hirschberg wird Braunkohle teilweise auch unter Tage gewonnen. Vor der Gewinnung von Braunkohle im Tagebau ist ein Abräumen der Deckgebirgsmassen erforderlich. Das Verhältnis von Kohle zu geförderter Abraummenge variiert in den einzelnen Revieren (Tab. 2.1). Im Durchschnitt ergab sich 1994 mit 1 035 Mio. m³ bewegtem Abraum und 207 Mio. t geförderter Kohle ein Verhältnis von 5 : 1 zwischen Abraum und Kohle (vgl. MAASSEN u. SCHIFFER 1995, S. 242).

Trotz einer fortschreitenden Technisierung in den ostdeutschen Revieren waren Mitte 1995 in Ostdeutschland noch 27 773 Arbeitnehmer im Braunkohlenbergbau beschäftigt, während es in den stärker rationalisierten westdeutschen Revieren lediglich 14 501 Personen waren (vgl. SCHÜRMANN 1995 b). Gegenüber 1989 bedeuten diese Zahlen jedoch einen absoluten Rückgang der im Braunkohlenbergbau Erwerbstätigen um 114 497 bzw. 73%, wobei dieser drastische Rückgang überwiegend in den neuen Bundesländern stattfand (vgl. MAASSEN u. SCHIFFER 1995, S 249). Allein im Lausitzer und im Mitteldeutschen Revier wurden von 1989 bis Mitte 1995 insgesamt 111 098 Arbeitsplätze im Braunkohlenbergbau abgebaut.

Gegenwärtig ist Deutschland mit Abstand der weltweit größte Braunkohlenproduzent, gefolgt von der Volksrepublik China und Rußland (vgl. v. BARATTA 1995, S. 1 020), obwohl die Gesamtförderung 1994 (1993) um rund 7% auf 207,1 (221,8) Mio. t Braunkohle sank. Davon entfielen rund 105 Mio. t auf Westdeutschland und fast 102 Mio. t auf Ostdeutschland. Mit rund 87% der Gesamtförderung lag der Schwerpunkt der Gewinnung dabei im Rheinischen und im Lausitzer Revier (vgl. MAASSEN u. SCHIFFER 1995, S. 242).

Im Vergleich zu 1989 reduzierte sich die deutsche Braunkohlenförderung um fast 50%, wobei sich die Fördermengen in den einzelnen Revieren seit der Wieder-

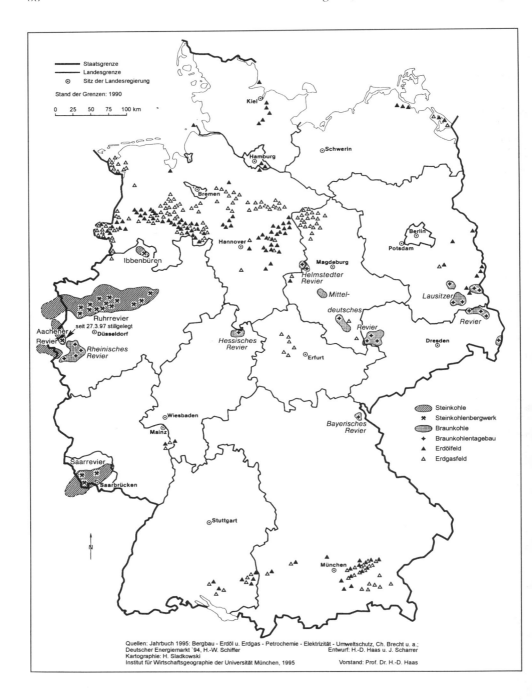

Abb. 2.1: Lagerstätten fossiler Rohstoffe in Deutschland 1994

Abb. 2.2:
Braunkohlentagebau unter
Einsatz großer Förder-
und Absetzgeräte
Foto: Rheinbraun AG, Köln

Revier	Abraumbe-wegung	Förder-menge	Förder-verhältnis	Heizwert	SKE-Faktor	Förder-menge
	[1 000 m²]	[1 000 t]	A : K	[kJ/kg]	[kg SKE/kg]	[1 000 t SKE]
Rheinisches Revier	551 361	101 362	5,4 : 1	8 478	0,289	29 322
Helmstedter Revier	13 389	3 774	3,5 : 1	11 060	0,377	1 424
Hessisches Revier	570	150	5,2 : 1	11 797	0,403	60
Bayerisches Revier	–	51	–	5 900	0,201	10
Summe Westdeutschland	*565 321*	*105 337*	*5,4 : 1*	*8 574*	*0,293*	*30 816*
Lausitzer Revier	414 608	79 410	5,2 : 1	8 719	0,297	23 625
Mitteldeutsches Revier	55 234	22 230	2,5 : 1	10 518	0,359	8 014
Summe Ostdeutschland	*469 842*	*101 741*	*4,6 : 1*	*9 114*	*0,311*	*31 639*
BRD (gesamt)	1 035 163	207 077	5,0 : 1	8 839	0,302	62 455

Tab. 2.1: Leistungszahlen des deutschen Braunkohlenbergbaus sowie Heizwerte der geförderten
Kohlen nach Revieren 1994
Bearbeitung: JOCHEN SCHARRER (1995); Quelle: MAASSEN u. SCHIFFER (1995, S. 243)

vereinigung sehr unterschiedlich entwickelt haben (Tab. 2.2). Während die Gewinnung in den westdeutschen Revieren nahezu stagnierte, vollzog sich in Ostdeutschland eine erhebliche Reduzierung. Zurückzuführen ist dieser Rückgang in den ostdeutschen Revieren einerseits auf die neuen gesetzlichen Verordnungen und zum anderen auf die Substitution der Braunkohle durch Öl und Erdgas (vgl. REICHEL 1995, S. 360).

Verwendung findet die Braunkohle vornehmlich in zwei Bereichen, nämlich in der Verstromung und in der Herstellung von Braunkohlenprodukten (z.B. Briketts, Staub, Koks etc.), wobei nicht jede Braunkohlenart für beide Zwecke geeignet ist. Da ein Transport von Rohbraunkohle wegen des durchschnittlichen Wassergehaltes von rund 55 % über größere Entfernungen nicht wirtschaftlich ist, erfolgt in Deutschland die Nutzung unmittelbar in der räumlichen Nähe der Reviere. Wurde die Braunkohle zunächst verstärkt zur Produktion von Briketts für den Hausbrand eingesetzt, dient sie seit Beginn des 20. Jh. vorwiegend der Erzeugung elektrischer Energie (vgl. TIETZE et al. 1990, S. 413). Heutzutage werden rund 83 % der bundesweiten Braunkohlenförderung (1994) für die Strom- und Fernwärmeerzeugung eingesetzt. Eine Ausnahme stellt die in Bayern gewonnene Braunkohle (1994: 50 853 t) dar, die ausschließlich zum Selbstverbrauch der Tonwerke Ponholz und Schirnding dient. Nach den Kraftwerken bilden die Veredlungsbetriebe den wichtigsten Einsatzbereich. Jedoch wurde vor allem in Ostdeutschland bei der Herstellung von Braunkohlenprodukten seit 1989 ein starker Rückgang verzeichnet. Grund für diese Entwicklung sind vor allem der Wegfall großindustrieller Bedarfsträger und die ausgelösten Substitutionsprozesse in der chemischen Industrie (vgl. MAASSEN u. SCHIFFER 1995, S. 245 ff.).

Im Gegensatz zur Braunkohle beschränken sich die größeren Steinkohlenvorkommen auf die alten Bundesländer (Abb. 2.1). Es ist urkundlich belegt, daß bereits

Revier	1989	1994	1989	1994
	[1 000 t]		Anteil [%]	
Rheinisches Revier	104 210	101 362	25,4	48,9
Helmstedter Revier	4 389	3 774	1,1	1,8
Hessisches Revier	1 222	150	0,3	0,1
Bayerisches Revier	55	51	–	–
Summe Westdeutschland	*109 876*	*105 337*	*26,8*	*50,9*
Lausitzer Revier	195 138	79 410	47,5	38,3
Mitteldeutsches Revier	105 652	22 330	25,7	10,8
Summe Ostdeutschland	*300 790*	*101 741*	*73,2*	*49,1*
BRD (gesamt)	410 666	207 077	100,0	100,0

Tab. 2.2: Braunkohlengewinnung in Deutschland nach Revieren
Bearbeitung: JOCHEN SCHARRER (1995); Quelle: SCHIFFER (1995, S. 151)

im 12. und 13. Jh. Steinkohle im Aachener und im Ruhrrevier genutzt wurde. Aber erst mit der Entwicklung der Dampfmaschine, die einen Abbau der schwerer erreichbaren Lagerstätten unterhalb des Grundwasserspiegels ermöglichte, begann eine Steinkohlengewinnung in größerem Umfang (vgl. RIEDEL 1995, S. 307). Da die Dampfmaschinen, die in fast allen gewerblichen Bereichen eingesetzt wurden, sowie die neu entstandenen Eisenbahnen für ihren Antrieb große Mengen an Kohle benötigten, nahm ab diesem Zeitpunkt bis zum Beginn des Ersten Weltkrieges die Steinkohlenförderung stetig zu (vgl. TIETZE et al. 1990, S. 413). Jedoch führten die Folgen des Ersten Weltkrieges zu einem drastischen Rückgang der Jahresförderung. Zwischen den beiden Weltkriegen wurde der erneute Anstieg der Steinkohlenförderung infolge der Weltwirtschaftskrise von 1929 bis 1932 abermals unterbrochen (vgl. REICHEL 1995, S. 360). Anschließend beschleunigte die zweite technische Revolution die Mechanisierung des Abbaus. Seitdem haben sich die Abbauverfahren im Bergbau wesentlich verändert.

Nach dem Ende des Zweiten Weltkrieges hatte die heimische Steinkohle ein Quasimonopol für die Primärenergieversorgung sowie für den Wärmeenergiebedarf der privaten Haushalte und somit eine Schlüsselrolle im Wiederaufbau Westdeutschlands. Der westdeutsche Steinkohlenbergbau, der nach Kriegsende noch unter der Kontrolle der britischen Militärregierung stand, hatte zunächst wieder einen Aufschwung zu verzeichnen. So wurde zu Beginn der 50er Jahre die Montanmitbestimmung durchgesetzt und die Europäische Gemeinschaft für Kohle und Stahl (EGKS) gegründet. Damit war der gemeinsame Kohlenmarkt einer der ersten europäischen Binnenmärkte. Mit dem Ende der 50er Jahre hat die Förderung von Steinkohle ihren Höhepunkt überschritten und geht seitdem stetig zurück. War es zunächst nur die billigere Importkohle, welche die heimische Steinkohle wegen ihrer hohen Gewinnungskosten vom Markt verdrängte, wurde sie später auf dem Wärmemarkt immer mehr durch das Erdöl, nachfolgend auch durch Erdgas substituiert. Im Zuge dieser Substitutionsprozesse sind in Deutschland zahlreiche Steinkohlengruben stillgelegt worden (vgl. REICHEL 1995, S. 361 f.; TIETZE et al. 1990, S. 411 ff.).

1994 erfolgte die Gewinnung von Steinkohle in Deutschland in 19 Untertageschachtanlagen, die sich auf die Reviere im Saarland (3), im Aachener Raum (1), bei Ibbenbüren (1) und im Ruhrgebiet (14) verteilten. Hier wurden 1994 insgesamt 52 Mio. t Steinkohle gefördert (Tab. 2.3 u. Abb. 2.3). Daneben belief sich die Gewinnung in deutschen Kleinzechen auf rund 0,4 Mio. t Steinkohle (vgl. SCHIFFER 1995, S. 154). Nach dem Anteil der Förderung, aber auch hinsichtlich der Reserven, des Artenreichtums und der Größe ragt das Ruhrrevier mit rund 77% der in Deutschland geförderten Steinkohle deutlich heraus.

Das Ruhrrevier erstreckt sich vom Niederrhein im Westen bis nach Hamm im Osten und von der Ruhr im Süden bis nördlich der Lippe. Seinen Ausgang nahm der Steinkohlenbergbau in diesem Gebiet im Bergland des niedermärkischen und niederbergischen Landes. Als es Mitte des 19. Jh. möglich wurde, die wasserreichen Deckschichten der Kreide mittels Gefrierverfahren zu durchteufen und die tiefer gelegenen Flözschichten zu erreichen, begann ein massiver Ausbau des Ruhrreviers nördlich der Ruhr (vgl. REICHEL 1995, S. 360). Neben der Anthrazitkohle stehen hier Fettkohlearten sowie Gas- und Flammkohlen zur Verfügung. Obwohl die südlichen Teile des Ruhrreviers bereits ausgekohlt oder stillgelegt sind (vgl. TIETZE et al. 1990,

S. 413 f.), finden sich hier nach RIEDEL (1995, S. 309) noch immer rund 20 Mrd. t Steinkohle, die als abbauwürdig bezeichnet und mit der heute zur Verfügung stehenden Technik abgebaut werden könnten. Die meisten Steinkohleunternehmen des Ruhrreviers sind in der Ruhrkohlen AG, die 1968 vor dem Hintergrund einer Neuordnung des Ruhrbergbaus gegründet wurde, zusammengefaßt. Verfügte die Ruhrkohlen AG zu Beginn ihrer Tätigkeit noch über 52 Schachtanlagen, hat sich inzwischen ihre Anzahl durch Stillegungen und Zusammenlegungen auf 13 reduziert (vgl. REICHEL 1995, S. 362).

In den Steinkohlenrevieren bei Ibbenbüren, in dem das Ruhrkarbon in einem geologischen Horst bis an die Erdoberfläche reicht, und bei Aachen wird ausschließlich Anthrazit gewonnen. Die Förderung im Saarrevier, das mit dem Lothringer Revier in Frankreich eine geologische Einheit darstellt, beschränkt sich auf kohlenstoffärmere Gas- und Flammkohlenarten. Kleinere Steinkohlenlagerstätten

Revier	1989	1990	1991	1992	1993	1994*
	\[1 000 t\]					
Ruhrrevier	55 714	54 556	51 425	51 261	45 694	40 246
Saarrevier	9 473	9 719	9 368	9 139	8 705	8 255
Aachener Revier	3 712	3 443	3 279	3 119	1 483	1 503
Ibbenbüren	2 100	2 044	2 001	1 984	2 031	1 981
Kleinzechen	429	396	408	396	370	440
BRD (gesamt)	71 428	70 158	66 481	71 428	58 283	52 425

* vorläufig, teilweise geschätzt

Tab. 2.3: Steinkohlengewinnung in Deutschland nach Revieren
Bearbeitung: JOCHEN SCHARRER (1995); Quellen: SCHIFFER (1995, S. 154); BRECHT et al. (1995, S. 1090)

in Bayern und in Niedersachsen werden ebenso wie die sächsischen Lagerstätten bei Dresden und Oelsnitz seit den 70er Jahren nicht mehr abgebaut oder sind bereits ausgekohlt (vgl. RIEDEL 1995, S. 309 f.; TIETZE et al. 1990, S. 413 f.). Im Aachener Revier endete der Steinkohlenbergbau 1997 mit der Stillegung der Schachtanlage „Sophia-Jacoba" .

Die Abbautiefen der einzelnen Reviere sind sehr unterschiedlich. So wird im Saarrevier die Kohle derzeit zwischen 600 und 1 100 m Teufe abgebaut; im Aachener Revier (Förderung im Jahre 1997 eingestellt; s. o.) betrug die Abbautiefe zwischen 600 und 860 m. Bei Ibbenbüren erfolgt die Gewinnung der Anthrazitkohle aus knapp 1 400 m Teufe (vgl. TIETZE et al. 1990, S. 418). Die Schächte im nördlichen Ruhrrevier reichen teilweise bis in eine Tiefe von 1 500 m (vgl. RIEDEL 1995, S. 309). Ungeachtet des hohen Mechanisierungsgrades ist die Gewinnung der Steinkohle aus den tektonisch stark gestörten Lagerstätten in Deutschland immer noch sehr arbeitsintensiv. So lag Ende 1994 die Beschäftigtenzahl im deutschen Steinkohlenbergbau bei knapp über 99 100 (vgl. SCHIFFER 1995, S. 154).

Die ungünstigen Abbaubedingungen minderten im Zusammenwirken mit den hohen Lohnkosten die Konkurrenzfähigkeit der heimischen Steinkohle gegenüber der Importkohle (vgl. TIETZE et al. 1990, S. 418). Seit Mitte der 80er Jahre übersteigen die Förderkosten die Einfuhrpreise um das Drei- bis Vierfache. Mitte der 90er Jahre war die inländische Steinkohle im Vergleich zur Importkohle um über 200,- DM / t SKE zu teuer (vgl. Handelsblatt vom 22. / 23. 9. 1995). Deshalb ist in der Bundesrepublik Deutschland seit Jahren die Steinkohlenförderung nur noch durch vertragliche Abnahmeverpflichtungen der Energiewirtschaft und durch hohe Subventionen („Kohlepfennig"), die 1994 mehr als 10 Mrd. DM betrugen, aufrechtzuerhalten. Sowohl im Vergleich mit anderen Wirtschaftszweigen als auch im internationalen Vergleich ist der deutsche Steinkohlenbergbau somit am höchsten subventioniert (vgl. V. BARATTA 1995, S. 1038).

In Deutschland hat sich 1994 das Förderaufkommen an Steinkohle, das sich zu 97% auf die alten und zu 3% auf die neuen Bundesländer verteilte, gegenüber dem Vorjahr um 5,3% auf 69,8 Mio. t SKE verringert (Tab. 2.4). Im Gegensatz dazu erhöhten sich die Importe an Steinkohle auf 16,6 Mio. t SKE. Hierbei waren Südafrika, Polen und Kolumbien die wichtigsten Herkunftsländer. Da sich der gesamtdeutsche Verbrauch an Steinkohle aber 1994 insgesamt auf 74,3 Mio. t SKE belief, kam es zu einem merklichen Abbau der hohen Lagerbestände (vgl. SCHIFFER 1995, S. 154).

Während die in Deutschland gewonnene Steinkohle früher überwiegend zur Wärmeerzeugung in Haushalten, Gewerbe und Industrie sowie zur Befeuerung von Dampfmaschinen diente, findet sie heutzutage zur Energieerzeugung in Kraftwerken und zur stofflichen Nutzung im Hüttenwesen Verwendung (vgl. TIETZE et al. 1990, S. 415). Dieser Wandel der Nutzungsstruktur ist einerseits auf den gestiegenen Stromverbrauch und andererseits auf die strategische Neuausrichtung der Energiepolitik zurückzuführen. Durch einen verstärkten Einsatz der heimischen Kohle in der Verstromung soll die bereits angesprochene Importabhängigkeit im Rohstoffsektor verringert werden. Das bei der Gewinnung mitgeförderte Gestein wird überwiegend auf Halden abgekippt, teilweise aber auch als Aufschüttungsmaterial im Tiefbau (Dämme, Deiche, Straßenbau, Bahntrassen etc.) oder zum Auffüllen der Hohlräume genutzt (vgl. RIEDEL 1995, S. 310 f.).

Parameter	Alte Bundesländer	Neue Bundesländer	BRD (gesamt)
	[Mio. t SKE]		
Inländische Förderung	53,2	–	53,2
(+) Import	14,5	2,1	16,6
(=) Aufkommen	67,6	2,1	69,8
(+/-)Bestandsveränderungen	(+) 6,6	(-) 0,3	(+) 6,3
(-) Export	1,8	–	1,8
(=) Primärenergieverbrauch	72,5	1,8	74,3
davon:			
Kraftwerke	49,7	0,5	50,2
Inländ. Stahlindustrie	17,4	0,5	17,9
Sonstiges	5,4	0,8	6,2

Tab. 2.4: Aufkommen und Verwendung von Steinkohle in Deutschland 1994
Bearbeitung: JOCHEN SCHARRER (1995); Quelle: SCHIFFER (1995, S. 154)

Der Umfang von Vorkommen und Gewinnung anderer Energieträger, wie z.B. Rohöl, Erdgas und Uran, ist in Deutschland sehr beschränkt. Da in den deutschen Schelfgebieten bisher nur geringe Erdöl- und Erdgaslagerstätten gefunden wurden, gibt es in Deutschland nur drei wesentliche Fördergebiete für Rohöl und Erdgas: das nordwestdeutsche Tiefland, den Oberrheingraben und das Alpenvorland (vgl. TIETZE et al. 1990, S. 424). Diese Vorkommen bieten an sicheren und wahrscheinlichen Vorräten noch rund 62 Mio. t Erdöl und 343 Mrd. m³ Erdgas, wobei die genaue Höhe der Reserven vom Preis und vom Stand der Abbau- und Fördertechnik abhängt (vgl. RIEDEL 1993, S. 426). Die heimische Erdölgewinnung, die sich zu über 95 % auf die alten Bundesländer konzentrierte, betrug 1994 rund 2,9 Mio. t (1993: 3,1 Mio. t), wobei die Förderung im wesentlichen aus den Vorkommen nördlich der Elbe sowie im Weser- und Emsgebiet stammt. Demgegenüber betrug der Import an Rohöl 106,0 Mio. t (vgl. SCHIFFER 1995, S. 146). Auch die inländische Gewinnung von Erdgas, zu der die Förderungen in den alten Bundesländern mit 17,5 Mrd. m³ und in den neuen Bundesländern mit 1,0 Mrd. m³ beitrugen, war am gesamten Erdgasaufkommen des Jahres 1994 nur mit rund 22 % beteiligt. Im Gegensatz zum Erdöl stützten sich die Erdgaseinfuhren größtenteils auf nahegelegene Vorkommen, da die hohen Transportkosten den internationalen Handel mit Erdgas einschränken (vgl. SCHIFFER 1995, S. 158 f.).

Der gesamtdeutsche Bedarf an Uran wird zur Zeit vollständig im westlichen Ausland gedeckt; die bestehenden abbauwürdigen Uranerz-Lagerstätten im Schwarzwald, in Nordostbayern und im Erzgebirge werden nicht mehr genutzt (vgl. V. BARATTA 1995, S. 1039). Da der Wert des Uranerzes erst relativ spät erkannt wurde, begann ein gezielter Uranbergbau in Deutschland erst am Anfang des 19. Jh. Ab 1938 führte die Entdeckung der Spaltbarkeit des Urans zu dessen militärischer Nutzung. In der ehemaligen DDR wurde nach Ende des Zweiten Weltkrieges mit dem Uranerzabbau in Sachsen und Thüringen begonnen. Zu diesem Zweck erfolgte im August 1954 die Gründung der SDAG Wismut durch die Sowjetunion und das Wirtschaftsministerium der DDR (vgl. GATZWEILER 1993, S. 330). Allerdings gibt es zu der Geschäftstätigkeit dieses Unternehmens aus Geheimhaltungsgründen keine offiziellen Statistiken – inzwischen ist jedoch bekannt, daß zwischen 1946 und 1990 etwa 220 000 t Uran für die Sowjetunion produziert wurden (vgl. Süddeutsche Zeitung vom 15./26. 11. 1995). Der Uranabbau in der DDR erfolgte in Abhängigkeit von der Art der Lagerstätte im Tage- oder Untertagebau mit den üblichen bergmännischen Methoden. Am 3. Oktober 1990 ging der DDR-Anteil an der SDAG Wismut in den Besitz der Bundesrepublik Deutschland über, und es wurden die Grundlagen für eine geordnete Stillegung der Bergbaubetriebe sowie die Sanierung und Rekultivierung von Gruben und Landschaft geschaffen (vgl. GATZWEILER 1993, S. 331).

2.1.2 Sonstige mineralische Rohstoffe

Gegenwärtig sind für die Weltwirtschaft die Vorräte von 48 mineralischen Rohstoffen relevant, wobei die Energierohstoffe hier nicht berücksichtigt sind. Von diesen 48 relevanten mineralischen Rohstoffen haben Bauxit, Kupfer, Eisen, Zinn und Gold allein rund 65 % des Wertes der Weltförderung erbracht. Im Hinblick auf die bereits erwähnte Rohstoffarmut Deutschlands verdeutlicht Abbildung 2.4, daß Eisen-, Kupfer-, Blei-, Zinkerze und Bauxit fast ausschließlich importiert werden. Der Wert der Importe metallischer und nichtmetallischer Rohstoffe, die als Erze, Konzentrate oder Halbwaren eingeführt werden können, betrug 1991 ohne die Energierohstoffe rund 23 Mrd. DM.

Abb. 2.4:

Versorgungsstruktur von Deutschland bei ausgewählten Mineralstoffen 1991

Bearbeitung: JOCHEN SCHARRER (1995); Quelle: KEGEL (1994, S. 27)

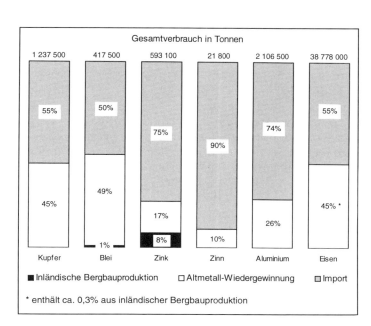

Der hohe Anteil der eingesetzten Alt- und Abfallmaterialien („Recycling") führt zu einer Verringerung der Importabhängigkeit. Die mit der verbleibenden Abhängigkeit verbundenen Risiken werden unter anderem durch eine Streuung der Einfuhren auf verschiedene Lieferländer gemindert (vgl. KEGEL 1994, S. 24 ff.).

Deutschland verfügt über rund 2,5 Mrd. t Eisenerzvorräte, doch ist derzeit ein Abbau dieser Lagerstätten unrentabel. Der Grund liegt im höheren Fe-Anteil der überseeischen Erze, die trotz der anfallenden Transportkosten billiger angeboten werden können. Folglich verlor der ehemals national bedeutende Eisenerzbergbau seinen Stellenwert. Während 1960 noch 60 Eisenerzgruben existierten, wurde 1987 die letzte Grube wegen Unrentabilität geschlossen (vgl. V. BARATTA 1995, S. 1022). Der traditionelle Eisenerzbergbau im Siegerland mußte 1965 eingestellt werden, auch die deutschen Blei- und Zinkgruben wurden weitestgehend stillgelegt (vgl. TIETZE et al. 1990, S. 437).

Demgegenüber ist Deutschland bei der Versorgung insbesondere mit Kali- und Steinsalzen sowie Steinen und Erden nahezu autark. 1993 wurden mit rund 9 900 Beschäftigten insgesamt 30,4 Mio. t Kalirohsalz gewonnen (vgl. BRECHT et al. 1995, S. 1102). Die Abbaugebiete liegen im Raum Hannover, bei Heringen und Philippsthal (Hessen) sowie in den angrenzenden Gebieten der neuen Bundesländer. Quantitativ von großer Bedeutung ist auch der Abbau von Steinen und Erden, wobei aufgrund der weiten Streuung der Steinbrüche und der Transportkosten die Versorgung einen vorwiegend regionalen Charakter hat (vgl. TIETZE et al. 1990, S. 438).

2.1.3 Wirtschaftsräumliche Aspekte des Bergbaus

Obwohl der Bergbau in Deutschland auf verhältnismäßig kleine Raumeinheiten konzentriert ist, geht von den bergbaulichen Aktivitäten eine starke Raumwirksamkeit aus, so daß allein aufgrund der quantitativen Ausmaße erhebliche Umweltbelastungen entstehen (vgl. HAAS u. FLEISCHMANN 1991, S. 68). Jedoch gestaltet der Bergbau nicht nur das Landschaftsgefüge über tiefe Tagebaue oder weithin sichtbare Halden (vgl. GLÄSSER u. VOSSEN 1985, S. 260, und Abb. 2.5), sondern die gesamte Kulturlandschaft wird aufgrund wirtschafts- und sozialgeographischer Auswirkungen mitgeprägt. Grundsätzlich lassen sich diese Auswirkungen in direkte und indirekte Folgewirkungen untergliedern. Die direkten Folgewirkungen umfassen die Flächennutzungskonkurrenzen, während die mittelbaren Einflüsse des Bergbaus, wie z. B. die Veränderung von Stadt-Umland-Beziehungen, zu den indirekten Folgewirkungen zu rechnen sind (vgl. BERKNER 1989, S. 178). Bei der Inwertsetzung von Ressourcen kumulieren sich diese Effekte bis zum Einsetzen der Rekultivierungsmaßnahmen, wobei die Ausprägungen von verschiedenen Faktoren, wie z. B. von der Dimension des Abbaus, der Abbaumethode und bestimmten Lagefaktoren, abhängig sind (vgl. HAAS u. FLEISCHMANN 1991, S. 68). Inwieweit die Sicherung des Zugangs zu den Rohstoffvorkommen einen gleichrangigen Stellenwert gegenüber anderen ökologischen Forderungen und Flächennutzungen einnimmt, muß im Rahmen einer verantwortungsbewußten Umwelt- und Energiepolitik geregelt werden (vgl. GLÄSSER u. VOSSEN 1985, S. 266).

Gerade der Tagebau führt durch die Inanspruchnahme großer Flächen, die ständig vertikalen oder horizontalen Veränderungen unterworfen sind, häufig zu Nutzungskonflikten. Als besonders gravierend stellen sich diese Flächennutzungskonkurrenzen

Abb. 2.5:
Blick über einen Tagebau-
bereich
Foto: H.-D. HAAS

mit der Landwirtschaft und den gewachsenen Siedlungsstrukturen dar. Oftmals müssen ganze Städte und Dörfer, die über oberflächennah gelegenen abbauwürdigen Lagerstätten errichtet sind, dem voranschreitenden Tagebau weichen und an den Rand der Abbauzone verlegt werden (vgl. HAAS u. FLEISCHMANN 1991, S. 119). Nachdem die Entwicklung von Abraum- und Entwässerungstechnologien den Betrieb von großflächigen Tagebauen ermöglicht hatte und es somit immer wirtschaftlicher wurde, Siedlungen zu überbaggern und nicht mehr zu umfahren, traten in Deutschland diese bergbaubedingten Umsiedlungen erstmals zwischen 1920 und 1935 in Erscheinung (vgl. BERKNER 1995, S 157). So wurden allein im Rheinischen Revier, dem größten zusammenhängenden Braunkohlenrevier Europas, seit Beendigung des Zweiten Weltkrieges bis Ende 1984 insgesamt 77 Ortschaften und Weiler mit rund 27 000 Einwohnern umgesiedelt (vgl. HAAS u. FLEISCHMANN 1991, S. 120). Auf dem Territorium der DDR führte die Strategie einer importunabhängigen Energieversorgung der sozialistischen Planwirtschaft bis 1987 zu etwa 200 bergbaubedingten Orts- und Teilortsverlegungen, die rund 60 000 Einwohner erfaßten (vgl. BERKNER 1989, S. 180). Da hierbei nur wenig Rücksicht auf die Ökologie, das geographische Milieu und die sozialen Strukturen genommen wurde, sank nach der politischen Wende in den neuen Bundesländern schlagartig die Akzeptanz von Umsiedlungsmaßnahmen gegenüber dem Braunkohlenbergbau (vgl. BERKNER 1995, S. 158).

Mit der direkten siedlungsstrukturellen Umordnung sind aber auch häufig wirtschaftsstrukturelle Anpassungshandlungen verbunden. Einerseits büßt eine Siedlung in der Regel schon lange Zeit vor der endgültigen Auflösung an Lebensqualität ein (vgl. HAAS u. FLEISCHMANN 1991, S. 120), auf der anderen Seite darf man den Bergbau als Wirtschaftsfaktor nicht unterschätzen. Hierbei sind insbesondere auch die bergbaubedingten Verknüpfungsmuster zur Versorgung von rohstoffverarbeitenden Industrien und Kraftwerken zu berücksichtigen (vgl. HAAS u. FLEISCHMANN 1991, S. 125). Zudem kann oftmals die Ansiedlung von weiteren Unternehmen oder Dienstleistungsbetrieben initiiert werden, so daß der Bergbau auch positive Folgewirkungen auf die Beschäftigungssituation in den einzelnen Revieren haben kann.

2.2   Energie

2.2.1 Entwicklung der deutschen Energiewirtschaft

In der Mitte des 19. Jahrhunderts wurde in Deutschland nur ein geringer Energieanteil durch Primärenergieträger gedeckt, ein Großteil der Energie wurde von menschlicher und tierischer Arbeitskraft bereitgestellt. Dies zeigt sich auch im geringen Pro-Kopf-Verbrauch von 0,1 t SKE Primärenergie (1860), der in etwa dem heutigen Stand der Entwicklungsländer entspricht. Im weiteren Zeitverlauf erhöhte sich der Primärenergieverbrauch, d.h. der Bedarf von Energieträgern, die am Anfang der Energieumwandlungskette stehen, unter anderem durch den verstärkten Einsatz von Holzkohle und nachfolgend von Steinkohle. Diese blieb bis Mitte des 20. Jahrhunderts der bedeutendste Primärenergieträger in Deutschland und wurde zugleich der wichtigste Energielieferant zur Wärme- und Dampferzeugung sowie im Verkehrssektor. Bis zum Zweiten Weltkrieg hatten Braunkohle, Mineralöl und Wasserkraft an der Struktur der Primärenergieträger nur einen geringen Anteil (vgl. RIEDEL 1995, S. 420 f.).

Nach dem Zweiten Weltkrieg erfolgte der Wiederaufbau der Energiewirtschaft in den beiden Teilen Deutschlands unter völlig unterschiedlichen Bedingungen. Während in der ehemaligen DDR die Strategie einer importunabhängigen Energieversorgung zur einseitigen Ausrichtung auf die Braunkohle als Energieträger führte (vgl. FLATH 1992, S. 39), erfolgte in den 60er Jahren in Westdeutschland eine Ausrichtung auf den Energieträger Erdöl, welches anstelle von Kohle zur Wärmeerzeugung eingesetzt wurde. Auch in den neu errichteten Kraftwerken wurde zunächst Mineralöl verwendet. Durch die technologische Entwicklung kam es ab den 70er Jahren zu einem vermehrten Einsatz von Erdgas. Da diese Energieträger in Deutschland nicht in ausreichendem Umfang zur Verfügung stehen, wurden 1970 bereits 62 % des Primärenergieverbrauchs durch Importe gedeckt. Da durch die Energiekrisen die negativen Folgen dieser Primärenergiestruktur deutlich zutage traten, strebte die Bundesregierung durch das Dritte Verstromungsgesetz (1980) einen wachsenden Einsatz der heimischen Steinkohle in der Verstromung und einen verstärkten Ausbau der Kernenergie an. Dies hatte Auswirkungen auf den Anteil von Erdöl und Erdgas, der im weiteren Verlauf auf knapp über 8 % (1985) sank (vgl. RIEDEL 1993, S. 422 f.).

Durch die Wiedervereinigung trafen die unterschiedlich aufgebauten Energieversorgungssysteme weitgehend unvorbereitet aufeinander. Diese Differenzen in der Energiestruktur verdeutlicht Tabelle 2.5. Die fehlenden Emissionsschutzmaßnahmen in den ostdeutschen Heiz- und Stromkraftwerken, die nicht dem westlichen Standard entsprechen, führten in den letzten fünf Jahren zu einem deutlichen Rückgang des Braunkohleneinsatzes (vgl. Institut für Länderkunde 1992, S. 66). Des weiteren stellten die Kernkraftwerke der neuen Bundesländer ein erhebliches Sicherheitsrisiko dar, was zu deren vollständiger Abschaltung führte (vgl. RIEDEL 1993, S. 425); dementsprechend nahm der Mineralöl- und Erdgasverbrauch zu.

Der gesamtdeutsche Primärenergieverbrauch verringerte sich seit 1989 um rund 6% auf 479,8 Mio. t SKE (1994). Damit errechnet sich ein Pro-Kopf-Verbrauch an Energie von rund 5,9 t SKE, der im Vergleich mit dem weltweiten Durchschnittswert von 2 t SKE relativ hoch ist. Der deutsche Anteil am Weltenergieverbrauch liegt vor allem aufgrund der intensiven Außenhandelsverflechtungen (1994: 4%) deutlich über dem Anteil an der Weltbevölkerung (1,5%). Eine Gegenüberstellung auf nationaler Basis verdeutlicht den höheren westdeutschen Pro-Kopf-Energieverbrauch von 6,2 t SKE im Vergleich zu 4,6 t SKE in den neuen Bundesländern (vgl. SCHIFFER 1995, S. 144).

Eine Differenzierung des Primärenergieverbrauchs nach Energieträgern 1994 zeigt deutlich, daß der gestiegene Verbrauch an Erdgas auf den wachsenden Anteil erdgasbeheizter Wohnungen, die Umstellung der Industrie sowie die Inbetriebnahme verschiedener Heizkraftwerke in Ostdeutschland zurückzuführen ist. Der konjunkturbedingt erhöhte Bedarf der Stahlwerke und anderer Industriebranchen bewirkte eine Zunahme der Steinkohlenverwendung, während der Braunkohleneinsatz in Ostdeutschland aus Umweltschutzgründen zurückging. Die Entwicklung

Energieträger	Alte Bundesländer		Neue Bundesländer		BRD (gesamt)	
	1989	1994	1989	1994	1989	1994
	[Mio. t SKE]					
Mineralöl	153,2	168,4	17,8	25,6	171,0	194,0
Erdgas	66,4	75,5	11,9	12,2	78,3	87,7
Steinkohle	73,4	72,5	5,3	1,8	78,7	74,3
Braunkohle	32,5	31,7	87,8	31,6	120,3	63,3
Kernenergie	48,2	48,1	4,8	0,0	53,0	48,1
Wasser/Sonstige	9,1	12,4	0,6	–	9,7	12,4
Summe	382,8	408,6	128,2	71,2	511,0	479,8
	Anteil [%]					
Mineralöl	40,0	41,2	13,9	36,0	33,5	40,4
Erdgas	17,3	18,5	9,3	17,1	15,3	18,3
Steinkohle	19,2	17,7	4,1	2,5	15,4	15,5
Braunkohle	8,5	7,8	68,5	44,4	23,5	13,2
Kernenergie	12,6	11,8	3,7	0,0	10,4	10,0
Wasser/Sonstige	2,4	3,0	0,5	–	1,9	2,6
Summe	100,0	100,0	100,0	100,0	100,0	100,0

Tab. 2.5: Primärenergieverbrauch in Deutschland nach Energieträgern
Entwurf und Bearbeitung: JOCHEN SCHARRER (1995); Quellen: RIEDEL (1993, S. 425), SCHIFFER (1995, S. 145)

des Mineralölverbrauchs stellte sich konträr dar: Während in Westdeutschland ein geringerer Absatz von Mineralöl zu verzeichnen war, stieg in Ostdeutschland der Verbrauch mit der Zunahme der wachsenden Motorisierung und der Umstellung von Heizungsanlagen an (vgl. Schiffer 1995, S. 145 f.; v. Baratta 1995, S. 1069).

2.2.2 Struktur der deutschen Elektrizitätswirtschaft

Ausgehend von den Entwicklungen zur Jahrhundertwende, hat sich die Elektrizität als Energiegrundlage in Deutschland schnell ausgebreitet. Da die technischen Möglichkeiten bei der räumlichen Übertragung von elektrischem Strom über größere Entfernungen noch nicht ausgereift waren, galt es zunächst als günstiger, die Kraftwerke in der räumlichen Nähe von großen Städten anzusiedeln und die Kohle zu transportieren. Durch die Verbesserung der Hochspannungstechnik wurde ein Energietransport rentabel. Der Zusammenschluß der Leitungssysteme benachbarter Staaten in einem Verbundsystem ermöglichte zudem den Ausgleich von Angebotsdefiziten. Heutzutage sind die Kraftwerke auf Kohlebasis vermehrt in den Abbaurevieren konzentriert (Abb. 2.6), während die Standorte von Wasser- und Kernenergiekraftwerken räumlich an die Wasserläufe gebunden sind (vgl. TIETZE et al. 1990, S. 431). Größere neuere Kraftwerksvorhaben in den alten Bundesländern sind derzeit nur im fränkischen Frauenaurach (Steinkohlekraftwerk), in Altbach am Neckar (Steinkohlkraftwerk) sowie im Rheinischen Braunkohlenrevier in Planung. Da die Kraftwerke der ehemaligen DDR den heutigen Zielen des Umweltschutzes nicht genügen, sind in den neuen Bundesländern mehrere Kraftwerke geplant oder im Bau bzw. werden modernisiert (vgl. MAGERL 1995, S. 30).

Derzeit ist für den Bruttostromverbrauch im vereinten Deutschland ein leichter Anstieg zu verzeichnen (1994: 529,1 Mrd. kWh). Die Deckung des Strombedarfes erfolgt zum größten Teil durch eigene Erzeugung, lediglich 7% (35,9 Mrd. kWh) des benötigten Stromes mußten 1994 importiert werden. Die Stromausfuhren betrugen 6% (32,9 Mrd. kWh) des Bruttostromverbrauches, ein verglichen mit den Vorjahren stabiler Anteil (Abb. 2.7). Hinter diesen Zahlen verbirgt sich ein uneinheitlicher Verlauf des Verbrauches in den beiden Landesteilen im Jahre 1994. Während der Westen mit 458,1 Mrd. kWh einen um 0,8% höheren Bedarf hatte, ging der Verbrauch Ostdeutschlands mit 71,0 Mrd. kWh um 1,3% zurück. Dies entspricht für den Bruttostromverbrauch einem Verhältnis zwischen Ost und West von ca. 6,5:1 (1994). Während in den alten Bundesländern sowohl die Eigenproduktion als auch die Importe für die Bedarfsdeckung tendenziell steigen, sinkt die Stromerzeugung in den neuen Bundesländern; die Einfuhren weisen ein konstantes Verhältnis auf (vgl. SCHIFFER 1995, S. 161 ff.). Eine Betrachtung des Verbrauches zeigt eine Zunahme des Nettostromkonsums, bezogen auf den Durchschnitt aller Verbrauchergruppen. Entscheidender Auslöser dieser Entwicklung ist die konjunkturelle Erholung der Wirtschaft (vgl. MAGERL 1995, S. 29), die sich vor allem in einer Zunahme des industriellen Stromverbrauches niederschlug. Der Stromverbrauch nach Sektoren verteilt sich zu 48% auf die Industrie, zu 27% auf private Haushalte, zu 22% auf Kleinverbraucher (Handel, Gewerbe, Landwirtschaft, öffentliche Einrichtungen) und zu 3% auf den Verkehr (vgl. SCHIFFER 1995, S. 163).

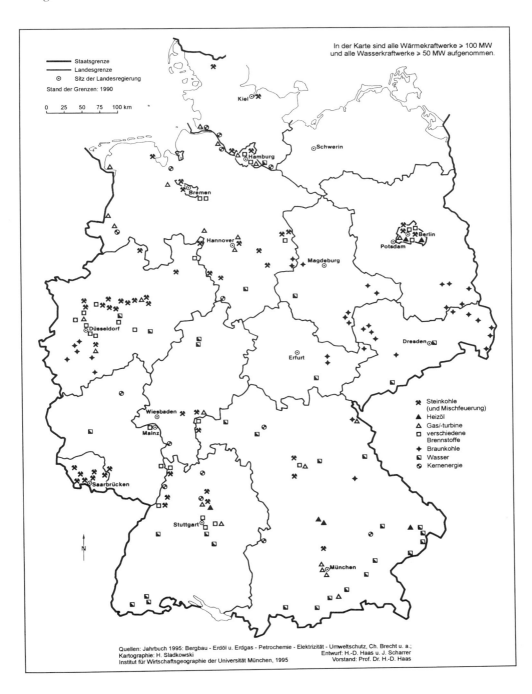

Abb. 2.6: Kraftwerksstandorte in Deutschland 1994

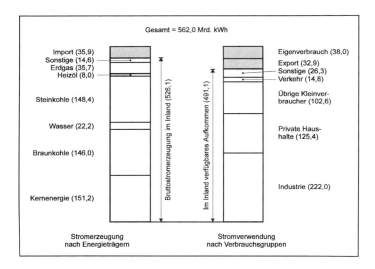

Abb. 2.7:
Aufkommen und Verwen-
dung von Elektrizität in
Deutschland 1994
Entwurf und Bearbeitung:
JOCHEN SCHARRER (1995);
Quelle: SCHIFFER (1995,
S. 161)

Hinsichtlich der Stromversorgungsstruktur bestehen zwischen den beiden Teilen des Landes keine nennenswerten Diskrepanzen. So erbrachten im Jahre 1994 86,6% (455,5 Mrd. kWh) der Bruttostromerzeugung von 526,1 Mrd. kWh öffentliche Versorgungskraftwerke, 12,2% (64,3 Mrd. kWh) entfielen auf Industrie- und 1,2% (6,3 Mrd. kWh) auf Bahnkraftwerke. Im Zuge der Wiedervereinigung erfolgte in Ostdeutschland die Übernahme der westdeutschen dreistufigen Struktur der Elektrizitätsversorgung. Auf Verbundebene wurde 1994 die VEGA (Vereinigte Energiewerke AG, Berlin) privatisiert, so daß die Regionalversorgung heute von zwölf Privatunternehmen gesichert wird. In einem fortgeschrittenen Stadium befindet sich der Stromverbund zwischen Ost- und Westdeutschland, womit ein Stromaustausch möglich wird (vgl. MAGERL 1995, S. 30).

Bezüglich der Anteilsentwicklung der zur Stromerzeugung eingesetzten Energieträger ist für Steinkohle, Erdgas und Wasserkraft eine steigende Tendenz festzustellen, während die Quoten von Braunkohle, Heizöl und Kernenergie sanken. Die Hauptenergieträger zur Stromerzeugung waren 1994 Kernenergie (28,7%), Steinkohle (28,2%) und Braunkohle (27,8%), während Erdgas (6,8%), Wasser (4,2%), Heizöl (1,5%) und sonstige Energieträger (2,8%) nur in wesentlich geringerem Umfang Beiträge lieferten. Ein Vergleich zwischen West und Ost zeigt erhebliche Diskrepanzen im Energiemix. So sind die wesentlichen Lieferanten im Westen Kernenergie, Stein- und Braunkohle, während in Ostdeutschland mit 87,7% die Braunkohle einen überragenden Stellenwert einnimmt (vgl. SCHIFFER 1995, S. 162 f.). Der vergleichsweise hohe Steinkohlenanteil ist auf die vertraglich festgelegten Abnahmegarantien zwischen dem Steinkohlenbergbau und der Elektrizitätswirtschaft zurückzuführen (vgl. TIETZE et al. 1990, S. 433).

2.2.3 Ökologische Aspekte einer zeitgemäßen Energieversorgung

Mit der Produktion und Verwendung von Energie ist immer auch eine Beeinflussung der Umwelt verbunden (Abb. 2.8). So beinhalten die Bereiche Gewinnung, Umwandlung, Verteilung und Verbrauch von Energie jeweils spezifische Streßfaktoren für die Umwelt. Insbesondere für den Einsatz fossiler Energieträger ist bei der Erfassung dieser Streßfaktoren immer die gesamte Kette von der Rohstoffgewinnung bis zur Nutzung beim Endverbraucher zu berücksichtigen. Je nachdem, welche Energieträger verwendet werden, ergeben sich unterschiedliche Umweltbelastungen. So entsteht z.B. bei der Verbrennung fossiler Energieträger aus der Verbindung des Kohlenstoffs mit dem Luftsauerstoff unter anderem Kohlendioxid (CO_2). Durch den wachsenden Verbrauch an fossilen Energieträgern seit Ende des Zweiten Weltkrieges hat sich auch der CO_2-Anteil in der Atmosphäre kontinuierlich erhöht (vgl. BAUERSCHMIDT 1990, S.40 ff.). Da CO_2 unter anderem mitverantwortlich für den Treibhauseffekt ist, wurde 1992 bei dem Umweltgipfel in Rio de Janeiro von den Vertragsstaaten der Klimaschutzkonvention beschlossen, den Ausstoß an CO_2 weltweit auf das Niveau von 1990 zurückzuführen (vgl. V. BARATTA 1995, S. 873 f.).

Die energiebedingten CO_2-Emissionen verringerten sich in Deutschland seit der Wiedervereinigung bis 1994 auf 893 Mio. t (vgl. V. BARATTA 1995, S. 1070), wobei dieser Rückgang im wesentlichen auf die fortschreitende Umstrukturierung der ostdeutschen Energiewirtschaft zurückzuführen ist. Zuvor wurde bereits dargelegt, daß in Deutschland die alternativen Energieträger derzeit nur einen geringen An-

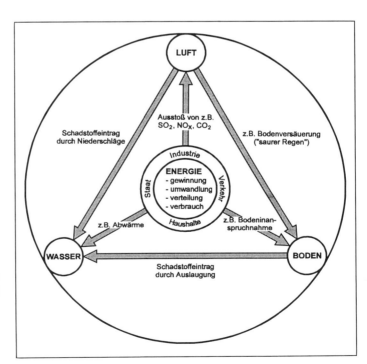

Abb. 2.8:
Einflußfaktoren der
Energieversorgung auf die
Bereiche Luft, Wasser und
Boden
Bearbeitung: Jochen
SCHARRER (1995);
Quelle: KRIEG (1995, S. 49)

teil an der Energieerzeugung haben. Folglich ist für eine weitere Verringerung des Kohlendioxidausstoßes die verstärkte Nutzung alternativer Energiequellen unerläßlich, d. h., langfristig müssen die endlichen fossilen Energieträger Erdöl, Erdgas und Kohle durch erneuerbare Quellen substituiert werden (vgl. Schürmann 1995 a). Zu den Alternativenergien werden im wesentlichen die solare Stromerzeugung, die Windenergie, die Wasserkraft sowie die Gaserzeugung aus Biomasse gerechnet, d. h. Energieformen, die nichtfossiler und nichtnuklearer Natur sind. Keine regenerativen Energiequellen sind die Pumpspeicherkraftwerke, bei denen das Wasser mittels energiegetriebener Pumpen nachts in den Stausee zurückgeführt wird.

In Deutschland dominiert bei den regenerativen Energieträgern vor allem die Wasserkraft. Zur Zeit wird rund 1% des Primärenergieverbrauchs aus Wasserkraft gewonnen, wobei die Nutzung dieser Energiequelle aufgrund der topographischen Voraussetzungen größtenteils ausgeschöpft ist (vgl. Riedel 1993, S. 427). Des weiteren wird aufgrund der geographischen Bedingungen vor allem in den Bundesländern an der Nord- und Ostsee die Windkraft genutzt (vgl. Schürmann 1995 a). Eine Technik, die in den letzten Jahren eine fortschrittliche Entwicklung durchlaufen hat, ist die Energiegewinnung durch die natürliche Erdwärme. Die für eine mögliche Nutzung geeigneten geothermischen Vorkommen beschränken sich in Deutschland allerdings auf wenige Gebiete in Norddeutschland, den Oberrheingraben und auf die Molassezone des Alpenvorlandes. Zudem herrschen nutzbare Temperaturen über 100 °C erst ab Teufen um 3 000m (vgl. Goy et al. 1987, S. 371 ff.). Eine weitere mögliche Alternative mit nahezu unerschöpflichem Charakter könnte die Solarenergie sein. Allerdings liegt gegenwärtig der Wirkungsgrad dieser Technik noch auf einem niedrigen Niveau, so daß sich der Einsatz von Sonnenkollektoren nur in Gebieten mit einem hohen Prozentsatz an Sonnenscheintagen rentiert. Außerdem sind die Anlagen auch sehr teuer (vgl. Goy et al. 1987, S. 36 ff.; Riedel 1993, S. 427). Da somit nach derzeitigem Stand der Technik in Deutschland die Chancen der regenerativen Energien mittelfristig begrenzt bleiben (vgl. Schürmann 1995 a), muß zur Lösung der CO_2-Problematik die gesamtdeutsche Energiepolitik in Zukunft auch verstärkt auf eine rationellere Energieverwendung ausgerichtet werden.

Literatur

BARATTA, M. V. [Hrsg.] (1995):
   Der Fischer Weltalmanach ´96. Frankfurt.
BAUERSCHMIDT, R. (1990):
   Hauptursache: Energieproduktion.
   In: SIMONIS, U. E. [Hrsg.]: Basiswissen
   Umweltpolitik Berlin, 40 – 50.
   = Die Beiträge der RIAS-Funkuniversität.
BERKNER, A. (1989):
   Braunkohlenbergbau, Landschaftsdynamik
   und territoriale Folgewirkungen in der DDR.
   Petermanns Geographische Mitteilungen,
   133 (3): 173 – 190.
BERKNER, A. (1995):
   Der Braunkohlenbergbau in Mitteldeutsch-
   land. Zeitschrift für den Erdkundeunter-
   richt, (4): 151 – 162.
BRECHT, CH., et al. (1995):
   Jahrbuch 1995. Bergbau, Erdöl und Erdgas,
   Petrochemie, Elektrizität, Umweltschutz.
   Essen / Köln.

FLATH, M. (1992):
   Energiewirtschaft in den neuen Bundesländern. Praxis Geographie, (9): 39 – 44.

GATZWEILER, C. (1993):
   Die ökologischen Folgen des Uranbergbaus
   in Thüringen und Sachsen. Geographische
   Rundschau, **45** (6): 330 – 335.
GLÄSSER, E., u. K. VOSSEN, (1985):
   Aktuelle landschaftsökologische Probleme
   im Rheinischen Braunkohlenrevier.
   Geographische Rundschau, **37** (5): 258 – 266.
GOY, G. C., et al (1987):
   Erneuerbare Energiequellen: Abschätzung
   des Potentials in der Bundesrepublik
   Deutschland bis zum Jahr 2000.
   München / Wien.

HAAS, H.-D., u. R. FLEISCHMANN, (1991):
   Geographie des Bergbaus. Darmstadt.
   = Erträge der Forschung, **273**.
Handelsblatt vom 22. / 23. 9. 1995: Kostenvortei-
   le für importierte Brennstoffe bestehen fort.

Institut für Länderkunde [Hrsg.] (1992):
   Das vereinte Deutschland. Eine kleine
   Geographie.
   Leipzig.

KEGEL, K.-E. (1994):
   Bergbau und Rohstoffpolitik. In: Wirt-
   schaftsvereinigung für Bergbau [Hrsg.]:
   Das Bergbau-Handbuch. Essen, 23 – 30.
KRIEG, A. (1995):
   Biogas – nutzen was im Abfall steckt. In:
   GSF-Forschungszentrum für Umwelt und
   Gesundheit [Hrsg.]: Energie aus nachwach-
   senden Rohstoffen. Oberschleißheim,
   47 – 59. = GSF-Bericht 01 / 95.

MAASSEN, U., u. H.-W. SCHIFFER, (1995):
   Der deutsche Braunkohlenbergbau im Jahr
   1994. Glückauf, (5): 242 – 249.
MAGERL, H. (1995):
   Stromversorger fordern verläßliche Energie-
   politik. Versorgungswirtschaft, (2): 29 – 30.

REICHEL, W. (1995):
   Vergangenheit und Zukunft des
   Ruhrkohlenbergbaus.
   Glückauf, (7 / 8): 359 – 365.
RIEDEL, D. (1993):
   Energiewirtschaft in Deutschland.
   Zeitschrift für den Erdkundeunterricht,
   (12): 420 – 428.
RIEDEL, D. (1995):
   Steinkohlenbergbau in Deutschland.
   Zeitschrift für den Erdkundeunterricht,
   (7 – 8): 307 – 315.

SCHIFFER, H.-W. (1995):
   Deutscher Energiemarkt ´94. Primärenergie
   – Mineralöl – Braunkohle – Steinkohle –
   Elektrizität – Energiepreise. Energie-
   wirtschaftliche Tagesfragen, (3): 144 – 165.
SCHÜRMANN, H. J. (1995 a):
   Fossile Energieträger bleiben dominant.
   Handelsblatt vom 25. / 26. 8. 1995.

SCHÜRMANN, H. J. (1995 b):
  Verlangsamte Stillegung im östlichen
  Tagebau. Handelsblatt vom 14. 9. 1995.
Süddeutsche Zeitung vom 25./26. 11. 1995:
  An der Wiege der Bombe.

TIETZE, W., et al. [Hrsg.] (1990):
  Geographie Deutschlands.
  Bundesrepublik Deutschland,
  Staat – Natur – Wirtschaft.
  Stuttgart.

A.3 Industrie

WOLF GAEBE, Stuttgart

3.1 Industriegeographische Forschungsansätze

Mit Forschungsansatz wird die fachspezifische Sichtweise bezeichnet, wie z. B. Geographen Industriestandorte und Verflechtungen zwischen diesen Standorten beschreiben und erklären. Industriegeographische Forschungsansätze werden weniger durch wissenschaftstheoretische und methodologische Diskussionen in den Sozialwissenschaften beeinflußt als durch inhaltliche Diskussionen, vor allem in den Wirtschaftswissenschaften. Ihnen liegen unterschiedliche wissenschaftstheoretische Grundpositionen zugrunde, explizit formulierte Hypothesen wie interpretative, dem Untersuchungsfeld gegenüber offene Fragestellungen, repräsentative Daten oder Einzelfälle, die mit quantitativen wie qualitativen Verfahren ausgewertet werden. Beispielhafte industriegeographische Arbeiten, wie die Dissertationen von H. BATHELT (1991) und T. HAUFF (1995), verbinden interdisziplinär erarbeitete Theorien.

Industriegeographische Erklärungen werden auf unterschiedlichen Untersuchungsebenen gesucht, die offensichtlich zusammenhängen, aber nur schwer verbunden werden können (Tab. 3.1): Erklärungen der Entscheidungen von Akteuren oder Handlungen der Unternehmen (Mikroebene) und der Strukturen oder Verflechtungen der Standorte, Arbeitsplätze oder Wertschöpfung in dem untersuchten Raumausschnitt und auf diesen Raum bezogenen Lieferverflechtungen oder Kapitalströme (Makroebene). Die Größe des Raumes bestimmt der Bearbeiter. Schwierigkeiten der Verknüpfung von Mikro- und Makroebene ergeben sich dadurch, daß die Handlungen der Unternehmen die wirtschaftliche Struktur und die Verflechtungen beeinflussen, die Handlungen einzelner Unternehmen, selbst einzelner Branchen, die Struktur und die Verflechtungen jedoch weder vollständig beschreiben noch erklären können. Der Volkswagen-Konzern z. B. beeinflußt zwar Angebot und Nachfrage in der deutschen Automobilindustrie, Entscheidungen des Konzerns stehen jedoch nicht für die gesamte deutsche Automobilindustrie. Theorien der unternehmerischen Standortwahl versuchen Entscheidungen von Unternehmen zu erklären, Strukturtheorien die räumliche Verteilung der Standorte, Arbeitsplätze oder Wertschöpfung, Verflechtungstheorien, z. B. Außenhandelstheorien, die Beziehungen zwischen den Räumen. Untersuchungen von Entscheidungen stützen sich auf Primärdaten aus Befragungen, Untersuchungen von Strukturen und Verflechtungen auf Sekundärdaten aus amtlichen Erhebungen.

Mikroebene	
• Normativ-deduktive Theorien:	Ermittlung des optimalen Standorts für Betriebe
• Verhaltenswissenschaftliche Theorien:	Erklärung von Entscheidungen aufgrund von Information
• Handlungstheorien:	Erklärung ziel- und zweckgeleiteter Handlungen
• Produktlebenszyklustheorie:	Entscheidungen aufgrund von Standortanforderungen und Standortqualität
Makroebene	
• Struktur- und Verflechtungstheorien:	Erklärung von Verteilungsmustern und interregionalen Verflechtungen

Tab. 3.1: Industriegeographische Theorien

3.1.1 Theorien der unternehmerischen Standortwahl

3.1.1.1 Normative Erklärungen

Weniger die Erklärung von Industriestandorten ist das Ziel der Theorien der unternehmerischen Standortwahl, als vielmehr die Suche nach idealen, kostenminimalen, umsatz- oder gewinnmaximalen Standorten. Normative Standorttheorien sind deduktiv entwickelte Theorien, deduktiv, weil sie auf bestimmten Annahmen zu den Unternehmerzielen beruhen, normativ, weil sie unterstellen, daß eine optimale Lösung für den Unternehmer bei genau spezifizierten Bedingungen, die die Realität sehr stark vereinfachen, gefunden werden kann. Kostenminimale Standorttheorien gehen auf eine Arbeit von ALFRED WEBER, Bruder von MAX WEBER, zurück. Ihm gelang nach Vorarbeiten, u. a. durch WILHELM LAUNHARDT (1832 – 1918), in seiner 1909 veröffentlichten Arbeit „Über den Standort der Industrien" die erste systematische und grundlegende Darstellung einer Industriestandorttheorie. Sie beruht auf der Prämisse, daß der kostenminimale der beste Standort ist. WEBER unterstellte, daß ein Standort gewählt wird, bei dem die Transportkosten zwischen Materialfundorten und Absatzorten minimiert werden. Der optimale Standort liegt um so näher den Materialfundorten, je mehr Rohstoffe mit hohem Materialgewicht in das Endprodukt eingehen. WEBER ermittelte zunächst den Produktionsstandort mit minimalen Transportkosten, dann Abweichungen von dem tonnenkilometrischen Minimalpunkt aufgrund von Arbeitskosten und Agglomerationsvorteilen aus einer Konzentration von Betrieben. Höhere Transportkosten können durch niedrigere Arbeitskosten oder Agglomerationsvorteile ausgeglichen werden (vgl. SCHÄTZL 1993). Kritik an der WEBER-Theorie, ähnlich auch an anderen Standorttheorien, bezieht sich vor allem auf die von der Realität stark abstrahierenden Annahmen, hier u. a. zum Unternehmerziel, zum Wettbewerb, zur Nachfrage, zu den Transport- und zu den Produktionskosten. Bei der Annahme konstanter Faktor- und Güterpreise, Produktionstechnik und Nachfrage bleiben wichtige ökonomische und soziale Variablen der Standortwahl unberücksichtigt. Trotz anhaltender Versuche, diese Theorie weiterzuentwickeln, u. a. durch A. PREDÖHL (1925), W. ISARD (1956) und D. M. SMITH (1966, 1971), ist es bisher nicht gelungen, einen brauchbaren Erklärungsansatz zu finden (vgl. SCHÄTZL 1993). Die Standorttheorien geben kaum Informationen über tatsächliche Standortentscheidungen. Sie haben vor allem heuristische Bedeutung, d. h., sie simulieren Entscheidungssituationen und beschreiben idealtypische Entscheidungen.

3.1.1.2 Verhaltenswissenschaftliche und handlungstheoretische Erklärungen

Da den normativen Standorttheorien die Vorstellung eines „*homo oeconomicus*" mit vollständigem Wissen zugrunde liegt, der eine Kostenminimierung oder Gewinnmaximierung anstrebt, sind sie stark kritisiert worden. Sie abstrahieren vom Menschen als individuellem und sozialem Akteur mit vielfältigen Zielen, Motiven und Einflüssen und unterstellen, alle Unternehmer handeln in einer bestimmten Situation gleich. Realistischer als der Optimierer ist der „satisfier", der subjektiv rationale Entscheidungen trifft und befriedigende Lösungen sucht. Begrenzte Rationalität (SIMON 1957) stimmt mit Alltagserfahrungen überein. Entscheidungen beruhen in der Regel auf unvollständigen Informationen, Beschränkungen, Routine und Erfahrung.

Die Kritik an normativen Erklärungen nahm u. a. A. PRED (1967, 1969) auf. Er unterstellte in seiner Verhaltensmatrix, daß jede Entscheidung, z. B. über den Standort eines Industriebetriebes, vom Informationsstand abhängt. Durch neue Informationen läßt sich der statische Ansatz erweitern. Im Unterschied zu verhaltenswissenschaftlichen Ansätzen nehmen handlungstheoretische Erklärungen der Standortentscheidungen an, daß Unternehmer nicht primär reagieren, sondern bewußt und zielorientiert handeln und zwischen Alternativen wählen. Unternehmerpersönlichkeit, Führungsstil, Motivation, Unternehmenskultur und die Identifizierung der Mitarbeiter mit dem Unternehmen werden als wichtige, wenn auch schwer faßbare Faktoren genannt. Unternehmer sind nicht nur Selbständige und im Unternehmen tätige Eigentümer oder Miteigentümer, sondern auch angestellte Führungskräfte.

In kleinen Unternehmen erfolgen Entscheidungen meist durch einzelne Personen, die zugleich auch Eigentümer sind, in großen und sehr großen Unternehmen durch Manager. Vor allem seit SCHUMPETER (1964) wird der „dynamische" Unternehmer als besonders wichtig für Wachstum und Erneuerung angesehen. Gefahren für den Arbeitsmarkt gehen vor allem von großen Unternehmen aus. Ihre Strategien bestimmen häufig die regionale wirtschaftliche und gesellschaftliche Entwicklung. Standortentscheidungen bilden dabei nur einen Teil der für Arbeitsplätze und Wertschöpfung relevanten Entscheidungen.

3.1.1.3 Organisationstheoretische Erklärungen

Es gibt eine Reihe wirtschafts- und sozialwissenschaftlicher Ansätze zur Erklärung der Organisationsstrukturen in Unternehmen, darunter betriebswirtschaftliche Organisationstheorien und Theorien der internationalen Arbeitsteilung. Betriebswirtschaftliche Organisationstheorien versuchen die Arbeitsteilung in Unternehmen durch unterschiedliche Funktionen und die unterschiedliche Wertschöpfung der einzelnen Betriebseinheiten zu erklären, die Theorie der internationalen Arbeitsteilung die weltweite Verteilung der Standorte vor allem durch unterschiedliche Faktorkosten.

3.1.1.4 Produktzyklustheorie

Die Produktlebenszyklustheorie (VERNON 1966) beruht auf der Erfahrung, daß jedes Produkt eine Zeitlang hergestellt und dann durch ein verbessertes oder ein anderes Produkt ersetzt wird. Sie ermöglicht eine Dynamisierung der einzelwirtschaftlichen Standorttheorie und bildet eine Begründung für den internationalen Handel und für Direktinvestitionen. VERNON formulierte die Theorie unter dem Eindruck der US-amerikanischen Direktinvestitionen in Europa. Sie beruht auf der Annahme, daß sich die Bedeutung der einzelnen Produktionsfaktoren im Verlauf des Lebenszyklus, von der Erfindung über die Produktentwicklung, die Markteinführung, die Massenfertigung bis zur Produktionsaufgabe, verändert. Entsprechend verändert sich auch der betriebswirtschaftlich optimale Standort.

In der Markteinführungsphase reichen die Exporte für die noch geringe Auslandsnachfrage aus. Bei hohen FuE-Aufwendungen liegt der optimale Standort in größeren Zentren, hier sind Wissen und hochqualifizierte Arbeitskräfte vorhanden. Wenn sich die Produkte zunehmend am Markt durchsetzen, sinken nicht nur die Preise, sondern auch die Gewinne. Das Schwergewicht der Investitionen verschiebt sich von der Produktentwicklung zum Produktionsprozeß und zu kapitalintensiven, arbeitssparenden Verfahren (Rationalisierung). Bei zunehmender Konkurrenz liegt der optimale Standort in Räumen mit niedrigeren Produktionskosten. Die technisch ausgereiften Produkte werden mehr oder weniger standardisiert hergestellt. Aufgrund zunehmender Marktsättigung und Konkurrenz (Qualitäts- und Preiswettbewerb) sinken die Gewinne trotz Größenvorteilen und Rationalisierung. Die Arbeitskosten bestimmen nun die Standortentscheidungen. Der optimale Produktionsstandort verschiebt sich mit zunehmender Standardisierung von Ländern mit ähnlichen Nachfragestrukturen (Industrieländer) in Länder mit komparativen Kostenvorteilen (Entwicklungs- und Schwellenländer). Die früher exportierten Produkte werden nun importiert. In der Schrumpfungsphase wird zuerst im Stammland die Produktion aufgegeben.

Das spezifische Umfeld hat sich seit den 60er Jahren geändert. Zwei Veränderungen nannte VERNON selbst: die meist schon sehr frühe Produktion neuer Produkte im Ausland und große Absatzmärkte. Der Zielmarkt sind mehr und mehr nicht nur die USA. Die Produktlebenszyklustheorie gilt deshalb nach VERNON (1979) vor allem für kleinere innovative Unternehmen mit geringer Internationalisierung, für größere binnenmarktorientierte Unternehmen und für die Beziehung zwischen Industrie- und Entwicklungsländern, da neue Produkte vor allem in Industrieländern entwickelt werden.

Um den Beschäftigungsstand zu halten und die Wirtschaftsstruktur zu modernisieren, bedarf es ständig neuer Produkte. Gelingt es nicht, solche zu entwickeln, dann veraltet die Produktstruktur und letztlich die Wirtschaftsstruktur. Die Modernisierung der Produktstruktur erfolgt durch neue oder stark veränderte und verbesserte Produkte, auch innovative Teile, wie z. B. das Antiblockiersystem (ABS). Der Produktlebenszyklus beträgt bei Autos etwa vier bis acht Jahre, bei ständiger Verbesserung auch viel länger. Vom Volkswagen Käfer, dem bisher meistgebauten Wagen der Welt, wurden von 1945 bis Ende März 1996 insgesamt 21,3 Mio. Stück hergestellt, davon allein 11,9 Mio. im Werk Wolfsburg. In Deutschland (Emden) und Europa wurde er noch bis 1978 produziert, dann hierhin bis 1985 exportiert. Die Reife- oder Sättigungsphase wurde Anfang der 70er Jahre erreicht, da seit 1971 die Produktion schrumpft. Selbst 1996 wurden noch Käfer gebaut, Fusca in Mexiko (seit 1954) und Vochita in Brasilien (seit 1956). Ein anderes Beispiel für Produktionsverlagerungen ist das ABS. Von Bosch entwickelt, kam das ABS 1978 auf den Markt und wurde bis 1984 nur in Deutschland hergestellt. Bei abnehmender Gewinnkurve betrugen die Produktionskosten 1996 nur noch etwa ein Drittel der Kosten bei Markteinführung.

Die Produktlebenszyklustheorie wurde auf Produktgruppen und Branchen übertragen und, um die räumlich unterschiedliche Beschäftigungsentwicklung erklären zu können, auch auf Regionen. Altindustrialisierte Räume werden durch ältere Produkte und Innovationszyklen sowie größere Arbeitsmarktprobleme geprägt als jünger industrialisierte Räume. Sie weisen einen geringeren Anteil neuer Produkte auf und einen höheren Anteil ausgereifter Produkte, die dem internationalen Wettbewerb stärker ausgesetzt sind und auf konjunkturelle und Währungsschwankungen empfindlicher reagieren als neue Produkte. Auch der Anteil der Langzeitarbeitslosen ist hier höher. Mit zunehmender Kapitalintensität und Standardisierung und damit Übertragbarkeit des Produktionsprozesses verschärft sich der Wettbewerb. Durch den Rationalisierungsdruck nimmt die Arbeitsproduktivität zwar zu, aber auch die Tendenz zur Verlagerung. Damit verstärken sich die Probleme auf dem Arbeitsmarkt.

Kritik an der Produktlebenszyklustheorie bezieht sich auf die Definition neuer Produkte, auf die Aussagen zu den Standortwirkungen, zur Produktionsweise und Produktionsorganisation und auf die Vernachlässigung von Markteintrittsbarrieren und Alternativen zu Direktinvestitionen, wie z. B. Lizenzen. Die Produktlebenszyklustheorie unterstellt eine Verlagerungsfähigkeit der Produktion. Die Mehrheit der Unternehmen, vor allem kleine Unternehmen, können oder wollen jedoch nicht verlagern. Massenproduktion und Größenvorteile (economies of scale) sind nicht, wie von der Produktlebenszyklustheorie angenommen wird, die Regel, sondern Einzelfertigung und relativ kleine Serien sowie Spezialisierungs- und Verbundvorteile (economies of scope).

3.1.2 Regelungssysteme

Eine Fülle formeller und informeller politischer, ökonomischer und kultureller Normen, Gesetze, Verordnungen, Konventionen und Gewohnheiten verbindet nicht nur die Produktions- und Konsumstruktur (Abb. 3.1), sondern auch diese gesellschaftliche oder volkswirtschaftliche Ebene und die Handlungsebene der Unternehmen (Abb. 3.2). Produktions- und Konsumstruktur beschreiben das in einer Gesellschaft oder Volkswirtschaft erreichte Akkumulationsregime. Neuere sozialwissenschaftliche Arbeiten, vor allem regulationstheoretische Beiträge aus Frankreich und den angelsächsischen Ländern, zeigen Diskontinuitäten in der wirtschaftli-

Abb. 3.1: Handlungsrahmen der Unternehmen   Quelle: BATHELT (1994)

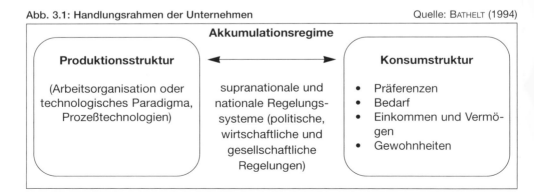

chen und sozialen Entwicklung. Danach wird die Produktionsstruktur durch eine für die jeweilige Entwicklungsphase spezifische Arbeitsorganisation und ein bestimmtes „technologisches Paradigma" geprägt, die Konsumstruktur durch die jeweils vorherrschenden Präferenzen und den Bedarf von Unternehmen und Haushalten. Das technologische Paradigma ist Ausdruck der Arbeitsteilung in und zwischen den Unternehmen und des Einsatzes der Arbeitskräfte. Supranationale und nationale Regelungssysteme und Ausgleichsmechanismen werden durch regionale Regelungssysteme ergänzt (Abb. 3.2). Die Regelungssysteme sind Ausdruck der Machtverhältnisse und der Rollenverteilung in der Gesellschaft. Den größten Einfluß auf die Gestaltung der Regelungssysteme hat der Nationalstaat. Andere Akteure sind z.B. Parteien, Kirchen, Gewerkschaften und Arbeitgeberverbände. Regelungen gibt es für alle Märkte, für Arbeits-, Geld- und Gütermärkte, für den Arbeitsmarkt z.B. durch das Arbeitsrecht und die Tarifpolitik. Kommunale Planungs- und Genehmigungsverfahren regeln Ansiedlungen. Regelungssysteme bestimmen Wettbewerb, Mobilität und Ausgleich der gesellschaftlichen Interessenkonflikte. Mit Umwelt oder Umfeld werden die lokalen und regionalen Handlungsbedingungen der Unternehmen bezeichnet. Dazu gehören die Beziehungen zu anderen Unternehmen und Institutionen und zu Behörden und Kammern.

Arbeiten zur Regulationstheorie (vgl. Aglietta 1979, Lipietz 1986) unterscheiden zwischen Phasen relativ stabiler Beziehungen zwischen Produktions- und Konsumstruktur und Strukturkrisen. Seit Mitte des 19. Jh. lassen sich in Europa und Nord-

Abb. 3.2: Entscheidungssituation

amerika vier Entwicklungsphasen unterscheiden (Tab. 3.2). Jede Entwicklungsphase ist durch relativ stabile Beziehungen zwischen Produktions- und Konsumstruktur (Akkumulationsregime) und relativ stabile Regelungssysteme gekennzeichnet. Ein extensives Akkumulationsregime wurde Ende des Jahrhunderts durch ein intensives Akkumulationsregime mit tayloristischer Arbeitsorganisation abgelöst, zunächst ohne Massenkonsum, später durch ein fordistisches Produktionssystem und Massenkonsum. PIORE u. SABEL (1984) sehen darin eine historische Zäsur, die sie als „first industrial divide" bezeichnen. Mit Fordismus werden die durch HENRY FORD eingeführten Produktionsmethoden bezeichnet: Fließbandfertigung (1913), tayloristische Arbeitsorganisation und eine fast extreme Standardisierung („Jeder Kunde kann seinen Wagen beliebig anstreichen lassen, wenn der Wagen nur schwarz ist", HENRY FORD 1909). Von 1908 bis 1927 wurden 15 Mio. Ford-T-Modelle gebaut. Das typische Organisationsmodell ist die große, vertikal integrierte Fabrik mit vielen Zulieferern. Es wird zwar meist pauschal von fordistischem Akkumulationsregime und fordistischer Regulation gesprochen, tatsächlich gibt es aber auch in dieser Phase eine Vielzahl von Verbindungen zwischen Akkumulation und Regulation (PECK u. TICKELL 1994, S. 286 ff.). Seit Mitte der 70er Jahre ist das fordistische Regime in eine Krise geraten. Die fehlende Flexibilität der politischen, wirtschaftlichen und sozialen Regelungssysteme und Probleme, die Produktionsstruktur an Veränderungen der Konsumstruktur anzupassen, sind ein Hauptgrund für die tiefgreifende gesellschaftliche Strukturkrise. Ein stabiles postfordistisches Akkumulationsregime wurde bisher nicht gefunden. Der Regulationstheorie ist es nicht gelungen, die Verbindung zwischen Akkumulationsregime und Regulationssystemen, d.h. dem sehr komplexen Zusammenwirken von Normen, Politik, Traditionen, Gewohnheiten und Netzwerken, aufzudecken. Das gilt auch für Erklärungen der Standort- und Organisationsentscheidungen auf der Mikroebene durch makroanalytische gesellschaftliche und ökonomische Regelungen, Einflüsse des Umfeldes und Interaktionen zwischen Unternehmen, Staat und Gesellschaft.

1. Bis zum Ersten Weltkrieg	Extensive Akkumulation (Handwerk, Manufaktur, Handel)
2. Zwischenkriegszeit	Intensive Akkumulation ohne Massenkonsum[1]
3. Nachkriegszeit bis in die 70er Jahre	Intensive Akkumulation mit Massenkonsum (Fordismus) [1]
4. Seit den 70er Jahren	Postfordistisches Akkumulationsregime

[1] Zunahme des Anlagevermögens pro Kopf

Tab. 3.2: Entwicklungsphasen seit Mitte des 19. Jh. in Europa und Nordamerika
Quelle: HAUFF (1995, S. 25)

3.1.3 Standortentscheidungen und Entscheidungen in Unternehmen

Zu den zentralen Themen der handlungstheoretisch orientierten Industriegeographie gehören, beeinflußt durch betriebswirtschaftliche Organisationstheorien, Standortentscheidungen und Entscheidungen in Unternehmen, insbesondere in hierarchisch strukturierten, horizontal und vertikal integrierten multi- und transnationalen Unternehmen.

3.1.3.1 Standortentscheidungen

Trotz Deindustrialisierung werden in den Industrieländern immer noch viele Industrieunternehmen neu gegründet. Die Überlebensquoten neuer Unternehmen liegen zwischen 0,7 und 0,8, d.h., etwa vier von fünf Unternehmen bestehen noch zwei Jahre nach der Gründung (HAX 1989, S. 376). Neue Unternehmen wachsen stärker als große und ältere Unternehmen in Produktnischen oder als Zulieferer größerer Unternehmen. Lokale Besonderheiten und Zufälligkeiten, wie z.B. der Wohnort des Firmengründers, bestimmen meist die erste Standortentscheidung. Spätere Standortentscheidungen, vor allem in größeren Unternehmen, sind stärker selektiv und rationaler begründet und werden häufig durch den Arbeitsmarkt bestimmt.

Standortentscheidungen gehören zu den konstitutiven Entscheidungen in einem Unternehmen. Standorte werden für Unternehmen, für Betriebe oder Funktionen, z.B. Forschung und Entwicklung, Verwaltung, Produktion oder Vertrieb, und auf verschiedenen Maßstabebenen gesucht: in einer Region, in einem Land oder in einem Kontinent, letztlich in einer Gemeinde. Wird ein Standort im Ausland gesucht, dann muß zunächst das Land bestimmt werden, in dem die Ansiedlung erfolgen soll, dann die Region und innerhalb der Region die Gemeinde. Ansiedlungstyp (Unternehmensgründung, Tochtergesellschaft, Zweigbetrieb, Verlagerung) und Funktion des Betriebes bestimmen die Standortanforderungen. Für Hauptverwaltungen z.B. wird eine repräsentative Lage gesucht, für Forschung und Entwicklung ein ruhig gelegenes Grundstück in attraktiver Lage, für Produktionsbetriebe ein erschlossenes Grundstück mit Erweiterungsmöglichkeiten und guter Verkehrsanbindung. Entsprechend unterschiedlich nach Branchen, Märkten und Standorten werden die Standortfaktoren bewertet (Tab. 3.3), z.B. die Größe der Märkte (Marktpotential). So gibt es auf dem Automarkt nur wenige Marktsegmente, auf dem Pharmamarkt dagegen mehr als 150 Segmente.

Die Standortfaktoren selbst haben sich im Laufe der Zeit kaum geändert, Unternehmen suchen heute wie früher Grundstücke und qualifizierte Arbeitskräfte. Ihre Bedeutung variiert jedoch mit dem Entwicklungsstand einer Volkswirtschaft und mit der konjunkturellen Entwicklung. Grundstücke, Arbeitskräfte und Agglomerationswirkungen werden – abhängig von der Branche – in hochentwickelten Ländern anders bewertet als in gering entwickelten Ländern, in Boomphasen anders als in rezessiven Phasen. Kennzeichnungen wie Verkehrs-, Material-, Arbeits- oder Absatzorientierung verlieren an Aussagekraft und Relevanz. Verkehrsgunst z.B. bedeutete zu Beginn der Industrialisierung Lage an Kanälen oder schiffbaren Flüssen, später an Eisenbahnlinien, heute Nähe zu Autobahnen und Flugplätzen. Während die Eisen- und Stahlindustrie aufgrund der großen Bedeutung der Gewichtsverlustmaterialien rohstofforientierte Standortentscheidungen zur Verringerung der Transportkosten trifft, orientieren sich Elektronikunternehmen an Forschungseinrichtungen, Humankapital, Agglomerationswirkungen und weichen Standortfaktoren. Über die Wahl eines Standortes entscheiden nicht nur Markt und Kosten, sondern auch nicht oder nur schwer meßbare Standortfaktoren wie Wohn- und Freizeitwert, wirtschaftliches Klima, Image, Umweltqualität und Kriminalität. Die weichen Standortfaktoren unterscheiden sich von den harten Standortfaktoren, wie Arbeitsmarkt, Verkehrsanbindung, Grundstücke, kommunale Abgaben, die direkt in die Kosten- und Ertragsrechnung eingehen, dadurch, daß sie durch subjektive Einschätzungen und persönliche Präferenzen bestimmt werden. Sie werden im Wettbewerb der Standorte um Arbeitsplätze und qualifizierte Arbeitskräfte mit steigendem Wohlstand und steigender Qualifikation immer wichtiger.

Die Qualität und Bewertung der Standortfaktoren hat sich im Laufe der Zeit geändert. Wissen wird heute höher bewertet als Arbeitskräfte und Kapital. Telekommunikationsnetze, Deregulierung und neue Dienste verbessern die unternehmensinterne und unternehmensübergreifende Kommunikation. Die Kosten für den Transport von Waren, Menschen und Informationen sind stark gesunken. Zum Ortstarif können heute im Internet Daten (Informationen) ausgetauscht werden. Durch neue Transport-, Informations- und Kommunikationstechnologien, Produkt- und Prozeßinnovationen, durch die Abnahme des Materialgewichts und der Zahl der Teile und durch Miniaturisierung werden die Unternehmen unabhängiger von einem bestimmten Standort (sog. Foot-loose-Unternehmen). Sie sind bei sinkenden Transport- und Telekommunikationskosten in der Lage, die Wertschöpfungskette aufzubrechen und so zu organisieren, daß regionale Vorteile bestmöglich genutzt werden können. Immer wichtiger wird die Aktualisierung von Wissen. Im Unter-

- Qualifikation, Kosten und Verfügbarkeit der Arbeitskräfte
- Lage, Größe, Nutzungsmöglichkeit (Auflagen) und Erreichbarkeit der Grundstücke
- Steuern und Abgaben
- Kapital (Risikokapital)
- Marktpotential
- Rohstoffe, Zulieferungen und Dienstleistungen
- Informationen (Wissen und Know-how)
- Infrastruktur, u. a. Energie- und Wasserversorgung, Abwasserbeseitigung, Bildungs- und Gesundheitseinrichtungen, Verkehrs- und Kommunikationswege
- Lage und Transportkosten
- Intensität des Wettbewerbes
- Agglomerationsvorteile und -nachteile (Lokalisations- oder Branchenvorteile, Verstädterungsvorteile und -nachteile)
- weiche Standortfaktoren: Wohn- und Freizeitwert, Schulen, Kultur, Umwelt, Sicherheit, Image

Tab. 3.3: Standortfaktoren

schied zum Informationstransfer blieb der Wissenstransfer (Know-how) entfernungsabhängig. Aufgrund der schnellen technologischen Entwicklung reicht die Erstausbildung nicht mehr für ein Berufsleben. Alle sechs bis sieben Jahre veraltet etwa die Hälfte des „erworbenen Know-hows" (STAUDT im Handelsblatt vom 20. 6. 1996). Durch den starken Strukturwandel werden Vorteile der Spezialisierung zum Nachteil, vor allem wenn die Fähigkeit zur Erschließung neuer innovatorischer Freiräume fehlt.

Eine räumliche Konzentration von Tätigkeiten und Einrichtungen kann für ein Unternehmen oder einen Betrieb günstig sein und Agglomerationsvorteile, aber auch -nachteile bringen. Von externen Agglomerations- oder Größenwirkungen müssen interne Agglomerations- oder Größenwirkungen (größenbedingte Kostendegression) unterschieden werden. Interne Größenvorteile (Ersparnisse, Skalenerträge) entstehen z.B. in der Autoindustrie und in der Stahlindustrie mit zunehmender Produktionsmenge (sinkende Stückkosten). Externe Agglomerationsvorteile können aus der Konzentration ähnlicher Tätigkeiten (Lokalisations- oder Branchenvorteile) oder unterschiedlicher Tätigkeiten und Einrichtungen (Verstädterungsvorteile) entstehen. Von Fachkräften, spezialisierten Zulieferern und Dienstleistungen und regional gebundenen, nicht handelbaren Informationen können alle Unternehmen einer Branche (Lokalisations- oder Branchenvorteile), von einem großen und differenzierten Arbeitsmarkt, einer gut ausgebauten Infrastruktur und einem breiten Dienstleistungsangebot alle Unternehmen an diesem Standort (Verstädterungsvorteile) profitieren. Eine Konzentration von Tätigkeiten und Einrichtungen kann sich auch negativ auswirken, z.B. in hohen Arbeitskosten aufgrund der starken Konkurrenz um Fachkräfte oder hohen Transportkosten aufgrund der überlasteten Infrastruktur. Die Operationalisierung und Erfassung der Agglomerationswirkungen erweist sich als schwierig und gelingt nur näherungsweise. Agglomerationsvorteile begünstigen die räumliche Konzentration, Agglomerationsnachteile die Dekonzentration.

Eine große volkswirtschaftliche Bedeutung haben offene und verdeckte Hilfen für Unternehmen. Staat, Länder und Gemeinden versuchen z.B. durch Steuervergünstigungen, Befreiung oder Stundung von Abgaben, zinsverbilligte Darlehen, Bürgschaften, unentgeltliche oder preiswerte Überlassung von Grundstücken, Übernahme von Erschließungskosten, Sondertarife für öffentliche Dienstleistungen, etwa für Wasser und Abwasser, Standort- und Investitionsentscheidungen zu beeinflussen. Subventionen werden gewährt, damit Betriebe sich ansiedeln oder nicht abwandern oder stillgelegt werden. Der Standortwettbewerb wird zum Subventionswettbewerb. Ohne Subventionen werden kaum noch neue Werke gebaut. Sie haben die Ansiedlungen der deutschen Automobilhersteller BMW und Mercedes-Benz in den USA ebenso bestimmt wie diejenigen der ausländischen Elektronikunternehmen in Dresden und der japanischen Unternehmen in Großbritannien und im Elsaß.

Grundlage der Standortentscheidungen großer Unternehmen sind meist länderspezifische Nutzwertanalysen. Bei einer detailliert beschriebenen Standortsuche von Mercedes-Benz gehörten wirtschaftliche und politische Stabilität, Infrastruktur, Arbeitsmarkt und Arbeitskosten, Zulieferungen und Wirkungen des Standortes auf das Unternehmensimage zu den Bewertungskriterien, die dann standortspezifisch durch Informationen, u. a. über das unternehmerische Klima, über Grundstücke, Risiken, Genehmigungsverfahren, Ver- und Entsorgung, Verkehrsanbindung und Lebensqualität, vertieft wurden (RENSCHLER 1995). Tuscaloosa in Alabama erwies sich letztlich als der beste Standort für den neuen Produktionsbetrieb.

Andere Faktoren bestimmen z. B. die Stillegungs- und Verlagerungsentscheidungen in Städten: neue Produkte und Produktionsverfahren, Flächenbedarf, Grundstückskosten, fehlende und zu teure Flächen, Erreichbarkeit für Kunden, Lieferanten und Arbeitskräfte, Nutzungs- und Investitionsbeschränkungen. Als wichtige Gründe für die Ansiedlung im suburbanen Raum werden u. a. Agglomerationsvorteile, die Nähe zum alten Standort sowie gut erreichbare Industrie- und Gewerbeflächen genannt.

3.1.3.2 Entscheidungen in Unternehmen

Entscheidungen orientieren sich an mehr oder weniger bewußten und ausformulierten Zielen, wie Sicherung des Unternehmens oder Standortes und Erlangung von Wettbewerbsvorteilen (Tab. 3.4), und an Leistungskriterien, wie Gewinn oder Rentabilität, Betriebsergebnis, Produktivität, Umsatz, Marktanteil, Umweltverträglichkeit, Macht, Ansehen und Unabhängigkeit. Unternehmen, die auf internationalen Kapitalmärkten um Investoren werben, orientieren sich am „shareholder

---

1. Sicherung des Unternehmens oder Standortes durch

- Verlagerung des gesamten Unternehmens oder von Teilen des Unternehmens
- Veränderung der Größe des Unternehmens
  - Kapazitätsabbau und -ausbau (Vergrößerung und Verkleinerung)
  - Aufkäufe, Beteiligungen, Fusionen, Verkäufe
- Neue Managementkonzepte
  - Konzentration auf Kerngeschäfte und Kernkompetenzen (Verringerung der Fertigungstiefe, Aufgabe von Funktionen)
  - Umstrukturierung des Unternehmens
  - „Verschlankung" des Unternehmens
- Produkt- und Prozeßinnovationen
- Veränderung der vertikalen Beziehungen zwischen Unternehmen (Verringerung der Zahl der Lieferanten, Just-in-time-Anlieferung)
- Nachfrage- und Kundenorientierung

2. Erlangung von Wettbewerbsvorteilen durch

- Internationalisierung und Globalisierung (Kosten und Markt)
- Veränderung der Zusammenarbeit von Unternehmen
  - Zusammenarbeit in Netzwerken
  - Zusammenarbeit mit Konkurrenten (strategische Allianzen)
  - virtuelle Unternehmen

Tab. 3.4: Unternehmensstrategien

value", d.h. an einer Rendite, die mindestens den üblichen Marktzinsen plus einem Risikozuschlag entspricht. Stärker als dieses Konzept, das die Interessen der Investoren über Arbeitnehmerinteressen stellt, berücksichtigt das „Stakeholder"-Konzept die Interessen derjenigen, die mit ihrem Arbeits-„Einsatz" (stake) am Erfolg beteiligt sind. Jedes Unternehmen, ob groß oder klein, muß letztlich rentabel, effizient und am Markt erfolgreich sein, sollen auch sozialpolitische Funktionen erfüllt werden. Kann es sich im Wettbewerb nicht behaupten und nur dank Subventionen überleben, dann nützt das weder Aktionären noch Beschäftigten. Auch die unterschiedliche Unternehmenskultur beeinflußt die Strategien, die stärkere soziale Orientierung in Kontinentaleuropa bzw. die stärkere Ertrags- und Erfolgsorientierung in den angelsächsischen Ländern.

Handlungsbedingungen werden die Entscheidungen der Unternehmer nicht determinieren. Mehrbetriebsunternehmen können flexibler als Einbetriebsunternehmen auf ungünstige Bedingungen reagieren und Betriebe so in die Unternehmensorganisation einbinden, daß sie fast überhaupt keine lokalen und regionalen Kontakte haben. Zweigbetriebe, insbesondere verlängerte Werkbänke, d.h. Produktionsbetriebe meist ohne Forschung und Entwicklung, Vertriebs- und administrative Funktionen, werden in der Regel von außen gesteuert und kontrolliert.

Große Unternehmen sind nicht, wie häufig behauptet wird, allgemein wettbewerbsstärker als kleine Unternehmen. Aufgrund ihrer höheren Finanzkraft sind sie jedoch meist innovativer als kleine Unternehmen, die Produkte eher verbessern und weiterentwickeln, und auch flexibler. Dies ist ein Standortvorteil in Märkten, in denen es auf Schnelligkeit ankommt.

Kleine Unternehmen sind häufig schlechter organisiert, weniger modern und in der Lage, hochqualifizierte Arbeitskräfte zu finden. Sie zahlen niedrigere Löhne und Gehälter, arbeiten länger und beschäftigen jüngere Arbeitskräfte. Betriebsalter, Produktivität und Arbeitnehmereinkommen korrelieren positiv. Größere Märkte bleiben ihnen weitgehend verschlossen. Sie finden bessere Chancen, wenn sie sich auf Nischenmärkte und Problemlösungen mit einem hohen Dienstleistungsanteil konzentrieren. Durch strategische Allianzen ist es auch mittelständischen Unternehmen möglich, in einem Marktsegment zu einem „global player" zu werden.

3.1.3.3 Handlungs- und Unternehmensstrategien

Mit einer Reihe von Handlungsstrategien, die sich meist ergänzen, aber auch widersprechen können, verfolgen Unternehmer und Manager die Unternehmensziele. In Tabelle 3.4 werden zwei Strategien angenommen: Sicherung des Unternehmens oder Standortes und Erlangung von Wettbewerbsvorteilen. Beide Strategien können mit verschiedenen Maßnahmen erreicht werden, mit denen wiederum jeweils mehrere Strategien oder Ziele verfolgt werden können. Dennoch werden sie in Tabelle 3.4 nur einer Strategie zugeordnet. Zu den beiden Hauptorientierungen, Kostensenkung und Markt, tragen diese Maßnahmen unterschiedlich bei. So können z.B. Kosten sowohl durch eine Verringerung der Fertigungstiefe und der Zahl der Lieferanten als auch durch eine Veränderung der Produktions- und Arbeitsorganisation gesenkt werden.

Sicherung des Unternehmens oder Standortes

• *Verlagerung des gesamten Unternehmens und von Teilen des Unternehmens*
Einbetriebsunternehmen gelten als mehr oder weniger immobil. Ihnen fehlen für
eine Standortspaltung oder Verlagerung die Mittel. Nur bei erheblichen Unzulänglichkeiten werden sie den Standort aufgeben. Verlagerungen erfolgen überwiegend
im Nahbereich bis etwa 50 km, d.h. so weit, wie die Agglomerationsvorteile oder Kontakte reichen. Die Standortpersistenz großer Betriebe kann dagegen durch eine hohe
Kapitalakkumulation und hohe Desinvestitionskosten erklärt werden. Eine Verlagerung solcher Betriebe ist wenig wahrscheinlich, weil viel zu teuer. Neue Betriebe sind
nicht nur kleiner, sondern meist auch effizienter organisiert als ältere Betriebe.

• *Veränderungen der Größe des Unternehmens*
Kapazitätsabbau und -ausbau (Vergrößerung und Verkleinerung)
Innerbetriebliche Beschäftigungsveränderungen durch Abbau von Arbeitsplät-
zen oder Schaffung neuer Arbeitsplätze sind quantitativ weit bedeutsamer als
Standortänderungen durch Neugründung, Ansiedlung oder Stillegung.

• *Aufkäufe, Beteiligungen, Fusionen, Verkäufe*
Eine Übernahme oder Beteiligung zielt heute vor allem auf Wettbewerbsvorteile
durch komplementäre Tätigkeiten, Innovationen und Synergieeffekte ab. Als
Gründe für eine Übernahme oder Beteiligung werden Tätigkeiten und Märkte
genannt, z.B. Software, Dienstleistungen und Technologien, als Gründe für Fusionen die Stärkung der Marktstellung und hohe Kosten für Forschung und Entwicklung. Die Fusion der beiden Schweizer Chemieunternehmen Ciba-Geigy und
Sandoz unter dem neuen Namen Novartis bildet ein Beispiel für eine liquiditäts-
schonende Verschmelzung zweier etwa gleich starker Partner als Alternative zu
einer teuren und riskanten Akquisitionsstrategie. Von der neuen Größenordnung
werden Synergieeffekte und eine Verbesserung der Wettbewerbsfähigkeit erwartet. Auch wenn Fusionen häufig nur Marktanteile und keine Wachstumsimpulse
bringen, gibt es einen deutlichen Trend zu größeren und sehr großen Unternehmenseinheiten und größeren Märkten. Der Weltmarkt und neue große Wirtschaftsräume zwingen zu Größe, allein oder mit Partnern.

• *Neue Managementkonzepte*
Industrieunternehmen verfolgen derzeit eine Reihe neuer Managementkonzepte
mit erheblichen Auswirkungen auf Standorte und Standortverflechtungen. Zu diesen Konzepten gehören „Business Engineering", d.h. die Konzentration auf Kerngeschäfte oder Kernkompetenzen und Umstrukturierung des Unternehmens durch
Veränderungen der Prozesse und damit der Organisation, und „Lean Management", d.h. „Verschlankung" des Unternehmens durch flache Hierarchien, kürzere
Entscheidungswege und Vermeidung von Verschwendung. Mit Hilfe neuer Organisationskonzepte sollen die Produktions- und Durchlaufzeiten verkürzt, die Bestände verringert sowie Produktion und Lieferfähigkeit flexibler werden. Die meisten
Management-Innovationen kommen aus den USA, einige auch aus Japan, wie Kai-
zen, d.h. eine schrittweise Verbesserung, und „Total Quality Management", d.h.,
alle Mitarbeiter zielen auf eine Verbesserung der Effizienz des Unternehmens ab.

• *Konzentration auf Kerngeschäfte und Kernkompetenzen*
  (Verringerung der Fertigungstiefe, Aufgabe von Funktionen)

Kernkompetenzen werden zunehmend zu einem zentralen Kriterium der Reorganisation von Unternehmen. Lange Zeit galt die aus privater Kapitalanlage bekannte Vorstellung, nur ein weitgefächertes Portfolio biete einen Risikoausgleich und Schutz gegen schlechte Zeiten. Diversifizierung galt allgemein als eine zentrale Aufgabe des strategischen Managements. Durch Diversifizierung und Risikostreuung entstanden Konglomerate, die kaum noch effizient gesteuert werden konnten. Viele Diversifizierungsstrategien erwiesen sich als teure Fehlentscheidungen, die erhofften Vorteile blieben aus. Etwa Anfang der 80er Jahre setzte eine kritische Diskussion ein, und es begann eine Konzentration auf Kerngeschäfte oder Kernkompetenzen, d.h. auf eine Branche, einzelne Segmente oder ein Segment einer Branche oder einzelne Funktionen, z.B. auf Schlüsseltechnologien und Endmontage (Endprodukte). Das Daimler-Benz-Modell des integrierten Technologiekonzerns (Automobile, Elektronik, Steuerungssysteme, Luft- und Raumfahrt) gilt heute als gescheitert. Ein extremes Beispiel der Umstrukturierung ist das amerikanische Unternehmen ITT. Es wies in den 70er Jahren eine Produktpalette auf, die vom Toastbrot bis Telefone, von Hotels bis Hydraulikpumpen und von Fertighäusern bis Versicherungen reichte. ITT wurde in drei selbständige Unternehmen (spin-offs) zerlegt, eines spezialisiert auf Luxushotels, Spielcasinos und Sportartikel, eines auf Versicherungen und eines auf Autoteile, Elektromotoren und Maschinen.

Historisch zufällige und räumlich verstreute Tätigkeiten und Standorte werden aufgegeben, ausgegliedert oder verselbständigt, wenn sie nicht in das Unternehmensprofil passen oder andere Unternehmen hier kompetenter sind. Als Erwerber kommen Unternehmen derselben oder einer verwandten Branche in Betracht, institutionelle Erwerber, auch Führungskräfte des eigenen Unternehmens (Management-Buyout) oder anderer Unternehmen (Management-Buyin). Firmenabspaltungen wie Firmengründungen durch frühere Mitarbeiter von Unternehmen oder Forschungseinrichtungen werden als „spin-offs" bezeichnet. Unternehmen, die sich auf Kerngeschäfte und -kompetenzen konzentrieren, können auf Änderungen des Handlungsrahmens und der Handlungsbedingungen flexibler reagieren und strategische Möglichkeiten besser nutzen als diversifizierte Unternehmen. Die Konzentration auf Kernkompetenzen und die Verkleinerung der Unternehmen (downsizing) werden jedoch dann nicht mehr als effizient angesehen, wenn sie die Entwicklung des Unternehmens beeinträchtigen. Da die Ertragssteigerung durch Wachstum höher geschätzt wird als durch Schrumpfung und Kostensenkung, werden Kerngeschäfte gestärkt durch Akquisition, durch Abgabe nicht wertschaffender Unternehmensteile und Geschäftsfelder oder Diversifizierung in gut überschaubare, neue Geschäftsfelder. Die Fusion von Ciba-Geigy und Sandoz gibt ein Beispiel für die Stärkung von Kerngeschäften. Nicht dazu gehörende Produktgruppen werden ausgegliedert oder verkauft.

In jeder Branche gibt es eine Vielzahl erfolgreicher Strategien. Einige Unternehmen sind mit Diversifizierungsstrategien erfolgreich und verfolgen sie unverändert, andere suchen Wachstumschancen und Wettbewerbsvorteile ausschließlich im Kerngeschäft. Auch hier gibt es Varianten. Betriebswirtschaftler

unterscheiden zwischen der Ausrichtung auf den Gesamtmarkt und auf Teilmärkte, z.B. in der Automobilindustrie auf Massenmärkte in mehreren Segmen-
ten, auf einen Teilmarkt in einem Segment, z.B. Sportwagen (Nischenmarkt),
oder auf Massen- und Teilmärkte. In Nischenmärkten werden häufig hohe Rendi-
ten erwirtschaftet. Die Konzentration der Fähigkeiten und Ressourcen erhöht die
Erfolgswahrscheinlichkeit, andererseits sind die hier tätigen Unternehmen einem
höheren Risiko ausgesetzt und krisenanfälliger als diversifizierte Unternehmen.
Es scheint besser, groß in einem kleinen Markt als klein in einem großen Markt
zu sein. In globaler Dimension erreichen auch Nischenmärkte eine Größe, die
Größenvorteile bringt. Viele Spezialisten mußten aufgeben, u.a. wegen zu hoher
Produktions- und Entwicklungskosten, oder wurden von Massenproduzenten
aufgekauft, z.B. Jaguar von Ford, Saab von General Motors. Um überleben oder
selbständig bleiben zu können, versuchen Nischenanbieter in Märkten mit
hohem Innovationsdruck und starken Nachfrageschwankungen, z.B. Hersteller
modischer Kleidung, alle betrieblichen Funktionen flexibel und arbeitsteilig zu
organisieren.

Die Verringerung der Fertigungstiefe, d.h. des Anteils der Wertschöpfung eines
Unternehmens am Endprodukt, durch Aufgabe von Fertigung oder Dienstleistungen (Outsourcing) ist eine Möglichkeit, sich auf Kernkompetenzen zu konzentrieren und schlanker zu werden. Sie wird auch als Abnahme der vertikalen
Integration oder Externalisierung bezeichnet. Um flexibler und wettbewerbsfähiger zu werden, geben Unternehmen aber nicht nur Wertschöpfung ab, sondern
auch Funktionen, z.B. die Fertigung, und bleiben nur noch Designer, Zwi-
schenhändler oder Vermarkter. Immer mehr Designer von Industrieprodukten
lassen durch andere Unternehmen fertigen. Beispiele aus der Bekleidungs- und
Schuhindustrie sind Nike und Puma, Unternehmen mit Produkt- und Vermark-
tungswissen ohne eigene Produktionsstätten. Werden Produktidee, Fertigung
und Marketing räumlich getrennt und für jede Funktion im Unternehmensver-
bund oder extern andere Standorte gesucht, dann nähert sich die Organisationsform virtuellen Unternehmen an (vgl. Kap. 3.1.4.3).

• *Umstrukturierung des Unternehmens*
Die großen Produktivitätsunterschiede zwischen der europäischen und der japanischen Industrie werden vor allem mit einer effizienteren Produktions- und Arbeitsorganisation und effizienteren Beziehungen zwischen Kunden und Lieferanten erklärt. Die Maßnahmen zur Verbesserung von Produktivität und Produkten
zielen letztlich darauf ab, zur weltweiten „benchmark", d.h. zu den Spitzenlei-
stungen der weltbesten Unternehmen aufschließen zu können. „Benchmarks"
geben Konkurrenten oder Kunden vor.

Um auf längere Sicht Existenz und Wettbewerbsfähigkeit zu sichern, müssen innovative Strukturen und Produktionsprozesse entwickelt und die Ressourcen,
insbesondere Kapazitäten und Arbeitszeit, optimal genutzt werden. Die Unternehmen stehen unter dem ständigen Druck, die Produktivität zu verbessern. Bei
einem großen Rückstand gegenüber Konkurrenten, wie in Europa Anfang der
90er Jahre gegenüber Japan, kann eine Reorganisation einzelner Wertschöp-
fungsphasen, aber auch des gesamten Unternehmens – der Produktions-, der Be-

schaffungs- und der Absatzstrukturen – notwendig werden. Eine Reorganisation des Produktionsprozesses kann durch Zerlegung in einzelne Wertschöpfungseinheiten erfolgen, die entsprechend den Standortanforderungen räumlich getrennt und durch Transport- und Kommunikationselemente wieder verbunden werden. Viele Unternehmen werden um Kerntätigkeiten neu organisiert und in Geschäfts- und Produktbereiche oder Ländergesellschaften gegliedert.

Allgemein geht es darum, flexible Produktionsstrukturen zu schaffen, die sich schnell und effizient verändern lassen, vor allem bei einer breiten Angebotspalette mit geringen Stückzahlen für eine hochspezialisierte Nachfrage. Die Produktionsanlagen müssen fähig sein, bei sehr kurzen Lieferzeiten höchste Qualitätsansprüche zu erfüllen. Durch Roboter, kürzere Durchlaufzeiten, Arbeitsgruppen, Jobrotation und Vermeidung von Verschwendung läßt sich die Effizienz verbessern. Roboter entlasten den Menschen und nehmen ihm monotone Arbeiten ab. Ihr Einsatz lohnt sich, da sie immer mehr können und immer billiger hergestellt werden.

Neue Informations- und Kommunikationstechnologien und neue Infrastrukturen, wie Glasfaserkabel und Satelliten, bilden eine Voraussetzung zur Optimierung der Ressourcennutzung und Vernetzung in der Wertschöpfungskette, zur Integration der Unternehmensfunktionen und Flexibilisierung der Produktionsprozesse. Ohne technologische Innovationen und Verbund der Netze wären die gegenwärtig besonders intensive Reorganisation der Unternehmen und die Dezentralisierung der Funktionen weit weniger effizient. Die Wertschöpfungskette ist nicht auf das eigene Unternehmen beschränkt, sondern reicht von den Lieferanten bis zum Kunden.

• *„Verschlankung" des Unternehmens*
Viele Unternehmen sind noch sehr hierarchisch organisiert. Rationalisierung wird deshalb weniger durch Arbeitsteilung als vielmehr durch ein neues Verhältnis von planenden und ausführenden Tätigkeiten und durch neue Wissens-, Informations- und Kommunikationssysteme angestrebt. Arbeitsgruppen übernehmen eigenverantwortlich Arbeitsplanung, Ablaufsteuerung, Programmierung, Materialbeschaffung und Qualitätskontrolle. In der Reduzierung des Koordinierungsaufwandes liegen große Rationalisierungsreserven. Gruppenarbeit funktioniert jedoch meist nur, wenn auch die Leistungsbewertung zur Selbstregulierung gehört. Die Durchlauf- oder Produktionszeiten können durch Verringerung der Schnittstellen bei gleichzeitiger Nutzung von Spezialisierungsvorteilen und Lerneffekten verkürzt werden. Zur Verschwendung zählt alles, was unnötig ist, in der Fertigung z.B. Lagerhaltung, in der Verwaltung z.B. Reisen sowie ungenutzte Fähigkeiten der Mitarbeiter.

• *Produkt- und Prozeßinnovationen*
Die Produktstruktur verändert sich ständig. Produkte mit neuen Technologien und Software verdrängen technologisch anspruchslosere Produkte. Innovationen bringen in der Regel nur kleinere Verbesserungen, kumuliert allerdings erhebliche Veränderungen der Produkte und Produktionsverfahren. Eine flexible Massenproduktion bringt Größen- und Verbundvorteile, eine Optimierung der Wertschöpfungskette Vorteile gegenüber der bisher üblichen Teiloptimierung, d.h. der

Optimierung einzelner Tätigkeiten. Die Weiterentwicklung der Schlüsseltechnologien, z.B. in der Mikroelektronik, erfolgt in immer größeren Sprüngen bei immer kürzeren Innovations- und Produktlebenszyklen.

- *Veränderung der vertikalen Beziehungen zwischen Unternehmen*
  (Verringerung der Zahl der Lieferanten, Just-in-time-Anlieferung)
  Es wird nicht nur die Kommunikation im Unternehmen verbessert, sondern auch die Kommunikation mit Lieferanten und Kunden. Um die Entwicklungszeit zu verkürzen, werden Lieferanten und Kunden verstärkt und frühzeitig in die Entwicklung neuer Produkte eingebunden. Zwischen Innovations- und Kundenorientierung besteht ein enger Zusammenhang. Die Zusammenarbeit wird mit den Lieferanten verstärkt, die technisch hochwertige Komponenten herstellen, und mit den Lieferanten aufgegeben, die nur geringwertige Teile produzieren. Die Zahl der direkten Lieferanten nimmt ab. Sie richtet sich nach der Zahl der Module und Systeme (Abb. 3.3). Durch Module sollen die Entwicklungs- und Fertigungszeiten verkürzt und Investitionen und Fertigungstiefe verringert werden. Die deutschen Automobilunternehmen hatten Anfang der 80er Jahre noch etwa 800 – 2 000 Direktlieferanten. Durch Bezug kompletter Systeme und neue Logistikkonzepte, wie just-in-time, d.h. eine produktionssynchrone Anlieferung, lassen sich die Lagerkosten reduzieren, die mit der Zahl der Produktvarianten und bei geringer Losgröße stark zunehmen. Neuansiedlungen erfolgen heute häufig in Industrieparks nahe den Montagewerken oder auf dem Werksgelände selbst. Module werden überwiegend von den Herstellern der Endprodukte entwickelt und konstruiert, Systeme überwiegend von Lieferanten, die auch die Teilelieferanten und Subunternehmen einbinden. Während Systemlieferanten nicht beliebig ausgetauscht werden können, sind Zulieferer, die standardisierte Teile und Komponenten geringer Wertschöpfung herstellen, stärker dem globalen Wettbewerb ausgesetzt. Die Entstehung der dreistufigen Lieferantenhierarchie mit wenigen Systemlieferanten und logistischen Schnittstellen, Lieferanten von Komponenten und Lieferanten von Teilen ist verbunden mit einer Konzentrationswelle durch Käufe, Fusionen, Stillegung und Aufgabe von Unternehmen.

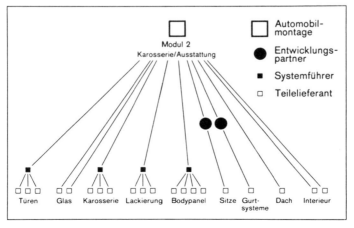

Abb. 3.3:
Zulieferorganisation am
Beispiel der Automobil-
industrie

• *Nachfrage- und Kundenorientierung*
Durch Tourismus, weltweiten Informationsaustausch und weltweite Werbung, z.B. von Coca-Cola, nähern sich weltweit Nachfrage- und Verbraucherpräferenzen an. Mit zunehmendem Wohlstand und zunehmender Sättigung des Marktes werden jedoch andererseits immer individuellere und bedarfsspezifischere Produkte nachgefragt. Bei Weltmarken, z.B. Mercedes-Benz, gibt es deshalb keine regionale Differenzierung, sondern eine hohe Zahl von Varianten und Typen. Regionale Produkte setzen dagegen gezielt auf regionale Präferenzen.

Erlangung von Wettbewerbsvorteilen

• *Internationalisierung und Globalisierung (Kosten und Markt)*
Internationalisierung kann als eine Vorstufe der Globalisierung angesehen werden. Unter Globalisierung wird auf der Makro- oder gesamtwirtschaftlichen Ebene die weltweite Ausbreitung (Diffusion) von Produkten, Dienstleistungen und Konsummustern verstanden, auf der Mikro- oder Unternehmensebene die weltweite Wertschöpfung und Organisation von Forschung und Entwicklung, Produktion, Beschaffung („global sourcing"), Absatz und Finanzierung. Trotz Deregulierung, Liberalisierung, neuer Freihandelszonen, Transport- und Kommunikationstechnologien bringt eine Dezentralisierung vor allem in abgeschottete Märkte, in Märkte mit intensivem Wettbewerb und Räume mit niedrigen Produktionskosten und Forschung und Entwicklung in wissensintensiven und kreativen Räumen Vorteile gegenüber einer Zentralisierung.

Viele Menschen sehen in der Globalisierung eine Bedrohung, weil sie den Verlust von Arbeitsplätzen, die Abwanderung von Forschung und Produktion, von Kapital und Investitionen befürchten. Globalisierung bedeutet, daß immer mehr Menschen, Unternehmen und Länder in die weltweite Arbeitsteilung einbezogen werden. Das bringt gering entwickelten Ländern Wachstum, Industrieländern neue Märkte. Die Globalisierung wird überwiegend durch ökonomische Motive bestimmt. Sie beschleunigt die technologische Entwicklung, verbessert die Produktivität, verschärft aber auch den Strukturwandel. Arbeitsplätze fallen schneller weg, neue Arbeitsplätze müssen schneller geschaffen werden. Klare Gewinner sind die Schwellenländer.

Die Internationalisierung und Globalisierung der Unternehmen, d.h. die Entwicklung von einem nationalen zu einem internationalen, multi- oder transnationalen, schließlich globalen Unternehmen, erfolgt in vielen Schritten und über einen längeren Zeitraum durch Direktinvestitionen und Tätigkeiten im Ausland (Tab. 3.5). Dabei werden sehr unterschiedliche Organisationsformen gewählt, relativ autonome Ländergesellschaften wie straff zentralisierte Formen. Bei einer Wertschöpfung in mindestens zwei Ländern wird von einem multi- oder transnationalen Unternehmen gesprochen. Solche Unternehmen sind nicht mehr an den Handlungsrahmen und die Regelungssysteme eines Landes gebunden und relativ frei in Standort- und Investitionsentscheidungen. Unklar ist, wie loyal sie sich zum Stammland verhalten und ob sie eine „Heimatbasis" präferieren (HARRISON 1994, S. 223 ff.). Sie können stärker als nationale Unternehmen auf Politiker Druck ausüben, ein für private Initiativen und Investitionen günstiges Umfeld zu schaffen. Wenn sie sich weltweit Mitarbeiter, Rohstoffe, Materialien und Finanzmittel

1. Handel
   (Exporte, Importe von Rohstoffen und Teilen, Lohnveredelung)
2. Direktinvestitionen
   (Vertrieb, Produktion, Forschung und Entwicklung)
   - Ausländische Montagewerke
     (Import von Teilen und Bausätzen, ckd-Fertigung)
   - Produktion im Ausland
     (Beschaffung überwiegend im Ausland)
   - Forschung, Entwicklung und Produktion im Ausland
     (vollständige Wertschöpfung)
3. Kooperation mit anderen Unternehmen im Ausland
   (strategische Allianzen)
   - ohne Kapitalbeteiligung
   - mit Kapitalbeteiligung (Joint-venture)
4. Lizenzverträge und Franchising
5. Kredite

Tab. 3.5:
Internationalisierung
und Globalisierung

beschaffen und Produkte absetzen können, werden sie weit weniger als national ausgerichtete Unternehmen von konjunkturellen Schwankungen und Wechselkursänderungen getroffen werden. Sie erkennen Marktchancen und Innovationen früher als Konkurrenten.

Als Direktinvestition wird eine Kapitalanlage im Ausland zur Gründung, Erweiterung oder zum Erwerb von Unternehmen und Betrieben bezeichnet. Stark abgeschottete Märkte oder Märkte mit intensivem Wettbewerb können häufig nur aus lokaler Fertigung beliefert werden, wobei „lokal" räumlich weit definiert wird. In Asien erreichen die Aufschläge (Zölle, Abgaben, Steuern) bis über 300 % des Verkaufspreises. Sie lassen sich durch Produktion im Markt oder Montage von ckd-Bausätzen („completely knocked down") teilweise umgehen. Automärkte z. B. spiegeln die Wirkungen von Marktzutrittsbeschränkungen wider. In Brasilien teilen sich vier Inlandproduzenten (Ford, General Motors, Fiat und Volkswagen) den Pkw-Markt. Japanische Konkurrenten produzieren hier nicht und sind deshalb auch nicht vertreten. Meist wird zunächst ein Montagebetrieb errichtet, in dem aus anderen Werken importierte Teile und Komponenten zusammengebaut werden. Die Absatzbasis ohne Kapitaleinsatz erweitern Lizenzen und Franchise-Systeme. Durch Lizenzen können gewerbliche Schutzrechte, insbesondere Patente, genutzt werden, durch Franchise-Systeme werden Produktionsrechte, z. B. für Coca-Cola, übertragen.

Märkte und Kosten bestimmen die Direktinvestitionen. Beide Ziele werden verfolgt, wenn in Ländern mit günstigen Kosten und günstigem Wechselkurs für Binnenmarkt und Export produziert wird. Diese Strategie verfolgten amerikanische Konzerne in den 50er und 60er Jahren und verfolgen heute allgemein große Unternehmen. Kostenunterschiede wurden als Hauptgrund für Auslandsinvestitionen und die „neue internationale Arbeitsteilung" (Fröbel, Heinrichs u. Kreye 1977) angesehen. Diese Arbeitsteilung zwischen Stammbetrieben mit hochqualifizierten Arbeitskräften und hoher Wertschöpfung in den Industrieländern und Zweigbetrieben mit relativ geringen Anforderungen an die Qualifikation der Arbeitskräfte in Niedriglohnländern verliert in dem Maße an Bedeutung, wie Märkte und Wissen wichtiger werden (Tab. 3.6).

Nicht nur wegen Marktzugangsbeschänkungen, sondern allgemein wegen der Vorteile aus regionaler Forschung und Entwicklung, Fertigung und Orientierung am Kundenbedarf und hoher Entwicklungs- und Produktionskosten müssen heute nicht nur „global player", sondern große exportintensive Unternehmen in allen Triademärkten präsent sein (Nordamerika, Europa, Ost- und Südostasien) und Globalisierungs- und Regionalisierungsvorteile verbinden. Bei hochwertigen Massengütern können in der Regel die Kosten für Forschung und Entwicklung nur noch bei globalem Absatz amortisiert werden. Da nicht nur die Entwicklung neuer Produkte, sondern auch die Präsenz auf den Triademärkten mit hohen Investitionen und Risiken verbunden ist, reichen Exportstrategien und eine sukzessive Erschließung der Auslandsmärkte nicht aus. So können gefestigte Marktpositionen der Konkurrenten nicht verhindert und die erforderlichen Produktions- und Absatzmengen nicht erreicht werden. Wertschöpfung (Fertigung) muß deshalb Export (Handel) folgen. International tätige Unternehmen produzieren mehr und mehr dort, wo die Märkte sind. Sie versuchen, durch weitgehend eigenständige Unternehmenseinheiten und am lokalen Markt orientierte Produkte ein Höchstmaß an Marktnähe und Wettbewerbsfähigkeit zu erreichen und auf allen wichtigen Märkten zum Insider (einheimischen Unternehmen) zu werden, um protektionistische Maßnahmen zu umgehen und um Marktchancen, Standortvorteile, Human- und Sachkapital zu nutzen. Immer mehr FuE-Einrichtungen werden in technologisch führenden Ländern errichtet.

Zweigbetriebe	1. Markterschließung und Marktsicherung (intensiver Wettbewerb, starke Abschottung des Marktes, Produktion in den Märkten) 2. Wettbewerbsvorteile durch relativ niedrige Faktorkosten (Arbeitskosten, Subventionen, Sicherung von Arbeitsplätzen und Wettbewerbsfähigkeit durch Zulieferungen) 3. Risikostreuung (Portfolio)
Tochtergesellschaften in einem internationalen Tätigkeitsverbund (unternehmensinterne Arbeitsteilung)	1. Globalisierungsvorteile (schnelle Reaktion auf Preis-, Nachfrage-, Kosten- und Wechselkursänderungen; schnelle Adaption von Innovationen und Anpassung an neue Entwicklungen auf den Märkten; Größenvorteile) 2. Regionalisierungsvorteile (Marktpotential, Vorteile aus Entwicklung, Design und Fertigung in Kundennähe, Wissen, Kreativität und Know-how)

Tab. 3.6: Gründe für Direktinvestitionen

Der globale Wettbewerb und Zwang zur Marktnähe veranlaßt auch immer mehr mittelständische Unternehmen, allein oder mit Partnern, in vertikalen Netzwerken mit großen Unternehmen oder strategischen Allianzen im Ausland zu produzieren und Spezialisierung mit weltweiter Vermarktung und eigenen Tochtergesellschaften in wichtigen Märkten zu verbinden. Den Einstieg z.B. in Südostasien erleichtern Brückenköpfe, wie das „German Center" in Singapur. Die Verbindung von Globalisierung und Regionalisierung ist vor allem dann vorteilhaft, wenn es wie im Maschinenbau, einer eher mittelständischen Branche, auf den einzelnen Wertschöpfungsstufen unterschiedliche Möglichkeiten zur Erreichung von Wettbewerbsvorteilen gibt, z.B. Größenvorteile in Forschung und Produktion, Regionalisierungsvorteile im Marketing. Je mehr Standorte ein Unternehmen in einen Tätigkeitsverbund integriert, um so schneller kann es auf Preis-, Nachfrage-, Kosten- und Wechselkursänderungen reagieren, Innovationen aufnehmen und Marktlücken aufspüren, Hoch- und Niedriglohnfertigung verbinden und Arbeitsplätze im Stammland durch Teileimporte sichern. Die neuen IuK-Technologien erleichtern eine zentrale Steuerung und Koordinierung von Forschung und Entwicklung, Produktion und Vertrieb und dezentrale Wertschöpfung in weitgehend selbständigen Geschäftsfeldeinheiten, häufig mit Zentralen im Ausland. So verlagert z.B. die BASF den Sitz des Unternehmensbereichs Textil- und Lederchemie in den Hauptmarkt nach Asien (Singapur). Globale Unternehmen streben in der Triade Umsatz- und Wertschöpfungsanteile an, die dem Marktanteil entsprechen.

Nach PORTER (1994) entscheiden heute die Fähigkeit, Kenntnisse und Leistungen zu verbessern, und die Fähigkeit zur Erneuerung über die Marktstellung eines Unternehmens. Kosten, Effizienz und Agglomerationsvorteile haben durch Deregulierung und Liberalisierung der Märkte und durch neue Transport- und Kommunikationstechnologien an Bedeutung verloren. Triademärkte bieten nicht nur Rohstoffe, Arbeitskräfte, Kapital, Subventionen und leistungsfähige Infrastrukturen, sondern auch Wissen und Know-how. Standortvorteile und -nachteile einzelner Länder werden durch die Globalisierung und globale Oligopole relativiert.

In einigen Branchen, u.a. in der Mineralöl-, Automobil- und Elektroindustrie, bestimmen weltweit wenige Konzerne die Produktionsstruktur. Am weitesten fortgeschritten ist die Globalisierung in der Mineralölindustrie. Transnationale Unternehmen investierten bisher vor allem in neue Standorte. Seit Mitte der 80er Jahre nehmen jedoch Fusionen und Übernahmen stark zu. Vor allem US-Konzerne gehören zu den „global player" mit mehr als der Hälfte der Wertschöpfung in anderen Triaderäumen. General Motors wie auch Ford haben global und in der Triade regionale Beschaffungs-, Produktions- und Absatzsysteme aufgebaut, General Motors einen interkontinentalen Lieferverbund zwischen Teile- und Montagestandorten in Europa, Australien und Amerika, die Tochtergesellschaft Opel einen europäischen Lieferverbund zwischen Deutschland, Belgien, Spanien, Portugal, Österreich und Ungarn. Produktions- und Logistiksysteme werden so organisiert, daß Märkte und Werke beliefert bzw. Handel und Direktinvestitionen verbunden werden. Eine reine Exportstrategie verfolgt dagegen Boeing. Der globale Marktführer bei Großflugzeugen beliefert die Welt von Seattle aus.

Ford, das am stärksten global organisierte Automobilunternehmen, baut „Weltautos", baugleiche Fahrzeuge an mehreren Standorten. Nationale Systeme werden durch eine weltweit einheitliche und zentral gesteuerte Produktentwicklung, Fertigung, Materialwirtschaft und Vermarktung abgelöst. Diese Strategie entspricht der Annahme eines Trends zu weltweit homogenen Produkten und auch der Annahme, für die verschiedenen Ländermärkte genüge ein Marketingkonzept. Auch Fiat will „Weltautos" bauen, die frühere Strategie der Diversifizierung in verschiedene Branchen aufgeben, sich auf Fahrzeuge konzentrieren und diese in weit mehr Ländern als bisher produzieren. Im Jahr 2000 sollen in 13 Ländern, jedoch nicht Westeuropa, etwa eine Million Fiat Palio pro Jahr gebaut werden, davon etwa 350 000 in Brasilien, 150 000 in China, 125 000 in der Türkei und 50 000 in Indien. Von der Ford- und Fiat-Strategie unterscheidet sich die Volkswagen-Strategie, marktspezifische und in den Hauptmärkten auch entwickelte Produkte anzubieten. Unterschiede in der Karosserie verdecken technisch z. T. baugleiche Fahrzeuge. Außer in Europa mit den vier Marken Volkswagen, Audi, Seat und S koda fertigt der Konzern in Mexiko, Brasilien und Argentinien, in Südafrika und in China. Volkswagen begründet die regional differenzierte Marktbearbeitung mit einer heterogenen Nachfrage und unterschiedlichen Marktstrukturen. Unterschiedliche Globalisierungsstrategien weisen auch Otis, ABB und Coca-Cola auf. Otis und ABB haben weltweit Produktionsstätten. Otis, Weltmarktführer für Aufzüge und Tochterunternehmen von United Technologies (1995 24% Weltmarktanteil), sieht sich als ein Unternehmen mit vielen Heimatmärkten, produziert an 15 Standorten in 14 Ländern und ist in 163 Ländern auf vier Kontinenten vertreten. Von den 68 000 Beschäftigten 1995 waren nur 7 000 Amerikaner. Die wichtigste Sprache im Unternehmen ist nicht Englisch, sondern Russisch, dann Chinesisch, Japanisch und Deutsch. Die weitgehend autonom operierenden Standorte konkurrieren nicht nur mit anderen Konzernen, sondern auch miteinander um Aufträge. ABB beschäftigt 210 000 Menschen in etwa 1 000 Gesellschaften und 5 000 Profitcentern in 140 Ländern, allein in Deutschland in 45 Gesellschaften an 50 Standorten. Bei Coca-Cola ermöglicht die Produktstruktur ein völlig anderes Organisationsmodell mit einem weltweiten Franchise-System.

Mit der Globalisierung der Produktion verändert sich auch die Einkaufspolitik. Kunden veranlassen wichtige Zulieferer, ihnen ins Ausland zu folgen. Nur wenige Lieferanten von Systemen und Komponenten sind jedoch dazu in der Lage. Den meisten fehlen Ressourcen, Geld und Manager.

Wie im Modell der internationalen Arbeitsteilung angenommen, gibt es aber auch überwiegend kostenorientierte Direktinvestitionen und Verlagerungen, z. B. ausgereifter Produkte, die kaum noch weiterentwickelt werden, und arbeitsintensiver Produkte. Sie haben meist einen Abbau von Arbeitsplätzen im Inland zur Folge. Die Richtung der Güterströme, z. B. von Osteuropa, Ost- und Südostasien nach Westeuropa, zeigt, wo Massengüter relativ arbeitsintensiv produziert werden. Bei der Wahl der Produktionsorte spielen zwar Kostenunterschiede (Faktorkosten) eine große Rolle, aber auch potentielle Wachstumsmärkte. Arbeitskostenunterschiede werden allerdings oft stark relativiert durch Mängel der Infrastruktur und Produktqualität und durch die Bürokratie. Relativ resistent gegen eine Abwanderung sind High-Tech-Produkte sowie Produkte, die nach Kundenwünschen in Einzelfertigung oder kleinen Serien gefertigt werden.

Der Wettbewerb zwischen Ländern und Standorten wird schärfer, da durch neue Wirtschaftsräume und Deregulierung Unternehmen und Märkte aus der nationalen Kontrolle gelöst werden. Das Land, das Investoren am meisten entgegenkommt, holt Arbeitsplätze. Großbritannien, durch einen anhaltenden Strukturwandel weitgehend deindustrialisiert, wurde durch hohe Subventionen, relativ niedrige Lohnkosten und stark geschwächte Gewerkschaften zu einem attraktiven Standort für ausländische, vor allem japanische Unternehmen.

Durch die Globalisierung entsteht ein triadisches Weltwirtschaftssystem, ein „Mosaik regionaler Ökonomien" (Scott u. Storper 1992, S. 11). Etwa drei Viertel des Welthandels entfallen allein auf multi- und transnationale Unternehmen und etwa ein Drittel des Welthandels auf unternehmensinterne Umsätze. Die Auslandswertschöpfung wächst weit stärker als der Export.

3.1.4 Zusammenarbeit von Unternehmen

Wettbewerbsvorteile werden auch durch die Zusammenarbeit in Netzwerken und durch strategische Allianzen gesucht. Die Zusammenarbeit zwischen Konkurrenten, bisher selbst bei starker räumlicher Konzentration eher schwach, nimmt zu. Häufig sind die Grenzen zwischen Wettbewerb und Kooperation nicht klar zu erkennen. In allen Branchen und bezogen auf alle Funktionen gibt es aber immer mehr Beispiele dafür, daß selbst starke Konkurrenten in einigen Bereichen kooperieren.

3.1.4.1 Zusammenarbeit in Netzwerken

Es ist nicht einfach, Netzwerke zu beschreiben. Sie werden sehr unterschiedlich definiert. Ingenieure unterscheiden zwischen Verteilnetzen, z. B. Wasser- oder Gasnetzen, und interaktiven Netzen, z. B. Bahn- oder Telefonnetzen. Hydrologen verstehen unter Netzwerken Gewässernetze, Soziologen Beziehungsgeflechte zwischen Menschen, Geographen je nach fachlichem Schwerpunkt naturnahe und von Menschen gestaltete Netze, Infrastrukturnetze oder offene Beziehungen zwischen Menschen oder Unternehmen, die sie als flexibel, anpassungsfähig, berechenbar, innovativ und sozial bezeichnen. Diese Netzwerke beschreiben soziales Verhalten in Gruppen und schließen Markt- und hierarchische Beziehungen in Unternehmen ein. Sie weisen unterschiedliche Organisationsformen auf: Transaktionen mit anderen Unternehmen über Märkte, Internalisierung und Kooperation, z. B. in Form strategischer Allianzen. Die Effizienz der Netzwerke läßt sich durch die Transaktionskosten der einzelnen Beziehungen messen. Das sind die Kosten der Anbahnung und Vereinbarung und der Steuerung und Kontrolle der Beziehungen sowie Kosten der Anpassung und Kooperation. Ob Transaktionskosten in einem Netzwerk geringer sind als bei einer Marktlösung oder bei hierarchischer Organisation läßt sich nur schwer belegen, vor allem dann, wenn die Beziehungen im Netzwerk sehr stark durch persönliche Kontakte, Erfahrungen und Zusammenarbeit bestimmt werden. Hierarchien erfordern meist höhere Kontroll- und Koordinationskosten, sind weniger flexibel, aber durchsetzungsstärker.

3.1.4.2 Zusammenarbeit mit Konkurrenten (strategische Allianzen)

Durch die Globalisierung der Tätigkeiten und Märkte nimmt insbesondere in kapital- und technologieintensiven Branchen durch Ausgliederung von Funktionen die Zusammenarbeit mit Lieferanten (vertikale Zusammenarbeit) zu, seit den 80er Jahren durch die Reorganisation der Unternehmensfunktionen auch die Zusammenarbeit mit Konkurrenten (horizontale Zusammenarbeit), u.a. in der Entwicklung neuer Produkte und Werkstoffe, in der Produktion von Teilen und im Vertrieb. Während Hierarchien abgebaut werden, gewinnen neue Kooperationsformen an Bedeutung. Sie vergrößern den Handlungsspielraum der Unternehmen und stellen eine Verbindung von Kooperation und Konkurrenz rechtlich und in den nicht von der Zusammenarbeit betroffenen Funktionen oder Tätigkeiten auch wirtschaftlich selbständiger Unternehmen dar. Strategische Allianzen werden als eine Reaktion auf Veränderungen des globalen Wettbewerbes seit den 80er Jahren und auf immer stärker differenzierte Kundenanforderungen angesehen. Bis dahin bestimmte Wachstum aus eigener Kraft die Entwicklung der Unternehmen. Die Beziehungen zwischen Unternehmen beschränkten sich vor allem auf Kunden-Lieferanten-Beziehungen (vertikale Zusammenarbeit), Lizenzen sowie Gemeinschaftsunternehmen in Produktion und Vertrieb (Joint-venture). Mit strategischen Allianzen werden offene und verdeckte Ziele verfolgt, allgemein das Ziel, Wettbewerbsvorteile zu erreichen (Tab. 3.4 u. 3.7): Synergievorteile, Zeitvorteile, Lernvorteile, Risikominderung und De-facto-Standards. Verdeckte Ziele sind neben größtmöglichen Vorteilen aus dem Wissen oder Know-how der Partner Lernen auf Kosten der Partner, Einblick in Organisation und Strategien der Partner und Verhinderung einer Zusammenarbeit der Partner mit anderen Unternehmen.

Viele Unternehmen befinden sich in einem Übergangsstadium vom Exportunternehmen zum globalen Wettbewerber, vom Technologie-Nachfolger zum Technologie-Pionier und von Forschung im Stammland zu international vernetzter Forschung. In diesem Stadium versprechen sie sich von strategischen Allianzen die Überwindung aktueller und akuter Probleme. Strategische Allianzen sollen den Zugang zu Märkten und Innovationen erleichtern.

Synergieeffekte können durch eine Verbindung individueller Stärken (Komplementaritäten) erreicht werden, durch eine Ergänzung des Angebots, durch kritische Größen in Beschaffung, Produktion oder Absatz, durch einen Zugang zum Ver-

1. Offene Ziele	• Synergievorteile • Zeitvorteile, Zeitvorsprung • Lernvorteile • Risikominderung • De-facto-Standards
2. Verdeckte Ziele	• Information und Know-how • Lernen auf Kosten der Partner • Einblick in Organisation und Strategien der Partner • Verhinderung anderer strategischer Allianzen

Tab. 3.7: Ziele strategischer Allianzen

triebsnetz der Partner oder durch Informationen, die gemeinsam oder in engem Austausch erarbeitet werden. Hersteller von Komponenten versuchen z.B. durch strategische Allianzen, Systemanbieter zu werden und die Wertschöpfung ihrer Produkte zu erhöhen, Hersteller von Standardprodukten, Größenvorteile zu erzielen. Der Wettbewerb erfolgt hier überwiegend über den Preis. Eine strategische Allianz ermöglicht es, rascher als allein eine kritische Größe zu erreichen, um bei sprunghaft steigenden Investitionen und Kosten für Forschung und Entwicklung und kürzeren Entwicklungs- und Produktlebenszyklen die Stückkosten zu senken. Ein Vergleich der Entwicklungszeiten ist sehr schwierig, da die Unternehmen den Beginn der Entwicklung unterschiedlich definieren. Bei Halbleiterspeichern steigen die Entwicklungskosten mit jeder neuen Generation um etwa 50 % bei gleichzeitig immer kürzeren Produktlebenszyklen (HENZLER u. SPÄTH 1995, S. 27). Die Diffusion neuer Technologien erfolgt immer rascher und in immer größeren Sprüngen. Zudem werden die eingesetzten Technologien immer komplizierter und greifen zunehmend über Branchen hinweg. Für kleine Unternehmen bilden strategische Allianzen ein wichtiges Instrument externen Wachstums. Sie erreichen dadurch schneller, kostengünstiger und mit weniger Risiken als allein die für Kostenvorteile (Agglomerationsvorteile) notwendige kritische Größe. Die Produktionskapazitäten wachsen, ohne daß die Unternehmen selbst wachsen. Durch strategische Allianzen können Märkte gesichert und neue Märkte erschlossen werden, insbesondere dann, wenn der Marktzugang erschwert ist. Ein Einstieg in Süd- und Ostasien, z.B. in China, ist nicht leicht. Da dort meist nicht einfach ein Betrieb errichtet oder ein Unternehmen gekauft werden kann, muß ein lokaler Partner gesucht werden.

Kurze Entwicklungszeiten werden immer mehr zu einem Erfolgsfaktor. Durch Austausch von Wissen und Erfahrung läßt sich Zeit gewinnen. Häufig können nur die ersten Anbieter auf dem Markt, Pioniere und Erstfolger, hohe Investitionen amortisieren und nennenswerte Gewinne erzielen. Kurze Produktlebenszyklen erfordern, schnell und weltweit erfolgreich zu sein, bevor es zu einem starken Preisverfall kommt. Unternehmen aus weniger entwickelten Ländern, insbesondere aus Schwellenländern, hoffen durch strategische Allianzen mit Unternehmen höher entwickelter Länder schneller technologisch aufholen zu können.

Ein schwer faßbares Ziel strategischer Allianzen sind Lernvorteile. Unternehmen lernen durch eigene Anstrengung und voneinander. Der Transfer von Wissen, das nicht aus allgemein zugänglichen Quellen, sondern nur in enger Zusammenarbeit mit einem Partner gewonnen werden kann, wird als ein starkes Motiv für strategische Allianzen angesehen. Strategische Allianzen schaffen die Voraussetzung dafür, daß komplexes Wissen zu einem handelbaren Gut wird und Wissen zwischen Unternehmen ausgetauscht werden kann. Sie sind mehr und mehr technologieorientiert. Das heißt, die beteiligten Unternehmen suchen Zugang zu neuen Verfahren und Forschungsmethoden.

Die Aufwendungen für Forschung und Entwicklung neuer Produkte steigen z.B. in der Luft- und Raumfahrt, Telekommunikation und in der pharmazeutischen Industrie so stark, daß selbst große Unternehmen die Kosten und Risiken allein nicht tragen können oder wollen. Auch die Unsicherheit, ob die Investitionen erfolgreich sind und amortisiert werden können, veranlaßt zur Zusammenarbeit mit Konkurrenten. Ein Beispiel einer strategischen Allianz zur Risikominderung und zur Erlangung eines Zeitgewinns bei der Entwicklung von 256-Megabit-Chips bildet die Zusammenarbeit von Siemens, IBM und Toshiba.

Neben rechtlich kodifizierten Standards (Normen) spielen strategische Allianzen eine besondere Rolle bei der Suche nach De-facto–Standards, d.h. nach allgemein als verbindlich akzeptierten Produktmerkmalen, insbesondere an Schnittstellen von Systemen. Solche Produktmerkmale können nur erreicht werden, wenn es gelingt, ein Produkt oder eine technische Lösung zu einem inoffiziellen Industriestandard zu machen. De-facto–Standards entscheiden heute in erheblichem Maße über den Markterfolg. „Wer die Standards hat, hat die Märkte" (BACKHAUS u. PILTZ 1990, S. 7). Obwohl nicht gesetzlich geschützt, wird z.B. das Videosystem VHS aufgrund seiner hohen Verbreitung als dominanter Industriestandard angesehen.

Strategische Allianzen in Forschung und Entwicklung können die Vorstufe zu Produktions- und Vertriebsvereinbarungen, Teil solcher Vereinbarungen oder der erste Schritt zur Übernahme oder Fusion sein.

Strategische Allianzen sind zweckrationale Formen der Zusammenarbeit eigennützig handelnder Akteure und werden wegen potentieller Nachteile (z.B. frühe Preisgabe von Wissen und Know–how, Einblick in die Unternehmensorganisation) meist nur eingegangen, weil ein einheimischer Partner erforderlich ist, und auch nur so lange, wie die Vorteile überwiegen. Vor allem kleine Unternehmen sind nicht bereit, Souveränität aufzugeben. Ökonomen halten es nicht für sehr wahrscheinlich, daß strategische Allianzen angesichts des starken Wettbewerbs langfristig vorteilhaft sind (DOZ, PRAHALAD u. HAMEL 1990, S. 117). Es gibt zwar gar nicht selten langfristige Beziehungen, häufig waren sie jedoch nicht beabsichtigt. Wenn keine besonderen politischen oder ökonomischen Hemmnisse oder Risiken bestehen, dann ist die Entscheidung für die Form des Auslandsengagements – Direktinvestitionen, Joint-venture oder Kauf von Unternehmen – von der strategischen Bedeutung des Standortes abhängig. Ist Alleineigentum nicht möglich, dann wird häufig eine Mehrheitsbeteiligung, zumindest eine industrielle Führung gesucht. Allianzen ohne Verträge können sehr erfolgreich sein, wenn eine Vertrauensbasis besteht und ähnliche Prinzipien in der Unternehmensführung verfolgt werden. Geringe Erfolgschancen haben Gemeinschaftsunternehmen von Privat- und Staatsunternehmen.

3.1.4.3 Virtuelle Unternehmen

Virtuelle Unternehmen stellen eine neue Form der Zusammenarbeit von Unternehmen dar, z.B. über e-mail oder Internet. Die beteiligten Unternehmen sind informationstechnisch, aber nicht juristisch verbunden. Virtuelle Unternehmen erweitern den Aktionsraum und ermöglichen flexible, standortunabhängige Projekte und komplette Lösungen, die gemeinsam geplant, gesteuert und überwacht werden. Zu den Zielen der Zusammenarbeit gehören die Optimierung der Ressourcennutzung und die Ausschöpfung von Synergieeffekten. Die beteiligten Unternehmen können sich dadurch auf Kernkompetenzen beschränken. Virtuelle Kooperationen bieten auch kleinen und mittleren Unternehmen die Möglichkeit, sich im internationalen Wettbewerb zu behaupten, als ein Anbieter aufzutreten und durch ein transparentes Informationssystem Teilaufträge zuzuordnen. Durch virtuelle Konzepte werden Unternehmen zu Knoten in einem Netzwerk von Leistungen, die Mitarbeiter, Lieferanten, Dienstleistungsanbieter und Konkurrenten erbringen. Sie vereinen Kompetenzen und erstellen Produkte gemeinsam. Internationale Produkte können in virtuellen Unternehmen einfacher als bei traditioneller Organisation dem lokalen Bedarf angepaßt werden, u. a. durch Produktmanagement, Marketing, Vertrieb, Fertigungsstätten und Zulieferer.

Zusammenfassend zeigt die Literaturdurchsicht zu Standortentscheidungen, Entscheidungen in Unternehmen und zur Zusammenarbeit zwischen Unternehmen, daß vor allem große Unternehmen eine Vielzahl von Strategien gleichzeitig verfolgen: Strategien zur Sicherung von Unternehmen und Standorten und zur Erlangung von Wettbewerbsvorteilen, markt- oder standortspezifische, produkt- oder geschäftsfeldspezifische Strategien. Global ausgerichtete Unternehmen und Systemanbieter, die Leistungen verschiedener Anbieter verknüpfen, verfolgen produkt- oder geschäftsfeldspezifische und marktbezogene Strategien, regionale Anbieter marktspezifische Strategien. Die unterschiedlichen Reaktionen auf Kostenunterschiede, Marktchancen, politische und wirtschaftliche Risiken zeigen sich in unterschiedlichen Organisationsformen, in national, kontinental oder global organisierten Produktions- und Logistiksystemen mit Tochtergesellschaften, Zweigbetrieben, Gemeinschaftsunternehmen, Beteiligungen, konzerneigenen und fremden Zulieferern und strategischen Allianzen. Komplexe Netzwerke zwischen Konkurrenten umspannen ganze Branchen, z. B. in der Automobilindustrie und in der Telekommunikation. Durch die Veränderungen der unternehmensinternen und unternehmensübergreifenden Arbeitsteilung kommt es zur Angleichung der Organisationsstrukturen von Großunternehmen und Netzwerken kleiner Unternehmen. Kennzeichen der Arbeitsteilung sind dezentrale Organisationsformen, vertikale und horizontale Kooperationen und eine hohe funktionale Integration in die Wertschöpfungskette.

3.1.5 Strukturtheorien

Auf der Makroebene können Branchenstrukturen und Verflechtungen, z. B. Kapitalströme, durch verschiedene Merkmale (Sekundärstatistiken) beschrieben und durch Handlungen und Entscheidungen von Unternehmen erklärt werden. Beide Analyseebenen, Makro- und Mikroebene, sind eng verbunden (Abb. 3.2). Stärker als auf der Mikroebene, wo normativ-deduktive, verhaltens- oder handlungstheoretisch begründete Hypothesen aus der Unternehmenssicht überprüft werden, beruhen Analysen auf der Makroebene auf unterschiedlichen politischen und ideologischen Annahmen. Arbeitsplatzverteilung und -dynamik sowie Zielkonflikte zwischen Kapital und Arbeit z. B. werden aus marktwirtschaftlicher Sicht anders bewertet als aus marxistischer Sicht (vgl. STORPER u. WALKER 1989).
Empirische Untersuchungen der Verteilung von Arbeitsstätten, Arbeitsplätzen und Produktionsmengen zeigen, daß
• Industriebetriebe räumlich konzentriert sind,
• regionale Disparitäten der Verteilung von Arbeitsplätzen und Wertschöpfung größer werden und
• ein großer Teil der Industrieproduktion aus relativ wenigen Räumen stammt.

Die mit der Industrialisierung entstandene sektorale Spezialisierung von Räumen, z. B. durch Montanindustrie, Textilindustrie oder Werften, verliert mehr und mehr an Bedeutung, dagegen gewinnt an Bedeutung die mit der Veränderung der Unternehmensstrukturen verbundene funktionale Spezialisierung, z. B. durch Forschung und Entwicklung oder Produktion. Während altindustrialisierte Räume mit Strukturkrisen fertig werden müssen, weisen ländliche Räume durchweg eine eher positive Entwicklung auf. Die Wachstumsschwäche der altindustrialisierten Räume wird durch Struktur- und Standortdefizite erklärt, z. B. durch eine ungünstige Branchen- und Betriebsgrößenstruktur und durch hohe Umweltbelastungen.

Nicht nur Entscheidungen von Unternehmen bestimmen die räumliche Verteilung der Industrie, sondern auch die Umwelt der Unternehmen und supranationale, nationale und regionale Regelungssysteme. Auf Unternehmen in Deutschland wirken z. B. die Politik der EU und die Wirtschafts-, Finanz-, Umwelt- und Sozialpolitik des Bundes und der Länder ein.

3.1.6 Wirtschaftlicher Strukturwandel

3.1.6.1 Merkmale des wirtschaftlichen Strukturwandels

Mit wirtschaftlichem Strukturwandel werden Veränderungen der Tätigkeits- und Berufsstrukturen, vor allem Veränderungen in den Sektoren und zwischen den Sektoren bezeichnet, insbesondere die Verschiebung zwischen dem primären, sekundären, tertiären und quartären Sektor (vgl. Kap. 3.2.2.1). Traditionelle Tätigkeiten

Fordistische Entwicklungsphase	Postfordistische Entwicklungsphase
• Massenproduktion	• Produktion kleiner Serien
• geringe Produktdifferenzierung	• starke Produktdifferenzierung
• Größenvorteile	• Verbundvorteile
• Einzweckmaschinen	• flexible, programmierbare Mehrzweckmaschinen
• tayloristische Arbeitsorganisation	• Flexibilisierung der Arbeitsorganisation, Arbeitsgruppen, Aufgabenintegration
• hierarchische Strukturen	• Abbau von Hierarchieebenen
• geringe Anforderungen an die Qualifikation der Arbeitskräfte	• steigende Anforderungen an die Qualifikation der Arbeitskräfte
• Massenkonsum	• Individualisierung des Konsums
• Massennachfrage nach langlebigen Konsumgütern	• Nachfrage nach Produktvarianten
• Regelungssysteme	• Veränderungen der Regelungssysteme
• Tarifverträge	• Privatisierung
• Sozial- und Wirtschaftspolitik	• Entbürokratisierung
• Regionalpolitik	• Forschungs- und Technologiepolitik

Tab. 3.8: Merkmale der fordistischen und postfordistischen Entwicklungsphase

verbinden sich zu neuen Tätigkeitsfeldern. Dies spiegelt auch eine neue Rangliste der größten amerikanischen Unternehmen wider. Angesichts der zunehmenden Verbindung von Industrie, Handel und Dienstleistungen – Softwarehersteller z.B. bieten Finanzdienstleistungen an, Autohersteller Versicherungen – veröffentlicht die amerikanische Wirtschaftszeitschrift Fortune seit 1995 nicht mehr getrennte Listen für Industrie-, Handels-, und Dienstleistungsunternehmen, Versicherungen und Banken, sondern erstmals eine gemeinsame Rangliste aller großen amerikanischen Unternehmen. Der wirtschaftliche Strukturwandel wird überlagert von kurzfristigen konjunkturellen Veränderungen und von einem tiefgreifenden Strukturumbruch. Bis zu der starken Energieverteuerung in den 70er Jahren war die fordistische Entwicklungsphase relativ stabil, gekennzeichnet durch Massenproduktion, Kostendegression, Einzweckmaschinen, tayloristische Arbeitsorganisation, Trennung von dispositiver und ausführender Arbeit und durch Massenkonsum und Massennachfrage. Die in Tabelle 3.8 genannten Merkmale beschreiben zwar nicht alle Arbeitsprozesse, Unternehmens- und Branchenstrukturen, sie sind jedoch typisch für diese Akkumulationsphase und Veränderungen seit den 70er Jahren. Seit Beginn dieser Strukturkrise hat sich auch der Strukturwandel beschleunigt. Branchen-, Unternehmens-, Produkt- und Konsumstrukturen haben sich stark verändert, auch die Beziehungen zwischen den Unternehmen zu Lieferanten wie zu Konkurrenten. Der Strukturwandel kann durch verschiedene Indikatoren erfaßt werden, u.a. durch Veränderungen der Beschäftigung, der Wertschöpfung und der wirtschaftlichen und räumlichen Konzentration. Als Verfahren zur Beschreibung des Strukturwandels eignen sich z.B. die Shiftanalyse, die Regressions- und die Input-Output-Analyse.

3.1.6.2 Erklärungen des wirtschaftlichen Strukturwandels

Strukturwandel kennzeichnet die wirtschaftliche Entwicklung bereits seit Beginn der Industrialisierung im 18. und 19. Jh. Einflußfaktoren und Gewichtung haben sich jedoch im Laufe der Zeit mehrmals grundlegend verändert, der politische, wirtschaftliche und gesellschaftliche Handlungsrahmen ebenso wie die standort- und umfeldspezifischen Handlungsbedingungen für die Unternehmen (Abb. 3.2). Die säkulare Verschiebung von der Güterproduktion zu Dienstleistungen wird verursacht durch Deindustrialisierung, Bedarfsänderungen und technischen Fortschritt, die Deindustrialisierung wiederum durch gesättigte Märkte und Wachstumsverlagerung ins Ausland (Tab. 3.9). Impulse für den Strukturwandel gehen sowohl vom Angebot als auch von der Nachfrage aus. So nimmt z.B. mit steigendem Wohlstand und mit dem technischem Fortschritt, mit der Automatisierung, den neuen Technologien und Infrastrukturen die Nachfrage nach personen- und unternehmensbezogenen Dienstleistungen zu.

Der wirtschaftliche Strukturwandel wird beschleunigt durch den verschärften Wettbewerb und durch neue, leistungsfähige und aggressive Anbieter aus Entwicklungs- und Schwellenländern. Ausschließlich oder überwiegend national orientierte Unternehmen erfahren dadurch, preislich wie technologisch, einen zuvor nicht gekannten Wettbewerbsdruck. Stärker als Dienstleistungsanbieter sind Massenproduzenten mit ausgereiften Produktionsverfahren der globalen Konkurrenz und dem hohem Anpassungsdruck ausgesetzt.

Die auf SCHUMPETER zurückgehende Theorie der langen Wellen nimmt an, daß sich die Industrie in Phasen von etwa 50 bis 60 Jahren entwickelt, in sog. KONDRA-TIEFF–Zyklen, benannt nach einem russischen Statistiker, die jeweils auf einer bestimmten Basisinnovation beruhen. In jeder langen Welle bilden sich ein neuer Leitsektor, der mit den vor- und nachgelagerten Produktionsstufen intensiv verbunden ist, und ein neuer Wachstumsraum heraus. Die wirtschaftliche Entwicklung der 70er und 80er Jahre wird als Abschwungphase der vierten „Welle", die durch die Metallverarbeitung (u.a. Maschinenbau, Automobilindustrie) bestimmt wurde, und als Übergangsphase zum fünften Zyklus auf der Grundlage der Mikroelektronik, einer Querschnittstechnologie, die die Technologien in fast allen Wirtschaftszweigen verändert hat und den Strukturwandel viel stärker als frühere Schlüsseltechnologien vorantreibt, interpretiert. Leitsektor und Wachstumsraum der auslaufenden langen Welle verlieren absolut oder relativ an Bedeutung. Technisch-organisatorisches Wissen, das noch vor wenigen Jahren den alten Industrieländern vorbehalten war, ist heute weltweit verfügbar. „High Tech" zu „lost cost" wird mehr und mehr zur Realität. Als eine neue Schlüsseltechnologie mit neuen Standorten wird die Bio- und Gentechnologie angesehen. Empirische Studien bestätigen und erklären allerdings nicht die Annahme regelhafter wirtschaftlicher und gesellschaftlicher Veränderungen aufgrund von Innovationszyklen. Die Theorie der langen Wellen erklärt technologiedeterministisch die langfristigen Veränderungen der Produkt- und Produktionsstrukturen durch Basisinnovationen, die Regulationstheorie berücksichtigt zwar politische, wirtschaftliche und gesellschaftliche Variablen, ihr Erklärungsgehalt ist jedoch noch gering, u.a. der Veränderungen auf der Nachfrageseite (Massenkonsum). Sie unterstellt, daß die Strukturkrise nicht

• Aufgabe von Produktionstätigkeiten in Landwirtschaft und Industrie (Deindustrialisierung)
• Veränderung des Bedarfs und der Nachfrage nach Dienstleistungen in Unternehmen und Haushalten
– neuer Bedarf
– gesättigter Bedarf
(Veränderung der Arbeitsteilung in und zwischen den Unternehmen und Veränderungen der demographischen und sozioökonomischen Strukturen, Veränderung der Kaufkraft und Präferenzen)
• Veränderung des Wettbewerbs
(Veränderung der Wechselkurse, neue Anbieter, Liberalisierung und Deregulierung)
• Innovationen
(Basisinnovationen, technischer Fortschritt)
• Staatliche Interventionen
(Forschungs-, Wirtschafts- und Strukturpolitik, Subventionen)

Tab. 3.9:
Gründe für den wirtschaftlichen Strukturwandel

nur auf technologische Veränderungen oder auf den Anpassungsprozeß dominanter Branchen zurückgeht, sondern auf einen grundlegenden sozioökonomischen Umbruch von Produktions- und Konsumstruktur und daß die dominante Entwicklungsphase der Nachkriegszeit, die auf Massenproduktion und Massenkonsum beruht, zu Ende geht und neue Strukturen und Organisationsformen erforderlich sind. Vertreter der Wellen- und der Regulationstheorie argumentieren deterministisch, wenn sie eine quasi-naturgesetzliche Regelhaftigkeit der wirtschaftlichen Entwicklung unterstellen; Vertreter der Institutionentheorie wie PIORE und SABEL argumentieren dagegen offener. Gemeinsam ist Regulationstheoretikern und Vertretern der Institutionentheorie die Annahme, daß der Strukturumbruch seit Mitte der 70er Jahre durch die Krise von Massenproduktion und Massenkonsum verursacht wird. Unterschiede bestehen in der Erklärung des Strukturumbruches. Die Regulationstheoretiker erklären ihn u. a. durch Marktsättigung und Veränderungen von Bedarf und Präferenzen, die Vertreter der Institutionentheorie u. a. durch eine inflexible und ineffiziente Arbeitsorganisation.

Die Krise des Fordismus ist sichtbar in hoher Arbeitslosigkeit und nachlassender Wettbewerbsfähigkeit der Industrie. Produktions- und Konsumstruktur müssen wieder in Übereinstimmung gebracht werden, soll erneut eine relativ stabile Entwicklungsphase eingeleitet werden. Erklärungen des Strukturumbruchs allein durch die zunehmende Differenzierung und Individualisierung von Nachfrage und Bedarf oder durch ineffiziente Produktionsstrukturen reichen jedoch nicht aus. Auch überkommene Regelungs- und Steuersysteme erweisen sich als untauglich, Produktion und Konsum wieder zu koordinieren.

Seit dem Zusammenbruch des Systems fester Wechselkurse (BRETTON-WOODS-System) 1971 haben die westlichen Industrieländer bisher ohne Erfolg versucht, durch internationale Vereinbarungen mehr Wechselkursstabilität zu gewinnen. Durch die Globalisierung wird der supranationale Einfluß auf die Wirtschaft größer, der nationale Einfluß des Staates wie der Tarifparteien, der Gewerkschaften und der Arbeitgeberverbände schwächer. Ein relativer Bedeutungsverlust der Nationalstaaten bedeutet jedoch nicht Auflösung gesellschaftlicher und wirtschaftlicher Strukturen. Weder neue supranationale noch nationale Regelungen sind bisher in der Lage, das Akkumulationsregime und die Austauschprozesse zwischen Produktion und Konsum wieder zu stabilisieren. Bewährte Stabilisierungsversuche versagen, wie die Verlagerung von Produktion in Niedriglohnländer (peripherer Fordismus). Es müssen deshalb neue Produktionsstrukturen und Produkte und neue supranationale, nationale und regionale Regelungssysteme gefunden werden.

• *Veränderungen der Produktionsstruktur*
In vielen Unternehmen ist die Produktions- und Arbeitsorganisation noch stark von einem Denken in kleinsten Einheiten und Tätigkeiten bestimmt, das maßgeblich durch F. W. TAYLOR geprägt wurde. Es entsprach der technologischen Entwicklung in der Phase der Massenproduktion. Eine geringe Einschätzung der Fähigkeiten, Leistungsbereitschaft und Zuverlässigkeit der Arbeitskräfte zeigt sich z.B. in der Kontrolle der Arbeitszeiten und in der strikten Vorgabe der Arbeitsschritte. Die funktionale Trennung und Segmentierung der Tätigkeiten bestimmt bis heute die Organisation der Fabriken und Büros. Rationalisierung er-

folgte bei tayloristischer Arbeitsorganisation durch Arbeitsteilung, verbunden mit einem hohen Aufwand für Koordinierung und Steuerung. Kleine Losgrößen stellen heute ein strukturelles Problem dar, kein technisches Problem. Die Kleinserienfertigung erfordert nicht mehr den früher üblichen hohen organisatorischen und finanziellen Aufwand. Bei flexibler Spezialisierung und Automatisierung können auch kleine Serien kostengünstig hergestellt werden.

• *Veränderungen der Konsumstruktur*
Zu den nachfragebedingten Gründen des Strukturwandels in den hochentwickelten Ländern gehören die gesättigte Nachfrage nach Massengütern und die Zunahme der Kaufkraft. Mit steigendem Wohlstand werden die Bedürfnisse differenzierter, die Lebensformen pluralistischer und der Bedarf individueller. In gering entwickelten Ökonomien werden Güter produziert und verkauft, um Gewinne zu erzielen und die Nachfrage zu befriedigen, in hochentwickelten Ökonomien werden Bedürfnisse produziert, um das Angebot aufzunehmen. Die Märkte für Industrieprodukte haben sich von relativ stabilen Verkäufermärkten zu instabilen und schwer kontrollierbaren Käufermärkten entwickelt. In solchen Märkten sind Fertigungsqualität, Kundennähe und schnelle Reaktionen auf Marktänderungen, eine servicegerechte Gestaltung der Produkte und ein umfassendes und bedarfsorientiertes Angebot für qualitätsbewußte und anspruchsvolle Nachfrager, wie z. B. lifestyleorientierte und Vielzweckfahrzeuge, wichtig.

3.1.6.3 Wirkungen des wirtschaftlichen Strukturwandels

Der Strukturwandel erschwert die Eingliederung der Arbeitslosen. Arbeitslose der Industrie erfüllen meist nicht die Anforderungen neuer Dienstleistungsanbieter, Qualifikationen werden mit dem Wandel der Tätigkeitsstruktur obsolet.

Am stärksten von dem wirtschaftlichen Strukturwandel und den Veränderungen der Arbeitsorganisation und Technologien sind die Räume betroffen, in denen sich die für die fordistische Entwicklungsphase typischen Industrien konzentrieren. Da neue Wachstumsindustrien nicht dort entstehen, wo frühere Wachstumsindustrien entstanden sind, durchlaufen industriebestimmte Räume Wachstums-, Stagnations- und Schrumpfungsphasen. Die sehr unterschiedlichen Auswirkungen des Strukturwandels auf die Unternehmen zeigen jedoch den individuellen Entscheidungs- und Handlungsspielraum. Aussagen zu den räumlichen Wirkungen des Globalisierungsprozesses erscheinen widersprüchlich. Einerseits wird eine Dezentralisierung der Unternehmensfunktionen beobachtet, andererseits eine Re–Regionalisierung in Form regional integrierter Produktionskomplexe, „neuer Industriedistrikte" und kreativer Milieus.

Die von PIORE und SABEL wiederentdeckten Industriedistrikte zählt die kalifornische Schule (u. a. SCOTT, STORPER und WALKER) zu den „neuen industriellen Produktionsräumen" mit einer postfordistischen Produktions- und Arbeitsorganisation.

Der Strukturwandel hat nicht nur negative Wirkungen, wie Arbeitslosigkeit in alten Wachstumsindustrien, Brache, Unternutzung, Verfall, sondern auch positive Wirkungen, wie neue Arbeitsplätze in neuen Wachstumsindustrien und Verbesserung der Umweltqualität durch Stillegung umweltbelastender Betriebe.

In der gegenwärtigen Übergangsphase bestehen mehrere Akkumulationsregime nebeneinander: fordistische Strukturen, vorfordistische Handwerksstrukturen und postfordistische flexible Strukturen. Aufgrund der regionalen Eigendynamik und des Einflusses supranationaler und nationaler Institutionen, großer transnationaler Unternehmen und des Weltmarktes lassen sich mehrere ökonomische und räumliche Entwicklungsmodelle unterscheiden. Hier überlagern Wirkungen des branchenstrukturellen Wandels Wirkungen der Strukturkrise.

3.1.6.4 Reaktionen auf den wirtschaftlichen Strukturwandel

Da die Produktionsstruktur nicht mehr der Konsumstruktur entspricht, müssen die supranationalen, nationalen, regionalen und unternehmensinternen Regelungssysteme angepaßt und die Unternehmen in die Lage versetzt werden, die Nachfrage zu befriedigen und den Kundennutzen zu verbessern. Neue supranationale Wirtschaftsräume, z.B. in Europa die Europäische Union, in Nordamerika die Nordamerikanische Freihandelszone (Nafta), in Südamerika Mercosur, in Asien die Asiatisch-Pazifische Wirtschaftliche Zusammenarbeit (Apec), erfordern neue Regelungssysteme. Nationalstaatliche Funktionen werden auf supranationale, aber auch auf regionale Institutionen verlagert, z.B. in Europa von den Mitgliedsländern der EU nach Brüssel und nach unten in die Regionen und Kommunen. Trotz Kompetenzverlagerung ist die nationale Ebene noch die wichtigste, z.B. in der Wirtschafts-, Finanz- und Technologiepolitik. Die Nationalstaaten versuchen, Angebot und Nachfrage wieder zu stabilisieren. Auf dieser Ebene gibt es noch beträchtliche politische Handlungsspielräume, vor allem in der Forschungs-, Steuer-, Arbeitsmarkt- und Sozialpolitik, weniger in der Handels- und Umweltpolitik. Beschäftigungsprogramme und Transferzahlungen verlieren an Bedeutung, Forschungs-, Technologie- und Innovationsförderung gewinnen dagegen unter dem Druck organisierter Interessen an Bedeutung für Modernisierung und Attraktivität der Standorte.

Supranationale Regelungen von Arbeit und Kapital nehmen zwar zu, es gibt aber noch sehr unterschiedliche nationale Wettbewerbsstrukturen, Steuerungs- und Entlohnungssysteme und protektionistische Maßnahmen zur Sicherung von Großaufträgen, Marktanteilen und des Status quo. Antriebskräfte der wachsenden Globalisierung bilden der technische Fortschritt in Transport und Kommunikation, die Liberalisierung des internationalen Kapitalverkehrs und die Deregulierung der nationalen Märkte. Die Privatisierung staatlicher Monopole und die Öffnung der Märkte für ausländische Investoren hat in den 80er Jahren Auslandsinvestitionen gefördert. Zur Steuerung der Globalisierung der Güter- und Kapitalmärkte fehlen neue Regelungssysteme. Anregungen dazu gibt es genug, z.B. für die Telekommunikations- und Dienstleistungsmärkte, für globale Wettbewerbsregeln, für die Förderung von Investitionen, die Unterbindung von Sozialdumping und für einheitliche Umweltstandards. Die Nationalstaaten versuchen durch Deregulierung, Liberalisierung, Abbau von Interventionen und Budgetdefiziten, Steuersenkungen, Privatisierung von Staatsunternehmen und Entbürokratisierung die Produktions- und Konsumstrukturen wieder in Übereinstimmung zu bringen.

Vor allem große Unternehmen reagieren auf Änderungen des Handlungsrahmens. Dies zeigen flachere, schlankere, flexiblere und effizientere Organisationsformen, neue Produktionssysteme und der zunehmende Wettbewerb in den Unternehmen selbst. Grundlegende Änderungen werden in der Produktions- und Arbeitsorganisation erkennbar. Das bisher vorherrschende Leitbild der zentralen hierarchischen Führung paßte in ein Umfeld, in dem Wettbewerbsfähigkeit durch interne Größenvorteile und tayloristische Arbeitsprozesse bestimmt wurde. Heute wird Wettbewerbsfähigkeit vor allem durch Verbundvorteile, Flexibilität und schnelle Reaktion auf Nachfrage- und Bedarfsänderungen bestimmt. Damit wird die Qualifikation des Humankapitals, der Manager und Arbeitskräfte, wichtiger. Während in der fordistischen Entwicklungsphase Arbeitsorganisation und Produktionsprozeß auf die Massenfertigung relativ weniger Produkte ausgerichtet waren, erlauben heute Arbeitsgruppen und neue, flexibel einsetzbare Maschinen eine kostengünstige Fertigung kleiner Serien und schnelle Reaktion auf Nachfrageänderungen. Es werden technisch anspruchsvolle und dabei kunden- und marktgerechte Innovationen gesucht, die rasch umgesetzt werden können. Ein Beispiel für neue Regelungen auf der Mikroebene, die mit der Bildung von Arbeitsgruppen notwendig wurden, sind leistungsbezogene Entlohnungssysteme.

3.1.7 Erklärungen der räumlichen Wirkungen

Es besteht kein Widerspruch zwischen globalen Unternehmen und Finanzströmen und starker regionaler Dynamik. Zwischen Globalisierung und Regionalisierung gibt es vielmehr starke Abhängigkeiten. Zur Erklärung der regionalen Bedeutung des Strukturwandels müssen Struktur- und Akteursebene verbunden werden, d. h. Erklärungen der Branchenstruktur und Erklärungen der Handlungen der Akteure, der Standortwahl und der Verflechtungen zwischen Unternehmen. Die räumlichen Wirkungen des Strukturwandels können jedoch nicht nur durch die Branchenstruktur erklärt werden. Trotz ähnlicher Branchenstruktur passen sich die Unternehmen regional unterschiedlich an Veränderungen des Handlungsrahmens an. Nach der Theorie der langen Wellen weisen die einzelnen Innovationszyklen unterschiedliche räumliche Zentren auf. Beim Übergang von einem Innovationszyklus zum nächsten kommt es zu räumlichen Schwerpunktverlagerungen, die einen neuen regionalen Lebenszyklus einleiten. Es wird vermutet, daß fordistische Regionen für neue Formen der unternehmensübergreifenden Arbeitsteilung keine günstigen Standortbedingungen bieten und neue Industrien woanders entstehen. STORPER u. WALKER (1989) beschreiben die Wachstumsverlagerung der Industrie aus altindustrialisierten Räumen durch ein Modell industrieller Entwicklungspfade. Aufgrund eines intensiven Informationsaustausches, eines schnellen Wissenstransfers, gemeinsamer Lernprozesse, hoher FuE-Kompetenz, hoher Arbeitsmobilität und qualifizierter Arbeitsmärke entstehen regionsspezifische Entwicklungspfade.

Netzwerke verstärken räumliche Disparitäten. Sie weisen sehr unterschiedliche Formen auf. Die stärksten und innovativsten Netzwerke bilden sich um große Unternehmen. Weniger stabil sind Konzentrationen kleiner Unternehmen, z. B. in Italien industrielle Distrikte. Netzwerke in High-Tech-Regionen, wie das Silicon Valley, sind dagegen stärker weltwirtschaftlich orientiert und integriert. Eine Vielzahl von Arbeiten berichten über horizontal und vertikal strukturierte Netzwerke zwischen Unternehmen, über integrierte Produktionskomplexe, Industriedistrikte und High-Tech-Regionen und Räume mit einem kreativen Milieu. Alle Aussagen beziehen sich auf die Zusammenarbeit zwischen den regionalen Akteuren (Unternehmen und Institutionen). Produktionskomplexe beruhen auf neuen Produktions- und Logistikkonzepten, Industriedistrikte und High-Tech-Regionen auf der Zusammenarbeit zwischen Unternehmen, vor allem Kunden und Lieferanten, zwischen Unternehmen und Institutionen, im Falle der High-Tech-Regionen vor allem auf Forschungs-, Entwicklungs- und Bildungseinrichtungen, Milieus auf der stimulierenden Wirkung des regionalen Umfeldes auf Unternehmen und der soziokulturellen Bedeutung von Netzwerken als einer wissens- und kommunikationsintensiven Organisationsform. Produktionskomplexe werden als eine Wirkung der Veränderungen des Handlungsrahmens und der Handlungsbedingungen angesehen, d. h. als „Top-down"-Wirkungen, Industriedistrikte, High-Tech-Regionen und kreative Milieus dagegen als „Bottom-up"-Wirkungen, d. h. als Wirkungen gewachsener Produktions- und Wertschöpfungsstrukturen, Verflechtungen und Strategien. Konzeptionelle und empirische Übereinstimmungen zwischen Industriedistrikten und innovativen Regionalmilieus sind offensichtlich.

3.1.7.1 Regional integrierte Produktionskomplexe

Aus einer vertikalen Desintegration innerhalb einer Wertschöpfungskette kann eine verstärkte räumliche Integration und Arbeitsteilung entstehen. Durch die Notwendigkeit einer kontinuierlichen Abstimmung komplexer Produktionsprozesse gewinnt räumliche Nähe wieder an Bedeutung, vor allem aufgrund der Transaktionskosten und Lernprozesse zwischen Unternehmen. Aus spezialisierten regionalen Lieferbeziehungen, Forschungs- und Entwicklungseinrichtungen, Kontakten, Kooperationen und Informationen können sich Standortvorteile und eigendynamische Konzentrations- und Agglomerationsprozesse entwickeln. Regionale Produktionssysteme mit einem dichten Netz von Güter-, Kapital- und Informationsströmen, räumlicher und kultureller Nähe entstehen vor allem dann, wenn
- die Verflechtungen nur über geringe Distanzen reichen und instabil sind,
- nichtstandardisierte Kommunikationsformen, vor allem direkte persönliche Kontakte wichtig sind,
- Wissen und Know-how kollektiv und interaktiv erarbeitet werden und
- die Ergebnisse unsicher und nicht vorhersehbar sind und die Produktionskosten stark beeinflussen.

Die Hypothese, daß mit dem Übergang zu flexiblen Produktionsformen neue regionale Produktionscluster und vernetzte Tätigkeitssysteme entstehen, läßt sich jedoch empirisch nicht generell nachweisen. Entgegen der These von einer neuen Regionalisierung zeigen empirische Untersuchungen, daß nur wenige Produktionskomplexe intensive regionale Verflechtungen aufweisen und Flexibilität nicht notwendigerweise zu einer stärkeren Regionalisierung der Produktion führt und daß mittelständische Unternehmen ungünstige regionale Standortbedingungen durch überregional ausgerichtete Strategien ausgleichen können.

3.1.7.2 Industriedistrikte

Hohes und kontinuierliches Wachstum auch in Zeiten eines starken Strukturwandels veranlaßte zu Untersuchungen sog. Industriedistrike, u.a. von PIORE u. SABEL (1984), BRUSCO (1986) und BECATTINI (1991), die sich auf Arbeiten von MARSHALL (1842 bis 1924) zur Industrieentwicklung in Lancashire und Yorkshire im 19. Jh. beziehen. Als Industriedistrikt werden Produktionssysteme oder räumliche Konzentrationen meist kleiner Unternehmen einer Branche in alten handwerklichen Zentren bezeichnet, die designintensive Produkte herstellen. Als weitere Merkmale werden genannt: hoher Exportanteil, Arbeitsteilung, Flexibilität, Anpassungsfähigkeit und die Verbindung von Wettbewerb und Kooperation, wodurch Produkte und Produktionsverfahren ständig verbessert werden. Zwischen den Unternehmen werden Teile, Informationen oder Arbeitskräfte ausgetauscht. Solche Industriedistrikte werden als Prototyp einer von kleinen und mittleren Unternehmen getragenen Wirtschaftsdynamik angesehen, die flexibel auf Nachfrageänderungen auf dem Weltmarkt und technologische Änderungen reagieren. Als Beispiele werden vor allem Hersteller modischer Artikel in Mittel- und Norditalien angeführt, die relativ eng zusammenarbeiten. Von den vielen Industriedistrikten, die im „Dritten Italien", vor allem in der Toskana und Emilia Romagna, entdeckt wurden, sind einige auf Modeartikel wie Schuhe, Kleidung und Textilien spezialisiert, andere auf die Metallverarbeitung, auf Möbel, Keramik und Schmuck. PIORE u. SABEL (1989, S. 237ff.) bezeichnen die Textilproduktion im Raum Prato als „Musterbeispiel" einer flexibel spezialisierten regionalen Ökonomie. Akteure in den Unternehmensnetzwerken sind die auf einzelne Funktionen wie Entwurf, Herstellung von Prototypen, Fertigung oder Vermarktung spezialisierte Unternehmen. Ein Beispiel für ein auf ein Werk bezogenes Produktions- und Logistiksystem ist ein Anfang der 90er Jahre von Benetton in der Nähe von Venedig aufgebautes System mit 350 Kleinbetrieben und etwa 30 000 Arbeitsplätzen in der Lohnfertigung. Das Benetton-Werk mit etwa 600 Beschäftigten übernimmt nur komplizierte Arbeitsschritte wie Zuschnitt und Färben. Als Vorteile nennt Benetton Flexibilität, Größen- und Synergieeffekte und geringe Lagerkosten durch Just-in-time-Anlieferung.

Viele regionale Netzwerke entstanden aus handwerklichen Strukturen, gefördert durch Institutionen, Dienstleistungen und einem spezifischen kulturellen und sozialen Milieu, das sich mit der Spezialisierung der Unternehmen entwickelt hat und durch persönliche Beziehungen, Erfahrung und Vertrauen und ausgeglichene Machtstrukturen bestimmt wird. Ob dieses Milieu Realität ist oder auf einer Idealisierung der lokaler Beziehungen beruht, bleibt meist offen. Rechtliche Auseinandersetzungen, Rivalität und Mißtrauen zwischen den Unternehmen weisen jedoch auf die Notwendigkeit einer differenzierten Bewertung hin. Empirische Belege beschränken sich auf Beispiele aus den USA und Europa.

Die italienischen Industriedistrikte untergliedert GAROFOLI (1991, S. 127) in drei Formen endogen bestimmter Entwicklung: Räume mit spezialisierter Produktion, Räume mit lokalisierten Produktionsgebieten und Systemgebiete. Ein wichtiges Unterscheidungsmerkmal sind die zwischenbetrieblichen Beziehungen. Räume mit spezialisierter Produktion wie die Schuhherstellung im Raum Brescia weisen eine horizontale Produktionsstruktur auf, d.h., viele kleinere und mittlere Unternehmen stellen jeweils ein bestimmtes Produkt oder bestimmte Komponenten her. Es gibt jedoch fast keine Arbeitsteilung zwischen den Unternehmen, die Beziehungen sind gering. Die Strumpfindustrie in Castelgoffredo weist dagegen eine starke Arbeitsteilung und lokale Netzwerke auf. Den am weitesten entwickelten Regionstyp bilden nach GAROFOLI Systemgebiete, wie z. B. die Strickwarenindustrie in Carpi. Systemgebiete weisen eine hohe Arbeitsteilung auf und in komplexen Netzwerken starke Verflechtungen innerhalb der Branche und zu anderen Branchen (GAROFOLI 1991, S. 127 ff).

3.1.7.3 High-Tech-Regionen

Das Silicon Valley in Kalifornien, der London-M4-Korridor, das Silicon Glen in Schottland, die Räume Boston (Route 128), Cambridge und Wales werden als Beispiele für einen durch Spitzentechnologie bestimmten Regionstyp genannt, High-Tech-Standorte in zuvor wenig industrialisierten Räumen (vgl. ESTALL u. BENNETT 1991, S. 146 ff.). Die Infrastruktur bestimmen Forschungs- und Bildungseinrichtungen, Informations- und Kommunikationstechnologien. Spin-off-Gründungen im Umfeld von Forschungs- und Entwicklungseinrichtungen sind in hohem Maße ortsgebunden. Das Silicon Valley beruht vor allem auf Investitionen großer multinationaler Unternehmen und Aufträgen der US-Regierung. Es ist wie der Raum Cambridge stärker endogen bestimmt, das Silicon Glen in Schottland und Wales dagegen stärker exogen. Silicon Glen und Wales weisen einen hohen Anteil von Zweigbetrieben inter- und transnationaler Unternehmen und eine starke externe Kontrolle auf.

Eine Durchsicht der Begründungen und empirischen Belege für „neue" industrielle Distrikte und High-Tech-Regionen zeigt, daß innovative regionale Netzwerke und die Vorteile dieser Netzwerke bisher nicht überzeugend erklärt werden können und daß allgemein eine Übertragung der Strukturen und Entwicklungsbedingungen auf andere Regionen kaum möglich ist, da
- die Potentiale der endogenen Entwicklung nicht bekannt sind,
- die Einbettung der Unternehmen in das lokale Milieu und die zwischenbetrieblichen Verflechtungen abnehmen, nationale und internationale Beziehungen zunehmen,
- nicht nur der Absatz, sondern auch die Beschaffung immer stärker überregional ausgerichtet wird,
- die Steuerung durch nationale Regelungssysteme und externe Unternehmenszentralen zuwenig beachtet wird und
- High-Tech-Unternehmen sich in ganz unterschiedlichen Regionen ansiedeln, nicht nur in Räumen mit einer hohen Konzentration dieser Unternehmen oder in neuen Räumen und für diese Unternehmen die Bedeutung überregionaler Netzwerke zunimmt.

Baden-Württemberg wird immer wieder, vor allem in amerikanischen Arbeiten, als ein Beispiel für Industriedistrikte genannt. Dies beruht auf der Annahme einer spezifischen Produktionsstruktur, die sich empirisch jedoch nicht bestätigen läßt. Für den Maschinenbau z. B. läßt sich hier keine enge Zusammenarbeit zwischen Konkurrenten nachweisen. Kleine Unternehmen versuchen jedoch auch hier durch die Nutzung externer Ersparnisse, flexibel einsetzbare Arbeitskräfte, spezialisierte Zulieferer und Dienstleistungen Vorteile großer Unternehmen auszugleichen.

3.1.7.4 Regionale Milieus

Das Netzwerkmodell erhält durch die Integration in das Milieukonzept einen räumlichen Bezug. Milieu ist eine räumliche, „embeddedness" eine soziologische Beschreibung eines Systems von Institutionen, Regeln und Tätigkeiten. Durch die Einbettung der Unternehmen in das spezifische soziokulturelle Umfeld sollen Innovationen begünstigt werden. Auch hier bilden Netzwerke wieder die Organisationsmetapher, Netzwerke von Akteuren, z.B. von Produzenten, Dienstleistern und Politikern, und Netzwerke zur Koordinierung, Steuerung und Weiterentwicklung des Systems. Informelle Kontaktnetze zwischen Unternehmen, Behörden und Forschungseinrichtungen sollen einen raschen, vertraulichen und risikomindernden Informationsaustausch ermöglichen und die Umsetzung, Verbreitung und Erzeugung von Wissen erleichtern. Untersuchungen zum kreativen oder innovativen Milieu (vgl. AYDALOT 1986) versuchen die politischen, rechtlich-institutionellen, wirtschaftlichen, sozialen und kulturellen Akteure und Faktoren herauszufinden, die die endogene Entwicklung sowie Wissen und Know-how fördern. Es bleibt offen, wie der kollektive Lernprozeß über Lieferungen, Leistungen und persönliche Kontakte funktioniert, wie er Kernwissen räumlich bindet und die Diffusion des regional eingebetteten Wissens begrenzt und neues Wissen anzieht.

Die Frage, ob die Globalisierung zu einer Stärkung oder einer Schwächung der regionalen Netze und Einbindung führt, läßt sich nicht eindeutig beantworten. Die räumlichen Manifestationen der gegenwärtigen Umbruchphase, einerseits die globale Dezentralisierung und andererseits (Re-) Regionalisierung, erscheinen widersprüchlich, gehören jedoch zusammen. Die Unternehmen verfolgen Globalisierung und Regionalisierung nicht alternativ, sondern gleichzeitig. Durch Reorganisation und teilweise Aufgabe der Massenproduktion verlieren alte Industriegebiete an Bedeutung. Neue, flexible Technologien fördern sowohl eine Konzentration als auch flexible Organisationsstrukturen im globalen Verbund.

3.2 Wirtschaftlicher Strukturwandel in Deutschland

3.2.1 Änderungen der Industriestatistik

Der Strukturwandel wird traditionell durch die Beschäftigung ausgedrückt. Sie reicht als einziger Indikator jedoch nicht aus, da sich andere Indikatoren wie Bruttosozialprodukt, Nettoproduktion, Produktivität, Steueraufkommen, Umsatz, Gewinn völlig anders entwickeln können. Angaben über die Beschäftigung in der Industrie und die Entwicklung der Beschäftigung sind zudem nur lückenhaft erhältlich. Bis einschließlich 1976 erfaßte die amtliche Statistik „Industriebetriebe" mit 10 Beschäftigten und mehr, seit der Neuordnung der Statistik im Produzierenden Gewerbe Betriebe des

„Bergbaus und Verarbeitenden Gewerbes mit 20 und mehr Beschäftigten", „industrielle Kleinbetriebe" mit weniger als 20 Beschäftigten und Handwerksunternehmen. Verarbeitendes Gewerbe ist der statistische Oberbegriff für die Bearbeitung und Verarbeitung in Industrie und Handwerk. Eine Zusammenführung der drei Statistiken wird durch unterschiedliche Erhebungssysteme und Doppelzählungen sehr erschwert. Im September 1994 arbeiteten in Deutschland etwa 7,04 Mio. Menschen in etwa 51 000 Betrieben der Unternehmen des Bergbaus und Verarbeitenden Gewerbes mit jeweils mehr als 20 Beschäftigten, etwa 0,312 Mio. in den knapp 50 000 industriellen Kleinbetrieben und etwa 0,9 Mio. Menschen in Handwerksbetrieben, die dem Verarbeitenden Gewerbe zugerechnet werden können.

Nur in größeren zeitlichen Abständen, 1950, 1961, 1970 und 1987, wurden im Rahmen der Erhebungen nichtlandwirtschaftlicher Arbeitsstätten (AZ) alle Arbeitsstätten und Beschäftigten im „Verarbeitenden Gewerbe" einschließlich Kleinbetrieben und Handwerk erfaßt. Arbeitsstätten (örtliche Einheiten) unterscheiden sich von Unternehmen und Betrieben (rechtliche bzw. räumlich-organisatorische Einheiten) durch die Abgrenzung und Zuordnung. In der Mehrzahl der Fälle bestehen die Unternehmen nur aus einer einzigen Arbeitsstätte (Einbetriebsunternehmen), Arbeitsstätten und Unternehmen sind dann identisch. Die nächste Arbeitsstättenzählung ist für das Jahr 2002 geplant. Solche Totalerhebungen sind notwendig, da Vergleiche von Arbeitsstättenzählungen mit Erhebungen von Betrieben im Verarbeitenden Gewerbe zeigen, daß diese Erhebungen nur eingeschränkt repräsentativ sind. 1987 wurden in Baden-Württemberg durch die Erhebungen im Verarbeitenden Gewerbe nur etwa 85 % aller Beschäftigten im Verarbeitenden Gewerbe erfaßt (STEIGER 1993, S. 97). Es fehlten die Beschäftigten der in der Handwerksrolle eingetragenen Betriebe und der industriellen Kleinbetriebe. Da Arbeitsstätten und Beschäftigte nur in größeren Abständen erhoben werden, muß auf die sog. Beschäftigtenstatistik der Bundesanstalt für Arbeit (Nürnberg) zurückgegriffen werden. Diese Statistik hat allerdings den Nachteil, daß sie nur sozialversicherungspflichtig Beschäftigte erfaßt, d. h. nicht Beamte und Selbständige.

Seit Januar 1995 wird das Verarbeitende Gewerbe nach einer neuen Klassifikation der Wirtschaftszweige und einem neuen Güterverzeichnis erfaßt. Klassifikation und Güterverzeichnis beruhen auf verbindlichen Vorgaben der EU zur Harmonisierung der amtlichen Industriestatistiken. In Deutschland wurde die „Systematik der Wirtschaftszweige, Fassung für die Statistik im Produzierenden Gewerbe (SYPRO)" durch die „Klassifikation der Wirtschaftszweige, Ausgabe 1993 (WZ93)" ersetzt (Tab. 3.10). Sie ist identisch mit der vom Statistischen Amt der Europäischen Gemeinschaften (Eurostat) für alle nationalen Erhebungen seit 1995 verbindlich vorgeschriebenen Klassifikation NACE Rev. 1 (Nomenclature général des activités économiques dans les Communautés Européennes). Nicht nur die Klassifikation, sondern auch die Zuordnung wurde geändert. Das Verarbeitende Gewerbe, Abschnitt D der neuen Systematik, ist in der WZ93 in vier „Hauptgruppen", 14 „Unterabschnitte" (DA – DN), 23 2stellige „Abteilungen", 103 3stellige „Gruppen" und 240 4stellige „Klassen" gegliedert. Die vier „Hauptgruppen" bilden die Produzenten von

1. Vorleistungen (A),
   z. B. 32.10 Herstellung von elektronischen Bauelementen,
2. Investitionsgütern (B),
   z. B. 32.20 Herstellung von nachrichtentechnischen Geräten und Einrichtungen,
3. Gebrauchsgütern (GG)
   z. B. 29.71 Herstellung von elektrischen Haushaltsgeräten und
4. Verbrauchsgütern (VG),
   z. B. 19.30 Herstellung von Schuhen.

Diese „Hauptgruppen" sind mit den bisherigen Hauptgruppen für das Verarbeitende Gewerbe vergleichbar, schließen jedoch im Unterschied zu der älteren Klassifikation den Bergbau und die Gewinnung von Steinen und Erden mit ein. Den Begriff „Produzierendes Gewerbe" gibt es nun in den amtlichen Statistiken nicht mehr. Da die Zusammensetzung der Hauptgruppen erheblich verändert wurde, sind die Statistiken selbst bei stärkerer Zusammenfassung nur sehr eingeschränkt mit den zuvor veröffentlichten Daten vergleichbar. Die Harmonisierung der EU-Statistiken geht zu Lasten der zeitlichen Vergleichbarkeit. Die folgenden Beispiele zeigen einige strukturelle Veränderungen. Gewinnung von Steinen und Erden und Kfz-Reparaturen gehören nicht mehr zum Verarbeitenden Gewerbe, sondern zum Bergbau bzw. zum Handel, Recycling nicht mehr zum Handel und Verlage nicht mehr zu Dienstleistungen, sondern beide nun zum Verarbeitenden Gewerbe. Die Elektrotechnik bildet keine eigene Gruppe mehr; die Herstellung von elektrischen Haushaltsgeräten (Klasse 29.71) gehört zukünftig zum Maschinenbau (Abteilung 29) und die Herstellung von Rundfunk- und Fernsehgeräten (Klasse 32.30) zur Rundfunk-, Fernseh- und Nachrichtentechnik (Abteilung 32). Die bisherige Übereinstimmung zwischen Branchengliederung und Statistikgliederung besteht nicht mehr. Die Erfassung der Unternehmen und Betriebe hat sich nicht geändert. Auch weiterhin werden alle Betriebe der Unternehmen des Verarbeitenden Gewerbes mit 20 und mehr Beschäftigten erfaßt. Auch nach der Umstellung bleiben die Probleme der statistischen Zuordnung und Datenbeschaffung, z. B. die Bestimmung der Zahl der Automobilzulieferer. Die Schätzungen reichen hier von etwa 3 000 bis über 10 000 Unternehmen, da viele Unternehmen nicht nur Autoteile, sondern auch andere oder ganz überwiegend andere Produkte herstellen.

SYPRO-Nr.	Klassifikation bis 1995	WZ93-Nr.	Klassifikation seit 1995
1	Energie- und Wasserversorgung, Bergbau	C	Bergbau, Gewinnung von Steinen und Erden
2	Verarbeitendes Gewerbe (SYPRO-Klassifikation)	D	Verarbeitendes Gewerbe (NACE-Klassifikation)
3	Baugewerbe	E	Energie- und Wasserversorgung
		F	Baugewerbe
1-3	Produzierendes Gewerbe		

Tab. 3.10: Änderungen der amtlichen Statistik

3.2.2 Strukturwandel und Strukturumbruch in Deutschland

3.2.2.1 Merkmale des Strukturwandels und des Strukturumbruchs

Die Bundesrepublik Deutschland befindet sich gegenwärtig in einer tiefgreifenden wirtschaftlichen und gesellschaftlichen Strukturkrise (Strukturumbruch). Dabei überlagern sich der säkulare Strukturwandel (Deindustrialisierung, Veränderungen der Tätigkeits- und Berufsstrukturen), die konjunkturelle Entwicklung und die Auflösung fordistischer Strukturen. Die Strukturkrise ist erkennbar an hoher Arbeitslosigkeit und Staatsquote, geringen Wachstumsraten, sinkenden Reallöhnen und sehr grundlegenden Veränderungen der Unternehmens-, Produktions- und Produktstrukturen. Im Jahresdurchschnitt 1995 waren 3,61 Mio. der insgesamt 34,86 Mio. Erwerbstätigen in Deutschland nach den Kriterien der Bundesanstalt für Arbeit arbeitslos (10,4 %), 1950 1,58 Mio. der damals 19,57 Mio. Erwerbstätigen (8,1 %) in Westdeutschland. Vollbeschäftigung gab es in Westdeutschland nur zwischen 1959 und 1974 (Abb. 3.4). Die Zeiten kräftigen Wachstums, verbunden mit einer starken Kapitalakkumulation wie in den 50er und 60er Jahren, sind lange vorbei. Heute suchen in Deutschland mehr als 6 Mio. Menschen einen Arbeitsplatz. Die strukturelle Arbeitslosigkeit nahm von Rezession zu Rezession zu, verstärkt durch den radikalen Strukturumbruch in Ostdeutschland. Im Unterschied zum Strukturumbruch und zur konjunkturellen Entwicklung mit dem Wechsel zwischen Boomphasen und Rezessionen (1967, 1975, 1982 und 1993), hohen Inflationsraten und stabilen Preisen, Arbeitskräftemangel und Arbeitslosigkeit hält der Strukturwandel an.

Die Wirtschaftsstruktur hat sich seit Beginn der Industrialisierung und Urbanisierung verändert, in Deutschland seit Mitte des 19. Jh. (Abb. 3.5a u. 3.5b). Der Anteil der Beschäftigten im primären Sektor nahm von 1780 bis 1993 von 65 % auf 3 % ab, der Anteil der Beschäftigten im sekundären Sektor stieg dagegen von 19 % (Gewerbe, Handwerk, Manufakturen) auf über 50 %. Er nimmt seit den 70er Jahren ebenfalls ab (1993 36 %). In allen höher entwickelten Volkswirtschaften verlagert sich das Gewicht von der Industrie zu Dienstleistungen. Immer weniger Menschen

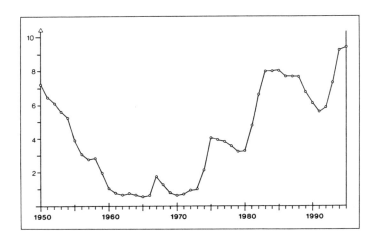

Abb. 3.4:
Arbeitslosigkeit in
Deutschland 1950 – 1995

erzeugen immer mehr Güter. Trotz Abnahme weist in Deutschland die Industrieproduktion noch eine große Bedeutung auf. Deutschland ist, verglichen mit anderen hochentwickelten Ländern, überindustrialisiert. In keinem EU-Land sind absolut und relativ mehr Beschäftigte im sekundären Sektor tätig. Entsprechend niedrig ist der Anteil des tertiären Sektors, obwohl er in den letzten 200 Jahren kontinuierlich gestiegen ist: von 16 % 1780 auf 61 % 1993. Als relativ niedrig gilt der Anteil industrienaher bzw. unternehmensbezogener Dienstleistungen: der Informations- und Kommunikationsdienste, On-line-Datenbanken, Multimediadienste und der Beratungs- und Finanzdienste. Das Defizit an modernen Dienstleistungen wird stark relativiert, wenn Tätigkeiten und Berufe erhoben werden, nicht Unternehmen oder Wirtschaftszweige. Die sektorale Klassifikation verdeckt, daß tatsächlich viel mehr Menschen Dienstleistungen erbringen, als amtliche Statistiken angeben. Offensichtlich erstellen viele Unternehmen Dienstleistungen selbst und benötigen deshalb keine Dienstleistungen und wollen sie auch nicht auslagern. Eine funktionale Klassifikation nach Tätigkeiten und Berufen zeigt, daß viele Beschäftigte in der Industrie Dienstleistungstätigkeiten oder -berufe ausüben, z. B. in der Forschung und Entwicklung, in der Verwaltung, in der Kantine und im Vertrieb – nach Berechnungen des Deutschen Instituts für Wirtschaftsforschung (DIW) in Berlin 1993 43 % der Beschäftigten im Verarbeitenden Gewerbe und 72 % aller Beschäftigten. Bereits seit den 60er Jahren sind in Westdeutschland mehr Personen in Dienstleistungen tätig als in der Fertigung (funktionaler Strukturwandel), seit den 70er Jahren auch mehr Personen im tertiären Sektor als im primären und sekundären Sektor zusammen (sektoraler Strukturwandel, 1974 13,3 Mio. bzw. 12,9 Mio.; Tab. 3.11). In Boomphasen und Rezessionen beschleunigt sich der Strukturwandel zu Dienstleistungen, da in Boomphasen überdurchschnittlich viele Dienstleistungsarbeitsplätze entstehen und in Rezessionszeiten besonders viele industrielle Tätigkeiten aufgegeben werden.

Von 1960 bis 1994 hat die Zahl der Erwerbstätigen im primären und sekundären Sektor, in der Land- und Forstwirtschaft und im warenproduzierenden Gewerbe, in

Abb. 3.5 a: Entwicklung der Beschäftigung in Deutschland / Bundesrepublik Deutschland 1780 – 1993

Abb. 3.5 b: Entwicklung der Beschäftigung in der Bundesrepublik Deutschland 1960 – 1993

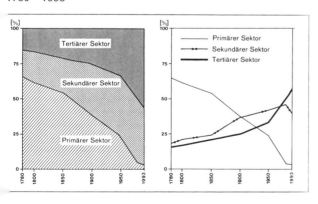

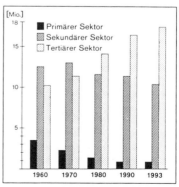

Jahr	Primärer Sektor	Sekundärer Sektor		Tertiärer Sektor		Erwerbstätige insgesamt
		insgesamt	darunter Verarbeitendes Gewerbe	insgesamt	darunter Dienstleistungen von Unternehmen und freien Berufen	
	1	2		3		1 – 3
				[Mio.]		
1960	3,5	12,5	(9,7)	10,2	(3,0)	26,2
1970	2,3	13,0	(10,2)	11,4	(3,5)	26,7
1980	1,4	11,6	(9,0)	14,1	(5,0)	27,1
1990	0,9	11,1	(8,8)	16,4	(6,6)	28,4
1994	0,8	10,0	(7,7)	17,5	(7,5)	28,3

Tab. 3.11: Entwicklung der Erwerbstätigen in Westdeutschland 1960 – 1994
Quelle: Statistisches Bundesamt

Westdeutschland um etwa 5,2 Mio. abgenommen, von 16,0 Mio. auf 10,8 Mio., im selben Zeitraum im tertiären Sektor aber um etwa 7,3 Mio. zugenommen, von 10,2 Mio. auf 17,5 Mio. Erwerbstätige. Da sich sekundärer und tertiärer Sektor fast parallel verändern, wurden immer dann relativ weniger Arbeitsplätze geschaffen, wenn sie besonders dringend benötigt wurden.

Der Vergleich der Ergebnisse der Arbeitsstättenzählungen (AZ) 1950, 1961, 1970 und 1987 zeigt die volkswirtschaftlichen Veränderungen von Arbeitsstätten und Beschäftigung (Tab. 3.12): die starke Abnahme im Verarbeitenden Gewerbe und gleichzeitig starke Zunahme der Dienstleistungen von Unternehmen und freien Berufen. Ein gemeinsames Merkmal ist der Anstieg der Betriebsgröße, ausgedrückt durch die durchschnittliche Beschäftigung. In den 80er Jahren haben aufgrund des Infrastrukturausbaus und der Zunahme der Dienstleistungen sowohl kapital- als auch

Kennziffer	1950	1961	1970	1987
Verarbeitendes Gewerbe				
Arbeitsstätten [%]	32	22	19	14
Beschäftigte [%]	44	43	41	31
Durchschnittliche Anzahl der				
Beschäftigten je Arbeitsstätte	9	17	23	23
Dienstleistungen von Unternehmen und freien Berufen				
Arbeitsstätten [%]	16	23	25	34
Beschäftigte [%]	7	9	10	18
Durschnittliche Anzahl der				
Beschäftigten je Arbeitsstätte	3	4	4	6

Tab. 3.12: Entwicklung von Verarbeitendem Gewerbe und Dienstleistungen von Unternehmen und freien Berufen 1950 – 1987 in Westdeutschland   Quelle: Statistisches Bundesamt

lohnintensive Bereiche an Bedeutung gewonnen. Durch die zunehmende Dienstleistungs- und Humankapitalintensität werden immer mehr hoch- und höchstqualifizierte Arbeitskräfte benötigt.

Nicht nur die Entwicklung von Erwerbstätigkeit und Beschäftigung läßt den Strukturwandel erkennen, sondern auch die Entwicklung von Produktionswert und Bruttowertschöpfung. Beide Kennziffern belegen die anhaltende Deindustrialisierung in Deutschland und den Bedeutungsgewinn der Dienstleistungen. 1960 betrug der Anteil des Verarbeitenden Gewerbes am Produktionswert 38% und an der Bruttowertschöpfung 41%, 1993 waren es jeweils nur noch 30%.

Weniger als Ausdruck des Strukturwandels als der Verschlechterung der Standortbedingungen wird die Bilanz der Direktinvestitionen bewertet. Deutsche Unternehmen haben von 1990 bis 1995 193 Mrd. DM im Ausland investiert, Ausländer dagegen nur 33 Mrd. DM in Deutschland, überwiegend in Dienstleistungen, insbesondere in den Vertrieb, weniger in Produktionskapazitäten. Auch die deutschen Direktinvestitionen erfolgen überwiegend in Dienstleistungen, vor allem wegen der relativ geringen internationalen Handelbarkeit oder Exportfähigkeit vieler Dienstleistungen.

Im Unterschied zu Westdeutschland, wo die Deindustrialisierung schon in den 70er Jahren begann, setzte sie in Ostdeutschland 1990 schlagartig ein. Von damals mehr als 2,2 Mio. Industriearbeitsplätzen sind weniger als 0,6 Mio. übriggeblieben. Der Neuaufbau der Industriestrukturen kommt nur langsam voran. Da hier die Produktivität schneller zunimmt als der Lohn, wird der Unterschied der Lohnstückkosten zwischen West- und Ostdeutschland geringer.

Die typische Betriebsgröße ist der kleine und mittlere Betrieb. Knapp 90% der Betriebe weisen nur etwa ein Viertel der Arbeitsplätze auf, nur 2% der Betriebe dagegen fast die Hälfte (44%) der Arbeitsplätze (Tab. 3.13). In den drei Jahren von 1991 bis 1993 (für längere Zeiträume gibt es keine Daten für West- und Ostdeutschland) haben mittlere und vor allem große Betriebe und auch die Arbeitsplätze in ihnen stark abgenommen. Günstig entwickeln sich im Verarbeitenden Gewerbe dienstleistungsnahe Tätigkeiten, z. B. das Bauausbaugewerbe, Elektromontage- und Installationsbetriebe und Fahrzeugreparaturen.

Täglich werden auch im Verarbeitenden Gewerbe neue Unternehmen gegründet, aber auch Unternehmen aufgegeben. Mit der Verschmelzung von AEG und Daimler-Benz ist z. B. ein großes, traditionsreiches Unternehmen verschwunden, das die technologische Entwicklung entscheidend mitbestimmt hat, im 19. Jh. u. a. durch die Entwicklung des Drehstrommotors, im 20. Jh. durch das PAL-Farbfern-

Kennziffer	Betriebe mit					Betriebe mit			
	1–19	20–99	100–499	≥500	insges.	1-19	20-99	100-499	≥500
	Beschäftigten, September 1993 [%]					Beschäftigen, 1991 – 1993 [%]			
Betriebe	57	30	11	2	100	-1	1	-12	-22
Beschäftigte	6	19	31	44	100	-1	-2	-13	-26

Tab. 3.13: Betriebsgrößenklassen im Verarbeitenden Gewerbe in Deutschland (alte und neue Länder)
Quelle: Statistisches Bundesamt

sehsystem, das zum Industriestandard wurde. Die AEG wurde 1883 durch den Berliner Ingenieur EMIL RATHENAU gegründet und im Juni 1996 nach dem Verkauf und der Verselbständigung von Teilen gelöscht. Vor dem Ersten Weltkrieg arbeitete hier ein Drittel der damals etwa 200 000 Beschäftigten der deutschen Elektroindustrie.

Es gibt nicht nur erhebliche Verschiebungen zwischen den Sektoren, sondern auch innnerhalb der Sektoren. Seit Beginn der Industrialisierung haben sich die Produktionsstrukturen erheblich verändert. In der 2. Hälfte des 19. Jh. wurden in Deutschland vorindustrielle Produktionsformen, wie Verlagssysteme, Manufakturen und ein Teil der handwerklichen Produktion, durch die Industrie verdrängt. Die meisten Manufakturen übernahmen industrielle Produktionsformen. Das Handwerk erhielt neue Aufgaben im Kleinhandel, in der Reparatur von Industrieprodukten und durch den Rückgang der Eigenleistungen in den Haushalten. Rohstoffe, Energiequellen, Innovationen, Wirtschafts- und Finanzpolitik sowie Unternehmerpersönlichkeiten haben seit etwa 1850 die Industrialisierung bestimmt. Innovationen in der Textilherstellung und in der Eisenverhüttung leiteten zuerst in England (18. Jh.) den Übergang von der Verlags- und Manufakturproduktion zur Industrieproduktion ein, d. h. zur gewerblichen Verarbeitung von Rohstoffen und Halbfertigerzeugnissen in Fabriken. In Deutschland war jedoch nicht die Textilindustrie wie in den meisten Industrie- und Schwellenländern, außer in Großbritannien auch u. a. in Belgien, Frankreich, in den USA und in Japan, die Pionierindustrie der Industrialisierung. In Deutschland begann die Industrialisierung mit dem Eisenbahnbau und der Eisen- und Stahlindustrie. Bis 1913 stieg der Anteil der Eisen- und Metallindustrie auf 20 %, Elektroindustrie und Feinmechanik waren noch kaum entwickelt.

Tabelle 3.14 läßt die Veränderungen der Branchenstrukturen in Deutschland seit 1800 erkennen. Besonders auffällig sind der starke Rückgang des Anteils des Textil-, Bekleidungs- und Ledergewerbes und die Zunahme des Anteils des Eisen- und Me-

Gewerbezweig	Beschäftigtenanteile [%]							
	Deutschland					alte Länder		
	1800	1835	1875	1913	1939	1950	1970	1990
Eisen- und Metallgewerbe	8	8	14	20	27	23	30	34[1]
Elektrogewerbe, Feinmechanik	1	1	1	2	5	6	12	14
Baugewerbe	10	10	10	14	15	18	18	17
Steine, Erden, Chemie	3	5	7	9	9	9	12	13
Textil-, Bekleidungs-, Ledergewerbe	53	49	38	23	19	17	10	5
Holz-, Papier-, Druckgewerbe	10	11	12	12	10	10	8	8
Nahrungsgewerbe	13	14	13	12	10	10	8	7
Bergbau	2	2	5	8	5	7	2	2
Insgesamt	100	100	100	100	100	100	100	100

[1] darunter Maschinenbau: 11 %, Straßenfahrzeugbau: 10 %

Tab. 3.14: Entwicklung der Gewerbezweige in Deutschland 1800 – 1990
Quellen: HENNING (1979 a u. 1979 b), Statistisches Bundesamt

tallgewerbes einschließlich des Maschinen- und Fahrzeugbaus. Gemessen an Wertschöpfung und Beschäftigung, bildet die Investitionsgüterindustrie die größte Gruppe im Verarbeitenden Gewerbe, gekennzeichnet durch überdurchschnittlich hohe Exporte, Ausdruck hoher Wettbewerbsfähigkeit und starker außenwirtschaftlicher Verflechtung, aber auch hoher Abhängigkeit von Auslandsmärkten. Die Tabelle läßt nicht die unterschiedliche Entwicklung in den Branchen und einzelnen Produktgruppen erkennen, z. B. die Zunahme der Informations- und Kommunikationstechnik, der Energie-, Bio- und Umwelttechnik und die Abnahme in der Automobilindustrie. Allein seit 1991 sind der Rationalisierung und den Investitionen im Ausland 150 000 von etwa 800 000 Arbeitsplätzen zum Opfer gefallen. Es besteht kaum Aussicht, daß die Autohersteller und die Zulieferer wieder mehr Menschen in Deutschland beschäftigen. Im Gegenteil, zusätzliche Kapazitäten entstehen ausschließlich im Ausland. Überdies beziehen die deutschen Fabriken immer mehr Zulieferungen aus dem Ausland, vor zehn Jahren etwa 20% der Wertschöpfung, heute 30% und in fünf Jahren voraussichtlich etwa 40%.

Auch im Dienstleistungssektor verdeckt die starke Zunahme der Arbeitsplätze die unterschiedliche Entwicklung der Untergruppen: die Abnahme distributiver und haushaltsbezogener Dienstleistungen und die Zunahme wirtschafts- und gesellschaftsbezogener Dienstleistungen. Von 1960 bis 1994 sind in Westdeutschland allein 4,5 Mio. Arbeitsplätze zusätzlich geschaffen worden, die Dienstleistungen für Unternehmen anbieten, z. B. Rechts-, Wirtschafts- und Beratungsdienste (1960: 3,0 Mio., 1994: 7,5 Mio.; Tab. 3.11). Die Zunahme der wirtschaftsbezogenen Dienstleistungen ist zu einem erheblichen Teil auf Auslagerungen vor- und nachgelagerter Dienstleistungen zurückzuführen, sowohl geringwertiger Dienstleistungen, wie Gebäudereinigung und Bewachung, als auch hochwertiger Dienstleistungen von Unternehmensberatern, Wirtschaftsprüfern, Werbeagenturen, Softwareanbietern, Ingenieurbüros und Architekten, Dienstleistungen, die die Produktivität und internationale Wettbewerbsfähigkeit anderer Tätigkeiten erhöhen. Bereits mehr als die Hälfte aller Beschäftigten ist in sog. Informationsberufen tätig, d. h. in der Zusammenstellung, Verarbeitung und Weitergabe von Informationen (Daten, Texte, Sprache, Bilder). Die Anforderungen an Qualifikation und Flexibilität wachsen erheblich. Der Anteil der höher qualifizierten Tätigkeiten wird nach einer Prognos-Studie von knapp 30% 1985 auf etwa 40% im Jahre 2010 zunehmen. Je schlechter die Ausbildung, desto höher ist das Risiko, arbeitslos zu werden.

Den Strukturwandel zeigen auch Veränderungen in der Rangliste der größten deutschen Unternehmen und Veränderungen der Unternehmensstrukturen. 1958 führte noch ein Montankonzern, Krupp, mit mehr als 3 Mrd. DM Umsatz die Rangliste der größten Unternehmen an, gefolgt von Siemens und Daimler-Benz, 1994 stand der Auto-, Flugzeug- und Wehrtechnikkonzern Daimler-Benz (104 Mrd. DM Umsatz, 330 600 Beschäftigte) vor Siemens, Volkswagen und Veba an der Spitze, und Krupp lag trotz Fusion mit Hoesch nur an 30. Stelle (21 Mrd. DM Umsatz).

Die räumliche Entwicklung der Industrie in Deutschland ist durch Deindustrialisierung, Suburbanisierung und eine ungleichgewichtige Entwicklung der Verdichtungsräume gekennzeichnet. Von der Deindustrialisierung sind fast alle Räume betroffen, vor allem seit den 60er Jahren altindustrialisierte Räume, weniger solche mit einem hohen Besatz an Schlüsseltechnologie-Unternehmen und hochspezialisierten

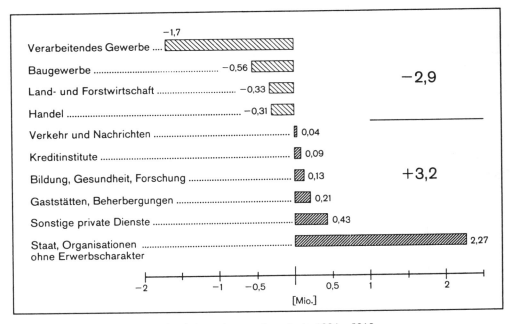

Abb. 3.6: Voraussichtliche Arbeitsplatzgewinne und -verluste 1984 – 2010
Quelle: Prognos / Handelsblatt 1996

unternehmensorientierten Dienstleistungen. Während altindustrialisierte Räume
viele Arbeitsplätze in der Industrie verlieren, entwickeln sich die ländlichen Räume
durchweg positiv. Hier werden die meisten neuen Industriearbeitsplätze geschaffen.

Vor allem große fordistisch geprägte Produktionsstätten für den Inlandsmarkt
und den Export verlieren Arbeitsplätze und Funktionen, in der Automobilindustrie
z. B. Wolfsburg, Rüsselsheim, Sindelfingen, in der chemischen Industrie Leverku-
sen, Höchst und Ludwigshafen. Allein im Volkswagenwerk Wolfsburg arbeiten etwa
46 000 Menschen (1996), in neuen Autowerken dagegen nur etwa 1 500 bis 5 000 Beschäftigte. In der chemischen Industrie bringen dagegen große Verbundstrukturen
immer noch Wettbewerbsvorteile. Das BASF-Werk Ludwigshafen ist mit einer Um-
satzrendite von 28 % 1995 eine der ertragreichsten Anlagen der deutschen Industrie.
Neue BASF-Verbundanlagen werden in Malaysia für die Asean-Region, in Nanjing
für China und in Bangalore für Indien gebaut.

Nicht nur die Industrie trägt zu regionalen Disparitäten bei, sondern auch der
Dienstleistungssektor. Vom Strukturwandel begünstigte Räume gewinnen Arbeitsplätze in der Industrie, insbesondere in der Fertigung, und in Dienstleistungen,
Räume mit starken Verlusten verlieren dagegen überdurchschnittlich in beiden
Sektoren (BADE 1990). Die Konzentration unmittelbar produktionsorientierter
Dienstleistungen, wie Entwicklung von Produkten und Verfahren, in High-Tech-Regionen wird mit der Kundennähe begründet. BADE zeigt die parallele Entwicklung
von Industrie und Dienstleistungen am Beispiel des Ruhrgebietes. Eine Ausnahme
bilden nur Finanzdienste und Versicherungen.

Die Industrie nimmt in den Kernstädten relativ ab, im Umland zu. Hauptverwaltungen konzentrieren sich in wenigen Räumen, vor allem Hamburg, Rhein – Ruhr, Rhein – Main, Stuttgart und München, High-Tech-Unternehmen in Hamburg, Frankfurt, Stuttgart und München. Bei Dienstleistungen weisen die Zentren der Verdichtungsräume die geringsten, das Umland die höchsten Zuwachsraten auf, auch hier entwickeln sich die Verdichtungsräume im Süden Deutschlands günstiger als im Norden. Die räumlichen Unterschiede sind bei unternehmensorientierten Dienstleistungen größer als bei haushaltsorientierten.

Mit der zunehmenden Internationalisierung und Globalisierung gehen zwar Arbeitsplätze verloren, die Vorleistungsverflechtungen, die Zulieferungen aus dem Ausland, nehmen jedoch zu. Der Strukturwandel hält an, ebenso der Internationalisierungs- und Globalisierungsprozeß. Versuche einer Trendänderung werden sich dauerhaft nicht durchsetzen lassen. Die Volkswirtschaft wird sich weiter in Richtung Dienstleistungen umstrukturieren und der Anteil des Verarbeitenden Gewerbes an Beschäftigung bzw. Arbeitsplätzen bis etwa 2010 auf weniger als 20 % abnehmen (Abb. 3.6). Immer weniger gut ausgebildete Menschen produzieren immer mehr.

3.2.2.2 Gründe des Strukturwandels und des Strukturumbruchs in Deutschland

Als Gründe für den Strukturwandel und den Strukturumbruch in Deutschland werden der verschärfte globale Wettbewerb, die Nachfrageverschiebung von Massengütern zu bedarfsspezifischen Gütern, hohe Produktionskosten und die nachlassende Innovationskraft der Unternehmen genannt. Es ist schwierig, makro- und mikroökonomische Gründe zu gewichten. Es wird aber vermutet, daß ein Produktivitätsrückstand weniger auf externe Ursachen, auf die Rahmenbedingungen, zurückgeht als vielmehr auf interne Ursachen, u. a. auf eine eher inflexible Arbeitsorganisation, die nicht schnell genug auf Nachfrageänderungen reagieren kann, eine nicht fertigungsgerechte Konstruktion der Produkte, komplexe und technologieintensive Produkte („Overengineering"), mehrstufige Produktionsprozesse sowie hohe Löhne und Steuern. Zu den externen Ursachen gehören neue Konkurrenten und angesichts weitgehend gesättigter Nachfrage in Deutschland die Zunahme der Produktion in wachsenden Märkten. Deutsche Unternehmen verstärken die Globalisierung der Produkte nicht nur wegen hoher Kosten im Inland, sondern auch wegen der wachsenden Märkte in Lateinamerika und Asien. Diese Märkte können von Deutschland aus allein nicht erschlossen oder gehalten werden, zumal viele Länder auf lokaler Wertschöpfung bestehen. Deutsche Unternehmen verfolgen verstärkt eine Strategie, nach der amerikanische und japanische Unternehmen schon seit längerer Zeit vorgehen. Als ein Hauptgrund gelten die hohen Produktionskosten. Abbildung 3.7 zeigt die hohen Arbeitskosten, Lohn- und Lohnnebenkosten in Deutschland, verglichen mit Schwellenländern in Asien und Osteuropa, aber auch mit den USA und Japan. Arbeitskostenunterschiede übersteigen die Unterschiede der Arbeitsproduktivität, d.h., die hohen Kosten werden nicht mehr durch eine überragende Qualität der Produkte überkompensiert. Über viele Jahre sind die Arbeitskosten stärker gestiegen als die Arbeitsproduktivität. Viele Unternehmen der Schwellenländer

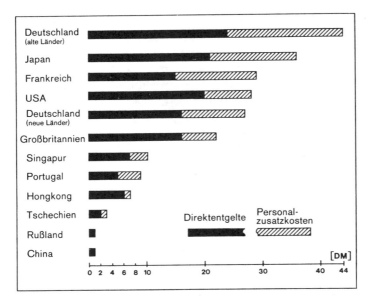

Abb. 3.7:
Arbeitskosten je Stunde
im Verarbeitenden Gewer-
be ausgewählter Länder
in DM 1994
Quelle: Statistisches Bundesamt

produzieren heute schneller, kostengünstiger und z.T. auch mit weniger Fehlern als
deutsche Unternehmen. Dadurch geraten hier insbesondere Hersteller rohstoff- und
energieintensiver Produkte und von Investitions- und Konsumgütern mit hohen
Lohnkosten und Hersteller eher traditioneller Produkte mit relativ geringen Aufwendungen für Forschung und Entwicklung in Schwierigkeiten. Der verstärkte Ersatz von Arbeit durch Kapital führt zu einer noch höheren Arbeitslosigkeit. Die Um-
satzrendite ist deutlich geringer als im Ausland. Selbst hochwertige Güter können in
Deutschland kaum noch wettbewerbsfähig hergestellt werden, vor allem wegen der
hohen Arbeits- und Energiekosten, Steuern und Abgaben. Die Bedeutung der Wechselkurse wird in der Diskussion der Produktionskosten und Wettbewerbsfähigkeit
etwas übersehen, und die Lohnkosten werden überbetont. Deutschland wurde zum
Hochlohnland vor allem durch die Aufwertung der D-Mark. 1957 wurde der US-
Dollar mit 4,20 DM bezahlt, 1973 mit 2,66 DM, 1988 mit 1,82 DM und Mitte 1996 nur
noch mit etwa 1,50 DM. Bei flexiblen Wechselkursen führt jede Wechselkursände-
rung sofort zu einer Auf- und Abwertung der Löhne. Seit Aufhebung des Systems
fester Wechselkurse 1973 haben Vergleiche von Löhnen, Arbeitszeiten, Lohnneben-
und Lohnstückkosten an Bedeutung gewonnen. Die Abhängigkeit der Lohnkosten-
vergleiche von den Wechselkursen zeigt Tabelle 3.15.
   Einen sehr starken Einfluß auf den Strukturwandel hat die Innovationskraft der
Unternehmen. Neue Arbeitsplätze entstehen vor allem in neuen Märkten. 10 000 Arbeitsplätze, die in einem Großunternehmen abgebaut werden, können nur ersetzt
werden, wenn z.B. 1 000 neue Unternehmen jeweils 10 Leute beschäftigen. Diese einfache Rechnung zeigt, daß Deutschland eine Neugründungsoffensive und sehr innovative Unternehmer braucht. Innovationen beschleunigen den Strukturwandel,
aber auch die Beseitigung der negativen Folgen, wenn durch Knappheits- und Pio-
nierrenten neue Arbeitsplätze entstehen. Industrien, die einen überdurchschnittli-

chen Anteil des Umsatzes für Forschung und Entwicklung ausgeben, sind starke Wachstumsmotoren. Vor allem bei Spitzentechnologien und neuen Industrien, wie Telekommunikation und Biotechnologie, fällt Deutschland jedoch zurück, weniger bei höherwertigen Technologien und traditionellen Industrien, wie chemische Industrie, Automobilindustrie und Maschinenbau, Industrien, die immer stärker die Auslandskonkurrenz spüren. Die Modernisierung der Produktstruktur gelingt heute weniger als in den 70er und 80er Jahren. Damals war es leichter, geringwertige und arbeitsintensive Produkte an weniger entwickelte Länder abzugeben und durch Produkte mit höherer Wertschöpfung zu ersetzen. Heute überlagern sich der entwicklungsbedingte Strukturwandel und der technologische Strukturwandel, d.h., Deutschland verliert Produkte und Arbeitsplätze nicht nur an gering entwickelte Länder mit niedrigeren Produktionskosten, sondern auch an Anbieter von Hochtechnologie, an die USA und vor allem Japan. Die Verluste sind um so spürbarer, je weniger es gelingt, in hoch- und höchstwertige Segmente auszuweichen. Nach WARNECKE, dem Präsidenten der Fraunhofer-Gesellschaft, ist die große Forschungs- und Entwicklungstiefe in den Unternehmen eine der wesentlichen Ursachen der Innovationskrise. Während die Fertigungstiefe der deutschen Unternehmen bei etwa 50 – 60% liegt – der Rest wird von außen eingekauft –, liegt die Forschungstiefe bei 98%. „Nur zwei Prozent des Forschungsbedarfes vergibt die Industrie nach außen" (Frankfurter Allgemeine Zeitung Nr. 133 vom 11. 6. 1996, S. B 5). Von der Strukturkrise besonders betroffene altindustrialisierte Räume weisen weniger innovative Produkte auf als Räume, in denen die Unternehmen durch neue Produkte und neue Formen der unternehmensinternen und der unternehmensübergreifenden Arbeitsteilung eine hohe Wettbewerbsfähigkeit haben.

Die Deindustrialisierung und die tiefe Transformationskrise in Ostdeutschland sind dagegen vor allem durch den Systemwechsel verursacht, durch die geringe Produktivität alter Produktionsanlagen, durch Mängel der Infrastruktur und durch unzureichende Kenntnisse von Bedarf und Märkten, verschärft durch schnell steigende Produktionskosten. Der Strukturwandel wird allgemein durch die starke Rationalisierung beschleunigt. Wenn z.B. bei einem Wachstum von 2% die Produktivität um 6% steigt, dann könnte die Zahl der Arbeitsplätze um 4% abnehmen, d.h., in einem Unternehmen mit 10 000 Arbeitsplätzen könnten 400 abgebaut werden. Selbst bei großen Investitionen werden meist mehr Arbeitsplätze abgebaut als neu geschaffen. Politische und gesellschaftliche Verkrustungen, starre arbeitsrechtliche Regelungen, unflexible Lohn- und Sicherungssysteme, Bürokratie und langwierige

	Deutschland	Japan	Großbritannien	Italien
			[%]	
ohne Berücksichtigung der Wechselkurse	+41	-23	+82	+125
umgerechnet in US-Dollar	+41	+47	+3	-7

Tab. 3.15: Entwicklung der Lohnstückkosten 1980 – 1995 in ausgewählten Ländern
Quellen: Handelsblatt Nr. 125 (2. 7. 1996)

Genehmigungsverfahren zeigen, daß das Regelwerk falsch steuert. Nicht nur hohe Arbeitskosten, sondern auch relativ kurze Arbeits- und Maschinenlaufzeiten veranlassen deutsche und ausländische Unternehmen, nicht in Deutschland, sondern in anderen EU-Ländern zu investieren. Die Investitionskosten für einen Arbeitsplatz in der Industrie betragen in Deutschland zwischen 80 000 DM und mehr als 1,5 Mio. DM, im Durchschnitt etwa 200 000 DM. Durch den europäischen Markt und die Öffnung Osteuropas ist die Standortkonkurrenz stärker geworden, gleichzeitig verliert die Bundesregierung durch europäisches Recht Kontroll- und Gestaltungsmöglichkeiten. Die umstrittenen Subventionen für das Volkswagenwerk in Sachsen zeigen, daß der nationale Handlungsspielraum enger geworden ist.

3.2.2.3 Reaktionen auf den Strukturwandel und den Strukturumbruch

Die gegenwärtige Umstrukturierungsphase unterscheidet sich von dem Strukturwandel zu Beginn der Industrialisierung im 19. Jh. Damals wurden beim Übergang von der Landwirtschaft in die Industrie nicht grundlegend andere Qualifikationen verlangt. In kurzer Zeit konnten die benötigten Kenntnisse und Fähigkeiten erworben werden. Heute reicht für viele Dienstleistungen die Erfahrung mit Handarbeit und industrieller Arbeitsweise in der Regel nicht aus. Hier liegt auch eine Ursache für die Arbeitslosigkeit der in der Produktion freigesetzten Arbeitskräfte.

Um die Produktions- und die Konsumstruktur wieder in Übereinstimmung zu bringen, werden auch in Deutschland Regelungssysteme auf den Güter- und Faktormärkten liberalisiert, u. a. durch Änderungen der Arbeitsbedingungen und der sozialen Sicherung. Da viele Wirtschaftszweige erhebliche Schwierigkeiten haben, sich den veränderten Marktbedingungen anzupassen, gibt es vielfältige Versuche, die ökonomischen und sozialen Wirkungen des Strukturwandels abzumildern oder den Strukturwandel aufzuhalten. Das Welttextilabkommen ist ein Beispiel für eine Regelung auf globaler Ebene, „freiwillige" Selbstbeschränkungen der japanischen Automobilindustrie und „Local-content"-Vorschriften der EU sind Beispiele für Regelungen auf der supranationalen Ebene, Strukturanpassungsprogramme für den Bergbau, die Eisen- und Stahlindustrie und Werften Beispiele auf nationaler Ebene. Subventionen sollen Wettbewerbsvorteile bringen oder Wettbewerbsnachteile ausgleichen. Protektionistische Regelungen sind meist teuer, insbesondere dann, wenn Wirtschaftszweige erhalten werden sollen, die ohne massive Staatshilfe den Strukturwandel nicht durchstehen könnten, oder wenn nicht wettbewerbsfähige Strukturen künstlich erhalten werden.

Es werden neue supranationale und neue nationale Regelungen gesucht, um die wirtschaftlichen Rahmenbedingungen zu verbessern und die Güter- und Faktormärkte sowie die sozialen Systeme zu stabilisieren. Da viele wohlfahrtsstaatliche Regelungen nicht mehr finanziert werden können, bedarf es neuer Regelungen, die stärker als bisher Initiative, Risikoabwägung und Selbstverantwortung fördern und Spielraum für betriebsindividuelle Gestaltung lassen, den zentralistisch-korporatistische Regelungen nicht geben. Betriebsindividuelle Vereinbarungen über Arbeitszeiten lösen Flächentarifverträge ab, Heimarbeit, Teilzeitarbeit, befristete Jobs und nicht immer ganz freiwillige Formen der Selbständigkeit unbefristete Arbeitsverträge. Scheinselbständigkeit liegt dann vor, wenn als Alternative zur Arbeitslosigkeit ein Vertrag als Subunternehmer angeboten wird – eine unerfreuliche Variante des „outsourcing", d.h. der Auslagerung unternehmensinterner Tätigkeiten.

Die Strukturkrise wird heute anders bewertet als in den 70er Jahren. Während damals der Abbau von Arbeitsplätzen in Branchen mit einer relativ geringen Wertschöpfung als Ausdruck der hohen Wettbewerbsfähigkeit der deutschen Industrie angesehen wurde, ist er heute Ausdruck der Internationalisierung und Globalisierung, aber auch der nachlassenden Wettbewerbsfähigkeit und der Schwächen des Standortes Deutschland.

Konsequenter als die politischen Akteure verfolgen die Unternehmen, angeregt durch eine Vielzahl von neuen Managementkonzepten, Strategien zur Verbesserung von Produktivität und Qualifikation. Der verschärfte globale Wettbewerb zwingt sie zur Umstrukturierung, zur Veränderung der Produktstruktur und der Produktions- und Arbeitsorganisation, zur Aufgabe strategisch unwichtiger Randbereiche und Stärkung der Kerngeschäftsfelder und zur besseren Nutzung des vorhandenen Wissens. Nur durch eine innovative und wissensintensive Produktpalette und Produktionstechnologie können die Unternehmen international mithalten. Die Verbesserung der Produktivität erfolgt durch neue Betriebe, durch flexible Spezialisierung und Automatisierung, neue logistische Systeme, eine Neuorganisation der Arbeit und neue Formen der Zusammenarbeit mit Lieferanten, Kunden und Konkurrenten. Mit der Umstrukturierung verändert sich die Arbeitsteilung in und zwischen den Unternehmen.

Im Wirtschaftsteil der Tageszeitungen finden sich viele Beispiele für Bemühungen um eine Stärkung der Kerngeschäfte und neue effiziente Betriebe und Organisationsformen:

• Der Chemiekonzern Hoechst hat 1995 acht Tochtergesellschaften mit zusammen etwa 3,5 Mrd. DM Umsatz abgegeben und zwei Unternehmen, die besser in den Konzern passen, mit fast demselben Umsatz erworben.

• Das Daimler-Benz-Werk in Hambach (Lothringen) für den neuen Smart wird nur noch eine Fertigungstiefe von etwa 20% gegenüber 45% in anderen Daimler-Benz-Werken aufweisen. Von den etwa 2 000 Beschäftigten werden nur etwa 800 im Montagewerk selbst arbeiten, 1 200 bei Zulieferern. Durch vormontierte Module, die direkt ans Band geliefert werden, sollen die Produktionskosten so niedrig wie möglich gehalten werden.

• Volkswagen versucht mit einer Plattformstrategie Kosten zu senken, insbesondere Beschaffungs- und Produktionskosten. Mit Plattform wird nicht nur der Wagenboden bezeichnet, sondern auch Vorder- und Hinterachse, Räder und Reifen, Motor, Getriebe, Lenkung, Bremsen, Sitze, Heizung und Klimaanlage. Etwa 60% der Produktionskosten entfallen bei Volkswagen auf Plattformen. Die 17 Plattformen des Konzerns sollen auf vier reduziert werden, je eine Plattform für die Polo-Klasse, die Golf-Klasse, die Audi-A4/A6/Passat-Klasse und die Audi-A8-Klasse. Volkswagen entwickelt Basisplattformen mit Quermotoren, Audi mit Längsmotoren. Auf diesen Plattformen werden dann markenspezifische Fahrzeuge gebaut. Niedrigere Beschaffungskosten werden von der Verringerung der Zahl der Teile, von höheren Stückzahlen und von dem weltweiten Austausch von Teilen erwartet, niedrigere Produktionskosten von der weltweiten Nutzung der Ressourcen und Produktionsanlagen und größeren Flexibilität der Werke.

- Ein Beispiel für ein Unternehmen ohne Fertigung und für eine erfolgreiche Restrukturierung ist die Firma Puma in Herzogenaurach, ein Sportartikelunternehmen mit schwedischem Großaktionär (Proventus), als Gebr. Dassler Schuhfabrik 1924 gegründet. Nach Jahren mit Verlusten wurde das Unternehmen 1993 neu organisiert mit dem Ziel, es schlank, wettbewerbsstark und rentabel zu machen. Puma hat 1995 weltweit 1 185 Mrd. DM umgesetzt, davon 470 Mio. selbst und 715 Mio. durch Lizenzen. Der asiatisch-pazifische Raum war mit 43% der größte Markt vor dem europäischen und dem amerikanischen Markt mit 39% bzw. 16% Umsatzanteil. Puma beschäftigte Ende 1995 einschließlich Tochtergesellschaften in der EU, in der Schweiz, in den USA und in Australien nur 745 Menschen, knapp 60% in Marketing und Vertrieb. Steuerung, Planung und Marketing erfolgen in Herzogenaurach, die Produkte werden von 25 Fremdunternehmen in Europa und Asien (Indonesien, China, Taiwan, Südkorea) gefertigt.

Um Flexibilität und Fertigungsqualität zu verbessern und die Qualifikation der Arbeitskräfte intelligenter zu nutzen, führen viele Unternehmen Gruppenarbeit ein, unterstützt durch hochmoderne Technik. Arbeitsgruppen übernehmen nicht nur Fertigungsaufgaben, sondern auch die Qualitätskontrolle und Wartung der Produktionsanlagen. Durch Rationalisierung und Reorganisation gehen viele Arbeitsplätze, vor allem mit geringen Anforderungen an die Qualifikation der Arbeitskräfte, verloren, gleichzeitig steigen Gewinne, Arbeitsproduktivität und Wettbewerbsfähigkeit und die Anforderungen an die Qualifikation der Arbeitskräfte. Allgemein nimmt die Zahl der Zulieferer ab. Systemlieferanten, darunter Großunternehmen wie Bosch, die auf eigenes Risiko komplette Bauteile, Module und Teile hoher Wertschöpfung entwickeln und fertigen, können sich dem verschärften Preis- und Substitutionswettbewerb weit mehr entziehen als Lieferanten einfacher Bauteile, die meist sehr abhängig von einem Großkunden sind und überwiegend nicht selbst entwickelte und standardisierte Teile herstellen. Je standardisierter die Produkte, um so wahrscheinlicher werden sie weltweit eingekauft (global sourcing). Durch die Neuordnung der Lieferbeziehungen entstehen einerseits neue regionale Produktionssysteme und Unternehmensnetzwerke, andererseits lösen sich national und regional organisierte Liefersysteme auf.

Typisch für die Marktstrategie deutscher Unternehmen war die Maxime der Brauerei Beck, mit der sie zum größten deutschen Bierexporteur wurde. „Wir produzieren zu Hause und vertreiben weltweit." Weil die Versorgung einiger asiatischer Märkte mit Bremer Bier sehr schwierig ist, wurden Lizenzen nach Indien, Thailand und China vergeben (Handelsblatt Nr. 161 vom 21. 8. 1996). Deutsche Unternehmen verfolgten lange eine Exportstrategie und Auslandsfertigung überwiegend in Europa. Investitionen in anderen Kontinenten waren selten. 1992 entfielen etwa zwei Drittel der deutschen Direktinvestitionen auf Europa, knapp ein Viertel auf Nordamerika und nur 4% auf Asien (HENZLER u. SPÄTH 1995, S. 32 f.). Das Institut der deutschen Wirtschaft schätzt, daß etwa ein Drittel der deutschen Auslandsinvestitionen marktorientiert sind (Markterschließung und -sicherung), zwei Drittel kostenorientiert, d.h. mit dem vorrangigen Ziel, die Produktionskosten zu senken. Vor allem kleinere und weniger exportintensive Unternehmen verlagern der Kosten wegen ins Ausland (Lohn- und Lohnnebenkosten, Steuern, Abgaben).

Unternehmen	Europa	Nordamerika	Asien/Pazifik, übrige Welt	[%]
Siemens	68	17	15	100
Daimler-Benz	63	24	13	100
Bayer	58	30	12	100
IBM	33	46	21	100
Sony	22	31	47	100

Tab. 3.16: Umsatzverteilung ausgewählter Unternehmen in der Triade 1994
Quellen: Geschäftsberichte

Es gibt noch kein wirklich globales Unternehmen deutscher Herkunft. Der Volkswagen-Konzern verfügt zwar mit Werken in Lateinamerika, China und Südostasien über eine internationale Produktionsstruktur, erzielt jedoch wie Veba, Daimler-Benz und die BASF noch weit mehr als die Hälfte des Umsatzes in Europa. Von den 240 000 Beschäftigten des VW-Konzerns waren 1995 allerdings etwa 140 000 im Ausland tätig. Siemens machte 1994 68% des Umsatzes in Europa, Daimler-Benz 63%. Amerikanische und japanische Konzerne weisen in der Triade eine ausgeglichenere Umsatzverteilung auf (Tab. 3.16). Der bisher noch geringe Wertschöpfungsanteil nimmt stark zu. Deutsche Unternehmen fertigen zunehmend dort, wo die Produktion die meisten Vorteile verspricht – niedrige Kosten, ungesättigte oder große Märkte –, wo günstiger produziert werden kann als in Deutschland. Immer mehr mittelständische Unternehmen investieren im Ausland. Das Herkunfts-Goodwill „Made in Germany" verliert an Berechtigung und wird durch das Marken-Goodwill, z.B. „Made by BMW", ersetzt, weil nicht nur Teile aus der ganzen Welt importiert, sondern auch erstmals Fahrzeugtypen ausschließlich im Ausland produziert werden. Trotz der zunehmenden Auslandsfertigung ist z.B. BMW, bezogen auf Arbeitsplätze und Wertschöpfung, noch ganz überwiegend ein „deutsches" Unternehmen. Bei Mercedes-Benz betrug 1995 die Auslandswertschöpfung nur etwa 3% (Tab. 3.17).

Unternehmen	Umsatz [%]		Beschäftigte [%]	
	Inland	Ausland	Inland	Ausland
Veba	70	30	80	20
Daimler-Benz	37	63	78	22
BASF	27	73	60	40
Volkswagen	39	61	59	41
Siemens	43	57	57	43
Bosch	44	56	57	43
Bayer	32	68	48	52
Hoechst	32	68	38	62
Nestlé (Schweiz)	2	98	3	97

Tab. 3.17: Auslandsumsatz und Auslandsbeschäftigte ausgewählter deutscher Unternehmen 1995

3.3 Fallstudien: Textilindustrie und Elektroindustrie

Die Textilindustrie ist eine „alte" und „reife" Industrie, eine Wachstumsindustrie meist zu Beginn einer Industrialisierung, die Elektroindustrie eine Wachstumsindustrie seit Ende des 19. Jh. (Tab. 3.14). Die durchschnittliche Wertschöpfung je Beschäftigten liegt in beiden Branchen in Westdeutschland deutlich höher als in Ostdeutschland. Die Elektroindustrie unterscheidet sich von der Textilindustrie durch eine höhere wirtschaftliche Konzentration und ein größeres innovatives Potential. In beiden Industrien gibt es arbeits- und kapitalintensive Unternehmen, schrumpfende, stagnierende und wachsende Produktgruppen, in der Textilindustrie z.B. technische Textilien, in der Elektroindustrie Telekommunikation. In beiden Industrien ist der Wettbewerb stark und nimmt weiter zu.

3.3.1 Textilindustrie

Die Textilindustrie ist eingebunden in eine Produktionskette mit drei aufeinanderfolgenden Produktionsstufen:
1. Herstellung von Garnen in Spinnereien,
2. Herstellung von Geweben in Webereien und
3. Verarbeitung der Gewebe zu Stoffen, Textilveredelung und Konfektionierung.

Die einzelnen Produktionsstufen weisen jeweils unterschiedliche Standortmuster und Verflechtungen auf. Fasern (Garne) kommen z.B. von der chemischen Industrie, Stoffe (Gewebe) werden an die Bekleidungsindustrie und technische Textilien an die Automobilindustrie geliefert (u.a. Reifencord, Bodenbeläge, Sitzbezüge, Filter). Der Anteil der Bekleidungstextilien beträgt etwa 45%, derjenige der Haus- und Heimtextilien etwa 30%. Es überwiegen einstufige Betriebe, d.h. entweder Spinnerei, Weberei oder Textilveredelung.
      Die Herstellung von Textilien, d.h. die Verarbeitung von Tierhaaren, Pflanzenfasern und in neuerer Zeit Chemiefasern zu Garnen, Geweben und anderen Textilprodukten bildet eine der ältesten gewerblichen Tätigkeiten. Die Baumwollspinnerei Cromford in Ratingen wird als älteste Fabrik auf dem Kontinent bezeichnet. Sie wurde 1783 gegründet. Um das von England stammende technologische Know-how zu sichern, wurden die Mitarbeiter notariell zu lebenslanger Verschwiegenheit verpflichtet. Bei Nichtbeachtung drohte ihnen Zuchthaus (Handelsblatt Nr. 82 vom 26./27. 4. 1996, S. G 10). Heute läßt sich Wissen kaum noch sichern.

3.3.1.1 Entwicklungstendenzen in der deutschen Textilindustrie

Die Textilindustrie ist und war in vielen Ländern ein Wachstumsmotor im Industrialisierungsprozeß und aufgrund vieler Standorte und relativ geringer Anforderungen an die Qualifikation der Arbeitskräfte auch regional von großer arbeitsmarktpolitischer Bedeutung, insbesondere für Problemgruppen auf dem Arbeitsmarkt. Anfang der 50er Jahre war sie der größte Industriezweig der Bundesrepublik mit etwa 700 000

Arbeitsplätzen, 1994 nur noch der achtgrößte Industriezweig mit etwa 150 000 Arbeitsplätzen in knapp 1 200 Betrieben. Seit 1991 ist die Produktion um mehr als ein Viertel geschrumpft, etwa jeder dritte Arbeitsplatz ging verloren. Etwa gleich groß ist der Prozentsatz – bezogen auf inländische Beschäftigte – derjenigen, die für deutsche Textilunternehmen im Ausland arbeiten. Der Rückgang des Beschäftigtenanteils von über 10 % 1952 auf 2 % 1994 zeigt den Verlust an wirtschaftlicher Bedeutung und Wettbewerbsfähigkeit. Regional hat die Textilindustrie jedoch noch eine größere arbeitsmarktpolitische Bedeutung. Viel stärker als Westdeutschland hat Ostdeutschland Arbeitsplätze verloren. Hier gab es vor der Wende etwa 215 000 Arbeitsplätze, 1994 nach Auflösung der sieben Kombinate nur noch 17 000 in etwa 190 Betrieben.

Die Textilindustrie ist mittelständisch strukturiert. Es gibt nur drei deutsche Unternehmen unter den 50 größten Textilunternehmen der Erde: Freudenberg in Weinheim, ein Hersteller technischer Textilien (Vliesstoffe) mit etwa 6 000 Beschäftigten (1994), Hartmann (Verbandsstoffe) und KBC (Druckstoffe) mit 5 000 bzw. etwa 3 100 Beschäftigten.

Die Textilindustrie, Wachstumsindustrie im 19. Jh. in den heute hochentwickelten Ländern, war auch die erste Industrie, die unter einen starken Anpassungsdruck geriet. Seit den 50er Jahren übertreffen in Deutschland die Textil- und Bekleidungsimporte, vor allem Importe von Fertigwaren, die Exporte (Abb. 3.8). Deutschland ist nach den USA der zweitgrößte Textilimporteur und nach Hongkong, China und Indien der viertgrößte Exporteur von Textilien. Exporte gehen ganz überwiegend in europäische Länder (1994 89 % des Exportwertes). Der Handel mit Frankreich und den Niederlanden weist einen Exportüberschuß auf, der Handel mit der Türkei, China und Hongkong hohe Importüberschüsse. Auch in den Entwicklungs- und Schwellenländern ist die Textilindustrie die Pionierindustrie der Industrialisierung, die erste Industrie, die komparative Kostenvorteile nutzt und durch Exporte die Industrialisierung einleitet. Sie ist hier, insbesondere in China und Indien, eine ausgesprochene Wachstumsindustrie.

Den Markt mit Textilien verzerren, von Land zu Land unterschiedlich, tarifäre und nichttarifäre Handelshemmnisse, Subventionen und Dumping. Im Jahre 1961 wurde zum Schutz der Textilindustrie ein internationales Baumwollabkommen abgeschlos-

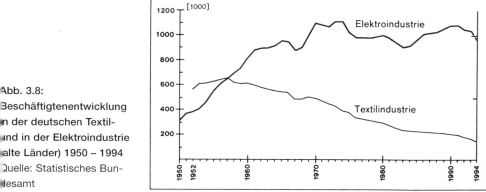

Abb. 3.8:
Beschäftigtenentwicklung in der deutschen Textil- und in der Elektroindustrie (alte Länder) 1950 – 1994
Quelle: Statistisches Bundesamt

sen, das seither die Grundlage für die Regulierung des internationalen Handels mit Textilien und Bekleidung bildet. Zollschutz und Einfuhrquoten konnten jedoch nicht verhindern, daß die europäische Textilindustrie in der 2. Hälfte der 70er Jahre in eine Strukturkrise geriet und Deutschland als Standort der Textilindustrie erstmals stark in Frage gestellt wurde (HAUFF 1995, S. 75). Die Strukturprobleme sind seitdem geblieben. Viele Unternehmen sind heute hoch verschuldet und werden aus regionalpolitischen Gründen durch Subventionen künstlich erhalten. Die schwindende Bedeutung der Textilproduktion in Deutschland drückt sich auch darin aus, daß der Inlandsumsatz der Textilmaschinenindustrie auf weniger als 10 % gesunken ist.

Tabelle 3.18 zeigt für die Textil- und Bekleidungsindustrie eine Entwicklungssequenz, bestimmt durch Produktionstyp und Handelsströme. Danach hat Deutschland wie andere EU-Länder mit Ausnahme von Italien die letzte Entwicklungsstufe erreicht.

Auf kontinuierlich steigende Importe und die sättigungsbedingt unterdurchschnittliche Nachfrageentwicklung reagierte die Textilindustrie vor allem mit Rationalisierung, um Unternehmen und Standorte zu sichern, aber auch mit der Auf-

Stufe	Produktionstyp	Handelsströme	Beispiele
1	einfache Gewebe und Kleidung aus natürlichen Fasern	Binnenmarktorientierung, Nettoimport von Fasern, Gewebe, Kleidung	sehr gering entwickelte Länder
2	standardisierte Produktion von Kleidern	Export von Kleidung in Industrieländer	gering entwickelte Länder in Lateinamerika, Afrika, Asien
3	Garnverarbeitung, Weiterentwicklung der Herstellung von Geweben, Kleidung höherer Qualität	Export von Geweben, Kleidung und synthetischen Fasern	ASEAN-Länder, Osteuropa, China
4	Weiterentwicklung der Garn-, Gewebe- und Bekleidungsproduktion	internationaler Handel, erhebliche Handelsüberschüsse	Taiwan, Südkorea, Hongkong
5	steigende Produktion von Textilien und Bekleidung bei abnehmender Beschäftigung und zunehmender Spezialisierung und Kapitalintensität	zunehmende internationale Konkurrenz	Japan, USA, Italien
6	erhebliche Abnahme der Standorte, der Arbeitsstätten und in einigen Bereichen auch der Produktion	erhebliche Konkurrenz	Bundesrepublik Deutschland, Niederlande, Großbritannien, Frankreich

Tab. 3.18: Entwicklungssequenzen der Textil- und Bekleidungsindustrie
Quellen: DICKEN (1992, S. 245), HAUFF (1995, S. 90)

gabe von Produktion und Zukauf im Ausland, mit Produkt- und Prozeßinnovationen, wie neuen technischen Textilien und Endlosspinnereien, und mit einer flexibleren und stärker nachfrageorientierten Fertigung. Durch Rationalisierung, Innovationen und eine starke Zunahme der Automatisierung konnte zwar ein Teil der Standorte gehalten und die Produktivität stark gesteigert werden, die Zahl der Arbeitsplätze hat jedoch sehr stark abgenommen.

Anders als die lohnintensive Bekleidungsindustrie, wo die Lohnveredelung im Ausland von großer und zunehmender Bedeutung ist, hat die Textilindustrie lange am Standort Deutschland festgehalten. Die Verlagerung der kapitalintensiven Textilproduktion ist ungleich schwieriger als in der Bekleidungsindustrie. Noch wenig verbreitet sind auch „Quick-response"-Strategien in Deutschland, obwohl eine Produktion nahe am Markt, niedrige Transport- und Kommunikationskosten und schnelle Lieferungen gegenüber Konkurrenten im Ausland Zeitvorteile bringen. Verflechtungen zwischen Unternehmen haben in der Textilindustrie nur eine geringe Bedeutung. Sowohl regional als auch überregional arbeiten die Unternehmen der Textilindustrie wenig zusammen. HAUFF (1995) z.B. konnte im Textilgebiet Westmünsterland – Grafschaft Bentheim weder eine integrierte Produktionsstruktur noch starke zwischenbetriebliche Verflechtungen nachweisen, die als Merkmale der „industriellen Distrikte" Prato im Dritten Italien und Herning Ikarst in Westjütland genannt werden.

Das Spannungsfeld von Globalisierung und Regionalisierung beschreibt nur unzureichend die Umstrukturierung in der deutschen Textilindustrie. Eine mittelständische Struktur und integrierte Fertigung (Spinnerei, Weberei, Ausrüstung) wirken gegen eine Verlagerung und Arbeitsteilung. Auslandsinvestitionen waren daher bisher überwiegend absatz- und nicht wie in der Bekleidungsindustrie kostenorientiert. Hier ist der Anteil der Lohnkosten auch weit höher als in Spinnereien und Webereien. Das Investitionsmuster, vor allem in Industrieländern und Vertriebsgesellschaften, ändert sich. Verlagerungen nach Osteuropa bringen Lohnkosten- und Logistikvorteile, wenn die Betriebe in die Nähe der Kunden, der Fertigungsstätten der Bekleidungsindustrie, errichtet werden. Nach Schätzungen des Verbands der Textilindustrie hat die deutsche Textil- und Bekleidungsindustrie im Ausland durch Investitionen und Kooperationen fast ebenso viele Arbeitsplätze geschaffen wie in Deutschland erhalten geblieben sind.

Die räumlichen Schwerpunkte der Textilindustrie liegen im ländlichen Raum, im Westmünsterland und in der Grafschaft Bentheim, in den Bezirken Kassel, Rheinhessen – Pfalz, Tübingen und Oberfranken, in der Lausitz und im Vogtland. Die Beschäftigungsschwerpunkte haben sich verschoben. Seit Mitte der 70er Jahre weist Baden-Württemberg die meisten Arbeitsplätze auf, zuvor Nordrhein-Westfalen.

3.3.1.2 Gründe des Strukturwandels in der Textilindustrie

Nachfrage- und Bedarfsänderungen, starker Wettbewerb und hohe Kosten bestimmten und bestimmen den Niedergang der Textilindustrie und den Strukturwandel. Die Rahmenbedingungen haben sich verschlechtert, u.a. die Währungsparitäten, Wirtschafts- und Umweltpolitik. Die Textilindustrie gehört in Deutschland zwar zu den Branchen mit hoher außenwirtschaftlicher Protektion, staatliche Auflagen, u. a. zur Abwasserreinigung und zum Immissionsschutz, belasten hier aber die Betriebe, z. B. der Textilveredelung mit hohem Wasser-, Chemikalien- und Farbstoffverbrauch, stärker als im Ausland.

Etwa 90% der Nachfrage nach Textilien entfallen auf private Haushalte. Entsprechend dem ENGELschen Gesetz läßt sich die unterdurchschnittliche Nachfrageentwicklung durch eine sinkende Einkommenselastizität der Nachfrage erklären, d. h. durch den sinkenden Anteil der Ausgaben bei steigenden Einkommen. Trotz der hohen Sättigung in Teilmärkten beeinflussen Konjunktur, Mode und bedarfsspezifische Angebote die Nachfrage nach Textilien. Bei technischen Textilien für meist kleinere Märkte tragen in der Regel nicht die Textilhersteller die FuE-Kosten, sondern z. B. die Hersteller der Chemiefasern. Die starke Nachfragedifferenzierung mit der relativ geringen Möglichkeit, Größenvorteile zu erreichen (HAUFF 1995, S. 97), und die hohe Flexibilität erklären die Zunahme der mittelständischen Unternehmen in der Textilindustrie. 1993 hatten 94% der Betriebe mit knapp zwei Drittel der Beschäftigten weniger als 500 Arbeitsplätze.

Technologische Innovationen beeinflussen insgesamt relativ wenig den Strukturwandel in der Textilindustrie, neue Produktionsverfahren, z. B. Vliesen und Tuften und neue Fasern, mehr als neue Produkte. Es werden nur relativ selten völlig neue Textilien entwickelt. Typischer für diese Industrie sind modische Varianten und kreative Innovationen ohne grundlegende Änderung der Produktstruktur. Der Strukturwandel wurde stark beschleunigt durch die Veränderungen in Osteuropa und die Verschärfung des internationalen Wettbewerbes, neue Konkurrenten auf den Inlands- und Weltmärkten (Abb. 3.9), die etwa gleichwertige Massenware deutlich billiger herstellen. Deutsche Unternehmen suchen deshalb nach Marktnischen, z. B. für technische Textilien, und nach verbrauchernahen und bedarfsspezifischen Produkten, z. B. für die Automobilindustrie, die chemische Industrie oder die Kunststoffverarbeitung. Die ersten beiden Produktionsstufen, Spinnereien und Webereien, die Herstellung von Garnen und von Geweben aus Garnen, werden zunehmend aufgegeben oder ins Ausland verlagert. Die Textilindustrie folgt Kunden in der Bekleidungsindustrie. Sie kann Standorte häufig nur durch horizontale und vertikale Netzwerke mit Konkurrenten und Kunden halten. Bevorzugte Verlagerungsstandorte liegen in Osteuropa wegen der niedrigen Lohnkosten bei relativ hohem Ausbildungsstand, wegen der günstigen Lage und wegen des Marktpotentials. Viele Unternehmen nutzen hier Produktionskapazitäten als verlängerte Werkbank für die passive Lohnveredelung. Auf den ersten Blick gehen in Westeuropa Arbeitsplätze verloren, die in Osteuropa geschaffen werden. Dabei wird jedoch übersehen, daß Arbeitsplätze in Deutschland nur durch Arbeitsteilung und Verlagerung eines Teils der Produktion ins Ausland erhalten werden können. Bereits jedes zweite ostdeutsche Textilunternehmen arbeitet mit Partnern in Osteuropa zusammen. Sie nutzen dabei die räumliche Nähe und alte Kontakte. In Deutschland bleiben Entwurf sowie hochwertige und aufwendige Produktionsschritte, aus dem Ausland kommen Lohnveredelung und Massenware. Die Gründe der Verlagerung haben sich deutlich verändert. Bis Ende der 80er Jahre war die Markterschließung das Hauptmotiv für Direktinvestitionen der Textilindustrie, und bevorzugte Standorte waren die Länder der Europäischen Gemeinschaft und Nordamerika. Nach Befragungen durch den Verband der Textilindustrie werden die Produktionsverlagerungen anhalten, vor allem nach Osteuropa. Die Schwerpunkte der Auslandsfertigung unterscheiden sich stark zwischen West- und Ostdeutschland. Unternehmen aus dem Westen errichten bevorzugt eigene Fertigungsstätten im Ausland, Unternehmen aus dem Osten vereinbaren dagegen mehr Joint-ventures und passive Lohnveredelung. Auch eine noch kapital- und technologieintensivere Produktion könnte eine Produktionsaufgabe und Verlagerungen nicht verhindern. Eine Überkapitalisierung verursacht zudem hohe Fixkosten.

Immer mehr Textilunternehmen geben ganz oder nur die Produktion auf und beschränken sich auf die wertschöpfungsintensive Entwicklung der Kollektionen und auf den Zwischenhandel. Aus Produzenten von Gütern werden Organisatoren der Produktion und Anbieter von Dienstleistungen. Die Handelsumsätze nehmen in dem Maße zu, wie Ware zugekauft oder vermittelt wird. Die scharfe Abgrenzung zwischen den Stufen der Wertschöpfungskette löst sich auf. In Deutschland finden Ausrüster und Veredler relativ günstige Rahmenbedingungen mit hoch bewerteten Standortfaktoren, wie Wissen, Kreativität und Ideen aus Märkten.

Der Strukturwandel wird unvermindert weitergehen, beschleunigt durch die Liberalisierung im Welttextilhandel, durch den Wegfall der Einfuhrquoten in der EU und neue Konkurrenten auf dem Weltmarkt. Gering entwickelte Länder fordern, daß die Textilmärkte schneller als vorgesehen geöffnet werden.

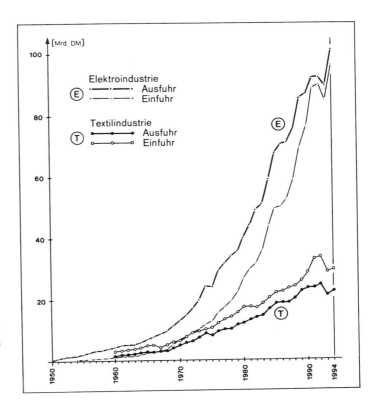

Abb. 3.9:
Außenhandel der Bundesrepublik Deutschland (alte Länder) mit Erzeugnissen der Textil- und Elektroindustrie 1950 – 1994

3.3.2 Elektroindustrie

Die Elektroindustrie ist eine Branche mit einem weiten Spektrum von Produkten und Dienstleistungen: Low-Tech- und High-Tech-Produkte, Elektrizitätserzeugung und -verteilung, Meß- und Regeltechnik, Hausgeräte, Kfz-Ausrüstungen, Nachrichtentechnik, Unterhaltungselektronik, Datenverarbeitung. Stärken liegen in der System- und Anlagentechnik. Vor allem in der Energie-, Verkehrs- und Nachrichtentechnik hat Deutschland eine starke Stellung auf dem Weltmarkt.

3.3.2.1 Entwicklungstendenzen in der deutschen Elektroindustrie

Obwohl weit jünger als die Textilindustrie, sind Teilmärkte der Elektroindustrie in hochentwickelten Ländern bereits gesättigt, wie Hausgeräte und Unterhaltungselektronik, u.a. Farbfernsehgeräte, Videorekorder, Camcorder, Hi-Fi-Geräte, andere Teilmärkte dagegen sehr expansiv und aufnahmefähig, z.B. für PCs, Telekommunikationsgeräte und insbesondere Telefone. Die Beschäftigung nimmt auch in der Elektroindustrie ab, jedoch weit weniger als in der Textilindustrie. In Westdeutschland gab es die meisten Arbeitsplätze 1974 (1,11 Mio.), 1994 nur noch 0,87 Mio. und 0,074 Mio. in Ostdeutschland. Die Elektroindustrie exportiert etwa ein Drittel der Produktion. Mehr als ein Viertel, d.h. etwa 0,3 Mio. der insgesamt etwa 1,2 Mio. Beschäftigten deutscher Unternehmen, arbeiten im Ausland. Kennzeichnend für die Elektroindustrie ist die hohe intra- und intersektorale Verflechtung. Knapp die Hälfte der zugekauften Waren und Materialien kommt von anderen Unternehmen der Elektroindustrie. Starke intersektorale Verflechtungen bestehen mit der Automobilindustrie und dem Maschinenbau. Die deutsche Elektroindustrie liegt nach Japan und den USA an dritter Stelle der Elektroindustrien der Welt. Sie verliert Marktanteile. Räumliche Schwerpunkte bilden Berlin, Nürnberg – Erlangen, Stuttgart und München, zukünftig auch Dresden.

Der globale Wettbewerb um Innovationen und Märkte, die Zunahme der inter- und intrasektoralen Verflechtungen und der Losgröße bei Massenprodukten mit starkem Preiswettbewerb und die wachsende Bedeutung von De-facto-Standards, Kooperation und Konzentration kennzeichnen die strukturellen Veränderungen in der Elektroindustrie. Kurze Entwicklungszyklen bei hohen Investitionen lassen geringe Gewinnmargen weiter schrumpfen (Prognos 1996, S. 230). Zu den Risikofaktoren gehören die Verschärfung des Wettbewerbs und Unsicherheiten in der Währungsentwicklung.

In Deutschland verändert sich die Produktstruktur (Abb. 3.10, Tab. 3.19). Der Anteil der Investitionsgüter (Telekommunikation, Kfz-Ausrüstungen sowie Geräte und Einrichtungen für die elektronische Datenverarbeitung) und der Bauelemente nimmt zu (1960 72%, 1994 85%), der Anteil der Gebrauchsgüter (Elektro-Haushaltsgeräte, Unterhaltungselektronik) ab (1960 28%, 1994 15%). Unter Bauelementen werden Teile wie Widerstände, Spulen, Kondensatoren, Bildröhren verstanden. Besonders hohe Wachstumsraten weisen hier Halbleiter (Chips) auf, vor allem aufgrund vieler neuer Anwendungsgebiete. Halbleiter werden z.B. in Computer und Geräte der Unterhaltungselektronik eingebaut, in Wasch- und Spülmaschinen, ABS, Verkehrsleitsysteme, Geräte der Kommunikations- und Steuerungstechnik, Kameras und Musikinstrumente. In einem Mercedes der S-Klasse z.B. stecken 32 anwendungsspezifische Chips, 23 Speicherchips und 350 Standardchips. Ihre hohen Wachstumsraten machen Chips zu einem Motor der innovativen Veränderung und wirtschaftlichen Entwicklung. In wichtigen Teilmärkten wie der Telekommunikation und Automatisierungstechnik werden Systemlösungen mit einem hohen Anteil Dienstleistungen immer wichtiger, vor allem Planungs- und Beratungsleistungen, die Integration der Systeme und Erstellung von Anwendungssoftware, Installation und Inbetriebnahme.

Die Struktur der elektrotechnischen und elektronischen Industrie in Deutschland ist gekennzeichnet durch wenige sehr große Unternehmen, wie Siemens, Bosch und IBM Deutschland (Rang 2, 12 und 27 der größten deutschen Unternehmen 1995), und eine große Zahl kleiner und mittlerer, meist stark spezialisierter Unternehmen, die Bauteile, Kleingeräte und Spezialerzeugnisse herstellen. Auf Unternehmen mit mehr als 1 000 Beschäftigten entfallen zwei Drittel der Umsätze und Beschäftigten. Die hohe Konzentration von Umsatz und Beschäftigung hat in den 80er Jahren noch zugenommen. Bis 1983 war Deutschland nach den USA der zweitgrößte Exporteur von Elektroerzeugnissen und ist seither nach Japan der drittgrößte Exporteur.

Siemens, der größte europäische Elektronikkonzern mit etwa 250 Geschäftsfeldern, stellt von Waschmaschinen bis Sonnenkollektoren Tausende von Produkten her, fertigt Teile für den ICE und für Kraftwerke. Obwohl „global player" mit hoher Wettbewerbsfähigkeit bei Infrastruktursystemen (Telekom, Energie, Verkehr, Gesundheit, Industrieausrüstung), Informations- und Querschnittstechnologien (Mikroelektronik) und mehr als 400 Produktionsstätten weltweit, ist Siemens noch sehr deutschland- und europabezogen. Im September 1995 entfielen 43 % des Konzernumsatzes, 57 % der Konzernarbeitsplätze (etwa 160 000 von 373 000) und zwei Drittel der Wertschöpfung auf Deutschland. Allein in Bayern beschäftigte Siemens 1995

Erzeugnisart	1970	1994
	[%]¹	
Investitionsgüter		
Telekommunikation	8,5	12,1
Fahrzeugelektrik und -elektronik	4,6	6,7
Datenverarbeitungstechnik	5,6	5,9
Gebrauchsgüter		
Elektro-Haushaltsgeräte	10,1	9,1
Unterhaltungselektronik	11,2	4,0
Bauelemente	6,4	8,0

¹ bezogen auf den Produktionswert

Tab. 3.19: Veränderungen der Produktstruktur in der Elektroindustrie 1970 – 1994 Quelle: Zentralverband der Elektro- und Elektronikindustrie e.V. (ZEN)

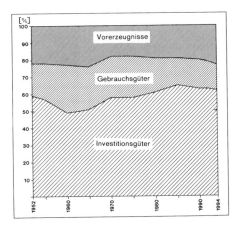

Abb. 3.10: Produktionsentwicklung in der Elektroindustrie (alte Länder) 1952 – 1994 Quelle: ZEN

etwa 110 000 Menschen. Direkt (213 000 Arbeitsplätze) und indirekt sind in Deutschland etwa eine Million Menschen von Siemens abhängig. Siemens verfolgt eine Globalisierungsstrategie mit dem Ziel, langfristig etwa gleich stark in allen Triaderäumen vertreten zu sein. Die Produktion (Wertschöpfung) folgt den Märkten. In Deutschland werden Arbeitsplätze abgebaut, neue entstehen vor allem in den stark wachsenden Märkten in Amerika und Asien. In Asien beschäftigte Siemens im März 1996 etwa 35 000 Menschen in 80 Büros, 60 Joint-ventures, davon allein 35 in China, und 27 Produktionsstätten. Die Investitionen entsprechen dem Strategie-Mix Kostensenkung, Kunden- bzw. Marktnähe und Bezug von Komponenten und Leistungen aus Niedriglohnländern. Siemens verfolgt dabei eine Vielzahl von Strategien: Umstrukturierung, Konsolidierung, Akquisition, Verlagerung und Erschließung neuer Märkte, allein oder mit Partnern in strategischen Allianzen, z.B. mit Sony und der schweizerischen Swatch-Muttergesellschaft SMH bei privaten Kommunikationssystemen, mit IBM, Toshiba und Motorola bei Halbleitern.

Bosch, der größte Hersteller von Kraftfahrzeugausrüstungen, ist ein anderes Beispiel für ein Großunternehmen mit einer Vielzahl von Produktgruppen und Strategien, 22 inländischen und 82 ausländischen Tochtergesellschaften 1994. Auch Bosch verfolgt alle in Tabelle 3.4 genannten Strategien. Vom US-Konzern Allied Signal wurden z.B. 24 Betriebsstätten von Bremssystemen in Nordamerika, Südamerika und Europa gekauft, um Wettbewerbsvorteile gegenüber den Kunden, d.h. den Autoherstellern, zu erlangen, die zunehmend nur noch mit Systemanbietern zusammenarbeiten. Die Wettbewerbsstärke belegen Produktinnovationen, die z.T. weltweiter Standard wurden, wie Benzin-Einspritzung (1967) und Antiblockiersystem (1978). Der Fertigungsverbund zwischen Tochter- und Beteiligungsgesellschaften in 45 Ländern und 70 Produktionsstätten wird systematisch ausgebaut. Gemeinschaftsunternehmen mit nationalen Partnern erschließen Wachstumsräume, insbesondere in Asien, oder stärken in diesen Märkten die Präsenz. Etwa 40 Joint-ventures werden nicht in der Konzernbilanz erfaßt, der dabei auf Bosch entfallende Umsatz erreichte 1995 etwa 10% des konsolidierten Umsatzes von 35 Mrd. DM.

Nach jahrelanger Produktverlagerung ins Ausland errichtet die Elektroindustrie neue Fabriken in jüngster Zeit wieder in Europa und auch in Deutschland. 1996 stammten fast alle in Deutschland verkauften PC aus europäischer Produktion. Die überraschende Renaissance der Produktion von Elektronikbauteilen in Europa wird vor allem mit überaus schnellen Marktänderungen, mit dem hohen Risiko und hohen Transport- und Lagerkosten erklärt. Selbst für Unternehmen, die Komponenten aus Asien mit dem Flugzeug beziehen, kann bei großen Serien, weltweit hoher Automatisierung und überall etwa gleichen Materialkosten eine Produktion hier vorteilhafter sein als in Asien. Neue Siemens-Chipfabriken entstehen in Dresden, North Tyneside bei Newcastle und Nordportugal, von AMD (Allied Micro Devices), einem amerikanischen Unternehmen, in Dresden. Siemens besitzt bereits Chipfabriken in Regensburg und Villach, Montagewerke in Singapur, Malaysia und Indonesien und Gemeinschaftsunternehmen mit IBM bei Paris (Corbeil–Essonnes) und mit IBM und Motorola in den USA. Ein Fünftel der Chips wird in Konzernprodukte eingebaut, vier Fünftel werden weltweit verkauft. In Dresden gefertigte Chips werden zur Endmontage nach Malaysia, in Zukunft nach Portugal geflogen.

3.3.2.2 Gründe des Strukturwandels in der Elektroindustrie

Für den Strukturwandel gibt es viele Gründe: Veränderungen von Bedarf und Nachfrage, Veränderungen des Wettbewerbs (Wechselkurse, neue Konkurrenten), Innovationen (Verkürzung der Produktlebenszyklen) und staatliche Interventionen, u. a. Forschungsförderung, Aufträge, Subventionen und Auflagen zur Ressourcen- und Umweltschonung. Der Strukturwandel wird durch Subventionen beschleunigt, aber auch gebremst. Siemens baut seit 1994 in Dresden ein Mikroelektronikzentrum für etwa 2,7 Mrd. DM, subventioniert mit etwa 800 Mio. DM oder 30% der Investitionssumme. Als Gründe für Investitionen in Newcastle und Nordportugal nennt Siemens außer Absatzmarkt und günstigem Wechselkurs Subventionen und relativ niedrige Lohnnebenkosten, Einkommens- und Körperschaftssteuern. AMD trägt zu den geplanten Investitionen in Dresden von 2,8 Mrd. DM nur etwa 500 Mio. DM bei. Zu direkten Subventionen von etwa 800 Mio. DM kommen eine Bürgschaft von einer Milliarde DM durch den Bund und das Land Sachsen und eine Garantie der Dresdner Bank über 500 Mio. DM. Es ist volkswirtschaftlich schon problematisch, wenn in einem Wachstumsmarkt 1 400 Arbeitsplätze jeweils mit mehr als 570 000 DM subventioniert werden.

Der anhaltende Innovations- und Wettbewerbsdruck zwingt die Unternehmen zur Doppelstrategie Kostensenkung und Marktorientierung, zu einer Verbesserung der Leistungsfähigkeit, zu neuen Produkten und Dienstleistungen, zur Erschließung neuer Märkte und zur Produktion in den Märkten. Sie trennen sich von Produktfeldern, die nicht in das Kerngeschäft passen, und suchen gezielt nach Kooperationspartnern zur Sicherung strategischer Geschäftsfelder. Die Erschließung neuer Märkte aus eigener Kraft hat dabei Vorrang vor Kooperationen und Beteiligungen (Prognos / Handelsblatt 1996, S. 229).

Literatur

AGLIETTA, M. (1979):
A Theory of Capitalist Regulation. London.

AMIN, A. (1993):
The Globalization of the Economy. An Erosion of Regional Networks? In: GRABHER, G. [Ed.]: The Embedded Firm. On the Socioeconomics of Industrial Networks. London, New York, 278 – 295.

AMIN, A., & K. ROBINS (1990):
The Re-Emergence of Regional Economics? The Mythical Geography of Flexible Accumulation. Environment and Planning D: Society and Space, **8**: 7 – 34.

AYDALOT, P. (1986):
Milieux Innovateurs en Europe. Paris.

BACKHAUS, K., u. K. PILTZ (1990):
Stategische Allianzen als Antwort auf veränderte Wettbewerbsstrukturen. In: BACKHAUS, K., u. K. PILTZ [Hrsg.]: Strategische Allianzen. Zfbf, Sonderh. 27: 1 – 10.

BADE, F.-J. (1990):
Der wirtschaftliche Strukturwandel im überregionalen Vergleich. Produktionsorientierte Dienstleistungen als Träger regionaler Wachstumsprozesse. In: ILS [Hrsg.]: Tertiärisierung und Stadtstruktur. Zur Notwendigkeit der Neuorientierung städtischen Handelns. Dortmund, 12 – 21.
= ILS-Schriften, **44**.

BADE, F.-J. (1991):
Regionale Beschäftigungsprognose 1995. Bonn.
= Forschungen zur Raumentwicklung, 21.

BATHELT, H. (1991):
Schlüsseltechnologie-Industrien. Standortverhalten und Einfluß auf den regionalen Strukturwandel in den USA und Kanada. Berlin.

BATHELT, H. (1994):
Die Bedeutung der Regulationstheorie in der wirtschaftsgeographischen Forschung. Geographische Zeitschrift, **82**: 63 – 90.

BECATTINI, G. (1991):
The Industrial District as a Creative Milieu. In: BENKO, G., & M. DUNFORD [Eds.]: Industrial Change and Regional Development. The Transformation of New Industrial Spaces. London, 102 – 114.

BRUSCO, S. (1986):
Small Firms and Industrial Districts: The Experience of Italy. In: KEEBLE, D., & E. WEVER [Eds.]: New Firms and Regional Development in Europe. London, 184 – 202.

CAMAGNI, R. (1991):
Regional Deindustrialization and Revitalization Processes in Italy.
In: RODWIN, L., & H. SAZANAMI [Eds.]: Industrial Change and Regional Economic Transformation: The Experience of Western Europe. London, 137 – 176.

CLARKE, L. M. (1985):
The Spatial Organisation of Multinational Corporation. London, Sydney.

DICKEN, P. (1992):
Global Shift. The Internationalization of Economic Activity. 2. Aufl. London.

DICKEN, P., FORSGREN, M., & A. MALMBERG (1994):
The Local Embeddedness of Transnational Corporations. In: AMIN, A., & N. THRIFT [Eds.]: Globalization, Institutions, and Regional Development in Europe. Oxford, 23 – 45.

DOZ, Y., PRAHALAD, C. K., & G. HAMEL (1990):
Control, Change and Flexibility: The Dilemma of Transnational Collaboration.
In: BARLETT, C. A., DOZ, Y., & G. HEDLUND [Eds.]: Managing the Global Firm. London, 117 – 143.

ESTALL, R., & R. BENNETT (1991):
Case Studies of Economic Change in Advanced Regions, In: BENNETT, R., & R. ESTALL [Eds.]: Global Change and Challenge. Geography for the 1990s. London, New York, 139 – 158.

FRITSCH, M. (1990):
Arbeitsplatzentwicklung in Industriebetrieben: Entwurf einer Theorie der Arbeitsplatz-
dynamik und empirische Analysen auf ein-
zelwirtschaftlicher Basis. Berlin.

FRÖBEL, F., HEINRICHS, J., u. O. KREYE (1977):
Die neue internationale Arbeitsteilung.
Strukturelle Arbeitslosigkeit in den Indu-
strieländern und die Industrialisierung der
Entwicklungsländer. Reinbek.

FRÖBEL, F., HEINRICHS, J., u. O. KREYE (1986):
Umbruch in der Weltwirtschaft. Die globale
Strategie: Verbilligung der Arbeitskraft / Fle-
xibilisierung der Arbeit / Neue Technologien.
Reinbek.

GAEBE, W. [Hrsg.] (1988):
Industrie und Raum. Köln. = Handbuch des
Geographieunterrichts, **3**.

GAEBE, W. (1993):
Neue räumliche Organisationsstrukturen in
der Automobilindustrie. Geographische
Rundschau, **45**: 493 – 497.

GAROFOLI, G. (1991):
Local Networks, Innovation and Policy in
Italian Industrial Districts. In: BERGMANN,
E. M., MAIER, G., & F. TÖDTLING [Eds.]: Regions
Reconsidered: Economic Networks, Innova-
tion and Local Development in Industrial-
ized Countries. London, 119 – 140.

Gesamttextil (1995):
Jahrbuch der Textilindustrie 1995. Eschborn.

GRABHER, G. [Ed.] (1993):
The Embedded Firm. On the Socioeconomics
of Industrial Networks. London, New York.

HAKANSSON, H., & J. JOHANSON (1993):
The Network as a Governance Structure. In-
terfirm Cooperation beyond Markets and
Hierarchies. In: GRABHER, G. [Ed.]: The Embedded firm. On the Socioeconomics of Industrial Network. London, New York, 35 – 51.

HARRISON, B. (1994):
Lean and Mean. The Changing Landscape of
Corporate Power in the Age of Flexibility.
New York.

HAUFF, T. (1995):
Die Textilindustrie zwischen Schrumpfung
und Standortsicherung. Weltwirtschaftliche
Anpassungszwänge, unternehmerische
Handlungsstrategien und regionalökono-
mische Restrukturierungsprozesse in der
Textilindustrie des Westmünsterlandes.
Dortmund. = Duisburger Geographische
Arbeiten, **14**.

HAX, H. (1989):
Gründungen und Stillegungen von
Unternehmen als Beitrag zur strukturellen
Erneuerung.
In: GAHLEN, B., MEYER, B., u. J. SCHUMANN
[Hrsg.]: Wirtschaftswachstum, Strukturwan-
del und dynamischer Wettbewerb.
Berlin, Heidelberg, 371 – 385.

HENNING, F.-W. (1979 a):
Die Industrialisierung in Deutschland
1800 – 1914. 5. Aufl. Paderborn. =
Wirtschafts- und Sozialgeschichte, **2**.

HENNING, F.-W. (1979 b):
Das industrialisierte Deutschland
1914 – 1976. 5. Aufl. Paderborn. =
Wirtschafts- und Sozialgeschichte, **3**.

HENZLER, H. A., u. L. SPÄTH (1995):
Countdown für Deutschland. Start in eine
neue Zeit? Berlin.

HIRST, P., u. J. ZEITLIN (Eds.) (1989):
Reversing Industrial Decline? Industrial
Structure and Policies in Britain and her
Competitors. Oxford.

HIRST, P., & J. ZEITLIN (1992):
Flexible Specialization versus Post-Fordism.
Theory, Evidence, and Policy Implications.
In: STORPER, M., & A. J. SCOTT [Eds.]:
Pathways to Industrialization and Regional
Development.
London, New York, 70 – 115.

ISARD, W. (1956):
Location and Space–Economy. A General
Theory Relating to Industrial Location,
Market Areas, Land Use, Trade and Urban
Structure.
New York, London.

KAMANN, D.-J. F., &. D. STRIJKER (1991):
The Network Approach: Concepts and Applications. In: CAMAGNI, R. [Ed.]: Innovation Networks: Spatial Perspectives. London, New York, 145 – 173.

KLODT, H., u. J. STEHN et al. (1994):
Standort Deutschland: Strukturelle Herausforderungen im neuen Europa. Tübingen. = Kieler Studien, **265**.

LIPIETZ, A. (1986):
New Tendencies in the International Division of Labor: Regimes of Accumulation and Modes of Regulation. In: SCOTT, A., & M. STORPER [Eds.]: Production, Work and Territory. The Geographical Anatomy of Industrial Capitalism. London, 16 – 40.

LIPIETZ, A. (1987):
Mirages and Miracles. The Crisis of Global Fordism. London.

MAIER, G., u. F. TÖDTLING (1992):
Regional- und Stadtökonomik. Standorttheorie und Raumstruktur. Wien, New York.

PECK, J., & A. TICKELL (1994):
Searching for a New Institutional Fix: The After-Fordist Crisis and the Global-Local Disorder. In: AMIN, A. [Ed]: Post-Fordism. A Reader. Oxford, Cambridge, 280 – 315.

PIORE, M., & C. F. SABEL (1984):
The Second Industrial Divide: Possibilities for Prosperity, New York.

PIORE, M., u. C. F. SABEL (1989):
Das Ende der Massenproduktion. Studie über die Requalifizierung der Arbeit und Rückkehr der Ökonomie in die Gesellschaft. Frankfurt.

PORTER, M. E. (1994):
The Role of Location in Competition. Journal of the Economies of Business, **1**: 35 – 39.

PRED, A. (1967):
Behavior and Location. Foundations for a Geographic and Dynamic Location Theory. Part 1. Lund. = Lund Studies in Geography, **27**.

PRED, A. (1969):
Behavior and Location. Foundations for a Geographic and Dynamic Location Theory. Part 2. Lund = Lund Studies in Geography, **28**.

PREDÖHL, A. (1925):
Das Standortproblem in der Wirtschaftstheorie. Weltwirtschaftliches Archiv, **21**: 294 – 321.

Prognos u. Handelsblatt [Hrsg.] (1996):
Chancen und Risiken am Standort Deutschland. Zukunftserwartungen des Managements. Basel, Berlin, Köln.

RENSCHLER, A. (1995):
Standortplanung für Mercedes-Benz in den USA. In: GRASSERT, H., u. P. HORVATH [Hrsg.]: Den Standort richtig wählen. Erfolgsbeispiele für internationale Standortentscheidungen. Stuttgart, 37 – 54.

Robert Bosch GmbH [Hrsg.] (1995):
Geschäftsbericht 1994. Stuttgart.

SABEL, C. (1989):
Flexible Specialisation and the Re-emergence of Regional Economies. In: HIRST, P., & J. ZEITLIN [Eds.]: Reversing Industrial Decline? Industrial Structure and Policies in Britain and her Competitors. Oxford, 17 – 70.

SCHÄTZL, L. (1993):
Wirtschaftsgeographie 1. Theorie. 5. Aufl. Paderborn.

SCHAMP, E. W. (1988a):
Forschungsansätze der Industriegeographie. In: GAEBE, W. [Hrsg.]: Industrie und Raum. Köln, 3 – 12. = Handbuch des Geographieunterrichts, **3**.

SCHAMP, E. W. (1988b):
Weltwirtschaft und industrielle Entwicklung. In: GAEBE, W. [Hrsg.]: Industrie und Raum. Köln, 111 – 126. = Handbuch des Geographieunterrichts, **3**.

SCHUMPETER, J. (1964):
Theorie der wirtschaftlichen Entwicklung. Eine Untersuchung über Unternehmergewinn, Kapital, Kredit, Zins und den Konjunkturzyklus. 6. Aufl. Berlin.

Scott, A. J. (1988):
  Flexible Produktion Systems and Regional
  Development: The Rise of New Industrial
  Spaces in North America and Western
  Europe. International Journal of Urban and
  Regional Research, **12**: 171 – 186.

Scott, A. J., &. M. Storper (1992):
  Regional Development Reconsidered. In:
  Ernste, H., & V. Meier [Eds.]: Regional Devel-
  opment and Contemporary Industrial Re-
  sponse. Extending Flexible Specialisation.
  London, New York, 3 – 24.

Siemens AG (1995):
  Geschäftsbericht ´95.
  München.

Simon, H. (1957):
  Models of Man.
  New York.

Smith, D. M. (1966):
  A Theoretical Framework for Geographical
  Studies of Industrial Location. Economic
  Geography, **42**: 95 – 113.

Smith, D. M. (1971):
  Industrial Location. An Economic Geographical Analysis. New York.

Steiger, H.-H. (1993):
  Wirtschaftsstatistik: Von den Trümmerber-
  gen zum EG-Binnenmarkt. Illustriert am Beispiel der Industriestatistik.
  Jahrbuch Baden-Württemberg, 91 – 119

Sternberg, R. (1995):
  Technologiepolitik und High-Tech Regionen -
  ein internationaler Vergleich. Münster, Hamburg. = Wirtschaftsgeographie, **7**.

Storper, M. (1992):
  The Limits of Globalization: Technology
  Districts and International Trade. Economic
  Geography, **62**: 60 – 93.

Storper, M. (1993):
  Regional "Worlds" of Production:
  Learning and Innovation in the Technology
  Districts of France, Italy and the USA.
  Regional Studies, **27**: 433 – 455.

Storper, M., & R. Walker (1989):
  The Capitalist Imperative. Territory,
  Technology and Industrial Growth.
  New York, Oxford.

Tödtling, F. (1994):
  Regional Networks of High-technology
  Firms. The Case of the Greater Boston
  Region. Technovation, **14**: 323 – 343.

Vernon, R. (1966):
  International Investment and
  International Trade in the Product Cycle.
  The Quarterly Journal of Economics,
  80: 190 – 207.

Vernon, R. (1979):
  The Product Cycle Hypothesis in a New
  International Environment. Oxford Bulletin
  of Economics and Statistics, **41**: 255 – 267.

Weber, A. (1909):
  Über den Standort der Industrien.
  1. Teil: Reine Theorie des Standortes.
  Tübingen.

Wittke, V. (1996):
  Wie entstand industrielle Massenproduktion? Die diskontinuierliche Entwicklung der
  deutschen Elektroindustrie von den Anfän-
  gen der „großen Industrie" bis zur Entfal-
  tung des Fordismus (1880 – 1975). Berlin.

Zentralverband Elektro- und Elektronikindustrie e.V. (1995):
  Statistischer Bericht ´95. Frankfurt.

A.4 Dienstleistungen

ELMAR KULKE, Berlin

HELMUT NUHN, Marburg

PETER JURCZEK, Chemnitz

Gemessen an den Anteilen der Beschäftigten und des Bruttoinlandsprodukts (BIP), besitzt der Dienstleistungsbereich in Industrieländern die größte Bedeutung. In Deutschland entfielen 1996 auf den Dienstleistungssektor 63,3 % aller Erwerbstätigen und 65,5 % des BIP (1996). Die Abgrenzung des Dienstleistungssektors ist jedoch problematisch (vgl. DANIELS 1993, ELLGER 1993, HEINRITZ 1990, KULKE 1995, STAUDACHER 1995). Üblicherweise erfolgt gegenüber den anderen Sektoren eine Unterscheidung nach der Art der erstellten Güter. Im primären Sektor (Land- und Forstwirtschaft, Fischerei) und im sekundären Sektor (Bergbau, produzierendes Handwerk, Industrie, Bauwirtschaft) werden materielle Güter hergestellt, der Dienstleistungsbereich erbringt dagegen vor allem immaterielle Leistungen. Diese Abgrenzung führt jedoch zu einer Unterschätzung der tatsächlichen Bedeutung von Dienstleistungen, da auch im sekundären Sektor immer mehr dispositive Tätigkeiten (z.B. Forschung und Entwicklung, Marketing, Logistik) vollzogen werden, während der operative Bereich (Güterherstellung) an Beschäftigtenanteilen verliert. Zugleich erfolgt eine Überbewertung des tertiären Sektors, da er häufig als Restgröße dient, welche alle nicht eindeutig den anderen Sektoren zuzuordnenden Aktivitäten umfaßt.

Bei dem Dienstleistungssektor handelt es sich um einen sehr heterogenen Bereich, dessen interne Gliederung ebenso schwierig wie sein externe Abgrenzung ist (vgl. HEINRITZ 1990, KULKE 1995). Die amtliche Statistik nimmt üblicherweise eine institutionelle Unterteilung nach dem Arbeitsschwerpunkt der Betriebe vor. Das Statistische Bundesamt weist die Hauptgruppen Handel, Verkehr/Nachrichtenübermittlung, Kreditinstitute/Versicherungsgewerbe, Dienstleistungen von Unternehmen/freien Berufen, Organisationen ohne Erwerbszweck/Haushalte und Gebietskörperschaften/Sozialversicherungen aus. Wissenschaftliche Untersuchungen bevorzugen zumeist eine funktionale Gliederung nach der Art und Zielgruppe (Konsumenten bzw. Unternehmen) der Dienste oder nach ihrer Fristigkeit. Große Verbreitung hat die Unterteilung von SINGELMANN (1978) erlangt, der vier Gruppen identifiziert: distributive (z.B. Handel, Verkehr), produzentenorientierte (z.B. Banken, Wirtschafts-/Ingenieurberatung), soziale (z.B. Bildungswesen, Gesundheitsversorgung, Verwaltung) und persönliche Dienste (z.B. Fremdenverkehr, Unterhaltung).

In den letzten Jahrzehnten verzeichnete der Dienstleistungsbereich den stärksten Beschäftigtenzuwachs aller Wirtschaftssektoren. Diesen Wandel beschreibt die Sektorentheorie (vgl. vor allem CLARK 1940, FOURASTIE 1954). Sie besagt, daß sich im langfristigen Entwicklungsverlauf Bedeutungsverschiebungen vom primären zum sekundären und schließlich zum tertiären Sektor ergeben (Abb. 4.1). In gering entwickelten Volkswirtschaften dominiert der Agrarbereich mit über 80% Beschäftigtenanteil. Im Verlauf des Industrialisierungsprozesses kommt es zu einem Anteilsanstieg des Produzierenden Gewerbes auf bis zu 50%. Mit fortschreitender wirtschaftlicher Entwicklung wird der tertiäre Sektor immer wichtiger und erreicht 60 bis 70% Beschäftigtenanteil. Verantwortlich für diese Strukturveränderungen sind mit der wirtschaftlichen Entwicklung verbundene Einkommenserhöhungen und Produktivitätsverbesserungen. Mit steigendem Einkommen vergrößert sich die Nachfrage nach Industriegütern und Dienstleistungen. Zugleich kann in der Landwirtschaft und Industrie durch den Einsatz moderner Technologien die Produktivität erhöht werden. Die freigesetzten Arbeitskräfte finden in dem nachfragebedingt expandierenden Dienstleistungsbereich Beschäftigung.

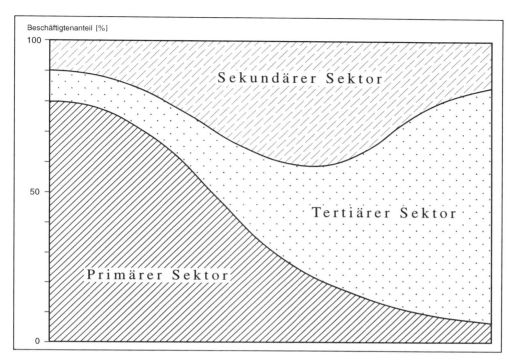

Abb. 4.1: Modell des sektoralen Wandels nach FOURASTIE   (vgl. BOESCH 1977, S. 20)

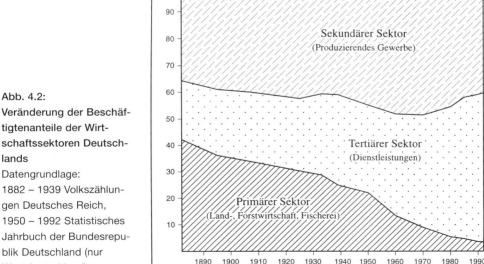

Abb. 4.2:
Veränderung der Beschäftigtenanteile der Wirtschaftssektoren Deutschlands
Datengrundlage:
1882 – 1939 Volkszählungen Deutsches Reich,
1950 – 1992 Statistisches Jahrbuch der Bundesrepublik Deutschland (nur Westdeutschland)

Im Deutschen Reich waren 1882 noch 42,2 % der Beschäftigten in der Landwirtschaft tätig, 35,6 % im Produzierenden Gewerbe und nur 22,2 % im Dienstleistungsbereich (Abb. 4.2). Mit der Industrialisierung gewann das Produzierende Gewerbe immer mehr an Bedeutung; 1970 wurde der maximale Beschäftigtenanteil mit 48,9 % erreicht. Seitdem verringerte sich die Zahl der Industriebeschäftigten, während sich die Zahl der Erwerbstätigen im Dienstleistungssektor kontinuierlich erhöhte; in Westdeutschland vergrößerte sie sich zwischen 1970 und 1992 um 38,7 %. Es waren jedoch nicht alle Branchen des Dienstleistungssektors in gleichem Maße an dem Wachstumsprozeß beteiligt; in den einzelnen Branchen zeigten sich parallel Schrumpfungs-, Stagnations- und Wachstumstendenzen (vgl. KULKE 1995). Einen besonders starken Zuwachs verzeichneten die produzenten-/unternehmensorientierten Branchen. Kürzere Produktlebenszyklen bedingten verstärkte Forschungs- und Entwicklungsaktivitäten sowie zusätzliche Serviceleistungen von Wirtschafts-/Ingenieur-/Rechtsberatern. Neue Organisationskonzepte (z. B. lean production) führten zur Externalisierung zuvor selbst erbrachter Dienste. Durch die weltweite Arbeitsteilung und den Einsatz moderner Logistikkonzepte kam es zu einem steigenden Bedarf an Transport- und Kommunikationsdienstleistungen. Einen geringeren Zuwachs verzeichneten soziale/persönliche Dienste. Die Einkommenserhöhung wirkte sich positiv auf den Handel und Freizeitbereich aus, zugleich wurden jedoch einfache Dienste (z. B. Wäscherei, Taxitransport, Einkauf im Nahbereich) durch langlebige Konsumgüter (z. B. Waschmaschine, Auto, Kühlschrank) ersetzt. Daneben führten Veränderungen im Altersaufbau zu einer Erhöhung der Nachfrage nach sozialen Diensten (z. B. medizinische Versorgung, Altenbetreuung). Prognosen gehen davon aus (Tab. 4.1), daß die einfachen primären Dienstleistungen (z. B. Transport, Reinigung, Handel) ebenso wie direkt produktionsorientierte Tätigkeiten (z. B. Reparatur) in Zukunft an Beschäftigtenanteilen verlieren, während höherqualifizierte Bereiche (z. B. Forschung/Entwicklung, Beratung, Management) einen deutlichen Beschäftigtenzuwachs verzeichnen werden.

Für Dienstleistungsbetriebe sind spezielle Standortmuster zu erkennen (vgl. KULKE 1995, STAUDACHER 1995). Aufgrund der Art der erstellten Leistungen ist ein unmittelbarer Kontakt zwischen den Anbietern und Nachfragern wichtig, den Kommunikationsmedien nur in begrenztem Maße ersetzen können. Daneben besitzen Agglomerationsvorteile, z. B. durch die Nähe zu anderen Anbietern, externe Frequenzbringer, z. B. standörtliche Attraktionen oder Verkehrsmittel, und klassische Standortfaktoren (z. B. Flächenpreis, Verfügbarkeit von qualifizierten Arbeitskräften) Einfluß. Im wesentlichen treten drei typische Prinzipien von Standortsystemen auf (nach STAUDACHER 1995): ein hierarchisches Muster, welches dem System zentraler Orte folgt, ein flächendeckendes Netzmuster (z. B. bei Filialnetzen) und eine an speziellen Standortfaktoren (z. B. Hafen, naturräumliche Gunstfaktoren für Fremdenverkehr) orientierte Clusterung.

In den folgenden Kapiteln werden räumliche Strukturen und Entwicklungen ausgewählter Dienstleistungsbereiche vorgestellt. Berücksichtigung finden Branchen mit großer wirtschaftlicher Bedeutung und besonderem raumprägendem Gewicht.

Tab. 4.1:
Prognose des Erwerbstäti-
genanteils nach Dienst-
leistungs-/Tätigkeitsgrup-
pen
Quelle: IAB/Prognos (1995)

Anteile [%]	1985	2010
Primäre Dienstleistungen		
• Allgemeine Dienste (Reinigung, Gastronomie, Transport, Lagerung)	15,4	13,8
• Bürotätigkeit	16,5	11,8
• Handel	10,5	10,6
Sekundäre Dienstleistungen		
• Betreuen/Beraten/Lehren	11,9	18,4
• Organisation/Management	5,8	9,7
• Forschung/Entwicklung	5,1	7,3
Produktionsorientierte Tätigkeiten		
• Reparatur	6,2	4,9
• Maschinen einrichten/warten	8,2	11,2
• Herstellung	20,5	12,2
	100,0	100,0

Literatur

BOESCH, H. (1977):
Weltwirtschaftsgeographie.
Braunschweig.

CLARK, C. (1940):
The Conditions of Economic Progress.
London.

DANIELS, P. W. (1993):
Service Industries in the World Economy.
Oxford.

ELLGER, C. (1993):
Die Dienstleistungen als Gegenstand
der Wirtschaftsgeographie:
Zur Definition des Begriffs und zu
grundlegenden Aspekten der
Theoriebildung.
Die Erde, **124** (4): 291 – 302.

FOURASTIE, J. (1954):
Die große Hoffnung des zwanzigsten Jahrhunderts. Köln.

HEINRITZ, G. (1990):
Der „tertiäre Sektor" als Forschungsgebiet der
Geographie. Praxis Geographie, **20** (1): 6 – 13.

KULKE E. (1995):
Tendenzen des strukturellen und räumli-
chen Wandels im Dienstleistungssektor.
Praxis Geographie, **25** (12): 4 – 11.

SINGELMANN, J. (1978):
From Agriculture to Services: The Transformation of Industrial Employment. Beverly Hills.

STAUDACHER, C. (1995):
Dienstleistungen als Gegenstand der Wirtschaftsgeographie. Die Erde, **126** (2): 139 – 153.

4.1   Einzelhandel und Versorgung

ELMAR KULKE, Berlin

Ladengeschäfte des Einzelhandels und konsumentenorientierte Dienstleistungsbetriebe besitzen große wirtschaftliche Bedeutung und prägen in erheblichem Maße die Siedlungs- und Standortstrukturen, das räumliche Versorgungsverhalten und die Verkehrsströme. Allein auf den Handelsbereich entfallen in Deutschland 13,6% (1996) der Erwerbstätigen und 9,6% (1996) des Bruttoinlandsprodukts (Stat. BA 1997).

In den letzten Jahrzehnten verzeichneten Einzelhandel und versorgungsorientierte Dienstleistungen einen erheblichen internen Strukturwandel und erfuhren deutliche Veränderungen in der Nachfrage. Die Betriebe diversifizierten ihr Angebot und realisierten durch veränderte Organisationsformen (z. B. Selbstbedienung) sowie moderne Technologien Personalkostenreduzierungen und Produktivitätsverbesserungen. Auf der Konsumentenseite prägten Einkommenszuwachs und Substitutionsprozesse die Entwicklungen. Der Einkommensanstieg führte bei Einzelhandelsgütern und persönlichen Dienstleistungen zu Nachfrageerhöhungen, gleichzeitig wurden jedoch einfache handwerkliche Dienstleistungen durch Haushaltsgeräte und langlebige Konsumgüter ersetzt.

Der Wandel der internen Merkmale der Dienstleistungsbetriebe führte zu Veränderungen ihrer Standortpräferenzen, die Entwicklungen der Konsumentenseite modifizierten das räumliche Nachfrageverhalten, und die räumliche Planung nahm in steigendem Maße Einfluß auf die verfügbaren Standorte. Dadurch kam es zu Umstrukturierungen des Standortsystems. Kennzeichnend waren Ausdünnungen des Versorgungsnetzes einfacher Dienstleistungen im Nahbereich, ein Bedeutungsgewinn zentraler Orte mittlerer Größe durch Angebotsverbesserungen und die Entstehung neuer Versorgungsstandorte am Rande der Städte.

Im folgenden werden unter besonderer Berücksichtigung des Einzelhandelsbereichs Merkmale des Standortsystems sowie strukturelle und räumliche Veränderungen untersucht.

4.1.1   Grundlagen zur Struktur und Dynamik des Standortsystems

4.1.1.1 Standortfaktoren und Standorttypen

Im Einzelhandel und bei persönlichen Dienstleistungen besteht ein unmittelbarer Kontakt zwischen den Anbietern und den Nachfragern. Dementsprechend orientieren sich die Betriebe bei ihrer Standortwahl primär an absatz-/nachfrageorientierten Faktoren; Einkommen, Anzahl und Präferenzen der Nachfrager besitzen ebenso wie die Attraktivität und Erreichbarkeit des Standortes entscheidende Bedeutung (Abb. 4.3; vgl. BEHRENS 1965, HEINEBERG u. DE LANGE 1983). Das Gewicht von Agglomerations-/Konkurrenzfaktoren hängt von der Art der Betriebe ab. Ein Betrieb zieht durch sein eigenes Angebot Kunden an (generative business), und er kann von der Nähe zu anderen Einheiten (shared business) sowie durch externe Frequenzbringer (suscipient business, z. B. durch Bushaltestelle, Bahnhof) profitieren (NELSON 1958, BROWN 1987). Einheiten mit einem einfachen standardisierten Angebot (z. B. Lebensmittelgeschäfte, Friseur, Reinigung) meiden die unmittelbare Nähe zu gleichartigen Anbietern, dagegen besteht bei Betrieben mit branchenungleichem Angebot die Tendenz zur Herausbildung von Clustern. Kleinere Einheiten mit einem spezialisierten Angebot des mittel- und langfristigen Bedarfs suchen die Nähe zu größeren „Magnetbetrieben", die zusätzliche Kundenfrequenzen generieren.

Beschaffungsorientierte Faktoren besitzen für kleinere Einheiten zumeist geringere Bedeutung; nur Mietpreise schränken ihren Standortsuchraum ein. Dagegen verfügen sehr große Dienstleistungsbetriebe häufig über ein vielfältiges und attraktives Angebot, so daß sie auch Standorte ohne direkte Nähe zu Kunden und anderen Anbietern wählen können. Bei ihnen spielen beschaffungsorientierte Einflußgrößen wie der Preis, die Verfügbarkeit von Betriebsflächen oder die Erreichbarkeit für Lieferanten eine größere Rolle.

Grundsätzlich besitzen Dienstleistungsbetriebe keine vollständige Freiheit in der Wahl ihrer Standorte. Bauleitplanerische Darstellungen (Flächennutzungs-/Bebauungsplan) und Festsetzungen der Raumplanung (z. B. RROP) definieren die Standorte. So sind in Wohngebieten nur kleine, der Versorgung der Bewohner in unmittelbarer Nachbarschaft dienende Einheiten zulässig. Größere Dienstleistungsbetriebe müssen sich in gemischten Bauflächen und Sonderbauflächen ansiedeln. Nach § 11.2 der BauNVO sind für Einzelhandelsbetriebe mit mehr als 1200 m² Geschoßfläche Sondergebiete darzustellen; sie werden von der übergeordneten Regionalplanung nur dann genehmigt, wenn sie dem zentralörtlichen Rang einer Gemeinde entsprechen und gewachsene Versorgungsstrukturen nicht wesentlich beeinträchtigen.

Gerade bei kleinen Einbetriebsunternehmen besitzen individuelle Standortwahlfaktoren große Bedeutung. Neugründungen erfolgen zumeist in räumlicher Nähe zum Wohnstandort des Betriebsinhabers. Auch zeigen sich bei ihnen starke

Abb. 4.3: Standortfaktoren für kundenorientierte Dienstleistungsbetriebe

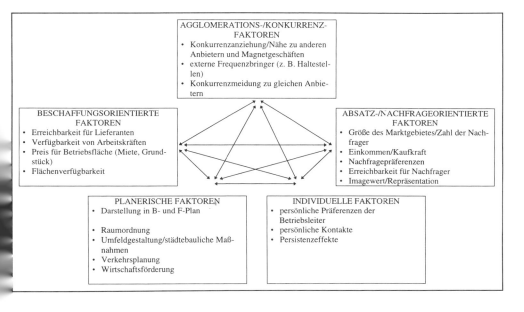

Persistenzeffekte; umsatzschwache Einheiten bleiben häufig trotz zu niedrigen Einkommens des Inhabers aus persönlichen Gründen (z.B. fehlende berufliche Alternativen, Eigentum des Betriebsgebäudes) auch an ungünstigen Lagen (z.B. in kleinen Dörfern) erhalten. Bei Filialen von Mehrbetriebsunternehmen erfolgt dagegen die Standortwahl überwiegend auf der Basis rationaler Kosten-Erlös-Kalkulationen.

Ladengeschäfte des Einzelhandels, die einfache, fast täglich nachgefragte Güter verkaufen, und konsumentenorientierte Dienstleistungsbetriebe des Allgemeinbedarfs weisen ein relativ regelmäßiges, von der Nachfragerdichte abhängendes Standortnetz auf (vgl. Löffler u. Schramm 1987, Kulke 1996). Bei spezialisierteren Einheiten des mittel- und langfristigen Bedarfs liegt ein hierarchisches Standortsystem vor, bestehend aus einer Rangfolge großräumiger zentraler Orte (z.B. Ober-, Mittel-, Grundzentren) bzw. innerstädtischer Versorgungszentren (z.B. City, Subzentrum); vgl. Heinritz (1989). Das interne Zentrensystem (Tab. 4.2) ist – abhängig von der Siedlungsgröße – unterschiedlich stark differenziert. Mit abnehmender Einwohnerzahl verringert sich die Zahl innerstädtischer Hierarchietypen, und das wichtigste Zentrum besitzt nur noch weniger und niedrigerrangige Einrichtungen.

In den Citybereichen der Oberzentren konzentrieren sich die Waren- und Kaufhäuser mit einem breiten (mehrere Branchenbereiche) und tiefen (vielfältige Auswahl

Lage	Einzelhandel		Konsumorientierte Dienstleistungen	
	Fristigkeit	Betriebstypen	Art der Dienste	Beispiele
City	mittel/lang	Waren-/ Kaufhaus, Fachgeschäft	Spezial- und hochrangiger Allgemeinbedarf	Restaurant, Bank, Facharzt, Anwalt, Versicherung, Coiffeur
Stadtteilzentrum (mit City-Ergänzungsfunktion)	mittel/kurz	Warenhaus/Fachgeschäft	Allgemein- und Spezialbedarf	Restaurant, Bankfiliale, Facharzt, Anwalt, Versicherungsfiliale, Coiffeur
Stadtteilzentrum	kurz/mittel	kleines Warenhaus, Fachgeschäft, Supermarkt	Allgemein- und z.T. Spezialbedarf	Gaststätte, Bankfiliale, Facharzt, Versicherungsvertretung, Friseur, Reinigung
Nachbarschaftszentrum	kurz	Supermarkt, SB-Laden, z.T. Fachgeschäft	Allgemeinbedarf	Gaststätte, Arzt, Friseur, Reinigung
Streulagen	kurz	SB-Laden/Supermarkt	Allgemeinbedarf	Imbiß, Friseur
Nichtintegrierte Standorte	kurz/ausgewählte Teile von lang und mittel	Verbrauchermarkt, Fachmarkt	Allgemeinbedarf	Fast-Food-Restaurant

Tab. 4.2: Innerstädtische Typen von Versorgungszentren und Angebotsbeispiele

in einer Warengruppe) Sortiment. Sie bilden eine Standortgemeinschaft mit zahlreichen Fach- und Spezialgeschäften des Einzelhandels und höherrangigen Dienstleistungsbetrieben. Es dominiert ein Angebot an mittel- und langfristigen Gütern, während Waren des kurzfristigen Bedarfs (z.B. Lebensmittel) ebenso wie einfache Dienstleistungen nur als Nebenangebot vorgehalten werden. Hochrangige konsumentenorientierte Dienstleistungseinrichtungen bilden häufig Cluster an attraktiven Standorten in der Nachbarschaft der City (z.B. Altstadt, ältere Kerngebiete mit hochwertiger Bebauung). Citybereiche besitzen ein weites Einzugsgebiet, welches die Stadt und ihr Umland umfaßt. Die Kunden besuchen sie seltener, koppeln während des Aufenthalts zumeist mehrere Besorgungen und tätigen relativ hohe Ausgaben (KULKE 1994).

Mit abnehmendem Rang der innerstädtischen Subzentren verringern sich die Zahl und die Gesamtfläche der Einzelhandelsbetriebe bei gleichzeitigem Anstieg des Verkaufsflächenanteils des Lebensmittelbereichs (vgl. HEINRITZ 1989, KULKE 1992). Im Non-Food-Sektor wird das Angebot lückenhafter, und die Ladengeschäfte verfügen über ein einfacheres Sortiment. Im Dienstleistungssektor dominieren Einheiten des Allgemeinbedarfs, während spezialisierte größere Betriebe immer seltener auftreten. Das Kundeneinzugsgebiet wird kleiner; bei Nachbarschaftszentren beschränkt es sich bereits auf die unmittelbare Umgebung. Die Kunden besuchen mit abnehmendem Rang die Versorgungsstandorte häufiger, geben jedoch nur geringere Summen pro Besorgung aus. Die Wohngebiete der Städte verfügen wie die kleinen Orte des ländlichen Raumes nur noch über Lebensmittelgeschäfte (z.B. SB-Laden) und einfache Dienstleistungsbetriebe (z.B. Friseur, Imbiß).

Neben dem innerstädtischen Zentrensystem entwickelten sich seit Beginn der 70er Jahre „auf der grünen Wiese" neue Versorgungsstandorte. Zuerst siedelten sich dort großflächige Verbrauchermärkte an, später entstanden dort auch Fachmärkte des Non-Food-Sektors (z.B. Baubedarf, Möbelmärkte, Schuhe, Unterhaltungselektronik). Daneben wurden auch geplante Shopping-Center in nichtintegrierten Lagen errichtet; hierbei handelt es sich um eine innerhalb eines Gebäudekomplexes angesiedelte Standortgemeinschaft aus großflächigen Magnetbetrieben, kleineren Fachgeschäften bzw. Fachmärkten und vielfältigen Dienstleistungsbetrieben verschiedener Bedarfsstufen (HEINEBERG u. MAYR 1988). Gegenwärtig gibt es in nichtintegrierten Lagen drei Typen von Versorgungszentren: Einzelstandorte sehr großflächiger Fach- oder Verbrauchermärkte, Agglomerationen von Fach- und Verbrauchermärkten verschiedener Branchen, geplante oder gewachsene Shopping-Center. In Abhängigkeit von ihrem jeweiligen Angebot besitzen diese Versorgungsstandorte vom hierarchischen Zentrensystem abweichende spezielle Versorgungsfunktionen.

4.1.1.2 Determinanten des Standortstrukturwandels

Grundsätzlich ergeben sich die Standortstrukturen und die räumlichen Veränderungen im System der Versorgungszentren aufgrund des Einflusses von drei Akteursgruppen: auf der Angebotsseite durch die Standortwahl der *Betriebe*, auf der Nachfrageseite durch das standortspezifische Nachfrageverhalten der *Konsumenten* und auf der Planungsseite durch den standortgestaltenden Einfluß der *Planer/Politiker* (KULKE 1992).

Jahr	Absolute Zahl [1 000]	Anteil von Vollbeschäftigten [%]	Anteil von Teilzeit-beschäftigten [%]
1960	2 130	90,6	9,4
1970	2 243	82,1	17,9
1980	2 480	72,7	27,3
1992	2 866	64,9	35,1

Tab. 4.3: Beschäftigtenentwicklung im Einzelhandel (nur Westdeutschland)   ·   Quelle: EHI (1995)

Auf der *Angebotsseite* besitzen der Wandel der Betriebsformen und Unternehmens-konzentrationsprozesse prägende Bedeutung für die räumlichen Entwicklungen des Einzelhandels (vgl. BAG 1992, KLEIN 1995, KULKE 1992). Veränderungen in den Kostenstrukturen, insbesondere der Personalkostenanstieg, Vergrößerungen des Sortiments und der Anstieg der Umsatzuntergrenze bewirkten interne Veränderungen der Betriebe. Die Erhöhung der Personalkosten führte zum verstärkten Einsatz des Selbstbedienungsprinzips und zum Ersatz von qualifizierten Vollzeitbeschäftigten durch angelernte Teilzeitarbeitskräfte (Tab. 4.3). Deutlich diversifizierte sich das Warenangebot: Während die durchschnittliche Zahl in Supermärkten angebotener Artikel 1979 noch bei 3 997 lag, betrug sie 1991 bereits 6 621 (EHI 1995). Um ein ausreichendes Einkommen für den Betriebsinhaber zu erwirtschaften, ist ein immer größerer Mindestumsatz erforderlich. Die Entwicklungen fanden ihren Ausdruck in der Entstehung neuer großflächiger Betriebsformen. Betriebsformen sind typische Kombinationen von Merkmalen – vor allem Größe, Bedienungsform, Sortiment, Preisniveau – von Ladengeschäften. Im Lebensmitteleinzelhandel sind die bis zu Beginn der 60er Jahre dominierenden kleinen Bedienungsläden („Tante-Emma-Laden") aufgegeben worden. Sie wurden zuerst durch SB-Läden (bis 400 m² Verkaufsfläche) ersetzt. Seit den 70er Jahren erzielten Supermärkte (über 400 m² Verkaufsfläche) und etwas später Verbrauchermärkte (über 1 500 m²) mit einem vielfältigen und preisgünstigen Angebot immer größere Marktanteile (Abb. 4.4). Durch den Wandel der Betriebsformen verringerte sich im Lebensmitteleinzelhandel in Westdeutschland die Zahl der Ladengeschäfte zwischen 1970 und 1990 von 153 999 auf 60 361, und die durchschnittliche Flächengröße erhöhte sich von 53 m² auf 283 m² (Tab. 4.4; vgl. EHI 1995). Ähnliche strukturelle Veränderungen lassen sich auch im Non-Food-Bereich beobachten. Die ehemals dominierenden Waren-/Kaufhäuser und Fachgeschäfte werden in zunehmendem Maße durch Fachmärkte ersetzt, die

Merkmal	1970[1]	1990[1]	1995[2]
Zahl der Geschäfte	153 999	60 361	76 403
Verkaufsfläche [Mio. m²]	8,15	17,09	23,19
Verkaufsfläche je Ladengeschäft [m²]	53	283	304
Umsatz je Ladengeschäft [Mio. DM]	0,35	2,34	2,84

Tab. 4.4: Merkmale des Lebensmitteleinzelhandels   [1] nur Westdeutschland
Quelle: EHI (1995)   [2] West- und Ostdeutschland

Abb. 4.4:

Umsatzanteile von Betriebsformen des Lebensmitteleinzelhandels

Datengrundlage: EHI (1995)

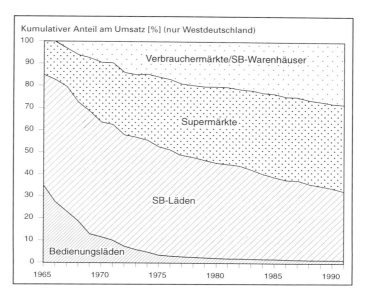

ein konsequentes Selbstbedienungsprinzip und ein niedriges Preisniveau realisieren. Zuerst traten Fachmärkte im Bereich Bau-/Heimwerkerbedarf und Möbel auf, später in den Branchen Raumausstattung, Bekleidung sowie Schuhe und zuletzt bei Unterhaltungselektronik/Elektroartikeln und Spielwaren.

Der Rückgang der Zahl der Lebensmittelgeschäfte führte zu einer deutlichen Ausdünnung des Versorgungsnetzes (vgl. LÖFFLER u. SCHRAMM 1987). Zugleich besitzen die neuen Betriebsformen andere Standortpräferenzen als die älteren Einheiten. Aufgrund ihrer Flächengröße fehlen für sie häufig Ansiedlungsmöglichkeiten in dicht bebauten innerstädtischen Gebieten. Wegen ihres preisaggressiven Angebots bevorzugen sie kostengünstige Standorte. Zugleich können sie durch ihre hohe Attraktivität auch ohne Nähe zu anderen Anbietern existieren. Dementsprechend wählen sie überproportional oft nichtintegrierte Standorte am Rande der Städte.

Parallel erfolgten Unternehmenskonzentrationsprozesse. Wenige Großunternehmen mit zahlreichen Filialen erwirtschaften einen immer größeren Anteil des Gesamtumsatzes des Einzelhandels (Abb. 4.5, Tab. 4.5). Der Gini-Koeffizient stieg von 0,72 (1962) auf 0,89 (1992); auf Unternehmen mit mehr als 50 Niederlassungen entfielen 1993 bereits ein Viertel der Beschäftigten und ein Drittel des Einzelhandelsumsatzes (Stat. BA 1995). Die Filialen von Mehrbetriebsunternehmen weisen andere Merkmale als Einbetriebsunternehmen auf. Sie sind flächengrößer, benötigen einen höheren Mindestumsatz und weisen eine größere Produktivität (bezogen auf die Verkaufsfläche und die Beschäftigten) auf. Wegen ihrer Merkmale bevorzugen sie attraktive zentrale Standorte oder neu entstandene Versorgungszentren „auf der grünen Wiese". Umsatzschwächeren Einbetriebsunternehmen bleiben die weniger attraktiven Standorte in den Städten, z.B. die Randlagen der Zentren oder die innerstädtischen Wohngebiete, und die kleinen Orte des ländlichen Raumes mit einem für Filialisten zu geringem Umsatzpotential. In Ostdeutschland haben im

Unternehmen mit	Anteil an den Arbeits- stätten [%]	Anteil an den Beschäf- tigten [%]	Anteil am Umsatz [%]	Umsatz je Arbeitsstätte [Mio. DM]	Umsatz je Beschäftigten [1000 DM]
1 – 9 Beschäftigten	75,5	36,4	24,8	0,455	163
10 – 19 Beschäftigten	7,5	11,0	9,7	1,807	212
20 – 100 Beschäftigten	5,3	11,8	12,0	3,127	244
100 – 999 Beschäftigten	4,7	12,5	16,8	4,969	320
≥1000 Beschäftigten	7,0	28,3	36,6	7,230	309
1 Arbeitsstätten	72,5	49,1	39,0	0,744	190
2 – 9 Arbeitsstätten	15,0	16,3	15,8	1,457	232
10 – 49 Arbeitsstätten	3,5	10,1	13,2	5,156	312
≥50 Arbeitsstätten	8,9	24,4	31,9	4,987	312

Tab. 4.5: Größenstrukturen im Einzelhandel 1993 (West- und Ostdeutschland)
Quelle: Statistisches Bundesamt (1995 b)

Verlauf des wirtschaftlichen Transformationsprozesses Filialisten höhere Marktanteile erreicht als in Westdeutschland; sie trugen dort besonders zu der Ausdünnung des Versorgungsnetzes im ländlichen Raum und zur Suburbanisierung bei.

Die *Nachfrageentwicklungen* werden im wesentlichen durch den Einkommensanstieg und damit verbundene Veränderungen in der Verfügbarkeit von Verkehrs-
mitteln sowie im Nachfrageverhalten geprägt (Lange 1973). Mit steigendem Ein-

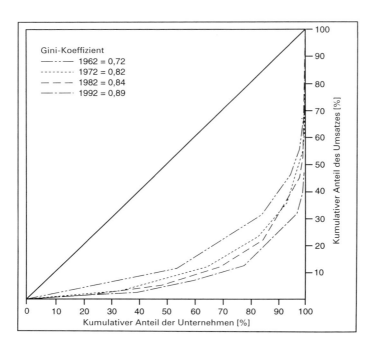

Abb. 4.5:
Umsatzkonzentration im
Einzelhandel
Datengrundlage:
Statistisches Bundesamt:
Umsätze und ihre Besteue-
rung. Wiesbaden
(verschiedene Jahre).
1962, 1972, 1982: West-
deutschland; 1992: West-
und Ostdeutschland

kommen (Abb. 4.6) werden insgesamt mehr Güter erworben, und der Anteil von höherrangigen Artikeln der mittel- und langfristigen Bedarfsstufen steigt. Bei gleichem zur Verfügung stehenden Zeitbudget ergibt sich die Notwendigkeit, während eines Einkaufs die Besorgung mehrerer Güter zu koppeln. Der Kopplungsbedarf und der größere Anteil von höherrangigen Gütern bewirken eine Umorientierung auf Versorgungsstandorte mit einem vielfältigen Angebot und einen Nachfragerückgang im Nahbereich. Die in den letzten Jahrzehnten erheblich verbesserte Ausstattung der Haushalte mit Individualverkehrsmitteln führte zu einer deutlichen Erhöhung der räumlichen Nachfrageflexibilität der Konsumenten. Sie sind nicht mehr an die Knoten des öffentlichen Verkehrsnetzes und den Nahbereich gebunden. Dies ermöglichte die Entstehung von Versorgungszentren außerhalb der geschlossenen Bebauung. Beim Konsumentenverhalten läßt sich ein Bedeutungsgewinn des Erlebniseinkaufs, d.h. die Kombination des Erwerbs von Gütern mit der Freizeitgestaltung (z.B. Besuch von Restaurants, Dienstleisungsbetrieben), und der preisorientierten Nachfrage (Einkauf in Fach- und Verbrauchermärkten) beobachten. Traditionelle Betriebsformen und weniger attraktive Versorgungsstandorte verlieren dadurch an Nachfrage.

Hinsichtlich der einkommensbedingten Kaufkraft bestehen typische räumliche Unterschiede (Abb. 4.7); sie ist in den Kernstädten und Agglomerationen am höchsten, während die ländlichen Gebiete aufgrund geringerer Einkommen und eines höheren Selbstversorgungsgrades (z.B. Gartengemüse) niedrigere Werte aufweisen. Trotz eines starken Einkommensanstiegs seit der Wende liegt in Ostdeutschland die

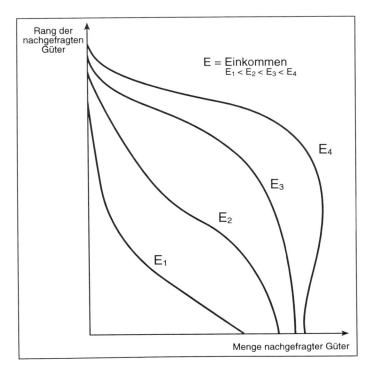

Abb. 4.6:

Einkommensabhängiges

Nachfrageprofil

(nach LANGE 1973, S. 76)

Abb. 4.7: Regionale Kaufkraft pro Einwohner

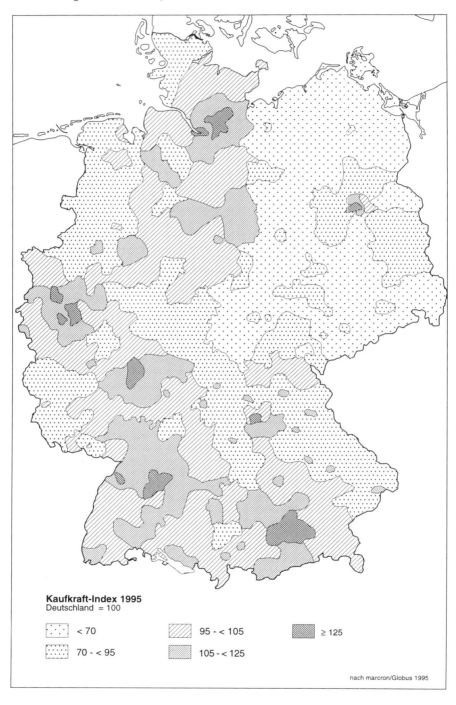

Kaufkraft-Index 1995
Deutschland = 100

< 70

70 - < 95

95 - < 105

105 - < 125

≥ 125

nach marcron/Globus 1995

regionale Kaufkraft noch unter jener Westdeutschlands. Auch die Verfügbarkeit von Individualverkehrsmitteln differiert; in Deutschland lag der Motorisierungsgrad 1994 bei 48,4 Pkw je 100 Einwohner, der Wert im Westen betrug 50,5 und der im Osten 40,8 (Daten der BfLR 1995). Diese Unterschiede wirken jedoch nur modifizierend; die räumliche Flexibilität ist in beiden Landesteilen vergleichbar, jedoch weisen im Nachfrageprofil Ostdeutschlands preisgünstigere Güter noch einen höheren Anteil auf.

Die *Standortgestaltung* von Planern / Politikern wird geprägt durch ihre raumwirtschaftspolitischen Ziele und das ihnen zur Verfügung stehende Instrumentarium (Tab. 4.6). Die Ziele bestimmen den Instrumenteneinsatz; zugleich begrenzt das Instrumentarium die Zielrealisierungsmöglichkeiten (KULKE 1992, 1996). In den letzten Jahrzehnten wurden die Einflußmöglichkeiten der Planung immer weiter verfeinert. Durch die Reduzierung der Flächengröße, ab der gemäß § 11.2 der BauNVO Sondergebiete darzustellen sind, und durch die zentrenorientierte Regionalplanung kann auch die Standortwahl von mittelgroßen Einzelhandelsbetrieben gelenkt werden. Zugleich verfügen die Gemeinden seit den 70er Jahren über Instrumente (z. B. durch Sanierungsmaßnahmen nach Städtebauförderungsgesetz, durch Einrichtung von Fußgängerbereichen, Parkraumbewirtschaftung) zur Steigerung der Attraktivität bestehender Versorgungszentren. Auch hat sich die Eingriffsbereitschaft erhöht. Früher wurden Neuansiedlungen großer Geschäfte in nichtintegrierten Lagen aus Gründen der Wirtschaftsförderung (Gewerbesteuern, Arbeitsplätze) erlaubt. Aufgrund der negativen Effekte (Verkehr, Flächenverbrauch, Versorgungslücken) besitzen heute Ziele wie Reduzierung der Umweltbelastungen, flächensparende Nutzung sowie Erhalt innerstädtischer Zentren größere Bedeutung.

In Westdeutschland wurde dadurch das Ansiedlungsgeschehen in nichtintegrierten Lagen deutlich begrenzt (vgl. KULKE 1992). In Ostdeutschland fehlen bisher noch häufig Flächennutzungspläne sowie regionale Raumordnungsprogramme, und die Gemeinden erwarten von allen Arten von Ansiedlungen positive wirtschaftliche Effekte; dementsprechend können die Betriebe ihre Standortpräferenzen am Stadtrand leicht realisieren.

Tab. 4.6: Einflußfaktoren der Planer / Politiker

4.1.2 Entwicklung des Standortsystems in West- und Ostdeutschland

Das Gewicht der drei Akteursgruppen ist einem zeitlichen Wandel unterworfen, und zudem differiert es zwischen den verschiedenen Typen von Versorgungszentren. Starke Unterschiede bestehen gegenwärtig auch noch im Einfluß der drei Akteursgruppen in West- und Ostdeutschland. Dadurch ergeben sich abweichende standörtliche Entwicklungen in den beiden Landesteilen (vgl. BAG 1992, HATZFELD 1994, KULKE 1996).

4.1.2.1 Veränderungen des Standortsystems Westdeutschlands in den letzten Jahrzehnten

Bis Anfang der 60er Jahre hatte die räumliche Verteilung der Nachfrage großen Einfluß auf das Versorgungssystem. Aufgrund geringer räumlicher Flexibilität (Verkehrsmittel) und begrenzter Lagerungsmöglichkeiten für Lebensmittel fragten die Konsumenten Güter des kurzfristigen Bedarfs täglich in der unmittelbaren Nähe ihres Wohnstandortes nach. Die Anbieter waren an dieses Nachfragemuster gebunden, und es gab ein sehr dichtes Netz kleiner Lebensmittelgeschäfte in den Wohngebieten der Städte und den kleineren Siedlungen (Abb. 4.8). Betriebe, die seltener nachgefragte Güter des mittel- und langfristigen Bedarfs verkauften und für ihre Existenz ein größeres Marktgebiet benötigten, konzentrierten sich an den Knoten des öffentlichen Verkehrsnetzes; nur dort waren sie für eine ausreichend große Zahl von Konsumenten erreichbar. Es entstand ein hierarchisches System von Versorgungszentren, wie CHRISTALLER es beschreibt.

Die verbesserte Verfügbarkeit von Individualverkehrsmitteln (vor allem Pkw), der Einkommensanstieg, mehr Freizeit und bessere Lagerungsmöglichkeiten (z. B. Kühlschränke) vergrößerten die räumliche Nachfrageflexibilität der Konsumenten erheblich, reduzierten die Nachfragebindung an den Nahbereich und bewirkten eine Umorientierung auf weiter entfernte, attraktivere Standorte. Diese Entwicklungen eröffneten den Anbietern eine größere Freiheit in der Standortwahl. Sie konnten Standorte wählen, welche ihren sich verändernden internen Merkmalen besser entsprachen. Die Angebotsentwicklungen, insbesondere der Betriebsformenwandel, wurden ab den 60er Jahren zum wichtigsten Faktor der Standortentwicklungen. Im Lebensmittelbereich verschwanden die kleinen Tante-Emma-Läden in den Wohngebieten, und statt dessen entstanden in höherrangigen Versorgungszentren oder am Rande der geschlossenen Bebauung Supermärkte. Mit dem Aufkommen von Verbrauchermärkten in den 70er Jahren verstärkte sich die Tendenz zur Ansiedlung in nichtintegrierten Lagen. Im Non-Food-Sektor eröffnete der Einkommensanstieg Betrieben in innerstädtischen Zentren, vor allem den Warenhäusern und Fachgeschäften, Expansionsmöglichkeiten. Erst später (ab den 70er Jahren) setzte auch dort mit dem Auftreten von Fachmärkten, die eher auf Stadtrandlagen orientiert sind, ein Angebotswandel ein.

Die auffälligsten Standortentwicklungen in Agglomerationsräumen waren die Entstehung von neuen Zentren in nichtintegrierten Lagen, die Ausdünnung des Versorgungsnetzes in Wohngebieten und kleinen Orten und die Spezialisierungstendenzen bestehender Zentren (Abb. 4.8). Im Umland entstanden neue nichtinte-

Abb. 4.8: Modell der Veränderung der Standortstruktur des Einzelhandels

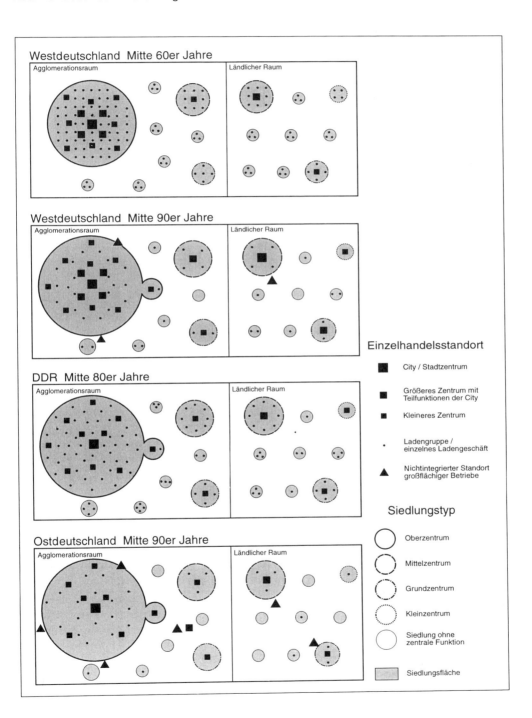

Westdeutschland Mitte 60er Jahre
Agglomerationsraum — Ländlicher Raum

Westdeutschland Mitte 90er Jahre
Agglomerationsraum — Ländlicher Raum

DDR Mitte 80er Jahre
Agglomerationsraum — Ländlicher Raum

Ostdeutschland Mitte 90er Jahre
Agglomerationsraum — Ländlicher Raum

Einzelhandelsstandort

City / Stadtzentrum

Größeres Zentrum mit Teilfunktionen der City

Kleineres Zentrum

Ladengruppe / einzelnes Ladengeschäft

Nichtintegrierter Standort großflächiger Betriebe

Siedlungstyp

Oberzentrum

Mittelzentrum

Grundzentrum

Kleinzentrum

Siedlung ohne zentrale Funktion

Siedlungsfläche

Standorttyp	1984	1990	2000	2010
City-Zentren von Großstädten	22,5	22,5	20,9	19,6
Hauptgeschäftszentren von Vororten oder mittelgroßen Städten	26,3	27,0	28,7	30,1
Nebenzentren in Städten und kleineren Gemeinden	21,3	20,2	19,1	18,2
Streulagen in Wohngebieten	8,8	6,7	4,3	2,8
Nichtintegrierte Standorte	21,3	23,6	27,0	29,4

Tab. 4.7: Prognose der Entwicklung des Marktanteils [%] verschiedener Standorttypen
(ohne Versandhandel, Direktvertrieb, Automobil/Tankstellen)
Quelle: Tietz u. Rothaar (1991, S. 177)

grierte Versorgungsbereiche mit Verbraucher- und Fachmärkten und geplante
Shopping-Center. Auch die mittleren zentralen Orte konnten aufgrund der Suburbanisierung und des Nachfragezuwachses Angebotsdiversifizierungen und einen
Bedeutungsgewinn realisieren (vgl. Blotevogel 1996, Giese 1991). Teilweise wurden
in expandierenden Wohngebieten auch neue Versorgungszentren errichtet (Popien
1995). Die Streulagen und kleineren Subzentren erfuhren aufgrund eines Nachfragerückgangs und ungeeigneter Ansiedlungsvoraussetzungen für neue Betriebsformen einen Bedeutungsverlust. Die City und die hochrangigen Subzentren verzeichneten einen Nachfragezuwachs, vor allem bei Gütern des mittel- und langfristigen Bedarfs; Flächenknappheit und hohe Bodenpreise begrenzten jedoch die Expansionsmöglichkeiten. In vielen Citygebieten spezialisierten sich die Betriebe auf
hochrangige Güter und forcierten Umfeldverbesserungen, z.B. durch die Anlage
von Fußgängerzonen und Einkaufspassagen, um Erlebniskäufer anzuziehen.
    Im ländlichen Raum ergaben sich Netzausdünnungen in kleineren Siedlungen,
dagegen verzeichneten die zentralen Orte einen Bedeutungsgewinn. In den kleinen
Siedlungen reduzierte sich die lokal wirksame Nachfrage, viele Betriebe unterschritten die Umsatzuntergrenze und wurden spätestens bei Erreichen der Altersgrenze des Inhabers aufgegeben. Die Mittelzentren und zum Teil die Grundzentren
gewannen durch Angebotsdiversifizierungen und gestalterische Verbesserungen
(StBauFG) an Attraktivität und erfuhren so einen Nachfragezuwachs aus dem Umland. Auch die modernen Betriebsformen wählten zentrale Orte aufgrund des Umsatzpotentials als Standort. Sie siedelten sich dort teilweise in zentralen Lagen und
auch am Stadtrand an.
    Aufgrund negativer Effekte der Entstehung von nichtintegrierten Zentren – z.B.
der Pkw-Verkehrsmengen, des Bodenverbrauchs, der Versorgungslücken – nimmt
seit Mitte der 80er Jahre die räumliche Planung stärkeren Einfluß auf die Standortentwicklungen. Dadurch werden Ansiedlungen in nichtintegrierten Lagen begrenzt und bestehende Zentren gestärkt. Die Ausdünnung in Streulagen kann jedoch durch den Instrumenteneinsatz nicht verhindert werden. Prognosen gehen
davon aus (Tietz u. Rothaar 1991), daß sich die Trends der Vergangenheit in abge-

schwächtem Maße fortsetzen (Tab. 4.7). Streulagen und kleine Nebenzentren erfahren einen weiteren Bedeutungsverlust, Citybereiche stabilisieren ihre spezialisierte Funktion, und Mittelzentren sowie nichtintegrierte Lagen erzielen einen Marktanteilszuwachs.

4.1.2.2 Vergleich des Standortsystems der DDR mit dem Westdeutschlands

Zwischen der DDR und Westdeutschland bestanden tiefgreifende Unterschiede in der Angebotsstruktur und dem Standortsystem (vgl. EUROSTAT 1993, HATZFELD 1994, ILLGEN 1990, JÜRGENS 1994, MEYER 1992). Zwar wiesen beide Länder eine vergleichbare Ladendichte auf (Tab. 4.8: DDR 4,5, BRD 5,4 Ladengeschäfte pro 1 000 Einwohner), jedoch wichen die Merkmale der Einheiten wesentlich voneinander ab. In der DDR dominierten sehr flächenkleine Ladengeschäfte (DDR 68 m², BRD 200 m² durchschnittliche Fläche) mit einem begrenzten Angebot. Die vergleichsweise hohe Personalintensität war nicht verbunden mit guten Serviceleistungen (in Streulagen z.T. nur kurze Öffnungszeiten). Es bestanden erhebliche Lücken in der Sortimentstiefe und in der Verfügbarkeit von Waren. Dies drückte sich in der niedrigen Versorgungsdichte aus; so betrug die Verkaufsfläche pro Einwohner in der DDR 0,31 m², während sie in der BRD bei 1,07 m² lag. Gravierend waren vor allem die Versorgungslücken in mittel- und langfristigen Bedarfsstufen (Tab. 4.9). In der DDR betrug der Anteil der Ladengeschäfte mit Non-Food-Artikeln nur 36,8%, während er in der BRD bei über 80% lag. Es dominierten alte Betriebsformen; 61,2% aller Einheiten waren kleine Bedienungs- und SB-Läden, und Non-Food-Artikel wurden nur in Kauf-/Warenhäusern und Fachgeschäften angeboten. Großflächige Verbrauchermärkte fehlten ebenso wie Fachmärkte.

Private Unternehmen (Tab. 4.10) erzielten lediglich einen Umsatzanteil von 11,4% (EUROSTAT 1993). Dominierende Bedeutung besaßen drei sozialistische Unternehmensformen. Dem Ministerium für Handel und Tourismus unterstand der volkseigene Einzelhandel HO (38,8% Umsatzanteil) mit ca. 14 500 Einheiten (einschließlich 16 Centrum-Warenhäusern). Die zweitgrößte Organisation war das staatlich kontrollierte System der Konsumgenossenschaften (31,3% Umsatzanteil), die besonders

Merkmal	DDR 1988	BRD 1985
Zahl der Geschäfte	73 412	326 766
Geschäfte pro 1 000 Einwohner	4,5	5,4
Verkaufsfläche [1 000 m²]	5 005	65 335
VFL pro Geschäft [m²]	68	200
VFL pro Einwohner [m²]	0,31	1,07
Beschäftigte	305 592	2 353 000
Beschäftigte pro Geschäft	4,2	5,8
VFL je Beschäftigen	16,4	27,8

Tab. 4.8:
Strukturelle Merkmale des
Einzelhandels der DDR
und der BRD
Quelle: EUROSTAT (1993)

DDR (1988)			BRD (1985)		
Betriebsform	Zahl von Einheiten		Betriebsform	Zahl von Einheiten	
	absolut	[%]		absolut	[%]
überwiegend Nichtlebensmittel					
Warenhäuser	29	0,0	Warenhäuser	450	0,1
Kaufhäuser	115	0,2	Kaufhäuser	602	0,2
Fachgeschäfte	27 052	36,4	Fachgeschäfte	ca. 249000*	75,6*
			Fachmärkte	13 500	4,1
überwiegend Lebensmittel					
Bedienungs-/SB-Läden	5 541	61,2	Bedienungs-/SB-Läden	56 000	17,0
Ländliches EKZ	233	0,3			
Kaufhalle	1 408	1,9	Supermarkt	7 413	2,2
			Verbrauchermarkt	2 545	0,2

* Änderungen in der Datenangabe nach EHI (1995)

Tab. 4.9: Anteil verschiedener Betriebsformen in der DDR und BRD
Datengrundlage: O. V. (1990)

in den ländlichen Gebieten alle Arten von Gütern verkauften (auch 15 Konsument-Warenhäuser). Der übrige sozialistische Einzelhandel (18,5 % Umsatzanteil) umfaßte eigene Verkaufsniederlassungen der Kombinate, wie z.B. Minol-Tankstellen, Volksbuchhandel oder Vertrieb von Elektrogeräten, Baustoffen und Gartenbedarf.

Die räumliche Nachfrageflexibilität der Kunden war aufgrund geringerer Verfügbarkeit von Individualverkehrsmitteln begrenzt, aber es bestand ein Nachfrageüberhang nach höherwertigen Artikeln, der teilweise nicht mit Waren befriedigt werden konnte. Aufgrund des staatlichen Eigentums der Unternehmen hatte die zentrale Planung entscheidenden Einfluß auf die Ausgestaltung des Standortsystems (Abb. 4.8). Im Non-Food-Bereich wurden die Waren-/Kaufhäuser und Fachgeschäfte nach einem streng hierarchischen System angesiedelt (ILLGEN 1990). Die

DDR 1988[1]		Deutschland 1993[2]	
HO	38,8 %	große Filialisten (≥50 Arbeitsstätten)	39,0 %
Konsum	31,3 %	mittlere Filialisten (10 – 49 Arbeitsstätten)	13,2 %
Sonstiger sozialistischer Handel	18,5 %	kleinere Mehrbetriebsunternehmen (2 – 9 Arbeitsstätten)	15,8 %
Privater Einzelhandel	11,4 %	Einbetriebsunternehmen	39,0 %

Tab. 4.10: Umsatzanteile nach Unternehmensformen
Datengrundlagen: [1] EUROSTAT (1993); [2] Statistisches Bundesamt (1995 b)

Hauptstadt Berlin und alle Großstädte erhielten Warenhäuser mit einem mehrere Branchen überdeckenden Angebot und auf bestimmte Warengruppen spezialisierte Kaufhäuser. Die Bezirkszentren verfügten üblicherweise über Kaufhäuser sowie Fachgeschäfte, und Kreisstädten waren mit mehreren Fachgeschäften ausgestattet. Alle Betriebe waren in den Stadtzentren oder innerstädtischen Subzentren angesiedelt, nichtintegrierte Standorte existierten nicht. Verglichen mit Westdeutschland (4,3 Non-Food-Geschäfte je 1 000 Einwohner), bestand nur eine sehr geringe Versorgungsdichte im Non-Food-Bereich (1,6 Geschäfte je 1 000 Einwohner).

Wesentlich anders stellte sich das Standortnetz des Lebensmittelbereichs dar, welches mit 2,8 Geschäften je 1 000 Einwohnern eine größere Dichte als jenes Westdeutschlands (1,1 Geschäfte je 1 000 Einwohner) aufwies. Die Wohngebiete der Städte verfügten ebenso wie sehr kleine Orte des ländlichen Raumes über kleine Lebensmittelgeschäfte. Daneben besaßen größere Dörfer „ländliche Einkaufszentren", die auf ca. 200 m² Verkaufsfläche überwiegend Lebensmittel verkauften, aber auch ein Begleitsortiment von Haushaltsartikeln und einfachen Konsumgütern führten.

4.1.2.3 Transformation und Perspektiven des Standortsystems Ostdeutschlands

Durch die Wiedervereinigung ergaben sich massive Veränderungen im Nachfrageverhalten und in der Angebotsstruktur, die zu gravierenden Wandlungen im Standortsystem führten. Der Einkommensanstieg und die verbesserte Ausstattung mit Individualverkehrsmitteln vergrößerten die räumliche Nachfrageflexibilität der Konsumenten erheblich. Die Bindung an den Nahbereich und zentrale Standorte verringerte sich. Bei mit Westdeutschland vergleichbarer räumlicher Mobilität besteht in Ostdeutschland aufgrund der Einkommensunterschiede noch eine stärkere Orientierung auf preisgünstige Waren; dies begünstigt die Entwicklung von Verbraucher- und Fachmärkten.

Dominierenden Einfluß auf die Veränderungen des ostdeutschen Standortsystems besaß die Angebotsseite. Die großen sozialistischen Einzelhandelsunternehmen wurden privatisiert, westliche Filialisten expandierten sehr schnell, und es kam zu einer Gründungswelle kleiner Einbetriebsunternehmen (vgl. HATZFELD 1994, HECKL 1995, JÜRGENS 1994, MEYER 1992, NEIBERGER 1993). Von den ca. 13 000 privatisierten Geschäften der HO gingen 39 % an Filialisten und 61 % an selbständige Einzelhändler. Die Filialisten erhielten vor allem die großen Einheiten (z.B. alle Centrum-Warenhäuser: Karstadt 6, Kaufhof 5, Hertie 3), während 90 % aller Läden unter 100 m² Verkaufsfläche zu Einbetriebsunternehmen wurden. Viele der kleinen Geschäfte mußten aufgrund ungünstiger Kosten-/Erlösverhältnisse bereits wieder aufgeben. Die Konsumgenossenschaften, mit ca. 24 000 Ladengeschäften, wurden in 55 unabhängige lokale Kooperativen aufgelöst. Sie schlossen sehr bald die kleinen Einheiten und konzentrierten sich auf die größeren. So sank z.B. in Brandenburg die Zahl der Verkaufsstellen der Konsumgenossenschaften zwischen 1989 und 1992 von 5 417 auf 854 (HECKL 1995, S. 23, nach Handelsblatt 1994). Westdeutsche Filialisten errichteten schnell, teilweise in Zelten oder Traglufthallen, ihre Super-, Fach- und Verbrauchermärkte. Einheimische Neugründungen beschränkten sich dagegen auf kleine Einheiten, häufig im Nebenerwerb oder in Kombination mit

Standorttyp	1989	2000
City-Centren	18,0 %	14,2 %
Subzentren	30,0 %	20,5 %
Nebenzentren und Streulagen	52,0 %	22,0 %
Nichtintegrierte Standorte	–	43,3 %

Tab. 4.11:
Prognose des Verkaufs-
flächenanteils nach
Standorttypen in
Ostdeutschland
(nach TIETZ 1992, S. 126)

Handwerksaktivitäten. Diese Entwicklungen führten dazu, daß Filialisten mit neuen Betriebsformen, geringer Personalintensität und standardisiertem Sortiment inzwischen in Ostdeutschland dominierende Marktbedeutung besitzen. Im Jahr 1995 hatte der großflächige Einzelhandel in Ostdeutschland bereits einen Marktanteil von ca. 55% gegenüber 22% in Westdeutschland (HECKL 1995, S. 24). Die Filialisten mit ihren Betriebsformen bevorzugten Ansiedlungen auf preisgünstigen, mit gutem Anschluß an das Straßennetz versehenen Flächen am Stadtrand. Innerstädtische Zentren wurden aufgrund baulicher Mängel, des Fehlens ausreichend großer Flächen, unklarer Eigentumsverhältnisse und überzogener Preisforderungen nicht bei der Standortwahl berücksichtigt (vgl. HATZFELD 1994, JÜRGENS 1995). Ebenso wurden in den Streulagen und kleinen Orten des ländlichen Raumes zahlreiche Kleinbetriebe geschlossen, ohne daß neue Betriebe sie ersetzten. Es kam zu einer massiven Netzausdünnung und Suburbanisierung des Einzelhandels.

Während der ersten Jahre nach der Wende war der Einfluß der räumlichen Planung auf die Standortentwicklungen sehr begrenzt. Regionale Raumordnungsprogramme fehlten ebenso wie Flächennutzungspläne. Dagegen waren die Gemeinden aus wirtschaftlichen Gründen (z.B. Arbeitsplätze, Gewerbesteuern) bereit, alle Arten von Betriebsansiedlungen zu ermöglichen. Dementsprechend konnten die Unternehmen ihre Standortpräferenzen für Verbrauchermärkte, Fachmärkte oder Shopping-Center am Stadtrand leicht realisieren. Erst seit Mitte der 90er Jahre erfolgen Bemühungen zur Revitalisierung der Innenstädte, jedoch sind viele der bereits vollzogenen Entwicklungen unumkehrbar.

Diese Faktoren führten dazu, daß in Ostdeutschland ein von Westdeutschland abweichendes Standortsystem entstanden ist (Abb. 4.8 u. 4.9). Die Ausdünnung des Versorgungsnetzes in Streulagen und kleinen Orten des ländlichen Raumes ist wesentlich gravierender als im Westen, da seit Jahrzehnten existierende kleine Einbetriebsunternehmen (Persistenz) dort fehlen. Innerstädtische Zentren sind schlechter ausgestattet und weisen deutlich geringere Marktanteile auf. Dominierende Bedeutung besitzen die nichtintegrierten Standorte, an denen es verschiedene Typen von Versorgungszentren – Einzelstandorte von Fach-/Verbrauchermärkten, Agglomerationen großflächiger Betriebe, Shopping-Center – gibt. Zum Zeitpunkt der Wende befanden sich noch 100% der Verkaufsflächen innerhalb der Siedlungen; Prognosen (Tab. 4.11) gehen davon aus, daß der Verkaufsflächenanteil der nichtintegrierten Lagen im Jahr 2000 bei 43,3% liegt, während alle innerstädtischen Standorttypen deutliche Anteilsverluste erfahren (TIETZ 1992).

Abb. 4.9: Merkmale des Einzelhandels 1993

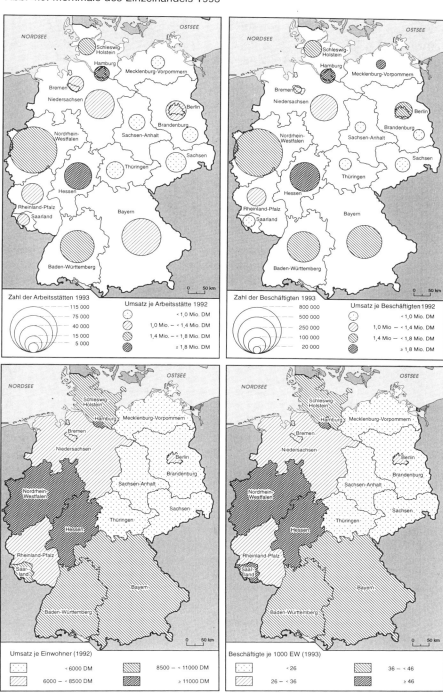

4.1.3 Schlußwort

Das Standortsystem des Einzelhandels und von versorgungsorientierten Dienstleistungen erfuhr in den letzten Jahrzehnten einen tiefgreifenden Wandel, der sich nur aus dem Zusammenspiel von Angebots-, Nachfrage- und Gestaltungsfaktoren erklären läßt. Das Gewicht dieser drei Akteursgruppen differiert in räumlicher und zeitlicher Hinsicht. In Westdeutschland waren in den 70er und 80er Jahren Angebotsveränderungen besonders wichtig, in jüngerer Vergangenheit gewinnt die räumliche Planung immer mehr an Bedeutung. Zentrale Entwicklungstendenzen waren die Ausdünnung in Streulagen, der Bedeutungsgewinn von Mittelzentren, Spezialisierungstendenzen der Citybereiche und die Neuentstehung von nichtintegrierten Zentren. In Ostdeutschland besitzen Angebotsveränderungen, getragen durch Filialisten und neue Betriebsformen, dominierende Bedeutung. Die Netzausdünnung und Suburbanisierung ist wesentlich stärker ausgeprägt als im Westen, und innerstädtische Zentren weisen Entwicklungsprobleme auf.

Literatur

BAG [Hrsg.] (1992):
  Standortfragen des Handels.
  Köln.

BEHRENS, K. C. (1965):
  Der Standort der Handelsbetriebe.
  Köln/Opladen.

BLOTEVOGEL, H. H. (1996):
  Zentrale Orte – Zur Karriere und Krise
  eines Konzepts in Geographie und
  Raumplanung. Diskussionspapier 1/1996.
  Duisburg.

BROWN, S. (1987):
  The microlocational perceptions of city
  centre retailers. Transactions of the Institute
  of British Geographers, **12**: 337 – 344.

EHI [Hrsg.] (1995):
  Handel aktuell 95.
  Köln.

EUROSTAT [Hrsg.] (1993):
  Der Einzelhandel im EG-Binnenmarkt.
  Luxemburg.

GIESE, E. (1991):
  Entwicklung der Einzelhandelszentralität
  zentraler Orte in Mittelhessen.
  Erdkunde, **45** (2): 108 – 118.

HATZFELD, U. (1994):
  Innenstadt – Handel – Verkehr.
  Informationen zur Raumentwicklung,
  20 (3): 181 – 196.

HECKL, F. X. (1995): Die Entwicklung des Einzelhandels in den neuen Bundesländern.
  Praxis Geographie, **25** (12): 22 – 25.

HEINEBERG, H., u. N. DE LANGE (1983):
  Die Cityentwicklung in Münster und
  Dortmund seit der Vorkriegszeit –
  unter besonderer Berücksichtigung
  des Standortverhaltens quartärer
  Dienstleistungsgruppen.
  Paderborn, 221 – 285. =
  Münstersche Geographische Arbeiten, **15**.

HEINEBERG, H., u. A. MAYR (1988):
  Neue Standortgemeinschaften des großflächigen Einzelhandels im polyzentrisch
  strukturierten Ruhrgebiet. Geographische
  Rundschau, **40** (7 – 8): 28 – 39.

HEINRITZ, G. (1989):
  Geographische Untersuchungen zum
  Strukturwandel im Einzelhandel.
  Kallmünz/Regensburg. =
  Münchener Geographische Hefte, **63**.

ILLGEN, K. (1990):
  Geographie des Binnenhandels.
  In: SCHERF, K., u. a. [Hrsg.]: Ökonomische
  und soziale Geographie der DDR.
  Gotha, 251 – 268.

JÜRGENS, U. (1994):
  Saalepark und Sachsenpark.
  Geographische Rundschau,
  46 (9): 516 – 523.

KLEIN, K. (1995):
  Die Raumwirksamkeit des Betriebsformen-
  wandels im Einzelhandel.
  Regensburg. =
  Beiträge zur Geographie Ostbayerns, **26**.

KULKE, E. (1992):
  Veränderungen in der Standortstruktur des
  Einzelhandels. Münster/Hamburg. =
  Wirtschaftsgeographie, Bd. **3**.

KULKE, E. (1994):
  Auswirkungen des Standortwandels im
  Einzelhandel auf den Verkehr.
  Geographische Rundschau, **46** (5): 290 – 296.

KULKE, E. (1996):
  Räumliche Strukturen und Entwicklungen
  im Einzelhandel.
  Praxis Geographie, **26** (5): 4 – 11.

LANGE, S. (1973):
  Wachstumstheorie zentralörtlicher Systeme.
  Münster.

LÖFFLER, G., u. M. SCHRAMM (1987):
Zur Versorgungssituation im ländlichen
Raum – dargestellt am Beispiel des
Lebensmitteleinzelhandels.
Geographie und Schule, H. 47: 2 – 8.

MEYER, G. (1992):
Strukturwandel im Einzelhandel der neuen
Bundesländer. Geographische Rundschau,
44 (4): 246 – 252.

NELSON, R. L. (1958):
The selection of retail locations. New York.
NEIBERGER, C. (1993):
Großflächige Betriebsformen im Transformationsprozeß des Einzelhandels in Ostdeutschland. Frankfurt. = Wirtschaftsgeographische Werkstattberichte, **3**.

POPIEN, R. (1995):
Ortszentrenplanung in Münchens Suburbia.
Passau. =
Münchener Geographische Hefte, **73**.

Statistisches Bundesamt (1995 a):
Statistisches Jahrbuch der Bundesrepublik
Deutschland. Wiesbaden.
Statistisches Bundesamt (1995 b):
Ergebnisse der Handels- und Gaststätten-
zählung 1993. Wiesbaden.

TIETZ, B. (1992):
Ganzheitliche Betrachtung gefordert –
Eine Prognose zum Flächenbedarf im Osten.
Lebensmittelzeitung, Nr. 15.
TIETZ, B., u. P. ROTHAAR (1991):
City-Studie. Landsberg.

4.2 Unternehmensorientierte Dienstleistungen

ELMAR KULKE, Berlin

4.2.1 Einleitung

Politik, Wissenschaft und Gesellschaft widmen unternehmensorientierten Dienstleistungen immer mehr Aufmerksamkeit. Im Zuge des sektoralen Wandels zur Dienstleistungsgesellschaft gewinnen sie, gemessen am Beschäftigtenanteil und am Umsatz, immer größere Bedeutung, und auch innerhalb des Dienstleistungssektors wächst ihr Gewicht. Die Globalisierung wirtschaftlicher Aktivitäten, die zunehmende räumliche Arbeitsteilung und die internationalen Vernetzungen führen zu einem steigenden Bedarf an unternehmensorientierten Dienstleistungen für Transaktions- und Transportaufgaben. Kürzere Produktlebenszyklen, technologisch höherwertige Produkte und neue schlanke Produktionskonzepte steigern den Bedarf an Beratungs-, Forschungs- und Entwicklungsdienstleistungen. Ein leistungsfähiger Dienstleistungssektor gilt als entscheidende Voraussetzung für die internationale Wettbewerbsfähigkeit von Regionen und Staaten (vgl. PORTER 1993). Moderne regionalwissenschaftliche Theorieansätze weisen unternehmensorientierten Dienstleistungen eine besondere Bedeutung für die Entstehung von leistungsfähigen Produktionsclustern, Industriedistrikten, kreativen Milieus oder innovativen Netzwerken zu.

Die räumliche Verteilung von unternehmensorientierten Dienstleistungen unterscheidet sich wesentlich von jener konsumentenorientierter Branchen. Auf großräumiger Ebene konzentrieren sie sich in wenigen untereinander vernetzten Zentren, und auch auf lokaler Ebene lassen sich innerstädtische Clusterungen beobachten. Dagegen weisen konsumentenorientierte Bereiche eine disperse Standortverteilung und stärker räumliche Annäherung an die Endverbraucher auf. Mit den Expansionsprozessen unternehmensorientierter Dienstleistungen zeigen sich im Zentrensystem Hierarchiebildungen „nach oben", mit der Entstehung international vernetzter Global Cities, und innerhalb der einzelnen Zentren entwickeln sich lokale Konzentrationen in quartären Zentren/Bürostädten.

Der folgende Beitrag charakterisiert zuerst Merkmale unternehmensorientierter Dienstleistungen, diskutiert allgemeine Einflußfaktoren ihrer Entwicklung und dokumentiert ihren Bedeutungsgewinn in Deutschland. Anschließend werden die Standortfaktoren für unternehmensorientierte Dienstleistungen erörtert und die Struktur und Dynamik ihrer räumlichen Verteilung auf nationaler und auf lokaler Ebene analysiert.

4.2.2 Merkmale und Entwicklung unternehmensorientierter Dienstleistungen

4.2.2.1 Merkmale unternehmensorientierter Dienstleistungen

Der Dienstleistungssektor wird gegenüber anderen Wirtschaftssektoren zumeist anhand der Eigenschaft der angebotenen Produkte abgegrenzt. So handelt es sich bei Dienstleistungen zumeist um Güter immaterieller Art, bei denen Produktion und

		Tab. 4.12:
Funktion:	Steuerung, Lenkung, Entscheidungs-findung	Kriterien zur Bestimmung hochrangiger
Tätigkeit:	Informationsverarbeitung, Angebot immaterieller Güter	Dienstleistungsfunktionen
Inputstruktur:	hoher Anteil hochqualifizierter Beschäftigter	Quelle: BÖRDLEIN (1995)
Nachfragestruktur:	überwiegend unternehmensorientiert	
Reichweite:	nationale bis internationale Bedeutung	

Verwendung räumlich und zeitlich zusammenfallen (Uno-actu-Prinzip), die nur begrenzt lager- und transportfähig sind sowie aufgrund der Art ihrer Erbringung eine Standortbindung aufweisen (vgl. ELLGER 1993, KIEL 1996).

Die internen Untergliederungen des Dienstleistungssektors sind vielfältig und ebenso die Definitionen für unternehmensorientierte Dienstleistungen. Bereits seit längerer Zeit ist es üblich, zwischen einem tertiären Sektor, welcher den Handel, personenbezogene Serviceleistungen und das Dienstleistungshandwerk umfaßt, und einem höherwertigen quartären Sektor, zu welchem Forschung, Beratung, Verwaltung zählen, zu unterscheiden. Im englischsprachigen Raum erfolgt üblicherweise eine Untergliederung in „producer services", die Bank-, Versicherungs-, Ingenieur-, Rechts-, Beratungsdienstleistungen umfassen, und „consumer services", welche Dienstleistungen für Endverbraucher betreffen (vgl. JOHNSTON 1994, SINGELMANN 1978). Zwischen beiden Kategorien besteht jedoch ein Übergangsbereich, da zahlreiche Einrichtungen (z.B. Banken, Versicherungen) gleichzeitig sowohl Produzenten als auch Konsumenten versorgen. Detailliertere Differenzierungen unterscheiden zumeist zwischen distributiven Diensten (z.B. Handel, Verkehr), sozialen Diensten (z.B. Bildungs- / Gesundheitswesen, öffentliche Verwaltung), persönlichen Diensten (z.B. Tourismus, Gastronomie, Unterhaltung) und produzentenorientierten Diensten (z.B. Banken, Versicherungen, Ingenieur- / Unternehmens / Rechtsberatung).

Im deutschsprachigen Raum war bis Ende der 80er Jahre auch der Begriff produktionsorientierte Dienstleistungen anzutreffen (vgl. z.B. BADE 1987). Inzwischen hat sich die Bezeichnung „unternehmensorientierte Dienstleistungen" durchgesetzt, da es sich bei ihren Nutzern nicht nur um Produzenten (= producer), sondern um alle Arten von Unternehmungen handelt. Die Art ihrer Tätigkeit wird häufig auch als „intermediär" bezeichnet (vgl STRAMBACH 1993); ihre Dienstleistungen fließen in den Produktionsprozeß ein, oder sie übernehmen vermittelnde Aufgaben, z.B. zwischen Produzenten, zu staatlichen Institutionen oder zu Konsumenten. Zumeist werden zur weiteren Untergliederung zusätzliche Merkmale hinsichtlich der Art und Qualität der unternehmensorientierten Dienstleistung hinzugezogen (vgl. BÖRDLEIN 1995, KIEL 1996). Teilbereiche lassen sich nach der Art der Tätigkeit als dispositive Branchen (z.B. Planungs-, Beratungs-, Kontrollaufgaben) und operative Branchen (z.B. Transport, Beschaffung, Reparatur / Wartung, Absatz) identifizieren. Sehr üblich ist inzwischen eine qualitative Unterscheidung in „höherwertige" und „einfachere" unternehmensorientierte Dienstleistungen geworden. Zu den einfacheren Bereichen gehören Tätigkeiten, für die kein sehr hohes Qualifikationsniveau der Beschäftigten erforderlich ist (z. B. Reinigungs-, Transport-, Reparatur- und Wartungsaufgaben). Für die höherwertigen Bereiche gilt der Einsatz von spezialisiertem Know-how als charakteristisch; üblicherweise gehören Tätigkeiten in Forschung/Entwicklung, Rechts-/Unternehmensberatung, Datenverarbeitung, Werbung/Marketing und Banken/Versicherungen zu dieser Kategorie. Die folgenden Ausführungen konzentrieren sich auf den quartären, unternehmensorientierten, eher höherwertigen Bereich der Dienstleistungen (Tab. 4.12).

4.2.2.2 Determinanten der Entwicklung unternehmensorientierter Dienstleistungen

Weltweit verzeichnen Dienstleistungen einen starken Bedeutungszuwachs. Dieser drückt sich sowohl innerhalb der Länder anhand der Veränderung von Beschäftigten- und Umsatzanteilen aus als auch international im Zuwachs des grenzüberschreitenden Dienstleistungsverkehrs. Schätzungen für das Jahr 1995 ergaben einen Wert von ca. 1 200 Mrd. US$ international ausgetauschter Dienstleistungen; dieser Betrag entspricht etwa einem Fünftel des gesamten Welthandels (HAUCHLER 1997, S. 220, basierend auf Daten der WTO). Innerhalb eines Jahrzehnts hat sich der Dienstleistungsverkehr verdreifacht, während sich der Warenhandel nur um den Faktor 2,5 erhöhte. Dabei waren unternehmensorientierte Finanz- und Kommunikationsdienstleistungen überproportional beteiligt, während klassische Bereiche wie Transport und Tourismus nur ein unterdurchschnittliches Wachstum aufzuweisen hatten.

Der deutliche Zuwachs der unternehmensorientierten Dienstleistungen wird vorrangig auf die sich verändernden Bedürfnisse des industriellen Sektors zurückgeführt (vgl. STRAMBACH 1993). Als wichtige Determinanten der Entwicklung gelten Prozesse der Globalisierung, des technologischen Wandels und des Einsatzes neuer Produktionskonzepte. Daß sich diese Trends in besonderem Maße auf den Dienstleistungssektor auswirken, wird von Wissenschaftlern (vgl. MOULAERT u. TÖDTLING 1995, SCHEDL u. VOGLER-LUDWIG 1987, STRAMBACH 1993) vor allem anhand der Interaktionsthese erklärt; daneben wirken sich aber auch Auslagerungstendenzen begünstigend auf unternehmensorientierte Dienstleister aus.

Die Auslagerungsthese beruht auf der Annahme, daß spezialisierte Dienstleister aufgrund ihrer Kenntnisse und Ausstattungen in der Lage sind, bestimmte Aufgaben effizienter als Industriebetriebe zu erfüllen. Das Wachstum des Dienstleistungsbereichs erklärt die Auslagerungsthese dadurch, daß die Industriebetriebe bisher selbst erbrachte Dienstleistungen aus Kostengründen extern vergeben. Vorliegende empirische Untersuchungen bestätigen den Trend zur Auslagerung, können damit aber den Gesamtzuwachs unternehmensorientierter Dienstleistungen nur zum Teil erklären. Von der Auslagerung sind vor allem standardisierte Aufgaben mit geringerem Wissens- und Technologieanspruch betroffen. So werden aus Kostengründen Reinigungs-, Wartungs-, Reparatur- und Transportdienstleistungen an spezialisierte Dienstleister vergeben.

Die Interaktionsthese nimmt dagegen an, daß sich parallel zu den internen Veränderungen in den Unternehmen (Wandel von Produkten und Produktionsverfah-

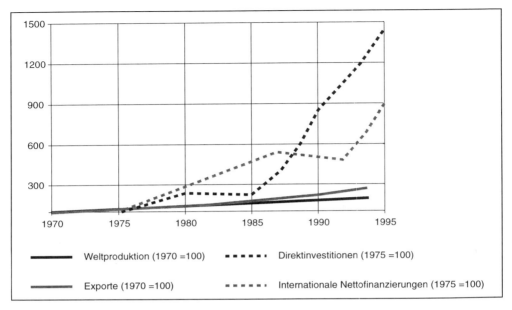

Abb. 4.10: Indikatoren wirtschaftlicher Internationalisierung 1970 – 1995
Quelle: HAUCHLER (1997), basierend auf Daten der Weltbank und UN

ren) und zum Wandel der externen Rahmenbedingungen (Globalisierung, internationale Vernetzung) der Bedarf an spezialisierten Dienstleistungen erhöht. Die Interaktionen betreffen besonders wissensintensive höherwertige Bereiche, die Aufgaben erfüllen, für die ein hoher Qualifikationsgrad und Kenntnisstand erforderlich sind. Hierzu gehören Dienstleistungen aus den Bereichen Forschung / Entwicklung, Rechts-/Unternehmensberatung, Ingeneurtätigkeit und Werbung/Marketing. Unternehmen, die diese Dienstleistungen erbringen, stehen in engen gegenseitigen Beziehungen („spillover") zum Produktionsbereich. Sie profitieren von der
Nachfrage der Produzenten und entwickeln neue, intelligentere Problemlösungen,
die ihre individuelle Leistungsfähigkeit steigern; gleichzeitig tragen sie zur Modernisierung von Management, Produktion und Vertrieb und damit zur Konkurrenzfähigkeit von Industriebetrieben bei. Empirische Untersuchungen dokumentieren,
daß die Erzielung von qualitativen Wettbewerbsvorteilen durch höherwertige unternehmensorientierte Dienstleistungen größere Bedeutung besitzt als Kostenüberlegungen; dementsprechend gehen von Interaktionen entscheidende Wachstumsimpulse aus.

Die Globalisierungstendenzen wirtschaftlicher Aktivitäten (Abb. 4.10), d.h. die
Zunahme des grenzüberschreitenden Warenhandels, das Anwachsen internationaler Direktinvestitionen, die veränderte weltweite Arbeitsteilung, die Zunahme globaler Finanztransaktionen und der weltweite Informationsaustausch, bilden eine
wesentliche Determinante der Entwicklung unternehmensorientierter Dienstleistungen. Sie führen zu einer erheblichen Steigerung der Nachfrage nach höherwertigen Serviceeinrichtungen. Die klassischen Weltwirtschaftsbeziehungen waren vor

Abb. 4.11:

Investitionsstrategien der 100 größten multinationalen Unternehmen 1990 – 2000, Neuinvestitionen nach Regionen in Prozent

Quelle: HAUCHLER (1997), basierend auf UNCTAD (1996)

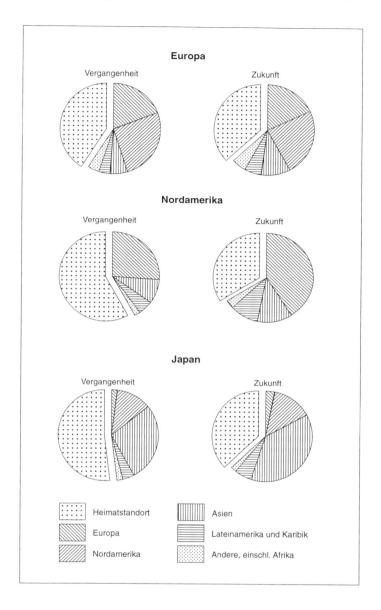

allem durch intersektorale Handelsbeziehungen zwischen Volkswirtschaften gekennzeichnet. Exporte von Rohstoffen aus Entwicklungsländern sowie von Konsum- und Produktionsgütern aus Industrieländern prägten die Wirtschaftsverflechtungen. Nationalstaatliche und internationale Einrichtungen gestalteten und kontrollierten diese Beziehungen, und es bestand nur ein begrenzter Bedarf an privatwirtschaftlichen intermediären Akteuren. In der jüngeren Vergangenheit verlieren dagegen nationalstaatliche Einflüsse aufgrund von Liberalisierungsmaßnahmen (GATT/WTO, Abbau der Regulierung internationaler Finanzmärkte, Deregulierung auf nationaler Ebene) an Bedeutung. Die neuen Weltwirtschaftsbeziehungen sind geprägt durch eine Expansion der global vernetzten Produktionsstrukturen (Abb. 4.11 dokumentiert den Bedeutungsgewinn von Investitionen im Ausland), des internationalen Informationsaustauschs und der weltweiten Finanztransaktionen. Multinationale Unternehmen treiben in entscheidendem Maße diese Entwicklungen voran. Zum Aufbau und zur Sicherung ihrer internationalen Beziehungen benötigen Industrieunternehmen die Unterstützung durch höherwertige unternehmensorientierte Dienstleistungen als intermediäre Akteure. Zur Gestaltung der laufenden Beziehungen nutzen sie spezialisierte Logistik- und Transportsysteme, weltweite Kommunikations- und Informationssysteme sowie internationale Finanztransfermöglichkeiten. Zugleich besteht für den Aufbau neuer internationaler Beschaffungs-, Produktions- und Absatznetze ein hoher Informationsbedarf durch Unternehmens-, Rechts-, Steuer- und Standortberater über die in den einzelnen Ländern geltenden Rahmenbedingungen. Die Dienstleister stellen aber nicht nur multinationalen Produzenten ihre Fähigkeiten zur Verfügung, sondern sie entwickeln sich selbst zu Akteuren. Tourismusunternehmen, Medienkonzerne, Werbungs-/Marketinganbieter, Banken, Versicherungen oder Holdinggesellschaften erschließen sich mit ihren Aktivitäten neue Märkte in anderen Ländern. Durch diese Strategien stieg der Anteil des Dienstleistungsbereichs an den internationalen Direktinvestitionen in den letzten Jahrzehnten kontinuierlich an und erreichte Mitte der 90er Jahre bereits rund 50% (HAUCHLER 1997, S. 143).

Neben der Globalisierung bilden interne technologische Veränderungen eine zweite wesentliche Determinante der Dienstleistungsentwicklungen. Zum Erhalt ihrer Konkurrenzfähigkeit müssen die Produzenten laufend ihre Produkte und Produktionsverfahren umgestalten. Alte Produkte müssen durch neue Produkte, die den sich verändernden technologischen Möglichkeiten und Marktbedingungen besser entsprechen, ersetzt werden. In den letzten Jahrzehnten zeigte sich deutlich die Tendenz einer Verkürzung der Produktlebenszyklen, insbesondere bei technologisch anspruchsvolleren Produkten. Gleichzeitig finden massive Veränderungen in den Produktionsprozessen statt. Flexible Fertigungsverfahren zur Herstellung variantenreicher Produkte („economies of scope") und Konzentrationen auf Kernkompetenzen („lean production") bei gleichzeitiger Auslagerung von Aufgaben an spezialisierte Hersteller (Module) oder Dienstleister prägen die neuen Produktionsverfahren. Beide Veränderungen tragen zu einer deutlichen Nachfragesteigerung nach höherwertigen produktionsbezogenen Dienstleistungen bei; dazu gehören Betriebs-/Unternehmensberatungen ebenso wie Forschung/Entwicklung.

Diese Veränderungen drücken sich in Deutschland im Wandel der Branchenstruktur der Erwerbstätigen aus (Abb 4.12). Im Zeitraum 1970 bis 1996 erfuhren der primäre und sekundäre Sektor eine starke Abnahme, während der Anteil des Dienstleistungssektors deutlich anstieg. Von den Dienstleistungen verzeichneten aber die konsumentenorientierten Branchen (z.B. Handel), der öffentliche Bereich (z.B. Gebietskörperschaften, Sozialversicherungen) und die einfacheren unternehmensorientierten Branchen (z.B. Verkehr, Nachrichtenübermittlung) nur einen unterproportionalen Zuwachs. Innerhalb des beobachteten Zeitraums hat sich dagegen die Beschäftigtenzahl der Dienstleistungen von Unternehmen und freien Beru-

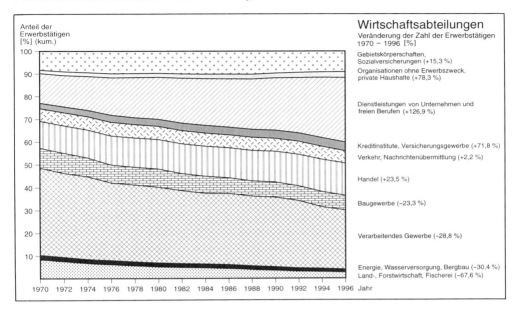

Abb. 4.12: Veränderung des Anteils der Erwerbstätigen nach Wirtschaftsabteilungen in Deutschland (erwerbstätige Inländer, nur Westdeutschland)
Datengrundlage: Statistisches Jahrbuch 1997 für die Bundesrepublik Deutschland. Wiesbaden 1998.

fen, welche die höherwertigen unternehmensorientierten Dienstleistungen repräsentieren, mehr als verdoppelt. Der Anstieg im Bereich Kreditinstitute/Versicherungsgewerbe war etwas geringer, was sich durch interne technologische Veränderungen erklären läßt. In jüngster Zeit trägt der Einsatz moderner Technologien auch im Dienstleistungsbereich zu Produktivitätsverbesserungen bei. Einfachere Tätigkeiten werden durch moderne Geräte (z.B. Bankautomaten statt Angestellte am Kundenschalter, PCs statt Sekretärinnen) ersetzt.

4.2.3 Standortfaktoren und räumliche Verteilung unternehmensorientierter Dienstleistungen

4.2.3.1 Standortfaktoren

Aufgrund der Charakteristika der Produkte von Dienstleistungsbetrieben (z.B. Immaterialität, Uno-actu-Prinzip) besitzen absatzorientierte Faktoren entscheidende Bedeutung für ihre Standortwahl. Die Erreichbarkeit der Nachfrager (z.B. Verkehrslage), die Größe des Marktgebietes (Zahl der Nachfrager und Einkommensniveau) und die Kundenkontaktpotentiale (z.B. Informationsaustausch) sind prägende Faktoren für die großräumige Standortwahl. Für die lokalen Standortentscheidungen bilden die Flächenverfügbarkeit, der Flächenpreis und Imagefaktoren wesentliche Einflußgrößen.

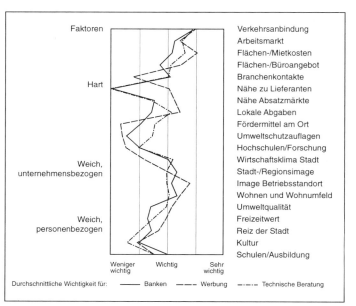

Abb. 4.13:
Profile der Stand-
ortfaktoren von
Dienstleistern
Quelle: Deutsches Institut
für Urbanistik, 2/1997

Zwischen den Dienstleistungsbranchen bestehen jedoch deutliche Unterschiede in der Gewichtung. Für persönliche, soziale und distributive Dienstleistungsbetriebe besitzen klassische Nachfragefaktoren (Nähe zu Endverbrauchern) große Bedeutung; sie weisen deshalb ein dichtes Netz von Standorten auf. Höherwertige unternehmensorientierte Dienstleistungsbetriebe (vgl. Difu 1997, Kulke 1995) wählen dagegen Städte/Zentren, die eine gute großräumige Verkehrs-/Kommunikationsanbindung (Fernstraßen, Flughafen, Telekommunikation) aufweisen, an denen qualifiziertes Personal verfügbar ist und an welchen sich die Entscheidungsebenen der Nachfrager (z.B. Hauptverwaltungen von Industrieunternehmen) befinden (Abb. 4.13). Sie bilden dort funktionale Cluster zusammen mit gleichartigen Dienstleistern und nachfragenden Unternehmen. Neben diesen harten Kosten-/Absatzfaktoren haben für sie auch weiche Standortfaktoren Gewicht; das Wirtschaftsklima, das Image und die Umfeldqualität einer Region bzw. Stadt stellen wichtige Einflußgrößen auf ihre Standortwahl dar. Diese weichen Faktoren wirken sich günstig auf das Image des Betriebes (werbewirksame positive Assoziation zwischen Standort und Betrieb), auf das Vorhandensein komplementärer Wirtschaftsbereiche (Wirtschaftsklima) und auch auf die Verfügbarkeit (Wahl des Wohn- und Arbeitsortes) des dringend benötigten hochqualifizierten Personals aus.

Auf lokaler Ebene, innerhalb der Stadtregionen, beeinflussen Faktoren wie die Verfügbarkeit und die Mietkosten für Büroflächen die kleinräumige Standortwahl. Dabei besteht allerdings keine generelle Tendenz zu sehr billigen Mietlagen. Einrichtungen mit hohen Besucherfrequenzen wählen vorzugsweise attraktive Standorte (imageträchtige, baulich interessante Zentrumslagen) mit einem akzeptablen Flächen-Preis-Niveau. Betriebsinterne Büroaktivitäten mit begrenzten personenorientierten Außenbeziehungen (z.B. Betriebsverwaltungen, Rechenzentren) bevorzugen dagegen kostengünstigere Randlagen der Städte.

4.2.3.2 Räumliche Verteilung auf nationaler Ebene

Zwischen der Größe von Siedlungen und ihrer sektoralen Struktur besteht ein Zusammenhang (vgl. Fu Chen Lo u. Salih 1978, Kulke 1995), welcher sich auch sehr deutlich im deutschen Städtesystem zeigt (Abb. 4.14). Mit zunehmender Einwohnerzahl steigt der Beschäftigtenanteil des Dienstleistungssektors. In kleinen Orten dominieren Landwirtschaft und Handwerk, ergänzt durch einfache kundenorientierte Servicebetriebe. Mittelgroße Städte weisen hohe Anteile gewerblicher Aktivitäten auf, und zugleich verfügen sie auch über eine größere Zahl von Dienstleistungseinrichtungen. Die Wirtschaftsstruktur der Großstädte prägt der Dienstleistungsbereich mit einem Beschäftigtenanteil von über zwei Dritteln.

In Abhängigkeit von der Siedlungsgröße verändert sich aber nicht nur der Anteil, sondern auch die Struktur des Dienstleistungsbereichs. In kleineren Siedlungen sind nahezu ausschließlich einfache persönliche und distributive Servicebetriebe (Einzelhandel mit Waren des täglichen Bedarfs, persönliche Dienste wie z.B. Friseur, Post, Sparkassenfiliale, Allgemeinmediziner) vorhanden, die nur ein kleines Marktgebiet benötigen. Die mittleren zentralen Orte verfügen zusätzlich über ein differenziertes Angebot an sozialen Einrichtungen (z.B. Bildungs-, Gesundheitswesen, öffentliche Verwaltung) und an mittelfristigen persönlichen Dienstleistungen (Einzelhandel mit Gütern des mittel- und langfristigen Bedarfs). In den Oberzentren befinden sich langfristige persönliche, distributive und soziale Einrichtungen, und dort konzentrieren sich auch die unternehmensorientierten Dienste. Deutschland besitzt ein flächendeckendes Netz von Oberzentren, in denen Einrichtungen von großräumiger Bedeutung, z.B. Museen, Theater, Universitäten, und höherwertige Dienstleistungen von nationaler Bedeutung angesiedelt sind (Abb. 4.15).

Oberhalb dieser Hierarchieebene nationaler Zentren verfügt eine begrenzte Zahl von Städten über eine internationale Funktion (Tab. 4.13). Diese höchstrangigen Zentren, die „Global Cities", sind geprägt durch hochwertige, international ausgerichtete unternehmensorientierte Dienstleistungen (z.B. Banken, Devisenhändler, Wirtschaftsberatung, internationale Organisationen). Die „Globalstädte" bzw. „Schlüsselstädte" wirken als transnationale Steuerungs- und Kontrollzentralen weltweiter wirtschaftlicher Aktivitäten (Gaebe 1988, Sassen 1996). Friedmann (1986) definiert, daß diese Städte Funktionen als Zentralen der Organisation von internationaler Produktion und Vermarktung erfüllen und daß sie ein hohes Qualitätsniveau des Dienstleistungs- und Produktionsbereichs, eine hohe Integration in die grenzüberschreitende Arbeitsteilung und eine Konzentration internationalen Kapitals besitzen.

Deutschland verfügt über eine begrenzte Zahl von Globalstädten der sekundären Kategorie. Quantitativ erfaßbare Kriterien zu ihrer Identifikation sind Finanzaktivitäten (Zahl und Umsatzvolumen von Banken, Devisenhändlern, Börsen), das Vorhandensein von Hauptverwaltungen transnationaler Unternehmen, internationale Institutionen, internationale Transport-/Verkehrsverflechtungen, das Wachstum unternehmensorientierter Dienstleistungen und die absolute Einwohnerzahl. Vor dem zweiten Weltkrieg konzentrierten sich diese Funktionen in der Hauptstadt Berlin, und sie galt als Globalstadt der primären Kategorie. Die Entwicklungen nach dem zweiten Weltkrieg führten zu einer Redistribution; dadurch weist Deutschland keine herausragende Globalstadt mehr auf, sondern die Teilfunktionen verteilen

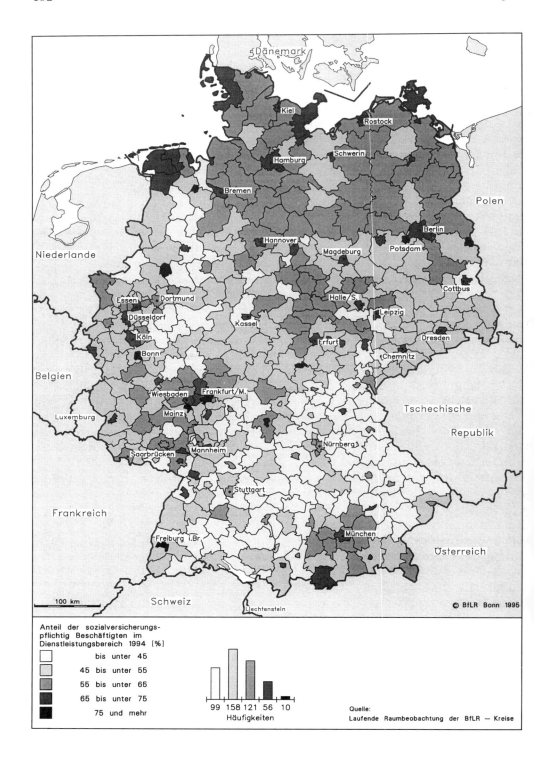

Niederlande

Belgien

Luxemburg

Frankreich

Schweiz

Dänemark

Polen

Tschechische

Republik

Österreich

Kiel
Rostock
Hamburg
Schwerin
Bremen
Hannover
Magdeburg
Berlin
Potsdam
Cottbus
Essen
Dortmund
Düsseldorf
Halle/S.
Leipzig
Köln
Kassel
Dresden
Bonn
Erfurt
Chemnitz
Wiesbaden
Frankfurt/M.
Mainz
Nürnberg
Saarbrücken
Mannheim
Stuttgart
München
Freiburg i.Br.
Liechtenstein

100 km

© BfLR Bonn 1995

Anteil der sozialversicherungspflichtig Beschäftigten im
Dienstleistungsbereich 1994 [%]

bis unter 45
45 bis unter 55
55 bis unter 65
65 bis unter 75
75 und mehr

99 158 121 56 10
Häufigkeiten

Quelle:
Laufende Raumbeobachtung der BfLR — Kreise

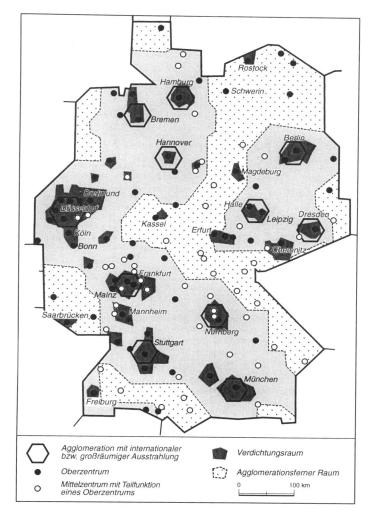

Abb. 4.15:
Das System
hochrangiger Zentren
in Deutschland
Quelle: Bundesministerium
für Raumordnung, Bauwe-
sen und Städtebau:
Raumordnungspolitischer
Orientierungsrahmen. Bonn
1993.

sich auf verschiedene Zentren (vgl. DANIELS 1993, FRIEDMANN 1986). So gilt Frankfurt als eines der weltweiten Zentren für Finanzaktivitäten (4. Rangplatz 1990 im Bör-senumsatz, 6. Rang 1989 in Bankbilanzsumme) und weist zudem durch den Flug-hafen eine starke internationale Personenverkehrsvernetzung auf. Berlin erfüllt Funktionen als internationale Kongreßstadt (7. Rangplatz 1993 nach Zahl der Kon-gresse), besitzt einen vielfältigen Kulturbereich (z.B Theater, Museen) und wird durch die Verlagerung politischer Funktionen einen Bedeutungszuwachs erfahren. Hamburg verfügt über europäische Bedeutung im Bereich Warenhandel (Hafen-funktion und Handels-/Transportunternehmen) und bei Medien (insbesondere Printmedien). München konnte Funktionen im europäischen Maßstab für innova-tive Produkte (z.B. Mikroelektronik, europäisches Patentamt) erlangen.

Abb. 4.14: Anteil der Dienstleistungsbeschäftigten nach Landkreisen Deutschlands 1994

Zentrale Länder		Semiperiphere Länder	
Primäre Zentren	Sekundäre Zentren	Primäre Zentren	Sekundäre Zentren
London I	Brüssel III		
Paris II	Mailand III		
Rotterdam III	Wien III		
Frankfurt III	Madrid III		
Zürich III			Johannesburg III
New York I	Toronto III	São Paulo I	Buenos Aires I
Chicago II	Miami III		Rio de Janeiro I
Los Angeles I	Houston III		Caracas III
	San Francisco III		Mexiko City I
Tokio I	Sydney III	Singapur II	Hongkong II
			Taipeh III
			Manila II
			Bangkok II
			Seoul II

Tab. 4.13: Hierarchie der Weltstädte (Einwohnerzahl: I = 10 – 20 Mio., II = 5 – 10 Mio., III = 1 – 5 Mio.)
Quelle: FRIEDMANN (1986)

Bei der Entwicklung des Systems von Dienstleistungszentren lassen sich parallel Konzentrations- und Dekonzentrationstendenzen beobachten. Die Internationalisierungstendenzen, verbunden mit der Expansion hochrangiger unternehmensorientierter Dienstleistungen, begünstigen eine Hierarchiebildung „nach oben". Die genannten deutschen Schlüsselstädte mit internationaler Einbindung können dadurch einen Bedeutungsgewinn erlangen. Die Ansiedlung und der Ausbau öffentlicher Einrichtungen (z.B. Universitäten, Rechts- und Gesundheitswesen, Verwaltung) und die Expansion nationaler unternehmensorientierter Dienstleistungen stärken auch die übrigen Oberzentren. Bei persönlichen und distributiven Diensten zeigen sich jedoch sowohl Suburbanisierungstrends als auch Ausbreitungstendenzen auf mittelgroße Zentren (vgl. IRMEN u. BLACH 1994). Kleine Orte und Streulagen erfahren dagegen aufgrund hoher räumlicher Mobilität der Nachfrager, steigender Umsatzuntergrenzen und allgemeiner Unternehmenskonzentrationsprozesse eine Ausdünnung des Netzes versorgungsorientierter Dienstleistungen.

4.2.3.3 Räumliche Verteilung auf lokaler Ebene

Innerhalb der Großstädte liegt keine gleichmäßige Verteilung der Dienstleistungsbetriebe vor, sondern es lassen sich typische Cluster identifizieren. Für die tertiären Bereiche (vor allem distributive und persönliche Dienstleistungen) existiert ein hierarchisches innerstädtisches System von Versorgungszentren (vgl. KULKE 1996). Bei so-

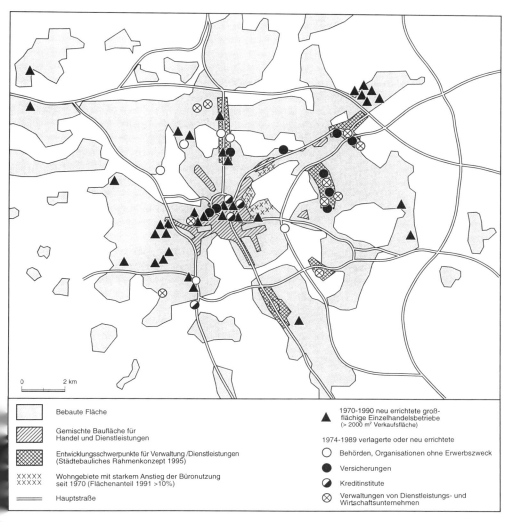

Abb. 4.16: Standorte von Dienstleistungsbetrieben in Hannover
Quellen: Landeshauptstadt Hannover (1991, 1995), KULKE (1992)

zialen/öffentlichen und unternehmensorientierten Dienstleistungen treten funktionale Cluster auf, in denen sich jeweils ganz bestimmte Dienstleistungen (z.B. Regierungsviertel, Bank-/Börsenviertel, Universitätsviertel, Bürostadt) konzentrieren.

Der starke Bedeutungszuwachs unternehmensorientierter Dienstleistungen führt zu einem steigenden Flächenbedarf und zu Veränderungen in der innerstädtischen räumlichen Verteilung (vgl. HEINEBERG u. TAPPE 1994, WÜRTH 1986). Unternehmensorientierte Dienstleistungen, die distributive Aufgaben erfüllen, weisen eine Tendenz zur Verlagerung an die Stadtränder auf. Häufig vollziehen sie dabei eine innerstädtische räumliche Funktionsteilung (BERTRAM 1994); Transportbetriebe und Auslieferungslager siedeln sich in straßenverkehrsgünstigen Gewerbegebieten am Stadtrand an, gleichzeitig verbleiben die Organisationsabteilungen in repräsentativen zentralen Lagen.

Außerhalb des Zentrums entstehen auch Bürokomplexe bzw. Bürozentren (in Abb. 4.16 im Nordosten Hannovers) mit quartären Dienstleistungsbetrieben (z.B. Versicherungen, Banken, Unternehmensverwaltungen). Bei den dort errichteten Büro(hoch)häusern handelt es sich zum großen Teil um Verlagerungen flächenexpandierender Betriebe, die ehemals im Zentrum einen Standort besaßen. Häufig werden nur die Betriebsteile mit niedrigerer Kontaktintensität (z.B. Rechenzentren, interne Verwaltung der Dienstleistungsunternehmen) dort errichtet, während die stark extern verflochtenen Abteilungen und Hauptverwaltungen im Zentrum bleiben. Für diese hochrangigen Betriebsteile (z.B. Bankzentrale, Börse) sind Standortfaktoren wie Image, Prestige, Umfeld eines Standortes wichtiger, während für die verwaltungsorientierten Betriebsteile Bodenpreis und Flächenverfügbarkeit eine größere Bedeutung besitzen.

In den Kerngebieten expandieren besonders die höherrangigen unternehmensorientierten Dienstleister mit relativ kleinen Betriebsflächen und einer hohen Flächenproduktivität (Umsatz je Quadratmeter). Dazu gehören Rechtsanwalts- und Steuerberatungspraxen, Unternehmens-/Standortberater sowie Planungs- und Architekturbüros. Sie wählen teilweise Flächen in Bürohäusern, durchdringen jedoch auch hochwertige innenstadtnahe Wohngebiete (in Abb. 4.16 östlich an die City angrenzende Gebiete) und bewirken dort einen Anstieg des Büroflächenanteils. Nach einigen extremen Entwicklungen in der jüngeren Vergangenheit (z.B. im Frankfurter Westend) versuchen die Stadtplaner gegenwärtig, die Umwidmung von Wohnraum zu verhindern und statt dessen eine Nutzungsintensivierung auf innenstadtnahen Gewerbebrachflächen durch Neuerrichtungen von Bürohäusern zu erreichen.

4.2.4 Schlußwort

Unternehmensorientierte Dienstleistungen verzeichnen eine hohe Entwicklungsdynamik und erreichen einen ständig steigenden Beschäftigten- und Umsatzanteil. Sie stellen ein wesentliches Element der Globalisierung der ökonomischen Aktivitäten dar. Ihre Existenz und Tätigkeit bilden eine wichtige Voraussetzung für die internationale Konkurrenzfähigkeit der Industrie und die Leistungsfähigkeit der nationalen Wirtschaft.

In räumlicher Hinsicht tragen sie wesentlich zur Veränderung der Hierarchie des Städtesystems, insbesondere zur Entstehung von Global Cities, bei. Gleichzeitig führt ihre Expansion zu Veränderungen der innerstädtischen Standortmuster; sichtbarer Ausdruck davon sind am Stadtrand die neuentstandenen Bürostädte und Güterverkehrszentren sowie im Zentrum die postmodernen Bürogebäude und umgewidmeten attraktiven ehemaligen Wohnhäuser.

Literatur

BADE, F.-J. (1987):
Regionale Beschäftigtenentwicklung und
produktionsorientierte Dienstleistungen.
Berlin. = Deutsches Institut für Wirtschaftsforschung, Sonderheft **143**.

BERTRAM, H. (1994):
Das Speditions- und Transportgewerbe im
Wandel. Geographische Rundschau,
46 (5): 298 – 303.

BÖRDLEIN, R. (1995):
Frankfurt als Zentrum hochrangiger Dienstleistungen: das Beispiel des Finanzbereichs.
Mainz. = Mainzer Kontaktstudium Geographie, Bd. **1**.

DANIELS, P. W. (1993):
Service Industries in the World Economy.
Oxford.

Difu (1997): Entscheidungsfelder städtischer
Zukunft. Difu-Berichte, (2): 2 – 5.

ELLGER, C. (1993):
Die Dienstleistungen als Gegenstand der
Wirtschaftsgeographie:
Zur Definition des Begriffs und zu grundle-
genden Aspekten der Theoriebildung.
Die Erde, (4): 291 – 302.

FRIEDMANN, J. (1986):
The World City Hypothesis. Development
and Change, **17**: 69 – 83.

FU CHEN LO u. K. SALIH (1978):
Growth Pole Strategy and Regional
Development. Nagoya.

GAEBE, W. (1988):
Die Dynamik nationaler und internationaler
Bank- und Finanzzentren. In:
46. Deutscher Geographentag, Tagungsbe-
richte und wissenschaftliche Abhandlungen.
Stuttgart, 132 – 137.

HAUCHLER, I. [Hrsg.] (1997):
Globale Trends 1998. Frankfurt / M.

HEINEBERG, H., u. H.-U. TAPPE (1994):
Jüngere Tendenzen der Standortentwicklung
des tertiären und quartären Sektors in der
Innenstadt des Oberzentrums Münster.
Münstersche Geographische Arbeiten,
36: 191 – 224.

IRMEN, E., u. A. BLACH (1994):
Räumlicher Strukturwandel. Informationen
zur Raumentwicklung, (7/8): 445 – 464.

JOHNSTON, R. J. [Ed.] (1994):
The Dictionary of Human Geography.
Oxford.

KIEL, H.-J. (1996):
Dienstleistungen und Regionalentwicklung.
Wiesbaden. = Kasseler Wirtschafts- und Ver-
waltungswissenschaften, Bd. **4**.

KULKE, E. (1992):
Bestandserhebung großflächiger Einzelhandelsbetriebe 1990. Hannover.

KULKE, E. (1995):
Tendenzen des strukturellen und räum-
lichen Wandels im Dienstleistungssektor.
Praxis Geographie, **25** (12): 4 – 11.

KULKE, E. (1996):
Räumliche Strukturen und Entwicklungen
im deutschen Einzelhandel. Praxis Geographie, **26** (5): 4 – 11.

Landeshauptstadt Hannover (1991):
Standorte für Büros und Verwaltungen.
Hannover.

Landeshauptstadt Hannover (1995):
Städtebauliches Rahmenkonzept. Hannover.

MOULAERT, F., u. F. TÖDTLING [Hrsg.] (1995):
The Geography of Advanced Producer
Services in Europe. Progress in Planning:
89 – 274.

PORTER, M. E. (1993):
Nationale Wettbewerbsvorteile. Wien.

SASSEN, S. (1996):
  Metropolen des Weltmarktes. Die neue Rolle
  der Global Cities. Frankfurt/M.
SCHEDL, H., u. K. VOGLER-LUDWIG (1987):
  Strukturverlagerungen zwischen sekundä-
  rem und tertiärem Sektor. Zur Rolle der
  Dienstleistungen in der arbeitsteiligen Wirt-
  schaft. München.
SINGELMANN, J. (1978):
  From Agriculture to Services: The Transforma-
  tion of Industrial Employment. Beverly Hills.

STRAMBACH, S. (1993):
  Wissensintensive unternehmensorientierte
  Dienstleistungen: Netzwerke und Interaktio-
  nen. Münster/Hamburg. =
  Wirtschaftsgeographie, Bd. **6**.

WÜRTH, M. (1986):
  Räumliche Konsequenzen des Strukturwandels innerhalb des tertiären Sektors in
  der Schweiz.
  Geographica Helvetica, **41** (4): 179 – 184.

4.3 Verkehr und Kommunikation

Helmut Nuhn, Marburg

4.3.1 Verkehr, Raum und Gesellschaft

Verkehr wird definiert als Raumüberwindung durch Personen, Güter und Nachrichten (Voigt 1973). Er stellt folglich ein wichtiges Bindeglied zwischen Gesellschaft, Wirtschaft und Raum dar. Die Beschleunigung und Verbilligung der Raumüberwindung läßt weit voneinander entfernte Orte, Regionen und Länder näher zusammenrücken. Private Aktionsräume werden ausgeweitet, und firmenbezogene regionale Produktions- und Konsumkreisläufe verlieren an Bedeutung zugunsten internationaler Absatz- und Beschaffungsverflechtungen. Die neuen verkehrlichen Möglichkeiten verändern die räumlichen Beziehungsmuster und führen zu gewandelten Standortnetzen und Nutzungsstrukturen, die ihrerseits wieder Verkehr induzieren.

Enorme Zuwächse kennzeichnen die Verkehrsentwicklung in der Bundesrepublik nach dem Zweiten Weltkrieg. Dieses Phänomen läßt sich durch einzelne Faktoren nur schwer erklären, es beruht auf einer Vielzahl miteinander verknüpfter Voraussetzungen. Wirtschaftliches Wachstum und gestiegener Wohlstand spiegeln sich ebenso in den Verkehrszunahmen wie der soziale Wandel. Veränderungen der Lebensstile, Arbeitsformen und Produktionskonzepte verbinden sich in ihren räumlichen Konsequenzen (Hesse 1993). Neben den gesellschaftlichen und ökonomischen Rahmenbedingungen wirken auch politische Neuordnungen und technologische Innovationen auf das Verkehrsgeschehen ein.

4.3.1.1 Determinanten des Verkehrsgeschehens

Durch die mehrfachen Veränderungen der politischen Grundstrukturen in Mitteleuropa in diesem Jahrhundert wurden die Hauptströme des Verkehrs wiederholt umorientiert. Dies kommt besonders deutlich an der Auflösung des sozialistischen Blocks und der Öffnung der Grenzen nach Ost- und Südosteuropa sowie in der Wiedervereinigung beider deutscher Staaten zum Ausdruck. Mit dem Zerfall der starren sozialistischen Plansysteme und der Transformation der Gesellschaften hin zu demokratisch-marktwirtschaftlichen Prinzipien erhöhte sich die Mobilität von Personen und Gütern. Eine nachholende, rasch wachsende Motorisierung verstärkt den Individualverkehr und erleichtert die Ausweitung der Pendlerströme sowie der Migrationsbereitschaft.

Im westlichen Europa wurde die Durchlässigkeit der politischen Grenzen schon im ersten Nachkriegsjahrzehnt eingeleitet und durch die schrittweise Erweiterung und Vertiefung der Wirtschaftsintegration eine zunehmende Verflechtung der Personen- und Güterströme erreicht. Durch die Beseitigung verbliebener Handelshemmnisse bei der Schaffung des Binnenmarktes 1993 und des europäischen Wirtschaftsraumes 1994 wurde der innerregionale Warenaustausch weiter stimuliert und mit dem Beitritt von Schweden, Finnland und Österreich zur EU 1995 auch räumlich ausgeweitet.

Hinzu kommt die verstärkte Weltmarktöffnung nach dem Abschluß der neuen GATT-Vereinbarungen, verbunden mit weiteren Deregulierungen von Wirtschaft und Verkehr, was zu einer rascheren Ausweitung des internationalen Handels und der Globalisierung der Produktionssysteme führt. Immer mehr Güter werden in immer kürzerer Zeit über wachsende Distanzen transportiert. Auch der regelmäßige Personenverkehr beschränkt sich längst nicht mehr auf die kürzeren und mittleren Distanzen, sondern erreicht sowohl bei Geschäftsreisen als auch beim Tourismus weltweite Dimensionen. Durch die Verkürzung der Wochen- und Lebensarbeitszeiten sind häufigere Ferienreisen und vermehrte Außer-Haus-Aktivitäten bei gewachsener Freizeit möglich. Der Personenverkehr hat deshalb in allen Bereichen zugenommen und wird insbesondere durch die private Motorisierung getragen.

Technologische Innovationen, die durch größere Transporteinheiten und höhere Geschwindigkeit bei gleichzeitig gewachsener Sicherheit deutliche Kostensenkungen ermöglichten, haben entscheidend zum Verkehrswachstum beigetragen. Megaschiffe, Jumbo-Jets und Hochgeschwindigkeitszüge sind herausragende Neuerungen, die dem Massentransport dienen. Genormte Boxen und Verpackungssysteme erleichtern den raschen Warenumschlag und den Einsatz unterschiedlicher Transportmittel im Rahmen des intermodalen Verkehrs. Daneben tragen Katalysatoren, energiesparende Antriebssysteme sowie reibungsärmere Werkstoffe zur geringeren Belastung der Umwelt bei. Neue Transportsysteme wie die Magnetschwebebahn und das Solarauto müssen ihre Praxistauglichkeit allerdings noch erweisen.

Insbesondere die Telematik hat zusammen mit neuen Organisationskonzepten weitreichende Veränderungen im Verkehr von Personen, Gütern und Nachrichten bewirkt. Ladedokumente sind nicht mehr an den physischen Beförderungsvorgang gekoppelt. Elektronische Informations- und Steuerungssysteme erlauben eine kontinuierliche Überwachung der Transportkette und ermöglichen die zeitgerechte Anlieferung der Waren. Dadurch lassen sich Lagerkosten sparen und die Materialflüsse für die Weiterverarbeitung bzw. die Anlieferung für den Verkauf produktions- und absatzsynchron steuern. Güterverkehrs- und Distributionszentren als Schnittstellen verschiedener Verkehrsträger erleichtern den Aufbau kosten- und zeitgerechter intermodaler Transportketten. Elektronische Buchungs- und Zahlungsmöglichkeiten bieten zusammen mit computergesteuerten Informations- und Leitsystemen die Möglichkeit einer besseren Auslastung der Transportsysteme. Neue Kommunikationsmedien können auch dazu beitragen, Verkehr zu ersetzen. Bis jetzt haben sich Teleshopping, Pay-TV und Teleworking allerdings noch nicht auf breiter Ebene durchgesetzt, während Telekonferenzen bei größeren Firmen Dienstreisen ersetzen.

Die über das Telefon flächendeckend verfügbaren neuen Dienste haben bisher allerdings noch nicht zu einer zunehmenden Dezentralisierung und ausgeglichenen räumlichen Entwicklung geführt. Vielmehr machen sich weiterhin verstärkte Konzentrations- und Ballungstendenzen bemerkbar. Der Verkehr boomt in den städtischen Zentren und auf den Hauptverbindungsachsen zwischen den Agglomerationen, während die Dispersionsräume vergleichsweise wenig betroffen sind.

4.3.1.2 Geographische Betrachtungsweisen des Verkehrs

Bereits aus diesen einleitenden Bemerkungen wird deutlich, daß eine raumdifferenzierende Betrachtung von Verkehrsinfrastrukturen, Verkehrsverflechtungen und raumbezogenen Effekten des Verkehrs weiterhin eine wichtige geographische

Aufgabe darstellt (KNOWLES 1993, NUHN 1994). Neben der Beschreibung und Systematisierung der Verkehrswege und Transportbeziehungen hat die Analyse der raumerschließenden und standortbildenden Wirkungen des Verkehrs einen wichtigen Stellenwert gewonnen. Auf der einen Seite stehen historisch-genetische Betrachtungen zur Herausarbeitung von Sequenzen der großräumigen Regionalentwicklung; auf der anderen Seite sind theoretisch-ökonomisch orientierte Ableitungen zur Definition distanzabhängiger Standortmodelle verwendet worden. Hierbei geht es primär um die raumdifferenzierende Wirkung von Transportkosten in ihrer Bedeutung für die Erklärung von Einzelstandorten und Standortsystemen sowie um die Erklärung von Flächennutzungsmustern auf unterschiedlichen Maßstabsebenen.

War die Wirkungsforschung zunächst stärker auf ökonomische und soziale Aspekte im Rahmen der Regionalentwicklungsprozesse gerichtet, so hat sie sich in den beiden letzten Jahrzehnten auf die mit dem Verkehr im Zusammenhang stehenden negativen Umweltwirkungen konzentriert. Verkehrsberuhigung und Verkehrsvermeidung sind zu wichtigen Themen geworden, die insbesondere im Rahmen der Siedlungsplanung und Raumordnung thematisiert werden.

Im Rahmen eines Bandes zur Wirtschaftsgeographie kann auf viele der umrissenen Aspekte nur randlich eingegangen werden. Umfassendere Einblicke in die neuere Verkehrsgeographie vermitteln der von HOYLE u. KNOWLES 1992 herausgegebene Sammelband sowie das im selben Jahr erschienene Studienbuch von MAIER u. ATZKERN, das der Sozialgeographie und Raumplanung verpflichtet ist und sich weitgehend auf die Situation in der Bundesrepublik bezieht. Ältere Darstellungen von JACOB, SCHLIEPHAKE und VOPPEL erlauben eine Abrundung. In diesem Kapitel werden nach einem knappen Abriß der verkehrsräumlichen Strukturen der Bundesrepublik und der unterschiedlichen Problemlagen in Verdichtungsräumen und Dispersionsgebieten schwerpunktmäßig die sektoralen und räumlichen Entwicklungen der Verkehrsträger behandelt: Schienen-, Straßen-, Binnenwasserstraßen- und Flugtransport. Abschließend stehen ausgewählte neuere Ansätze zur Lösung der Verkehrsprobleme zur Diskussion.

4.3.1.3 Verkehrsraum Bundesrepublik

Deutschlands Lage im Zentrum Europas bedingt neben dem innerregionalen Verkehrsaustausch zwischen den Kernräumen von Bevölkerung und Wirtschaft auch einen wachsenden Durchgangsverkehr zwischen Nord und Süd sowie Ost und West. Die großräumige orographische Gliederung des Landes hat die Herausbildung von Hauptverkehrskorridoren begünstigt, die oftmals Wasserwege, Straßen, Schienen und Kabelsysteme bündeln.

Eine solche Magistrale verläuft am Nordrand des Mittelgebirgsbogens zwischen Osteuropa und den Ballungsräumen Berlin, Hannover und dem Ruhrgebiet bzw. den Niederlanden. Der nördlich anschließende ebene bis hügelige Tieflandsstreifen bietet keine gravierenden Hindernisse für die Verkehrsentwicklung, wenn man von der Trennwirkung der Niederungen und Wasserläufe absieht, die aber zugleich für die Schiffahrt genutzt werden können. Sie vermitteln neben den Straßen und Schienenwegen den Transport zu den Überseehäfen Hamburg und Bremen, die sich zu wichtigen Wirtschaftszentren entwickelt haben. Über Landwege, Brücken und Fähren wird der Verkehr nach Skandinavien weitergeleitet. Neben der in der Nachkriegszeit ausgebauten Vogelfluglinie Puttgarden – Rødby bestehen heute auch Alternativen von wachsender Bedeutung über Jütland bzw. die Häfen Kiel, Lübeck, Rostock und Saßnitz / Mukran. Selbst über die Nordsee gewinnt der Short-Sea-Verkehr zu den Britischen Inseln an Bedeutung, der allerdings zum weitaus größten Teil über die Rheinachse und den Ärmelkanal verläuft.

Das Rheintal bietet zugleich die wichtigste Verkehrslinie durch die mittel- und süddeutsche Gebirgszone bis nach Nordwestfrankreich und in die Schweiz. Der Rhein und seine Nebenflüsse ermöglichen nicht nur den günstigen Zugang zu den Agglomerationen um Frankfurt, Mannheim / Ludwigshafen und Stuttgart, sondern auch nach Nürnberg sowie zur Donauachse und nach München. Ebenfalls gut ausgebaut durch moderne Auto- und Eisenbahnstrecken sind die Nord-Süd-Verbindungen durch die niedersächsische und hessische Senkenzone. Insbesondere nach dem Mauerbau 1961 und der Begrenzung des Ost-West-Verkehrs auf wenige Übergänge hat sich in beiden deutschen Staaten die Modernisierung der Infrastrukturen auf den Nord-Süd-Verkehr konzentriert. Dies erforderte nach der Wiedervereinigung ein rasches Umdenken und Sofortprogramme zum Lückenschluß bzw. zur Modernisierung vorhandener Ost-West-Verbindungen, wie der A4 und der Eisenbahnstrecke Bebra – Leipzig – Dresden. Die Alpen stellen trotz ausgebauter Paßstraßen und teilweise einbezogener Tunnelstrecken noch eine markante Barriere für den Südverkehr dar. Durch die Großprojekte der Neuen Eisenbahntransversale Alpentransit (NEAT) für den schienengebundenen Tunnelverkehr sollen Verbesserungen erreicht werden.

Bei einer groben Gliederung der Bundesrepublik Deutschland im Hinblick auf verkehrsgeographisch relevante Strukturtypen kann zwischen hochverdichteten Agglomerationen und peripheren, ländlich geprägten Dispersionsräumen unterschieden werden.

Die im Verlaufe der Industrialisierung gewachsenen Ballungsräume haben durch jüngere Prozesse der Tertiärisierung weitere Dynamik erhalten und durch den staatlich geförderten Bau von Großwohnsiedlungen sowie eine Flächennutzungspolitik der Funktionentrennung und privatwirtschaftlich gesteuerte Suburbanisierungsprozesse in Westdeutschland weitere interne Verkehrszuwächse ausgelöst. Bei gleichzeitiger Verstärkung der auf die Agglomerationen als Quelle und Ziel ausgerichteten Fernverkehre und den unverändert starken Regional- und Nahverkehren überlagern sich unterschiedliche Transportströme in den Agglomerationen. Anhaltender Bevölkerungs- und Siedlungsdruck in Verbindung mit Verdichtungsproblemen des Verkehrs führt zu regelmäßigen Staus mit Unfällen und extremen Umweltbelastungen. Eine Bündelung der zunehmenden Kreuz- und Querverkehre, die durch flexiblere Arbeits- und Einkaufszeiten verstärkt werden, wird für den ÖPNV immer schwieriger (WÜRDEMANN 1993).

Gegensätzliche Forderungen nach einer autogerechteren Stadtentwicklung oder nach Verkehrsberuhigung und der Verbannung des Autos aus den Innenstädten kennzeichnen die kritische Lage. Trotz des Ausbaus des zeitweise vernachlässigten ÖPNV und der Einrichtung von Fußgängerzonen und Wohnstraßen mit Rückbauten und weitreichenden Ge- und Verbotsregelungen konnte bisher eine zufriedenstellende Lösung nicht erzielt werden. Vielmehr hat sich der Autofahrer an tägliche Staus und verringerte Mobilität im Pkw gewöhnt, ohne daraus nachhaltige Konsequenzen für sein Verkehrsverhalten zu ziehen.

Von gänzlich anderer Art sind die Verkehrsprobleme in den meisten peripheren ländlichen Räumen (DEITERS 1985, VOIGT 1989). Mit der Zunahme des Individualverkehrs war der Rückgang der Nutzer des ÖPNV verbunden, so daß Regionalbahnlinien stillgelegt und die Busnetze ausgedünnt wurden. Bei gleichzeitigem Rückzug vieler öffentlicher und privater Versorgungseinrichtungen aus den Kleinsiedlungen und ihrer Verlagerung in größere zentrale Standorte mit Schulzentren, Ämtern und Supermärkten haben sich die Mobilitätsprobleme von Personen ohne Führerschein und Auto im ländlichen Raum gravierend verschärft. Hiervon sind insbesondere Jugendliche, Ältere und Ausländer betroffen. Experimente mit alternativen Verkehrskonzepten wie Rufbus, Sammeltaxi oder Mitbenutzung von Schulbussen haben die Probleme bisher zwar teilweise mildern, aber noch nicht nachhaltig lösen können (HEINZE 1986, WENGLER-REEH 1991).

Im Einzugsbereich größerer Zentren konnten durch die Schaffung integrierter Verkehrsverbünde allerdings Verbesserungen erreicht werden. Die Voraussetzungen für einen bedarfsgerechteren Einsatz der Gesamtaufwendungen für den ÖPNV wurden zweifellos durch die Regionalisierung der Zuständigkeiten für Planung und Mitteleinsatz geschaffen. Erst längerfristig sind unter stärkerer Berücksichtigung der Verkehrsprobleme bei der Siedlungs- und Raumordnung nachhaltige Verbesserungen zu erwarten. Bestrebungen zur Privatisierung staatlicher Dienste und zur Kürzung der Subventionen wirken diesen Bemühungen entgegen, wie gerade durch den teilweisen Rückzug der Postdienststellen aus der Fläche sowohl in den Großstädten als auch im ländlichen Raum verdeutlicht wird.

4.3.2. Verkehrsinfrastrukturen und Verkehrsleistung

Die infrastrukturellen Voraussetzungen der Verkehrswege und Transportmittel ermöglichen die Distanzüberwindung von Personen, Gütern und Nachrichten. Durch hohe öffentliche und private Investitionen sind flächendeckende Netze für die einzelnen Verkehrsträger ausgebaut und weiterentwickelt worden. Für den Personenverkehr handelt es sich um Fuß- und Fahrradwege sowie Straßen für den motorisierten Individualverkehr mit Pkw / Kombi und Kraftrad. Für den öffentlichen Personennahverkehr (ÖPNV) werden neben dem Omnibus insbesondere leistungsfähigere Schienentransportsysteme eingesetzt und für den Fernverkehr Schnellzüge sowie Flugzeuge. Während die Infrastrukturen und der ÖPNV durch die amtliche Statistik jährlich erfaßt werden, müssen entsprechende Angaben über das Verkehrsaufkommen (beförderte Personen) und die Verkehrsleistung (Personenkilometer Pkm) für den Individualverkehr mit Hilfe von Modellrechnungen geschätzt werden. Dies gilt auch für den privatwirtschaftlichen Güterverkehr (Verkehrsaufkommen t und Tonnenkilometer tkm). Diese Angaben können deshalb je nach Quelle schwanken und werden selbst in dem vom BMV herausgegebenen Jahresband „Verkehr in Zahlen" zeitweise berichtigt.

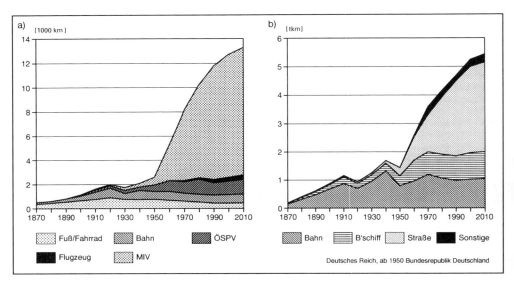

Abb. 4.17: Entwicklung der Personenverkehrsmobilität [1 000 km] und der Güterverkehrsleistung [tkm] in Deutschland 1870 – 2010   Quelle: Diekmann (1992)

Abbildung 4.17 veranschaulicht die Zunahme der Personenverkehrsmobilität und der Güterverkehrsleistung für das Deutsche Reich und die Bundesrepublik mit einer Projektion bis ins Jahr 2010. Während bis nach dem Zweiten Weltkrieg der Bahnverkehr (einschließlich ÖSPV) vorherrschte, ist der motorisierte Straßenverkehr seit Ende der 60er Jahre dominant und wird diese Stellung auch zu Beginn des kommenden Jahrhunderts noch erweitern.

4.3.2.1 Aus- und Rückbau des Schienenverkehrs

Die Eisenbahn entwickelte sich in der zweiten Hälfte des 19. Jh. zum wichtigsten Transportmittel für Personen und Güter in Deutschland und behielt diese Stellung über 100 Jahre. Nach dem Bau der Kurzstrecke zwischen Nürnberg und Fürth 1835 wurde im April 1839 die erste Fernbahn zwischen Leipzig und Dresden eröffnet, der bald andere Teilstrecken folgten. Mit Denkschriften und länderübergreifenden Kartendarstellungen wurde für ein integriertes deutsches Eisenbahnnetz geworben, das bereits die später realisierten Hauptstrecken umfaßte, wie der Entwurf von List aus dem Jahre 1833 verdeutlicht (Abb. 4.18). Die Durchgangsstrecken zur Verknüpfung von Großstädten wurden nach den Interessen der Landesherren und der Privatwirtschaft zu regionalorientierten Teilnetzen erweitert. Eisenbahnanschluß bedeutete für die Städte und Landgemeinden einen wichtigen Standortfaktor für die Stärkung von Gewerbe und Handel sowie die fortschreitende Industrialisierung. Eisenbahnferne war gleichbedeutend mit Stagnation und Rückschritt, deshalb wurden zur Ergänzung der ökonomisch attraktiven Hauptstrecken bis zu Beginn dieses Jahrhunderts in ländlichen Räumen zusätzliche, zumeist privat betriebene Kleinbahnen errichtet (Nagel 1981).

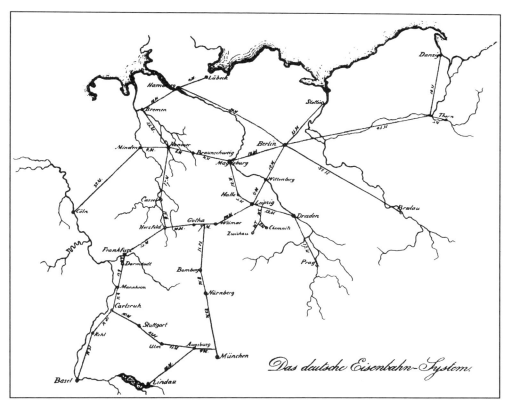

Abb. 4.18: Entwurf für ein Eisenbahnnetz in Deutschland von LIST 1833
Quelle: Internationales Verkehrswesen, **46** (1994): 293

Die Ausprägung des heutigen Eisenbahnnetzes spiegelt die großräumigen Siedlungs- und Reliefverhältnisse mit der Anpassung an die Ost – West verlaufende Vorgebirgszone sowie die Nord-Süd-Strecken durch die großen Talzüge (Abb. 4.19). Sie verdeutlicht zugleich mit ihren Netzknoten die räumliche Struktur des Städtesystems. Während das westliche und südliche Deutschland über ein enggeknüpftes Verbindungsnetz mit vielen Knoten verfügt, sind die Polygone in Nord- und Ostdeutschland weitmaschiger mit Ausnahme einiger strahlenförmig eingebundener großer Zentren wie Hamburg, Berlin und Halle / Leipzig. Erst nach der Reichsgründung war durch Preußen die Verstaatlichung der Eisenbahngesellschaften eingeleitet worden, und erst nach weiteren 50 Jahren erfolgte 1920 – 1924 der Zusammenschluß der Bahnen der deutschen Länder zur Reichsbahn (MEIER-HILBERT 1995).

Durch Kriegseinwirkungen und Demontage wurde die Bahn nach 1945 in ihrer Funktion erheblich beeinträchtigt. Von den 54 000 Streckenkilometern 1937 waren nur ca. 34 000 km im verkleinerten Deutschland verblieben. Rollendes Material, Gleisanlagen, Brücken und Bahnhöfe sowie Kommunikationseinrichtungen waren beschädigt bzw. zerstört (PESCH 1992). Weiter erschwerend für den Wiederaufbau

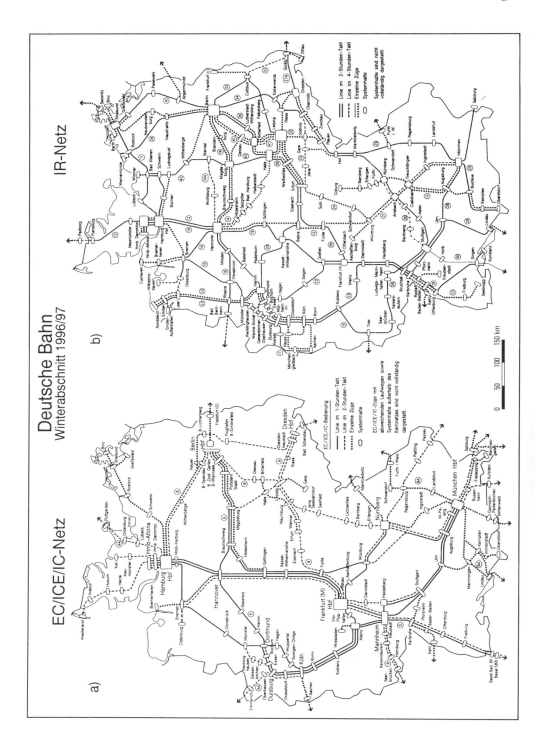

Deutsche Bahn
Winterabschnitt 1996/97

und die Modernisierung wirkte sich die organisatorische Aufspaltung in ein ost-
und ein westdeutsches Unternehmen aus. Verstärkt wurden die Probleme durch die
Zerschneidung des West – Ost orientierten Netzes mit der Aufrechterhaltung nur
weniger Verbindungsstrecken nach Berlin von Hamburg, Hannover, Bebra und
Nürnberg aus. Insgesamt wurden 47 Strecken im Rahmen der deutschen Teilung
geschlossen, darunter früher bedeutsame Fernverbindungen, die über Uelzen –
Stendal oder Goslar – Halberstadt und Schweinfurt – Meiningen verliefen. Bedingt
durch die divergierende Verkehrspolitik in beiden deutschen Staaten, kam es zu unterschiedlichen Entwicklungen.

In der DDR behielt der Eisenbahntransport zwar die verkehrspolitische Priorität, die Modernisierung vollzog sich aber nur schleppend, und der Betrieb wurde
nur auf wenigen Strecken verbessert, wie Rostock – Berlin. Während 1989 in der
Bundesrepublik 40 % der Bahnstrecken elektrifiziert waren, wurden in der DDR nur
27 % erreicht, die Zuggeschwindigkeit lag 20 – 30 % niedriger (IL 1992). Rollendes Material, Signaltechnik und Schienenwege der DR waren bei der Wiedervereinigung
im Vergleich zur DB veraltet, 70 % der Strecken waren nur eingleisig.

In der Bundesrepublik machten der Wiederaufbau der Bahnanlagen und die
Elektrifizierung der Hauptstrecken sowie die Umstellung der Nebenstrecken auf Die-
selbetrieb zwar gute Fortschritte, ab den 60er Jahren verlor die Schiene aber, bedingt
durch die rasante Motorisierung und den großzügigen Ausbau der Bundesfernstraßen, immer mehr an Bedeutung (Tab. 4.14). Zwischen 1960 und 1990 verdrei-
fachte sich die Zahl der Personenkilometer von 238 auf 684 Mrd. Pkm. Da der ÖPNV
mit ca. 58 Mrd. Pkm absolut gesehen konstant blieb, ist der Zuwachs fast ausschließlich dem Individualverkehr zuzurechnen. In der Folge des Beförderungsrückgangs
wurden zunehmend unrentable Bahnstrecken in Landgebieten stillgelegt, insgesamt
erreichte diese Zahl im Vergleichszeitraum 3 500 km (Verkehr in Zahlen 1985, 1996).

Ausgelöst durch die Ölkrise, beginnende Überlastungen des Straßennetzes und
eine zunehmende Umweltsensibilisierung in den 70er Jahren, kam es mit dem Bundesverkehrswegeplan (BVWP) 1980 wieder zu stärkeren Investitionen in den Bahnbetrieb. Auf den Fernstrecken gelang es, durch ein verbessertes Angebot von Inter-
city- und Interregio-Zügen mit Taktfahrtplan Passagiere zurückzugewinnen. Durch
den Aus- und Neubau der Hochgeschwindigkeitsstrecken und die Einführung des
Intercity-Expreß (ICE) 1991 wurden die Reisezeiten weiter erheblich verkürzt und
Geschäftsreisende von Inlandflügen abgeworben, so daß im Passagierfernverkehr
wieder Erträge erwirtschaftet werden können. Bis 1991 wurden 1 100 km vorhandene Strecken für Tempo 250 ausgebaut und 430 km neu errichtet (Ellwanger u.
Wilkens 1993).

Schwieriger gestaltete sich die Rückeroberung von Marktanteilen im Güterverkehr. Bei gesunkenem Aufkommen an Massengütern und zunehmender Bedeutung für zeitgerechte Anlieferung in kleineren Partien erwies sich die Bahn als zu
wenig flexibel und zuverlässig. Während das Güterverkehrsaufkommen insgesamt
(einschließlich Nahverkehr) zwischen 1960 und 1990 von 142 auf 300 Mrd. tkm ge-

Abb. 4.19: Eisenbahnhauptstrecken der DB; EC/ICE/IC-Netz und IR-Netz im Winterabschnitt 1996/97
Quelle: Deutsche Bahn AG, Geschäftsbereich Fernverkehr

stiegen ist, hat sich gleichzeitig der Anteil der Straße von 32% auf 57% erhöht, und der Anteil der Bahn sank von 37% auf 21% (Verkehr in Zahlen 1983, 1996). Das System der Waggonladungsbeförderung über Nacht zwischen den Hauptwirtschaftsstandorten wird zwar erfolgreich praktiziert, hat aber die Schwerlasttransporte auch unter Einbeziehung von Angeboten des kombinierten Verkehrs nicht in erwartetem Maße von der Straße zurück auf die Schiene verlagert.

Nach der Wiedervereinigung ergab sich das Problem, daß die modernen Schnellstrecken einseitig auf Nord-Süd-Verkehr ausgerichtet waren und leistungsfähige West-Ost-Schienenverbindungen nicht kurzfristig angeboten werden konnten. Durch ein Sofortprogramm 1990 im Umfang von 10 Mrd. DM zum Lückenschluß unterbrochener Ost-West-Schienenwege an der innerdeutschen Grenze und durch die Verkehrsprojekte Deutsche Einheit 1991 werden die West-Ost-Achsen in vergleichbar kurzem Zeitraum wieder hergerichtet. Erleichterungen ergeben sich hierbei durch das Verkehrswegebeschleunigungsgesetz zur Verkürzung der Raumordnungs- und Planfeststellungsverfahren. Der Ausbau konzentriert sich insbesondere auf die Strecken Hamburg – Berlin, Hannover – Berlin und Nürnberg – Berlin sowie auf die Verknüpfung der Ostseehäfen Lübeck, Rostock und Stralsund und auf Verbindungen von Göttingen bzw. Bebra nach Halle / Leipzig und Dresden. Betroffen sind 1 730 km Schienenstrecken, davon 1 429 km als Aus- und Neubau und 426 km für den Betrieb über 200 km / h (BMV 1991).

Der BVWP 1992 sieht insgesamt den Neu- und Ausbau von 4 000 Schienenkilometern vor, davon ca. 50% für Geschwindigkeiten über 200 km / h. Das Schnellbahnnetz im wiedervereinigten Deutschland soll bis zum Jahr 2010 auf 3 200 km erweitert werden. Im Sinne der europäischen Integration werden hierbei auch Anschlüsse an die Nachbarländer berücksichtigt, die Bestandteil des 1990 vom Rat der

Kennziffer	1960	1965	1970	1975	1980	1985	1990	1995*
Streckenlängen [1000 km]								
Strecken insgesamt	30,7	30,4	29,5	28,8	28,5	27,6	26,9	41,7
Hauptstrecken	18,6	18,6	18,5	18,4	18,4	18,1	18,2	·
mehrgleisige Strecken	12,7	12,4	12,2	12,2	12,2	12,2	12,3	17,6
elektrifizierte Strecken	3,7	6,5	4,5	10,0	11,2	11,4	11,7	18,2
Verkehrsaufkommen [Mio.]								
Beförderte Personen	1 282	1 075	984	1 017	1 107	1 048	1 043	1 576
Personenkilometer [Pkm]	39 769	39 686	38 483	37 175	40 499	42 707	43 560	62 941
Beförderte Tonnen	327	317	366	314	333	304	282	309
Tariftonnenkilometer [tkm]	56 154	60 210	72 795	60 633	65 919	64 531	62 581	70 480
Beschäftigte [1000]								
Erwerbstätige insgesamt	498	465	401	421	343	297	249	316
· = kein Nachweis vorhanden * = einschl. der neuen Bundesländer								

Tab. 4.14: Kennziffern zum Schienenverkehr in der BRD 1960 – 1995

Quelle: BMV [Hrsg.]: Verkehr in Zahlen, Berlin (verschiedene Jahrgänge)

EG verabschiedeten Leitschemas für das Hochgeschwindigkeitsnetz sind. Hierdurch wird sich z. B. die Reisezeit zwischen Köln und Brüssel um 40 Minuten auf 1 3/4 Stunde verkürzen. Grenzüberschreitende Erleichterungen sind ab 1998 auch durch Züge mit Mehrstrombetrieb zu erwarten. Auf den nicht speziell ausgebauten Strecken sollen durch den Einsatz von Fahrzeugen mit gleisbogenabhängiger Wagensteuerung, den sogenannten Pendolino-Triebwagen, höhere Geschwindigkeiten bis 160 km/h ermöglicht werden.

Weitere Angebotsverbesserungen erhofft man sich durch die Privatisierung der Bahn und die Zulassung von Wettbewerbern (ILGMANN 1990, LINDENBLATT u. GIERSE 1994). Nach der Abtrennung der hoheitlichen Aufgaben, die vom Eisenbahn-Bundesamt (EBA) wahrgenommen werden, und der finanziellen Sanierung wurde am 1. 1. 1994 die Deutsche Bahn AG mit vier Geschäftsbereichen (Personenfernverkehr, Personennahverkehr, Güterverkehr und Fahrweg/Infrastruktur) gebildet, die später verselbständigt werden sollen (Verkehrsnachrichten, 12, 1993). Wichtig ist in diesem Zusammenhang, daß der Fahrweg bzw. die Infrastruktur und der Bahnbetrieb bzw. die Bereiche Personen- und Güterverkehr getrennt werden. Die Schienenwege sollen in Zukunft unterschiedlichen Anbietern von Transportleistungen zur Verfügung stehen. Für den Güterverkehr sind bereits neben der DBAG und ihren Tochtergesellschaften andere Unternehmen tätig. Ein weiterer wichtiger Schritt wurde am 1. 1. 1996 mit der Übertragung der Zuständigkeiten für den schienengebundenen Personennahverkehr vom Bund auf die Länder erreicht. Bei gleichzeitig erfolgtem Finanzausgleich sollen in Zukunft die Investitionen und Organisationsaufgaben des ÖPNV erleichtert werden. In der Praxis nehmen die unteren Gebietskörperschaften die Koordinierungsaufgaben wahr. Durch die sogenannte Regionalisierung der Zuständigkeiten erhofft man ein benutzerfreundlicheres Angebot im Rahmen der sich bildenden Verkehrsverbünde. Erste Erfahrungen mit diesen Neuerungen zeigen positive Ergebnisse (SPARMANN 1994).

4.3.2.2 Motorisierung und Verkehrsverlagerung auf die Straße

Das Verkehrsaufkommen hat sich in der Bundesrepublik zwischen 1960 und 1990 verdoppelt, unter Berücksichtigung der Beförderungsleistung ergibt sich für den Personenverkehr sogar eine Verdreifachung. Die enorme Zunahme entfällt zum weitaus überwiegenden Teil auf den Straßenverkehr und wird getragen von der privaten Motorisierung der Haushalte und dem gewachsenen Einsatz des Lkw für den Gütertransport. Prognosen im Rahmen des Bundesverkehrswegeplanes 1992 sagen bis zum Jahre 2010 ein weiteres Wachstum gegenüber dem Basisjahr 1988 von ca. 30 % für den motorisierten Personen- und Güterverkehr voraus. Unter Beibehaltung der gegenwärtigen Rahmenbedingungen müßte sich dadurch in vielen Bereichen ein Zusammenbruch des Verkehrs ergeben.

Die Zahl der Pkw hat sich von 4,5 Mio. im Jahre 1960 auf 30,7 Mio. 1990 erhöht und ist bis 1995, mitbedingt durch den Nachholbedarf in den neuen Bundesländern, nochmals um ca. 10 Mio. Fahrzeuge gestiegen (Abb. 4.20). Hinter diesen Zahlen steht der Wunsch der einzelnen Personen nach mehr Mobilität, die mit wachsender Freiheit und Freizeit bei mehr Einkommen sowie gesunkenen Kaufpreisen und Betriebs-

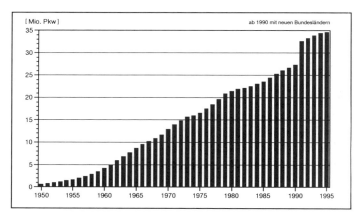

Abb. 4.20:
Zugelassene Pkw in der Bundesrepublik 1950 – 1995
Quelle: BMV [Hrsg.]: Verkehr in Zahlen, Berlin (verschiedene Jahrgänge)

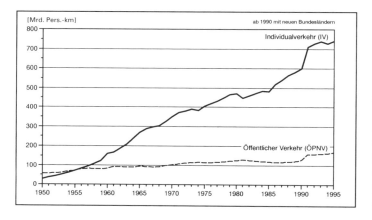

Abb. 4.21:
Motorisierte Personenverkehrsleistung des IV und ÖPNV in der Bundesrepublik 1950 – 1995
Quelle: BMV [Hrsg.]: Verkehr in Zahlen, Berlin (verschiedene Jahrgänge)

kosten für das persönliche Fahrzeug ermöglicht wird. Der Aktionsradius hat sich erheblich erweitert, was dadurch belegt wird, daß sich die pro Tag und Einwohner zurückgelegte Strecke von 5 km im Jahre 1958 in den folgenden 30 Jahren auf 25 km erhöht hat. Auf den motorisierten Individualverkehr (IV) entfallen über 80 % der Personenbeförderung, während der öffentliche Personennahverkehr (ÖPNV) von ca. 23 % im Jahre 1960 auf 8 % im Jahre 1991 zurückgefallen ist (Abb. 4.21). Eine kleinräumige Analyse des Motorisierungsgrades zeigt, daß im Randbereich der Ballungszentren bereits mehr als 550 Pkw je 1 000 Einwohner vorhanden sind, während in ländlichen Räumen der neuen Bundesländer Vergleichswerte noch unter 430 liegen, woraus ein weiteres Wachstumspotential abgeleitet werden kann (Abb. 4.22).

Der zweite Wachstumsbereich ist der Straßengütertransport, dessen Anteil sich von 32 % im Jahre 1960 auf annähernd 60 % erhöht hat, während die Güterbahn anteilig von 37 % auf 20 % zurückgefallen ist (Abb. 4.23). Die Ursachen für die Bevorzugung des Straßentransports liegen in den flexibleren Möglichkeiten der Anpassung an die Erfordernisse des gewandelten Transportmarktes und in der direkten Punkt-zu-Punkt-Beförderung. Im Rahmen der neuen Produktions- und Vermarktungskon-

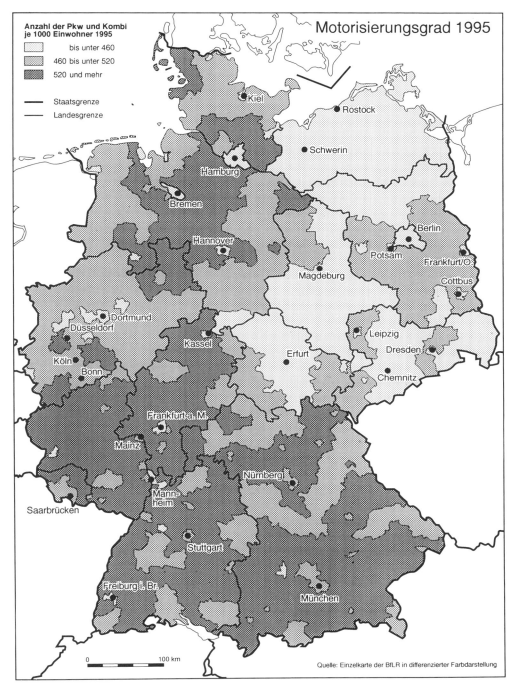

Abb. 4.22: Motorisierungsgrad in der Bundesrepublik auf Kreisbasis 1995
Quelle: Einzelkarte der BfLR in differenzierter Farbdarstellung

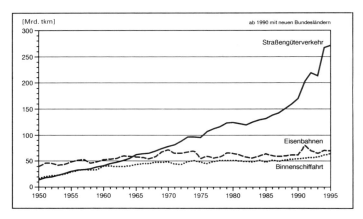

Abb. 4.23:
Güterverkehrsleistung auf
der Straße, Schiene und
Binnenwasserstraße
1950 – 1995
Quelle: BMV [Hrsg.]:
Verkehr in Zahlen, Berlin
(verschiedene Jahrgänge)

zepte müssen zunehmend kleinere Partien häufiger zeitgerecht zugestellt werden. Neben diesen Güterstruktur- und Logistikeffekten sind die einleitend bereits genannten neuen Organisationsstrukturen einer durch fortschreitende Arbeitsteilung und internationalen Handel gekennzeichneten Wirtschaft für das Wachstum des Güterverkehrs und die Bevorzugung des Lkw verantwortlich (geringere Fertigungstiefe, Auslagerung von Funktionen, Global sourcing, Just-in-time-Zustellung etc.).

Ausbau des Straßennetzes

Die wichtigste Voraussetzung für die Massenmotorisierung stellt das Straßennetz dar, dessen Ausbau im Eisenbahnzeitalter vernachlässigt wurde, weil ihm weitgehend nur noch ergänzende Funktionen zur Sammlung und Verteilung des Güter- und Personenaufkommens im Hinterland der Bahnhöfe zukam. Mit der Weiterentwicklung von Kraftfahrzeugen formierten sich in den 20er Jahren Interessen der Wirtschaft, der Touringbewegung und der größeren Kommunen zur Propagierung eines Autostraßennetzes. Entsprechende Übersichtspläne lagen 1930 vor, und ein kürzerer Streckenabschnitt zwischen Köln und Bonn war bereits erstellt, bevor der Nationalsozialismus im September 1933 mit der systematischen Realisierung des Autobahnbaus begann und Richtlinien für den Kraftwagenbetrieb vorlegte (Abb. 4.24). Bis 1939 wurden 3 700 km Autostraßen fertiggestellt, die sich bereits zu einem Teilnetz mit Berlin im Mittelpunkt zusammenfügten. Von der Reichshauptstadt aus gab es Verbindungen nach München, Hannover, Stettin und Frankfurt/Oder. Im Westen bestanden Teilstücke im Ruhrgebiet sowie zwischen Kassel, Karlsruhe und München, im Osten zwischen Königsberg und Danzig sowie bei Breslau und Dresden. Auch die Hansestädte Lübeck, Hamburg und Bremen waren untereinander verbunden.

Das Interesse an breiteren, längeren und schnelleren Autostraßen war auch in anderen Industrieländern nach dem Ersten Weltkrieg vorhanden, wie Baumaßnahmen für Park- und Freeways in den USA bzw. die Autostrada im Raum Mailand belegen (1935 ca. 500 km). Deutschland nahm zwar durch seine rasch vorangetriebenen Ausbauten und die dabei gewonnenen Erfahrungen eine Sonderstellung ein, die Autobahn stellt aber im Gegensatz zur häufig vertretenen Meinung kein originäres Projekt des Nationalsozialismus dar, und sie ist auch nicht primär im Zusammenhang mit

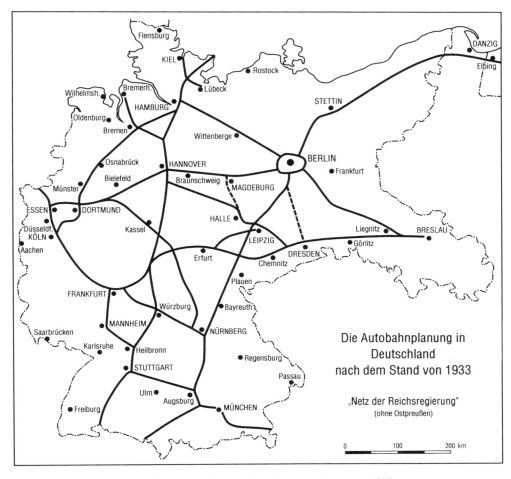

Abb. 4.24: Autobahnnetz für Deutschland nach dem Planungsstand von 1933
Quelle: ARL (1956): Forschungs- und Sitzungsberichte, **4**: 178

Kriegsvorbereitungen zu sehen. Vielmehr war sie auf die innerdeutsche Entwicklung ausgerichtet und zivilen Ursprungs (KUNZE u. STOMMER 1982; KAFTAN 1955).

Auch die Vorstellung, daß die Nachkriegsmotorisierung durch die rasche Weiterführung des Straßenbaus induziert wurde, stimmt nicht. Zwischen 1949 und 1958 wurden nur 158 km Bundesstraßen und 292 km Autobahnen in Weiterführung des früheren Netzes mit einem Gesamtaufwand von 4,7 Mrd. DM gebaut. Die Straßeninfrastruktur bot vielmehr erhebliche Engpässe für den sich zunehmend von der Schiene auf die Straße verlagernden Gütertransport. Außerdem war das Verkehrsgewerbe durch Zulassungsbeschränkungen und Tarifbindungen stark reglementiert. Versuche, durch verkehrspolitische Maßnahmen die Verlagerung weg von der Bahn zu bremsen und die Straßen vom Güterverkehr zu entlasten, scheiterten allerdings 1953 und nochmals 15 Jahre später 1968 am Widerstand der Automobil-Lobby (KLENKE 1995).

Erst das Verkehrsfinanzierungsgesetz 1955 und das Straßenbaufinanzierungsgesetz 1960 sowie die teilweise Liberalisierung des Gütertransports 1961 stellten die Weichen zugunsten des motorisierten Straßenverkehrs. Für den Ausbau der Bundesfernstraßen konnten jetzt Teile der Mineralölsteuer zweckgebunden eingesetzt werden, was die Verdreifachung der Autobahnstrecken und eine Aufstockung der Bundesstraßen um ca. 8 000 km zwischen 1960 und 1980 ermöglichte (Tab. 4.15). Die starke Zunahme der Bundesstraßen zu Beginn der 60er Jahre ist allerdings zum großen Teil durch Höherstufungen von Landes- und Kommunalstraßen und nicht durch Neubauten verursacht worden.

Zwischen 1960 und 1970 nahm der Anteil der Straße am Güterverkehr von 17% auf 19,4% zu, während der Schienenanteil gleichzeitig von 38,3% auf 32,2% zurückfiel. Der Lkw ersetzte zunehmend den Güterwagen und der Omnibus den Personenzug. Das

Kennziffer	1960	1965	1970	1975	1980	1985	1990	1995*
Bestand an Kfz [1 000 Stück]								
Kfz insgesamt	8 004	12 168	16 783	21 011	26 938	30 191	35 554	47 267
Pkw/Kombi	4 490	9 267	13 941	17 898	23 192	25 845	30 685	40 404
Krafträder	1 892	717	229	250	572	993	1 233	2 067
Busse	33	39	47	60	70	69	70	86
Lkw	681	877	1 028	1 121	1 277	1 281	1 389	2 215
Streckenlängen [1 000 km]								
Straßen insgesamt	135,7	155,6	162,4	168,2	171,5	173	174,0	228,6
Bundesautobahnen	2,6	3,2	4,1	5,7	7,3	8,2	8,8	11,1
Bundesstraßen	25,1	29,9	32,2	32,6	32,3	31,5	31,1	41,8
Landesstraßen	57,7	66,2	65,4	65,4	65,5	63,3	63,3	86,5
Kreisstraßen	50,1	56,3	60,7	64,4	66,4	70,1	70,7	89,2
Fahrleistungen von Kfz nach Straßenkategorien [Mrd. km]								
Straßen insgesamt	·	·	233,9	302,1	368,0	384,5	488,5	603,5**
Bundesautobahnen	·	·	35,0	55,5	80,7	94,5	135,6	180,9**
Bundesstraßen	·	·	70,0	72,7	83,6	84,3	103,3	·
Landesstraßen	·	·	48,3	53,1	64,3	66,2	80,7	·
Kreisstraßen	·	·	22,9	27,2	34,3	37,6	44,4	·
Gemeindestraßen	·	·	57,7	93,6	105,1	101,9	124,5	·
Straßenverkehrsunfälle [1 000]*								
Insgesamt	349,3	316,4	377,6	337,7	379,2	327,8	340,6	388,0
Getötete	13,5	14,6	17,5	13,5	11,9	7,7	7,1	8,5
Verletzte	335,8	301,7	360,1	324,2	367,3	320,1	333,5	379,5
· = kein Nachweis vorhanden * = einschl. der neuen Bundesländer ** = vorläufige Werte *** = mit Personenschäden								

Tab. 4.15: Kennziffern zum Straßenverkehr in der BRD 1960 – 1995
Quelle: BMV [Hrsg.]: Verkehr in Zahlen, Berlin (verschiedene Jahrgänge)

Abb. 4.25:

Jährliche Anzahl der im
Straßenverkehr Getöteten
1953 – 1995
Quelle: BMV [Hrsg.]:
Verkehr in Zahlen, Berlin
(verschiedene Jahrgänge)

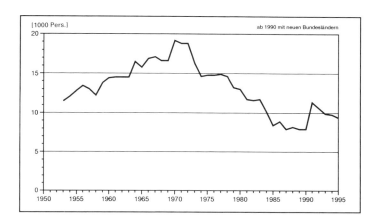

Abb. 4.25:

Jährliche Anzahl der im
Straßenverkehr Getöteten
1953 – 1995
Quelle: BMV [Hrsg.]:
Verkehr in Zahlen, Berlin
(verschiedene Jahrgänge)

Grundnetz der Bundesautobahn übernahm die Bedeutung der Eisenbahnfernstrecken und wurde ergänzt durch das ausgebaute engmaschige Netz der Landes- und Kreisstraßen. Betriebe des Produzierenden und Verarbeitenden Gewerbes waren dadurch nicht mehr auf den Gleisanschluß angewiesen. Die Dezentralisierung und räumliche Umverteilung des Gewerbes zugunsten der ländlichen Räume orientierte sich in stärkerem Maße an dem hier noch vorhandenen Arbeitskräftepotential.

Negative Auswirkungen auf die Umwelt und zunehmende Verkehrsunfälle mit 19 193 Toten und 532 000 Verletzten 1969 (Abb. 4.25) leiteten erst allmählich ein Umdenken in der Verkehrspolitik ein, das allerdings wegen der Weltwirtschaftskrise im Zusammenhang mit den Ölpreiserhöhungen durch die OPEC 1973 wieder gebremst wurde. Befürchtungen eines weiteren Verlustes von Arbeitsplätzen und einer Schwächung der Wettbewerbsfähigkeit der deutschen Industrie ließen eine Zeit- und Kostenbelastung der Betriebe im Transportwesen problematisch erscheinen. Auch in der Folge der Diskussion um die Ursachen des Waldsterbens und der Klimadiskussion in den 80er Jahren kam es nur zu begrenztem Einbau ökologischer Gesichtspunkte in die Verkehrs- und Wirtschaftspolitik. Da der Straßenverkehr zu den bedeutendsten Verursachern von Luftverunreinigungen in der BRD gehört, auf dessen Konto annähernd die Hälfte der Emissionen von Kohlenmonoxid und Stickoxiden entfällt, sind umfassende Untersuchungen zur Schadstoffemission und zu Landschaftsbeeinträchtigungen durchgeführt worden (vgl. SCHMITZ 1990, BERGMANN u. a. 1993). Auch die Umwelteffekte von Verkehrstrassen, die Flächenverbrauch, Versiegelung, Zerschneidung sowie Beeinträchtigung von Grundwasser, Boden und Biotopen beinhalten, wurden im Hinblick auf die Definition von Schutzmaßnahmen analysiert. Mit den Vorschriften zur Umweltverträglichkeitsprüfung (UVP) und zum Immissionsschutz sind auch wichtige Teilaspekte in die Praxis umgesetzt worden. Die positiven Wirkungen wurden allerdings durch das weitere Wachstum des Straßenverkehrs wieder neutralisiert.

Bedingt durch die deutsche Wiedervereinigung 1990, ergaben sich erneut gewichtige Gründe gegen einen tiefgreifenden Wandel der Verkehrspolitik. Ohne nachholenden Ausbau der wichtigsten Infrastrukturen hätten sich die Chancen der neuen Bundesländer im verschärften globalen Wettbewerb noch weiter verschlech-

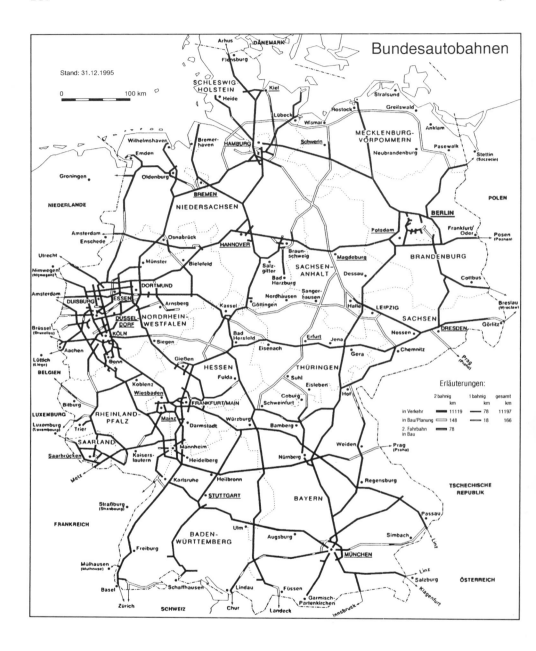

Abb. 4.26: Netz der Bundesautobahnen Ende 1995
Quelle: BMV – STB 30, Bonn 1996

Projekt-Nr.	Streckenverlauf	Länge [km]	Kosten [Mio. DM]
1. Schiene	Lübeck – Rostock – Stralsund	251	1 100
2. Schiene	Hamburg – Bücken – Berlin	270	3 600
3. Schiene	Uelzen – Salzwedel – Stendal	110	1 850
4. Schiene	Hannover – Stendal – Berlin	246	4 780
5. Schiene	Helmstedt – Magdeburg – Berlin	163	1 850
6. Schiene	Eichenberg – Nordhausen – Halle	170	280
7. Schiene	Bebra – Eisenach – Erfurt	100	730
8. Schiene	Nürnberg – Erfurt – Berlin	729	12 400
9. Schiene	Leipzig – Cossebaude – Dresden	106	2 680
10. Straße A20	Lübeck – Rostock – Grenze	290	3 190
11. Straße A2	Hannover – Berliner Ring	322	3 366
12. Straße A9	Nürnberg – Leipzig – Berlin	385	4 776
13. Straße A82	Göttingen – Nordhausen – Halle	147	1 617
14. Straße A14	Halle – Bernburg – Magdeburg	84	924
15. Straße A4	Kassel – Eisenach – Gorlitz	513	7 029
16. Straße A73/81	Erfurt – Schweinfurt bzw. Bamberg	217	2 237
17. Wasserstraße	Mittelland-Elbe-Havel-Kanal	250	4 000

Tab. 4.16: Verkehrsprojekte Deutsche Einheit 1991   Quelle: BMV (1991)

tert. Im Vorgriff auf den ersten gesamtdeutschen Verkehrswegeplan 1992 wurden deshalb bereits im September 1991 die 17 Verkehrsprojekte Deutsche Einheit zur Verbesserung der Verbindungen zwischen den Wirtschaftsregionen im Osten und Westen mit einem Gesamtvolumen von 56 Mrd. DM begonnen (Abb. 4.26 u. Tab. 4.16). Da die Planungs- und Genehmigungszeit bei großen Infrastrukturprojekten wegen der Beteiligung vieler betroffener Behörden, Institutionen und tangierter Privatpersonen häufig einen Zeitraum von 10 – 20 Jahren erfordert, verabschiedete das Bundeskabinett bereits am 8. 5. 1991 einen Gesetzentwurf zur Beschleunigung der Planung für Verkehrswege in den neuen Bundesländern und Berlin. Danach fallen das Raumordnungsverfahren und die erste Stufe der Umweltverträglichkeitsprüfung bei der Bundesverkehrswegeplanung für die 17 Trassen mit Aus- und Neubaustrecken bis 1995 bzw. 1999 weg. Die Linienbestimmung erfolgt direkt beim Bundesverkehrsministerium, und das Planfeststellungsverfahren wird durch die Plangenehmigung ersetzt. Die Öffentlichkeitsmitwirkung ist eingeschränkt und die Klagemöglichkeit auf eine Instanz beim Bundesverwaltungsgericht begrenzt.

Durch diese Maßnahmen und die weiteren Neu- und Ausbauten zur regionalen Erschließung sollen die Erreichbarkeitsverhältnisse in den neuen Bundesländern verbessert, Transporteinsparungen erzielt und die Standortqualität angehoben werden. Nennenswerte Veränderungen im Modal-Split zwischen Straße und Schiene sind nicht zu erwarten.

Auch in den alten Bundesländern sollen die langwierigen Planungsverfahren gestrafft werden, was unter Berücksichtigung der beteiligten Hierarchieebenen und der konträren Ziele der involvierten Interessengruppen schwierig sein dürfte. Auf der Ebene der Bundesfernstraßenplanung geht es zunächst um die generelle Abwägung der gesamtwirtschaftlichen Bedeutung (Energieeinsparungen, Verbesserung der Erreichbarkeit, Beschäftigungseffekte, Verkehrssicherheit) im Rahmen von Kosten-/Nutzenanalysen. Hinzugetreten sind seit 1985 die Umweltrisikoeinschätzung auf der Basis von EG-Richtlinien und des Gesetzes über die Umweltverträglichkeitsprüfung sowie die städtebauliche Beurteilung und Interdependenzuntersuchungen mit anderen Verkehrsträgern zur Abschätzung möglicher Nachfrageverlagerungen (z.B. zwischen Bahn und Straße). Nach der Aufnahme in den Bedarfsplan werden unter Berücksichtigung des Finanzierungsrahmens Dringlichkeitsstufen festgelegt, welche die Weiterführung und Konkretisierung der Planung entsprechend den Zuständigkeiten nach Bundes- und Landesrecht unter Einbeziehung von Fachbehörden, Gebietskörperschaften, Interessenverbänden und Betroffenen regeln. Erst nach der Durchführung des Raumordnungsverfahrens und der Linienbestimmung können die konkreten Vorentwürfe und finanzierungsrechtlichen Schritte eingeleitet werden, die mit der Planfeststellung bestätigt werden und die eigentliche Ausführung ermöglichen.

4.3.2.3 Transport auf Binnenwasserstraßen

Das Netz der Bundeswasserstraßen umfaßt 7 700 km, wovon 800 km als Seeschiffahrtsstraßen auf die Unterläufe der Flüsse Ems, Weser, Elbe und ihre Außenbereiche sowie den Nord-Ostsee-Kanal und die Seezufahrten nach Lübeck, Wismar, Rostock und Schwerin einschließlich des Strelasundes und des Peenestromes entfallen. Die restlichen 6 900 km gehören zu den Binnenwasserstraßen, die sich aus freien und staugeregelten Flußstrecken (77%) sowie Kanälen mit regionaler und internationaler Bedeutung zusammensetzen (BMV 1995). Während in Nordwest- und Ostdeutschland von einer echten Vernetzung der Wasserstraßen gesprochen werden kann, handelt es sich in Süddeutschland um eine Hauptmagistrale mit Verästelungen, die als Zubringer fungieren. Im folgenden wird nicht näher auf den maritimen Transport und den Seehafen eingegangen, weil diese Aspekte später im Kapitel über die maritime Basis in Norddeutschland behandelt werden (vgl. Kap. B.1). Da die Wasserstraßen in der Verkehrsdebatte bisher vernachlässigt worden sind, das Potential aber noch nicht voll genutzt ist und auch ohne Neuinvestitionen Reserven zu erschließen sind, wird ihnen in diesem Beitrag mehr Aufmerksamkeit geschenkt, als aufgrund der bisherigen Transportleistung gerechtfertigt erscheint.

Der Eingriff in das natürliche Abflußverhalten der Gewässer durch einfache Baumaßnahmen zur Verbesserung der Voraussetzungen für die Schiffahrt hat zwar eine lange Tradition, und in einzelnen Fällen wurden auch bereits im 18. und 19. Jahrhundert Kanäle angelegt, das heutige Wasserstraßennetz ist aber erst das Ergebnis der Aus- und Neubaumaßnahmen der letzten 100 Jahre. Es hat somit seine Ausprägung erst nach der Schaffung des Eisenbahnnetzes erhalten und verläuft häufig parallel zu Schienenwegen. Ähnlich wie bei anderen Transportsystemen haben technologische Veränderungen wie die Ablösung des Schleppzuges durch das Großmotorschiff und den Schubverband immer wieder Anpassungen der Wasserstraßen erforderlich gemacht. Wo diese unterblieben sind, haben sich Verkehre verlagert. Dies war auch in Ostdeutschland der Fall, wo die Verkehrspolitik der DDR einseitig die Eisenbahn bevorzugte und nur im Großraum Berlin den Wasserstraßen noch Bedeutung zukam.

Im Hinblick auf die Eignung für den Einsatz von Motorschiffen, Schleppkähnen und Schubverbänden wurde auf europäischer Ebene 1992 ein neues System zur Klassifizierung der Binnenwasserstraßen eingeführt. Die Kategorien I – III umfassen Schiffe bis zu 80 m Länge, 9 m Breite und 2,50 m Tiefgang sowie einer maximalen Brückendurchfahrtshöhe von 5 m bei einer Gesamttonnage von 1 000 t. Von internationaler Bedeutung sind die Klassen IV – VII, die Großmotorschiffe und Schubverbände bis zu 9 Einheiten bei einer Länge bis 285 m, Breite bis 34,20 m und einem Tiefgang bis 4,50 m zulassen. Die Brückendurchfahrtshöhe sollte 9,10 m betragen, was bisher nur in größeren Strömen gewährleistet ist (Abb. 4.27 u. Tab. 4.17).

Süddeutsche Wasserstraßen

Eine herausragende Stellung besitzt der Rhein mit seinen staugeregelten Nebenflüssen Mosel, Neckar und Main und der 1992 fertiggestellten Kanalverbindung zur Donau. Der annähernd 700 km lange Hauptstrom zwischen Rheinfelden und Emmerich ist bereits seit Mitte des 18. Jh. durch Maßnahmen der Flußregulierung wie Uferbefestigungen, Bau von Buhnen und Durchstich von Schlingen sowie später auch durch Stauregulierungen und Kanalbauten am Oberlauf für die Schiffahrt ausgebaut worden. Im Bereich des 53 km langen Rhein-Seitenkanals mit seinen vier Staustufen werden deshalb heute mit 4,50 m ganzjährig die höchsten Wassertiefen garantiert. Während im anschließenden Bereich des Schlingenausbaus und der Stauregelung bis Iffezheim nördlich von Karlsruhe auf 107 km noch Wassertiefen von 3 m bestehen, werden im frei fließenden Hauptstrom bis Köln nur noch 2,10 m bei Niedrigwasser erreicht. Im Unterlauf verschiebt sich diese Grenze wieder auf 2,50 m. Durch die Verkürzung der Flußstrecke und die Einengung des Querschnittes hat sich die Fließgeschwindigkeit und damit die Sohlenerosion erhöht, wodurch wiederum der Wasserspiegel gesenkt wurde, was am Pegel Duisburg zu einer Absenkung um 2,50 m führte.

Seit 1868 wird die Rheinschiffahrt durch ein Abkommen der Anliegerstaaten gemeinsam geregelt. Freier Zugang und freier Wettbewerb zeichnen deshalb die Entwicklung auf dieser Wasserstraße aus. Der Einsatz neuer Transportgeräte und logistischer Innovationen hat sich deshalb auf dem Rhein jeweils frühzeitig durchgesetzt. Parallel zur fortschreitenden Industrialisierung und der wirtschaftlichen Umstrukturierung wurden die Schleppzüge vergrößert, schnellere und spezialisiertere Motorschiffe nach dem Zweiten Weltkrieg eingeführt und in den letzten Jahren zunehmend energiesparende Schubeinheiten eingesetzt.

Der Rhein und seine Zubringer waren 1995 mit 63 % am Umschlag auf deutschen Binnenwasserstraßen beteiligt, und mit knapp 50 Mrd. tkm trugen sie sogar zwei Drittel der Verkehrsleistung in diesem Jahr bei (Bundesverband der Deutschen Binnenschiffahrt 1996). Im Austausch mit den westdeutschen Wasserstraßen wurden bei der Einmündung des Wesel-Datteln-Kanals 20 Mio. t und des Rhein-Herne-Kanals 16 Mio. t registriert. Weitere 16 Mio. t trugen die Mosel, 22 Mio. t der Main und 10 Mio. t der Neckar bei. Die restlichen 100 Mio. t sind den öffentlichen und privaten Rheinhäfen selbst zuzuordnen. Neben Duisburg mit 16,8 Mio. t 1992 und den be-

Abb. 4.27: Netz der Bundeswasserstraßen 1996 (vgl. auch Tab. 4.17)
Quelle: BMV – BW 27, Bonn 1996

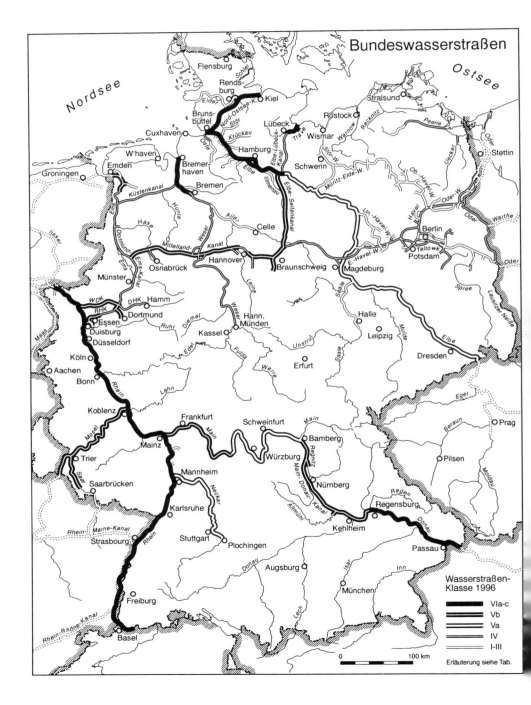

nachbarten Häfen (Köln 7 Mio. t, Neuss 4,5 Mio. t, Krefeld 3,6 Mio. t) sind in diesem Zusammenhang auch die Oberrheinhäfen Mannheim mit 7,5 Mio. t, Ludwigshafen mit 8,3 Mio. t bzw. Karlsruhe mit 11,1 Mio. t Umschlag besonders hervorzuheben. Während bei Oberwesel am Mittelrhein mit 32 Mio. t noch annähernd doppelt soviel Güter in der Berg- wie in der Talfahrt registriert wurden, war die Relation am Oberrhein bei Iffezheim mit 11,7 bzw. 16,7 Mio. t gerade umgekehrt.

Auch auf dem Rhein werden vorwiegend Massengüter transportiert. Seit Mitte der 70er Jahre hat die Containerschiffahrt aber einen großen Aufschwung erfahren. Die Anzahl der transportierten Boxen erhöhte sich von ca. 40 000 TEU im Jahre 1977 auf ca. 600 000 TEU 1995. Die damit verbundene Gütermenge wird auf 2,5 – 3 Mio. t geschätzt. Bei einem mittleren Ladevolumen pro Schiff von 150 TEU werden 150 Lkw (bzw. bei Leergut 75) oder drei Ganzzüge auf der Schiene ersetzt (HULSMANN 1993). Annähernd ein Dutzend Reeder, die teilweise zu Fahrgemeinschaften zusammengeschlossen sind, bieten heute regelmäßige Abfahrten von und nach Rotterdam und Antwerpen für ca. 30 süd- und westdeutsche Häfen an (LAUENROTH 1994). An den meisten Umschlagplätzen stehen bereits KLV-Terminals zur Verfügung oder befinden sich im Aufbau. Leider wurden diese Aktivitäten zunächst nicht angemessen in die Masterpläne des BMV und der DB integriert (BÖB 1996).

Tab. 4.17: Klassifizierung der europäischen Binnenwasserstraßen
Quelle: BMV – BW 27, Bonn 1994

Typ der Binnenwasserstraße	Klasse der Binnenwasserstraße	MOTORSCHIFFE UND SCHLEPPKÄHNE Typ des Schiffes: Allgemeine Merkmale					SCHUBVERBÄNDE Art des Schubverbandes: Allgemeine Merkmale					Brückendurchfahrtshöhe
		Bezeichnung	maxim. Länge L (m)	maxim. Breite B (m)	Tiefgang d (m)	Tonnage T (t)	Formation	Länge L (m)	Breite B (m)	Tiefgang d (m)	Tonnage T (t)	
1	2	3	4	5	6	7	8	9	10	11	12	13
VON REGIONALER BEDEUTUNG — WESTLICH DER ELBE	I	Penische	38,5	5,05	1,8-2,2	250-400						4,0
	II	Kempenaar	50-55	6,6	2,5	400-650						4,0-5,0
	III	Gustav Koenigs	67-80	8,2	2,5	650-1 000						4,0-5,0
VON REGIONALER BEDEUTUNG — ÖSTLICH DER ELBE	I	Gross Finow	41	4,7	1,4	180						3,0
	II	BM-500	57	7,5-9,0	1,6	500-630						3,0
	III		67-70	8,2-9,0	1,6-2,0	470-700		118-132	8,2-9,0	1,6-2,0	1 000-1 200	4,0
VON INTERNATIONALER BEDEUTUNG	IV	Johann Welker	80-85	9,50	2,50	1 000-1 500		85	9,50	2,50-2,80	1 250-1 450	5,25 od. 7,00
	V a	Große Rheinschiffe	95-110	11,40	2,50-2,80	1 500-3 000		95-110	11,40	2,50-4,50	1 600-3 000	5,25 od. 7,00 od. 9,10
	V b							172-185	11,40	2,50-4,50	3 200-6 000	9,10
	VI a							95-110	22,80	2,50-4,50	3 200-6 000	7,00 od. 9,10
	VI b	3)	140	15,00	3,90			185-195	22,80	2,50-4,50	6 400-12 000	7,00 od. 9,10
	VI c							270-280	22,80	2,50-4,50	9 600-18 000	9,10
								195-200	33,00-34,20	2,50-4,50	9 600-18 000	
	VII							285	33,00-34,20	2,50-4,50	14 500-27 000	9,10

Durch die Einführung der fahrplanmäßigen Container- und RoRo-Dienste wird nachgewiesen, daß das Binnenschiff durchaus nicht nur im Massenguttransport von Punkt zu Punkt, sondern auch im Rahmen von integrierten Transportketten höherwertiger Güter mit zeitgerechter Lieferung erfolgreich eingesetzt werden kann (KIESERLING 1995). So bezieht das Versandhaus Neckermann Waren aus Ostasien im Container via Rotterdam und Binnenschiff nach Frankfurt mit nur zwei Tagen längerer Laufzeit im Vergleich zum Bahntransport über die deutschen Nordseehäfen, spart dabei aber gleichzeitig 200,– DM Transportkosten pro Einheit. Auch die Beförderung fabrikneuer Pkw wird zunehmend mit Spezialbinnenschiffen zu den Im- und Exporthäfen durchgeführt (MÜLLER 1991).

Der Ausbau der Mosel zur Großschiffahrtsstraße erfolgte zwischen 1956 und 1964 auf der Basis eines Vertrages zwischen Deutschland, Frankreich und Luxemburg, der im Zusammenhang mit der Wiedereingliederung des Saargebietes gesehen werden muß. Die Bedeutung für den Binnenverkehr auf dem deutschen Moselabschnitt ist eher gering, wenn man von Fahrgastschiffen im Sommerhalbjahr absieht. Es handelt sich vielmehr um Transitverkehr nach Frankreich und Luxemburg sowie ab 1989, nach der Eröffnung des Saar-Kanals zwischen Konz und Dillingen, auch um Güter aus diesem Revier, die insbesondere der Dillinger Hütte zuzuordnen sind (NIES 1994, STENGLEIN 1994). Im Bergverkehr werden auf der Mosel vorwiegend Eisenerze, Kohle und Mineralölerzeugnisse transportiert und zu Tal landwirtschaftliche Produkte, Baustoffe und Eisen. Auf der 270 km langen Strecke bis Thionville an der französischen Obermosel mußten 14 Staustufen gebaut werden, um eine Fahrwassertiefe von 2,70 m sowie eine Breite von 40 m für Motorschiffe mit 1 500 t Tragfähigkeit oder Schubverbände mit 3 300 t zu ermöglichen. Die Baukosten im deutschen Abschnitt betrugen ca. 450 Mio. DM (STENGLEIN 1994). Da sich der Gütertransport von 10 Mio. t 1970 auf über 15 Mio. t 1989 erhöht hat, sieht der BVWP 1992 einen Ausbau von 2 Schleusen sowie eine Vertiefung um 30 cm auf 3 m unterhalb der Saarmündung vor.

Der stauregelte Ausbau des Neckars zwischen Mannheim und Plochingen wurde vor dem Zweiten Weltkrieg begonnen. 1935 konnte die 113 km lange Teilstrecke bis Heilbronn eröffnet werden, 1958 erreichte der Ausbau Stuttgart und 1968 den Endhafen. Für die Überwindung einer Höhendifferenz von 160 m waren auf der Gesamtstrecke von 203 km 27 Schleusen erforderlich, die zugleich der Elektrizitätsgewinnung dienen. An der Schleuse Freudenheim wurden 1995 vom Rhein kommend 7,6 Mio. t Güter registriert, während zu Tal nur 2,5 Mio. versandt wurden.

Der Untermain ist bereits vor der Jahrhundertwende verstärkt für den Massenguttransport der Industrie genutzt worden. Die Stauregelung erlaubte 1886 die Zufahrt nach Frankfurt mit 1 000-t-Schiffen. 1901 war der Ausbau bis Offenbach, 1913 bis Hanau und 1921 bis Aschaffenburg fortgeschritten. Durch den Krieg wurden 1940 die Aktivitäten in Würzburg unterbrochen. Die Fortsetzung in den 60er Jahren erfolgte mit dem Ziel, den Anschluß an die Donauwasserstraße zu erreichen. 1962 waren auf dem Main bis Hallstadt bei Bamberg insgesamt 34 Staustufen für die Überwindung eines Höhenunterschiedes von 149 m errichtet worden (SCHMITT 1980).

Am 25. 9. 1992 wurde der Main-Donau-Kanal zwischen Bamberg und Kehlheim nach fast 25jähriger Bauzeit und einem Gesamtkostenaufwand von ca. 4,7 Mrd. DM fertiggestellt (RUMPF u. KEITEL 1992). Der Kanal ermöglicht bei 4 m Wassertiefe und 55 m Spiegelbreite den Einsatz von Motorschiffen bis 2 000 t bzw. Schubverbänden bis

3 300 t. Ursprünglich sollte die 1921 gegründete Rhein-Main-Donau-Gesellschaft (RMD) den Bau aus Erträgen der ihr bis zum Jahre 2050 überlassenen Wasserkraftwerke in diesem Bereich finanzieren. Diese Mittel in Höhe von 50 – 60 Mio. DM pro Jahr reichten aber bereits nach Fertigstellung der Nordstrecke zwischen Bamberg und Nürnberg nicht mehr zum Weiterbau, so daß die Bundesregierung und der Freistaat Bayern aufgrund eines 1966 geschlossenen Vertrages in die Pflicht genommen wurden.

Der Ausbau des 171 km langen Kanals über eine Wasserscheide von 175 m Höhe erforderte die Anlage von 16 Staustufen mit Schleusenkammern von 12 m Breite und 190 m Länge sowie einer Hubhöhe von 25 m. Nur 5 Gefällstufen können zur Energiegewinnung herangezogen werden, weil Wasser nur in begrenztem Umfange aus lokalen Ressourcen entnommen werden kann und über große Distanzen von der Donau herangeführt werden muß. Für jede Schleusung sind ca. 20 000 t Wasser 51 m hochzupumpen, was 4 080 kWh zum Preis von 600,– DM erfordert. Auch aus anderen Kosten-Nutzen-Abwägungen kommt WIRTH (1995) zu der kritischen Bewertung, daß der Europakanal eine Fehlinvestition war und bereits bei seiner Fertigstellung den gewachsenen Anforderungen einer zukunftsorientierten, leistungsfähigen Binnenschiffahrt nicht mehr genügte. Die Prognosen für die mittelfristige Entwicklung des Güterverkehrs im Vorfeld des Kanalbaus schwankten zwischen 15 – 20 Mio. t (IFO 1970 / RMD 1968) und 3 – 7 Mio. t (DIW 1982 / Bayerische Staatsregierung 1983). Allen pessimistischen Einschätzungen zum Trotz hat sich die Registrierung der Gütermenge im Kanal bisher positiv entwickelt: von 2,4 Mio. t 1993 auf 4,1 Mio. t 1995. Allerdings handelte es sich hierbei weniger um Aktivitäten, welche die Regionalentwicklung im Kanalbereich selbst stimulieren, sondern um Transitgüter für Österreich.

Auch auf der Donau, die zwischen 1922 und 1968 durch Niedrigwasserregulierungen auf 2 m Wassertiefe ausgebaut worden war, wurden nach 1977 unterhalb von Kehlheim vier Staustufen errichtet. Damit fehlt heute für einen durchgehenden Ausbau auf einer Abladetiefe von 2,50 m bei Regulierungsniedrigstwasser nur noch die Flußstrecke zwischen Straubing und Vilshofen. Hierfür wären erneut Mittel in Höhe von mindestens 1,3 Mrd. DM erforderlich. Das Projekt stößt insbesondere bei Umweltschützern auf erbitterten Widerstand, und da im österreichischen und ungarischen Donauabschnitt gegenwärtig nicht einmal 2 m Abladetiefe ganzjährig garantiert werden, erscheint der Weiterbau nur von begrenztem generellen Nutzen.

Norddeutsche Binnenwasserstraßen

Das Ruhrgebiet hat über den Rhein-Herne- und den Wesel-Datteln-Kanal sowohl Anschluß an das Rheinsystem als auch über den Dortmund-Ems- und Mittellandkanal an das norddeutsche Wasserstraßennetz, das die Querverbindung bis zur Oder und den Zugang zu Industriestandorten im Vorland der Mittelgebirge bzw. an den Küsten vermittelt. Am Beginn des westdeutschen Wasserstraßenausbaus stand die Anbindung des ostwestfälischen Industriegebietes an den preußischen Seehafen Emden. Zwischen 1891 und 1899 wurde der 225 km lange Dortmund-Ems-Kanal für Schiffe mit 67 m Länge, 8,20 m Breite und 2 m Tiefgang sowie einer Tragfähigkeit von 600 – 700 t gebaut. Diese Maße wurden auch 1906 beim Baubeginn anderer Wasserstraßen als Norm verwendet. Die Anbindung an den Rhein erfolgte erst 1914 mit der Vollendung des Rhein-Herne-Kanals und wurde durch den 1915 begonnenen und 1931 fertiggestellten Wesel-Datteln-Kanal verbessert (STRÄHLER 1984).

Auch die große Ost-West-Verbindung wurde bereits 1906 mit dem Ems-Weser- bzw. Mittellandkanal begonnen, der wegen politischer Widerstände zunächst nur bis Minden (1915) bzw. Hannover-Misburg (1916) gebaut wurde. Zur Verbesserung der Schiffahrt auf der Weser waren 1912 und 1916 zwei Staustufen errichtet worden, die ab Mitte der 30er Jahre durch fünf weitere Schleusen ergänzt wurden. Eine gleichbleibende Wassertiefe von 2 m zwischen Minden und Bremen konnte aber erst nach Abschluß der Arbeiten 1960 erreicht werden (BRAUN 1979).

Nach dem Bau von Stichkanälen nach Anderten, Hildesheim und Peine waren 1928 die wichtigsten Industriegroßstädte an den Mittellandkanal angeschlossen, und der Weiterbau nach Osten bis zur Elbe fand 1938 mit der Fertigstellung des Schiffshebewerkes Rothensee sein vorläufiges Ende, ohne daß die vorgesehene Trogbrücke über die Elbe und das Doppelschiffshebewerk Hohenwarthe realisiert wurden. Die Verbindung über die Elbe nach Hamburg war damit zwar möglich, wurde aber durch starke Wasserspiegelschwankungen behindert. Auch die Weiterfahrt zur Ostsee über den 1900 fertiggestellten Elbe-Lübeck-Kanal war wegen der veralteten Baunormen wenig attraktiv. Demgegenüber verbesserte sich ab 1935 die Anbindung des Ruhrgebietes an die Unterweser mit Bremen durch die Fertigstellung des Küstenkanals von der Ems-Wasserstraße nach Oldenburg und weiter über die Hunte. Erst nach dem Zweiten Weltkrieg wurde durch den Bau des 1976 beendeten Elbe-Seitenkanals eine leistungsfähige Verbindung zwischen dem Mittellandkanal und dem Hamburger Hafen geschaffen.

Bereits 1965 war zwischen der Bundesregierung und den norddeutschen Ländern ein Langfristprogramm zum Ausbau der Wasserstraßen für das Europaschiff mit einem Tiefgang von 2,50 m und einer Tragfähigkeit von 1 350 t vereinbart worden. Die maximale Gütermenge auf dem westdeutschen Kanalnetz erreichte 1968 63 Mio. t, sank aber bis 1995 wieder um ca. 10 Mio. t, was auf die abnehmenden Kohle- und Erztransporte zurückzuführen ist. Auch im Weser- und Elbegebiet gab es trotz der Ausbauten keine größeren Zuwächse, weil die Verluste beim Massengutaufkommen nicht durch Containerverkehre kompensiert werden konnten. Dies ist insbesondere darauf zurückzuführen, daß die Durchfahrtshöhen bei Brücken keine Mehrfachstapelung erlauben und die Schleusenkammern für größere Schiffseinheiten nicht ausreichen. Der Umschlag der Binnenhäfen am Mittellandkanal ist deshalb im Vergleich zu den Rheinhäfen wesentlich geringer und erreicht in keinem Falle 1 Mio. t (SUDMEYER 1992).

Das Wasserstraßennetz der ehemaligen DDR umfaßt 2 400 km, die sich in weiten Teilen noch auf dem Niveau des Vorkriegsstandards befinden und in hohem Maße reparaturbedürftig sind, falls eine Wiedereingliederung erfolgen soll. Dies gilt zumindest für die Ost-West-Verbindungen nach Berlin und weiter bis zur Oder. Die Elbe als zweitgrößter Strom Deutschlands ist bisher vergleichsweise wenig an die Bedürfnisse einer modernen Schiffahrt angepaßt worden, wenn man von den mehrmaligen Vertiefungen auf bis zu 13,50 m im Unterlauf als Zugang zum Hamburger Hafen absieht. Die 1962 fertiggestellte Staustufe bei Geesthacht grenzt die Tideelbe vom Oberlauf ab. Die folgenden 590 km bis zur tschechischen Grenze sind nur stellenweise durch Buhnen-, Deck- und Leitwerke reguliert und erlauben in den Sommermonaten teilweise nur Abladetiefen unter 2 m. Durch Wasserentnahme für Beregnungsanlagen wird gerade in dieser Jahreszeit noch eine weitere Absenkung um 25 – 40 cm erreicht. Der Verkehr hat sich deshalb weitgehend auf den Elbe-Seitenkanal verlagert.

Herausragende Bedeutung, aber zugleich Engpaßfunktion hat die ca. 10 km lange Elbstrecke bei Magdeburg, welche die Verbindung zwischen dem östlichen Teil des Mittellandkanals und der Einmündung des Elbe-Havel-Kanals herstellt, der 1938 für den Berlinverkehr in Betrieb genommen wurde. Bis 1992 transportierten hier jährlich ca. 11 000 Schiffe 3 Mio. t Güter nach Westberlin, vorwiegend Kohle und Heizöl (LÖTTGERS 1994). Der Engpaß in Magdeburg sowie die Gesamtstrecke zwischen Elbe-Seitenkanal und Berlin sollen im Rahmen des Verkehrsprojektes Deutsche Einheit Nr. 17 in den kommenden 10 Jahren für Großmotorschiffe und Schubverbände mit einer Abladetiefe von 2,80 m unter Einsatz von 4 Mrd. DM ausgebaut werden. Eingeschlossen sind der 135 km lange Havel-Oder-Kanal sowie die 130 km lange Spree-Oder-Wasserstraße, auf denen zur Zeit vorwiegend Baustoffe nach Berlin transportiert werden. Auch die Oder weist ähnlich wie die Elbe stark schwankende Wasserstände auf, welche die Schiffahrt behindern. Von deutscher Seite wird dieser Wasserweg bisher fast nur für Massentransporte nach Eisenhüttenstadt genutzt. Größere Eingriffe in das natürliche Flußregime sind hier wie auch im Bereich der Elbe nicht vorgesehen.

Zusammenfassend zeigt Abbildung 4.28 nochmals, daß die Bedeutung der Wasserstraßen für den Gütertransport sehr unterschiedlich ist. Besonders treten die Zufahrten zu den Überseehäfen und die nicht näher behandelte Seeschiffahrtsstraße Nord-Ostsee-Kanal sowie der Unter- und Mittelrhein hervor . Generell nehmen die Transportmengen mit zunehmender Entfernung von der Küste ab und sind auf den meisten Strecken im Binnenland vergleichsweise gering, was die Vermutung zuläßt, daß in diesem Bereich noch unzureichend genutzte Potentiale vorhanden sind. Die direkt zu erschließenden Kapazitätsreserven werden auf 20% geschätzt, und nach der Beseitigung von wenigen Engpässen ließe sich auch ohne größere Baumaßnahmen eine Verdoppelung der Binnenschiffsleistung erreichen (HULSMANN 1993, S. 13). 1995 wurden insgesamt ca. 238 Mio. t Güter im binnenländischen Verkehr auf Schiffen transportiert, was bei 64 Mrd. tkm ca. 15% der Güterverkehrsleistung dieses Jahres entspricht (Verkehr in Zahlen 1996). Der Schwerpunkt der Beförderung liegt bei Massengütern wie Baustoffen, Kohle, Erzen, Mineralölprodukten sowie Getreide- und Düngemitteln, die generell in der heutigen Wirtschaft an Bedeutung verloren haben. Daneben werden schwere und sperrige Stückgüter auf einigen Strecken transportiert. Nur auf dem Rhein hat in den letzten Jahren auch der Containerverkehr größere Zuwächse zu verzeichnen.

Verkehrspolitische Bewertung des Binnenschiffstransports

Auf der Basis des Jahres 1988 wurde für die alten und neuen Bundesländer bis zum Jahre 2010 eine Zunahme des Binnenschiffstransports von 63 Mrd. tkm auf 116 Mrd. tkm prognostiziert (+84%). Für den Ausbau der Bundeswasserstraßen sind im BVWP 1992 insgesamt 30,3 Mrd. DM vorgesehen, von denen ein großer Teil in den neuen Bundesländern investiert werden muß, um die Angleichung der von der DDR vernachlässigten Wasserstraßen an den westeuropäischen Standard voranzutreiben (BARG 1995). Priorität hat die West-Ost-Verbindung über den Mittellandkanal vom Raum Hannover nach Berlin für Motorgüterschiffe mit einer Tragfähigkeit von 2 000 t bzw. für Schubverbände von 3 500 t (BMV 1991). Hieraus wird deutlich, daß die Verkehrspolitik der Bundesregierung auf eine stärkere Einbeziehung des Schiffstransports zur Entlastung von Schiene und Straße ausgerichtet ist.

Abb. 4.28: Güterverkehr auf dem Hauptnetz der Bundeswasserstraßen 1993
Quelle: BMV (1995)

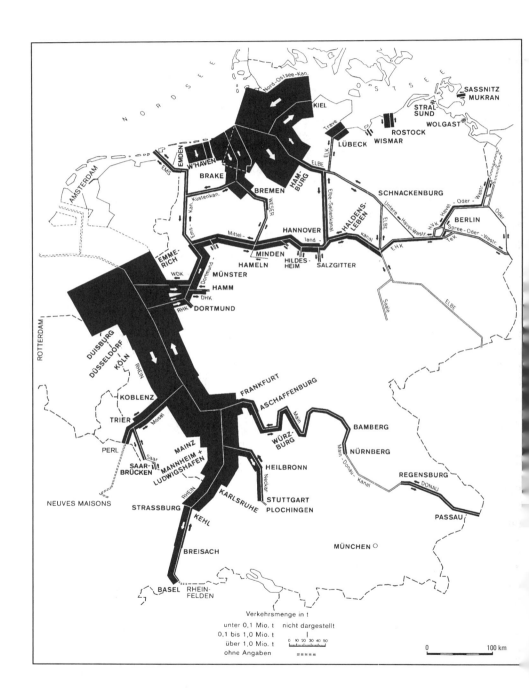

Die Vorzüge des Binnenschiffs liegen nicht nur in seinem großen Transportvolumen und geringen Energieverbrauch, sondern auch im begrenzten Lärmpegel und in der vergleichsweise niedrigen Belastung von Luft, Wasser und Boden durch Schadstoffe. Außerdem werden die Transportzeiten nicht an Feiertagen und Wochenenden eingeschränkt, und es sind nur selten Schiffsunfälle zu verzeichnen, woraus sich eine besondere Eignung für den Gefahrguttransport ergibt. Im Vergleich zum Lkw müssen für 100 tkm statt 29 kWh nur 10 kWh aufgewendet werden. Der Energieverbrauch und die Umweltkosten für den Transport von 1 000 tkm werden mit 2,26 DM um ein vielfaches niedriger als im Vergleich zu 42,69 DM beim Lkw angegeben (vgl. ZIMMERMANN 1992, S. 1056).

Demgegenüber stehen die Nachteile einer relativ geringen Geschwindigkeit von 8 – 12 km/h, die allerdings nicht durch Ruhezeiten am Wochenende weiter eingegrenzt werden. Die Netzdichte erlaubt in vielen Fällen keine Punkt-zu-Punkt-Beförderung und erfordert eine Kombination mit anderen Verkehrsträgern. Teilweise ergeben sich auch jahreszeitliche Begrenzungen durch Hoch- und Niedrigwasserstände bzw. Eisbildung. Für die Flußstrecke Duisburg – Rotterdam werden ca. 14 Stunden, stromauf aber 24 Stunden benötigt. Im Gegensatz dazu erfordert die Kanalstrecke Bremerhaven – Berlin wegen der 15 Schleusen und eines Schiffshebewerks zwischen 7,5 und 9,5 Tage. Hinzu kommt, daß die Ladefläche der Binnenschiffe auf Kanälen wegen der begrenzten Durchfahrtshöhe bei Brücken und der Abmessungen der Schleusen kaum gesteigert werden kann, was sich insbesondere beim Containertransport negativ auswirkt und erklärt, daß sich diese Transporte bisher weitgehend auf den Rhein beschränken, wo Drei- bis Vierfachstapelung möglich ist. Abhilfe könnte hier durch völlig neue Schiffskonstruktionen und Antriebssysteme geschaffen werden.

Trotz der preisgünstigen Frachtraten, die sich nach dem Wegfall der staatlich vorgeschriebenen Einheitstarife am 1. 1. 1994 und der Freigabe der Kabotage am 1. 1. 1995 wegen des hierdurch ausgelösten stärkeren Wettbewerbs und bestehender Überkapazitäten teilweise um 50 – 60% reduziert haben, ist es bisher noch nicht zu einer nennenswerten Verlagerung des Gütertransports auf das Binnenschiff gekommen (Tab. 4.18). Dies mag teilweise darauf zurückzuführen sein, daß auch die Liberalisierung der Schiffsmärkte bei den sich verstärkenden Engpässen im Straßen- und Schienenverkehr nicht ausgereicht hat, um ein Umdenken der Verlader zu bewirken und die vorhandenen Kapazitäten zu nutzen. Teilweise werden von der DB, die ihren Gütertransport ebenfalls erhöhen möchte, auf Parallelstrecken zu Wasser-

Kennziffer	1960	1965	1970	1975	1980	1985	1990	1995*
Binnenschiffahrt								
Beförderte Menge [Mio. t]	103,4	116,7	137,4	122,4	126,4	105,3	102,7	99,9
Tonnenkilometer [Mrd.]	27,7	30,4	35,5	34,2	35,7	30,9	31,9	31,6
Erwerbstätige [1 000]	32,0	27,0	18,0	15,0	12,0	11,0	9,0	9,0
* = einschl. der neuen Bundesländer; vorläufige Werte								

Tab. 4.18: Kennziffern zur Binnenschiffahrt in der BRD 1960 – 1995
Quelle: BMV [Hrsg.]: Verkehr in Zahlen, Berlin (verschiedene Jahrgänge)

straßen bis zu 30 % niedrigere Sondertarife eingeräumt, welche die Preisvorteile des Schiffs nicht zur Wirkung kommen lassen. Diese Praktiken führten bereits nach der Fertigstellung des Elbe-Seitenkanals 1976 dazu, daß die Erztransporte aus dem Hansaport in Hamburg nicht – wie zur Rechtfertigung des teuren Kanalbaus angeführt – auf dem Wasserwege, sondern weiterhin zu den aus Wettbewerbsgründen jetzt gesenkten Bahntarifen über die Schiene befördert wurden.

Die Bundesregierung muß zur Verwirklichung ihrer politischen Zielsetzungen einer stärkeren Einbeziehung der Wasserstraße für den Gütertransport deshalb zusätzliche Anreize bieten, und die Transporteure müssen über ein besseres Marketing und ergänzende logistische Dienstleistungen ihre Vorzüge aktiver vertreten. Traditionelle Verhaltensweisen und Betriebsstrukturen sowie sinkende Erträge haben dem bisher entgegengewirkt. Bei der Dominanz kleinerer Unternehmen und der Tendenz der größeren Gesellschaften zum Verkauf ihrer Schiffe an Partikuliere, die mit geringeren Kostenbelastungen kalkulieren können, sind Maßnahmen zum Ausbau des Services durch den Aufbau von regelmäßigen Linienverkehren und die Integration in kombinierte Transportketten nur durch mehr Zusammenarbeit der Schiffseigner möglich. Für erforderliche technologische Neuerungen beim Antrieb und für den Einsatz von neuen Spezialschiffen und Schubeinheiten sind hohe Investitionen erforderlich, welche die mit geringen Margen operierenden Partikuliere kaum leisten können. Auch für den Ausbau der Binnenhäfen und die Einrichtung von GVZ an Wasserstraßen müßten Planungshilfen und Investitionszuschüsse von der öffentlichen Hand bereitgestellt werden, wenn eine Modernisierung des Binnenschiffstransports und eine Einbeziehung in moderne Transportkonzepte einschließlich von Just-in-time Lieferungen gelingen sollen.

4.3.2.4 Wachsende Bedeutung des Luftverkehrs

Die Beförderung mit dem Flugzeug war in den Nachkriegsjahren der am stärksten gewachsene Verkehrsbereich mit teilweise zweistelligen Steigerungsraten und nur kürzeren Stagnationsphasen. Bis zum Jahre 2000 werden weitere durchschnittliche Erhöhungen von 5 – 7 % jährlich erwartet. Die Gründe für diese dynamische Entwicklung liegen in der zunehmenden weltwirtschaftlichen Verflechtung und dem damit im Zusammenhang stehenden Geschäftsreiseverkehr sowie dem Austausch hochwertiger Luftfracht, aber auch in der gesteigerten Reiselust der Ferntouristen, die insbesondere den Charterverkehr belebt haben.

Ermöglicht bzw. verstärkt wurde der Boom durch technologische Innovationen, die den Bau immer größerer, schnellerer und leistungsfähigerer Flugzeuge anregten und durch das verbesserte Angebot bei gleichzeitig sinkenden Preisen eine Verlagerung des Transports in die Luft beflügelten. Superjumbos mit 800 bis 1 000 Plätzen sind zwar noch nicht gebaut, befinden sich aber in der Diskussion. Wegen der immer stärkeren Inanspruchnahme des verfügbaren Luftraumes und der Restriktionen beim Ausbau der Infrastruktur zur Koordinierung der Flüge in der Luft und am Boden ist die Sicherheit bereits teilweise in Frage gestellt. Es kommt immer häufiger zu Verspätungen während der überlasteten Tages- und Jahreszeiten.

In der Bundesrepublik gab es 1995 insgesamt 16 internationale Verkehrsflughäfen und eine größere Zahl von regelmäßig mit Kleinflugzeugen bedienten Regionalzentren. 112 Mio. Passagiere und 2,2 Mio. t Fracht (+ Post) wurden befördert. Mehr als 100 000 Arbeitskräfte waren direkt und weitere ca. 200 000 indirekt vom Flugverkehr abhängig. Einen Einblick in die Entwicklung und Struktur des Luftverkehrs in der Bundesrepublik unter Berücksichtigung der wichtigsten Flughäfen vermitteln Tabelle 4.19 und Abbildung 4.29. Die Verkehrsleistung von Fluggesellschaften in der BRD hat sich von 35 750 Mio. Pkm im Jahre 1980 auf 115 190 Mio. Pkm 1995 mehr als verdreifacht und ist im Frachtbereich sogar von 1 730 Mio. tkm auf 6 170 Mio. tkm angewachsen (unter Einbeziehung der neuen Bundesländer; Verkehr in Zahlen 1996).

Die Wachstumsraten der Flugbewegungen lagen deutlich niedriger als die Vergleichswerte für Fluggäste und Fracht, was auf die größer gewordenen Transportmittel zurückzuführen ist. 1980 entfielen auf ein Flugzeug im Durchschnitt 130 Sitzplätze, während 10 Jahre später bereits 174 Sitzplätze zur Verfügung standen. Im Jahresverlauf ergeben sich deutliche Verkehrsspitzen in den Sommermonaten sowohl im Hinblick auf die Passagiere als auch auf die Fracht, wie die Darstellungen

Flugverkehr	1960	1965	1970	1975	1980	1985	1990	1995*
Gestartete und gelandete Luftfahrzeuge [1 000]	364	499	806	809	822	1545	2173	2610
Beförderte Personen [1 000]	7 818	16 264	32 076	38 170	49 003	55 580	80 647	111 766
Berlin	1 535	3 152	5 538	3 990	4 480	4 553	6 710	11 061
Düsseldorf	941	1 791	3 600	5 218	7 226	8 227	11 912	15 210
Frankfurt/Main	2 171	4 796	9 366	12 757	17 605	20 225	26 568	38 413
Hamburg	947	1 748	3 129	3 645	4 554	4 854	6 305	8 272
Hannover	555	1 062	2 399	1 857	2 066	2 040	2 781	4 270
Köln-Bonn	270	684	1 363	1 825	2 009	2 042	3 078	4 803
München	808	1 667	3 559	4 540	6 037	8 049	11 364	14 952
Stuttgart	316	749	1 663	2 332	2 767	3 042	4 402	5 194
Fracht und Post [1000 t]	138,7	305,7	636,0	750,2	1 011,0	1 251,0	1 777,0	2 232,0
Berlin	15,1	22,9	37,2	23,4	22,5	23,0	29,9	51,6
Düsseldorf	18,3	28,4	39,6	34,8	43,3	57,1	58,6	62,6
Frankfurt/Main	58,6	160,0	385,2	526,0	721,8	917,1	1 274,4	1 489,3
Hamburg	14,1	22,2	42,6	39,8	52,8	48,5	61,3	59,1
Hannover	6,6	9,4	16,3	14,8	16,0	15,9	22,8	24,5
Köln-Bonn	4,3	13,1	22,0	25,6	60,0	91,9	183,6	308,4
München	9,1	21,5	40,7	45,7	50,6	56,0	82,1	103,7
Stuttgart	6,7	18,6	39,6	24,6	27,5	22,0	31,2	31,7
Post [1000 t]	25,0	72,0	110,0	128,0	157,0	192,0	262,0	373,0
* = einschl. der neuen Bundesländer								

Tab. 4.19: Kennziffern zum Flugverkehr in der BRD 1960 – 1995

Quelle: BMV [Hrsg.]: Verkehr in Zahlen, Berlin (verschiedene Jahrgänge)

Abb. 4.29: Flugplätze in der Bundesrepublik 1996
Quelle: ADV. Stuttgart 1993

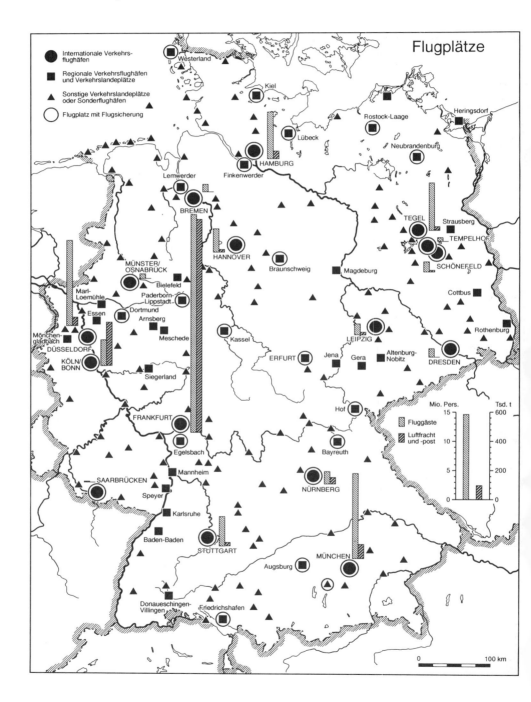

für den Flughafen Frankfurt verdeutlichen (Abb. 4.30 a, b). Auch in regionaler Hinsicht bestehen große Unterschiede, was daran deutlich wird, daß allein Frankfurt nahezu ein Drittel des Gesamtwertes auf sich vereinigt (Tab. 4.19).

Der Ausbau des Flugverkehrs vollzog sich in der Nachkriegszeit zunächst unter starker nationaler Regulierung. Die europäischen Fluggesellschaften befanden sich mehrheitlich im Staatsbesitz. Flugrechte, Routen und Frequenzen sowie Kapazitäten und Tarife wurden durch die Regierungen festgelegt oder in bilateralen Verhandlungen zwischen den zuständigen Ministerien vereinbart. Nach der Chicagoer Konvention von 1944 waren nur das Überfliegen von fremden Territorien und erforderliche Zwischenlandungen zum Auftanken, zum Personalwechsel und für Reparaturen als generelle Rechte verankert. Die übrigen im Zusammenhang mit der Einrichtung von Flugrouten und der Beförderung von Passagieren, Post und Fracht zusammenhängenden Fragen mußten durch bilaterale Verträge vereinbart werden. Bereits 1945 war die IATA als Dachorganisation der Fluggesellschaften und zur Koordinierung der Regulierungen gegründet worden. Für den Berlinverkehr trafen außerdem die Alliierten alle wichtigen Entscheidungen. Bis zur Wiedervereinigung waren nur deren Fluggesellschaften zugelassen.

In der Folge der Umsetzung neoliberaler Wirtschaftspolitik wurde in den USA bereits 1978 der Flugverkehr dereguliert und nach ersten Einzelmaßnahmen in Großbritannien auch in der EU stufenweise die Öffnung und Entstaatlichung des Luftverkehrs eingeleitet. Ab Januar 1988 sollten grenzüberschreitende Flüge erleichtert, kostendeckende Sondertarife gestattet und die Kapazitätsaufteilungen schrittweise flexibilisiert werden. Weitere Liberalisierungsmaßnahmen folgten im Dezember 1990 und Januar 1993. Ihre Auswirkungen sind spürbar geworden, haben aber noch nicht zu einer völligen Neuordnung auf nationaler Ebene geführt (GISCHER 1995).

Die Erfahrungen mit der Liberalisierung in den USA waren zwiespältig. Zwar sanken zunächst die Flugpreise, und neue Gesellschaften sowie neue Flugrouten wurden eröffnet, aber im scharfen Wettbewerb erfolgten bald Konkurse und im Rahmen des Konzentrationsprozesses auch teilweise wieder überdurchschnittliche Preissteigerungen. Aus diesem Grunde hat man den Fluglinien in Europa mehr Übergangszeit für die Flottenplanung, bessere Organisation der Sitzplatzauslastung und Reduzierung der fixen Kosten eingeräumt. Im Rahmen von Kooperationen und strategischen Allianzen und nicht durch Zusammenschlüsse und Pleiten vollzieht sich bisher der Wechsel, der weiterhin durch bilaterale Abkommen begleitet wird, wie z. B. die Vereinbarungen zwischen den USA und Deutschland 1993.

Akteure des Flugverkehrs

Unter den veränderten Rahmenbedingungen versuchen die Fluggesellschaften und Flugplatzbetreiber, sich Wettbewerbsvorteile zu erhalten bzw. neu aufzubauen. Die Lufthansa AG, die bis 1989 als einzige Linienfluggesellschaft innerhalb der BRD zugelassen war (ohne Berlin), hat neben dem internationalen Verkehr eine Reihe von Zusatzaktivitäten durch Tochtergesellschaften übernommen. Gegenüber Newcomern hat sie deshalb deutliche Vorteile und nachhaltige Marktmacht, auch wenn ihre Betriebsergebnisse zeitweise durch hohe Fixkosten und unzureichende Gewinne belastet waren. Durch eine Kapitalerhöhung um 1,2 Mrd. DM, an der sich der Bund als Mehrheitsaktionär nicht beteiligte, ist sein Anteil von ehemals 51,4 % auf

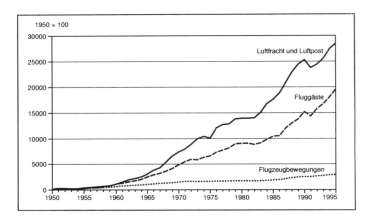

Abb. 4.30 a:
Verkehrsentwicklung auf
dem Flughafen Frank-
furt/Main 1950 – 1995
Quelle: Flughafen
Frankfurt/Main AG,
Luftverkehrsstatistik:
Jahresbericht 1995

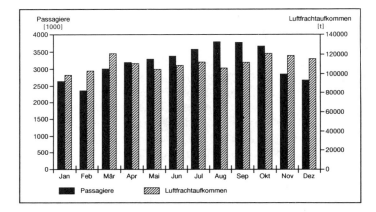

Abb. 4.30 b:
Passagier- und Luft-
frachtaufkommen für den
Flughafen Frankfurt/Main
nach Monaten 1995
Quelle: Flughafen
Frankfurt / Main AG,
Luftverkehrsstatistik:
Jahresbericht 1995

35,7 % gesunken, was einer passiven Privatisierung gleichkommt. Bemühungen um
eine Beteiligung bzw. Übernahme der 1958 gegründeten DDR-Gesellschaft Inter-
flug, die über ein Streckennetz mit ca. 50 Ländern und Schwerpunktsetzungen in
Osteuropa verfügte, wurden vom Kartellamt untersagt. Da sich keine anderen In-
teressenten für die ostdeutsche Staatslinie fanden, erfolgte Ende April 1991 die Einstellung des Flugbetriebs durch die Treuhand wegen Überschuldung.

Die Lufthansa beteiligte sich zur besseren Absicherung auf dem europäischen Markt
an kleineren Fluggesellschaften, wie der Lauda Air (Österreich), LT-Business Air (Schottland), und traf 1995 eine Kooperationsvereinbarung mit der SAS zur Abstimmung der
Flugpläne und Drehscheiben, um ihre operativen Ergebnisse zu verbessern. Kurz- und
Mittelstrecken im europäischen Bereich werden teilweise der SAS überlassen, die dafür
als Gegenleistung Zubringerdienste für das weltweite Netz der Lufthansa bietet. Durch
eine Zusammenführung der Bodendienste, der Luftfracht und der Informationstech-
nologie lassen sich die fixen Kosten senken und durch ein erhöhtes Passagieraufkommen im gemeinsamen System beiderseitige Vorteile erzielen. Auf einzelnen Strecken
wurden darüber hinaus strategische Allianzen mit Konkurrenten geschlossen, wie der

Finn-Air, Japan-Airlines, Tai-Airways, Farig und United Airlines (Deutsche Lufthansa 1996). Neben der Lufthansa operieren in der Bundesrepublik kleinere Linienfluggesellschaften und größere Chartergesellschaften, wie die LTU (Heimathafen Düsseldorf) und Hapag Lloyd (Heimathafen Hannover), die neben dem Fluggeschäft ein breites Dienstleistungsangebot als Reiseveranstalter sowie Hotel- und Tourismusagent bieten.

Hauptdrehscheibe für den internationalen Verkehr ist Frankfurt am Main, wo insbesondere das Frachtgeschäft in den letzten Jahren ausgebaut werden konnte und sich für den Passagierverkehr vielfältige Umsteigemöglichkeiten ergeben (Abb. 4.30 a). Ein stärkeres Engagement auf dem neuen Großflughafen in München mußte zurückgestellt werden, da zwei nationale Drehkreuze sich in der gegenwärtigen Lage als nicht vorteilhaft erwiesen (HAAS 1994). Die größeren deutschen Flughäfen werden von der öffentlichen Hand getragen und sollen privatisiert werden. In Hamburg, wo die Hansestadt mit 64 %, der Bund mit 26 % und das Land Schleswig-Holstein mit 10 % am Aktienkapital des Flughafens beteiligt sind, erhofft man sich durch den Börsengang einen Erlös von 500 Mio. DM. Das Projekt für einen Großflughafen der beiden nördlichen Bundesländer bei Kaltenkirchen wurde im Gegensatz zu dem vergleichbaren Vorhaben im Norden Münchens nicht realisiert, so daß sich durch den Flugbetrieb in Fuhlsbüttel erhebliche Belästigungen und Risiken im innerstädtischen Bereich ergeben. Die Verkehrsanbindung über die Straße wird zur Zeit durch einen neuen Autobahnzubringer verbessert, im Hinblick auf den schienengebundenen ÖPNV ist man über eine Diskussion bisher nicht hinausgekommen. Bezogen auf Fluggäste und Fracht, nimmt Hamburg die Position Nr. 5 in der Bundesrepublik ein.

Münchens 1992 während einer Rezession eröffneter neuer Flughafen im Erdinger Moos hat zwar durch die Öffnung Osteuropas seine Position stärken können, die hohen Erwartungen bisher aber nur bedingt erfüllt. Bei der Überdimensionierung der Anlagen wird es noch einige Jahre dauern, bis eine angemessene Auslastung zu erzielen ist. Immerhin lag München 1995 im Hinblick auf Passagiere und Fracht auf Rang 3 (Tab. 4.19). Der 1970 eröffnete Flughafen Düsseldorf orientiert sich am Rhein-Ruhr-Ballungszentrum, hat aber wegen der Spezialisierung auf den Charterverkehr darüber hinaus auch bundesweit Bedeutung erlangt, wie aus der Zahl von 15 Mio. Passagieren 1995 deutlich wird. Demgegenüber liegt Köln – Bonn mit nur ca. 5 Mio. Fluggästen weit zurück, hat aber 276 500 t Frachtumschlag aufzuweisen. Diese herausragende Stellung ist nicht aus eigener Kraft erwachsen, sondern durch die Verlagerung von Frachtaktivitäten aus dem überlasteten Flughafen Frankfurt durch die Lufthansa.

Eine Kategorie für sich bildet der Rhein-Main-Flughafen in Frankfurt (vgl. Kap. B.6). Als internationales Drehkreuz in Europa liegt er nach London und Paris an dritter Stelle und wird von 110 Liniengesellschaften mit 251 Destinationen genutzt. Der Kapazitätsausbau der in der Nähe eines Autobahnkreuzes und durchgehender Schienenverbindungen 1934 errichteten Anlagen konnte nur unter großen Bürgerprotesten erfolgen. Insbesondere der Bau der 4 000 m langen Startbahn West, für deren Anlage 3 500 ha Wald gerodet werden mußten, blieb trotz weitgehender Ausgleichsmaßnahmen umstritten und löste militante Konflikte aus (ERNST 1981, WOLF 1994). 1994 konnte ein neuer Fluggastterminal mit einer Kapazität von 5 Mio. Passagieren eingeweiht werden, so daß Engpässe in der Abfertigung zur Zeit behoben sind. Im Rahmen der Schnellbahnstrecke Köln – Frankfurt soll ein neuer ICE-Haltepunkt am Flughafen eingerichtet werden.

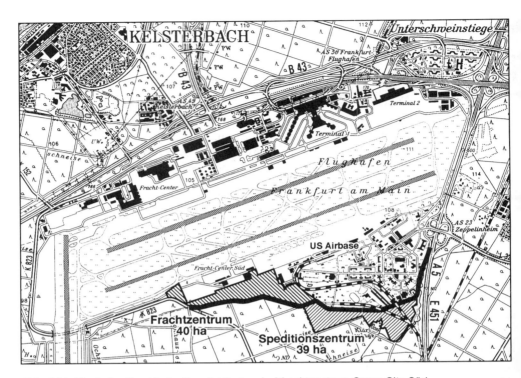

Abb. 4.31: Flughafen Frankfurt mit projektiertem Luftfrachtzentrum Cargo City Süd
Quelle: Flughafen Frankfurt/Main AG 1995, Frachtplanung. Frankfurt/M. 1995. Kartengrundlage:
Topographische Karte 1:50 000 (TK 50), mit Genehmigung des Hessischen Landesvermessungsamtes
vervielfältigt. Vervielfältigungsnummer 97-1-031

Nachdem davon ausgegangen werden konnte, daß eine Ausweitung des Flughafen-
geländes zur Erweiterung der Anlagen nicht mehr zu realisieren war, boten sich mit
der Übernahme von Teilen des US-Militärflughafens im Süden des zivilen Bereichs
neue Möglichkeiten (Abb. 4.31). Zur Zeit wird auf diesem Gelände das zweite Luftfrachtzentrum Cargo-Süd auf ca. 80 ha Fläche ausgebaut, das bis zum Jahre 2006 als
eine moderne Umschlagsanlage mit der Niederlassung von privaten Speditionen
und Dienstleistern abgeschlossen werden soll.

Die Entwicklung in Frankfurt und an anderen Flughäfen macht Grenzen des
Wachstums im Luftverkehr deutlich. Die Zahl der Starts und Landungen während
der Betriebszeiten ist begrenzt. Lärm- und Schadstoffemissionen sind zwar verringert, aber durch die Zunahme des Verkehrs und der häufigen Warteschleifen wieder teilweise kompensiert worden. Die absoluten Mengen der Schadstoffe sind
zwar, verglichen mit anderen Verkehrsträgern, gering (1% der Emissionen), aber
im Hinblick auf die besondere Wirkungsweise der Stickoxide und Eiskristalle in
großer Höhe auf die Reduzierung der Ozonschicht und den Strahlungshaushalt besonders wirksam. Flugersatzverkehr ist deshalb anzustreben. Im Falle der Luftfracht erfolgt bereits der Zubringerverkehr von den Regionalflughäfen teilweise

per Truck, was unter ökologischen Gesichtspunkten aber kaum eine Verbesserung darstellt. Für den Ersatz von Personenflügen durch Hochgeschwindigkeitszüge auf Distanzen bis 500 km ergeben sich aber positive Erfahrungen, wie der Rückgang der Flugpassagiere auf der Strecke Frankfurt – München nach Einführung des ICE-Non-Stop-Verkehrs belegt. Da die Flugbewegungen und das Passagieraufkommen auf den hier nicht näher behandelten Regionalflughäfen wegen einer Vielzahl neuer Angebote kleiner Gesellschaften aber zunehmen, bleibt die Gesamtbilanz schwer einschätzbar.

4.3.3 Politische, technologische und organisatorische Innovationen zur Lösung der Verkehrsprobleme

Weitere Verkehrszuwächse können in der Bundesrepublik wegen der ökologischen sowie siedlungs- und sozialräumlichen Folgewirkungen nur noch in begrenztem Maße durch Infrastrukturausbau integriert werden. Gefragt sind alternative, intelligentere Lösungen. Hierzu gehören logistische Konzepte, verkehrstechnologische Neuerungen, Informations- und Leitsysteme zur besseren Steuerung der Verkehrsströme sowie raumordnerische und siedlungsplanerische Maßnahmen. Außerdem müssen verkehrspolitische Regulierungen im Sinne einer Übertragung externer Kosten für die Bereitstellung von Infrastrukturen sowie der Umweltbeeinträchtigungen dem Nutzer zugerechnet werden, wenn die anderen Maßnahmen nicht greifen.

4.3.3.1 Verkehrsstrategische und logistische Neuerungen

Entlastungseffekte bei den Verkehrsabläufen können dadurch erzielt werden, daß die Kapazitäten der Verkehrsmittel besser genutzt und die einzelnen Verkehrsträger zu intermodalen Transportketten integriert werden, um somit die jeweils arteigenen Vorteile besser auszunutzen und die Schwächen zu reduzieren. Neben den bereits vorhandenen Schnittstellen von Land- und Seeverkehr im Überseehafen bzw. Luft- und Straßenverkehr im Flughafen müssen auch die Schiene und Straße bzw. die Schiene und der Flughafen sowie die Schiene und der Binnenhafen besser verknüpft werden. Kombinierter Verkehr (KV) und Güterverteilzentren (GVZ) als Dreh- und Angelpunkt für den sachgerechten Umschlag sind die Stichworte.

Bei Transporten über längere Distanzen (200 – 300 km) ist die Schienenverbindung unter ökonomischen und ökologischen Gesichtspunkten günstiger als der Lkw. Im Nachtsprung können Sendungen über 600 – 800 km von Nord nach Süd bzw. West nach Ost transportiert werden, die dann über kürzere Distanzen mit dem Lkw in den Herkunfts- bzw. Zielregionen eingesammelt bzw. zugestellt werden. Wenn der Zeitfaktor keine vorrangige Bedeutung hat, kann auch das Binnenschiff in Verbindung mit der Bahn oder dem Lkw für kostengünstigere Lösungen eingesetzt werden, wie am Beispiel des Rheins gezeigt wurde.

Kombinierte Ladungsverkehre werden deshalb auch im Bundesverkehrswegeplan aus Gründen der Verkehrssicherheit und des Umweltschutzes gefordert (BMV 1992). Im Einsatz befinden sich seit einigen Jahren:

- Container- und Wechselbehälter, die relativ schnell vom Lkw auf Schienenfahrzeuge bzw. Schiffe umgesetzt werden können.
- Trailer, die durch Zugmaschinen über Rampen auf die Spezialwaggons oder RoRo-Schiffe abgerollt werden, ohne daß zusätzliches Verladegerät erforderlich wird (Huckepack-Verkehr der DB, Nutzlastanteil 50%, 42 Transportstücke pro Zug von 700 m Länge).
- Ganze Lkw, die auf den Zug bzw. das Schiff rollen und vom Fahrer begleitet häufig über Nacht ihr Zwischenziel erreichen (Nutzlastanteil 45%, 36 Lkw ergeben einen Zug von 700 m Länge).

Trotz beachtlicher Zuwächse hat der KV bislang allerdings nur wenig zur nachhaltigen Lösung des Gesamtproblems beigetragen. Die Entwicklung des kombinierten Ladungsverkehrs bei der DB zeigt im Zeitraum 1983 – 1990 einen Anstieg von 14 Mio. t auf 26 Mio. t und wird für 1996 mit 42 Mio. t veranschlagt. Für das Jahr 2000 sollen 78 Mio. t erreicht werden, davon 56 Mio. t in den alten Bundesländern und 22 Mio. t in Ostdeutschland. Die Firma Kombiverkehr hatte bereits Ende der 80er Jahre ein Netz an Bahnhöfen und Zugstrecken für die Huckepack-Verkehrsströme ausgewiesen (Abb. 4.32).

Auf der Straße transportierte Güter können allerdings nicht beliebig auf die Schiene oder das Schiff verlagert werden. Hierfür ergeben sich Begrenzungen durch die Transportdistanzen bzw. die Belastungen durch den Vor- und Nachlauf sowie die jeweilige Güterstruktur. Annähernd 90% des Güterverkehrs werden im Nahbereich unter 300 km abgewickelt. Von den 1990 geschätzten 2 848 Mio. t Gütern im Straßenverkehr der alten Bundesländer können deshalb potentiell nur 150,4 Mio. t oder 5,3% auf die Schiene verlagert werden. Natürlich hängen derartige Schätzungen auch stark von den jeweiligen ordnungspolitischen Rahmenbedingungen ab, z.B. können Lenk- und Ruhezeiten, Nachtfahrverbote, Auflagen für einen zweiten Fahrer, Gewichtsbeschränkungen, Mautgebühren und generelle Lkw-Abgaben als Anteil der Straßenbaulasten etc. die betriebswirtschaftlichen Rechnungen schnell verändern.

Im Zuge der Deregulierung und Privatisierung des EU-Verkehrsmarktes haben sich mehrere Unternehmen im KV engagiert. Neben der schon erwähnten Gesellschaft Kombiverkehr gehört hierzu die bereits 1967 von 11 europäischen Bahnen und der Interfrigo AG für die Organisation und Vermarktung von intermodalen Transporten auf der Schiene gegründete Intercontainer, der sich bis 1992 insgesamt 24 Bahngesellschaften angeschlossen hatten. Das Unternehmen kauft Transportleistung ein, organisiert Zugverbindungen nach festen Fahrplänen und überwacht den Transport europaweit. 1990/91 wurden 1,2 Mio. TEU im Durchschnitt 880 km befördert, 56% des Gesamtverkehrs entfielen auf Seehafentransporte. Auch die DB gründete Ende der 60er Jahre zusammen mit der Deutschen Verkehrsbank eine Tochtergesellschaft für den KV, die Transfracht Deutsche Transportgesellschaft mbH, welche Kooperationen mit Partnern in den Nachbarländern eingegangen ist und heute ebenfalls grenzüberschreitend arbeitet. Kapitalbeteiligungen bei Transport- und Umschlagsgesellschaften sollen die Zuverlässigkeit und Funktionsfähigkeit des Zugsystems sichern.

Mit einem Investitionsvolumen von insgesamt 4 Mrd. DM werden mittelfristig Verkehrszentren in 44 Standräumen der BRD ausgebaut. Der GVZ Masterplan der DB aus dem Jahre 1992 berücksichtigt neben den KV-Terminals Frachtzentren der

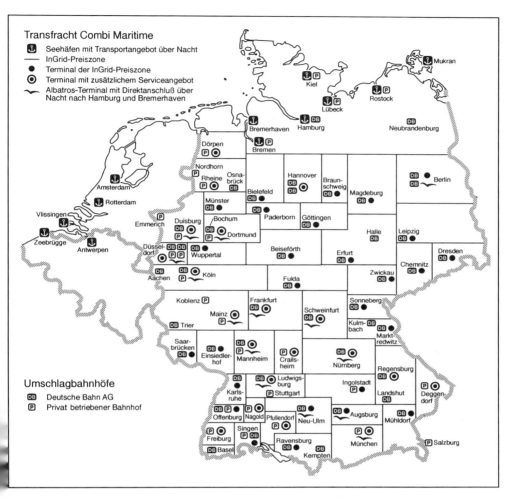

Abb. 4.32: Kombinierter Verkehr Schiene/Straße, bezogen auf die Seehäfen
Quelle: Transfracht International, Frankfurt/M. 1996, und DB AG, Frankfurt/M. 1997

Bahn und der Post und soll darüber hinaus Speditionen, Transportunternehmen und Dienstleister aufnehmen (Abb. 4.33). Von seiten der Bundesregierung werden für den Ausbau der GVZ und ihre Anbindung Zuschüsse nach dem GVFG gewährt (BMV 1992). Das erste funktionsfähige GVZ wurde in Bremen auf einer Fläche von 200 ha eröffnet. Mittlerweile befinden sich auch Zentren im Aufbau, die nicht im Masterplan enthalten sind. Hierzu gehören Binnenhäfen, die vom Konkurrenten DB in ihrem Masterplan nicht berücksichtigt wurden. Auch größere Transportunternehmen und Kommunen haben den Bau eigener GVZ mit oder ohne Bahnanschluß realisiert oder in Planung genommen. Hierdurch werden sehr unterschiedliche Problemlösungen angeboten, welche über die ursprüngliche Begrenzung von GVZ hinausgehen. Generell stellt ein GVZ einen komplexen logistischen Knoten dar, an dem

Abb. 4.33: GVZ-Makrostandorte und geplante KV-Terminals sowie Frachtzentren 1995
Quelle: BMV – A 14, Bonn 1995

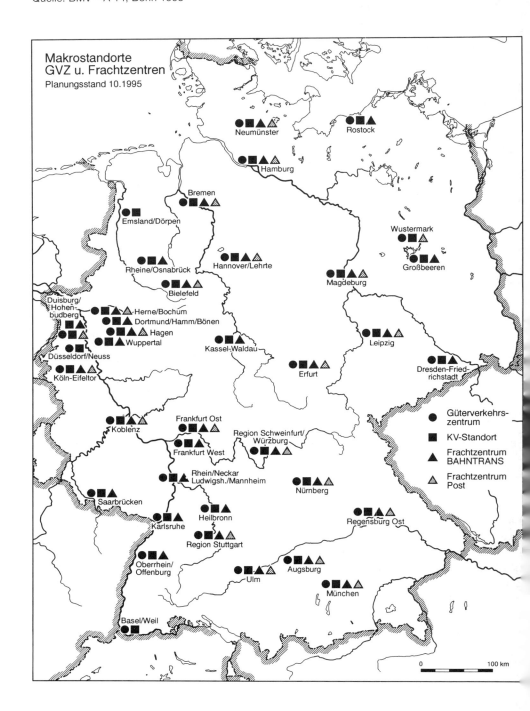

mehrere Transport- und Dienstleistungsunternehmen zusammenwirken (KOSSAK 1995). Im Prinzip können alle Verkehrsträger, Güterarten, Ladungsträger und Systemkomponenten des KV Berücksichtigung finden. Wichtig sind die Multifunktionalität und Multimodalität der Anlage sowie die Kooperation der Firmen, um dadurch Rationalisierungs- und Synergieeffekte zu erreichen (BUKOLD 1996).

City-Logistik

In besonderem Maße sind die städtischen Verdichtungsräume durch den Individual- und Wirtschaftsverkehr belastet, was Verkehrsunfälle, Staus und Emissionen zur Folge hat. Prognosen gehen davon aus, daß allein die Fahrleistung des Wirtschaftsverkehrs bis zum Jahre 2010 um 41 % wachsen wird, wodurch die Funktionsfähigkeit der Stadtzentren gefährdet erscheint (HATZFELD 1994). Während man zunächst versuchte, die Probleme durch Reglementierungen der Verkehrsströme und bauliche Maßnahmen zur Verkehrsberuhigung zu lösen, wodurch aber zumeist nur räumliche und zeitliche Verlagerungen erreicht wurden, setzt man in jüngerer Zeit stärker auf Intermodalität und logistische Konzepte (LÄPPLE 1993).

Park+Ride-Angebote in Verbindung mit verbessertem ÖPNV-Service können die Pkw-Fahrten in die Innenstadt verringern, und durch eine systematische Bündelung der Güterströme zur Ver- und Entsorgung des Einzelhandels sowie der Produktionsstätten soll der Wirtschaftsverkehr reduziert werden. Hierbei handelt es sich um Maßnahmen, die von den Kommunen, den Spediteuren und den Lieferanten bzw. den Empfängern gemeinsam gefunden werden müssen und die allen Beteiligten Vorteile bringen sollen.

Die zunehmende Verdichtung des Wirtschaftsverkehrs wird dadurch bedingt, daß die Einzelhändler bei gewachsenen Mieten in der Innenstadt immer weniger Lagerhaltung betreiben und die dadurch frei gewordenen Flächen zur Warenpräsentation bzw. zum Verkauf nutzen. Hierdurch sollen die gestiegenen Ansprüche der Kunden im Hinblick auf Vielfalt, Originalität oder Frische befriedigt werden. In der Folge sind immer häufiger Lieferungen von kleineren Mengen mit schlecht ausgelasteten Transportfahrzeugen erforderlich. Die kurzfristigen Warenanforderungen können aber wegen der Geschwindigkeitsbegrenzungen und Maßnahmen zur Verkehrsberuhigung sowie wegen der Stellplatzprobleme oder schleppender Abfertigung an den Laderampen oft nicht mehr kostendeckend durchgeführt werden. Während früher 20 Zustellungen pro Auslieferungsfahrt möglich waren, sind es heute durchschnittlich nur noch 15, nach anderen Autoren sogar weniger (STRAMPP 1993, HALLIER 1993).

Eine Motivation zur Kooperation bei Projekten der City-Logistik zur Disposition und operativen Verbesserung eines nach Art, Menge, Zeit und Raum effizienter gestalteten Lieferverkehrs ist deshalb grundsätzlich vorhanden. Im Einzelfall wird die Zusammenarbeit aber durch unterschiedliche unternehmerische Konzepte und die generell hohe „Fertigungstiefe" von Speditions-, Kurier-, Expreß- und Paketdiensten behindert. Außerdem ist nur ein Teil der Güter für Projekte der City-Logistik geeignet. Nach Untersuchungen in Dresden umfaßt das Bündelungspotential nur ca. 10 – 15 % (KÖHLER, STRAUSS u. HÖLZER o.J.). Die unter dem Etikett City-Logistik verwirklichten Problemlösungen folgen deshalb keinem starren Schema, sondern orientieren sich an den unterschiedlichen örtlichen Gegebenheiten wie Größe und Struktur der Innenstadt, Art der Branchen bzw. Güter sowie Interessen der beteiligten Akteure.

In Bremen hat man sich zunächst auf Großkunden beschränkt, die von vier Speditionen mit Sitz im 1993 eröffneten GVZ bedient werden. Die Teilsendungen für ausgewählte Problemkunden werden zu Komplettlieferungen für ein Verteilfahrzeug zusammengestellt, wodurch 60 % der Fahrten eingespart werden konnten. In Freiburg haben sich 12 regionale Speditionen und die DB zu vier Kooperationsgruppen zusammengeschlossen, die ihre Sendungen bündeln und nur noch durch jeweils einen Zusteller ausliefern. Hierdurch hat sich die Zahl der eingesetzten Lkw um die Hälfte und der Aufenthalt des Fahrzeugs in der Fußgängerzone um 70 % verkürzt (KÖRSCHGES 1994). In Kassel setzen 10 Sammelspediteure für die Zustellung der nachts eingegangenen Sendungen statt früher 15 nur noch 2 Lkw ein. Die Fahrleistung im Zulauf auf die Stadt hat sich dadurch um 40 % und die innerhalb der Innenstadt um 60 % verringert. Statt 31 000 km / Jahr werden nur noch 18 000 km / Jahr bzw. statt 6 500 km nur noch 2 600 km gefahren. Die Auslastung der Lkw wurde im Hinblick auf das Volumen verdoppelt und, bezogen auf das Gewicht, um 140 % erhöht. Durch die Kooperation der privaten Unternehmen sind erhebliche Effizienzsteigerungen und Verkehrsentlastungen erreicht worden (KÖHLER, STRAUSS u. HÖLZER o. J.).

In der Großstadt München sollen nach der Einrichtung von City-Branchen-Center am Stadtrand durch güterspezifische Warenbündelungen und eine Disposition nach Branchen, Relationen und Gebieten mit einmaliger Zustellung pro Tag Erfolge erzielt werden. Im Großraum Berlin befinden sich mehrere GVZ in der Planung, von denen aus sowohl der Fernverkehr als auch die regionale Zustellung organisiert werden sollen. Außerdem wurde für die Belieferung der Großbaustellen in der Innenstadt eine eigene Baustellenlogistik entwickelt (JOBST 1994).

Der Versuch, die Warenströme auf lokaler, regionaler und internationaler Ebene durch den Aufbau von Güterverkehrs- bzw. Verteilzentren unter Beteiligung der verschiedenen Akteure besser zu organisieren, verspricht weitere Rationalisierungs- und Synergieeffekte. Durch die Bündelung der verschiedenen Funktionen an Schnittstellen hofft man, neue Firmen anzusiedeln. Die Güterverkehrszentren werden deshalb von den Kommunen auch als Wachstumspole der Verkehrswirtschaft gesehen, welche die Standortvoraussetzungen für die Betriebsansiedlung verbessern und Beschäftigungseffekte haben. Den positiven regionalökonomischen Auswirkungen stehen allerdings starke regionale Verkehrsbelastungen durch das hohe Lkw-Aufkommen mit Spitzenwerten von 300 – 500 Fahrzeugen pro Stunde und ein hoher Flächenverbrauch gegenüber, der bei Tagesumschlägen von 15 000 t bei ca. 80 ha (4 500 Fahrzeuge pro Tag) und bei 10 000 t bei 52 ha (ca. 3 000 Fahrzeuge pro Tag) liegt. Die direkt betroffenen Kommunen wehren sich deshalb in der Regel gegen die aus verkehrlicher und gesamtwirtschaftlicher Sicht positive Innovation der neuen Standortkomplexe.

4.3.3.2 Technologische Neuerungen

Im Rahmen der Bemühungen um eine Kombination der Verkehrsträger zu integrierten Transportketten ist bereits auf die Bedeutung von EDV-gesteuerten Informations- und Leitsystemen im Güterverkehr hingewiesen worden. Die Telematik findet darüber hinaus auch auf vielen anderen Feldern der Organisation von Verkehr und Transportabläufen Anwendung und kann zur Lösung von Teilproblemen beitragen.

Bereits eingeführt wurden satellitengesteuerte Ortungs- und Navigationssysteme (z. B. Global Positioning System [GPS] seit 1993), welche den Standort eines Fahrzeuges mit einer Genauigkeit von 30 – 100 m nach seinen Koordinaten und der Höhenlage automatisch bestimmen. Hierdurch wird in Verbindung mit terrestrischen Kommunikationssystemen ein verbessertes Flottenmanagement ermöglicht. Größere Zuverlässigkeit und bessere Auslastung des Frachtraumes führen zu größerer Effizienz, aber nicht unbedingt zu weniger Verkehrsleistung, da sich bei Zeit- und Kostenersparnis Möglichkeiten zu erweitertem Einsatz ergeben. In Verbindung mit digitalen Straßenkarten und Verkehrsinformationen über die Belastung bzw. den Zustand der Verkehrswege lassen sich Staus bzw. Gefahrenstellen umfahren. Die Systeme sind von besonderem Interesse für den Verkehr in Verdichtungsräumen und auf Hauptverbindungsstrecken. Nach einer allgemeinen Einführung könnte die Sicherheit verbessert und die Belastung des Straßennetzes ausgeglichener gestaltet werden. Zur Zeit finden auch Überlegungen statt, Straßenbenutzungsgebühren über entsprechende Systeme nutzergerecht umzulegen.

Die Telematik kann sowohl im motorisierten Individualverkehr als auch im Straßengüterverkehr zu einer besseren Vorplanung, Begleitung und Nachbereitung von Einzelfahrten führen. Sie eröffnet neben Rationalisierungsmöglichkeiten aber auch Potentiale für eine weitere Individualisierung und Internationalisierung und damit im Zusammenhang stehende Verkehrszuwächse (CERWENKA 1994).

Große Erwartungen werden auch in die verkehrsreduzierende Wirkung des Einsatzes von Bildübertragungssystemen gesetzt. Videokonferenzen sollen in größerem Umfange Geschäftsreisen überflüssig machen. Das Substitutionspotential wurde auf ca. 30 % aller Reisen geschätzt. Bei Firmen, die sich bereits intensiver der neuen Kommunikationsmöglichkeit bedienen, konnten aber nur Verringerungen der Reiseaktivitäten um 10 % festgestellt werden. In der BRD wurde für 1992 nur eine Einsparung von 0,014 % durch den allerdings noch nicht sehr stark verbreiteten Einsatz von Videokonferenzen berechnet (KÖHLER 1994). Bei einer Verbesserung und Effizienzsteigerung der Kommunikation werden die gewonnene Flexibilität und die eingesparten Zeitspannen und Geldbeträge durchweg zu einer Ausweitung der Geschäftsaktivitäten genutzt.

Die Beispiele zeigen, daß die neuen Kommunikationstechniken zwar theoretisch ein Verkehrsreduzierungspotential aufweisen, daß dies aber teilweise durch Anreize zur Verkehrsausweitung wieder kompensiert wird. Größere Effekte im Hinblick auf eine Verbesserung der Gesamtsituation im Verkehrsbereich sind deshalb mit Leistungsverbesserungen durch energiesparende, umweltfreundlichere und komfortablere Technologien beim Antrieb und bei der Fahrzeuggestaltung zu erwarten. Entsprechende Forschungen werden durch das BMBF und die EU mit hohen Finanzbeträgen gefördert (Verkehrsnachrichten, H. 1, 1996).

4.3.3.3 Verkehrspolitik und Raumordnung

Die Verfügbarkeit des Pkw und die Senkung seiner Betriebskosten haben entscheidend mit dazu beigetragen, daß sich die geballten Siedlungs- und Wirtschaftsräume in der Bundesrepublik aufgelockert haben. Im Rahmen des Suburbanisierungsprozesses ist es seit den 60er Jahren in den alten Bundesländern in größerem Umfange zu Wohnstandortverlagerungen in die Außenbereiche der Städte gekommen. Hiermit war die Verlängerung der täglichen Pendelwege zur Arbeit verbunden. Gleichzeitig entstand der Trend zur Einrichtung größerer Kaufmärkte mit Parkflächen am Stadtrand, so daß sich auch die Versorgungsbeziehungen der privaten Haushalte veränderten. Hinzu kam die Ausweitung des Freizeitverkehrs, auf den zu Beginn der 80er Jahre bereits 30 % der Verkehrsleistung der Haushalte entfielen (SIEBER 1995). In den Außenbereichen der Agglomerationen treten deshalb heute die größten Pkw-Dichten auf (Abb. 4.22).

Neben den durch Standortentscheidungen der privaten Akteure und Unternehmen in Gang gesetzten Dezentralisierungstendenzen haben auch die Flächennutzungsplanungen der Kommunen bei der Betonung des Prinzips der Funktionentrennung entscheidend mit zur Verstärkung der innerörtlichen Verkehre beigetragen. Nachträgliche Bemühungen zur Verkehrsberuhigung konnten nur wenig Erfolge erzielen, weil bei den Symptomen und nicht bei den Ursachen des Problems angesetzt wurde. Zu Recht wird deshalb eine Umorientierung der Stadt- und Regionalplanung gefordert, die zur Reduzierung der Verkehrswege und teilweisen Vermeidung von Verkehr stärker von einer Nutzungsmischung der Funktionen und Verdichtung der Bebauung innerhalb der größeren Städte ausgeht und auf regionaler Ebene das Prinzip der dezentralen Konzentration mit punkt-axialen Siedlungsstrukturen zugrunde legt (SIEBER 1995). Bei der Bereitstellung von wohnungsnahen Gelegenheiten für Arbeit, Ausbildung, Versorgung und Freizeitgestaltung entfällt der Zwang zur Nutzung des Pkw für Alltagsaktivitäten, wenn außerdem ein angemessenes ÖPNV-Angebot verfügbar ist.

Durch eine restriktive Flächenvergabepolitik der Kommunen, durch angemessene Richt- und Orientierungswerte für die Bebauung sowie durch Vorgaben der Regionalplanung zur Einschränkung der Zersiedlung und eine Verkehrsauswirkungsprüfung zur Ergänzung der UVP ließen sich die Voraussetzungen für eine Verkehrsvermeidung schaffen (FRERK 1995). Die Frage nach der Umsetzung einer solchen Siedlungs- und Standortpolitik sowie nach den für einen Erfolg erforderlichen ergänzenden ordnungs- und preispolitischen Maßnahmen muß unter Berücksichtigung der bisherigen Erfahrungen allerdings eher skeptisch beantwortet werden. Eine auf die Fahrleistung bezogene Abgabe, die sich am effektiven Energieverbrauch und damit auch an den Emissionen orientiert, könnte in einer Staffelung nach Belastungszeiten und Verdichtungszonen auch den Mobilitätsproblemen der peripheren ländlichen Räume Rechnung tragen.

Allerdings werden auch diese Maßnahmen nur zum nachhaltigen Erfolg führen, wenn es gelingt, die komplexen Zusammenhänge zwischen wirtschaftlichen Wettbewerbszwängen, umweltpolitischen Notwendigkeiten sowie einer sozial- und siedlungsverträglichen Verkehrsgestaltung den vielen Akteuren zu vermitteln. Nur wenn diese Einsichten zu einer Verhaltensänderung in unserer Gesellschaft führen, erscheint eine nachhaltige Lösung der Verkehrsprobleme möglich.

Literatur

BARG, F. (1995):
Bundesverkehrswegeplan sieht für die Wasserstraßen Investitionen von mehr als 30 Milliarden DM vor. Zeitschrift für Binnenschiffahrt, H. 9: 5 – 8.

BERGMANN, E., u. a. (1993):
Raumstruktur und CO_2-Vermeidung. Informationen zur Raumentwicklung, 489 – 567.

BERTRAM, H. (1994):
Das Speditions- und Transportgewerbe im Wandel. Probleme einer Branche im Verdichtungsraum Frankfurt. Geographische Rundschau, **46** (5): 298 – 303.

BRAUN, H.-G. (1979):
Nordwestdeutsche Binnenwasserstraßen – heute und morgen. Neues Archiv für Niedersachsen, **28**: 428 – 459.

BREIMEIER, R. (1993):
Die Einsatzmöglichkeiten der Magnetschwebebahn Transrapid. Internationales Verkehrswesen, **45**: 184 – 190.

BUKOLD, S. (1996):
Kombinierter Verkehr Schiene / Straße in Europa. Frankfurt / Main.

Bundesforschungsanstalt für Landeskunde und Raumforschung [Hrsg.] (1992): Erreichbarkeit und Raumordnung, **42**. Bonn.

Bundesminister für Verkehr (BMV) [Hrsg.] (1991) : Verkehrsprojekte Deutsche Einheit. Bonn.

Bundesminister für Verkehr (BMV) [Hrsg.] (1992): Bundesverkehrswegeplan 1992. Bonn.

Bundesministerium für Verkehr (BMV) [Hrsg.] (1995): Binnenschiffahrt und Bundeswasserstraßen, Jahresbericht 1993 / 1994. Bonn.

Bundesverband der Deutschen Binnenschiffahrt [Hrsg.] (1996): Binnenschiffahrt 1995 / 96. Duisburg-Ruhrort.

Bundesverband Öffentlicher Binnenhäfen (BÖB) [Hrsg.] (1995): Binnenhäfen als Güterverkehrszentren. GVZ-Masterplan. o. O.

Bundesverband Öffentlicher Binnenhäfen (BÖB) [Hrsg.] (1996): Geschäftsbericht 1995 / 96. o. O.

BUSCH, E. (1992):
Beseitigung noch vorhandener Engstellen an der Donau. Zeitschrift für Binnenschiffahrt, H. 17: 899 – 900.

CERWANKA, P. (1994):
Beiträge zur Informationstechnik für eine effiziente Verkehrsgestaltung. Raumforschung und Raumordnung, H. 4/5: 316 – 321.

DANNENBERGER, C. (1977):
Der neue Flughafen Berlin-Tegel. Geographische Rundschau, **29**: 201 – 203.

DEITERS, J. (1985):
Nahverkehr in zentralörtlichen Bereichen des ländlichen Raumes. Colloquium Geographicum, **18**: 303 – 342.

Deutsche Lufthansa AG [Hrsg.] (1996): Geschäftsbericht 1995. Köln.

DIEKMANN, A. (1992):
Verkehrspolitik Europas nach dem Jahr 2000. Zeitschrift für Verkehrswissenschaft, **63**: 231 – 249.

DIMIGEN, C. (1992):
Beseitigung noch vorhandener Engstellen am Main. Zeitschrift für Binnenschiffahrt, H. 17: 902.

ELLWANGER, G., u. M. WILCKENS (1993):
Hochgeschwindigkeitsverkehr gewinnt an Fahrt. Internationales Verkehrswesen, **45**: 284 – 290.

ERNST, E. (1981):
Im Flughafenstreit weht ein eisiger Wind. Der Streit um den Ausbau des Frankfurter Flughafens. Geographische Rundschau, **33**: 262 – 274.

FIEDLER, J. (1992):
Stop and Go – Wege aus dem Verkehrschaos, Köln.

Flughafen Frankfurt Main AG [Hrsg.] (1996):
  Luftverkehrsstatistik – Jahresbericht 1995.
  Frankfurt/M.
FROMHOLD-EISEBITH, M. (1994):
  Straßen und Schienen für Europa. Der Aus-
  bau europäischer Verkehrsnetze bei zuneh-
  mender Verflechtung und Mobilität.
  Geographische Rundschau, **46**: 266 – 273.

GIANNOPOULOS, G., & A. GILLESPIE (1993):
  Transport and Communications Innovation
  in Europe. London.
GRÄF, P. (1994):
  Telekommunikation im Europäischen
  Binnenmarkt. Geographische Rundschau,
  46: 304 – 309.

HAAS, H. D. (1994):
  Europäischer Luftverkehr und der neue
  Flughafen Münchens. Geographische
  Rundschau, **46**: 274 – 281.
HALLER, B. (1993):
  Probleme der innerstädtischen Distribution.
  Distribution, H. 9: 12 – 16.
HATZFELD, U. (1994):
  Wirtschaftsverkehr zwischen Stadtfunktion
  und Stadtverträglichkeit. Stadtverkehr und
  City-Logistik, Reihe B, B 172: 5 – 30. Bergisch
  Gladbach.
HATZFELD, U., u. M. HESSE (1994):
  Stadtlogistik-Interessen statt Logistik. Inter-
  nationales Verkehrswesen, **46**: 646 – 653.
HEINZE, G. W. (1986):
  Unkonventioneller ÖPNV in ländlichen
  Räumen – Ergänzung oder Alternative?
  Raumforschung und Raumordnung,
  44: 252 – 261.
HEINZE, W., u.a. (1995):
  Kurskorrektur für Raumordnungs- und
  Verkehrspolitik. Wege zu einer raumverträg-
  lichen Mobilität. Hannover. = Forschungs-
  und Sitzungsberichte, **198**.
HESSE (1993):
  Verkehrswende: Ökologisch-ökonomische
  Perspektiven für Stadt und Region.
  Marburg.

HILLENBRAND, H. (1993):
  Der Rhein-Main-Donau-Kanal nach seiner
  Fertigstellung. Erdkundeunterricht,
  H. 7/8: 242 – 269.
HILSINGER, H. H. (1976):
  Das Flughafenumland.
  Bochumer Geographische Schriften, **23**.
HOYLE, B. S., & R. D. KNOWLES [Eds.] (1992):
  Modern Transport Geography.
  London.
HULSMANN (1993):
  Die Zukunftsperspektiven der europäischen
  Binnenschiffahrt. Hinterland, **160**: 12 – 15.

IHDE, G. B. (1984):
  Transport, Verkehr, Logistik.
  München.
ILGMANN, G. (1990):
  Deutsche Bundesbahn – Chance zur Renais-
  sance? Zeitschrift für Verkehrwissenschaft,
  61: 74 – 84.
Institut für Länderkunde (IL) [Hrsg.] (1992):
  Das vereinte Deutschland. Eine kleine Geo-
  graphie. Leipzig.

JOBST, D. (1994):
  Ganz Berlin ist eine Wolke. Logistik heute,
  H. 9: 14 – 17.
JACOB, G., u.a. (1986):
  Verkehrsgeographie. 2. Aufl. Gotha.

KAFTAN, K. (1955):
  Der Kampf um die Autobahnen. Geschichte
  und Entwicklung des Autobahngedankens in
  Deutschland von 1907 - 1935 unter Berück-
  sichtigung ähnlicher Pläne und Bestrebun-
  gen im übrigen Europa. Berlin.
KANZLERSKI, D. (1987):
  Dezentrale Planungsstrategien für die öffent-
  liche Nahverkehrsversorgung in der Fläche.
  Informationen zur Raumentwicklung,
  H. 5/6: 273 – 286.
KIESERLING (1995):
  Einbindung der Binnenschiffahrt in Just-in-
  Time-Konzepte. Zeitschrift für Binnenschiff-
  fahrt, H. 12: 33 – 39.

KLENKE, D. (1995): Freier Stau für freie Bürger. Die Geschichte der bundesdeutschen Verkehrspolitik. Darmstadt.

KNOWLES, R. D. (1993): Research agendas in transport for the 90's. Journal of Transport Geography, **1**: 3 – 11.

KOSSAK, A. (1992): Die Rolle der Binnenhäfen in der KLV/GVZ-Strategie für die Oberrhein-Region. Zeitschrift für Binnenschiffahrt, H. 13: 743 – 749.

KÖHLER, ST.(1994): Interdependenzen zwischen Telekommunikation und Personenverkehr. Theoretische Überlegungen und empirische Befunde am Beispiel der Auswirkungen von Videokonferenzen auf den Geschäftsreisenden. Zeitschrift für Verkehrswissenschaft, **65**: 205 – 221.

KÖHLER, U., STRAUSS, S., u. TH. HÖLSER (o. J): City-Logistik. Grundlagen, Problemstellungen und Lösungsansätze am Beispiel Kassel. Kassel.

KÖRSCHGES, D. (1994): City-Logistik am Beispiel Freiburg. Wirtschaft im Südwesten, H. 7: 3 – 5.

KRAUSE (1992): Die Rolle der Binnenschiffahrt im wachsenden Verkehrsmarkt Europas. Zeitschrift für Binnenschiffahrt, H. 13: 726 – 730.

KÜHL, K. H. (1982): Strukturveränderungen der Binnenflotte von 1936/1950 bis 1980 und damit verbundene Produktivitätssteigerung. Zeitschrift für Binnenschiffahrt, H. 10: 371 – 373.

KULKE, E. (1994): Auswirkungen des Standortwandels im Einzelhandel auf den Verkehr. Geographische Rundschau, **46**: 290 – 297.

KUNZE, TH., u. R. STOMMER (1982): Geschichte der Reichsautobahn. In: STOMMER, R. [Hrsg.]: Reichsautobahn – Pyramiden des Dritten Reichs. Marburg, 22 – 32.

LAUENROTH, L. (1994): Der Rhein bleibt die Hauptschlagader des Containerverkehrs per Binnenschiff. Internationales Verkehrswesen, **46**: 426 – 429.

LÄPPLE, D. [Hrsg.] (1993): Güterverkehr und Umwelt. Analyse und Berichte zum interregionalen und städtischen Verkehr. Berlin.

LINDENBLATT, D., u. M. GIERSE (1994): Die neue Bahn AG. Zeitschrift für Verkehrswissenschaft, **65**: 148 – 155.

LÖTTGERS, R. (1994): Das deutsche Binnenwasserstraßennetz. Erdkundeunterricht, **12**: 468 – 503.

LUTTER, H., u. T. PÜTZ (1992): Räumliche Auswirkungen des Bedarfsplans für die Bundesfernstraßen. Informationen zur Raumentwicklung, 209 – 224.

MAIER, J., u. H.-D. ATZKERN (1992): Verkehrsgeographie. Stuttgart.

MEIER-HILBERT, G. (1995): Die Entwicklung des Eisenbahnnetzes in Deutschland bis zum Jahre 2000. Erdkundeunterricht, H. 9/10: 349 – 358 u. 389 – 419.

MERATH, F. (1995): Verkehrswege als Einsatzfaktor effizienter. Zum Zusammenhang zwischen Produktionsverlagerungen und verkehrlichen Wirkungen. Zeitschrift für Verkehrswissenschaft, **66**: 279 – 290.

MÜLLER, J. (1991): Linienverkehre in der Binnenschiffahrt. Jahrbuch der Hafenbautechnischen Gesellschaft, 125 – 129.

NAGEL, F. N. (1981): Die Entwicklung des Eisenbahnnetzes in Schleswig-Holstein und Hamburg unter besonderer Berücksichtigung der stillgelegten Strecken. Hamburg.

NIES, G. (1994): 1964 – 1994: 30 Jahre Großschiffahrt auf der Mosel. Zeitschrift für Binnenschiffahrt, H. 15: 10 – 15.

NUHN, H. (1989): Der Hamburger Hafen. Strukturwandel und Perspektiven für die Zukunft. Geographische Rundschau, **41**: 646 – 654.

NUHN, H. (1994):
Verkehrsgeographie. Neuere Entwicklungen
und Perspektiven für die Zukunft.
Geographische Rundschau, **46**: 260 – 265.

PESCH, K.-H. (1992):
Von der Trümmerwüste zum Ausbau des
Verkehrswegenetzes – Straßen, Schienen und
Wasserwege auf 108.332 km². In: HÖLDER, E.
[Hrsg.]: Im Trabi durch die Zeit. 40 Jahre
Leben in der DDR. Stuttgart, 209 – 228.

POHL, H., u. W. TREUE [Hrsg.] (1988):
Die Einflüsse der Motorisierung auf das Verkehrswesen von 1886 bis 1986. Stuttgart.

Rhein-Ruhr-Flughafen Düsseldorf [Hrsg.]
(1996): Verkehrsergebnisse 1995. Der Flughafen Düsseldorf im nationalen und internationalen Vergleich. o. O.

RISSOAN, J.-P. (1994):
River-sea navigation in Europe. Journal of
Transport Geography, H. 2: 131 – 142.

RITTER, W. (1981):
Die Innovation des Containerverkehrs und
ihre geographischen Auswirkungen. In: WEIGT,
E., u. W. RITTER [Hrsg.]: Der Containerverkehr
aus geographischer Sicht. Nürnberg, 1 – 23.

RUMPF, K.-H., u. V. KEITEL (1992):
Die Main-Donau-Wasserstraße heute. Jahrbuch der Hafenbautechnischen Gesellschaft,
13 – 21.

SCHLIEBE, K., u. G. WÜRDEMANN (1990):
Peripherie und Zentren rücken dichter
zusammen. Wie das Großprojekt „Schienen-
schnellverkehr" die Lageverhältnisse im
Bundesgebiet ändert. Informationen zur
Raumentwicklung, 4 / 5: 223 – 243.

SCHLIEPHAKE, K. (1987):
Stand und Aufgaben der Geographie:
Verkehrsgeographie. Geographische
Rundschau, **39**: 200 – 212.

SCHMITT, H. (1980):
Die Binnenwasserstraßen und Hafenstandorte Süddeutschlands. Frankfurter Wirtschafts-
und Sozialgeographische Schriften, **34**.

SCHMITZ, ST. (1990):
Schadstoffemissionen des Straßenverkehrs
in der Bundesrepublik Deutschland.
Verursacherstruktur, räumliche Differenzie-
rung und Ansätze zur Reduzierung. Bonn =
Forschungen zur Raumentwicklung, **19**.

SEIDEL, H. P. (1992):
Zur Inbetriebnahme des Rhein-Main-Donau-
Kanals. Zeitschrift für Binnenschiffahrt,
H. 17: 892 – 898.

SICHELSCHMIDT, H., u. H. WOLF (1993):
Die Liberalisierung des EG-Luftverkehrs.
Die Weltwirtschaft, H. 2: 167 – 183.

SIEBECK, J. E. (1981):
Die Verkehrsströme des Personenluftver-
kehrs der Bundesrepublik Deutschland
unter besonderer Berücksichtigung der Verkehrsflughäfen und deren Einzugsbereiche.
Düsseldorfer Geographische Schriften, **18**.

SIEBER, N. (1995):
Vermeidung von Personenverkehr durch
veränderte Siedlungsstrukturen.
Raumforschung und Raumordnung,
H. 2: 94 – 101.

SPARMANN, V. (1994):
Auf dem Weg zu einem modernen Verkehrs-
verband am Beispiel des Rhein-Main-
Verkehrsverbundes. Rhein-Mainische
Forschungen, **112**: 58 – 83.

STENGLEIN, J. (1994):
30 Jahre Großschiffahrtsstraße Mosel.
Zeitschrift für Binnenschiffahrt,
H. 24: 13 – 17.

STRÄHLER, W. (1984):
85 Jahre westdeutsche Kanäle. Zeitschrift
für Binnenschiffahrt, H. 3: 86 – 95.

SUDMEYER, J. (1992):
Hafen und Schiffahrt am Mittellandkanal.
Jahrbuch der Hafenbautechnischen Gesell-
schaft, 120 – 122.

TÖLPEL, W. (1990):
Der neue Flughafen München aus der Sicht
der Verkehrsplanung.
Informationen zur Raumentwicklung,
H. 4 / 5: 205 – 221.

VOIGT, D. (1989):
Lage und Zukunftsperspektiven des öffentlichen Personennahverkehrs in ländlichen Räumen unterschiedlicher Struktur. Eine empirische Untersuchung am Beispiel Niedersachsen. Bremer Beiträge zur Geographie und Raumplanung, **17**.

VOIGT, F. (1973):
Verkehr. Bd. 1: Die Theorie der Verkehrswissenschaft. Berlin.

VOPPEL, G. (1980):
Verkehrsgeographie. Darmstadt.

WECKERLE, K. (1992):
Ökonomische Vernunft und ökologische Verantwortung. Zeitschrift für Binnenschiffahrt, H. 17: 888 – 891.

WENGLER-REEH, G. (1991):
Paratransit im öffentlichen Personennahverkehr des ländlichen Raumes. Marburg. = Marburger Geographische Schriften, **120**.

WHITELEGG, J. (1993):
Transport for a sustainable future. The case of Europe. London.

WIEDEMANN, T. (1993):
Masterplan - Güterverkehrszentren (GVZ) Deutschland. Bedeutung des Kombinierten Verkehrs (KV) und des Bahn-Trans- Projektes. Internationales Verkehrswesen, **45**: 575 – 579.

WIRTH, E. (1986):
Der Rhein-Main-Donau-Kanal. In: Deutschland - Porträt einer Nation. Bd. 8. Gütersloh, 87 – 94.

WIRTH, E. (1995):
Die Großschiffahrtsstraße Rhein-Main-Donau. Ein Weg für Südosteuropa? Erlanger Geographische Arbeiten, **56**.

WOLF, K. (1994):
Der Flughafen Frankfurt am Main – Luft-Drehkreuz in Europa. Erdkundeunterricht, H. 12: 461 – 467.

WÜRDEMANN, G. (1993): Stadt-Umland-Verkehr ohne Grenzen. Informationen zur Raumentwicklung, H. 5 / 6: 261 – 281.

ZIMMERMANN (1992):
Maßnahmen einer verstärkten Nutzung der Binnenwasserstraßen und Binnenhäfen für den Gütertransport. Zeitschrift für Binnenschiffahrt, H. 19: 1056 – 1067.

4.4 Fremdenverkehr

Peter Jurczek, Chemnitz

Der Fremdenverkehr bzw. Tourismus dürfte zu jenen Bereichen der industriellen Gesellschaft gehören, die in diesem Jahrhundert – insbesondere nach dem Zweiten Weltkrieg – am meisten an Bedeutung gewonnen haben. Obwohl es schon vorher zahlreiche touristische Aktivitäten (z. B. Bildungsreisen) gegeben hat (vgl. Spode 1988), ist der Fremdenverkehr erst in den letzten 50 Jahren zu einer grundlegenden wirtschaftlichen, sozialen und ökologischen Größe geworden.

4.4.1 Fremdenverkehrsgeographische Überlegungen

Kaspar (1982) definiert den Fremdenverkehr bzw. Tourismus „als Gesamtheit der Beziehungen und Erscheinungen, die sich aus der Reise und dem Aufenthalt von Personen ergeben, für die der Aufenthaltsort weder hauptsächlicher und dauernder Wohn- noch Arbeitsort ist". Dabei verwendet er beide Begriffe synonym, wobei sich die international gebräuchliche Formulierung „Tourismus" immer mehr durchsetzt.

Darüber hinaus erachten es die Fremdenverkehrsforscher als ihre Aufgabe, terminologisch zu differenzieren, um der Vielfalt dieses komplexen Lebensbereiches Rechnung zu tragen. Diesbezüglich wird beispielsweise unterschieden nach Fremdenverkehrsarten, -saison, Übernachtungs-, Organisationsform, Reiseverkehrsmittelwahl (vgl. z. B. Ruppert u. Gräf 1985).

Außerdem orientieren sich die verwendeten Begriffe an der realen Entwicklung des Fremdenverkehrs, wobei der internationale Sprachgebrauch zunehmend an Einfluß gewinnt. Vor diesem Hintergrund bezeichnet die Welttourismusorganisation den Tourismus als „Aktivitäten von Personen, die sich an Orte außerhalb ihrer gewohnten Umgebung begeben und sich dort nicht länger als ein Jahr zu Freizeit-, Geschäfts- und anderen Zwecken aufhalten, wobei der Anlaß zur Durchführung einer Hauptreise ein anderer ist als die Ausübung einer Tätigkeit, die vom besuchten Ort aus vergütet wird". Dabei kann der Hauptzweck einer Reise Freizeit, Erholung und Urlaub, Besuch bei Freunden und Verwandten, Geschäft und Beruf, Heilbehandlung, Religion bzw. Pilgerreisen und sonstige Aktivitäten umfassen.

Aus den Definitionen wird deutlich, daß mit dem Fremdenverkehr eine nachhaltige Beanspruchung des Raumes und dessen spezifische Nutzung einhergehen; sei es punktuell (z. B. Fremdenverkehrsstandorte), linear (z. B. Reiseverkehrswege) oder flächenhaft (z. B. Fremdenverkehrsgebiete). Deshalb greift auch die Geographie tourismusrelevante Fragestellungen auf, neben einer Vielzahl weiterer Wissenschaftsdisziplinen, die sich ebenfalls mit der Erforschung des Fremdenverkehrs auseinandersetzen (z. B. Wirtschafts-, Rechts-, Religions-, Sprach-, Sportwissenschaften, Pädagogik, Psychologie, Medizin, Politologie).

Was die geographische Sichtweise anbelangt, so existieren im wesentlichen drei unterschiedliche Auffassungen, sich mit Themen zur Freizeit und zum Tourismus zu beschäftigen (Wolf u. Jurczek 1986, S. 10):

„a) im Rahmen einer eigenständigen 'Fremdenverkehrsgeographie';
 b) in Form der global verstandenen 'Geographie des Freizeitverhaltens';
 c) unter Zugrundelegung systemtheoretisch angelegter, interdisziplinär orientierter Auffassungen."

Fremdenverkehrsgeographische Arbeiten liegen etwa seit Beginn dieses Jahrhunderts vor (vgl. Kulinat u. Steinecke 1984, S. 5 ff.). Sie beziehen sich meistens auf die Beschreibung von Fremdenverkehrsgebieten oder enthalten – wenn auch vielfach noch unsystematische – methodische Ansätze zur Tourismusforschung. Erstmals gelingt es Poser (1939), einen substantiellen Beitrag im Sinne einer eigenständigen Fremdenverkehrsgeographie zu leisten. Am Beispiel des Riesengebirges versteht er unter dem Fremdenverkehr „die lokale oder gebietliche Häufung von Fremden mit einem jeweils vorübergehenden Aufenthalt, der die Summe von Wechselwirkungen zwischen den Fremden einerseits und der ortsansässigen Bevölkerung, dem Orte und der Landschaft andererseits zum Inhalt hat" (S. 170). Das bedeutet, daß er zwar das Verhalten der Touristen weitgehend außer acht läßt, jedoch recht ausführlich auf die Inwertsetzung von Räumen durch den Fremdenverkehr eingeht.

In den Nachkriegsjahren fehlt der Fremdenverkehrsgeographie nach wie vor ihre Eigenständigkeit als Teildisziplin, obwohl durchaus eine beachtliche Zahl an Tourismusstudien vorgelegt worden ist. Dabei ragen insbesondere die Arbeiten von Klöpper (1955) und Christaller (1955) heraus. Letzterer schlägt vor, „den gesamten Fremdenverkehr ... einheitlich in der Geographie des Fremdenverkehrs – als gleichberechtigte Untergliederung der Wirtschafts- neben der Agrar- und Forstgeographie, der Industriegeographie usw." zu behandeln.

Eine Zäsur in der disziplingeschichtlichen Entwicklung erfolgt Ende der 60er Jahre mit der Konzeption der „Geographie des Freizeitverhaltens" (Ruppert 1975) durch die Vertreter der sogenannten „Münchner Schule". Außer dem Fremdenverkehr, überwiegend verstanden als längerfristiger Reiseverkehr, werden fortan der Naherholungsraum und das Wohnumfeld sowie die Freizeitakteure selbst in den Vordergrund des Forschungsinteresses gerückt. Der Tourismus stellt somit nur eine Dimension der Freizeitgeographie dar. Derartige Überlegungen basieren auf den Grundsätzen der Sozialgeographie (vgl. Ruppert u. Schaffer 1969), die „sich erholen" als eine bedeutsame Grunddaseinsfunktion ausweisen. In den Folgejahren hat eine intensive Diskussion der sozialgeographisch geprägten Geographie des Freizeitverhaltens stattgefunden, die teilweise recht kontrovers geführt wurde (vgl. z.B. Monheim 1975, Newig 1975, Knirsch 1976, Matznetter 1976, Oestreich 1977, Pötke 1978, Kaminske 1981). In Ergänzung hierzu hat die rasche Fremdenverkehrsentwicklung, vor allem in den klassischen Tourismusländern, vielfach zu einer kritischen Würdigung der vielschichtigen Einflüsse auf die Tourismusregionen geführt (vgl. z.B. Krippendorf u.a. 1986).

Seit den 80er Jahren tritt die interdisziplinäre, stärker anwendungsbezogene Betrachtungsweise von Freizeit und Fremdenverkehr in den Mittelpunkt des Forschungsinteresses. Dabei wird einerseits deren Funktion im gesamtgesellschaftlichen Kontext reflektiert, was unter anderem auch zu alternativen Fremdenverkehrskonzeptionen geführt hat. Andererseits werden – insbesondere in jüngerer Zeit – konkrete Vorschläge zur planerischen Gestaltung von Fremdenverkehrsgebieten unterbreitet, die von seiten der Praxis nachgefragt werden. Letzteres basiert primär auf einem hedonistisch ausgerichteten Freizeitverhalten und einem positivistischen Verständnis von Fremdenverkehrsentwicklungsplanung, das Mitte der 90er Jahre in der Bundesrepublik dominiert.

Abschließend soll der Versuch unternommen werden, den theoretischen Zusammenhang von Freizeit, Fremdenverkehr und Naherholung in Form eines Schemas darzustellen. Abbildung 4.34 zeigt, daß man die Freizeit in die Tages-, Wochenend- und Urlaubsfreizeit untergliedern kann. Von der innerhalb eines Jahres zur Verfügung stehenden Freizeit entfallen etwa 70% auf die Tagesfreizeit, 20% auf die Wochenendfreizeit und nur 10% auf den Jahresurlaub (vgl. CZINKI 1975, S. 16). Während der Urlaubsverkehr eindeutig als Fremdenverkehrsform zu bezeichnen ist, stellen der Kur- und der Geschäftsreiseverkehr touristische Sonderformen dar. Die Naherholung umfaßt „die inner- und außerstädtischen Erholungsarten von der stundenweisen Erholung ... bis hin zur Wochenend- und teilweise zur Feiertagserholung" (RUPPERT u. MAIER 1969, S. 2). Sie stellt somit eine spezifische Ausprägung von Freizeit dar. Allerdings ergeben sich einige begriffliche Unklarheiten (z.B. „nah", „Erholung"), ebenso wie der Mangel an statistischem Datenmaterial beklagt wird.

Fremdenverkehrs- und Naherholungsstandorte findet man meistens in derselben (intralokal) oder in einer benachbarten Gemeinde (interlokal) bzw. in derselben Region (intraregional) für die Naherholung, in einer anderen Region (interregional)

Abb. 4.34: Schema zur Einordnung von Freizeit, Fremdenverkehr und Naherholung
Quelle: JURCZEK (1980, S. 102)

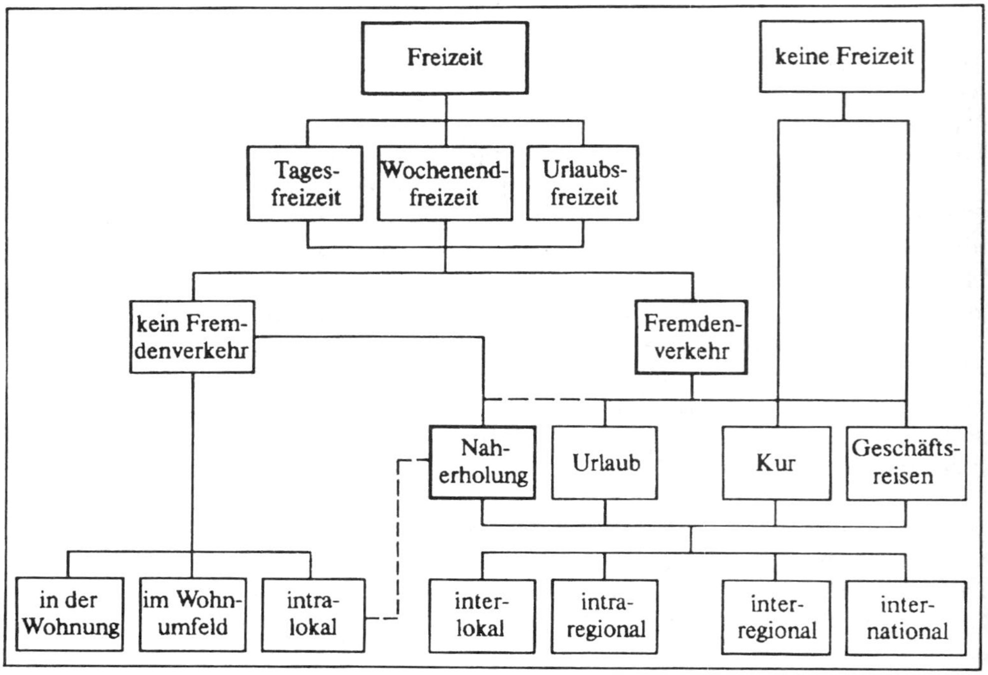

oder im Ausland (international) für den Fremdenverkehr. Freizeit in der Wohnung, im Wohnumfeld und innerhalb der Gemeinde, die auch im Rahmen der Stadtforschung untersucht wird, ist nicht Gegenstand des vorliegenden Kapitels und soll hier nur der Vollständigkeit halber erwähnt werden.

4.4.2 Reiseverhalten der Bundesbürger

Innerhalb von 40 Jahren hat sich die Reiseintensität, definiert als Anteil der gereisten Personen an der Bevölkerung (über 14 Jahre), fast verdreifacht. Waren es 1954 erst 24% der Bundesbürger, die mindestens eine (Urlaubs-) Reise pro Jahr unternahmen, so waren es 1992 bereits 59,8% (mit mindestens vier Übernachtungen). Überproportional angestiegen ist der Anteil der Mehrfachreisenden, der 1958 noch bei 2% (zwei Reisen pro Jahr) bzw. 1% (drei und mehr Reisen pro Jahr) lag und 1992 immerhin schon Werte von 17,8% bzw. 8,4% erreicht hat. Diese Entwicklung zeigt, daß das Verreisen einen wichtigen Indikator für das Anwachsen des allgemeinen Wohlstands in Mitteleuropa darstellt.

Ausschlaggebend für den nachhaltigen Bedeutungsgewinn des Fremdenverkehrs sind verschiedene Einflußfaktoren, welche das Reiseverhalten der Bundesbürger prägen. Hierunter fallen vor allem wirtschaftliche, soziale und ökologische Aspekte. Das gestiegene Einkommen und das größere verfügbare Zeitpotential sowie die höhere Lebenserwartung und Mobilität des einzelnen, die Verbesserung der zwischenstaatlichen Kommunikation und der internationale Ausbau der Verkehrswege usw. bewirkten, daß das Verreisen zum selbstverständlichen Bestandteil des menschlichen Lebens geworden ist.

Was den Reisezweck betrifft, so dominieren (1992) die Urlaubsreisenden mit 58,6% bei weitem, wobei deren Anteil im früheren Bundesgebiet etwas höher liegt als in den neuen Bundesländern. Demgegenüber entfallen 25,2% auf Verwandtenbzw. Bekanntenbesuche, 9,4% auf Dienst- bzw. Geschäftsreisen und 6,8% auf sonstige private Reisen. Kennzeichnend für die Besuchs- sowie Dienst- und Geschäftsreisen ist, daß sie überwiegend im Inland stattfinden, meistens nur zwei bis vier Tage dauern und in der Regel vom Reisenden selbst organisiert werden (vgl. LÜÜS 1993).

Obwohl die Reise-, insbesondere die Urlaubsreiseintensität, in den letzten 40 Jahren überdurchschnittlich angestiegen ist, sind die verschiedenen gesellschaftlichen Gruppen nach wie vor in unterschiedlichem Ausmaß daran beteiligt. Von STEINECKE (1983, S. 39) zusammengefaßte Erkenntnisse hierzu besagen, daß die Reiseintensität der bundesdeutschen Bevölkerung in Abhängigkeit von der Höhe des Haushaltseinkommens, vom Bildungsgrad, von der beruflichen Position, von der Wohnortgröße und vom Urbanisierungsgrad des Herkunftsgebietes steigt sowie in Abhängigkeit vom Alter sinkt.

In Anlehnung daran wird verständlich, daß die Urlaubsreiseintensität der Heranwachsenden (15 – 20 Jahre) am höchsten ist (1992: 59,5%), wie es bereits in den 50er Jahren der Fall war. Seit 1958 haben sich insbesondere für die Vierzig- bis Sechzigjährigen überdurchschnittliche Zuwächse hinsichtlich ihrer Reiseintensität ergeben (+32,9%), während die der Senioren innerhalb von 35 Jahren nicht unbedingt überproportional angestiegen ist (1958: 21,5%, 1992: 41,0%).

Was den Ausbildungsabschluß der Urlauber anbelangt, so spielt dieser hinsichtlich der Höhe der Reiseintensität nicht mehr die Rolle wie noch in den 50er Jahren. Das hängt nicht zuletzt damit zusammen, daß es mittlerweile – gemessen an der Art des Schulabschlusses – weitaus mehr qualifizierte Bundesbürger gibt als vor 40 Jahren und daß der Massentourismus keine speziellen Anforderungen an den Bildungsstand der Urlauber stellt.

Auch die berufliche Stellung der Urlauber prägt die Höhe ihrer Reiseintensität. Mit 82,2 % ist diese 1992 bei den Beamten am höchsten und mit 39,3 % bei den Rentnern und Pensionären am niedrigsten. Dazwischen liegen die Werte der Selbständigen (68,6 %), Angestellten (68,2 %), Schüler und Studenten (62,5 %) sowie Arbeiter (53,8 %). Die Beamten sind es auch, die am häufigsten mehrmals jährlich verreisen (1992: 46,7 %).

Was das Reiseverhalten und seinen Wandel betrifft, so wird im folgenden auf die Reisedauer, die Art der Reiseunterkunft und die Wahl der Reiseverkehrsmittel eingegangen. Bis in die 70er Jahre ist die durchschnittliche Dauer der Reisen stetig angestiegen. 1977 hielten sich noch mehr als die Hälfte der Urlauber für 14 Tage und länger an ihrem Ferienort auf. Danach ging die Reisedauer stetig zurück. 1992 sind es nur noch 12,9 % der bundesdeutschen Reisenden, die in ihrem Urlaub länger als zwei Wochen verreisen.

Bezüglich der Art der Reiseunterkunft ist einerseits ein Trend zugunsten von Hotels, andererseits zugunsten von Ferienwohnungen – die sowohl als freizügig als auch als kostengünstig gelten – festzustellen. Ein Wandel trat auch bei der Wahl des Reiseverkehrsmittels ein. Während 1953 die Eisenbahn (52 %) dominierte, ist diese in den Folgejahren als Hauptverkehrsmittel abgelöst worden. Neben dem Pkw (64,7 %) hat sich das Flugzeug (1992: 11,0 %) als bevorzugtes Reiseverkehrsmittel etabliert.

Gravierende Veränderungen lassen sich ebenfalls bei der Wahl der Urlaubsreiseziele feststellen. 1954 verbrachten 85 % der Urlauber ihre Ferien im Inland, lediglich 15 % fuhren ins Ausland. Demgegenüber haben 1992 mehr als die Hälfte der Urlauber ein ausländisches Reiseziel besucht (55,7 %), nur noch 44,1 % sind in den deutschen Fremdenverkehrsgebieten geblieben.

Der Trend zugunsten der Wahl ständig weiter entfernt gelegener Reiseziele ist damit zu begründen, „daß ganz generell eine deutliche Mehrheit der Touristen den 'Reisehorizont' im Laufe der Jahre stufenweise erweitert, wobei die einzelnen Stufen sowohl geographisch (Distanz) als auch psychologisch oder nach anderen Gesichtspunkten (Sprachbarrieren, politische Barrieren, Tradition eines Reiselandes) abgegrenzt sein können" (SCHMIDHAUSER 1979, S. 30). Während zu Beginn der 70er Jahre etwa 40 % der Bundesdeutschen noch nie eine Auslandsreise unternommen hatten, sind es Mitte der 80er Jahre nur noch 23 % gewesen. Das Kennenlernen verschiedener Auslandsziele erfolgt etappenweise, beginnend mit dem Besuch der unmittelbar an die Bundesrepublik angrenzenden deutschsprachigen Reiseländer.

Mittlerweile sind den reiseerfahrenen Bundesbürgern außer inländischen Fremdenverkehrsgebieten vor allem solche in den Nachbarstaaten bekannt. Aufgrund der für die Zukunft geäußerten Reiseabsichten dürfte der „Mittelmeer-Trend" weiterhin anhalten, was dem stetig gewachsenen Bedürfnis der bundesdeutschen Urlauber nach Klimagunst und Kulissenwechsel am besten zu entsprechen scheint. Somit läßt sich in bezug auf die bevorzugte Wahl der Haupturlaubsreise langfristig ein eindeutiger Wertewandel zugunsten südlich gelegener Reiseländer – bei einem Anstieg der Gesamtreiseintensität, in der Regel verbunden mit einer Vergrößerung der durchschnittlichen Reisedistanz pro Person – feststellen. Dagegen wird die ursprünglich gesuchte Nähe zur jeweiligen Heimatregion in zunehmendem Maße immer unbedeutender.

Innerhalb Deutschlands ist das als Reiseziel bevorzugteste Bundesland (1992) Bayern (25,8%), gefolgt von Schleswig-Holstein (14,0%) und Baden-Württemberg (11,8%). Dabei fällt auf, daß die ostdeutschen Urlauber stärker zu den Fremdenverkehrsgebieten in den neuen Bundesländern tendieren als die westdeutschen. Entsprechend liegt deren Anteil bei den deutschen Österreich- und Osteuropa-Urlaubern überdurchschnittlich hoch. Insgesamt steht Österreich 1992 – wie schon in den 50er Jahren – an der Spitze der Auslandsziele, die den höchsten Anteil an Urlaubern aus der Bundesrepublik Deutschland aufnehmen (19,6%), gefolgt von Spanien (12,6%) und Italien (12,4%).

Obwohl die real ablaufenden Reisehandlungen der Bundesbürger hier im Vordergrund der Ausführungen stehen, soll dennoch kurz auf das Reiseentscheidungsverhalten der deutschen Urlauber eingegangen werden. Dieses ist den konkreten Reiseaktivitäten jeweils vorgeschaltet und besteht aus mehreren, äußerst komplexen und eng miteinander verknüpften Phasen. Die genaue Kenntnis des Reiseentscheidungsprozesses ist deshalb wichtig, weil Maßnahmen zur Verbesserung des Urlaubsreiseverkehrs bereits im Vorfeld der Reisehandlungen einsetzen müssen. Außerdem kommt solchen psychologischen Aspekten größere Bedeutung – auch für die Fremdenverkehrsforschung – zu, als in der Vergangenheit bekannt war.

Die einzelnen Phasen, die jedem Reiseantritt – sei es nun bewußt oder unbewußt – vorausgehen, lauten wie folgt, wobei es sich hierbei um eine retrospektive Darstellung – bezogen auf die letzten 20 Jahre – handelt:

- In der Phase der Reisemotivation wird entschieden, ob im Laufe eines Kalenderjahres eine bzw. mehrere Urlaubsreisen unternommen werden oder nicht.
- In der Phase der Reiseinformation (allgemeine Anmutung, bewußtes Suchen) erhalten die Urlauber erste konkretere Anregungen (z.B. über potentielle Reiseziele), wofür eine Fülle recht unterschiedlicher Informationsquellen zur Verfügung steht.
- Etwa zwei bis drei Monate später legen sich die meisten Urlauber fest, wohin (Reiseziel), wann (Reisezeitpunkt), wie (Reiseverkehrsmittel) usw. sie verreisen. Dieser Prozeß der Reiseentscheidung erfolgt überwiegend in Absprache mit anderen Personen, in der Regel im Kreis der Familie.
- Die Phase der Reisebuchung folgt bald danach, zirka bei der Hälfte der Reisenden noch innerhalb desselben Monats. Dabei werden die Reiseabsichten nur noch in Ausnahmefällen geändert (vgl. HARTMANN 1979, S. 2).
- In der Phase der Reisevorbereitung besteht schließlich die Gelegenheit, sich anhand verschiedener Informationsmaterialien (z.B. Reiseführer) eingehender mit dem jeweiligen Reiseziel zu beschäftigen oder Vorkehrungen zu treffen, die dortige Bevölkerung zu verstehen (z.B. Erlernen von Fremdsprachen).

Die wichtigste Entscheidung stellt schon seit vielen Jahren die Wahl des Reiseziels dar. Damit ist in erster Linie das Reiseland bzw. -gebiet gemeint, wobei vielfach auch schon der Urlaubsort frühzeitig feststeht. Dies ist damit zu begründen, daß einerseits – außer der eigenen Kenntnis des Reiseziels – verwandte oder befreundete Informanten schwerpunktmäßig über eine bestimmte Feriengegend berichten (z. B. anhand von Fotos, Reiseführern). Andererseits enthalten auch Reiseprospekte und -kataloge Eindrücke von Reisegebieten, die dann am nachhaltigsten in Erinnerung bleiben. Dagegen spielt beispielsweise die Art der Reiseunterkunft oder die des Reiseverkehrsmittels beim Reiseentscheidungsprozeß nur eine untergeordnete Rolle.

Erste Überlegungen, wohin die nächste Urlaubsreise führen soll, werden vielfach bereits am Urlaubsort angestellt. Davon sind vorrangig solche Urlauber betroffen, die zu den „Wiederkommern" zählen. Der größte Teil der Reisenden beschäftigt sich gegen Jahresende intensiver mit der Urlaubsplanung. Dazu trägt vor allem die Herausgabe der Reisekataloge im vierten Jahresquartal bei, mit deren Hilfe sich neben den Pauschal- auch die Individualtouristen bevorzugt informieren.

Was den Zeitpunkt der endgültigen Reiseentscheidung anbelangt, so ist innerhalb der letzten Jahre eine bipolare Entwicklung zu beobachten: Zum einen legen sich immer mehr Urlauber schon im Jahr vor dem Reiseantritt oder noch früher auf ihre Haupturlaubsreise fest. Zum anderen – und das betrifft vor allem die Pauschal- sowie die Zweit- und weiteren Reisen – erfolgen die Buchungen zunehmend später. Dafür werden von den Urlaubern unter anderem folgende Gründe geltend gemacht:

- Gründe, die die Reiseentscheidung ungewollt verzögern: eine vorübergehend pessimistische Einschätzung der wirtschaftlichen Lage, Streiks im eigenen Land oder Krisensituationen in den potentiellen Reisezielländern.
- Gründe, die die Reiseentscheidung bewußt verzögern: Ausnutzung preisgünstiger Reiseangebote („Last Minute"), kurzfristig gewährter Urlaub oder prinzipielle Bevorzugung unvorbereiteter Ferienfahrten.

Abschließend ist festzuhalten, daß das Reiseverhalten der bundesdeutschen Urlauber – das sowohl aktionsräumliche (z. B. Reiseziele) als auch mentale Elemente (z. B. Reisemotive) aufweist – durch ein hohes Maß an Mobilität und Spontaneität geprägt ist. Dominierten in den 50er Jahren u. a. geringe Reiseintensität, nahe gelegene Urlaubsziele und lange durchschnittliche Aufenthaltsdauer, so haben sich diese Reisemerkmale bis in die 90er Jahre erheblich geändert. Sie orientieren sich an der gesamtgesellschaftlichen Entwicklung, die jeweils als spezifische Voraussetzung für das Reiseverhalten der Bevölkerung anzusehen ist. Gab es unmittelbar nach der Wende zwischen dem Reiseverhalten der West- und dem der Ostdeutschen in einigen Punkten gewisse Unterschiede (z. B. bei der Reisezielwahl), so gleichen sich diese in zunehmendem Maße einander an.

4.4.3 Fremdenverkehrsangebot, -aufkommen und -bedeutung in der Bundesrepublik Deutschland

4.4.3.1 Angebotsstrukturen

Obwohl der Auslandtrend der bundesdeutschen Reisenden – insbesondere in den Süden – weiterhin anhält, ist der Stellenwert des Fremdenverkehrs für die Bundesrepublik Deutschland nicht zu unterschätzen. 1994 sind in den fast 50 000 Beherbergungsbetrieben mit ihren knapp zwei Millionen Gästebetten 84,1 Mio. Gästeankünfte und 291,1 Mio. Fremdenübernachtungen gezählt worden.

Von den Beherbergungsbetrieben (mit neun oder mehr Gästebetten) entfallen rund 90 % auf die alten Bundesländer. Allerdings weist die Zahl jener in Ostdeutschland überdurchschnittlich hohe Steigerungsraten auf (1992 – 1993: +11,9 %), so daß in Zukunft mit einem weiteren Anwachsen der Beherbergungskapazität zu rechnen ist. Was das Angebot an Gästebetten bzw. Schlafgelegenheiten betrifft, so sieht die Relation zwischen Ost- und Westdeutschland ähnlich aus (Tab. 4.20).

Die meisten Beherbergungsbetriebe bzw. Gästebetten finden sich (1994) in Bayern (13 178 bzw. 510 750), in Baden-Württemberg (6 336 bzw. 261 762) sowie in Nordrhein-Westfalen (5 334 bzw. 240 960). Bei den neuen Bundesländern dominieren Sachsen (1 039 bzw. 55 770), Thüringen (1 196 bzw. 54 899) und Mecklenburg-Vorpommern (911 bzw. 49 596).

Am besten ausgelastet sind die Gästebetten in den Beherbergungsbetrieben der Großstädte (z. B. in Berlin mit 46,5 % oder in Hamburg mit 47,1 %), ebenso wie in Hessen (43,7 %) und im Saarland (42,2 %). Allerdings stellt die durchschnittliche Bettenauslastung insofern ein Problem dar, als daß immer mehr Übernachtungskapazitäten geschaffen werden, was in einigen Regionen zu erheblicher Konkurrenz und zu einem massiven Verdrängungswettbewerb geführt hat.

Die meisten Beherbergungseinheiten (Fremdenzimmer bzw. Wohneinheiten) entfallen mit rund 72 % auf die klassischen Touristenunterkünfte – bezogen auf Reisequartiere mit neun oder mehr Gästebetten. Dabei wiederum dominieren (1993) Hotels (39 %), Hotels garni (14 %), Gasthöfe (12 %) und Pensionen (7 %). Der Rest der Fremdenzimmer bzw. Wohneinheiten verteilt sich auf Erholungs-, Ferien- und Schulungsheime (7 %), Ferienhäuser und -wohnungen (7 %), Hütten, Jugendherbergen und jugendherbergsähnliche Einrichtungen (2 %), Ferienzentren (1 %) sowie Sanatorien und Kurkrankenhäuser (11 %).

Was die Ausstattung mit Freizeit- und sonstigen Einrichtungen (1993) betrifft (Tab. 4.21), so findet man in etwa einem Drittel der bundesdeutschen Beherbergungsbetriebe Tagungsräume vor. Darüber hinaus stehen unter anderem – in der Reihenfolge ihrer quantitativen Bedeutung – Sauna / Solarium (14 %), Kinderspielplatz / -zimmer (11 %), Sport- / Fitneßraum (9 %), Kegel- / Bowlingbahn (8 %), Hallen- / Freibad (8 %), medizinische Kureinrichtungen (4 %) sowie Tennisplatz / -halle (3 %) zur Verfügung. Dabei fällt auf, daß die Freizeitinfrastruktur der meisten Beherbergungsbetriebe noch erheblich erweiterungsbedürftig zu sein scheint. Allerdings stellt sich die Frage, welche Einrichtungen vom Gast tatsächlich genutzt werden. Das Vorhandensein eines hauseigenen Schwimmbades gilt zwar als wichtiger Imagefaktor, dessen realer Frequentierungsgrad ist jedoch vielfach gering. Hier müssen gemeinschaftliche Ange-

Bundesland	Beherbergunsbetriebe		Gästebetten/ Schlafgelegenheiten		Ø Auslastung der Gästebetten
	absolut**	[%]**	absolut**	[%]**	absolut**
Baden-Württemberg	6 336	14	261 762	14	39,9
Bayern	13 178	29	510 750	26	39,8
Berlin	425	1	44 196	2	46,5
Brandenburg	780	2	39 976	2	37,8
Bremen	82	***	7 548	***	39,0
Hamburg	252	1	24 607	1	47,1
Hessen	3 163	7	163 971	8	43,7
Mecklenburg-Vorpommern	911	2	49 596	3	41,0
Niedersachsen	4 518	10	194 774	10	41,1
Nordrhein-Westfalen	5 334	12	240 960	12	40,3
Rheinland-Pfalz	3 279	7	138 851	7	32,0
Saarland	301	1	13 138	1	42,2
Sachsen	1 039	2	55 770	3	40,4
Sachsen-Anhalt	761	2	36 497	2	34,6
Schleswig-Holstein	3 140	7	124 638	6	39,5
Thüringen	1 196	3	54 899	3	35,8
Alte Bundesländer insgesamt	39 938	89	1 713 814	87	40,0
Neue Bundesländer insgesamt	4 757	11	248 119	13	38,7
Bundesgebiet insgesamt	44 695	100	1 961 933	100	39,8

* In Beherbergungsbetrieben mit neun oder mehr Gästebetten. ** Bezogen auf die geöffneten Beherbergungsbetriebe bzw. auf die angebotenen Gästebetten/Schlafgelegenheiten. *** < 1 %.

Tab. 4.20: Beherbergungsbetriebe, Gästebetten und durchschnittliche Bettenauslastung in den deutschen Bundesländern 1994*   Quelle: Statistisches Bundesamt (1995b, S. 28)

botsformen (z. B. mit der öffentlichen Hand) gefunden werden, um langfristig eine rentable Betreibung sicherzustellen. Ebenso wird deutlich, daß in den ostdeutschen Beherbergungsbetrieben solche Freizeiteinrichtungen überwiegen, die mit verhältnismäßig geringen Investitionen bereitzustellen sind. Dagegen fehlt es vielfach an der anspruchsvolleren, in der Regel mit höheren Kosten verbundenen Infrastrukturausstattung, die in den nächsten Jahren – auf der Basis einer wohlüberlegten Kosten-Nutzen-Kalkulation – erbracht werden muß, um die Übernachtungskapazitäten sowohl in quantitativer als auch vor allem in qualitativer Hinsicht weiter zu verbessern.

Erstaunlich gut ist die Ausstattung der Fremdenzimmer mit sanitären Anlagen (Tab. 4.22). Im Durchschnitt weisen 81 % der Beherbergungsbetriebe Bad oder Dusche und WC im Fremdenzimmer auf. Deutliche Unterschiede gibt es dabei (1993) zwischen den alten (82 %) und den neuen Bundesländern (67 %). Der Anteil einfach ausgestatteter Fremdenzimmer (mit fließendem Warmwasser, ohne WC) ist in Ost- (23 %) im Vergleich zu Westdeutschland (13 %) noch relativ hoch.

Was die zukünftige Entwicklung der Art und Ausstattung der Beherbergungsstätten betrifft, so schreitet diese in Richtung Diversifizierung weiter voran. Einerseits werden sowohl hochwertige Hotelanlagen – insbesondere in den größeren Städten – als auch – vor allem an verkehrsgünstigen Standorten (z. B. in der Nähe von Autobahnen) – preisgünstige Unterkünfte angeboten. In den Fremdenverkehrsgebieten hält der Trend zur Bereitstellung von Ferienwohnungen ebenso an

Beherbergungsbetriebe mit	BRD insgesamt		Alte Bundesländer		Neue Bundesländer	
	absolut	[%]	absolut	[%]	absolut	[%]
Hallen-/Freibad	4 008	8	3 830	8	178	5
Sauna/Solarium	6 897	14	6 433	14	464	12
Kegel-/Bowlingbahn	3 886	8	3 616	8	270	7
Sport-/Fitneßraum	4 289	9	3 817	8	472	11
Tennisplatz/-halle	1 246	3	1 094	2	152	4
Kinderspielplatz/-zimmer	5 450	11	4 634	10	816	20
Medizinische Kureinrichtungen	2 041	4	1 911	4	130	3
Tagungsräume	15 492	31	13 521	30	1 971	48
Insgesamt	49 902	–	45 833	–	4 069	–

Tab. 4.21: Ausstattung der deutschen Beherbergungsbetriebe mit Freizeit- und ähnlichen Einrichtungen 1993*   Quelle: Statistisches Bundesamt (1995a, S. 71)

* In Beherbergungsbetrieben mit neun oder mehr Gästebetten.

Fremdenzimmer	BRD insgesamt		Alte Bundesländer		Neue Bundesländer	
	absolut	[%]	absolut	[%]	absolut	[%]
Mit fl. Warmwasser, ohne WC	116,6	13	96,8	12	19,8	23
Mit fl. Warmwasser, mit WC	18,5	2	16,0	2	2,5	3
Mit Bad/Dusche, ohne WC	31,5	3	30,0	3	1,5	2
Mit Bad/Dusche, mit WC	743,4	81	685,9	82	57,5	67
Sonstige	10,4	1	5,5	1	4,9	5
Insgesamt	920,4	100	834,2	100	86,2	100

Tab. 4.22: Ausstattung der Fremdenzimmer in den deutschen Beherbergungsbetrieben 1993 [1 000]
Quelle: Statistisches Bundesamt (1995a, S. 69)

wie der zur Errichtung komplexer Ferienzentren. Solche Urlaubsquartiere garantieren ihren Gästen in der Regel ein Höchstmaß an Unabhängigkeit und sind relativ preisgünstig.

4.4.3.2 Fremdenverkehrsaufkommen und Fremdenverkehrsgebiete

Die (1994) in den Beherbergungsbetrieben (mit neun oder mehr Gästebetten) gezählten 84,1 Mio. Gästeankünfte (Abb. 4.35) und 291,1 Mio. Fremdenübernachtungen sind recht unterschiedlich auf die einzelnen Bundesländer verteilt. Die größte Zahl an Übernachtungsgästen weist der Freistaat Bayern auf, die kleinste der Stadtstaat Bremen. Deutliche Unterschiede im Gästeaufkommen existieren auch (noch) zwischen West- (72,4 Mio. Ankünfte = 86%) und Ostdeutschland (10,9 Mio. Ankünfte = 14%). In den alten Bundesländern entfallen die meisten Gästeankünfte auf Bayern (19,1 Mio.), Nordrhein-Westfalen (11,6 Mio.), Baden-Württemberg (11,1 Mio.), Niedersachsen (8,2 Mio.) und Hessen (8,0 Mio.). Vergleichsweise wenige werden dagegen in Rheinland-Pfalz (5,1 Mio.), Schleswig-Holstein (3,9 Mio.), Hamburg (2,2 Mio.), im Saarland (0,6 Mio.) und in Bremen (0,5 Mio.) registriert. Während Berlin (1994) immerhin 3,1 Mio. Übernachtungsgäste beherbergt, verteilen sich die Gästeankünfte in den neuen Bundesländern wie folgt: Sachsen (2,8 Mio.), Mecklenburg-Vorpommern (2,4 Mio.), Thüringen (2,3 Mio.), Brandenburg (1,8 Mio.) und Sachsen-Anhalt (1,6 Mio.).

Obwohl mit Abstand die Mehrheit der Übernachtungsgäste Deutsche sind (81%), ist der Anteil der ausländischen Touristen mit fast einem Fünftel dennoch beachtlich. Allerdings liegt dieser in den alten Bundesländern (21%) weitaus höher als in Ostdeutschland (7%). Die Gästeankünfte aus dem Ausland konzentrieren sich (1994) vorrangig auf die Stadtstaaten Berlin (30%), Hamburg (29%) und Bremen (25%) sowie auf bestimmte Bundesländer wie Hessen (33%), Rheinland-Pfalz (27%) und Bayern (23%).

Abb. 4.35: Zahl und Aufenthaltsdauer der Übernachtungsgäste in der Bundesrepublik Deutschland nach Ländern 1994*   Quelle: Statistisches Bundesamt (1995 b, S. 11 f.); Bearbeitung: TU Chemnitz, Lehrstuhl für Sozial- und Wirtschaftsgeographie (1995)

* In Beherbergungsbetrieben mit neun und mehr Gästebetten.

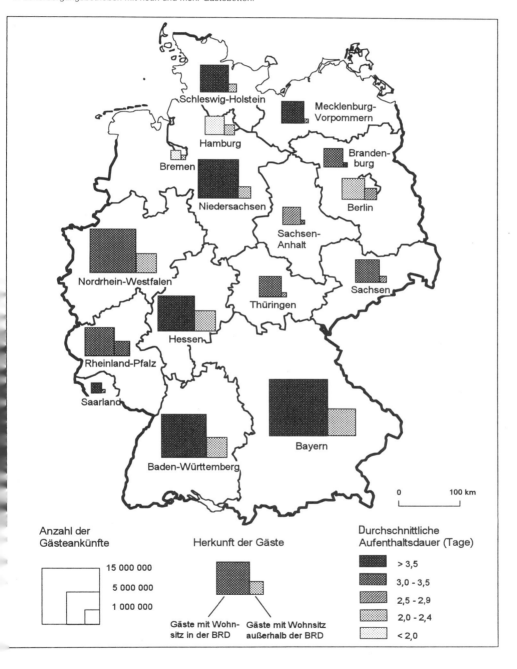

Anzahl der
Gästeankünfte

15 000 000

5 000 000

1 000 000

Herkunft der Gäste

Gäste mit Wohn-   Gäste mit Wohnsitz
sitz in der BRD   außerhalb der BRD

Durchschnittliche
Aufenthaltsdauer (Tage)

> 3,5

3,0 - 3,5

2,5 - 2,9

2,0 - 2,4

< 2,0

Während in Hessen die Reiseziele Frankfurt am Main und der Rheingau (z. B. Rüdesheim) dominieren, sind dies in Rheinland-Pfalz insbesondere das Rheintal sowie die Fremdenverkehrsgebiete Mosel/Saar und Eifel/Ahr (vgl. BECKER 1984). In Bayern suchen die Auslandstouristen vor allem die Landeshauptstadt München, das Werdenfelser Land und Rothenburg ob der Tauber auf. Was speziell den Städtetourismus betrifft, so lassen sich (1993) die meisten ausländischen Gästeankünfte in München (1,2 Mio.), Frankfurt am Main (1,0 Mio.), Berlin (0,7 Mio.), Hamburg (0,5 Mio.), Köln (0,4 Mio.), Düsseldorf (0,3 Mio.) und Heidelberg (0,3 Mio.) nachweisen.

Von den 13,4 Mio. Übernachtungsgästen aus dem Ausland stammen (1994) 13 % aus den Niederlanden, 11 % aus den USA, 9 % aus Großbritannien sowie jeweils 6 % aus Frankreich, der Schweiz, Italien und Japan. Darunter befindet sich ein hoher Anteil an Geschäftsleuten und Sightseeing-Touristen, die sich im Durchschnitt nur 2,3 Tage in der Bundesrepublik Deutschland aufhalten. Neben dem wirtschaftlichen wird vor allem dem politischen Aspekt des Incoming-Tourismus hohe Bedeutung beigemessen (vgl. ROTH u. WENZEL 1983).

Besser noch als Zahl und Struktur der Gästeankünfte vermögen die Fremdenübernachtungen das touristische Aufkommen in der Bundesrepublik Deutschland zu verdeutlichen. Auf die Beherbergungsbetriebe mit neun oder mehr Gästebetten entfallen (1994) rund 291,1 Mio. Fremdenübernachtungen. Ihre räumliche Verteilung entspricht etwa derjenigen der Gästeankünfte. Obwohl sich die absolute Zahl der Fremdenübernachtungen in Schleswig-Holstein (1993) – im Vergleich zu den anderen Bundesländern – im Mittelfeld einpendelt, liegt die dortige Fremdenverkehrsintensität (Zahl der Übernachtungen je 1 000 Einwohner) mit 8 189 weit über dem Durchschnitt. Danach folgen Bayern (6 301), Hessen (4 516), Rheinland-Pfalz (4 379), Niedersachsen (4 238) und Mecklenburg-Vorpommern (4 107), während das Saarland (1 724), Brandenburg (1 573), Sachsen (1 545), Bremen (1 427) und Sachsen-Anhalt (1 207) als touristische Zielgebiete – bezogen auf ihre jeweilige Einwohnerzahl – bundesweit eine untergeordnete Rolle spielen.

Aufgeschlüsselt nach der Betriebsart, werden (1994) die meisten Fremdenübernachtungen in Hotels (97,8 Mio. = 33 %) und Sanatorien (50,3 Mio. = 17 %) gezählt (Tab. 4.23), gefolgt von Hotels garni (32,4 Mio. = 11 %), Ferienhäusern und -wohnungen (28,0 Mio. = 10 %) sowie Erholungs- und ähnlichen Heimen (26,9 Mio. = 9 %). Dabei erfreuen sich die modernen Unterkunftsorte zunehmender Beliebtheit. Was die durchschnittliche Aufenthaltsdauer der Übernachtungsgäste betrifft, so ist diese in den Sanatorien mit 28,5 Tagen am längsten. Überdurchschnittlich lange verweilen die Touristen in Ferienhäusern und -wohnungen (8,8 Tage), Ferienzentren (5,7 Tage), Pensionen (4,9 Tage) sowie Erholungs- und ähnlichen Heimen (4,5 Tage). Nicht zuletzt aufgrund des Trends, mehrmals pro Jahr zu verreisen, geht die Aufenthaltsdauer der Übernachtungsgäste kontinuierlich zurück und erreichte 1994 einen Durchschnittswert von 3,5 Tagen. 1966 verbrachten dagegen noch 79 % der bundesdeutschen Urlaubsreisenden einen länger als zehn Tage dauernden Ferienaufenthalt, wobei die jährliche Reisehäufigkeit damals geringer war als heute.

Neben den sonstigen Gemeinden mit rund 142,2 Mio. Fremdenübernachtungen (49 %), worunter insbesondere auch die größeren Städte fallen, registrieren die Mineral- und Heilbäder überdurchschnittlich hohe Übernachtungszahlen (46,1 Mio. = 16 %). Die restlichen Fremdenübernachtungen verteilen sich (1994) fast gleichmäßig

	Gästeankünfte		Fremdenübernachtungen		ø Aufenthalts- dauer in Tagen
	absolut	[%]	absolut	[%]	absolut
a) nach der Betriebsart					
Hotels	44,4	53	97,8	33	2,2
Hotels garni	11,1	13	32,4	11	2,9
Gasthöfe	8,5	10	21,0	7	2,5
Pensionen	3,4	4	16,4	6	4,9
Erholungs- u. ä. Heime	5,9	7	26,9	9	4,5
Ferienzentren	0,8	1	4,7	2	5,7
Ferienhäuser, -wohnungen	3,2	4	28,0	10	8,8
Hütten, Jugendherbergen	5,0	6	13,6	5	2,7
Sanatorien	1,8	2	50,3	17	28,5
Betriebe insgesamt	84,1	100	291,1	100	3,5
b) nach dem Gemeindeprädikat					
Mineral- und Moorbäder	5,0	6	46,1	16	9,2
Heilklimatische Kurorte	3,0	4	18,2	6	6,1
Kneippkurorte	2,0	2	12,6	4	6,4
Seebäder	2,7	3	22,6	8	8,2
Luftkurorte	5,0	6	24,0	8	4,8
Erholungsorte	6,0	7	25,4	9	4,2
Sonstige Gemeinden	60,4	72	142,2	49	2,4
Gemeindegruppen insgesamt	84,1	100	291,1	100	3,5
c) nach der Gemeindegröße					
< 2 000 Einwohner	7,9	9	34,9	12	4,4
2 000 – < 5 000 Einwohner	10,3	12	49,3	17	4,8
5 000 – < 10 000 Einwohner	10,8	14	53,3	18	4,9
10 000 – < 20 000 Einwohner	11,7	14	50,1	17	4,3
20 000 – < 50 000 Einwohner	11,1	13	34,5	12	3,1
50 000 – < 100 000 Einwohner	5,8	7	14,7	5	2,5
≥100 000 Einwohner	26,5	31	54,3	19	2,1
Gemeinden insgesamt	84,1	100	291,1	100	3,5

Tab. 4.23: Gästeankünfte, Fremdenübernachtungen und durchschnittliche Aufenthaltsdauer der Gäste in den deutschen Beherbergungsbetrieben 1994 [Mio.]*
Quelle: Statistisches Bundesamt (1995 b, S. 16 – 24)
* In Beherbergungsbetrieben, die mehr als acht Touristen beherbergen können.

auf die anderen prädikatisierten Gemeinden: auf die staatlich anerkannten Erholungsorte (25,4 Mio. = 9%), Luftkurorte (24,0 Mio. = 8%), Seebäder (22,6 Mio. = 8%), heilklimatischen Kurorte (18,2 Mio. = 6%) sowie Kneippkurorte (12,6 Mio. = 4%). Obwohl die prädikatisierten Gemeinden über einen spezifischen touristischen Ausstattungsgrad verfügen müssen, ist damit in der Praxis lediglich ein Imagefaktor verbunden, da mittlerweile die kommunalen Fremdenverkehrsangebote einander stark ähneln. Die Verleihung touristischer Prädikate wird zudem staatlicherseits restriktiv gehandhabt.

Wie bereits erwähnt, konzentrieren sich (1994) die meisten Fremdenübernachtungen (54,3 Mio. = 19%) auf die Großstädte. Ein hoher Anteil wird zudem in Gemeinden mit 2 000 bis 20 000 Einwohnern registriert (52%), während kleinere Ortschaften (34,9 Mio. = 12%) und Mittelstädte (49,2 Mio. = 17%) geringere Übernachtungswerte aufweisen. Dies bedeutet eine Art Polarisierung der Fremdenübernachtungen auf die Groß- und Mittelstädte einerseits und auf die Kleinstädte andererseits, die jedoch durchaus noch aus ländlich geprägten Ortschaften bestehen können.

Was schließlich die bundesdeutschen Reisegebiete anbelangt, so gibt es nur wenige, die (1994) mehr als 5 Mio. Fremdenübernachtungen (in Beherbergungsbetrieben mit neun oder mehr Gästebetten) auf sich vereinen können. In Schleswig-Holstein handelt es sich um die Ost- (9,1 Mio.) und die Nordseeküste (7,9 Mio.). Während in Niedersachsen auf den Ostfriesischen Inseln 5,5 Mio. Fremdenübernachtungen gezählt werden, gibt es in Hessen nur das Main-Taunus-Gebiet (einschließlich der Stadt Frankfurt am Main), das diese Größenordnung erreicht. In Nordrhein-Westfalen gehören zu den touristisch bedeutendsten Zielregionen der Teutoburger Wald (8,3 Mio.), das Niederrhein-Ruhrland-Gebiet (7,5 Mio.) sowie das Sauerland (6,0 Mio.). Während Baden-Württemberg den Schwarzwald (19,1 Mio.), das Neckarland – Schwaben (12,8 Mio.) sowie den Bodenseeraum – Oberschwaben (5,6 Mio.) aufzuweisen hat, konzentrieren sich in Bayern die Fremdenübernachtungen auf den Bayerischen Wald (7,5 Mio.), München und Umgebung (6,8 Mio.) sowie das Oberallgäu (5,6 Mio.). Abgesehen von Berlin (7,3 Mio.), gibt es in den anderen Bundesländern keine Fremdenverkehrsgebiete mit überdurchschnittlich hohen Übernachtungszahlen pro Jahr.

4.4.3.3 Regionalwirtschaftliche Effekte

Obwohl die Bundesrepublik Deutschland – beispielsweise im Vergleich zu Österreich oder der Schweiz – weltweit nicht unbedingt als bedeutsames Reisezielgebiet bezeichnet werden kann, sind die volkswirtschaftlichen und regionalökonomischen Effekte des Tourismus dennoch nicht zu unterschätzen. Eine Methode zur Erfassung des wirtschaftlichen Stellenwertes des Fremdenverkehrs ist die Ermittlung der durchschnittlichen Tagesausgaben der Touristen. Vom dadurch errechneten Umsatz werden die Ausgaben der Anbieter touristischer Leistungen abgezogen. Zusätzlich muß jedoch die Multiplikatorwirkung des Fremdenverkehrs (z.B. die Lebenshaltungskosten der Touristen) berücksichtigt werden (vgl. FREYER 1988, S. 299), die zu einer Erhöhung der ökonomischen Effekte des Tourismus beiträgt. In diesem Zusammenhang entscheidend ist jedoch dieWertschöpfung, das heißt jener Anteil des Umsatzes, der auch tatsächlich zu Einkommen wird. In der Bundesrepublik Deutschland ist im Beherbergungsgewerbe von einer durchschnittlichen Wertschöpfung von 40% der Nettoumsätze auszugehen (vgl. KOCH 1986, S. 15).

1990/91 haben die im (früheren) Bundesgebiet übernachtenden Reisenden durchschnittlich 113,10 DM pro Tag ausgegeben (vgl. ZEINER u. HARRER 1992). Am höchsten sind diese Ausgaben in den gewerblichen Beherbergungsstätten (152,90 DM), am niedrigsten in den anderen Unterkünften wie Ferienwohnungen (66,30 DM), Privatquartieren (63,80 DM), Jugendherbergen (47,00 DM) und Campingplätzen (35,40 DM). Wäh-

Beschäftigungsbereich	Anzahl	Anteil [%]
Beherbergung und Gastronomie	652 650	62,6
Unternehmen zur Personenbeförderung:		
– Straße	24 420	2,3
– Schiene	82 930	8,0
– Luft	34 450	3,3
– Schiffahrt	6 600	0,6
– Berg- und Seilbahnen	1 350	0,1
Reisevermittler und -veranstalter	44 300	4,3
Reisestellen	1 500	0,1
Kurortunternehmen	11 770	1,1
Administrative Fremdenverkehrsstellen in Luftkurorten, Erholungsorten, Großstädten und sonstigen Gemeinden	5 370	0,5
Fremdenverkehrsrelevante Verbände und Organisationen	800	0,1
Administrationen bei Bund, Ländern, Regierungsbezirken und Landkreisen	410	**
Aus- und Weiterbildung	2 000	0,2
Kongreß- und Tagungswesen, Messen und Ausstellungen	***	***
Sonstige touristisch relevante Nachfrage:		
– Unterhaltungsbereich	77 950	7,5
– Einzelhandel (Einkäufe, Lebensmittel)	96 820	9,3
Insgesamt	1 043 320	100,0

Tab. 4.24: Beschäftigte im Tourismus*　　　　　Quelle: KOCH, ZEINER u. HARRER (1991)

* Stand 1990 (alte Bundesländer).　** <0,1 %.　*** Keine Angaben.

rend die Tagesausgaben pro Übernachtungsgast in den Stadtstaaten (Hamburg, Berlin, Bremen) den Durchschnittswert weit übersteigen, liegen sie in Niedersachsen (81,00 DM), Schleswig-Holstein (96,70 DM), Rheinland-Pfalz (108,50 DM), im Saarland (109,50 DM) und in Bayern (112,90 DM) darunter. Vom durchschnittlichen Tagessatz von 113,10 DM wendet der (im früheren Bundesgebiet) übernachtende Tourist (1991 / 92) etwa 40 % für Verpflegung, 39 % für Unterkunft, 10 % für Einkäufe, 2 % für Sport und Freizeit, 2 % für den lokalen Transport sowie 7 % für sonstige Dienstleistungen auf. In den neuen Bundesländern liegen die Tagesausgaben pro Übernachtungsgast bei 128,30 DM im Durchschnitt, wobei Geschäftsreisende 181,00 DM aufwenden, Kurzurlauber 117,00 DM und Erholungsurlauber 86,90 DM (vgl. ZEINER, HARRER u. SCHERR 1992).

Des weiteren stellt auch der Ausflugsverkehr einen beachtlichen Wirtschaftsfaktor dar. In der zweiten Hälfte der 80er Jahre hat das Deutsche Wirtschaftswissenschaftliche Institut für Fremdenverkehr an der Universität München ermittelt, daß die bundesdeutschen Naherholungsuchenden durchschnittlich 28,20 DM pro Tag ausgeben; davon 42 % für Einkäufe, 41 % in Restaurants bzw. Cafés, 8 % für Unterhaltung, 2 % für den lokalen Transport sowie 7 % für Sonstiges.

Was schließlich die Beschäftigungswirksamkeit des Tourismus betrifft, so sind (1990 in den alten Bundesländern) rund eine Million Personen im Fremdenverkehrsbereich tätig (vgl. KOCH, ZEINER u. HARRER 1991). Davon entfallen fast zwei Drittel auf die Beherbergungsbetriebe und die Gastronomie, 14,3 % auf die Unternehmen zur Personenbeförderung sowie 9,3 % auf den touristisch relevanten Einzelhandel (Tab. 4.24). Außer einer ökonomischen Funktion hat der Fremdenverkehr eine soziokulturelle Dimension und ist im übrigen fest in das gesellschaftliche Leben integriert.

4.4.4 Fremdenverkehrsentwicklung in der Zukunft

Hinsichtlich des Reiseverhaltens der bundesdeutschen Bevölkerung wird sich die Reiseintensität zukünftig auf hohem Niveau einpendeln. Der Trend zum mehrmaligen kurzzeitigen Verreisen pro Jahr dürfte ebenso anhalten wie die Tendenz einer südlich orientierten Reiserichtung. Die Ansprüche an die Ausstattung der Reiseunterkünfte und die der touristischen Zielgebiete dürften eine nochmalige Steigerung erfahren. Im übrigen wird sich das Reiseverhalten an den jeweils gegebenen wirtschaftlichen, politischen und soziokulturellen Rahmenbedingungen orientieren, wie dies schon in der Vergangenheit der Fall war.

Bereits Mitte der 70er Jahre hat die Bundesregierung für ihre Tourismuspolitik folgende Ziele formuliert (vgl. Deutscher Bundestag 1975):
• Sicherung der für eine kontinuierliche Entwicklung des Tourismus erforderlichen Rahmenbedingungen,
• Steigerung der Leistungs- und Wettbewerbsfähigkeit der deutschen Fremdenverkehrswirtschaft,
• Verbesserung der Möglichkeiten für die Teilnahme breiter Bevölkerungsschichten am Tourismus,
• Ausbau der internationalen Zusammenarbeit im Tourismus.

In Ergänzung hierzu ist 1994 die Erhaltung von Umwelt, Natur und Landschaft als Grundlage des Tourismus in den Zielkatalog aufgenommen worden. Insbesondere in den neuen Bundesländern – und hier vorrangig an der Ostseeküste und in den Städten – dürften weitere, moderne Beherbergungskapazitäten entstehen, die verstärkt nachgefragt werden könnten. Die bundesdeutschen Mittelgebirge als touristische Zielgebiete werden wahrscheinlich in einen noch größeren Konkurrenzdruck geraten als bisher, da das Gesamtangebot an Beherbergungsstätten die Nachfrage zu übertreffen scheint. Nicht zuletzt deshalb müssen sich die Entscheidungsträger in den Fremdenverkehrsgebieten und -gemeinden bemühen, ihre Aktivitäten noch stärker zu professionalisieren, allerdings unter ernsthafter Berücksichtigung ökologischer Belange.

Literatur

BECKER, C. (1984):
Der Ausländertourismus und seine
räumliche Verteilung in der Bundesrepublik
Deutschland. Zeitschrift für Wirtschaftsgeographie, **28**: 1 – 10.

Bundesministerium für Wirtschaft
[Hrsg.] (1994): Bericht der Bundesregierung
über die Entwicklung des Tourismus. Bonn.
= BMWi-Dokumentation, **349**.

CHRISTALLER, W. (1955):
Beiträge zu einer Geographie des Fremdenverkehrs. Erdkunde, **9**: 1 – 19.

CZINKI, L. (1975):
Wochenendfreizeit in den Freiräumen
Nordrhein-Westfalens. Essen. =
AHT-Schriftenreihe, **15**.

Deutscher Bundestag [Hrsg.] (1975):
Tourismus in der Bundesrepublik Deutschland – Grundlagen und Ziele. Bonn, 48 S.

DUNDLER, F. (1987):
Urlaubsreisen 1954 – 1986. Starnberg, 17 S.

FREYER, W. (1988):
Tourismus. Eine Einführung
in die Fremdenverkehrsökonomie.
München u. Wien, 371 S.

HARTMANN, K. D. (1979):
Reiseentscheidungen und Reiseplanungen
1978. Das Reisebüro.

JURCZEK, P. (1980):
Der Rand des Verdichtungsraumes als Über-
lagerungsgebiet von Naherholung und Urlaubsverkehr – Erläutert am Beispiel des östlichen Rhein-Main-Gebietes. In: SCHNELL, P.,
u. P. WEBER [Hrsg.]: Agglomeration und Frei-
zeitraum. Paderborn, 101 – 107. =
Münstersche Geographische Arbeiten, **7**.

JURCZEK, P. (1981):
Freizeit, Fremdenverkehr und Naherholung.
Praxis Geographie, **11**: 45 – 49.

KASPAR, C. (1982):
Die Fremdenverkehrslehre im Grundriss.
Bern u. Stuttgart, 164 S.

KAMINSKE, V. (1981):
Zur systematischen Stellung einer Geogra-
phie des Freizeitverhaltens. Geographische
Zeitschrift, **69**: 217 – 223.

KLÖPPER, R. (1955):
Das Erholungswesen als Bestandteil der
Raumordnung und als Aufgabe der Raumforschung. Raumforschung und Raumordnung,
13: 209 – 217.

KNIRSCH, R. (1976):
Fremdenverkehrsgeographie oder Geographie des Freizeitverhaltens oder? Zeitschrift
für Wirtschaftsgeographie, **20**: 248 – 249.

KOCH, A. (1986):
Wirtschaftliche Bedeutung des Fremdenverkehrs in ländlichen Gebieten. In: Der
Bundesminister für Raumordnung, Bauwesen und Städtebau [Hrsg.]: Entwicklung
ländlicher Räume durch den Fremdenverkehr. Bonn, 9 – 18. = Schriftenreihe 06, 58.

KOCH, A., ZEINER, M., u. B. HARRER (1991):
Strukturanalyse des touristischen Arbeitsmarktes. München.

KRIPPENDORF, J. (1981):
Die Landschaftsfresser. Bern, 160 S.

KRIPPENDORF, J., KRAMER, B., u. H. MÜLLER (1986):
Freizeit und Tourismus. Bern. =
Berner Studien zum Fremdenverkehr, **22**.

KULINAT, K., u. A. STEINECKE (1984):
Geographie des Freizeit- und Fremdenverkehrs. Darmstadt, 264 S.

LÜÜS, H.-P. (1993):
Fachliche Ergebnisse der Tourismusstichpro-
be 1992. Wirtschaft und Statistik.

MATZNETTER, J. (1976):
Differenzen in der Auffassung einer Geographie des Tourismus und der Erholung. In:
40. Geographentag Innsbruck, Tagungsber.
u. wiss. Abh. Wiesbaden, 661 – 672.

MONHEIM, R. (1975):
Fremdenverkehrsgeographie oder Geographie des Freizeitverhaltens? Geographische Rundschau, **27**: 519 – 521.

NEWIG, J. (1975):
Zur Geographie des Freizeitverhaltens. Geographische Rundschau, **27**: 518 – 519.

OESTREICH, H. (1977):
Anmerkungen zu einer „Geographie des Freizeitverhaltens". Geographische Rundschau, **29**: 80 – 83.

POSER, H. (1939):
Geographische Studien über den Fremdenverkehr im Riesengebirge. Göttingen. = Abhandlungen der Gesellschaft der Wissenschaften zu Göttingen, **20**.

PÖTKE, P. M. (1978):
Zum Begriff einer allgemeinen Geographie des Freizeit- und Fremdenverkehrs. Zeitschrift für Wirtschaftsgeographie, **22**: 42 – 46.

ROTH, P., u. G. WENZEL (1983):
Der Ausländertourismus in der Bundesrepublik Deutschland. Starnberg, 93 S.

RUPPERT, K. (1975):
Zur Stellung und Gliederung einer allgemeinen Geographie des Freizeitverhaltens. Geographische Rundschau. **27**: 1 – 6.

RUPPERT, K., u. P. GRÄF (1985):
Fremdenverkehr. In: MEYNEN, E. [Hrsg.]: Internationales Geographisches Glossarium. Stuttgart, 342 – 344.

RUPPERT, K., u. J. MAIER (1969):
Naherholungsraum und Naherholungsverkehr. Starnberg, 95 S.

RUPPERT, K., u. F. SCHAFFER (1969):
Zur Konzeption der Sozialgeographie. Geographische Rundschau, **21**: 205 – 214.

SCHMIDHAUSER, H. (1979):
Längerfristige Zusammenhänge – Gesetzmäßigkeiten bei der Reisezielwahl. Der Fremdenverkehr, **7**: 26 – 31.

SPODE, H. (1988):
Der moderne Tourismus – Grundlinien seiner Entstehung und Entwicklung vom 18. bis zum 20. Jahrhundert. In: STORBECK, D. [Hrsg.]: Moderner Tourismus – Tendenzen und Aussichten. Trier, 39 – 76. = Materialien zur Fremdenverkehrsgeographie, **17**.

Statistisches Bundesamt [Hrsg.] (1995 a):
Tourismus in Zahlen 1994. Wiesbaden, 240 S.

Statistisches Bundesamt [Hrsg.] (1995 b):
Beherbergung im Reiseverkehr Dezember und Jahr 1994. = Fachserie 6, Reihe 7.1.

STEINECKE, A. (1983):
Gesellschaftliche Grundlagen der Fremdenverkehrsentwicklung. In: HAEDRICH, G., u. a. [Hrsg.]: Tourismus-Management. Berlin u. New York, 37 – 55.

WOLF, K., u. P. JURCZEK (1986):
Geographie der Freizeit und des Tourismus. Stuttgart, 167 S.

ZEINER, M., u. B. HARRER (1992):
Die Ausgabenstruktur im übernachtenden Fremdenverkehr in der Bundesrepublik Deutschland (ohne Beitrittsgebiet). München.

ZEINER, M., HARRER, B., u. S. SCHERR (1992):
Die Ausgabenstruktur im übernachtenden Fremdenverkehr in den neuen Bundesländern. München.

A.5 Regionale Disparitäten und Raumgestaltung

Ludwig Schätzl /
Ingo Liefner, Hannover

Vorliegender Beitrag gliedert sich in zwei Teile. Kapitel 5.1 behandelt regionale Disparitäten in der sozioökonomischen Entwicklung. Im Zentrum der Betrachtung steht die Analyse der großräumigen Disparitäten innerhalb Westdeutschlands (Süd-Nord-Gefälle) und zwischen West- und Ostdeutschland (West-Ost-Gefälle) sowie der Entwicklungsunterschiede zwischen den westdeutschen Verdichtungsräumen. Kapitel 5.2 widmet sich der staatlichen Steuerung der Regionalentwicklung. Hierbei wird unterschieden in indirekte und direkte Steuerung sowie in staatliche Interventionen, die sowohl indirekt als auch direkt den räumlichen Differenzierungsprozeß beeinflussen.

5.1 Regionale Disparitäten in der sozioökonomischen Entwicklung

5.1.1 Großräumige Disparitäten

Nachfolgende Ausführungen beschäftigen sich mit Ausmaß und Dynamik großräumiger Disparitäten in der sozioökonomischen Entwicklung zunächst innerhalb Westdeutschlands (alte Bundesländer) und daran anschließend zwischen West- und Ostdeutschland. Da großräumige Ungleichgewichte und Schwerpunktverlagerungen Gegenstand der Untersuchung sind, stellt sich die Aufgabe, die Bundesrepublik Deutschland in eine begrenzte Zahl von Regionen vergleichbarer Größe zu disaggregieren. Unter Berücksichtigung des Sachverhaltes, daß die für Disparitätenanalysen verwertbaren sekundärstatistischen Daten häufig nur auf der Maßstabsebene der Bundesländer veröffentlicht werden, empfiehlt es sich, die bestehenden Ländergrenzen als Basis für die Regionalisierung Deutschlands zu verwenden und kleinere Bundesländer zu größeren Raumeinheiten zusammenzufassen. In Anlehnung an ISENBERG (1979) und LAMMERS (1994) läßt sich die Bundesrepublik Deutschland in nachfolgende sechs Großregionen gliedern (Abb. 5.1):
- Region Nord (Bundesländer Bremen, Hamburg, Niedersachsen, Schleswig-Holstein),
- Bundesland Nordrhein-Westfalen,
- Region Mitte-West (Bundesländer Hessen, Rheinland-Pfalz, Saarland),
- Bundesland Baden-Württemberg,
- Bundesland Bayern,
- Ostdeutschland (Bundesländer Brandenburg, Mecklenburg-Vorpommern, Sachsen, Sachsen-Anhalt, Thüringen sowie Berlin-West und Berlin-Ost).

Wie Tabelle 5.1 zeigt, weisen die sechs Großregionen eine Einwohnerzahl auf, die zwischen 10 und 18 Millionen liegt. Verglichen mit der administrativen Abgrenzung nach Bundesländern, sind diese Größenunterschiede gering.

Abb. 5.1:
Gliederung der Bundes-
republik Deutschland nach
Bundesländern und Groß-
regionen
(nach Lammers 1994)

------- Bundesländer ———— Großregionen —·—·— Staatsgrenze

Tab. 5.1:
Großregionen in der Bun-
desrepublik Deutschland:
Fläche und Einwohner
1994
Quellen: Statistisches
Bundesamt, Berechnungen
des NIW

Großregion	Fläche [km²]	Einwohner [Mio.]
Region Nord	64 232	12,8
Nordrhein-Westfalen	34 070	17,8
Region Mitte-West	43 533	11,0
Baden-Württemberg	35 751	10,3
Bayern	70 554	11,9
Ostdeutschland (mit Berlin-West)	108 834	17,7
Bundesrepublik Deutschland	356 974	81,5

5.1.1.1 Ausmaß und Dynamik großräumiger Disparitäten in Westdeutschland

Zur Darstellung großräumiger Disparitäten in der sozioökonomischen Entwicklung werden ein ökonomischer Indikator, das Bruttoinlandsprodukt (BIP) je Einwohner, und ein sozialer Indikator, die Arbeitslosenquote, ausgewählt. Diese beiden Indikatoren verwendet auch die Kommission der Europäischen Union in ihren periodischen Berichten über die sozioökonomische Lage und Entwicklung der Regionen. Trotz meßtechnischer, definitorischer und wohlfahrtstheoretischer Unzulänglichkeiten stellt das Pro-Kopf-Bruttoinlandsprodukt einen geeigneten Indikator für die ökonomische Leistungskraft einer Region dar (vgl. SCHÄTZL 1994a). Im vorliegenden Fall läßt sich das BIP je Einwohner – mit Einschränkungen – auch als Wohlstandsindikator interpretieren, da bei der gewählten Größe und Abgrenzung der Regionen die durch grenzüberschreitende Berufspendler verursachten Einkommenstransfers nur eine untergeordnete Bedeutung haben dürften.

Das Ausmaß regionaler Disparitäten wird mit der statistischen Methode des gewogenen Variationskoeffizienten, einer Maßzahl der relativen Konzentration, berechnet (vgl. SCHÄTZL 1994a). Je größer der Variationskoeffizient ist, desto stärker ist die Konzentration, d.h. desto größer sind die regionalen Disparitäten. Wie Abbildung 5.2 zeigt, sind in Westdeutschland die großräumigen Unterschiede des BIP je Einwohner außergewöhnlich gering, und sie haben sich im Beobachtungszeitraum 1970 – 1994 nicht grundlegend verändert. Der auch im internationalen Vergleich extrem niedrige Variationskoeffizient verringerte sich in den 70er Jahren geringfügig, um in den 80er Jahren wieder auf das Ausgangsniveau anzusteigen. Die langfristige Regionalentwicklung Westdeutschlands unterscheidet eine Phase mit Konvergenzansätzen in den 70er Jahren und eine Phase mit Divergenzansätzen in den 80er Jahren. Dementsprechend veränderte sich die Relation zwischen der Region mit dem geringsten und der Region mit dem höchsten Pro-Kopf-BIP von 1:1,14 (1970) über 1:1,09 (1980) auf 1:1,13 (1994).

Trotz der langfristigen Stabilität der großräumigen Disparitäten auf niedrigem Niveau kam es zwischen den fünf Großregionen zu deutlichen Verschiebungen in der Wirtschaftskraft. Für den Beobachtungszeitraum 1970 bis 1994 läßt Tabelle 5.2 nachfolgende Entwicklungstendenzen erkennen:

- Baden-Württemberg konnte durchgängig eine Spitzenposition als Bundesland mit hoher ökonomischer Leistungskraft behaupten.
- Die Wirtschaftsentwicklung von Bayern charakterisiert ein stetiger Aufhol- und Überholprozeß. In den 70er Jahren wies Bayern das niedrigste Pro-Kopf-BIP auf. In der Folge gelang es dem Land, Anfang der 80er Jahre Nordrhein-Westfalen und Norddeutschland zu überholen und bis 1994 zum Einkommensniveau von Baden-Württemberg aufzuschließen. Diese aufholende und überholende Wirtschaftsentwicklung verlief allerdings sehr langsam. Im Zeitraum 1970 bis 1994 betrug die durchschnittliche jährliche Zuwachsrate des Pro-Kopf-BIP von Bayern real 2,6% und von Baden-Württemberg 2,0%; die Wachstumsdifferenz zwischen beiden Bundesländern lag bei 0,6%.
- Nordrhein-Westfalen konnte zwar das reale Pro-Kopf-BIP steigern, es mußte jedoch einen starken relativen Bedeutungsverlust hinnehmen. Im Beobachtungszeitraum verschlechterte sich die ökonomische Position vom zweiten auf den letzten Platz.

Abb. 5.2:

Entwicklung der Disparitäten des BIP je Einwohner (zu Preisen des Jahres 1991) zwischen den Großregionen Westdeutschlands 1970 – 1994

Quellen: Statistisches Bundesamt, eigene Berechnungen

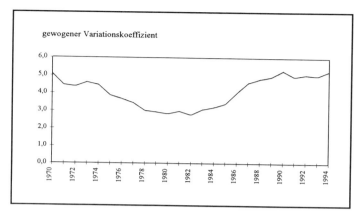

- Norddeutschland erlitt einen relativen Bedeutungsverlust, während die Region Mitte-West ihre ökonomische Position deutlich verbessern konnte.

Baden-Württemberg und Bayern erreichten in der Vergangenheit auch Spitzenwerte bei den Bruttoanlageinvestitionen je Einwohner (Abb. 5.3). Diese überdurchschnittlichen Investitionsaktivitäten ermöglichen eine beschleunigte Verjüngung und Modernisierung des Produktionsapparates und steigern langfristig die Wettbewerbsposition und Innovationsfähigkeit der süddeutschen Wirtschaft.

Jahr	Nord	Nordrhein-Westfalen	Mitte-West	Baden-Württemberg	Bayern	Westdeutschland
			[DM]			
1970	25 359	26 421	24 066	26 862	23 364	25 313
1975	27 860	28 184	26 805	29 412	26 047	27 681
1980	32 651	32 523	32 128	34 730	31 767	32 684
1985	34 526	33 735	34 596	37 411	35 025	34 856
1990	38 299	37 389	40 849	43 410	40 505	39 704
1994	39 966	38 097	42 897	43 044	43 113	41 033
			Rangplätze			
1970	3	2	4	1	5	–
1975	3	2	4	1	5	–
1980	2	3	4	1	5	–
1985	4	5	3	1	2	–
1990	4	5	2	1	3	–
1994	4	5	3	2	1	–

Tab. 5.2: Entwicklung des BIP je Einwohner (zu Preisen des Jahres 1991) der Großregionen Westdeutschlands 1970 – 1994

Quellen: Statistisches Bundesamt, Berechnungen des NIW

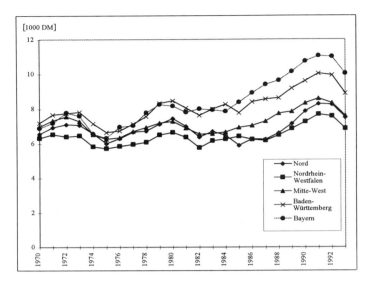

Abb. 5.3:
Entwicklung der Brutto-
anlageinvestitionen je
Einwohner (zu Preisen des
Jahres 1991) der Großre-
gionen Westdeutschlands
1970 – 1993
Quellen: Statistisches Bun-
desamt, Berechnungen des
NIW

Zur Darstellung der großräumigen Unterschiede im Bereich von Forschung und Entwicklung wurden ein Inputindikator (FuE-Personal der Wirtschaft je 1 000 Einwohner) und ein Outputindikator (Patentanmeldungen beim Deutschen Patentamt je 100 000 Einwohner) ausgewählt. Tabelle 5.3 belegt zwei Sachverhalte: Erstens gleicht die regionale Verteilung des in der Wirtschaft tätigen FuE-Personals der Verteilung der Patentanmeldungen. Zweitens zeigen beide Indikatoren ein tiefgreifendes Süd-Nord-Gefälle bei den FuE-Aktivitäten.

Erheblich größer als die regionalen Unterschiede des Pro-Kopf-BIP sind die großräumigen Disparitäten bei der Arbeitslosenquote, d. h. des Anteils der Arbeitslosen an den abhängigen zivilen Erwerbspersonen. Der gewogene Variationskoeffizient schwankte im Zeitraum 1970 – 1994 beim Indikator BIP je Einwohner zwischen 2,8 % und 5,3 % (Abb. 5.2), beim Indikator Arbeitslosenquote jedoch zwischen

Großregion	FuE-Personal der Wirtschaft je 1000 Einwohner 1991	Patentanmeldungen (Deutsches Patentamt) je 100 000 Einwohner 1994
Region Nord	2,4	29
Nordrhein-Westfalen	3,2	47
Region Mitte-West	4,7	54
Baden-Württemberg	7,1	84
Bayern	6,3	67
Westdeutschland	4,6	53
nachrichtlich Ostdeutschland (mit Berlin-West)	2,4	18

Tab. 5.3:
Ausgewählte FuE-
Aktivitäten in den
Großregionen
Westdeutschlands
Quellen: SV – Gemeinnüt-
zige Gesellschaft für Wis-
senschaftsstatistik mbH
(1994), Deutsches Patent-
amt (1995)

Abb. 5.4:

Entwicklung der
Arbeitslosenquoten der
Großregionen
Westdeutschlands
1970 – 1994

Quellen: Statistisches
Bundesamt, Berechnungen
des NIW

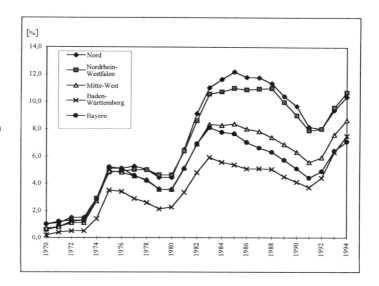

12 % und 39 %. Nach Überwindung der kriegsbedingten hohen Arbeitslosigkeit Ende
der 50er Jahre herrschte in Westdeutschland Vollbeschäftigung. Wie Abbildung 5.4
zeigt, überstieg 1970 in keiner der fünf Großregionen die Arbeitslosenquote ein Prozent. In der Folgezeit erhöhte sich die Arbeitslosigkeit aus einem komplexen Bündel
von Ursachen (u. a. erster und zweiter Ölpreisschock, Rezessionen, Inflexibilität des
Arbeitsmarktes) dramatisch. Dieser Anstieg verlief regional differenziert und führte zu einem klaren Nord-Süd-Gefälle. Die niedrigsten Arbeitslosenquoten entfallen
auf Baden-Württemberg, gefolgt von Bayern und der Region Mitte-West. Die höchste Arbeitslosigkeit weisen Norddeutschland und Nordrhein-Westfalen auf.

Einen Beitrag zur Erklärung der Schwerpunktverlagerung ökonomischer Aktivitäten in den süddeutschen Raum leistet die Theorie der langen Wellen. Danach treten
grundlegende technische Neuerungen (Basisinnovationen) in zyklischen Abständen
gehäuft auf und lösen lange Wachstumsschübe aus. Neuere historisch-deskriptive Untersuchungen unterscheiden fünf lange Wellen mit einer Zyklenlänge von jeweils
etwa 50 bis 60 Jahren. Aus raumwirtschaftlicher Sicht von Bedeutung ist die These,
daß sich am Anfang jeder langen Welle die Basisinnovationen auf ein bzw. wenige
Zentren konzentrieren und daß jede neue lange Welle einen eigenen räumlichen Kri-
stallisationskern entfernt von den alten Zentren bildet. In Europa läßt sich, so die Argumentation, beim Übergang von einer zur nächsten langen Welle eine „Südwande-
rung" des räumlichen Kristallisationskerns feststellen. Manchester war Ausgangspunkt und Produktionsschwerpunkt der ersten, das Ruhrgebiet der zweiten langen
Welle. Beim Übergang zum dritten und vierten KONDRATIEFF-Zyklus kam es in Westdeutschland zu einer Verlagerung der Wachstumsdynamik in den Rhein-Main- und
Rhein-Neckar-Raum sowie in das Verdichtungsgebiet München (vgl. SCHÄTZL 1996).

5.1.1.2 Ausmaß und Dynamik großräumiger Disparitäten zwischen West- und Ostdeutschland

Am 3. Oktober 1990 traten die fünf neuen Bundesländer einschließlich Ostberlin gemäß Artikel 23 des Grundgesetzes der Bundesrepublik Deutschland bei. Mit dem Tag der deutschen Vereinigung übernahm die ehemalige DDR das politische, ökonomische und soziale System Westdeutschlands. Die abrupte Einführung der Marktwirtschaft löste in Ostdeutschland einen Transformationsschock aus. Es kam zu tiefgreifenden Einbrüchen bei der Produktion und der Beschäftigung; das Bruttoinlandsprodukt halbierte sich von 1989 bis 1991.

Die wesentlichen Gründe für den Verfall der ostdeutschen Wirtschaft sind bekannt. An erster Stelle zu nennen ist der Sachverhalt, daß das DDR-Regime als Folge der inferioren Leistungsfähigkeit der Zentralverwaltungswirtschaft eine zerrüttete und international nicht wettbewerbsfähige Wirtschaft hinterließ. Der Kapitalstock war veraltet, die Produktionsverfahren ineffizient und die hergestellten Produkte entsprachen häufig nicht den Qualitätsanforderungen des Weltmarktes. Verschärft wurde der Produktionsrückgang durch die politisch gewollte frühe Währungsumstellung zum 1. Juli 1990. Der Wechselkurs von 1:1 für Preise, Löhne und Renten wirkte für die ostdeutsche Exportwirtschaft wie eine Aufwertung um 300 bis 400% und beschleunigte den Zerfall der industriellen Basis.

Anfang der 90er Jahre löste die Frage nach der langfristigen Wirtschaftsentwicklung Ostdeutschlands eine kontroverse Debatte aus. Vereinfacht dargestellt, diskutieren Politik, Wirtschaft und Wissenschaft drei Szenarien: das „Euphorieszenarium", das „Horrorszenarium" und das Szenarium des „langen Atems". Die Anhänger des „Euphorieszenariums" erhofften sich durch die Einführung der Marktwirtschaft in Verbindung mit westdeutschen Kapital- und Technologietransfers ein dynamisches Wirtschaftswachstum, das Ostdeutschland zügig in eine „High-Tech-Region" mit „blühenden Landschaften" verwandelt. Die Verfechter des „Horrorszenariums" befürchteten, daß die tiefe West-Ost-Entwicklungskluft in Ostdeutschland einen zirkulär verursachten kumulativen Schrumpfungsprozeß auslöst, der zur „Deindustrialisierung" und zur Entstehung eines neuen „Mezzogiorno" führt. In einem dritten Szenarium versuchten insbesondere Wirtschaftswissenschaftler nachzuweisen, daß der unverzichtbare Strukturwandel der ostdeutschen Wirtschaft, d.h. der Abbau alter, nicht wettbewerbsfähiger Produktionen und Arbeitsplätze und der Aufbau neuer, leistungsfähiger Unternehmen, einen „langen Atem" benötigen. Über die Länge des Anpassungs- und Aufholprozesses herrschte keine Einigkeit. BARRO (1991) zeichnete ein eher düsteres Bild. Gestützt auf historische Erfahrungen mit großräumigen Konvergenzgeschwindigkeiten in den USA, in Japan und in Westeuropa, erwartet er, daß langfristig das Wachstum des Pro-Kopf-Einkommens in Ostdeutschland jenes von Westdeutschland um 1,5% bis 2% übersteigt. Bei diesen niedrigen Wachstumsdifferenzen könnten die neuen Bundesländer erst nach 70 Jahren drei Viertel des Einkommensunterschiedes aufholen (vgl. NITSCH 1995).

Im folgenden wird die tatsächliche Wirtschaftsentwicklung Ostdeutschlands in der ersten Hälfte der 90er Jahre vorgestellt. Da sich vorliegender Beitrag nicht mit dem Entwicklungspfad der ehemaligen DDR nach der Systemtransformation befaßt, sondern mit Ausmaß und Dynamik großräumiger Disparitäten in Deutschland, erscheint es sachgerecht, Westberlin als Bestandteil der ostdeutschen Wirtschaftsregion auszuweisen. Westberlin liegt im Zentrum der Großregion Ostdeutschland und weist mit dem Umland vielfältige Verflechtungsbeziehungen auf.

Mit der deutschen Vereinigung verschärften sich die großräumigen Disparitäten in der ökonomischen Leistungskraft dramatisch. 1991 betrug in Westdeutschland die Relation zwischen der Region mit dem niedrigsten Pro-Kopf-BIP (Nordrhein-Westfalen) und der Region mit dem höchsten Pro-Kopf-BIP (Baden-Württemberg) 1:1,15; die Relation zwischen Ostdeutschland (mit Westberlin) und Westdeutschland belief sich hingegen auf 1:2,4. Im selben Jahr schnellte der Variationskoeffizient von 5%, berechnet auf der Basis der fünf Großregionen Westdeutschlands, auf 29% nach der Erweiterung der Bundesrepublik um Ostdeutschland.

In den folgenden Jahren gelang es, das West-Ost-Gefälle in der Wirtschaftskraft zu verringern. Wie Tabelle 5.4 zeigt, stagnierte im Zeitraum von 1991 bis 1994 das reale Pro-Kopf-BIP in Westdeutschland; Ostdeutschland (mit Berlin-West) erreichte aber eine durchschnittliche jährliche Zuwachsrate von 5,8% und Ostdeutschland (ohne Berlin-West) sogar eine solche von 8,6%. Folglich verringerte sich bis 1994 die Relation zwischen dem Pro-Kopf-BIP Ostdeutschlands und jenem von Westdeutschland auf 1:2, und der auf Grundlage der sechs Großregionen Deutschlands berechnete Variationskoeffizient sank auf 24%.

Den ökonomischen Aufholprozeß ermöglichten hohe Investitionen in Ostdeutschland. Die Bruttoanlageinvestitionen je Einwohner (zu Preisen des Jahres 1991) stiegen in Ostdeutschland (mit Berlin-West) von 8 000 DM (1991) auf 11 200 DM (1993) und überschritten damit das Investitionsniveau des Bundeslandes Bayern (Abb. 5.3). Diese rege Investitionstätigkeit leistet einen wichtigen Beitrag, die weiterhin bestehende Kapitalstocklücke in Ostdeutschland zu verringern (NEUMANN 1996). Was die FuE-Aktivitäten anbetrifft, weist Ostdeutschland allerdings erhebliche Defizite auf. Bei dem Inputindikator FuE-Personal der Wirtschaft je

Großregion	1991	1992	1993	1994
	Pro-Kopf-BIP [DM]			
Nord	40 102	40 325	39 292	39 966
Nordrhein-Westfalen	38 593	38 630	37 512	38 097
Mitte-West	42 634	42 942	41 939	42 897
Baden-Württemberg	44 258	44 011	42 260	43 044
Bayern	42 170	43 102	42 135	43 113
Westdeutschland (ohne Berlin-West)	41 163	41 410	40 259	41 033
Ostdeutschland (mit Berlin-West)	16 878	17 916	18 834	19 999
Ostdeutschland (ohne Berlin-West)	12 948	14 120	15 219	16 594

Tab. 5.4: Entwicklung des BIP je Einwohner (zu Preisen des Jahres 1991) der Großregionen Deutschlands 1991 – 1994
Quellen: Statistisches Bundesamt, Berechnungen des NIW

1 000 Einwohner erreichte Ostdeutschland (mit Berlin-West) 1991 etwa die Hälfte des westdeutschen Durchschnitts und beim Outputindikator Patentanmeldungen beim Deutschen Patentamt je 100 000 Einwohner im Jahr 1994 lediglich ein Drittel des westdeutschen Wertes (Tab. 5.3).

Signifikante Disparitäten zwischen West- und Ostdeutschland bestehen auch bei der Arbeitslosigkeit. Die DDR kannte, zumindest in der offiziellen Statistik, keine Arbeitslosigkeit. Die Systemtransformation bewirkte tiefgreifende Einbrüche in der Beschäftigung. Trotz arbeitsmarkt- und sozialpolitischer Maßnahmen (z.B. Kurzarbeit, ABM-Beschäftigung, Vorruhestands- und Altersübergangsregelungen) kam es zu hoher Arbeitslosigkeit. Die Arbeitslosenquote Ostdeutschlands (mit Berlin-West) stieg von 10,2 % (1991) auf 15,7 % (1994) und lag über dem westdeutschen Durchschnitt von 6,2 % (1991) bzw. 9,1 % (1994). Wie Abbildung 5.4 belegt, weist keine Großregion in Westdeutschland eine mit Ostdeutschland vergleichbar hohe Arbeitslosenquote auf.

In Zukunft ist mit einem weiteren Abbau des West-Ost-Entwicklungsgefälles zu rechnen. Mit welcher Geschwindigkeit sich die aufholende Entwicklung Ostdeutschlands fortsetzen kann, läßt sich angesichts zahlreicher Unwägbarkeiten nur schwer abschätzen. Es ist nur bedingt möglich, Erfahrungen mit Konvergenzprozessen in anderen Industrieländern bzw. Westdeutschlands oder mit Anpassungsprozessen in anderen Transformationsländern Osteuropas auf die Situation Ostdeutschlands zu übertragen. Ostdeutschland muß im Unterschied zu den westlichen Industrieländern eine Systemtransformation bewältigen, erhält aber, anders als die osteuropäischen Staaten, beachtliche öffentliche Finanzleistungen aus Westdeutschland.

Zunächst ist festzustellen, daß Ostdeutschland bislang noch kein selbsttragendes Wirtschaftswachstum erreichen konnte. Hohe Transferzahlungen aus Westdeutschland prägen die ökonomische, soziale und politische Entwicklung. Trotz dieser Finanztransfers, die Kapitel 5.2 eingehender behandelt, bestehen Mitte der 90er Jahre in Ostdeutschland, verglichen mit Westdeutschland, noch erhebliche Lücken im Kapitalstock, in der Produktion und der Beschäftigung (JUNKERNHEINRICH 1995). Im folgenden werden einige Faktoren aufgeführt, die die künftige Geschwindigkeit des Aufhol- und Anpassungsprozesses beeinflussen könnten:

- In Ostdeutschland ist es in wenigen Jahren gelungen, einen marktwirtschaftlichen Ordnungsrahmen zu schaffen, neue Verwaltungsstrukturen einzuführen und die Privatisierung des volkswirtschaftlichen Produktionsapparates weitgehend abzuschließen. Hohe öffentliche Investitionen ermöglichen den Aufbau einer auch im internationalen Vergleich modernen und leistungsfähigen Infrastruktur. Es existiert somit ein solides Fundament, auf dem sich eine wettbewerbsfähige Wirtschaft errichten läßt.
- Die Wirtschaftsleistung in Ostdeutschland nahm bislang in jenen Branchen am stärksten zu, deren Nachfrage durch Transferzahlungen gestützt wurde und die für einen regional begrenzten Markt produzierten, d.h. in der Bauwirtschaft, im Handel und in ausgewählten haushaltsorientierten Dienstleistungen. Um einen selbsttragenden Aufholprozeß zu erreichen, muß es bei den öffentlichen West-Ost-Finanztransfers zu einer Umschichtung der Mittel von der konsumtiven zur investiven Verwendung kommen. Investitionen werden in Zukunft vor allem zum Aufbau einer leistungsfähigen industriellen Basis benötigt. Ostdeutschland

muß es gelingen, eine humankapital- und technologieintensive Industrie aufzubauen. Aufgrund umfassender Kapitalsubventionen und eines qualifizierten Arbeitskräftepotentials sind die Chancen hierfür vorhanden. Kritischer zu betrachten sind Investitionen in Betriebe, die industrielle Massengüter herstellen, die sich bereits in einer fortgeschrittenen Phase des Produktlebenszyklus befinden. Es ist zu befürchten, daß angesichts der Konkurrenz durch Niedriglohnländer zumindest Teile der Stahlindustrie, des Schiffbaus und der chemischen Industrie keine internationale Wettbewerbsfähigkeit erlangen können.

- Im Zuge des Aufholprozesses werden sich die Regionen in Ostdeutschland wirtschaftlich sehr unterschiedlich entwickeln. Problemgebiete bleiben für einen längeren Zeitraum monostrukturierte Regionen mit einer Spezialisierung auf „alte" Produkte (z.B. Rostock mit dem Schiffbau, Eisenhüttenstadt mit der Stahlindustrie, Plauen mit der Textilindustrie). Andererseits gewinnen Verdichtungsgebiete mit hoher Lagegunst und handwerklich-industrieller Tradition für sog. „High-Tech"-Betriebe an Attraktivität (z.B. Dresden mit der Mikroelektronik). Schließlich erhalten die Stadt Berlin und ihr Umland durch die Verlagerung des Regierungssitzes einen zusätzlichen Wachstumsschub (vgl. SCHÄTZL 1993).

5.1.2 Verdichtungsräume im interregionalen Vergleich

Der technische Fortschritt wird als entscheidende Antriebskraft und als Motor des Strukturwandels der Wirtschaft angesehen. Die Rolle, welche Verdichtungsräume beim technologischen Wandel spielen, diskutieren die Theorie der regionalen Wachstumszyklen und theoretische Ansätze, die sich mit den räumlichen Auswirkungen der Schwerpunktverschiebung der industriellen Produktion von der Massen- zur flexiblen Fertigung befassen (vgl. SCHÄTZL 1996).

Nach der Theorie der langen Wellen treten Basisinnovationen nicht nur zeitlich, sondern auch räumlich konzentriert auf. Während eines einzelnen KONDRATIEFF-Zyklus entstehen ein oder wenige räumliche Kristallisationskerne und weltweit eine zyklenspezifische industrielle Standortstruktur und eine Vernetzung der Standorte über die Mobilität von Gütern und Produktionsfaktoren. Im Zyklenverlauf verändert sich das globale Raumsystem einschließlich der Kristallisationskerne und der vernetzten Industriestandorte tiefgreifend. Städte bzw. Verdichtungsräume durchlaufen sog. „regionale Wachstumszyklen". Standorte, die Basisinnovationen zuerst durchsetzen können, entwickeln sich zu Wachstumsregionen. Solange es gelingt, die Produktion an den technischen Fortschritt anzupassen, hält deren Wachstumsdynamik an. Vermindern sich jedoch die Fähigkeit und Bereitschaft zum Strukturwandel, kommt es zur Stagnation und langfristig zur Schrumpfung der regionalen Wirtschaft. Die Verkrustung ehemaliger Wachstumsregionen zu Altindustrieregionen läßt sich mit dem statischen Verhalten regionaler Akteure (Großunternehmen, Gewerkschaften, staatliche Institutionen) erklären (vgl. die Ausführungen zur strukturerhaltenden Industriepolitik in Kapitel 5.2.1).

Eine Stärkung ihrer ökonomischen Bedeutung können Verdichtungsräume in Industrieländern durch die seit den 80er Jahren zu beobachtende Schwerpunktverschiebung von der (fordistischen) Massenproduktion zur (postfordistischen) flexiblen Produktion und Spezialisierung erlangen. Charakteristische Merkmale postfordistischer Produktion sind u. a. Kleinserienfertigung von innovativen, in der Regel technologieintensiven Produkten, der Einsatz flexibler Produktionstechnologie, geringe Fertigungstiefe, kleine Lagerbestände, dezentrale Koordination und Kontrolle der Arbeitsorganisation, schlanke Hierarchien. Ganz entscheidend für die Wettbewerbsfähigkeit hochflexibler Betriebe sind leistungsfähige (betriebsinterne) Dienstleistungsabteilungen (z. B. Forschung und Entwicklung, Marketing, Finanzierung), eine enge Kooperation mit (betriebsexternen) unternehmensorientierten Dienstleistungen (z. B. staatliche und private Forschungseinrichtungen, Unternehmensberater, Wirtschaftsprüfer, Banken und Versicherungen) sowie eine intensive Zusammenarbeit mit Zulieferbetrieben. Nach vorherrschender Meinung benötigt eine flexible Produktion die räumliche Nähe von Fertigung, betriebsinternen Dienstleistungen, betriebsexternen Dienstleistungen und Zulieferbetrieben. Produkt- und Prozeßinnovationen erfordern betriebsintern einen kontinuierlichen, persönlichen Informations- und Erfahrungsaustausch zwischen Fertigung, Forschung und Entwicklung, Marketing, Finanzierung. Betriebsextern sind der Zugang zu neuestem technischem Wissen der staatlichen und privaten Forschungseinrichtungen, detaillierte Marktkenntnisse sowie wechselseitige Erreichbarkeit von Produzenten und unternehmensorientierten Dienstleistungen („Face-to-face"-Kontakte) entscheidend. Von Bedeutung ist schließlich eine intensive regionale Verflechtung zwischen den Produktionsbetrieben und der Zulieferindustrie, z. B. in Form der „Just-in-time"-Anlieferung. Folgt man dieser Argumentation, haben hochflexible Betriebe in einem hochflexiblen regionalen Umfeld die besten Entwicklungschancen. Wie die flexiblen Produktionsbetriebe stehen allerdings auch die flexiblen Verdichtungsräume in einer Welt zunehmender Globalisierung der Güter-, Dienstleistungs- und Faktormärkte mit wachsender Leistungsfähigkeit der Informations- und Kommunikationstechnologien in einem interregionalen und internationalen Qualitätswettbewerb. Die besten Wettbewerbschancen haben Verdichtungsräume, denen es gelingt, ein innovatives Milieu zu schaffen mit formalen und informellen regionalen Netzwerken, die fähig sind, synergetische und innovative Prozesse zu initiieren und den Strukturwandel der regionalen Wirtschaft voranzutreiben.

Im folgenden werden an Hand ausgewählter Indikatoren der sozioökonomischen Entwicklung die Verdichtungsräume vergleichend analysiert. Aufgrund der unzureichenden Verfügbarkeit regional disaggregierter Daten für Ostdeutschland beschränkt sich die Untersuchung auf Westdeutschland. Die areale Abgrenzung der Verdichtungsräume zeigt Abbildung 5.5. Danach weist Westdeutschland 16 Verdichtungsräume auf, deren Einwohnerzahl, wie aus Tabelle 5.5 zu ersehen ist, von einer Million bis zu knapp fünf Millionen reicht. Insgesamt lebt in den 16 Verdichtungsräumen mehr als die Hälfte der westdeutschen Bevölkerung.

Für den interregionalen Vergleich der wirtschaftlichen Entwicklung der Verdichtungsräume steht der statistisch gut dokumentierte Indikator „Sozialversicherungspflichtig Beschäftigte" (SVB) zur Verfügung. Abbildung 5.6 zeigt zunächst für die alten Bundesländer insgesamt die Beschäftigtenentwicklung im Zeitraum 1980 bis 1995. Die Gesamtzahl der sozialversicherungspflichtig Beschäftigten nahm Anfang der 80er Jahre zunächst ab, stieg in den folgenden Jahren aber kontinuierlich über das Ausgangsniveau hinaus an und verringerte sich seit Anfang der 90er Jahre

Abb. 5.5: Verdichtungsräume in Deutschland
Quelle: NIW

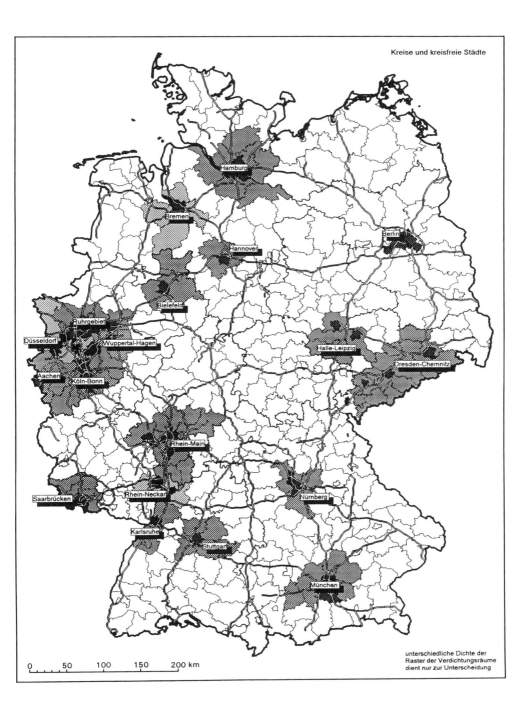

wieder. Eine sektorale Differenzierung läßt als generelle Trends einen deutlichen Anstieg der Beschäftigten im Dienstleistungssektor sowie einen durch konjunkturelle Schwankungen und durch die deutsche Vereinigung überformten Bedeutungsverlust des Produzierenden Gewerbes erkennen.

Allerdings weisen die Beschäftigtenentwicklung und der sektorale Strukturwandel der Verdichtungsräume Westdeutschlands große Unterschiede auf. In den 80er Jahren mußten, wie aus Abbildung 5.7 zu entnehmen ist, vor allem die altindustrialisierten Verdichtungsräume an Ruhr und Saar deutliche Beschäftigungsverluste hinnehmen. Dramatische Einbrüche im Produzierenden Gewerbe ließen sich durch unter dem Bundesdurchschnitt liegende Zuwachsraten bei den Dienstleistungen nicht kompensieren. Neben Wuppertal – Hagen erlitten auch die norddeutschen Verdichtungsräume Hamburg, Bremen und Hannover einen geringfügigen Rückgang der Gesamtbeschäftigung. Auch hier reichte das vergleichsweise geringe Wachstum des Dienstleistungssektors nicht aus, um den Verlust an industriellen Arbeitsplätzen auszugleichen. In den süddeutschen Verdichtungsräumen München und Stuttgart hingegen hat sich die Beschäftigung dank der dynamisch wachsenden Dienstleistungen sehr positiv entwickelt. Bei aller Vorsicht läßt sich in den 80er Jahren bezüglich der Beschäftigtenentwicklung der Verdichtungsräume ein Süd-Nord-Gefälle erkennen.

Seit der deutschen Vereinigung hat sich die Entwicklung der Beschäftigten in den Verdichtungsräumen Westdeutschlands, zumindest temporär, verändert. Der bereits in den 80er Jahren registrierte Strukturwandel von der Industrie zu den Dienstleistungen setzt sich zwar in den 90er Jahren fort. Das größte Beschäftigtenwachstum im Zeitraum 1989 - 1994 erzielten jedoch die norddeutschen Verdichtungsräume Bielefeld, Hamburg, Bremen und Hannover (Abb. 5.8). Ihnen gelang es

Verdichtungsraum	Einwohner [Mio.]	SVB [Mio.]
Hamburg	3,1	1,2
Bremen	1,2	0,4
Hannover	1,1	0,4
Bielefeld	1,6	0,6
Düsseldorf	2,3	1,0
Köln – Bonn	3,1	1,1
Wuppertal – Hagen	1,7	0,6
Aachen	1,0	0,3
Ruhrgebiet	4,9	1,5
Saarbrücken	1,1	0,3
Rhein – Main	3,7	1,4
Rhein – Neckar	1,6	0,6
Karlsruhe	1,0	0,4
Stuttgart	2,6	1,1
Nürnberg	1,3	0,5
München	2,4	1,0

Tab. 5.5:
Einwohner und sozialversicherungspflichtig Beschäftigte (SVB) in den Verdichtungsräumen Westdeutschlands 1994 Quelle: Berechnungen des NIW

offensichtlich, durch die deutsche Vereinigung, die Intensivierung der Wirtschafts-
beziehungen mit Osteuropa und die Nordosterweiterung der Europäischen Union
lageinduzierte Wachstumsimpulse zu realisieren.

Als Exkurs sei an dieser Stelle eingefügt, daß sich natürlich auch innerhalb der
Verdichtungsräume ein regionalwirtschaftlicher Strukturwandel vollzieht. Beispielsweise kam es im Verdichtungsraum Hannover zu einer graduellen Verlagerung der Beschäftigung von der Kernregion in das Umland, d.h. von der Landeshauptstadt in den Landkreis Hannover. Bei allen drei Indikatoren (SVB insgesamt,
im Produzierenden Gewerbe, im Dienstleistungssektor) sowie in beiden Beobach-
tungszeiträumen (1980 – 1989, 1989 – 1994) verlief die Beschäftigtenentwicklung in
der Landeshauptstadt ungünstiger als im Landkreis (Abb. 5.9).

Da der technische Fortschritt als Motor des wirtschaftlichen Strukturwandels anzusehen ist, erscheint es sachgerecht, in den interregionalen Vergleich der Verdichtungsräume ausgewählte FuE-Indikatoren einzubeziehen. Abbildung 5.10 belegt ein
eindeutiges Süd-Nord-Gefälle bei der industriellen Forschung und Entwicklung. Vor
allem das Verarbeitende Gewerbe in München weist einen hohen Anteil an FuE-Beschäftigten auf. Dieser Vorsprung der süddeutschen Verdichtungsräume bei der industriellen Forschung und Entwicklung schafft auch für die Zukunft gute Voraussetzungen für eine hohe Innovationskraft ihrer Industrie. Ein völlig anderes Bild ergibt in Abbildung 5.11 die Ausstattung der Verdichtungsräume mit wissenschaftli-
chem Personal an Hoch- und Fachhochschulen. Den in Relation zur Einwohnerzahl
höchsten Anteil an Hochschulwissenschaftlern haben nach München die Verdichtungsräume Hannover und Aachen. Beiden Regionen ist es in der Vergangenheit offensichtlich nur unzureichend gelungen, das universitäre Ausbildungs- und Forschungspotential für die regionale Wirtschaftsentwicklung zu nutzen.

Neben dem ökonomischen Indikator „Sozialversicherungspflichtig Beschäftigte"
und zwei FuE-Indikatoren wird für den interregionalen Vergleich der Verdichtungsräume die Arbeitslosenquote als sozialer Indikator ausgewählt. Abbildung 5.12 zeigt

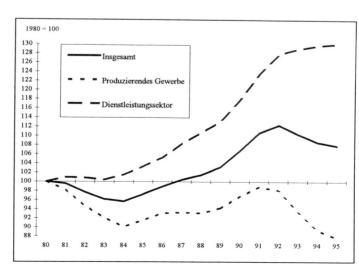

Abb. 5.6:
Entwicklung der sozialver-
sicherungspflichtig
Beschäftigten in Deutsch-
land (alte Bundesländer)
1980 – 1995
Quelle: Berechnungen des
NIW

Abb. 5.7: Entwicklung der sozialversicherungspflichtig Beschäftigten in den Verdichtungsräumen Westdeutschlands 1980 – 1989
Quelle: Berechnungen des NIW

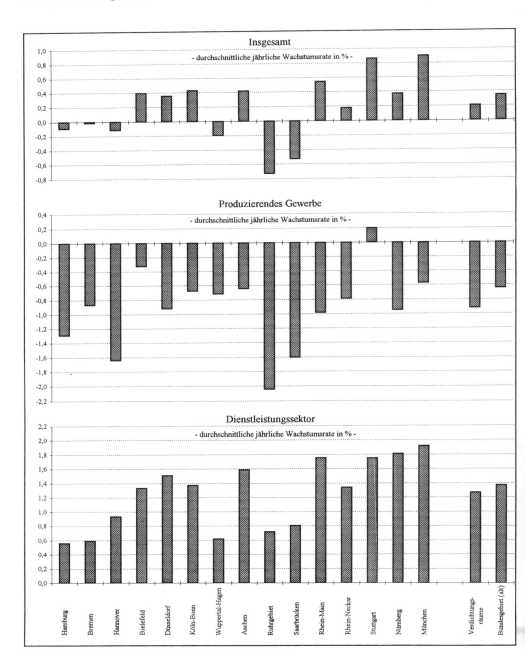

Abb. 5.8: Entwicklung der sozialversicherungspflichtig Beschäftigten in den Verdichtungsräumen Westdeutschlands 1989 – 1994

Quelle: Berechnungen des NIW

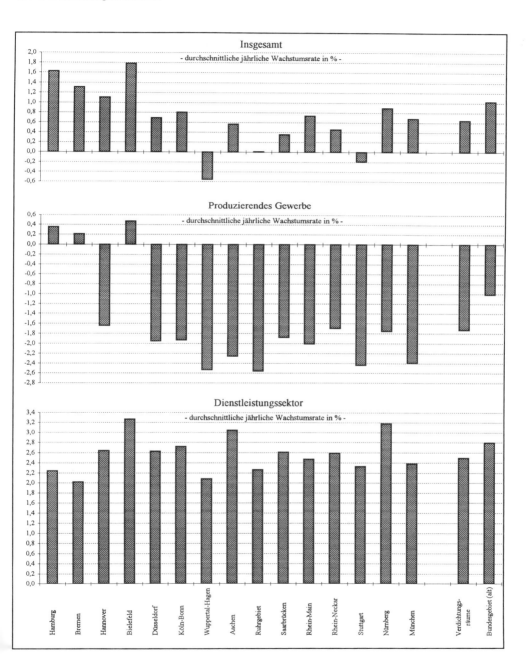

Abb. 5.9: Entwicklung der sozialversicherungspflichtig Beschäftigten im Verdichtungsraum Hannover 1980 – 1994

Quelle: Berechnungen des NIW

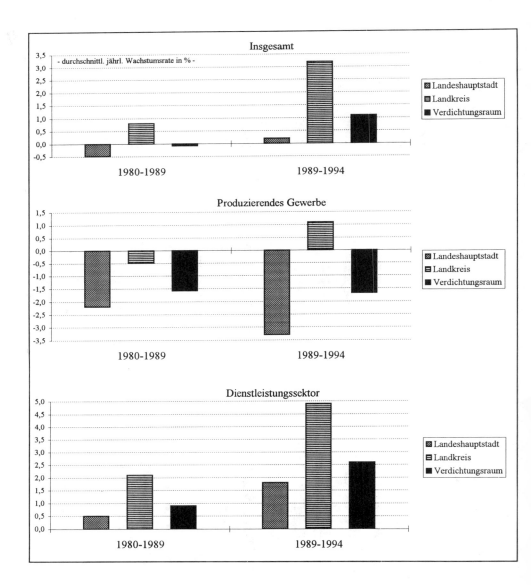

Abb. 5.10: Industrielle Forschung und Entwicklung in den Verdichtungsräumen Westdeutschlands 1993

Quelle: Berechnungen des NIW

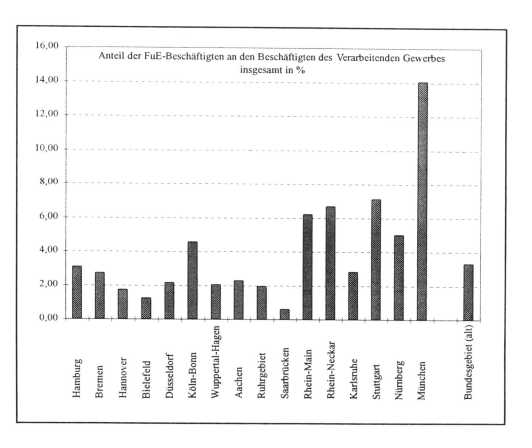

zwar ein Nord-Süd-Gefälle; die höchste Arbeitslosenquote weisen die altindustrialisierten und norddeutschen Verdichtungsräume, die niedrigste Arbeitslosigkeit die
süddeutschen Regionen auf. Allerdings verringerten sich zwischen 1989 und 1995 die
interregionalen Unterschiede als Folge des signifikanten Anstiegs der Arbeitslosigkeit
in Süddeutschland.

Abb. 5.11: Wissenschaftliches Personal an Hoch- und Fachhochschulen in den Verdichtungsräumen Westdeutschlands 1992

Quelle: Berechnungen des NIW

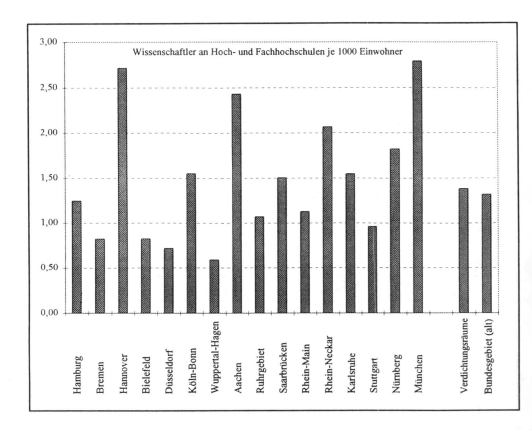

**Abb. 5.12: Arbeitslosenquote in den Verdichtungsräumen Westdeutschlands
1989 und 1995**

Quelle: Berechnungen des NIW

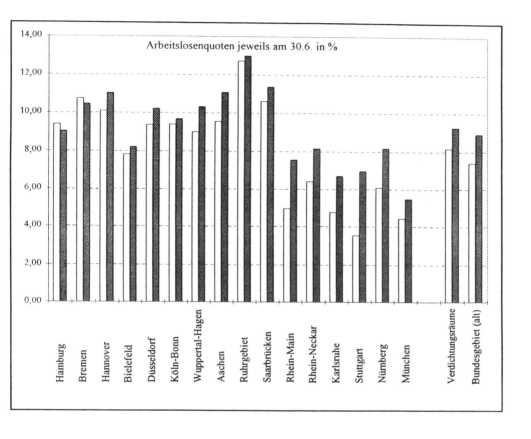

5.2   Staatliche Steuerung der Regionalentwicklung

Dieses Kapitel gibt einen Überblick über die Instrumente der Raumgestaltung sowie die zeitliche Entwicklung regionaler und sektoraler Förderschwerpunkte.

Die behandelten Gestaltungsmaßnahmen werden im folgenden in „direkte" und „indirekte" Steuerung untergliedert. Unter „direkter" Steuerung sind im wesentlichen die Instrumente der regionalen Wirtschaftspolitik zu verstehen. „Indirekte" Steuerung beinhaltet Maßnahmen, deren intendierte Wirkung sektoraler Art ist, die aber dennoch raumgestaltend wirken. Zwischen diesen Gruppen von Steuerungsmaßnahmen steht der Länderfinanzausgleich, der Elemente indirekter und direkter Steuerung enthält.

5.2.1   Indirekte Steuerung

Bei den Maßnahmen der indirekten Steuerung handelt es sich um Eingriffe sektoraler Art, d.h. Maßnahmen zugunsten eines Sektors (z.B. der Landwirtschaft) oder einer Branche (z.B. des Kohlebergbaus). Die regionalen Wirkungen dieser Maßnahmen sind impliziter Natur, d.h., sie sind nicht beabsichtigt, werden aber als mehr oder minder willkommener Nebeneffekt in Kauf genommen. Die Regionen, in denen diese impliziten Effekte auftreten, sind die von den geförderten Sektoren oder Branchen geprägten Gebiete (z.B. ländliche Regionen oder Bergbaureviere). Nach dem „Bericht zur Regionalisierung raumwirksamer Bundesmittel" entstammen raumwirksame Bundesmittel verschiedenen Maßnahmenbereichen, von denen Verkehr und Kommunikation, Arbeitsmarkt und Bildung, Städtebau und Stadtverkehr sowie Forschung und Entwicklung die quantitativ größten Anteile einnehmen (Deutscher Bundestag, Drucksache 13/2941, S. 4). GORNIG et al. (1996, S. 48) betonen, daß nahezu sämtliche öffentlichen Maßnahmen regionale Auswirkungen haben.

5.2.1.1 Industriepolitik

Nach SIEBERT (1992, S. 409) ist Industriepolitik durch staatliches Engagement bei der „Gestaltung ausgewählter Sektoren" gekennzeichnet. Welche Sektoren als förderungswürdig erachtet werden, hängt von strukturpolitischen Zielsetzungen ab. Überwiegend stehen Sektoren bzw. Branchen, die sich am Anfang oder am Ende ihres Lebenszyklus befinden, im Zentrum des staatlichen Engagements. Abbildung 5.13 verdeutlicht graphisch dieses Vorgehen.

Branchen in den frühen Phasen des Produktlebenszyklus werden durch Technologie- und Innovationspolitik unterstützt. In der Reife- und Schrumpfungsphase wird sozial- und wettbewerbspolitisch eingegriffen. Anstelle der gewählten Begriffspaare läßt sich auch von „strukturgestaltender" und „strukturerhaltender" Industriepolitik sprechen (WILLMS 1992). Strukturgestaltende Industriepolitik orientiert sich an Branchen in der Entwicklungs- oder Einführungsphase ihres Lebenszyklus. Mit einer Förderung soll die technologische und innovatorische Wettbewerbsfähigkeit in potentiell zukunftsträchtigen Marktsegmenten erreicht oder gesichert

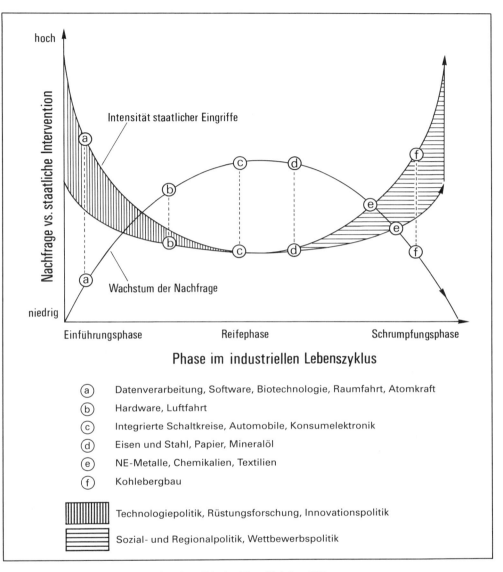

hoch

Nachfrage vs. staatliche Intervention

Intensität staatlicher Eingriffe

(a)

(c)   (d)

(b)

(f)

(e)

(b)

(e)

(c)   (d)

(a)

(f)

Wachstum der Nachfrage

niedrig

Einführungsphase   Reifephase   Schrumpfungsphase

Phase im industriellen Lebenszyklus

(a)   Datenverarbeitung, Software, Biotechnologie, Raumfahrt, Atomkraft

(b)   Hardware, Luftfahrt

(c)   Integrierte Schaltkreise, Automobile, Konsumelektronik

(d)   Eisen und Stahl, Papier, Mineralöl

(e)   NE-Metalle, Chemikalien, Textilien

(f)   Kohlebergbau

Technologiepolitik, Rüstungsforschung, Innovationspolitik

Sozial- und Regionalpolitik, Wettbewerbspolitik

Abb. 5.13: Lebenszyklen und industriepolitische Eingriffsintensität
Quelle: OKIMOTO (1989); aus STERNBERG (1995, S. 36)

werden. Dies soll langfristig zum Erhalt oder Aufbau eines hohen Einkommens- und Beschäftigungsniveaus beitragen. Betroffene Regionen sind in diesem Fall zumeist High-Tech-Regionen. Strukturerhaltende Industriepolitik konzentriert sich auf schrumpfende Sektoren und Industriezweige. Als Begründung für Fördermaßnahmen dient das Argument des Erhalts von Arbeitsplätzen in Unternehmen der betreffenden Branche. Von der Unterstützung profitieren z. B. Altindustrieregionen.

Als Instrumente der Industriepolitik werden Preisfixierungen, Handelshemmnisse (z. B. Schutzzölle, Kontingente) und Subventionen eingesetzt (WILLMS 1992, S. 397). Im weiteren Sinne können auch Beratungsleistungen, Technologietransfer, Branchendialoge usw. zu den industriepolitischen Instrumenten gerechnet werden. Preisfixierungen spielen insbesondere im europäischen Agrarmarkt eine Rolle. Einfuhrbeschränkungen für ausländische Konkurrenzerzeugnisse sind über den Agrarhandel hinaus ein in vielen Bereichen des Produzierenden Gewerbes angewandtes Schutzinstrument. Die Vergabe von Subventionen bietet die Möglichkeit einer Quer- und Längsschnittanalyse und soll im folgenden ausführlich dargestellt werden.

5.2.1.2 Gewährung von Subventionen

Subventionen in Form von „Finanzhilfen und Steuervergünstigungen sowie geldwerten Vorteilen" (KLODT et al. 1994, S. 183) werden von Bund, Ländern und Gemeinden sowie von der Europäischen Kommission gewährt. Nach den Berechnungen des Kieler Instituts für Weltwirtschaft (KLODT et al. 1994, S. 183 ff.) betrug die Gesamtsumme der Subventionen in Deutschland 1993 ca. 216 Mrd. DM. Von dieser Summe entfielen ca. 169 Mrd. DM auf Finanzhilfen. Von den gesamten Subventionen wurden lediglich 124 Mrd. DM sektorspezifisch erfaßt, die verbleibenden 43 % der Gesamtsumme wurden nicht sektorspezifisch erfaßt oder branchenübergreifend vergeben. Die Summe von 124 Mrd. DM gliedert sich in 34,8 Mrd. DM Finanzhilfen des Bundes und in 39,9 Mrd. DM aus Mitteln der Länder; die EU trug mit 13,5 Mrd. DM zum Subventionsaufkommen bei, und der Kohlepfennig erbrachte 5,8 Mrd. DM; die verbleibende Summe entfiel auf die Bundesanstalt für Arbeit sowie auf Steuervergünstigungen.

Ein Längs- und Querschnittsvergleich der Förderung bestimmter Sektoren und Branchen läßt sich aus der Subventionsberichterstattung des Bundes erstellen, wobei zu beachten ist, daß die Daten nur einen Teil der gesamten Subventionssumme erfassen (s. o.).

Tabelle 5.6 zeigt die sektorale Verteilung der Subventionen für den Zeitraum 1970 – 1994; sie verdeutlicht, daß in den ausgewählten Sektoren und Branchen bis 1990 ein Anstieg der Subventionen stattgefunden hat. Die Subventionierung der Bereiche Bergbau, Schiffbau und Luftfahrt ist im Zeitraum von 1970 bis 1994 deutlich

Bereich	1970	1980	1990	1994
Ernährung, Landwirtschaft und Forsten	4 755	3 673	5 764	6 475
Bergbau	532	2 587	3 323	2 959
Schiffbau	28	254	381	515
Luft- und Raumfahrtindustrie	150	372	1 134	220
Stahl	–	49	–	–

Tab. 5.6: Bundessubventionen in ausgewählten Bereichen in Mio. DM
Quelle: Deutscher Bundestag, Drucksache 12/5580

Bereich	Bund	Länder	EU	Kohle-pfennig	Steuerver-günstigungen	Gesamt
Landwirtschaft u. a.	7 947,7	8 604,3	13 462,8	–	1591,0	31 605,8
Bergbau	4 282,6	1 549,8	–	5 800,0	160,0	11 792,4
Schiffbau	584,0	115,6	–	–	–	699,6
Luftfahrt	385,9	–	–	–	–	385,9

Tab. 5.7: Subventionen aller Träger 1993 in ausgewählten Bereichen in Mio. DM
Quelle: KLODT et al. (1994, S. 189)

angestiegen. Im Bereich Luftfahrt- und Raumfahrtindustrie erfolgten in jüngster Zeit Kürzungen. Die Förderung der Landwirtschaft durch die Bundesregierung hat sich im gesamten Zeitraum auf einem hohen Niveau befunden. Quantitativ bedeutendste Subventionsempfänger sind die Landwirtschaft und der Bergbau.

Zu beachten ist hierbei, daß es sich bei den aufgeführten Werten lediglich um Bundessubventionen handelt. Der Anteil der Länder und Gemeinden an den Subventionszahlungen ist allerdings eher größer als der Anteil des Bundes. Unter Einbeziehung der Länder- und EU-Subventionierung sowie des Kohlepfennigs ergibt sich daher für das Jahr 1993 das in Tabelle 5.7 zusammengestellte Bild.

Hauptsubventionsempfänger sind der primäre Sektor und der Bergbau sowie alte und als strategisch erachtete Industriebranchen. Die Tatsache, daß der größte Teil der Subventionen schrumpfenden Sektoren und Branchen zugute kommt, ist aus volkswirtschaftlicher Perspektive bedenklich. Diese Hilfen tragen zwar kurzfristig zur Vermeidung sozialer Härten (z. B. bei drohenden Massenentlassungen) bei, es werden allerdings Arbeitsplätze erhalten, deren Existenz möglicherweise wegen mangelnder Wettbewerbsfähigkeit permanente staatliche Zuwendungen erfordert. Langfristig sinnvoller erscheint eine zukunftsorientierte, auf junge Branchen ausgerichtete Politik, die die Entstehung neuer Beschäftigungsmöglichkeiten in wachsenden Branchen zum Ziel hat.

5.2.1.3 Forschungspolitik

Im Gegensatz zur Gewährung von Subventionen kommen Maßnahmen der Forschungspolitik im wesentlichen jungen, in der Entwicklungs- und Wachstumsphase befindlichen Branchen zugute.

Die Ausgaben des Bundes und der Länder für Forschung und Entwicklung lagen 1992 bei mehr als 30 Mrd. DM, wobei der Anteil des Bundes ca. 18 Mrd. DM und der der Länder ca. 13 Mrd. DM betrug (BMFT 1993, S. 59). Diese Summe floß zum einen den Hochschulen und den öffentlich finanzierten Forschungsinstituten (Max-Planck-Gesellschaft, Fraunhofer-Gesellschaft usw.) zu. Die Regionalverteilung dieser Mittel läßt sich aus der Standortstruktur von Hochschulen und Forschungsinstituten ableiten. Des weiteren beteiligen sich die öffentlichen Haushalte mit mehr als 10% (ca. 4 Mrd. DM pro Jahr) an den Forschungs- und Entwicklungsaufwendungen der privaten Wirtschaft (BMFT 1993, S. 59; SV-Wissenschaftsstatistik 1994, S. 13).

Die Vergabe der Finanzmittel orientiert sich an den aktuellen Aufgaben der Forschungs- und Technologiepolitik, die sowohl regionale als auch firmengrößen-, branchen- und technologiebezogene Erfordernisse berücksichtigen. Im Mittelpunkt des Interesses stehen als „strategisch" erachtete Technologien (Informationstechnik, Biotechnologie und Materialforschung, Verkehrs- und Energieforschung). Darüber hinaus wird besonderer Wert auf „Vorsorgeforschung", z.B. Ökologie, Gesundheit, und die Fortführung von Langzeitprogrammen (Fusionsforschung, Raumfahrt) gelegt (BMFT 1993, S. 10, 11, 13).

5.2.1.4 Wirkungen auf die Regionalentwicklung

Die regionalen Implikationen von sektoralen Fördermaßnahmen, z.B. Subventionen oder Forschungspolitik, ergeben sich aus der räumlichen Verteilung und der Standortstruktur der betroffenen Branchen.

Die Wirkungen dieser Fördermaßnahmen auf regionaler Ebene müssen nicht positiv ausfallen. So haftet der strukturerhaltenden Förderung der Mangel an, daß der Erhalt nicht wettbewerbsfähiger Arbeitsplätze die Schaffung wettbewerbsfähiger Arbeitsplätze in jüngeren Branchen behindern kann (vgl. SIEBERT 1992, S. 416) und die öffentlichen Haushalte dauerhaft belastet. Strukturgestaltende Maßnahmen können sich ebenfalls nachteilig auswirken, wenn sie aus Mangel an Informationen zu Fehlentwicklungen, z.B. der Schaffung von Überkapazitäten, führen (vgl. WILLMS 1992, S. 399). Zur Finanzierung beider Maßnahmenblöcke werden Finanzmittel der privaten Verfügbarkeit entzogen. Dies vermindert die private Kaufkraft und private Finanzierungsspielräume und belastet die nicht geförderten wettbewerbsfähigen Branchen.

Räumlich verteilen sich die Finanzströme, die hier unter dem Begriff der indirekten Steuerung subsumiert sind, folgendermaßen: Bei den strukturerhaltenden Fördermitteln ist eine Konzentration auf ländliche Regionen, die von der Montanindustrie geprägten Räume sowie die Werftstandorte an der Nord- und Ostseeküste gegeben. Die Fördermittel der Forschungspolitik fließen zu einem großen Teil in den süddeutschen Raum, der einen hohen Anteil an öffentlichen Forschungseinrichtungen und solchen der Wirtschaft aufweist (LEGLER 1994, S. 431 f.)

Die impliziten regionalen Auswirkungen staatlicher Finanzzuwendungen aus dem Bereich der Technologiepolitik sind Gegenstand der Untersuchung von STERNBERG (1995). Für die Bundesrepublik Deutschland konnte ein statistischer und z.T. auch kausaler Zusammenhang zwischen technologiepolitischen Aktivitäten des Bundes und der Länder und der Genese technologieorientierter Regionen nachgewiesen werden. Für die High-Tech-Region München tritt dieser Zusammenhang klar hervor, aber auch für die übrigen technologieorientierten Verdichtungsräume insbesondere in Süddeutschland lassen sich starke Zusammenhänge, z.B. zwischen FuE-Projektförderung und Regionalentwicklung, vermuten.

Insgesamt umfassen die hier als „indirekte Steuerung" vorgestellten Instrumente Subventionen und Maßnahmen der Forschungspolitik, ein Finanzvolumen von deutlich mehr als 200 Mrd. DM pro Jahr. Die Gesamtsumme der raumwirksamen Ausgaben des Bundes (ohne Länder) wird von der Bundesregierung mit rund

300 Mrd. DM pro Jahr angegeben (Deutscher Bundestag, Drucksache 13/2941, S. 4). Durch dieses große Finanzvolumen hebt sich der Bereich der indirekten Steuerung beträchtlich von den im folgenden diskutierten Instrumenten der direkten Steuerung und des Länderfinanzausgleichs ab.

5.2.2 Direkte Steuerung

Synoym zur Überschrift „Direkte Steuerung" könnte dieser Abschnitt mit „Raumwirtschaftspolitik" überschrieben sein. Die im folgenden vorgestellten Instrumente unterscheiden sich durch deren explizite Ausrichtung auf regionsspezifische Probleme und Entwicklungen von den bisher diskutierten Maßnahmen.

5.2.2.1 Chronik der Raumwirtschaftspolitik

Die zeitliche Abfolge des Einsatzes von Instrumenten direkter Steuerung in der Bundesrepublik zeigt einen Wandel in bezug auf die Zielsetzung der Raumwirtschaftspolitik und die geförderten Regionen. Die Ziele der direkten Raumgestaltung haben sich historisch an den konkreten wirtschaftlichen Erfordernissen der jeweils geförderten Regionen orientiert. So hat sich das Zielinteresse von der Beseitigung von Kriegsschäden und der Abmilderung regionaler Folgen der Nachkriegsordnung über aktiv gestaltende Förderung von Wachstumspotentialen bis hin zu erneuter ökonomischer Hilfestellung in Krisengebieten verlagert (Tab. 5.8).

Die frühesten Maßnahmen der direkten Steuerung (für Notstands- bzw. Sanierungsgebiete) standen unter dem Eindruck der Kriegszerstörungen sowie der Aufgabe, die große Zahl von Vertriebenen möglichst reibungslos einzugliedern. Aus diesem Grund konzentrierten sich die Maßnahmen unter Vernachlässigung theoretischer Erkenntnisse über zunehmende Land-Stadt-Wanderung auf den ländlichen Raum (BUTTLER, GERLACH u. LIEPMANN 1977, S. 116). Die Förderung des Zonenrandgebietes sollte im Zuge der Trennung des deutschen Staatsgebietes vorhandene und zu erwartende Nachteile kompensieren.

Gegen Ende der 50er Jahre orientierte sich die Raumwirtschaftspolitik stärker auf die Entwicklungspotentiale strukturschwacher Regionen, und der Aspekt der Abmilderung von Notständen trat in den Hintergrund. Die Förderung der zentralen Orte und Bundesausbaugebiete ist Ausdruck einer verstärkten Orientierung auf die Entwicklung vorhandener Wachstumspotentiale (vgl. BUTTLER, GERLACH u. LIEPMANN 1977, S. 120).

In einer dritten Phase der Entwicklung direkter Steuerung wurde der Akzent auf die Bündelung der Maßnahmen von Bund und Ländern gelegt. Vor dem Hintergrund steigender Arbeitslosigkeit sind ab 1969 die Regionalen Aktionsprogramme entstanden.

Das Ende der 60er Jahre geschaffene Instrumentarium der Gemeinschaftsaufgabe ist auch derzeit von großer Bedeutung und wird daher, wie auch der gesamte Bereich der Förderung Ostdeutschlands, in einem gesonderten Abschnitt ausführlicher erläutert.

Das zum 1. 1. 1989 in Kraft getretene Strukturhilfegesetz sollte einen Beitrag zum Abbau regionaler wirtschaftlicher Strukturschwächen leisten. Gefördert wurden Investitionen in die wirtschaftliche Infrastruktur der alten Bundesländer mit Ausnahme der Länder Baden-Württemberg und Hessen. Ursprünglich vorgesehen war, für einen Zeitraum von zehn Jahren jährlich 2,45 Mrd. DM zur Verfügung zu stellen. Mit Ablauf des Jahres 1991 wurde das Strukturhilfegesetz aufgrund der verän-

Jahr	Bezeichnung des Fördergebietes	Abgrenzungsmerkmale / -methode
1951 bis 1963	Notstands- bzw. Sanierungsgebiet	– Arbeitslosenquote – Kriegszerstörungen am landwirtschaftlichen Betriebsvermögen – Überbesatz an landwirtschaftlichen Arbeitskräften
1953 bis 1991	Zonenrand	Bundestagsbeschluß – 40 km breiter Streifen entlang der bundesdeutschen Ostgrenze
ab 1959	zentrale Orte Bundesausbauorte	– Klein- und Mittelstädte in ländlichen, schwach strukturierten Gebieten
ab 1963	Bundesausbaugebiete	– BIP pro Erwerbstätige – Wanderungssaldo – Industriebesatz
ab 1969	Regionale Aktionsprogramme	– Wanderungssaldo – Bevölkerungsdichte – Industriebesatz – Realsteuerkraft – BIP
ab 1969	Gemeinschaftsaufgabe „Verbesserung der regionalen Wirtschaftsstruktur"	modifizierte Wirschafts-, Sozial- und Infrastrukturindikatoren
1989 bis 1991	Strukturhilfe	– BIP pro Einwohner (Länder) – Arbeitslosenquote und Beschäftigungsentwicklung (Kreise und kreisfreie Städte)
	EU Regionalpolitik	– Zielzonen 1, 2, 5b
ab 1991	Aufbauförderung Ostdeutschland	

Tab. 5.8: Instrumente der direkten Steuerung
Quellen: Buttler, Gerlach u. Liepmann (1977, S. 116 ff.), Zarth (1991, S. 558), eigene Ergänzungen

derten gesamtwirtschaftlichen Situation aufgehoben und die Förderung auf geringe Überbrückungshilfen für das Jahr 1992 begrenzt (Bundesministerium der Finanzen 1992, S. 123 f.).

Im Zuge der europäischen Integration treten neben die nationale Raumwirtschaftspolitik zunehmend Maßnahmen der Europäischen Union. Die Regionalpolitik der EU orientiert sich an fünf vorrangigen Zielen, von denen die Ziele 1, 2 und 5 b für die Bundesrepublik von Bedeutung sind. Ziel 1 ist die Entwicklung und strukturelle Anpassung von Regionen mit Entwicklungsrückstand, Ziel 2 die Umstellung von Regionen im industriellen Niedergang und Ziel 5 b die Förderung der Entwicklung des ländlichen Raumes (SCHÄTZL 1994 b, S. 124). Ein Teil der Altindustriegebiete und der ländlichen Regionen in den alten Bundesländern sind Ziel-2-Fördergebiete bzw. Ziel-5b-Fördergebiete. Die neuen Bundesländer sind Ziel-1-Fördergebiet. Der überwiegende Teil der EU-Fördermittel wird im Rahmen der Gemeinschaftsaufgabe zur Verbesserung der regionalen Wirtschaftsstruktur eingesetzt, welche im folgenden Abschnitt näher erläutert wird.

5.2.2.2 Gemeinschaftsaufgabe

Die Gemeinschaftsaufgabe „Verbesserung der regionalen Wirtschaftsstruktur", kurz GA, wurde 1969 ins Leben gerufen und bildet das zentrale Instrument der deutschen Regionalpolitik (GORNIG et al. 1996, S. 125). Der Grundgedanke ist hierbei, daß der Bund die Länder bei ihren Aufgaben im Bereich der Regionalentwicklung unterstützt. Die Entwicklung von Rahmenplänen der GA erfolgt in einem gemeinsam von Bund und Ländern gebildeten Gremium (Planungsausschuß). Die Durchführung der einzelnen Maßnahmen obliegt den Ländern. An der Finanzierung der Maßnahmen beteiligt sich der Bund zu 50 % (BUTTLER, GERLACH u. LIEPMANN 1977, S. 121).

Im Vordergrund der derzeitigen Rahmenpläne der GA steht die Schaffung von Einkommen und Beschäftigung durch eine regionale Unterstützung der Investitionstätigkeit. Neben dem Ziel der Förderung strukturschwacher Regionen wird angestrebt, mittels GA-Maßnahmen einen Beitrag zu gesamtwirtschaftlichem Wachstum und Beschäftigung zu leisten. Grundsätzlich werden hierbei sowohl private gewerbliche Investitionen als auch kommunale Investitionen in die wirtschaftsnahe Infrastruktur gefördert (RO-Bericht 1993, S. 106). Eine Abgrenzung der Förderregionen erfolgt nach einheitlichen Kriterien. Als räumliche Basis dienen Arbeitsmarktregionen, während die Strukturschwäche anhand eines Gesamtindikators ermittelt wird, in den mit unterschiedlichen Gewichten folgende Merkmale eingehen: die Arbeitslosenquote (40%), das Lohnniveau (40%), die Arbeitsplatzprognose (10%) und ein komplexer Infrastrukturindikator (10%). Ab welchem Schwellenwert Fördermittel gewährt werden, richtet sich danach, wieviel Prozent der Bevölkerung insgesamt erfaßt werden sollen. Das für 1994 – 1996 gültige Fördergebiet der GA umfaßt 22 % der westdeutschen Bevölkerung (einschließlich Berlin-West) sowie die neuen Bundesländer. Im Zusammenhang mit der Fortentwicklung der GA werden sowohl die Indikatoren als auch das Abgrenzungsverfahren einer intensiven Diskussion unterzogen. Tabelle 5.9 zeigt die regionale Verteilung der GA-Mittel von Bund und Ländern.

Die im Rahmen der GA zur Verfügung stehenden Finanzmittel betrugen für das alte Bundesgebiet mit geringen Schwankungen etwa 700 Mio. DM pro Jahr. An dieser Summe hat sich auch im Zuge der Vereinigung nichts geändert. Die Gesamtsumme der GA-Mittel hat sich dagegen durch massive Förderung der neuen Länder beträchtlich erhöht. Die Daten für die neuen Bundesländer in Tabelle 5.9 enthalten auch Mittel aus dem Europäischen Fonds für regionale Entwicklung (EFRE), die im Rahmen der Ziel-1-Förderung der EU vergeben werden. Der Anteil der EFRE-Mittel an den Gesamtmitteln der GA in den neuen Ländern beträgt ca. 1,5 Mrd. DM; die verbleibenden ca. 7,5 Mrd. DM werden anteilig von Bund und Ländern aufgebracht (Deutscher Bundestag, Drucksache 13/1376 S. 15 ff.).

Die Verteilung der Fördermittel zwischen 1980 und 1995 zeigt zwei grundsätzliche Tendenzen. Zum einen ist das Verteilungsmuster in den alten Bundesländern im betrachteten Zeitraum auffallend stabil. Zum anderen hat sich die Dimension der GA mit der deutschen Vereinigung völlig verändert. Zum Verteilungsmuster in den alten Ländern ist anzumerken, daß Niedersachsen, über den gesamten Zeitraum gesehen, den größten Anteil an GA-Mittel erhalten hat, was durch den großen Anteil ländlich geprägter und z.T. extrem strukturschwacher Landesteile erklärbar ist. Gleiches gilt für Bayern, wobei dort in jüngster Zeit aufgrund hoher Wachstumsdynamik der Wirtschaft die Umsetzung von GA-Mitteln zurückgeht. Beide Bundesländer hatten zudem Zonenrandgebiete, welche – unbesehen der tatsächli-

Land	1980	1985	1990	1993	1994	1995
Baden-Württemberg	38,0	4,6	–	–	–	–
Bayern	177,0	135,5	131,6	88,2	79,7	80,8
Bremen	3,0	4,1	4,2	27,3	19,5	10,1
Hamburg	–	–	–	–	–	–
Hessen	62,8	47,7	43,9	15,4	11,8	11,9
Niedersachsen	157,8	132,6	165,8	176,4	156,6	158,8
Nordrhein-Westfalen	74,0	82,9	89,0	226,1	179,3	181,8
Rheinland-Pfalz	60,0	52,3	44,6	44,8	43,4	44,0
Saarland	110,0	25,5	32,5	43,4	65,4	66,3
Schleswig-Holstein	115,4	66,3	78,5	78,4	56,7	57,5
Berlin[1]	–	–	–	694,2	669,2	721,5
Brandenburg[1]	–	–	–	1 432,9	1 345,2	1 914,2
Mecklenb`g Vorpommern[1]	–	–	–	1 059,1	1 124,7	882,7
Sachsen[1]	–	–	–	2 652,2	2 649,2	2 422,3
Sachsen-Anhalt[1]	–	–	–	1 602,0	1 767,7	1 753,4
Thüringen[1]	–	–	–	1 459,6	1 531,4	1 478,5
Summe	798,0	551,5	590,0	9 600,0	9 700,0	9 783,8

[1] einschließlich EFRE-Mittel

Tab. 5.9: Regionale Verteilung der GA-Mittel in Mio. DM
Quelle: Deutscher Bundestag, Drucksache 8/3788 u. a.

chen Wirtschaftsentwicklung – bis zur Wiedervereinigung von erhöhten Fördersät-
zen profitierten. Gegenüber diesen Ländern steigt der Anteil Nordrhein-Westfalens
an GA-Fördermitteln. Weitgehend gleichbleibende Summen entfallen auf die Länder Rheinland-Pfalz, Saarland und Schleswig-Holstein. Die Stadtstaaten sowie
Baden-Württemberg haben einen äußerst geringen Anteil an den Fördermitteln.
Die regionale Verteilung der GA-Fördergebiete zeigt Abbildung 5.14.

Die Gemeinschaftsaufgabe „Verbesserung der regionalen Wirtschaftsstruktur"
als Instrument der direkten Steuerung räumlicher Entwicklungsprozesse hat sich
im Zuge der Übertragung auf die neuen Bundesländer deutlich gewandelt. Dies betrifft die partielle Abkehr vom Prinzip des regional differenzierten Einsatzes von
Fördermitteln, da ganz Ostdeutschland Fördergebiet ist. Auch haben die neuen
Bundesländer größere Eigenständigkeit bei der Mittelvergabe. Neu ist zudem die
Einbeziehung der EU-Fördergelder in den Rahmen der GA.

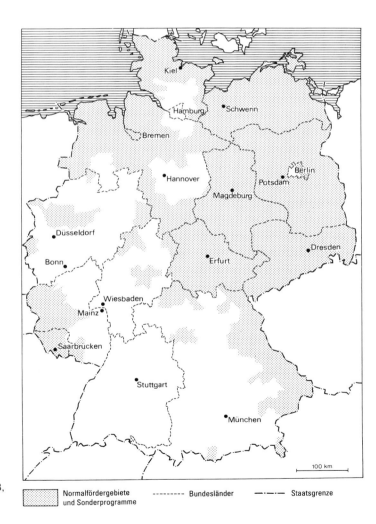

Abb. 5.14:
Fördergebiete der
Gemeinschaftsaufgabe
Quelle: RO-Bericht (1993,
S. 108)

Die Diskussion der Instrumente direkter Steuerung, insbesondere des Beispiels der GA, hat die Mechanismen und Verteilungsmuster dieser Form der Raumwirtschaftspolitik verdeutlicht.

Die quantitative Ausstattung der Instrumente direkter Steuerung mit Finanzmitteln bleibt allerdings weit hinter den in indirekter Steuerung und Länderfinanzausgleich bewegten Summen zurück: Das Finanzvolumen der GA macht etwa 1/3 des Volumens des im folgenden Abschnitt vorgestellten Länderfinanzausgleichs und etwa ein 1/30 des Volumens der Instrumente indirekter Steuerung aus. Dies weist auf eine deutlich geringere Relevanz der direkten raumwirtschaftspolitischen Maßnahmen für die Regionalentwicklung in der Bundesrepublik hin.

5.2.3 Direkte und indirekte Steuerung

Im folgenden Abschnitt werden Instrumente diskutiert, die eine Kombination von Elementen direkter und indirekter Steuerung darstellen.

5.2.3.1 Länderfinanzausgleich

Der Länderfinanzausgleich steht als Instrument der Raumentwicklung zwischen der indirekten und der direkten Steuerung. Im Gegensatz zu den Instrumenten der indirekten Steuerung liegt dem Länderfinanzausgleich eine klar regionale, länderbezogene Perspektive zugrunde. Von den Instrumenten der direkten Steuerung unterscheidet sich der Länderfinanzausgleich durch die Tatsache, daß sein Objekt nicht die explizite Einflußnahme auf die Regionalentwicklung, sondern die Finanzkraft der öffentlichen Hand der Bundesländer ist. Die Grundstruktur des Länderfinanzausgleichs ist Abbildung 5.15 zu entnehmen. Die Darstellung verdeutlicht die Komplexität eines weit gefaßten Begriffs des Länderfinanzausgleichs: Die finanzielle Situation der Bundesländer ergibt sich aus den ihnen zugeordneten Aufgaben und der Verteilung der öffentli-

Abb. 5.15: Struktur des Länderfinanzausgleichs   Quelle: LUTZ (1995, S. 2)

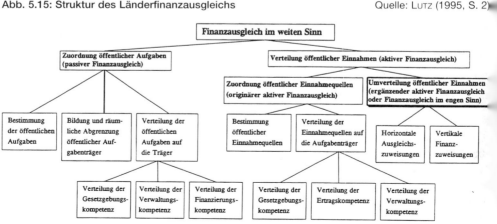

chen Einnahmen. Im Bereich der Verteilung öffentlicher Einnahmen ist zwischen Zuordnung der Einnahmequellen (z.B. Steuern, Gebühren etc.) und Umverteilung öffentlicher Einnahmen, dem Finanzausgleich im engeren Sinn, zu unterscheiden.

Im Mittelpunkt der folgenden Ausführungen stehen die horizontalen Ausgleichszuweisungen im Rahmen der Umverteilung öffentlicher Einnahmen, d.h. die Ausgleichszahlungen zwischen den Bundesländern. Diejenigen Elemente der Systematik in Abbildung 5.15, die nicht zum Finanzausgleich i.e.S. zählen, werden im folgenden ausgeklammert. Sie sind für die Fragestellung der Raumentwicklung zwar von Bedeutung, ihre Wirkungen lassen sich allerdings nicht eindeutig abgrenzbaren Regionen zuordnen.

Die Begründung für Ausgleichsmaßnahmen zwischen den Bundesländern liefert das Verfassungsgebot der „Wahrung der Einheitlichkeit der Lebensverhältnisse" (Wissenschaftlicher Beirat 1992, S. 65). Dieses Gebot ist vor dem Hintergrund finanzpolitischer Zwänge der Bundesländer besonders brisant: Durch Rahmengesetze des Bundes und Beschlüsse der Länderkonferenzen wird ein beachtlicher Teil des Haushalts der Bundesländer durch extern vorgegebene Ausgaben geprägt, so daß die finanziellen Spielräume für landesspezifische gestaltende Maßnahmen erheblich schrumpfen. Dies trifft finanzkräftige und finanzschwache Länder in höchst unterschiedlichem Maß und begünstigt das Entstehen von Disparitäten (Wissenschaftlicher Beirat 1992, S. 65). Neben dem Gebot der föderativen Gleichbehandlung werden Mängel in der Primärverteilung, d.h. der Verteilung von Steuern und gemeinsamen Einnahmen, sowie das Mobilitätsargument als Begründungen für den Finanzausgleich angeführt. Letzteres besagt, daß zu große Unterschiede in der Infrastruktur der Länder zu möglicherweise ineffizienten Faktorwanderungen (Arbeitskräfte- und Kapitalmobilität) führen würden. Empirisch ist das Wanderungsverhalten von Arbeitskräften allerdings eher von Wohnraumsituation und Arbeitsplatzangebot abhängig, so daß das Mobilitätsargument von untergeordneter Relevanz ist (Wissenschaftlicher Beirat 1992, S. 66).

Aus den genannten Begründungen ergibt sich das Ziel des Länderfinanzausgleichs, die Finanzkraft der Bundesländer weitgehend auszugleichen. Als Richtwert dazu dient die „Ausgleichsmeßzahl". Sie beträgt 95 % der Finanzkraft des Länderdurchschnitts (Bundesministerium der Finanzen 1995, S. 126). Auf diesen Wert soll die Finanzkraft der finanzschwachen Länder durch Transferzahlungen angehoben werden.

Als Mechanismus zur Anhebung der Finanzkraft finanzschwacher Länder dienen horizontale Ausgleichszuweisungen aus den finanzkräftigeren Ländern. Finanzschwache Bundesländer werden in diesem Zusammenhang als ausgleichsberechtigte Länder und finanzstarke Bundesländer als ausgleichspflichtige Länder bezeichnet. Mit der Vereinigung des deutschen Staatsgebiets 1990 erfolgte zunächst keine Ausdehnung des Länderfinanzausgleichs auf die neuen Bundesländer. Stattdessen wurde das System des Länderfinanzausgleichs von 1991 bis 1994 getrennt in den alten und neuen Bundesländern angewandt. Leistungen der alten Bundesländer an die neuen Bundesländer wurden über den Fonds „Deutsche Einheit" abgewickelt. Seit 1995 sind die neuen Bundesländer in den nun gesamtdeutschen Länderfinanzausgleich einbezogen. Als Kompensation für die erheblichen Mehrbelastungen, die damit für ausgleichspflichtige Bundesländer in Westdeutschland verbunden sind, werden Einnahmen des Bundes aus der Umsatzsteuer teilweise an die Länder umgeleitet (vgl. Bundesministerium der Finanzen 1995, S. 125 ff.).

Land	1970	1975	1980	1985	1990	1994
Baden-Württemberg	314,4	660,5	1 504,1	1 444,1	2 471,6	395,4
Bayern	–	–	–	–	35,9	684,8
Hamburg	294,0	544,2	313,2	406,7	7,9	–
Hessen	290,0	206,1	297,7	724,6	1 445,6	1 828,7
Nordrhein-Westfalen	316,9	433,5	76,3	–	62,9	–
Summe	1 215,3	1 884,3	2 191,3	2 575,4	4 023,8	2 908,9

Tab. 5.10: Zahlungen ausgleichspflichtiger Länder in Mio. DM
Quelle: Bundesministerium der Finanzen (1995, S. 127)

Die Entwicklung der Beträge, die zwischen ausgleichspflichtigen und ausgleichsberechtigten Bundesländern transferiert wurden, geben Aufschluß über die relative Entwicklung der Finanzkraft der Bundesländer. Aus diesen Daten lassen sich Rückschlüsse auf die wirtschaftliche Gesamtsituation der Länder und das Ausmaß der regionalen Umverteilung ziehen. Die Tabellen 5.10 und 5.11 zeigen die zeitlichen Veränderungen der Finanzströme innerhalb der alten Länder.

Die Auswertung der Finanzströme innerhalb der alten Bundesländer läßt folgende Schlüsse zu: Die Ungleichheit der Finanzspielräume unterschiedlicher Bundesländer hat von 1970 bis 1990 zugenommen, was zu einem Anstieg des Volumens des Länderfinanzausgleichs führte. Einzelne Bundesländer, wie z. B. Niedersachsen, Bremen oder das Saarland, erhielten durchgehend Finanztransfers. Baden-Württemberg und Hessen zählten im gesamten Zeitraum zu den ausgleichspflichtigen Ländern. Neben diesen relativ stabilen Zuordnungen wechselten andere Länder die Gruppe. So sank die Finanzkraft Nordrhein-Westfalens und Hamburgs im betrachteten Zeitraum beständig, während sich Bayern vom Leistungsempfänger zum ausgleichspflichtigen Land entwickelte. Die zugrunde liegenden Veränderungen in der wirtschaftlichen Leistungsfähigkeit wurden im Kapitel „Regionale Disparitäten" (5.1) diskutiert.

Aus den Daten ist nicht zu erkennen, daß die Transferzahlungen zwischen den alten Ländern zu einer langfristigen Angleichung der Finanzkraft geführt hätten. Offenbar hatten die finanziellen Einschränkungen der ausgleichspflichtigen Länder keinen Einfluß auf deren Finanzaufkommen. Andererseits ist es den ausgleichsberechtigten Ländern nicht gelungen, die Einnahmen in Verwendungen zu lenken, die langfristig eine Steigerung der Finanzkraft bewirken. Somit dürfte der Beitrag des Länderfinanzausgleichs zum Ausgleich regionaler Disparitäten der wirtschaftlichen Leistungsfähigkeit eher gering sein. Diese Feststellung diente auch zur Begründung des zum 1. 1. 1989 in Kraft getretenen Strukturhilfegesetzes, das in Kapitel 5.2.2.1 vorgestellt wurde.

Der Finanzausgleich innerhalb der neuen Bundesländer (1991 – 1994) war durch ein sehr geringes Volumen von 70 bis 160 Mio. DM jährlich gekennzeichnet (Bundesministerium der Finanzen 1995, S. 126). Ausgleichspflichtig war hier das Land Sachsen, während Thüringen, Sachsen-Anhalt und Mecklenburg-Vorpommern Transferzahlungen erhielten.

Im Jahre 1995 stieg nach Schätzungen des Bundesministers der Finanzen der Umfang der horizontalen Umverteilung im Rahmen des gesamtdeutschen Länderfinanzausgleichs auf ca. 11 Mrd. DM. Neben den neuen Bundesländern werden Bremen, Niedersachsen, Rheinland-Pfalz und das Saarland ausgleichsberechtigt bleiben (Bundesministerium der Finanzen 1995, S. 127).

Die bisher vorgestellten Mechanismen zur horizontalen Umverteilung im Länderfinanzausgleich ergänzen vertikale Ausgleichsmechanismen. Zum vertikalen Finanzausgleich zählt z. B. die Verteilung der Einkommensteuer auf die Bundesländer, bei welcher der Zuweisungsmechanismus (Wohnsitzländerbezug vs. Betriebsstättenbezug) erhebliche Auswirkungen auf die Verteilung der Steuereinnahmen zwischen Stadt- und Flächenstaaten hat (Wissenschaftlicher Beirat 1992, S. 72). Bedeutendstes Element des vertikalen Länderfinanzausgleichs sind „Ergänzungszuweisungen" des Bundes an Länder, die Sonderlasten zu tragen oder besondere finanzielle Probleme zu überwinden haben (Wissenschaftlicher Beirat 1992, S. 108 ff.). Die Summe der Bundeszuweisungen stieg von 500 Mio. DM im Jahre 1970 auf über 7 Mrd. DM im Jahre 1994 (Bundesministerium der Finanzen 1995, S. 126). Empfängerländer waren bisher Bremen, Niedersachsen, Rheinland-Pfalz, Saarland, Schleswig-Holstein und Nordrhein-Westfalen. Im Zuge der Neuordnung des Länderfinanzausgleichs 1995 werden Bundesergänzungszuweisungen für finanzschwache alte und neue Länder eingesetzt, um Sonderbelastungen, Übergangsprobleme und Sanierungskosten usw. abzufedern. Die Gesamtsumme der vertikalen Zuweisungen erhöht sich nach der Einbeziehung der neuen Länder auf ca. 20 Mrd. DM pro Jahr. Der weitaus größte Teil dieser Summe fließt in die neuen Bundesländer. Der Umfang der vertikalen Transfers soll in den kommenden Jahren aufgrund des Auslaufens von Übergangsregelungen zurückgeführt werden (Bundesministerium der Finanzen 1995, S. 127 f.). Insgesamt umfaßt der Länderfinanzausgleich eine horizontale und vertikale Umverteilung von Finanzen im Umfang von etwa einem Zehntel des Volumens der Fördermaßnahmen der indirekten Steuerung.

Land	1970	1975	1980	1985	1990	1994
Bayern	148,2	368,6	402,6	27,5	–	–
Bremen	89,5	45,5	178,2	332,7	639,6	570,0
Hamburg	–	–	–	–	–	55,5
Niedersachsen	407,3	717,6	753,5	826,8	1 926,6	958,0
Nordrhein-Westfalen	–	–	–	90,7	–	143,6
Rheinland-Pfalz	228,4	294,3	246,7	374,3	489,9	671,8
Saarland	142,8	178,9	287,3	359,2	366,2	433,5
Schleswig-Holstein	199,1	239,4	323,0	564,1	601,6	76,5
Summe	1 215,3	1 884,3	2 191,3	2 575,4	4 023,8	2 908,9

Tab. 5.11: Einnahmen ausgleichsberechtigter Länder in Mio. DM
Quelle: Bundesministerium der Finanzen (1995, S. 127)

5.2.3.2 Aufbauhilfen für Ostdeutschland

Mit der deutschen Vereinigung verzeichnete die Bundesrepublik Deutschland ab 1990 erstmalig in ihrer Geschichte regionale Disparitäten erheblichen Ausmaßes (siehe Kapitel 5.1.1.2). Dies hatte ein Umorientierung der Raumwirtschaftspolitik auf die neuen Bundesländer zur Folge. Im Zuge dieser Umorientierung traten Aspekte der Schaffung sowie des Erhalts von Erwerbs- und Beschäftigungsmöglichkeiten wieder stärker in den Vordergrund.

Die Aufbauhilfen für Ostdeutschland werden über mehrere Programme und Institutionen geleistet, von denen einzelne schon in vorhergehenden Abschnitten behandelt wurden. Die folgenden Ausführungen orientieren sich weitgehend an Berichten der Bundesbank (Deutsche Bundesbank 1995, 1996).

Tabelle 5.12 gibt einen Überblick über die Träger der Aufbauförderung und die transferierten Beträge sowie die Verwendung der Mittel. Zum einen stieg die Summe der Brutto-Transferleistungen aus dem alten Bundesgebiet und der EU in die neuen Länder bis 1995 stetig an. Zum anderen gewann der Bund als Transferquelle immer weiter an Gewicht. Die anfänglich bedeutenden Zuflüsse aus dem Fonds „Deutsche Einheit" wurden mit der Integration Ostdeutschlands in den allgemeinen Finanzausgleich eingestellt (vgl. Kapitel 5.2.3.1). Zu ebenfalls erheblichen und bis heute steigenden Finanztransfers führte die Übertragung des westdeutschen Sozialversicherungssystems auf die neuen Bundesländer. Weitere Transfer-

Träger der Förderung / Verwendung der Mittel	1991	1992	1993	1994	1995	1996[1]	1997[2]
Bund	75	88	114	114	135	133	126
Westdeutsche Länder und Gemeinden	5	5	10	14	10	10	11
Fonds „Deutsche Einheit"	31	24	15	5	–	–	–
EG-Haushalt	4	5	5	6	7	7	7
Bundesanstalt für Arbeit	24	25	15	17	16	16	18
Gesetzliche Rentenversicherung	–	5	9	12	17	18	16
Transferleistungen insgesamt	139	152	168	168	185	184	178
davon:							
Sozialleistungen	56	69	78	73	79	74	69
Subventionen	8	10	11	17	18	16	16
Investitionen	22	23	26	26	34	39	36
nicht aufteilbare Finanzzuweisungen	53	50	53	52	54	55	57

[1] Haushaltsplan 1996 [2] Haushaltsentwurf 1997

Tab. 5.12: Öffentliche Leistungen für Ostdeutschland in Mrd. DM   Quelle: DEUTSCHE BUNDESBANK (1996)

quellen sind die westdeutschen Länder und Gemeinden (Finanzausgleich) sowie der EU-Haushalt (Regional- und Sozialfonds).

Eine Analyse der Finanztransfers nach Verwendungsarten wird durch den großen Posten nicht aufteilbarer Zuwendungen, z.B. im Rahmen des Finanzausgleichs, erschwert. Dennoch ist deutlich, daß Sozialleistungen den weitaus größten Anteil der transferierten Gesamtsumme ausmachen, die konsumtive Verwendung der Mittel also im Vordergrund steht. Investiv verwendet werden knapp 30% der Transfersumme. Der ab 1995 zu beobachtende absolute und relative Anstieg der Investitionen ist aus regionalökonomischer Perspektive erfreulich und notwendig, um die Basis für ein selbsttragendes Wachstum in Ostdeutschland zu schaffen.

Abschließend sollen Maßnahmen der direkten Steuerung in Ostdeutschland näher beleuchtet werden, die in Tabelle 5.13 zusammengestellt sind.

Der Bereich der direkten Steuerung in Ostdeutschland läßt sich in Kreditprogramme, steuerliche Förderung und Investitionszuschüsse untergliedern, wobei die im Kapitel 5.2.2 vorgestellten Instrumente um weitere Maßnahmen ergänzt wurden. Kreditprogramme sollten vor allem Existenzgründung und Unternehmensaufbau fördern. Mit abnehmender Gründungsdynamik sinkt z.Z. die Nachfrage nach diesen Fördermitteln. Steuerliche Förderung hat die Begünstigung von Investitionen im Verarbeitenden Gewerbe und in der Wohnungssanierung zum Ziel. Besondere Bedeutung haben hier die Sonderabschreibungen auf Investitionen und Sanierungen in Höhe von 50% in den ersten fünf Jahren. Diese Möglichkeit wird ab 1997 zurückgefahren. Als dritter Maßnahmenblock werden Investitionszuschüsse eingesetzt. Zu diesem Feld gehören die oben ausführlich dargestellten Fördermittel im Rahmen der Gemeinschaftsaufgabe (vgl. Kapitel 5.2.2.2) und weitere Instrumente, von denen das 1995 eingerichtete Investitionsprogramm „Aufbau Ost" mit 6,6 Mrd. DM Volumen die größte Bedeutung hat. Dieses neue Programm weist Überschneidungen mit der GA auf, da es ebenfalls auf die Förderung von Investitionen ostdeutscher Gebietskörperschaften ausgerichtet ist. In diesem Zusammenhang ist künftig mit einem Absinken der GA-Mittel zu rechnen.

Die aufgeführten Aspekte der Förderung Ostdeutschlands verdeutlichen die Probleme der Übertragung „westdeutscher" Instrumente und der Schaffung neuer Maßnahmen im Hinblick auf die Situation der neuen Bundesländer.

Maßnahme	1991	1992	1993	1994	1995
Kreditprogramme[1]	38,5	35,3	25,9	30,3	23,6
Steuerliche Förderung[2]	3,2	7,5	9,4	10,0	13,1
dar. Sonderabschreibungen	1,8	2,8	3,8	5,0	8,7
Investitionszuschüsse	10,5	7,9	10,8	11,3	15,0
dar. Programm „Aufbau Ost"	–	–	–	–	6,6

[1] Zusagevolumen (ohne Kredite der EU)   [2] Steuerausfälle

Tab. 5.13: Öffentliche Leistungen für Ostdeutschland im Rahmen direkter Steuerung in Mrd. DM
Quelle: Deutsche Bundesbank (1996)

Da selbst bei einem langfristigen Aufholprozeß der ostdeutschen Wirtschaft weiterhin von einer gravierenden Steuerschwäche ostdeutscher Länder und Gemeinden auszugehen ist (DIW 1996, S. 276), dürfte sich am Unterstützungsbedarf der neuen Länder und dem Grundmuster der Transferzahlungen auch in den kommenden Jahren wenig ändern.

Die Ergebnisse der Ausführungen dieses Kapitels verdeutlichen zwei Sachverhalte, die bei der Beurteilung raumgestaltender Eingriffe in der Bundesrepublik derzeit von besonderer Bedeutung sind:

1. Die Raumwirtschaftspolitik wird zumindest in den 90er Jahren entscheidend von den Erfordernissen der Integration von West- und Ostdeutschland geprägt.

2. Die Möglichkeit der Einflußnahme auf die regionale Wirtschaftsentwicklung durch Instrumente der direkten Steuerung sollte nicht überschätzt werden, da die finanzielle Ausstattung dieser Maßnahmen im Vergleich zur indirekten Steuerung gering ist.

Literatur

BARRO, R. (1991):
  Eastern Germany's Long Haul.
  Wall Street Journal, May 3.

BARRO, R., u. X. SALA-I-MARTIN (1991):
  Convergence across States and Regions.
  Brookings Papers on Economic Activity,
  1: 107 – 158.

Bundesanstalt für Arbeit (1995):
  Amtliche Nachrichten der Bundesanstalt
  für Arbeit. Arbeitsstatistik 1994 –
  Jahreszahlen, 43.

Bundesministerium der Finanzen (1992):
  Finanzbericht 1993. Bonn.

Bundesministerium der Finanzen (1995):
  Finanzbericht 1996. Bonn.

Bundesministerium für Forschung und
  Technologie (1993):
  Bundesbericht Forschung 1993.
  Bonn.

Bundesministerium für Raumordnung, Bau-
  wesen und Städtebau (1993):
  Raumordnungsbericht 1993.
  Bonn.

BUTTLER, F., GERLACH, K., u. P. LIEPMANN (1977):
  Grundlagen der Regionalökonomie.
  Reinbek.

Deutsche Bundesbank (1995):
  Fortschritte im Anpassungsprozeß in
  Ostdeutschland und der Beitrag der
  Wirtschaftsförderung.
  Monatsbericht Juli 1995, 39 – 56.

Deutsche Bundesbank (1996):
  Zur Diskussion über die öffentlichen Trans-
  fers im Gefolge der Wiedervereinigung.
  Monatsbericht Oktober 1996, 17 – 31.

Deutscher Bundestag:
  Drucksachen 12/5580, 8/3788, 10/3562,
  11/7501, 12/4850, 12/7175, 13/1376; 13/2941.

Deutsches Institut für Wirtschaftsforschung
  (1996):
  DIW Wochenbericht 17/96: 267 – 276.

Deutsches Patentamt (1995):
  Jahresbericht 1994. München.

ERTEL, R., et al. (1995):
  Grundzüge eines regionalpolitischen Hand-
  lungskonzepts für Niedersachsen. Hannover.

GORNIG, M., et al. (1996):
  Regionale Strukturpolitik unter den verän-
  derten Rahmenbedingungen der 90er Jahre.
  Berlin. = DIW Sonderheft Nr. 157.

ISENBERG, G. (1979):
  Wandlungen der „räumlichen Ordnung" in
  Deutschland von 1850 bis 1975. Gesellschaft
  für Regionalforschung, Seminarberichte,
  14: 143 – 220. Heidelberg.

JUNG, H.-U. (1993):
  Wirtschaftliche Entwicklung und Struktur-
  wandel im Wirtschaftsraum Hannover unter
  veränderten Rahmenbedingungen – Perspek-
  tiven und Handlungsnotwendigkeiten zu
  Beginn der 90er Jahre. In: SCHÄTZL, L. [Hrsg.]:
  Wirtschaftsregion Hannover. Hannover. =
  NIW-Vortragsreihe, **8**.

JUNKERNHEINRICH, M. (1995):
  Der Aufbau der neuen Bundesländer. Ein
  Entwicklungshemmnis für die alten Bundes-
  länder? In: NIW-Workshop 1994/95.
  Hannover, 81 – 95.

KLODT, H., et al. (1994):
  Standort Deutschland. Strukturelle Heraus-
  forderungen im neuen Europa. Tübingen. =
  Kieler Studien, **265**.

LAMMERS, K. (1994):
  Regionale Struktur - und Wachstumsunter-
  schiede in der Bundesrepublik – Wo steht
  Ostdeutschland? Die Weltwirtschaft,
  177 – 193.

LEGLER, H. (1994):
  Regionale Verteilung industrieller
  Forschungskapazitäten in Westdeutschland.
  Quartalshefte des Zentrums für Europäische
  Wirtschaftsforschung, **2**: 415 – 434.

Lutz, P. (1995):

   Die Weiterentwicklung des bundesstaat-
   lichen Finanzausgleichs im vereinten
   Deutschland – Theoretische Grundlagen und
   Perspektiven. Dissertation, Universität
   Hannover.

Neumann, F. (1996):

   Investitionen in den neuen Bundesländern:
   Deutliche Anzeichen einer Abschwächung.
   IFO-Schnelldienst, **48** (7/8): 18 – 25.

Nitsch, V. (1995):

   Die Wachstumsaussichten Ostdeutschlands.
   Wirtschaftsreport. 2. Nord/LB Hannover,
   6 – 18.

Schätzl, L. (1993):

   Wirtschafts- und Regionalentwicklung in
   Ostdeutschland. In: Schätzl, L. [Hrsg.]:
   Wirtschaftsgeographie der Europäischen
   Gemeinschaft. Paderborn, 197 - 216. =
   UTB **1767**.

Schätzl, L. (1994 a):

   Wirtschaftsgeographie 2. Empirie. 2. Aufl.
   Paderborn. = UTB **1052**.

Schätzl, L. (1994 b):

   Wirtschaftsgeographie 3. Politik. 3. Aufl.
   Paderborn. = UTB **1383**.

Schätzl, L. (1996):

   Wirtschaftsgeographie 1. Theorie. 6. Aufl.
   Paderborn. = UTB **782**.

Siebert, H. (1992):

   Standortwettbewerb – nicht Industriepolitik.
   Die Weltwirtschaft, (3): 408 – 415.

Siebert, H. (1993):

   Das Wagnis der Einheit. Eine wirtschaftspolitische Therapie. Stuttgart.

Spee, C., u. G. Schmid (1995):

   Beschäftigungsdynamik in Ballungsregionen
   – Entwicklung und Struktur der Beschäftigung des Berliner Arbeitsmarktes im
   Ballungsraumvergleich 1977 – 1994. Berlin. =
   16. Gutachten des Wissenschaftszentrums
   Berlin für Sozialforschung (WZB) im Auftrag
   der Berliner Senatsverwaltung für Arbeit
   und Frauen.

Sternberg, R. (1995):

   Technologiepolitik und High-Tech-Regionen.
   Münster. = Wirtschaftsgeographie, **7**.

SV-Gemeinnützige Gesellschaft für Wissen-
schaftsstatistik mbH (1994):

   Arbeitsschrift 1994. Essen.

Willms, M. (1992):

   Strukturpolitik. In: Vahlens Kompendium
   der Wirtschaftstheorie und Wirtschaftspolitik 2. München.

Wissenschaftlicher Beirat beim Bundesministerium der Finanzen (1992):

   Gutachten zum Länderfinanzausgleich in
   der Bundesrepublik Deutschland. Bonn.

Zarth, M. (1991):

   Neuordnung der Regionalförderung im Rahmen der Gemeinschaftsaufgabe „Verbesserung der regionalen Wirtschaftsstruktur".
   Informationen zur Raumentwicklung,
   (9/10): 539 – 558.

B Regionaler Teil

B.1 Maritime Wirtschaft in Norddeutschland

HELMUT NUHN, Marburg

Die Wirtschaftszentren an der Küste und ihre regionalen Einzugsbereiche verdanken ihre Entstehung und Weiterentwicklung durchweg einer günstigen Lage am Schnittpunkt zwischen Land- und Seeverkehrswegen und den daraus resultierenden Potentialen für den Ausbau von Häfen. Abbildung 1.1 veranschaulicht diese Strukturen und Lagebeziehungen durch eine generalisierte Darstellung der wichtigsten Zentren an Nord- und Ostsee und ihre Hinterlandverflechtungen über Flüsse, Kanäle, Eisenbahnen und Autostraßen. Die Verbindungen nach Übersee werden nur im Falle der Eisenbahnfähren angedeutet, sind aber darüber hinaus als ein dichtes Geflecht von Schiffahrtswegen zu den nicht miterfaßten Gegenküsten im regionalen und weltweiten Transportnetz zu sehen.

Zu den größeren Häfen gehören die traditionsreichen Hansestädte Hamburg, Bremen und Lübeck, aber auch die erst in jüngerer Zeit mit ihren maritimen Funktionen stärker gewachsenen Agglomerationen Kiel und Rostock. Sie haben zugleich als bedeutendere Oberzentren vielfältige Verwaltungs- und Dienstleistungsaufga-

Abb. 1.1: Norddeutschlands Hafenstädte und ihre Hinterlandverflechtungen 1995
Bearbeitet von H. NUHN u. H. NÖDLER nach verschiedenen Quellen

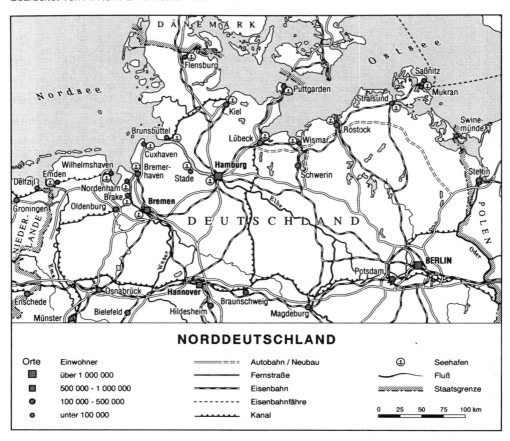

ben für ein weiteres Hinterland und sind im Rahmen von Suburbanisierungsprozessen über das ursprüngliche Stadtgebiet hinaus gewachsen, auf das sich die statistischen Angaben in Tabelle 1.1 beziehen. Dies gilt insbesondere für den Großraum Hamburg, der unter Berücksichtigung der eng mit der Kernstadt verflochtenen Randkreise über 3 Mio. Einwohner und 1,6 Mio. Erwerbspersonen umfaßt. Die jüngeren Großstädte Bremerhaven und Wilhelmshaven sowie die mittleren und kleineren Hafenstädte wie Emden, Cuxhaven und Wismar weisen bei einer weniger differenzierten Wirtschaftsstruktur und schwächeren zentralen Funktionen noch eine stärkere Abhängigkeit vom maritimen Sektor auf.

Zwischen 1970 und 1990 haben mit Ausnahme von Rostock alle Hafenstädte sinkende bzw. stagnierende Einwohnerzahlen aufzuweisen, was teilweise auf Verlagerungen im Rahmen der Suburbanisierung zurückzuführen ist, darüber hinaus aber durch Schrumpfungen im maritimen Sektor erklärt wird. Nur Rostock, das seit den 60er Jahren systematisch zum Überseezentrum der DDR ausgebaut wurde und Sitz der Kombinate für Schiffahrt, Schiffbau und Fischerei war, ist in diesem Zeitraum überproportional gewachsen. Nach dem Wegfall dieser Sonderstellung ergaben sich in der Folge der Wiedervereinigung hohe Bevölkerungsverluste, während die westdeutschen Hafenstädte in den letzten Jahren wegen günstiger Konjunktur und Ost-West-Wanderungen Zuwächse verzeichneten.

Infolge der nachhaltigen Schrumpfung der maritimen Wirtschaft sind die Küstenregionen Norddeutschlands in den letzten beiden Jahrzehnten hinter den dy-

Stadt	Hafenfunktion a)	Zentralität b)	Einwohner [1 000]			
			1970	1980	1990	1993
Hamburg	U/C	OZ	1 817	1 633	1 603	1 702
Bremen	U	OZ	607	556	535	553
Bremerhaven	C	OZ	149	139	127	132
Rostock	U/F	OZ	199	233	253	240
Kiel	F/U	OZ	268	251	241	249
Lübeck	F/U	OZ	243	222	211	217
Wilhelmshaven	M	OZ	103	99	90	92
Flensburg	M	OZ	95	89	86	88
Stralsund	M	OZ	71	74	75	71
Wismar	M	MZ	56	58	57	54
Cuxhaven	RoRo	MZ	45	59	55	56
Emden	M	MZ	48	52	50	52
Nordenham	M	MZ	28	30	29	29
Branke	M	MZ	19	18	16	16
Brunsbüttel	M	MZ	12	12	13	14

a) C = Containerhafen, F = Fährhafen, M = Massenguthafen, U = Universalhafen, RoRo = Roll on Roll off

b) MZ = Mittelzentrum, OZ = Oberzentrum

Tab. 1.1: Entwicklung deutscher Seehafenstädte 1970 – 1993   Quellen: Statistisches Jahrbuch Deutscher Gemeinden 1994, Köln; Statistisches Jahrbuch der DDR 1989, Berlin (sowie frühere Jahrgänge)

namischen süddeutschen Wirtschaftsräumen zurückgeblieben, was wiederholt im Sinne eines Süd-Nord-Gefälles in der Bundesrepublik beschrieben wurde (vgl. u. a. SINZ u. STRUBELT 1986). Jüngste Entwicklungen weisen darauf hin, daß diese aus der regionalen Wirtschaftsstruktur resultierenden Prozesse noch nicht zum Abschluß gekommen sind.

Im Rahmen dieses Beitrages soll deshalb nach allgemeinen Ausführungen zum maritimen Cluster als Schlüsselsektor in Norddeutschland näher auf die Standortstruktur und Entwicklung der Bereiche Schiffbau, Schiffahrt und Hafenumschlagswirtschaft eingegangen werden, bevor eine generelle Zusammenfassung erfolgt.

1.1 Zusammensetzung und Bedeutung des maritimen Clusters

Unter dem Begriff maritime Wirtschaft werden Branchen bzw. Unternehmen und Institutionen zusammengefaßt, deren Aktivitäten direkt oder indirekt auf den Seetransport und die Erschließung von Meeresressourcen sowie die hierfür benötigten Güter und Dienstleistungen gerichtet sind (Tab. 1.2). Es handelt sich um eine Vielzahl unterschiedlicher Bereiche, die nach dem sektoralen Organisationsprin-

• Schiffbau	einschließlich Reparatur, Ausrüstung, Zulieferung und Offshore-Anlagen
• Seeschiffahrt	einschließlich Reedereiverwaltungen, Schiffsmakler, Schiffsagenten und sonstiger Dienstleistungen
• Hafenumschlag und Lagerung	einschließlich umschlagsorientierten (Groß-) Handels, Speditionen, Finanzierungsinstituten und Serviceleistungen
• Seefahrt u. hafenbezogene staatliche Einrichtungen	einschließlich Verwaltung, Ausbildung, Forschung und Marineeinrichtungen
• Fischereiwirtschaft	einschließlich Verarbeitung, Handel und sonstiger Dienstleistungen
• Hafenbezogene Industrie	am seeschifftiefen Wasser, insbesondere für Verarbeitung von Massengütern (Erdöl, Kohle, Erze, Getreide etc.) sowie hochwertiger Nahrungs- und Genußmittelimporte (Kaffee, Tee, Kakao, Tabak, Gewürze etc.)
• Maritime Freizeiteinrichtungen	wie Jachthäfen und Wassersporteinrichtungen, Museen und Besichtigungsdienste, spezialisierte Läden sowie Restaurations- u. Übernachtungseinrichtungen

Tab. 1.2: Kernbereiche der maritimen Wirtschaft
Quellen: IG Metall/ÖTV (1994), HESELER (1995) und eigene Ergänzungen

zip unserer Statistik verschiedenen Branchen zugeordnet werden. Im Blickfeld steht der gesamte maritime Cluster, der die Hafenregionen prägt (HESELER 1995). Durch die Konzentration der unterschiedlichen Einrichtungen an einem Standort ergeben sich vielfältige horizontale und vertikale Vernetzungen zwischen Unternehmen derselben und auch verschiedener Branchen. Es handelt sich um ein regionales Geflecht mit formellen und informellen Beziehungen zwischen Käufern und Lieferanten, Produzenten und Dienstleistern sowie zwischen staatlichen Institutionen und privaten Unternehmungen, über die Informationen ausgetauscht und am Ort vorhandene Infrastrukturen gezielt genutzt werden. Im Spannungsfeld zwischen Kooperation und Konkurrenz und vielfältigen geschäftlichen und personalen Netzwerken kommt es in Hafenstädten zur Herausbildung eines spezifischen maritimen Milieus, das dem regionalen Cluster Dynamik und Persistenz verleiht.

Hieraus können Synergieeffekte entstehen, welche Wettbewerbsvorteile gegenüber monostrukturierten Standorten bedingen. Positive Einflüsse in einem Bereich wirken sich wegen der vielfältigen Verflechtungen schneller stimulierend auf den Gesamtkomplex aus. Umgekehrt kumulieren sich auch negative Entwicklungen in einzelnen Bereichen leichter und weiten sich dann zu Problemen für den gesamten Standort aus, wie das Stichwort Werftenkrise verdeutlicht. Wenn in einem Kernbereich wie dem Schiffbau Schrumpfungen auftreten, werden sofort die Zulieferer und Dienstleister mitbetroffen.

Besondere Probleme für die regionalen maritimen Cluster haben sich in den letzten Jahren dadurch ergeben, daß der nationale Bezugsrahmen verlorengegangen ist und zunehmend weltweiter Wettbewerb in fast allen Bereichen wirksam wird. Die lokalen Reeder ordern Schiffsneubauten nicht mehr bei der Werft am Standort, sondern dort, wo sich im internationalen Kontext die günstigsten Bedingungen ergeben. Schiffe werden ausgeflaggt, wenn die nationalen Regulierungen und gewerkschaftlichen Forderungen die Gewinne zu sehr schmälern bzw. die Existenz gegenüber den Wettbewerbern gefährden. Häfen von ehemals nationaler Bedeutung werden im Liniendienst nicht mehr angelaufen, wenn sich im Nachbarland günstigere Zeit- und Kostenrelationen ergeben. Hinzu kommen die Verlagerungstendenzen vom See- zum Landtransport und die Konkurrenz des Flugverkehrs, der zunächst nur die Passagierschiffahrt getroffen hat, mittlerweile aber auch die hochwertigen Frachtgüter einschließt. Im Bereich des maritimen Clusters haben sich deshalb in den letzten Jahren tiefgreifende Veränderungen ergeben, welche die Entwicklung der Hafenstädte nachhaltig beeinflussen und auf das Siedlungssystem an der Küste ausstrahlen.

Für den Querschnittsbereich „maritime Wirtschaft" stehen keine amtlichen quantitativen Daten zur Verfügung. Außerdem liegt auch kein allgemein übliches Meßkonzept vor, nach dem eigene Berechnungen durchgeführt werden können. Aus diesem Grunde sind die in der Literatur genannten statistischen Angaben mit Vorbehalt aufzunehmen. Die Gewerkschaften gehen 1994 in ihrem Grundsatzpapier „Zukunft der maritimen Wirtschaft" von 241 000 Beschäftigten für die Bundesrepublik aus. Hierbei wird die Binnenschiffahrt mit einbezogen, während die hafennahe Industrie und die maritimen Freizeiteinrichtungen keine Berücksichtigung finden (IG Metall/ÖTV 1994):

Seeschiffahrt	16 400	Meeresforschung	3 000
Reedereiverwaltung	10 000	Fischwirtschaft	13 000
Schiffbau	36 000	Binnenschiffahrt/Hafen	23 000
Zulieferer	70 000	Marine	38 000
Hafenwirtschaft	32 000		

Differenziertere vergleichbare Aussagen zur Struktur und Entwicklung einzelner Standorte lassen sich unter Verwendung der Arbeitsstättenzählungen von 1970 und 1987 für Kernbereiche des maritimen Clusters zusammenstellen. Tabelle 1.3 bietet Angaben für die drei größten Häfen an Elbe und Weser. Im Untersuchungszeitraum ergibt sich für den betrachteten Sektor ein Verlust von 64 000 Arbeitsplätzen, was annähernd einer Halbierung entspricht. Der Rückgang der Gesamtbeschäftigtenzahlen in den Städten liegt allerdings um 5 000 niedriger, was darauf hinweist, daß in anderen Bereichen positive Beschäftigungsentwicklungen stattgefunden haben, die jedoch bei weitem nicht ausreichten, um einen Ausgleich zu schaffen. Die relative Bedeutung der maritimen Kernbereiche an der Gesamtbeschäftigung ist in der Hansestadt Bremen von 13,4 % auf 6,4 % und in der kleineren, stärker monostrukturierten Stadt Bremerhaven von 18,8 % auf 14,6 % zurückgegangen. Für die Metropole Hamburg erfolgte eine Reduzierung von 8,2 % auf 4,5 %.

Eine Fortschreibung der Zensusergebnisse mit Hilfe der Statistik der sozialversicherungspflichtig Beschäftigten ist leider wegen der anderen Zusammenfassung und der Nichtberücksichtigung der Selbständigen, Beamten und unterhalb der Bemessungsgrenze Entlohnten nicht möglich. Versuche, Berechnungen auf der Basis von amtlichen Daten, Verbandsstatistiken und ergänzenden Erhebungen durchzuführen, spiegeln in der Regel die Interessenlage der Bearbeiter wider, weil insbesondere die Grenzen zwischen direkten und indirekten Zusammenhängen für die Abgrenzung des Clusters nicht eindeutig zu ziehen sind. Deshalb errechnet der Bremer Ausschuß für Wirtschaftsforschung 1984 für Hamburg 100 000 Arbeitsplätze in unmittelbarer und mittelbarer Hafenabhängigkeit. Ein Jahr später ermittelt die Hamburgische Landesbank 144 000 Beschäftigte und 1991 Planco Consulting in

Bereich	Hamburg		Bremen		Bremerhaven	
	1987	Veränderung 1970/87	1987	Veränderung 1970/87	1987	Veränderung 1970/87
Schiffbau	9 674	–6 346	5 184	–8 294	4 108	–1 673
Fischverarbeitung	633	–944	14	–85	3 396	–86
See- u. Küstenschiffahrt, Seehäfen	1 169	–22 454	6 630	–13 170	392	–292
Spedition, Lagerei	19 752	–7 724	6 759	–2 136	424	–355
Maritime Wirtschaft insges.	41 749	–37 468	18 587	–23 685	8 320	–2 406
Gesamtbeschäftigte	936 088	–34 635	291 281	–24 304	56 988	–72

Tab. 1.3: Beschäftigte in der maritimen Wirtschaft von Hamburg, Bremen und Bremerhaven
1970 und 1987   Quelle: Arbeitsstättenzählung 1970 und 1987, HESELER (1995)

einer Studie für die Wirtschaftsbehörde 95 000 direkt Hafenabhängige und 142 600 insgesamt mit dem Hafen im Zusammenhang stehende Beschäftigte (Planco 1991). Das entspricht ca. 15 % der hamburgischen Arbeitsplätze.

Dieser Anteil verringert sich weiter, wenn nicht nur die Beschäftigten in der Hafenstadt selbst herangezogen werden, sondern die regionalen Raumordnungsregionen als Bezugsbasis dienen. Allerdings darf in diesem Zusammenhang nicht übersehen werden, daß der maritime Komplex eng untereinander verflochten ist und die prägenden motorischen Wirtschaftszweige umfaßt (BADE 1991), welche die Entwicklungspfade der Region bestimmt haben und weiterhin beeinflussen. Zunächst sollen die Standortstrukturen und sektoralen Veränderungen in den Kernbereichen Schiffbau, Schiffahrt und Hafenumschlag näher analysiert werden.

1.2 Standortstruktur und Entwicklung der Werftindustrie in Norddeutschland

Dem Schiffbau kommt wegen der vergleichsweise hohen Arbeitsintensität und der vielfältigen Zulieferverflechtungen eine besondere Bedeutung im Rahmen des maritimen Clusters zu. Die Branche ist allerdings sehr unterschiedlich strukturiert: Neben der noch nach handwerklichen Prinzipien geführten kleineren Bootswerft bestehen fabrikmäßig organisierte Familienbetriebe mittlerer Größe, die sich auf bestimmte Schiffstypen spezialisiert haben, und moderne Großwerften, deren Aktienkapital von Stahlkonzernen, Banken sowie der öffentlichen Hand gehalten wird. Im Rahmen der deutschen Industrie nimmt der Schiffbau nur eine untergeordnete Stellung ein, nicht aber im Hinblick auf die Küstenländer bzw. einzelne Standorte wie Kiel, Bremerhaven, Emden oder Papenburg, die in starkem Maße von den Arbeitsplätzen und dem Einkommen aus der Werftindustrie abhängen (Abb. 1.2).

Die Karte der Schiffbauindustrie in Norddeutschland bezieht neben den in vier Größenklassen untergliederten Werften auch die Zuliefer- und Dienstleistungsbetriebe ein. Die Werften konzentrieren sich in den wichtigsten Hafenstädten und am Unterlauf von Elbe, Weser und Ems. Daneben gibt es an den Kanälen und Flüssen im Binnenland noch kleinere Betriebe mit in der Regel weit unter 100 Beschäftigten. Während in Mecklenburg-Vorpommern Großbetriebe dominieren, sind in den alten Bundesländern, insbesondere in Hamburg und an der Unterweser, noch gemischte Strukturen mit kleinen, mittleren und großen Betrieben erhalten.

Das größte Einzelunternehmen mit über 3 700 Beschäftigten 1995 ist die HDW in Kiel, zu der noch die Werft Nobiskrug in Rendsburg mit ca. 400 Beschäftigten zu rechnen ist (VSM 1996). Nur noch 3 300 Mitarbeiter hat Blohm + Voss in Hamburg, die letzte von ehemals 8 Großwerften. Sie gehört – wie das Nordseewerk in Emden – zum Thyssen-Konzern. Die größte Werft in Bremen, die Vulkan AG, beschäftigt weniger als 2 000 Personen, hat aber als Leitbetrieb des Bremer Vulkan-Verbundes, der Werften, Maschinenbaufabriken und Dienstleistungsunternehmen zusammenfaßt, besondere Bedeutung (Abb. 1.3).

Die Erwartung, daß die anhaltenden Wettbewerbsprobleme im Schiffbau durch die Zusammenfassung in einem Großkonzern leichter zu lösen wären, hat sich nicht bestätigt; im Februar 1996 mußte der Vulkan-Verbund Vergleich anmelden. Am erfolgreichsten haben sich vielmehr mittelgroße Unternehmen am Markt behauptet, zu denen die Meyer-Werft in Papenburg mit 1 800 Beschäftigten und J. J. Sietas in Hamburg mit 1 400 Beschäftigten gehören. Ihre erfolgreichen Unternehmenskonzepte sind auch teilweise von Großbetrieben verfolgt worden, wodurch sich die Position der kleineren Konkurrenten erschwert hat. Ein 1994 nach längeren Bemühungen zustande gekommener Kooperationsverbund von mittlerweile 17 kleinen und mittleren Werften soll deshalb Abhilfe schaffen (Tab. 1.4). Es bleibt abzuwarten, ob sich diese Verknüpfung von Kooperation und Wettbewerb in einem lockeren Verbund am Markt behaupten kann.

Ein Abriß der Entwicklung der Werftindustrie in den Küstenstädten ist zum Verständnis der heutigen Situation notwendig. Die folgenden Darstellungen stützen sich insbesondere auf KAPPEL u. ROTHER (1982), ISL (1985), KUCKUK u. RODER (1988) sowie NUHN (1990).

Abb. 1.2: Standorte der Schiffbauindustrie in Norddeutschland 1994
Bearbeitet nach VSM (1994 / 95)

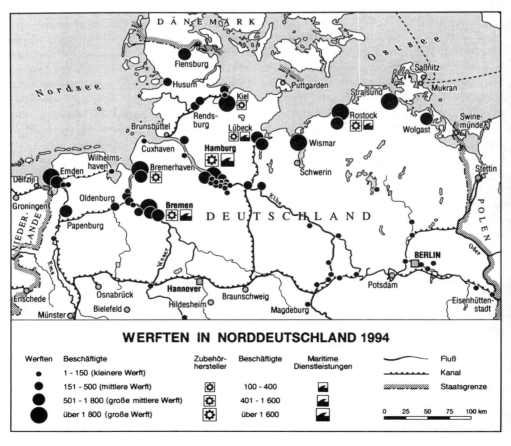

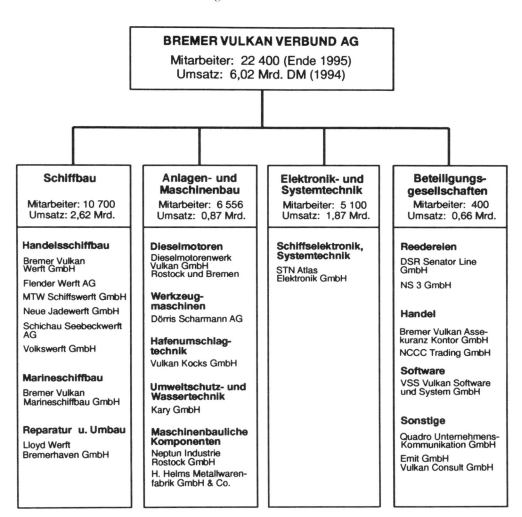

Abb. 1.3: Struktur des Bremer Vulkan-Verbundes Ende 1995

Bearbeitet von H. NUHN und G. FÜLLENBACH nach verschiedenen Quellen

Werft	Standort	1970	1976	1979	1985	1988	1990	1994
Große Werften (über 2 000 Beschäftigte)								
HDW	Hamburg / Kiel	18 395	14 700	13 222	7 400	4 800	4 700	4 100
AG Weser u. Seebeck	Bremen / B'haven	7 925	8 290	6 007	2 500	2 400		
Blohm u. Voss	Hamburg	7 274	6 700	6 400	4 700	5 300	4 620	4 000
Bremer Vulkan	Bremen	5 406	5 606	4 771	3 372	3 186	2 834	2 793
Nordseewerke	Emden	5 081	4 750	3 702	2 500	2 000	2 058	1 838
Große mittlere Werften (700 – 2 000 Beschäftigte)								
Flender Werft	Lübeck	2 200	1 988	1 495	1 000	775	718	720
FSG *	Flensburg	1 754	1 807	1 075	1 148	•	•	598
Jos. L. Meyer	Papenburg	977	1 350	1 235	1 500	1 600	1 700	1 800
Orenstein u.Koppel / Krupp	Lübeck	1 100	1 100	1 070	1 658	1 000	947	692
Rickmers Werft	Bremerhaven	1 100	1 130	988	976			
SUAG	Bremerhaven	1 422	1 544	978				
Schlichting Werft	Travemünde	830	806	720	890			
J. J.Sietas	Hamburg	1 082	1 568	1 968	1 800	1 550	1 462	1 400
Nobiskrug (HDW) *	Rendsburg	1 160	1 401	1 137	1 350	•	400	380
Fr. Lürssen Werft *	Bremen	1 100	1 140	1 200	1 087	1 100	1 100	900
Lloyd-Werft	Bremerhaven	•	1 714	1 386	1 100	1 177	1 052	1 087
Mittlere Werften (200 – 700 Beschäftigte)								
Abeking & Rasmussen *	Lemwerder	470	440	379	•	480	600	400
Heinrich Brand *	Oldenburg	235	260	224	292	210	207	196
Büsumer Werft	Büsum	298	358	340				
Werftunion Cassens *	Emden	•	275	203	220	237	240	204
Elsflether Werft *	Elsfleth	530	410	259	276	280	270	174
J. G. Hitzler *	Lauenburg	460	634	495	400	285	270	200
Husumer Schiffswerft *	Husum	430	634	495	445	333	382	253
Jadewerft *	Wilhelmshaven	328	245	223	120	93	150	90
Martin Janssen	Leer	320	470	332	500			
Kremer & Sohn	Elmshorn	350	220					
Krögerwerft *	Rendsburg	•	780	350	350	450	433	360
Paul Lindenau *	Kiel	470	430	436	450	234	248	248
Mützelfeldtwerft	Cuxhaven	•	303	227	120	155	200	150
Schiffsw. H. Peters *	Wewelsfleth	•	251	246	297	300	292	335
Schulte & Bruns	Emden	470	540					
Schürenstedt	Bardenfleth	400	435	489				
Max Sieghold	Bremerhaven	352	430	389				
Motorenwerk Bremerh. *	Bremerhaven	•	690	623		796	827	741
Norderwerft	Hamburg	400	341	430	220	203	210	210

Werft	Standort	1970	1976	1979	1985	1988	1990	1994
Kleinere Werften (weniger als 200 Beschäftigte)								
Theodor Buschmann	Hamburg	•	85	64	78	57	55	50
Julius Dietrich *	Oldersum	•	100	82	103	70	76	76
D. Hegemann Rolandw. *	Bremen	•	80	84	300	89	187	185
C. Lühring	Brake	•	207	149	163	166		
Ernst Menzer Werft	Geesthacht	100	120	82	13	12	15	14
Johann Oelkers	Hamburg	100	100	78	75	60	65	
August Pahl	Hamburg	•	100	100	•	•	100	120
Scheel & Jöhnk	Hamburg	130	116	97				
Gebr. Schlömer	Oldersum	110	130	68	82	73	42	40
Fr. Schweers	Bardenfleth	•	126	110	150	160	150	150
Stader Schiffswerft	Stade	100	102					
Herman Sürken	Papenburg	•	450	196	503	343	433	
Bartels u. Lüders	Brunsbüttel	200	66	225				

* Mitglied der Mittelständischen Serienschiffbau Gemeinschaft. Stand 13. 5. 1994 (Arminims Werke, Bodenwerder, nicht in Tabelle bezeichnet)

Tab. 1.4: Beschäftigte in westdeutschen Schiffswerften 1970 – 1994
Zusammengestellt nach verschiedenen Quellen (1990er und 1994er Fakten aus VSM)

1.2.1 Entwicklungsphasen der westdeutschen Schiffbauindustrie in der Nachkriegszeit

Während in der ehemaligen DDR durch staatliche Prioritätensetzung und Ausrichtung auf die Nachfrage in der UdSSR bis 1989 eine Auslastung der wiederholt erweiterten Anlagen bestand, waren die Unternehmen in der Bundesrepublik nach den Boomjahren des Wiederaufbaus gezwungen, sich den weltwirtschaflichen Konjunkturschwankungen und Strukturveränderungen anzupassen, was trotz staatlicher Stützungsmaßnahmen nur durch den Abbau von Arbeitsplätzen möglich war.

Ausgangssituation nach Kriegsende

Die Perspektiven für den Schiffbau waren durch die Zerstörung und Demontage der Werften und das im Potsdamer Abkommen verankerte Verbot für Neubauten zunächst äußerst negativ. Allerdings vollzog sich der Wiederaufbau der Produktionskapazitäten in Ostdeutschland wegen der Prioritätensetzung auf Reparationsleistungen für die UdSSR und in Westdeutschland wegen der Freigabe des Baus von Fluß- und Fischereischiffen sowie der Aufhebung des Neubauverbots und der Exportbeschränkungen in der Folge des Koreakrieges bereits nach wenigen Jahren. Das Wiederaufbauprogramm für die Handelsflotte sowie Darlehen zur Erweiterung und Modernisierung der Werften machten es möglich, daß bereits 1952 in der BRD die Vorkriegsproduktion erreicht wurde.

Schiffbauboom in den 50er Jahren

Die Werftindustrie entwickelte sich unter dem Einfluß der abgesicherten Inlandsnachfrage und wachsender Exporterfolge in den 50er Jahren zu einem leistungsstarken Wirtschaftszweig. Die Deutsche Werft in Hamburg und die Howaldtswerke in Kiel nahmen im Weltvergleich eine Führungsposition ein. Insbesondere der durch die Schließung des Suez-Kanals ausgelöste Tanker- und Massengutfrachterneubau förderte die weitere Expansion der Schiffbauindustrie. 1958 wurden von 113 000 Beschäftigten 1,2 Mio. BRT Schiffsraum in Westdeutschland produziert (Abb. 1.4a u. 1.4b). Hamburg nahm mit 8 Großwerften und 34 000 Beschäftigten eine dominierende Stellung ein (KLOBERG 1990).

Strukturanpassungen in den 60er Jahren

Bereits Ende des Boom-Jahrzehnts ergaben sich für einige Großwerften wegen der vorweggenommenen Neubauaufträge Auslastungsprobleme. Gestiegene Lohn- und Materialkosten sowie die Aufwertung der DM schwächten die Wettbewerbsfähigkeit der deutschen Schiffbauunternehmen. Die Beschäftigtenzahl der Großwerften sank von 1958 bis 1963 um 25 %, was mit auf den Zusammenbruch einzelner Unternehmen zurückzuführen ist und für Hamburg 1962 durch den Konkurs der Schliekerwerft den Verlust von 4 000 Arbeitsplätzen bedeutete. Erhöhte Marineaufträge durch die Bundesregierung und ab 1961 gewährte Finanzhilfen für den Exportschiffbau sollten die Rezession mildern helfen. 1963 war die Zahl der im westdeutschen Schiffbau Beschäftigten auf 85 000 zurückgegangen (Abb. 1.4). Auch nach der Belebung der Auftragslage durch die zweite Suez-Krise 1963 stieg die Zahl der Mitarbeiter nur geringfügig. In Hamburg fusionierten 1966 die Großwerften Blohm + Voss mit Stülcken und ein Jahr später die Deutsche Werft mit Howaldt auf Drängen der Bundesregierung zur Howaldtswerke Deutsche Werft HDW (Abb. 1.5). Trotz der Rationalisierungsbemühungen und der weiter gestiegenen Neubauleistungen von 1,7 Mio. BRT auf 1,9 Mio. BRT 1973 gingen die Erlöse weiter zurück. Japan hatte die Bundesrepublik auf die dritte Stelle der Schiffbauproduzenten zurückgedrängt und zog wegen der günstigeren Kostenstrukturen immer mehr Neubauaufträge an sich.

Niedergang ab Mitte der 70er Jahre

Durch die dramatischen Ölpreiserhöhungen der OPEC Ende 1973 und den daraus resultierenden Rückgang der Transportnachfrage sowie den Verfall der Frachtraten wurde ein großer Teil der Tankerflotte beschäftigungslos. Nach der Stornierung von Neubauaufträgen waren die Werftkapazitäten nur noch zu weniger als 50 % ausgelastet. Die Beschäftigtenzahl sank 1979 auf 65 000 und der produzierte Schiffsraum auf 0,4 Mio. BRT. Werfthilfeprogramme des Bundes und der Küstenländer konnten die Schließung weiterer Großwerften nicht verhindern. In Hamburg wurde 1973 der traditionelle Standort Finkenwerder aufgegeben, 1979 das Werk Reiherstieg durch HDW geschlossen (Abb. 1.5). Mitte der 80er Jahre erreichte die Krise ihren vorläufigen Höhepunkt mit dem völligen Rückzug des Unternehmens aus Hamburg, der Schließung der AG Weser in Bremen, dem Konkurs der Rickmers-Werft in Bremerhaven und dem drohenden Zusammenbruch der Harmstorf-Werften in Schleswig-Holstein. Ein Fachgutachten hielt die Reduzierung der Kapazitäten der westdeutschen Werften um 30 % und den Abbau von 6 000 Dauerarbeitsplätzen für erforderlich (ISL 1985).

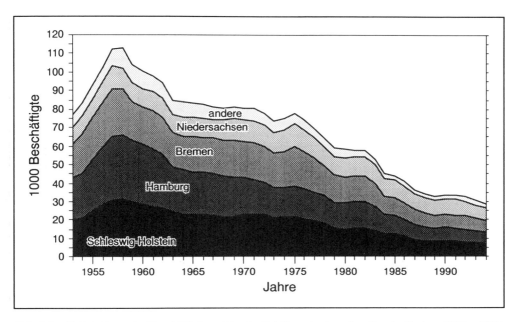

Abb. 1.4 a: Entwicklung der Beschäftigtenzahlen im Schiffbau in den alten Bundesländern 1953 – 1994
Bearbeitet von H. NUHN und H. NÖDLER nach Jahresberichten der VSM

Abb. 1.4 b: Schiffsneubauten auf Werften in Ost- und Westdeutschland 1971 – 1995
Bearbeitet von H. NUHN und H. NÖDLER nach Jahresberichten der VSM

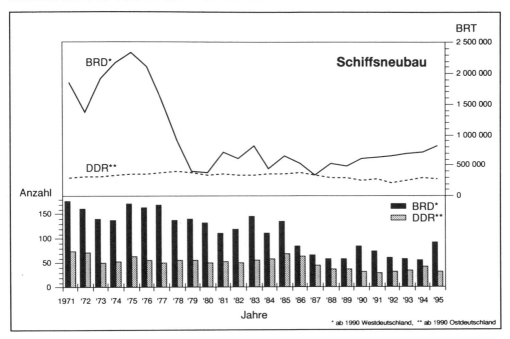

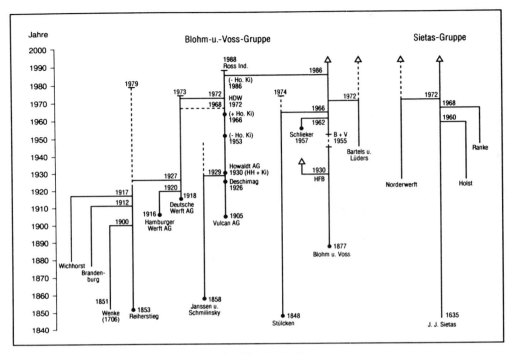

Abb. 1.5: Konzentration in der Hamburger Schiffbauindustrie
Bearbeitet von H. NÖDLER nach NUHN (1990, S. 357)

Restrukturierung nach der Mitte der 80er Jahre

Die durch vielfältige staatliche Interventionen immer wieder verzögerte Restrukturierung der Schiffbauindustrie in der Bundesrepublik war unter diesen Voraussetzungen nicht mehr aufzuschieben. Die Küstenländer forderten im August 1986 auf ihrer Konferenz in Bremen von der Bundesregierung 850 Mio. DM Finanzhilfe zur Förderung von Ersatzarbeitsplätzen und zur Umstrukturierung der Werften. Die Denkschrift „Arbeit für den Norden" verlieh der Forderung Nachdruck. Mitte Oktober 1986 beschloß das Kabinett die Bereitstellung von 300 Mio. DM, die zusammen mit Sonderprogrammen der Länder eine Neuorientierung der Wirtschaft einleiten sollten. Der Aktionsplan des Hamburger Senats sah die Förderung neuer Technologien, Qualifizierung von Arbeitnehmern, die Betreuung von Existenzgründungen und die Diversifizierung bestehender Schiffbaubetriebe vor. Die letzte noch verbliebene Großwerft Blohm + Voss sah sich gezwungen, den Handelsschiffneubau aufzugeben und sich auf Reparaturen zu konzentrieren. Daneben sollten der Marinebereich sowie die Fertigung von Turbinen, Offshore-Gerät, Meerestechnik und Energieversorgungsanlagen ausgebaut werden.

Die bei ungünstigeren Rahmenbedingungen in der zweiten Hälfte der 70er Jahre ausgelöste und Mitte der 80er Jahre verschärfte Werftenkrise hat die Küstenstädte in unterschiedlicher Weise getroffen. Bezogen auf die Gesamtbeschäftigten, war der Anteil der direkt im Schiffbau Tätigen 1982 in den großen Städten Hamburg, Bremen und Lübeck mit 1 – 3,6% vergleichsweise gering, auch im Hinblick auf die Beschäftigten im Verarbeitenden Gewerbe lag der Anteil nur bei 8 – 12%. Demgegenüber waren die kleineren Werftstandorte wie Bremerhaven oder Emden mit 18% bzw. 47% der Industriearbeitsplätze sehr viel stärker betroffen. Allerdings konzentrieren sich in den größeren Standorten die Zulieferer und Dienstleister für den Schiffbau (Schiffsmotoren, Turbinen, elektrische Anlagen etc.), so daß die Krise jetzt tiefgreifende Auswirkungen auf den produzierenden Sektor im gesamten norddeutschen Raum hatte.

1.2.2 Neuordnung des Schiffbaus in Ostdeutschland

Die Integration der Schiffbauindustrie der DDR in das Wirtschaftssystem der BRD und darüber hinaus in den Zuständigkeitsbereich der EU war mit tiefgreifenden Friktionen belastet. Durch den Beitritt zum Währungsgebiet der DM mußten die Zahlungsmodalitäten angepaßt werden, wofür die Bundesregierung zunächst Ausgleichszahlungen und Bürgschaften gewährte. Die UdSSR als Hauptkunde sah sich aber aus Devisenmangel sowie wegen der Transformationsprozesse im eigenen Lande trotz der Stützungsmaßnahmen bald nicht mehr in der Lage, die Geschäftsbeziehungen aufrechtzuerhalten. Neubauaufträge für westliche Kunden konnten nur teilweise übernommen und auch nicht kostendeckend ausgeführt werden. Die Produktionsanlagen und Organisationskonzepte waren im Vergleich zu westlichen Standards veraltet und die Produktivität für einen erfolgreichen internationalen Wettbewerb nicht ausreichend.

Modernisierungs- und Anpassungsprozesse, für die in Westdeutschland drei Jahrzehnte genutzt werden konnten, mußten in Mecklenburg-Vorpommern in kürzester Zeit erfolgen. HESELER u. HICKEL (1990) haben die Probleme der ersten Transformationsphase für das maritime Zentrum Rostock 1990 dargestellt. Am 1. 6. 1990 wurde das Kombinat Schiffbau unter der Ägide der Treuhandanstalt in die Deutsche Maschinen- und Schiffbau AG umgewandelt. Die DMS-Holding war für 24 Unternehmen mit der Rechtsform der GmbH und insgesamt 53 000 Mitarbeitern sowie einem Auftragsvolumen von 4,3 Mrd. DM zuständig (Abb. 1.6). Die drei Kernbereiche umfaßten 7 Werften, 11 Maschinenbaubetriebe und 6 Dienstleistungseinrichtungen. Im zehnköpfigen Aufsichtsrat, der am 16. 11. 1990 seine Tätigkeit aufnahm, waren die Vertreter westdeutscher Großbanken, hohe Verwaltungsbeamte aus Bund und Ländern sowie Parlamentsabgeordnete und Vertreter des Schiffbaus, der Reeder und Arbeitnehmer vertreten.

Ein Kooperationsvertrag mit dem Bremer Vulkan-Verbund sowie Lizenzverträge mit namhaften Lieferanten von Schiffszubehör sollten den Zugang zu Know-how erleichtern und die Umsetzung des von einem Unternehmensberater erstellten Struktur- und Anpassungsprogramms fördern. Wichtige Schritte in diesem Zusammenhang waren die Entflechtung der hierarchischen Strukturen und die Reduzierung der Fertigungstiefe von ca. 45% auf 20%, die Konzentration auf spezifische Produktionsprofile im Rahmen der von der EU-Kommission zugewiesenen Schiffsneubauquoten und die Diversifizierung in verwandte Arbeitsbereiche mit günstigen Absatzperspektiven. Zur Senkung der Lohnkosten waren in größerem Maße Ent-

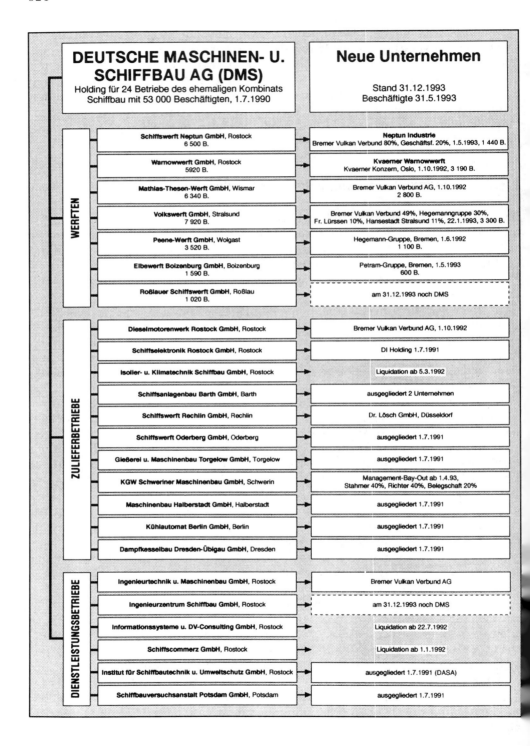

DEUTSCHE MASCHINEN- U. SCHIFFBAU AG (DMS)

Holding für 24 Betriebe des ehemaligen Kombinats Schiffbau mit 53 000 Beschäftigten, 1.7.1990

Neue Unternehmen

Stand 31.12.1993
Beschäftigte 31.5.1993

WERFTEN

Betrieb	Neue Unternehmen
Schiffswerft Neptun GmbH, Rostock — 6 500 B.	**Neptun Industrie** — Bremer Vulkan Verbund 80%, Geschäftsf. 20%, 1.5.1993, 1 440 B.
Warnowwerft GmbH, Rostock — 5920 B.	**Kvaerner Warnowwerft** — Kvaerner Konzern, Oslo, 1.10.1992, 3 190 B.
Mathias-Thesen-Werft GmbH, Wismar — 6 340 B.	Bremer Vulkan Verbund AG, 1.10.1992 — 2 800 B.
Volkswerft GmbH, Stralsund — 7 920 B.	Bremer Vulkan Verbund 49%, Hegemanngruppe 30%, Fr. Lürssen 10%, Hansestadt Stralsund 11%, 22.1.1993, 3 300 B.
Peene-Werft GmbH, Wolgast — 3 520 B.	Hegemann-Gruppe, Bremen, 1.6.1992 — 1 100 B.
Elbewerft Boizenburg GmbH, Boizenburg — 1 590 B.	Petram-Gruppe, Bremen, 1.5.1993 — 600 B.
Roßlauer Schiffswerft GmbH, Roßlau — 1 020 B.	am 31.12.1993 noch DMS

ZULIEFERBETRIEBE

Betrieb	Neue Unternehmen
Dieselmotorenwerk Rostock GmbH, Rostock	Bremer Vulkan Verbund AG, 1.10.1992
Schiffselektronik Rostock GmbH, Rostock	DI Holding 1.7.1991
Isolier- u. Klimatechnik Schiffbau GmbH, Rostock	Liquidation ab 5.3.1992
Schiffsanlagenbau Barth GmbH, Barth	ausgegliedert 2 Unternehmen
Schiffswerft Rechlin GmbH, Rechlin	Dr. Lösch GmbH, Düsseldorf
Schiffswerft Oderberg GmbH, Oderberg	ausgegliedert 1.7.1991
Gießerei u. Maschinenbau Torgelow GmbH, Torgelow	ausgegliedert 1.7.1991
KGW Schweriner Maschinenbau GmbH, Schwerin	Management-Bay-Out ab 1.4.93, Stahmer 40%, Richter 40%, Belegschaft 20%
Maschinenbau Halberstadt GmbH, Halberstadt	ausgegliedert 1.7.1991
Kühlautomat Berlin GmbH, Berlin	ausgegliedert 1.7.1991
Dampfkesselbau Dresden-Übigau GmbH, Dresden	ausgegliedert 1.7.1991

DIENSTLEISTUNGSBETRIEBE

Betrieb	Neue Unternehmen
Ingenieurtechnik u. Maschinenbau GmbH, Rostock	Bremer Vulkan Verbund AG
Ingenieurzentrum Schiffbau GmbH, Rostock	am 31.12.1993 noch DMS
Informationssysteme u. DV-Consulting GmbH, Rostock	Liquidation ab 22.7.1992
Schiffscommerz GmbH, Rostock	Liquidation ab 1.1.1992
Institut für Schiffbautechnik u. Umweltschutz GmbH, Rostock	ausgegliedert 1.7.1991 (DASA)
Schiffbauversuchsanstalt Potsdam GmbH, Potsdam	ausgegliedert 1.7.1991

lassungen von Arbeitskräften erforderlich. Bis zum 31. 12. 1991 wurde der Personal-
bestand der DMS auf ca. 20 000 Mitarbeiter reduziert. Gleichzeitig erfolgten umfangreiche Investitionen, die im Rahmen der ab 1992 vorgesehenen Privatisierung
mit staatlicher Förderung nach den Konzepten der neuen Eigner weitergeführt wurden. Nach teilweise schwierigen Verhandlungen war Mitte 1993 dieses Ziel erreicht
und das Weiterbestehen der ostdeutschen Werften zunächst gesichert (Abb. 1.6).

Anfang 1996 wurden die Privatisierungserfolge der ostdeutschen Werften durch
die Krise des Vulkan-Verbundes erneut in Frage gestellt. Um die vier Tochtergesellschaften in Mecklenburg-Vorpommern vor einem drohenden Konkursverfahren zu
schützen, sollen sie unter Vermittlung der Bundesanstalt für Vereinigungsbedingte
Sonderaufgaben (BVS) aus dem Vulkan-Verbund herausgelöst, treuhänderisch weitergeführt und möglichst bald privatisiert werden. Für das Dieselmotorenwerk und
die Neptun Industrietechnik GmbH sah man hierfür gute Chancen, während die
beiden Werften in Wismar und Stralsund bei operativen Verlusten und noch nicht
abgeschlossenen Modernisierungsprogrammen weitere öffentliche Finanzhilfen
benötigen (FAZ v. 9. 3. 1996).

1.2.3 Zukunftsperspektiven der deutschen Werftindustrie

Die Schiffbauindustrie hat sich länger als andere Branchen an traditionellen Pro-
duktionskonzepten orientiert und erst in den letzten Jahren begonnen, moderne
Planungs- und Steuerungssysteme sowie teilautomatisierte Fertigungstechniken
einzusetzen. Durch den Übergang zum Serienschiffbau konnte der teure Anteil der
Planungs- und Entwicklungskosten reduziert und der Produktionsprozeß verkürzt
werden. Auch die Auslagerung von Teilen der Produktion an Partner im In- und
Ausland, die günstigere Kostenstrukturen aufweisen, ist üblich geworden. In einigen Fällen beschränken sich deutsche Werften bereits auf die Erforschung, Entwicklung und Erprobung neuer Schiffstypen und Systemlösungen und überlassen
die Produktion Partnern in Übersee. Dies gilt sowohl für den Handelsschiffbau als
auch für die Marine und Wehrtechnik. In beiden Bereichen gehört die Bundesrepublik wegen der staatlichen Forschungsförderung und der Auftragserteilung zur
Entwicklung von Prototypen zu den Weltmarktführern. Dies gilt insbesondere für
den Bau von Fahrgastschiffen und Fähren sowie für neue Containerfrachter und
Spezialtransporter wie Gas- und Doppelhüllentanker.

Wegen des Technologievorsprungs im Hinblick auf die Wirtschaftlichkeit, Sicherheit und Umweltverträglichkeit von Schiffen und der Einbeziehung neuer Geschäftsfelder für eine Integration des Seetransports in intermodale logistische Systeme ist die deutsche Schiffbauindustrie noch mit einem Anteil von ca. 8 % an der
Weltproduktion beteiligt. Sie liegt allerdings deutlich hinter Japan und Korea und
muß sich zukünftig auch der Konkurrenz aufstrebender Billigstandorte in Osteuropa und China stellen (VSM 1995). Da für den Welthandel in den nächsten Jah-

Abb. 1.6: Neuordnung des Schiffbaus in Ostdeutschland nach 1990
Bearbeitet von H. NUHN und H. NÖDLER nach verschiedenen Quellen

ren ein Wachstum um 10% und gleichzeitig ein Erneuerungsbedarf der Flotte von
jährlich 5 – 6% vorausgesagt wird und im Rahmen der OECD Antidumpingbestim-
mungen und Subventionsverbote vereinbart worden sind (BÖHME 1995), sollte es zumindest einigen deutschen Unternehmen und Werftstandorten gelingen, sich mit
Innovationen im weltweiten Wettbewerb der Schiffbauer zu behaupten.

1.3 Standortstruktur und Entwicklung der Schiffahrtsunternehmen in Norddeutschland

Neben dem Schiffbau kommt der Seefahrt und den mit ihr im Zusammenhang stehenden Dienstleistungen besondere Bedeutung für die Wirtschaft der Küstenstädte
zu, auch wenn in diesem Bereich in den letzten Jahren hohe Arbeitsplatzverluste zu
verzeichnen waren. Eine Auswertung der jährlich erscheinenden Schiffsliste im
Hinblick auf die Standorte der Reedereien 1995 zeigt, daß diese maritimen Aktivitäten nicht nur auf die größeren Städte und die Häfen beschränkt bleiben, sondern ins Binnenland ausstrahlen (ECKARDT U. MESSTORFF 1995).

Rang-platz	Standorte nach Firmen				Standorte nach Schiffen			
	1985*		1995		1985*		1995	
1	Hamburg	85	Hamburg	117	Hamburg	847	Hamburg	593
2	Haren/Ems	49	Drochtersen	45	Rostock	285	Bremen	138
3	Drochtersen	49	Haren/Ems	39	Bremen	274	Drochtersen	91
4	Bremen	36	Bremen	27	Haren/Ems	81	Rostock	89
5	Cuxhaven	29	Bremerhaven	21	Lübeck	69	Haren/Ems	82
6	Jork	24	Jork	20	Flensburg	69	Lübeck	79
7	Wischhaven	23	Cuxhaven	19	Drochtersen	64	Leer/Ostfr.	77
8	Lübeck	21	Lübeck	16	Cuxhaven	57	Emden	63
9	Emden	15	Rostock	13	Bremerhaven	57	Cuxhaven	62
10	Elsfleth	15	Wischhaven	13	Jork	56	Norderney	51
11	Bremerhaven	15	Flensburg	12	Elsfleth	40	Bremerhaven	47
12	Flensburg	14	Brake	12	Emden	39	Kiel	44
13	Brake	13	Kiel	11	Wischhaven	29	Jork	44
14	Stade	12	Stade	10	Nordenham	29	Buxtehude	42
15	Büsum	10	Leer/Ostfr.	10	Rendsburg	28	Flensburg	31
Insges.		849		714		2 678		2 308

* Bei den Werten für 1985 wurde die DDR aus Vergleichsgründen einbezogen.

Tab. 1.5: Rangfolge der 15 bedeutendsten Reedereistandorte im Hinblick auf die Anzahl der
Firmensitze und der Schiffe 1985 und 1995
Bearbeitet nach Schiffslisten 1985 und 1995 (ECKARDT U. MESSTORFF 1985 U. 1995)

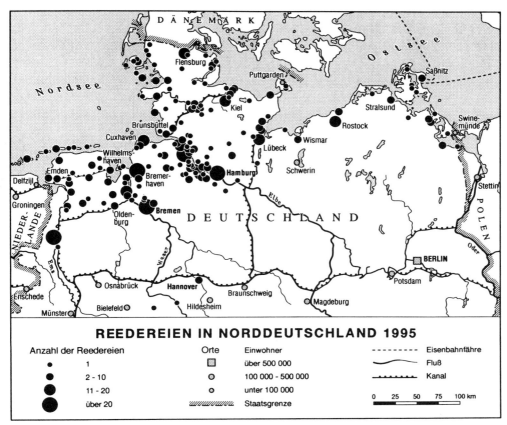

Abb. 1.7: Standorte von Schiffahrtsunternehmen in Norddeutschland 1995
Bearbeitet von H. NUHN und H. NÖDLER nach Schifflisten von ECKARDT und MESSTORFF (1995)

Die Zahl der Schiffahrtsunternehmen, die zwischen 1985 und 1995 um 16% auf 714 abgenommen hat, verteilt sich auf annähernd 190 Standorte, von denen knapp 60% nur einen Firmensitz aufweisen. In 30 Gemeinden gab es mehr als 5 und an 15 Orten mehr als 10 Reedereien. Tabelle 1.5 verdeutlicht, daß unter den fünf bedeutendsten Standorten im Hinblick auf die Firmensitze und Anzahl der Schiffe neben Hamburg und Bremen jeweils auch kleinere Kommunen wie Haren/Ems und Drochtersen/Unterelbe mit beachtlichen Häufungen hervortreten. Im Gegensatz zum Schiffbau, der einen starken Konzentrationsprozeß hin zur Großwerft in den Hafenagglomerationen vollzogen hat, gibt es noch eine Vielzahl kleinerer Schiffahrtsunternehmen an dezentralen Standorten (Abb. 1.7).

Deutliche Schwerpunkte bilden die Unterelbe und die Unterweser sowie die Ostseeförden, daneben treten Ost- und Nordfriesland durch ein dichtes Standortnetz hervor. Der Küstensaum Mecklenburg-Vorpommerns ist vergleichsweise schwach besetzt, was auf Nachwirkungen der sozialistischen Wirtschaftspolitik in der ehemaligen DDR zurückzuführen ist. Unter staatlichem Einfluß waren sowohl die

Übersee- als auch die Küsten- und Binnenschiffahrt nach Funktionsbereichen in wenigen Organisationseinheiten zusammengefaßt und zentralisiert worden. Mitte der 80er Jahre besaß die Deutfracht/Seereederei in Rostock 175 Schiffe, während das Kombinat Fischfang in den volkseigenen Betrieben in Rostock und Saßnitz jeweils ca. 50 Schiffe stationiert hatte. Daneben kam nur noch dem VEB Bagger-, Bugsier- und Bergungsreederei mit 45 Schiffen und der Weißen Flotte in Stralsund mit 10 Einheiten Bedeutung zu (ECKARDT u. MESSTORFF 1985, S. 142 – 156). Im Rahmen der Entflechtungen nach der Wiedervereinigung wurde gegenüber der Situation von 1985 eine gewisse Dezentralisierung erreicht, die das Standortmuster insbesondere an der vorpommerschen Küste verdichtet hat.

Bei einer Betrachtung der großen, international tätigen Seereedereien, die im Verband der Deutschen Reeder organisiert sind, kommt allerdings den Agglomerationsräumen eine herausragende Bedeutung zu; knapp die Hälfte der Unternehmen mit fast 60% der Tonnage firmieren in Hamburg (Tab. 1.6). Die Seereedereien erbringen regelmäßige Transportleistungen nach Fahrplan und festen Frachttarifen im Rahmen des Linienverkehrs oder bieten ihre Dienstleistungen im Trampverkehr dort an, wo eine weniger festgelegte zeitliche und räumliche Transportnachfrage besteht. Im ersteren Falle handelt es sich zumeist um hochwertige Stückgüter, im zweiten Falle vorwiegend um trockene und flüssige Massengüter wie Erze, Kohle und Erdöl. Daneben gibt es Spezialisten für Kühlfracht, Flüssiggastransporte, Pkw-Transfer und Fährverkehr.

Im Hinblick auf die Art, Größe und Organisation des Schiffseinsatzes lassen sich somit unterschiedliche Spezialisierungen mit spezifischen Kosten- und Ertragsstrukturen im Reedereigeschäft unterscheiden, die hier nicht im einzelnen dargestellt werden können (VDR 1974). Generell ist festzuhalten, daß in den letzten Jahren unter Kosten- und Wettbewerbsdruck Entwicklungen von kleineren zu größeren Schiffen sowie von Mehrzweck- zu Spezialschiffen stattgefunden haben und daß immer mehr Kapital in technologisch weiter entwickelte Transportmittel investiert werden muß.

Der hohe Kapitalbedarf bei der Finanzierung von Schiffsneubauten kann bei knappen Margen durchweg nicht von den Reedern selbst aufgebracht werden, son-

Bundesland	Reedereien Anzahl	Schiffe Anzahl	Tonnage	
			[1 000]	[%]
Hamburg	48	365	5 045	58,4
Schleswig-Holstein	12	98	1 199	13,9
Niedersachsen	24	123	927	10,7
Mecklenburg-Vorpommern	2	55	768	8,9
Bremen	14	71	595	6,9
Übriges Bundesgebiet	2	6	103	1,2
Insgesamt	102	718	8 637	100,0

Tab. 1.6: Hauptsitze der großen deutschen Seereedereien nach Bundesländern 1994
Quelle: Verband Deutscher Reeder (1994, unveröffentlicht)

dern wird über Finanzierungsgesellschaften gesammelt, die ihren Klienten Verlustzuweisungen zur Steuerersparnis und hohe Verzinsungen garantieren. Hierbei spielen direkte und indirekte staatliche Subventionen in Form von Investitionszulagen, billigen Darlehen und Sondervergünstigungen eine wichtige Rolle. Im Hinblick auf die Rechtsform der Seereedereien dominieren deshalb auch flexibel zu handhabende Organisationsstrukturen: 1994 waren 51 Kommanditgesellschaften, 27 Gesellschaften mit beschränkter Haftung, aber nur 4 Aktiengesellschaften unter den 102 Reedereien vertreten (VDR 1995).

Die Unternehmensstruktur der deutschen Seereedereien hat sich in den letzten drei Jahrzehnten nicht grundlegend verändert. Nach einem Rückgang der Anzahl der Unternehmen um 25% in den 60er Jahren ist ihr Bestand in jüngerer Zeit mit ca. 100 annähernd gleich geblieben. Hierbei muß allerdings berücksichtigt werden, daß sich durch die Zu- und Abgänge durchaus interne Veränderungen ergeben. Demgegenüber war die Anzahl der Schiffe bei einer beachtlichen relativen Zunahme der Tonnage deutlich rückläufig (Tab. 1.7).

Auch eine Untergliederung der Reedereien nach Größenklassen, bezogen auf Schiffe und Tonnage, belegt, daß sich die Strukturen nur geringfügig verändert haben. Die sieben größten Reedereien mit mehr als 20 Schiffen und einer Gesamttonnage über 300 000 BRT/BRZ repräsentieren nach wie vor ca. ein Drittel der Kapazitäten, die beiden mittleren Gruppen mit 11 – 20 bzw. 6 – 10 Schiffen haben an Bedeutung gewonnen und die kleineren Seereeder an Gewicht eingebüßt (VDR 1995). Der Konzentrationsgrad der Unternehmen, bezogen auf die Gesamttonnage, hat sich in den letzten 30 Jahren ebenfalls nur geringfügig verändert. Er lag 1994 beim Anteil der fünf größten Reeder mit 34,9% um einen Punkt und bei Berücksichtigung der 10 größten Reeder mit 52% um fünf Punkte höher als 1963 (Tab. 1.7). Im Vergleich zu den Nachbarländern Großbritannien und Dänemark oder Frankreich und Italien nimmt Deutschland damit eine mittlere Position ein.

Gravierender sind die Veränderungen im Hinblick auf die Beschäftigungssituation, insbesondere von deutschen Seeleuten. Während das Personal auf Seeschiffen um 1970 noch mit ca. 50 000 angegeben wurde, war die Zahl bis 1990 auf unter 20 000 gesunken und liegt gegenwärtig nur noch bei ca. 11 000 zuzüglich 4 500 Aus-

Jahr	Reedereien Anzahl	Schiffe Anzahl	Gesamttonnage [1000 BRT/BRZ]	Konzentration der Tonnage auf Reeder [%]		
				5 R	10 R	20 R
1963	144	1 109	4 834	33,9	47,0	61,8
1967	125	1 055	5 644	33,0	52,1	66,8
1974	109	838	8 165	35,3	55,1	74,1
1979	109	856	11 062	41,3	60,6	78,4
1984	112	779	8 660	37,1	54,4	72,8
1989	100	637	6 707	39,5	53,4	72,0
1994	102	718	8 637	34,9	51,8	69,7

Tab. 1.7: Entwicklung der deutschen Seeredereien 1963 – 1994

Quelle: Verband Deutscher Reeder (1995, unveröffentlicht)

ländern auf Schiffen unter deutscher Flagge (VDR 1995). Durch die Abnahme der Zahl der Schiffe, die technologischen und organisatorischen Verbesserungen des Betriebes und die Kombination von früher getrennten Aufgabenbereichen wie im Falle der Nautik und Technik haben sich erhebliche Rationalisierungseffekte ergeben. Für die größten Containerschiffe werden nur noch 14 – 16 Personen im Vier-Schicht-Betrieb benötigt. Allerdings reichen die Rationalisierungsmaßnahmen bei gestiegenen Löhnen und Sozialleistungen offenbar nicht aus, um wettbewerbsfähige Ergebnisse unter nationaler Flagge zu erwirtschaften.

Eine zunehmende Zahl deutscher Reeder registriert deshalb ihre Schiffe in Ländern wie Liberia, Panama, Zypern oder Singapur, die im Hinblick auf Arbeits- und Betriebsvorschriften nur Minimalstandards vorschreiben und vergleichsweise geringe Abgaben fordern. Pressemeldungen zufolge können dadurch bei einem modernen Containerschiff die Kosten pro Jahr von 3 Mio. DM um 1,5 Mio. DM reduziert werden (Hamburger Abendblatt v. 9. 11. 1995). Um wettbewerbsfähig zu bleiben, werden Sicherheitsrisiken und erhöhte Umweltgefahren in Kauf genommen.

Der von den Gewerkschaften zunächst vehement bekämpfte Versuch, durch die Einrichtung eines Zweitregisters mit der Möglichkeit der Entlohnung der Seeleute nach Tarifen ihres Heimatlandes den Trend zur Ausflaggung umzukehren, hat nur vorübergehend Wirkung gezeigt, solange zusätzliche Subventionen gezahlt wurden. Von 288 größeren Handelsschiffen unter deutscher Flagge waren im Oktober 1994 insgesamt 257 mit 3,5 Mio. BRT/BRZ im Zusatzregister (ISR) eingetragen. Darüber hinaus wurden 414 Schiffe unter ausländischer Flagge mit deutschem Management betrieben (VDR 1994, S. 27). Für April desselben Jahres schlüsselt Tabelle 1.8 die Zusammenhänge näher auf. Der Trend zur Registrierung der Schiffe im Ausland hat sich mittlerweile wieder erhöht, die Zahl der Ausflaggungen verdoppelte

Reederei mit Flaggen		Schiffe unter deutscher Flagge		Schiffe unter fremder Flagge	
Kategorie	Anzahl				
		Anzahl	1000 BRT/BRZ	Anzahl	1000 BRT/BRZ
Nur deutsche Flaggen	18	105	1 248	–	–
Deutsche und fremde Flaggen					
• überwiegend deutsche Flagge (75 % der Tonnage)	7	67	1 546	11	239
• deutsche und fremde Flaggen (25 % jeweils)	29	101	1 294	158	1 342
• überwiegend fremde Flaggen (75 % der Tonnage)	10	19	69	68	603
Nur fremde Flaggen	38	–	–	189	2 296
Insgesamt	120	292	4 157	426	4 480

Tab. 1.8: Schiffe deutscher Seereeder unter deutscher und fremder Flagge
Quelle: Verband Deutscher Reeder (1995, unveröffentlicht)

sich 1995 im Vergleich zum Vorjahr. Eine der modernsten deutschen Reedereien mit weltweiter Präsenz, die 1970 aus dem Zusammenschluß der Hamburger HAPAG und dem Bremer Norddeutschen Lloyd gebildet wurde und die bereits teilweise unter der Flagge von Singapur firmiert, hat angekündigt, aus Kostengründen weitere Schiffe bis zur Jahrhundertwende umzuregistrieren. Hierdurch würde die Zahl ihrer deutschen Seeleute, die in den 70er Jahren noch bei 6 600 lag, von gegenwärtig 650 auf ca. 250 zurückgehen (Hamburger Abendblatt v. 8. 11. 1995).

Unter den Bedingungen weltweiten Wettbewerbsdrucks und ungebrochener Globalisierungstendenz verlieren nationale Regulierungen und Tarifverträge immer mehr an Bedeutung. Traditionelle Standortbindungen gehen verloren, nicht nur einzelne Schiffe werden ausgeflaggt, sondern ganze Firmensitze verlagert. Ein gewisser Ausgleich ergibt sich dadurch, daß jetzt die Konkurrenten aus Übersee auch ihre eigenen Niederlassungen in Deutschland gründen und damit Arbeitsplätze schaffen, die aber durchweg nur den großen Agglomerationen wie Hamburg zugute kommen und tariflich weniger abgesichert sind.

Ein ausdrucksvolles Beispiel hierfür stellt der „Hamburger Schlepperkrieg 1995/96" dar. Die in einer Arbeitsgemeinschaft zusammengeschlossenen 5 Schlepp-Reedereien mit zentraler Einsatzplanung und dreifacher Besatzung je Boot waren mit gewerkschaftlicher Rückendeckung nicht bereit, auf Drängen der Hafenumschlagsbetriebe und der Reeder ihre Preise zu senken. Ein Unternehmer aus Rotterdam mit effizienterer Arbeitsorganisation und nicht tarifgebundener Beschäftigung von arbeitslosen Rostocker Kapitänen konnte bis zu 40% kostengünstiger anbieten und in kurzer Zeit Verträge mit 12 Reedereien abschließen. Durch die ÖTV organisierte Bummelstreiks der Kaiarbeiter bei der Abfertigung von betroffenen Schiffen führten zu Verspätungen und zur Notwendigkeit, 100 nicht verladene Container per Lkw nach Rotterdam zu befördern, blieben aber ohne die erhofften Zugeständnisse und wurden abgebrochen, als die Reederei verlauten ließ, daß sie Hamburg aus ihren Fahrplänen streichen müßte, falls die Kosten hier nicht wie in den Konkurrenzhäfen gesenkt werden könnten (Hamburger Abendblatt v. 10. 10. 1995, 3. 2. 1996, 23. 2. 1996).

1.4 Standortstruktur und Entwicklung des Seegüterumschlages in Norddeutschland

An der Schnittstelle zwischen Land- und Seetransport übernehmen Hafenbetriebe die Verantwortung für einen zuverlässigen und schnellen Güterumschlag. Neben den hierfür erforderlichen operativen Funktionen, die zunehmend mechanisiert und automatisiert werden, gewinnen die dispositiven Funktionen an Bedeutung, die im Zusammenhang mit logistischen und distributiven Aufgaben stehen. Neue Umschlagstechnologien, neue Informationssysteme und neue Organisationsprinzipien zur Integration der auf Massentransporte und spezielle Warengruppen ausgerichteten Verkehrsströme erfordern in den Häfen Anpassungen, Umstrukturierungen und aufwendige Investitionen (HOYLE u. PINDER 1992). Die Differenzierungen zwischen den einzelnen Häfen im Hinblick auf die Menge und Zusammensetzung der umgeschlagenen Güter sowie das Modernisierungs- und Wachstumstempo

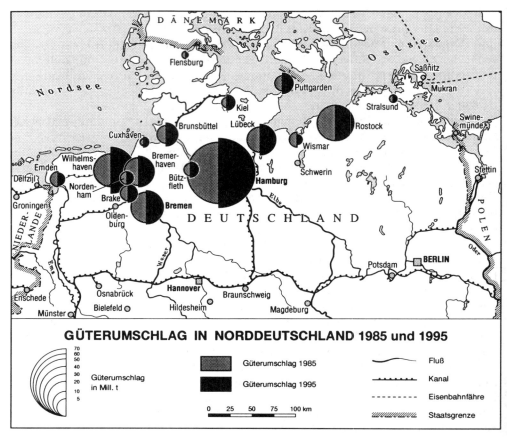

Abb. 1.8: Güterumschlag in norddeutschen Seehäfen 1985 und 1995
Bearbeitet von H. NUHN und H. NÖDLER nach BMV (1995)

haben deshalb zugenommen. Nach einer Beschreibung im Hinblick auf die Um-
schlagssituation sollen die komplexeren Zusammenhänge der Umstrukturierungen
und ihrer Auswirkungen auf die Hafenstädte als maritime Cluster im abschließen-
den Teil herausgearbeitet werden.

Wenig im Blickfeld stehen die kleinen Seehäfen mit wichtigen lokalen und regionalen Aufgaben. Hierzu gehören z. B. die Versorgungshäfen für die Ost- und
Nordfriesischen Inseln, bei denen folglich auf dem Festland der Güterversand und
auf den Inseln der Empfang dominiert. Ihre regionalwirtschaftliche Bedeutung ist
mit der Ausweitung des Tourismus gewachsen. Allein in Niedersachsen sind
60 Seehafenanlagen registriert, von denen 19 im Landeseigentum, 31 in kommunaler Trägerschaft und 10 durch Privatfirmen betrieben werden (OHLING 1988). Daneben sind die ortsgebundenen gewerblichen Vermittlungsfunktionen für Fischfang,
Bootsbau und Landwirtschaft rückläufig. In einigen Fällen haben die Aktivitäten
der Sportschiffer einen gewissen Ausgleich geschaffen.

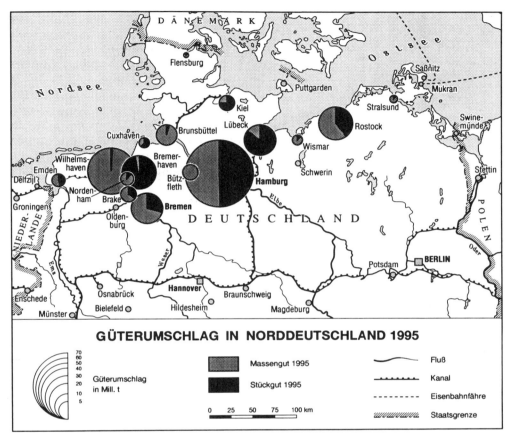

Abb. 1.9: Struktur des Güterumschlages in norddeutschen Seehäfen 1995
Bearbeitet von H. NUHN und H. NÖDLER nach BMV (1996)

Die Kutter- und Jachthäfen sind in den Überblickskarten (Abb. 1.8 u. 1.9) nicht verzeichnet, während die größeren Fährhäfen wie Puttgarden und Saßnitz, die für die Orte selbst und ihr näheres Hinterland ökonomisch von geringem Einfluß sind, wegen ihrer internationalen Bedeutung in die Karte aufgenommen wurden. Ein erheblicher Anteil des Güterverkehrs erfolgt im Transit (Tab. 1.10), d.h., die in Hamburg und Bremen angelandeten Container werden auf Trailer verladen und bevorzugt über die Fährhäfen mit Autobahnanschluß nach Skandinavien weiterverfrachtet (NUHN 1994 a).

Die größeren Seehäfen liegen in den Buchten und im Unterlauf von Ems, Weser und Elbe. Ihre Zufahrt wird durch die wasserbaulich angepaßten und teilweise kanalisierten Flüsse nur für bestimmte Tiefgänge ermöglicht und erfordert im Falle von Hamburg und Bremen eine Revierfahrt von mindestens 5 1/2 Stunden (Tab. 1.9). Cuxhaven und Bremerhaven liegen mit 2 bzw. 2 1/2 Stunden vergleichsweise günstiger, haben aber kaum Loco-Verkehre, die im Falle der beiden Hansestädte immerhin ca. 30% betragen und in den Industriehäfen Brunsbüttel und Stade-Bützfleth 90% erreichen (ISL / IfW / HPC 1991).

Auch die Hinterlandanbindungen – bezogen auf die Transportmittel Eisenbahn, Straße und Binnenschiff – weisen sehr unterschiedliche Verflechtungsbeziehungen für die einzelnen Häfen auf (Tab. 1.10). Die 1989 für die DDR typische Ausrichtung auf die Schiene hat sich mittlerweile abgeschwächt, da die schnelleren und flexibleren RoRo-Verkehre übernommen wurden. Größere Binnenschiffsanteile werden kaum noch erreicht, weil der Lkw-Transport die größeren Zuwächse hatte. In diesem Bereich werden aus ökologischen und verkehrspolitischen Überlegungen Veränderungen zugunsten des Binnen- und Küstenschiffes angestrebt. Nur im Falle von Wilhelmshaven und Brunsbüttel wird das Flüssiggut zum größten Teil über Pipelines ins Hinterland weitergeleitet.

Einblicke in die Grobstruktur des Güterumschlages und die Veränderungen im letzten Jahrzehnt lassen sich mit Hilfe der Abbildungen 1.8 und 1.9 für die wichtigsten Reviere gewinnen (BMV 1996).

Emshäfen

Emden, Leer und Papenburg verdanken ihre Bedeutung dem Bau des Dortmund-Ems-Kanals und der Regulierung des Unterlaufes der Ems sowie der Anlage von

Hafen	Wassertiefe [m]		Länge der Seezu-fahrt [sm]	Dauer der Revier-fahrt [h und min]
	MTnW	MThW		
Nordsee:				
Hamburg	13,50	16,90	77	5 h 30
Bremen-Stadt	9,00	12,90	66	5 h 46
Bremerhaven	12,20	15,90	32	2 h 36
Wilhelmshaven	18,50	22,00	23	3 h 00
Brunsbüttel	13,50	16,30	41	3 h 00
Brake	9,15	13,18	47	5 h 00
Emden	8,70	11,86	40	3 h 30
Nordenham	12,00	15,80	38	4 h 00
Cuxhaven	13,50	16,50	25	2 h 00
Ostsee:				
Rostock		13,00	3	0 h 30
Lübeck		9,50	3	0 h 30
Saßnitz		9,00	direkte Zufahrt von See	
Puttgarden		8,50	direkte Zufahrt von See	
Kiel		10,00	10	1 h 30
Wismar		8,24	15	2 h 00
Mukran		9,00	direkte Zufahrt von See	
Stralsund		6,00	36	4 h 00
Warnemünde		9,00	direkte Zufahrt von See	

Tab. 1.9: Wassertiefen und Länge der Seezufahrten
Quelle: ISL / IfW / HPC (1991, Kap. 2 – 19, S. 2 – 21)

Dockschleusen zu Beginn dieses Jahrhunderts. Während die Häfen von Papenburg und Leer stärker auf das örtliche Verarbeitende Gewerbe und den Bedarf der regionalen Wirtschaft ausgerichtet sind, hat Emden seit seinem Ausbau vorwiegend Fernbezüge wahrgenommen. Lange Zeit war es der bedeutendste deutsche Massenguthafen, der Erze und Kohle für das Ruhrgebiet umschlug (WEBER 1989).

Diese Funktion ging allerdings schon vor dem Niedergang der Schwerindustrie an die Rheinmündungshäfen verloren, weil dort die kostengünstigeren größeren Massengutfrachter abgefertigt werden konnten. Im Falle von Emden müssen Frachter von 85 000 tdw bereits vor Borkum geleichtert werden, und nur Schiffe bis 45 000 tdw können den eigentlichen Hafen erreichen. Der Seegüterumschlag ist deshalb von ca. 11 Mio. t Mitte der 70er Jahre auf ca. 2 Mio. t zurückgegangen. Neben Steinen und Erden sind heute Flüssiggas und Kaolin sowie Zellstoff und Holz wichtige Massengüter. Daneben erfolgt dort die Verladung von Pkw des VW-Konzerns.

Hafen	Seegüterumschlag [Mio. t]						Anteil am Ge-samtumschlag [%] Hinterlandsverkehr		Anteil der Verkehrsträger [%]		
	Insgesamt		Massengut		Stückgut		Loco	Transit	Eisen-bahn	Lkw	Binnen-schiff
	1994	1989	1994	1989	1994	1989	1989	1989	1989	1989	1989
Nordsee:											
Hamburg	68,3	57,6	33,3	30,0	35,0	27,6	35	18,8	40	44	16
Bremerhaven	30,9	31,7	10,0	12,4	20,9	17,2	30	14,6	50	40	10
Wilhelmshaven*	34,5	14,5	34,4	13,5	0,2	0,2	10	0,2	1	10	0
Brunsbüttel*	7,3	8,0	7,0	7,3	0,3	0,7	9	–	15	5	25
Brake	4,3	4,6	2,7	2,7	1,6	1,9	6	11,0	50	30	20
Emden	20,	3,2	1,0	2,1	1,0	1,0	10	•	40	40	20
Nordenham	2,3	2,2	2,0	1,5	0,3	0,7	15	15,2	27	31	42
Cuxhaven	1,3	1,0	0,4	•	0,9	1,0	•	12,0	20	70	10
Ostsee:											
Rostock	14,7	20,8	10,5	18,0	4,2	2,7	9,0	3,5	90	10	0
Lübeck	14,2	12,1	1,9	2,2	12,3	9,6	0,6	34,0	29	70	1
Saßnitz	•	4,0	•	•	•	4,0	•	65,0	80	20	0
Puttgarden	•	4,3	•	0,2	•	4,1	•	•	40	60	0
Kiel	3,3	3,4	0,8	1,1	2,5	2,3	9,0	10,0	10	82	8
Wismar	1,7	3,3	1,5	2,7	0,2	0,6	90,0	1,3	98	2	0
Mukran	•	3,1		•	•	3,1	–	•	100	0	0
Stralsund	0,8	1,0	0,7	1,0	0,1	0,0	•	2,0	90	8	2
Warnemünde	•	0,2		•	•	•	•	•	40	60	0

* auf Pipeline-Verkehre entfallen in Wilhelmshaven 89 % und in Brunsbüttel 55 %

Tab. 1.10: Güterumschlag in den deutschen Seehäfen 1989 und 1994 sowie Anteil der Verkehrsträger 1989   Quellen: ISL/IfW/HPC (1991, Kap. 2 – 13, 14, 16), BMV (1995 u. 1996)

Das über längere Zeiträume verfolgte Projekt eines neuen Dollarthafens, für das 1984 ein später nicht ratifizierter Vertrag mit den Niederlanden geschlossen wurde, ist wegen ungünstiger Kosten-Nutzen-Relationen und vehementen Widerstands der Ökologiebewegung aufgegeben worden. Begrenzte Ausbauten am bestehenden Hafen und eine zeitweise Ausbaggerung der Ems zum Transfer der in Papenburg gebauten Großschiffe werden allerdings aus regionalökonomischen Überlegungen zugesichert (CARSJENS u. CLASMEIER 1986; vgl. auch die Bewertung der Perspektiven von KRÖCHER, PARKER BRADY u. WITZENBURG 1995).

Wilhelmshaven

Im Gegensatz dazu bestehen für Wilhelmshaven im Jadefahrwasser mit 20 m keine Zugangsbegrenzungen. Schiffe mit 250 000 tdw können an der 1958 fertiggestellten Tankerbrücke der Nord-West-Ölleitung gelöscht werden. Eine zweite Anlage der Mobil Oil Raffinerie wurde zusammen mit dem Betrieb 1985 stillgelegt, und die ursprünglich für den Bauxitumschlag des anzusiedelnden Alusuisse-Werkes gebaute Niedersachsen-Brücke wurde nicht ganz fertiggestellt. Sie steht heute für Trockengutfrachter bis 80 000 tdw zur Verfügung. Ein weiterer Anleger für das Chemieunternehmen ICI wurde 1980 auf dem Voslapper Groden errichtet (OHLING 1989).

Die Auflistung der weitgehend gescheiterten Projekte zur Inwertsetzung des Standortes am Tiefwasserhafen für Grundstoffindustrien spiegelt sich auch in den Umschlagszahlen wider, die 1960 noch bei 10,5 Mio. t lagen, bis 1979 auf 34,7 Mio. t anstiegen und dann in den 80er Jahren nur noch zwischen 14 und 18 Mio. t schwankten. Erst ab 1992 konnte in der Folge der Wiedervereinigung die 30-Mio.-t-Grenze wieder überschritten werden. Bezogen auf das Umschlagsvolumen, ist damit Wilhelmshaven vor den bremischen Häfen an die zweite Stelle nach Hamburg gerückt. Allerdings ist mit diesem Umschlag nur eine geringe Wertschöpfung verbunden, und vergleichsweise wenig Arbeitsplätze werden dadurch direkt oder indirekt in der Region geschaffen.

Weserhäfen

An der Unterweser dominieren Bremen und Bremerhaven nicht nur quantitativ mit insgesamt 32 Mio. t Umschlag, sondern insbesondere auch im Hinblick auf die wertvollen Stückgüter mit 1,5 Mio. TEU (Twenty Feet Equivalent Container). Bremerhaven, das als Basis der US-Armee nach dem Kriege vor seinen Konkurrenten den Containerumschlag einführte, hat sich in diesem Bereich gut behaupten können und seine Anlagen immer wieder vorausschauend erweitert (STROHMEYER 1992). Ähnlich wie Hamburg hat auch Bremen von der Erweiterung des Hinterlandes nach Osten und Norden im Zuge der jüngsten politischen Veränderungen in Europa profitiert.

Nordenham, Brake und Elsfleth stehen im Schatten dieser Entwicklung und versuchen ihre vorwiegend auf Massengüter ausgerichteten Hafenaktivitäten zu spezialisieren und in Nischen neue Aufgaben zu finden. An den Anlagen der MIDGARD in Nordenham können Schiffe bis 80 000 tdw gelöscht werden. Der früher hier sehr bedeutende Erzimport ging nach der Eröffnung des Hansaports an Hamburg verloren, was eine Halbierung des Umschlages seit Anfang der 80er Jahre zur Folge hatte. In Brake sorgt heute der Umschlag von Futter- und Düngemitteln sowie Schwefelgranulat und Massenstückgut für die Grundauslastung (WEBER 1989).

Elbehäfen

Neben dem Universalhafen und Mainport Hamburg mit 72 Mio. t Gesamtumschlag und annähernd 3 Mio. TEU sind nur drei weitere Elbhäfen aufgrund ihrer Umschlagsaktivitäten zu erwähnen (Hamburgische Landesbank 1985, 1989, 1994 sowie NUHN 1983, 1989, 1994a). Brunsbüttel und Stade-Bützfleth wurden in den 70er Jahren im Zusammenhang mit der Ansiedlung von Grundstoffindustrien ausgebaut und fungieren mit 7 bzw. 3 Mio. t flüssigen und trockenen Massengütern vorwiegend als Industriehäfen. Demgegenüber hat Cuxhaven nach dem Rückgang der Fischwirtschaft und der Übernahme des Amerika-Hafens von Hamburg gute Voraussetzungen, im europäischen Short-Sea-Verkehr mit Containern neue Umschläge zu gewinnen (RUST 1995). Regelmäßige Linienverkehre bestehen bereits zu britischen und skandinavischen Häfen und garantieren zur Zeit mit wachsender Tendenz 16 000 TEU. Die RoRo-Anlagen werden auch vom Seebäderdienst nach Helgoland sowie für den Autoexport genutzt.

Ostseehäfen

Die Fährhäfen Lübeck und Kiel haben durch den Ausbau der RoRo-Verbindungen nach Skandinavien ihren Umschlag beim Stückgut stabilisieren können (RICHERT 1995, HADER 1988). Von Kiel aus bestehen traditionelle Verbindungen nach Dänemark, Göteborg und Oslo sowie neue Linien ins Baltikum, während Lübeck insbesondere schwedische und finnische Ostseehäfen bedient und in bezug auf die baltischen Staaten und St. Petersburg mit Kiel konkurriert (Abb. 1.10). Da die Skandinavien-Verkehre durch den Beitritt von Schweden und Finnland zur EU weiter wachsen werden und die großen Containerlinien ihre interkontinentalen Dienste nicht mehr direkt in die Ostsee führen, ist Hamburg als nördlichster Endpunkt dieser Fahrplanverkehre zugleich zum Brückenkopf für die Ostsee geworden. Von den Nordrange-Häfen erfolgt mit Feederships über See oder mit Lkws die Zu- und Ablieferung der Container. Insbesondere Lübeck profitiert von diesen RoRo-Verkehren, die auch nach der Schaffung von Landverbindungen über die dänischen Inseln bis nach Schweden ihre Funktion behalten werden (STIMMANN 1990). Allerdings sind mit dem Durchschleusen der Container von der Straße auf die Fähre und umgekehrt nur sehr geringe regionalökonomische Effekte verbunden.

Auch Rostock, das nach der Wiedervereinigung seinen Stückgutverkehr weitgehend an Hamburg und andere Nordseehäfen verloren hat und bisher nur bei den Massengütern den früheren Stand wieder nahezu erreichen konnte, setzt für die Zukunft auf die Ostseefährverkehre. Das Potential im Hinblick auf die Nord-Süd-Verbindung über die Autobahn nach Berlin wurde durch die Umstrukturierung von Teilen des Überseehafens bereits konsequent in Wert gesetzt (BREITZMANN 1994). 1995 konnten wieder 18,5 Mio. t Umschlag erreicht werden, wodurch Rostock im Hinblick auf die Umschlagsmenge den Anschluß an Bremen und Bremerhaven gefunden hat. Allerdings wurden nur 837 TEU-Container umgeschlagen, was der bescheidenen Vergleichsmenge von Flensburg entspricht (BMV 1996).

Für die Fährhäfen in Saßnitz und Mukran bleibt auch nach einer Umrüstung der Eisenbahnfähren auf kombinierte RoRo-Schiffe und der Modernisierung der Anlagen das Problem, daß die Zufahrtswege nach Rügen kurzfristig nicht für Massenverkehre ausgebaut werden können. Langfristig erwarten die Häfen in Mecklenburg-Vorpommern, daß sie an den Transitverkehren zwischen Nord und Süd im Rahmen der Eurokorridore partizipieren können.

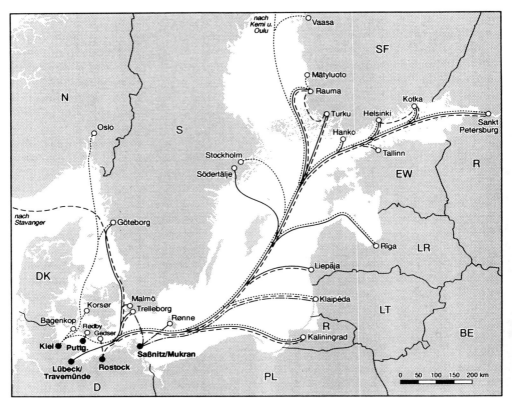

Abb. 1.10: Personen- und Frachtfährlinien deutscher Ostseehäfen 1995
Bearbeitet von H. Nuhn und H. Nödler nach verschiedenen Quellen

1.5 Bewertung des maritimen Clusters in seiner Bedeutung für den Wirtschaftsraum an der Küste

Die vorausgehende Beschreibung der Struktur und Entwicklung ausgewählter maritimer Aktivitäten in Norddeutschland macht deutlich, daß dieser Bereich für den Wirtschaftsraum der Küste tragende Funktionen besessen hat und trotz abnehmender Bedeutung heute in Teilbereichen noch besitzt. Im Hinblick auf die Beschäftigung dürften je nach Standort 5 – 15 % der örtlichen Arbeitsplätze direkt oder indirekt mit dem maritimen Cluster in Verbindung stehen. Relativ gering ist die Abhängigkeit in den großen Agglomerationen, die zugleich Oberzentren für einen größeren Einzugsbereich darstellen und eine differenzierte Wirtschaftsstruktur aufweisen (u. a. für Hamburg: Nuhn 1985, 1989). Hafenstädte, die weniger diversifiziert sind, wie Bremerhaven und Cuxhaven, werden in ihrer Entwicklung noch stärker vom maritimen Sektor bestimmt.

Durch die bereits in den 60er Jahren wirksam gewordenen Globalisierungstendenzen in der Schiffbauindustrie, durch grundlegende Veränderungen in der Umschlags- und Transporttechnologie in den 70er Jahren und durch verstärkte Liberalisierung und Deregulierung von Handel, Finanzwirtschaft und Produktion in den 80er Jahren ist die Standortbindung der maritimen Aktivitäten an der Küste geschrumpft. Bei nachlassender Wettbewerbsfähigkeit der Unternehmen im internationalen Kontext kam es deshalb zu Betriebsschließungen, Fusionen und Verlagerungen mit hohen Verlusten an Arbeitsplätzen und Wirtschaftskraft.

Der ehemals im gesamten Küstenraum verbreitete Schiffbau hat die stärksten Schrumpfungs- und Konzentrationsprozesse durchgemacht. Seit 1958 ist die Zahl der Beschäftigten in Westdeutschland von 113 000 auf ca. 28 000 im Jahre 1994 gesunken. Die Organisation der Produktion unterscheidet sich heute kaum noch von anderen Sparten des Verarbeitenden Gewerbes. Einzelteile und Systemkomponenten werden dort in Auftrag gegeben, wo sie sich am kostengünstigsten herstellen lassen und werden auf der Werft nur noch montiert. Die Bindung an die Schnittstelle von Wasser und Land ist wegen des Stapellaufes zwar noch erforderlich, aber der größte Teil der produktiven Aktivitäten ist nicht mehr an diesen Standort gebunden. Arbeitsplätze und Wertschöpfung im Zusammenhang mit dem Bau des Schiffes werden an anderen Standorten garantiert. Nur ein geringer Ausgleich im Vergleich zur früheren Massenbestückung ergibt sich durch die Konzentration auf hochwertige F+E-Aktivitäten und die Systemführerschaft für Bau und Vertrieb des Produktes.

Besonders weit fortgeschritten ist der Globalisierungsprozeß in der Großschifffahrt. Dank der modernen Kommunikationstechnik kann ein Reeder zwar sein Unternehmen von beliebigen Punkten auf der Erde aus lenken und den Standort jedes Schiffes direkt genau verfolgen. Dort wo die größten Umschlagsaktivitäten anfallen und die längsten Liegezeiten der Schiffe zu verzeichnen sind, ergeben sich aber für die nach wie vor wichtigen persönlichen Kontakte zu Kunden, Kooperationspartnern und Finanzinstituten beste Voraussetzungen, so daß hier ständige Präsenz Vorteile schafft. Verlagerungen von Firmensitzen werden auch aus steuerlichen und betrieblichen Gründen vorgenommen, wie die Ausflaggungen eindrucksvoll verdeutlichen. Der Reeder entzieht sich damit den regulierenden Vorschriften nationaler Regierungen und dem Einfluß starker Gewerkschaften auf die Lohngestaltung.

Die Schiffe selbst und ihre Besatzung, die früher als ein Teil ihres Heimatshafens galten und im Ausland als Vertreter ihrer Nation angesehen wurden, haben nur noch die Funktion von weitgehend automatisierten Transportgefäßen mit international zusammengewürfelten Billigcrews. Die unproduktiven Hafenliegezeiten werden immer mehr verkürzt, die Standortbindung und lokale Bedeutung als Arbeitsplatz und Einkommensquelle besteht nicht mehr. Für die noch teilweise kleinbetrieblich organisierte Küsten- und Binnenschiffahrt gelten diese Sachverhalte noch nicht, wenngleich auch ähnliche Entwicklungstendenzen zu beobachten sind.

Tiefgreifende Veränderungen vollziehen sich auch im engeren Bereich der Hafenwirtschaft. Die Umschlagtätigkeit, die früher mit vor- bzw. nachgelagerten Aktivitäten zur Kontrolle, Lagerung, Warenpflege, Verpackung und sachgerechten Stauung bzw. zur Weiterverarbeitung, Vermarktung und Finanzierung verbunden war, beschränkt sich heute teilweise auf das Durchschleusen von Containern in kürzester Zeit im Rahmen eines Haus-zu-Haus-Services (Bukold, Deecke u. Läpple 1993). Die Organisation und Kontrolle des Umschlagsvorganges im Hafen wird weitgehend durch ein integriertes logistisches System, das die gesamte Transportkette umfaßt, vorbereitet und gesteuert. Durch diese Integration des Transportvorganges sind traditionelle Tätigkeiten aus dem Hafen an die Standorte der Verlader im Binnenland bzw. der Ablader im Ausland verlagert worden. Hafentypische Berufsgruppen wie Schauerleute, Stauer, Decks- und Lagerarbeiter sowie Ewer- und Barkassenführer sind überflüssig geworden. Andere Sparten, die sich mit Makelei, Finanzierung und Versicherung von Seegütern beschäftigen, haben an Einfluß verloren.

Die Umschlagsunternehmen stehen unter dem Druck der Reeder, die kürzere Hafenliegezeiten für größere Schiffe sowie schnellste Be- und Entladung fordern, und unter dem Druck der Spediteure, die optimale landseitige An- und Abtransporte im Rahmen von Just-in-time-Konzepten wünschen und ihre Güter in Konkurrenzhäfen abladen, wenn dort ihre Kostenkalkulationen günstiger ausfallen. Hierdurch sind die Häfen zu hohen Investitionen für den Ausbau der physischen Infra- und Suprastruktur sowie für EDV-gestützte Steuerungs- und Überwachungssysteme gezwungen. Gleichzeitig müssen die Umschlagskosten gesenkt und teure Arbeitsplätze eingespart werden. Trotz steigender Umschlagzahlen in den Häfen sind deshalb Beschäftigung und Wertschöpfung nicht in gleicher Weise positiv betroffen. Unter diesen Bedingungen können auch hochwertige Stückgüter nicht mehr ohne kritische Prüfung als Indikatoren für positive Multiplikatoreffekte für die regionale Wirtschaft gesehen werden. Die Häfen müssen besondere Anstrengungen unternehmen, um Dienstleistungen für die umgeschlagenen Güter und deren Weiterverarbeitung am Standort zu erhalten, um dadurch den maritimen Cluster zu stärken, der durch die Verluste bei Schiffahrt und Schiffbau nachhaltig geschwächt wurde.

In Krisensituationen von Großunternehmen des maritimen Sektors war die Bundesregierung wiederholt aufgefordert, durch Subventionen zur sozialen Abfederung und investiven Begleitung des Strukturwandels beizutragen, weil die Dimension der Probleme die Handlungsmöglichkeiten der Kommunen und Küstenländer überschritt. Hierzu war der Zentralstaat in der Lage, weil sich im Süden der Bundesrepublik gleichzeitig positive Entwicklungen vollzogen. Zum vielfach beschriebenen Süd-Nord-Gefälle in Deutschland ist nach der Wiedervereinigung das noch markantere West-Ost-Gefälle getreten, das trotz erheblicher Finanztransfers ebenfalls nicht kurzfristig auszugleichen ist. Bei leeren Kassen von Bund und Ländern und strikten Subventionskontrollen der EU werden die Regionen in Zukunft stärker gezwungen sein, mit geringeren Hilfen von außen und größeren Anstrengungen zur Selbsthilfe den Strukturwandel zu forcieren. Dies wird allerdings nur durch einen Konsens zwischen privaten und öffentlichen Akteuren und gemeinsamen Aktivitäten im Sinne von Public-private-Partnerschaft möglich sein.

Literatur

ACHILLES, F.-W. (1979):
Wasserstraßen und Häfen in Mitteleuropa
und Nordrhein-Westfalen. In: ARL [Hrsg.]:
Deutscher Planungsatlas. Bd. I: Nordrhein-
Westfalen, Lieferung 19. Hannover, 67 S.

BADE, F.-J. (1991):
Regionale Beschäftigungsprognose 1995.
Dortmund, 43 S. = Institut für Raumplanung
der Universität Dortmund, Arbeitspapier, **96.**

BÖHME, H. (1995):
Weltseeverkehr im konjunkturellen
Aufwind. Kiel, 53 S. = Kieler Diskussions-
beiträge, **249** [sowie frühere Jahresberichte].

BREITZMANN, K.-H. (1994):
Seaports in Mecklenburg-Vorpommern –
Conditions for Competitiveness.
In: BREITZMANN, K.-H. [Hrsg.]: Seeschiffahrt,
Seehäfen und Verkehr im Prozeß der markt-
wirtschaftlichen Transformation.
Rostock, 27 – 40.

BUKOLD, S., DEECKE, H., u. D. LÄPPLE (1993):
Logistikstrategien im Hamburger Hafen. In:
KARR, W. [Hrsg.]: Küstenregionen im Struk-
turwandel. Nürnberg, 83 – 113. =
Beiträge zur Arbeitsmarkt- und Berufsfor-
schung, **169.**

Bundesministerium für Verkehr (BMV) (1996):
Der Seegüterumschlag in ausgewählten
Häfen der Bundesrepublik Deutschland
1995. Bonn, 21 S. [sowie frühere Jahrgänge].

Bundesverkehrsministerium [Hrsg.] (1995):
Verkehr in Zahlen. Bonn u. Berlin, 377 S.
[sowie frühere Jahrgänge].

CARSJENS, R. u. H.-D. CLASMEIER (1986):
Projekt Dollarthafen; technische Vorstellung.
Jahrbuch der Hafenbautechnischen Gesell-
schaft 1985/86. Berlin, **41:** 229 – 255.

ECKARDT u. MESSTORFF [Hrsg.] (1995):
Schiffsliste 1995. Verzeichnis der deutschen
Reedereien und ihrer Seeschiffe. Hamburg,
170 S. [sowie frühere Jahresbände].

HADER, A. (1988):
Die Entwicklung des Fährverkehrs und
der Fährhäfen im Ostseeraum. Jahrbuch
der Hafentechnischen Gesellschaft 1987.
Hamburg, **42:** 165 – 189.

Hamburgische Landesbank (1985):
Der Hamburger Hafen. Hamburg, 48 S.

Hamburgische Landesbank (1989):
Funktions- und Strukturwandel des Hamburger Hafens. Hamburg, 44 S.

Hamburgische Landesbank (1994):
Schiffahrtsplatz Hamburg. Hamburg, 50 S.

HESELER, H. (1995):
Die maritime Wirtschaft in Bremen. Regio-
nale Entwicklungstendenzen und Beiträge
zum Strukturmodell des Stadtstaates.
Bremen, 35 S. =
Arbeitspapiere des ZWE, 20.10.

HESELER, H., u. R. HICKEL (1990):
Der maritime Sektor im Umbruch. Wirtschaftsstrukturelle und beschäftigungspolitische Vorschläge für Rostock. Bremen, 97 S. =
PIW-Studien, **6.**

HOYLE, B., u. D. PINDER [Hrsg.] (1992):
European Port Cities in Transition.
London, 207 S.

IG Metall u. ÖTV (1994):
Zukunft der maritimen Wirtschaft.
Hamburg, 25 S.

Institut für Seeverkehrswirtschaft und Logistik
(1985):
The Restructured West European
Shipbuilding Industry.
Bremen, 95 S.

Institut für Seeverkehrswirtschaft und Logistik
(ISL), Institut für Weltwirtschaft (IfW) u.
Hamburg Port Consulting (HPC) (1991):
Entwicklungstendenzen der deutschen See-
häfen im EG-Binnenmarkt unter besonderer
Berücksichtigung der Veränderungen in Mit-
tel- und Osteuropa. Untersuchung im Auftra-
ge des BMV. Schlußbericht,
Anlagenband 1 u. 2. Bremen.

KAPPEL, R., u. D. ROTHER (1982):
Wandlungsprozesse in der Schiffahrt und im
Schiffbau Westeuropas – Möglichkeiten einer
Beeinflussung. Bremen, 1772 S.

KLOBERG, E. (1990):
Werftensterben in Hamburg.
Hamburg, 182 S.

KRÖCHER, U., PARKER BRADY, H. G., u.
P. WITZENBURG (1995):
Entwicklungsperspektiven der Häfen an der
Emsmündung.
Groningen / Oldenburg, 115 S.

KUCKUK, P., u. H. RODER [Hrsg.] (1988):
Von der Dampfbarkasse zum Containerschiff. Werften und Schiffbau in Bremen
und der Unterweserregion. Bremen, 323 S.

NUHN, H. (1983):
Expansion des Hamburger Hafens unter
Berücksichtigung politischer, ökonomischer
und technologischer Steuerungskräfte. In:
NUHN, H., OSSENBRÜGGE, J., u. E. SÖKER [Hrsg.]:
Expansion des Hamburger Hafens und Kon-
sequenzen für den Süderelberaum.
Hamburg, 39 – 78.

NUHN, H. (1985):
Industriestruktureller Wandel und Regionalpolitik - dargestellt am Beispiel der Hansestadt Hamburg. Geographische Rundschau,
37: 592 – 600.

NUHN, H. (1989):
Der Hamburger Hafen. Strukturwandel und
Perspektiven für die Zukunft.
Geographische Rundschau, **41**: 646 – 654.

NUHN, H. (1990):
Schiffbau in Norddeutschland – Krise und
Strukturwandel eines traditionellen Indu-
striezweiges an der Küste. Mitteilungen der
Geographischen Gesellschaft in Hamburg,
80: 341 – 366.

NUHN, H. (1994 a):
Gateway to Europe: The port city of Ham-
burg. In: GAEBE, W., u. E. W. SCHAMP [Hrsg.]:
Gateways to the European market: Case
studies from the Netherlands and Germany.
Münster, 49 – 65.

NUHN, H. (1994 b):
Strukturwandlungen im Seeverkehr und
ihre Auswirkungen auf die europäischen
Häfen. Geogr. Rundschau, **46**: 282 – 289.

NUHN, H. (1996):
Die Häfen zwischen Hamburg und Le Havre.
Anpassungen an die weltwirtschaftliche Dy-
namik, technologische Innovationen und in-
ternationale Verkehrskonzepte.
Geographische Rundschau, **48**: 420 – 428.

OHLING, J. (1988):
Die niedersächsischen Häfen an der Unter-
weser. Jahrbuch der Hafenbautechnischen
Gesellschaft 1987. Hamburg, **42**: 129 – 137.

OHLING, J. (1989):
Umstrukturierung niedersächsischer Seehäfen. Jahrbuch der Hafenbautechnischen Gesellschaft 1988. Hamburg, **43**: 56 – 63.

Planco Consulting GmbH (1991):
Bedeutung des Hafens für die Beschäftigung
in Hamburg. Kurzfassung. Essen, 11 S.

RICHERT, R. (1995):
Hafenstandorte und Hinterlandverbindun-
gen im deutschen Ostseeraum. In: ARL
[Hrsg.]: Raumordnung und Raumforschung
im Ostseeraum. Hannover, 52 – 66. =
Arbeitsmaterial der ARL, **215**.

RUST, H. (1995):
Cuxhaven baut Amerikahafen aus. Jahrbuch
der Hafenbautechnischen Gesellschaft 1994.
Hamburg, **49**: 85 – 91.

SCHARMANN, L. (1994):
Die Fischwirtschaft in den norddeutschen
Küstenländern. Bedeutung und Entwick-
lungstendenzen im räumlichen Kontext.
Europa Regional 2.4: 1 – 9.

SINZ, M., u. W. STRUBELT (1986):
Zur Diskussion über das wirtschaftliche Süd-
Nord-Gefälle unter Berücksichtigung ent-
wicklungsgeschichtlicher Aspekte. In: FRIED-
RICHS, J., u. a. [Hrsg.]: Süd-Nord-Gefälle in der
Bundesrepublik. Opladen, 12 – 50.

STIMMANN, H. (1990):
Strukturwandel am Beispiel der Lübecker Häfen. Jahrbuch der Hafenbautechnischen Gesellschaft 1990. Hamburg, **45**: 95 – 104.

STROBEL, D., u. G. DAME (1993):
Schiffbau zwischen Elbe und Oder. Herford, 217 S.

STROHMEYER, D. (1992):
Bremerhaven. Wirtschafts- und Stadtentwicklung im Spannungsfeld langfristiger Konjunkturlagen. Bremen, 431 S. = Bremer Beiträge zur Geographie und Raumplanung, **24**.

Verband Deutscher Reeder (VDR) (1974):
Zur Unternehmensstruktur in der deutschen Seeschiffahrt.
Eine Untersuchung über Konzentration und Kooperation. Hamburg, 67 S.

Verband Deutscher Reeder (VDR) (1995):
Seeschiffahrt 1995.
Hamburg, 45 S.
[sowie frühere Jahrgänge].

Verband für Schiffbau und Meerestechnik (VSM) (1995):
Jahresbericht 1994.
Hamburg, 68 S.
[sowie frühere Jahrgänge].

Verband für Schiffbau und Meerestechnik (VSM) (1996):
Facilities, Production Programmes, Services 1996.
Hamburg, 59 S.
[sowie 1994 / 95 u. frühere Bearbeitungen].

WEBER, E. (1989):
Die größeren Seehäfen in Niedersachsen.
Neues Archiv für Niedersachsen, **38**: 83 – 94.

B.2 Berlin und Berliner Umland

Bärbel Leupolt, Hamburg

2.1   Einführung

Die Bundesländer Berlin und Brandenburg gehören in der „neuen" Bundesrepublik zu den Räumen, deren Entwicklung von besonderem Interesse und von gesamtstaatlicher Bedeutung ist. Berlin ist nicht nur die größte Stadt Deutschlands (3,45 Mio. Einw. auf 889 km² Fläche) und im Zentrum der 1990 neu hinzugekommenen Länder gelegen, sondern sie ist seit 1991 auch wieder deutsche Hauptstadt. Ihr wurde „alte" Zentralität nach mehr als 40 Jahren erzwungener Unterbrechung, innerer Teilung und Isolation zurückgegeben. Berlin muß die diesem Zentralitätsrang entsprechende Ausstattung in fast allen Bereichen unter der Prämisse entwickeln, sich nachträglich in die gut ausgeprägte föderale Struktur der BRD nicht nur einzubringen, sondern diese zugleich zu stärken. Mit dem sie umgebenden flächengrößten neuen Bundesland Brandenburg (2,54 Mio. Einw. auf 29 480 km² Fläche) verbindet die Stadt eine lange gemeinsame Geschichte. Dennoch standen beide Bundesländer nach ihrer Wiedervereinigung bzw. Neugründung 1990 vor völlig neuen Entwicklungsbedingungen. Die deutsche hauptstädtische Region beginnt sich erst jetzt in den 90er Jahren des 20. Jh. aus der anormalen politisch-geographischen und sozioökonomischen Nachkriegssituation zu lösen, raumstrukturell neu zu formieren und wirtschaftlich eine ihr adäquate innovative Struktur herauszubilden. Der mit positiven Zukunftsperspektiven verbundene, aber in keinem anderen Teil Deutschlands auf so engem Raum, so abrupt und mit so großer innerer sektoraler wie räumlicher Differenzierung der Struktur einhergehende Wandlungsprozeß birgt eine Vielzahl einmaliger Chancen, aber auch Risiken in sich. Die Hoffnung auf angemessene Teilhabe an wirtschaftlicher Entwicklung in den nächsten Jahren schöpft der zweitgrößte Verdichtungsraum Deutschlands nicht allein aus den sich bietenden neuen Möglichkeiten einer effektiveren Nutzung des regionalen endogenen Potentials, sondern vor allem aus den sich andeutenden Chancen beim Erhalt externer Entwicklungsimpulse. Die Gleichzeitigkeit bzw. das raumzeitliche Nebeneinander von nachholenden Prozessen im Vergleich zu anderen Räumen (u. a. Suburbanisierung, Tertiärisierung) und von notwendigen Reaktionen auf aktuelle Herausforderungen (z. B. im Zusammenhang mit dem europäischen Binnenmarkt, rezessiven Wirtschaftstendenzen, der verstärkten Konkurrenz der europäischen Regionen, der möglichen Osterweiterung der EU) kann sich dabei für Berlin und sein Umland sowohl als Vorteil als auch als Nachteil erweisen.

  Aus wirtschaftsgeographischer Sicht stellen sich in diesem Zusammenhang mehrere Fragen, deren Beantwortung im Mittelpunkt der folgenden Abschnitte steht:
• Welche Wirkungen gehen von der neuerlichen Übernahme der Hauptstadtfunktion auf die Wirtschaft und die Raumstruktur der Stadt sowie des Umlandes aus?
• Welche Bereiche und Determinanten sind am einsetzenden zukunftsorientierten wirtschaftlichen Strukturwandel prägend beteiligt, und welchen raumdifferenzierenden Einfluß nehmen sie auf die gegenwärtig existierende Raumstruktur?
• Welche Tendenzen und Probleme lassen sich langfristig erkennen?

2.2 Merkmale der gegenwärtigen Raumstruktur

Die Länder Berlin und Brandenburg umfassen eine Fläche von 30 370,2 km². Gemeinsam nehmen sie rd. 8,4% des Bundesgebietes ein. Damit liegen sie zwischen Nordrhein-Westfalen (34 068 km²) und Mecklenburg-Vorpommern (23 835 km²). Mit einer Bevölkerungszahl von 6,01 Mio. Personen haben sie rd. 7,4% Anteil an der Gesamtbevölkerung Deutschlands und befinden sich somit zwischen Hessen (5,7 Mio. Einw.) und Niedersachsen (7,3 Mio. Einw.). Ihre gemeinsame Betrachtung bekommt ein neues Gewicht. Beide Länder haben durch die Unterzeichnung eines Staatsvertrages am 27. 4. 1995 ihren Vereinigungsprozeß eingeleitet, der mit einer zeitgleich in Berlin und Brandenburg am 5. 5. 1996 durchgeführten Volksabstimmung über die Länderfusion 1999 oder 2002 enden sollte. An der Ablehnung der Brandenburger Bürger ist diese Initiative vorerst gescheitert. Aus Sicht der Wirtschaft hätte das gemeinsame Land Berlin-Brandenburg gute Chancen, als „Gewinnerregion" im europäischen Kontext abzuschneiden. Von Vorteil erweisen sich in diesem Zusammenhang die Hauptstadtfunktion Berlins für die Bundesrepublik Deutschland, ebendiese Funktion Potsdams für das Land Brandenburg, die mögliche Brückenfunktion der Region zu den Ländern Mittel- und Osteuropas (einschl. der Nutzung der östlichen Euroregionsgründungen) und die Integration in die Europäische Union.

Die innerregionale Situation offenbart jedoch zugleich Problematik. Im vereinten Berlin treffen ein hochentwickelter, marktwirtschaftlich organisierter, aber durch Isolation strukturell deformierter Westteil und ein zentralwirtschaftlich geprägter strukturschwacher Ostteil aufeinander. Beide gemeinsam liegen etwa im Mittelpunkt des wirtschaftlich schwach sowie disparitär entwickelten Landes Brandenburg und bilden den Kern dieses Verdichtungsraumes.

Die – durch die historische Entwicklung nach dem Zweiten Weltkrieg bedingt – ohnehin gering ausgeprägten innerregionalen Interaktionen zwischen dem Kern (vornehmlich Ostberlin) und dem Umland (vor allem den östlich angrenzenden Kreisen des heutigen Brandenburg), die seit der Wiedervereinigung Deutschlands durch den westlichen Teil Berlins stark belebt werden, nehmen zudem vom Zentrum in die Peripherie sehr schnell ab. Dem Rechnung tragend und zugleich gezielt entgegenwirkend, sieht das raumordnerische Leitbild Brandenburgs die „dezentrale Konzentration" vor. Die an Berlin grenzenden Kreise erhielten mit der Kreisneugliederung vom 6. 12. 1993 einen „tortenstückartigen" Zuschnitt. Sie haben somit Anteil an zwei planerischen Raumkategorien, die zum einen den engeren Verflechtungsraum mit Berlin ausmachen und zum anderen als äußerer Entwicklungsraum eingestuft werden (Abb.2.1). Der engere Verflechtungsraum Berlin/Brandenburg ist gegenwärtig Teil des gemeinsamen Planungsraumes beider Länder. Der am 22. 6. 1995 geschlossene Landesplanungsvertrag (Artikel 8, Abs. 3) zwischen Berlin und Brandenburg legt die dazugehörigen Gebietskörperschaften fest. Demnach gehören die Bundeshauptstadt und 275 Gemeinden des Landes Brandenburg zu dieser Raumkategorie. In Brandenburg sollen 16% der Gemeinden mit nur ca. 15% der Fläche, aber 31% der Bevölkerung des Landes strukturell und funktionell eng mit Berlin verbunden werden. Dieser Teilraum wird vor allem Ausgleichs-, Entlastungs- und Ergänzungsfunktionen für die Hauptstadt ausüben, aber auch spezifische Entwicklungsaufgaben innerhalb Brandenburgs – in Abstimmung mit den re-

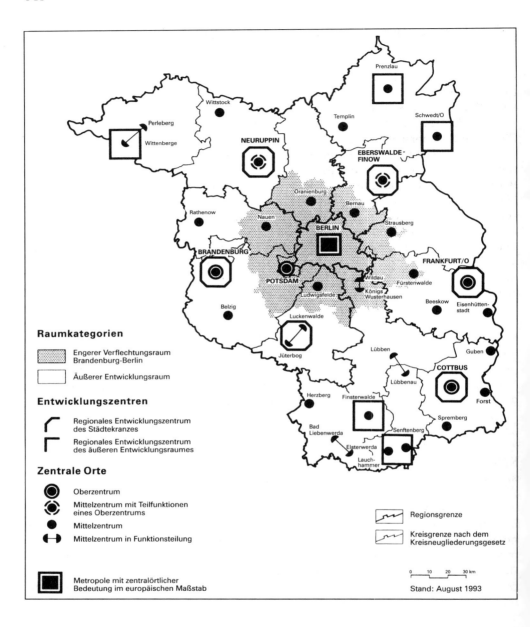

Raumkategorien

Engerer Verflechtungsraum Brandenburg-Berlin

Äußerer Entwicklungsraum

Entwicklungszentren

Regionales Entwicklungszentrum des Städtekranzes

Regionales Entwicklungszentrum des äußeren Entwicklungsraumes

Zentrale Orte

Oberzentrum

Mittelzentrum mit Teilfunktionen eines Oberzentrums

Mittelzentrum

Mittelzentrum in Funktionsteilung

Metropole mit zentralörtlicher Bedeutung im europäischen Maßstab

Regionsgrenze

Kreisgrenze nach dem Kreisneugliederungsgesetz

Stand: August 1993

Abb. 2.1: Raumordnerisches Leitbild der dezentralen Konzentration in Brandenburg – regionale Entwicklungszentren auf der Grundlage der zentralörtlichen Gliederung
Quelle: Institut für Regionalentwicklung und Strukturplanung [IRS] (1994, Abb. 4); aus SCHERF u. VIEHRIG (1995, S. 375)

gionalen Entwicklungszentren des Städtekranzes im äußeren Entwicklungsraum – übernehmen (Abb. 2.1). Im folgenden wird dieser engere Verflechtungsraum Brandenburgs als das „Berliner Umland" bezeichnet.

In Berlin und dem Berliner Umland leben gegenwärtig ca. 4,25 Mio Personen auf einer Fläche von 5 368 km². Nach dem Ruhrgebiet (vgl. Kap. B.5) bildet die Region somit den zweitgrößten Verdichtungsraum der Bundesrepublik. Die Bevölkerungsdichte liegt bei 793 Einw./km². Die regionale Differenzierung offenbart beträchtliche Unterschiede zwischen der dominanten Millionenstadt und ihrem Umland in allen Strukturbereichen. Das zeigen u.a. Indikatoren wie die Bevölkerungsverteilung, die Siedlungsgrößenentwicklung und -verteilung, der Entwicklungsstand der Infrastruktur und die Verteilung wirtschaftlicher Aktivitäten. Die durchschnittliche Bevölkerungsdichte der Hauptstadt liegt bei 3 909 Einw./km². Sie nimmt von der Innenstadt in die äußeren Bezirke hin ab (Tab. 2.1). Im Berliner Umland beträgt die durchschnittliche Bevölkerungsdichte lediglich 175 Einw./km². Noch niedriger liegen die Werte des Landesdurchschnitts Brandenburgs (86 Einw./km²) und des äußeren Entwicklungsraumes des Landes (70 Einw./km²; vgl. Tab. 2.2). Ein solch beträchtlicher Unterschied innerhalb dieser Raumkategorie ist einmalig in Deutschland.

Die Bevölkerungsentwicklung Berlins hatte zwischen 1990 und 1994 eine abnehmende Tendenz (1990: +19 721 Personen, 1993: +9 644 Personen, 1994: –3 383 Personen), was vor allem auf einen beträchtlichen Gestorbenenüberschuß (z.B. jeweils ca. –12 500 Personen 1991 – 1994) zurückzuführen ist. Der positive Wanderungssaldo, der seit 1994 merklich abnimmt (1990: +26 161 Personen, 1991: +25 428 Personen, 1992: +32 054 Personen, 1993: +22 193 Personen, 1994: +8 852 Personen), kann hier nur teilweise ausgleichend wirken. Die Wanderungsströme zwischen Berlin und seinem Umland haben im Betrachtungszeitraum deutlich zugenommen. Im Jahre 1991 hatte Berlin noch einen positiven Saldo von 176 Personen gegenüber dem Umland. Bereits ab 1992 zeigt sich das Einsetzen der Bevölkerungssuburbanisierung und damit erstmals ein Negativsaldo der Hauptstadt von –1 000 Personen. Im Jahre 1994 ist dieser Saldo zugunsten des Umlandes auf +9 100 Personen angewachsen. Ost- und Westteil der Stadt hatten daran annähernd gleichen Anteil (vgl. Senatsverwaltung für Wirtschaft und Technologie 1995, S. 18 ff.). Trotzdem haben auch alle zum Berliner Umland gehörenden Teilkreisareale seit 1990 eine stagnierende oder rückläufige Bevölkerungszahl aufzuweisen. Die Gesamtzahl der Bevölkerung ging zwischen 1989 und 1993 um 20 533 Personen (d. h. –2,6%) zurück. Seit 1993 deutet sich eine allmähliche Zunahme der Bevölkerungszahl im Umland an (1994 : 1993: +2 474 Personen). Für den Prognosezeitraum bis zum Jahre 2010 wird in Berlin und seinem Umland mit einem deutlichen Anwachsen der Bevölkerung um max. 300 000 Personen (Berlin) bzw. ca. 100 000 Personen (Umland) ausschließlich durch Zuwanderung (trotz eines angenommenen Gestorbenenüberschusses von ca. 150 000 bis 200 000 Personen bzw. 70 000 Personen) gerechnet. Im Umland werden vor allem Potsdam und Gemeinden der Kreise Potsdam-Mittelmark, Teltow-Fläming, Märkisch-Oderland sowie Havelland profitieren können (vgl. Senatsverwaltung für Stadtentwicklung und Umweltschutz 1994, S. 20 ff.; Landesamt für Datenverarbeitung und Statistik Brandenburg 1995; Ministerium für Umwelt, Naturschutz und Raumordnung des Landes Brandenburg 1995, S. 21 ff.).

Bezirk	Fläche [km²]	Bevölkerung [Einw.]	Bevölkerungs-dichte [Einw./km²]	Anteil der Ge-werbe- u. Indu-striefläche[1] an der Gesamt-fläche [%]	Verarbeitendes Gewerbe	
					Betriebe[2]	Beschäftigte[3]
Mitte	10,7	82 004	7 664	34,0	26	897
Tiergarten	13,4	93 922	7 009	30,4	48	7 632
Wedding	15,4	170 320	11 060	27,3	43	10 071
Prenzlauer Berg	10,9	148 210	13 597	22,9	32	3 223
Friedrichshain	9,8	107 757	10 996	24,4	31	3 211
Kreuzberg	10,4	156 842	15 081	37,3	100	9 327
Charlottenburg	30,3	183 725	6 064	27,7	65	5 663
Spandau	91,9	223 120	2 428	20,4	105	35 942
Wilmersdorf	34,4	145 921	4 242	17,2	50	6 152
Zehlendorf	70,5	98 152	1 392	11,7	20	1 637
Schöneberg	12,3	156 743	12 743	41,0	53	3 680
Steglitz	32,0	192 270	6 008	22,6	68	7 606
Tempelhof	40,8	190 609	4 672	35,1	196	26 455
Neukölln	44,9	313 552	6 983	22,3	162	16 773
Treptow	40,6	106 597	2 625	16,1	52	8 019
Köpenick	127,4	108 748	854	5,4	56	8 795
Lichtenberg	26,4	167 261	6 336	22,9	36	3 646
Weißensee	30,1	52 847	1 756	11,7	36	2 906
Pankow	61,9	107 344	1 734	9,1	31	2 762
Reinickendorf	89,5	251 298	2 808	20,5	162	20 890
Marzahn	31,5	163 525	5 191	24,7	28	3 900
Hohenschönhausen	26,0	119 500	4 596	17,2	21	2 429
Hellersdorf	28,1	135 125	4 809	7,1	5	233
Land Berlin	889,1	3 475 392	3 908	18,0	1 424	191 748
Westteil	485,7	2 176 474	4 480	22,3	1 071	151 727
Ostteil	403,4	1 298 918	3 220	12,7	353	40 020

[1] Gewerbe- und Industriefläche einschl. Betriebsfläche und Verkehrsfläche 1992
[2] Betriebe von Unternehmen mit 20 und mehr Beschäftigten [3] Monatsdurchschnitt

Tab. 2.1: Berlin und seine Bezirke – Fläche, Bevölkerung, Bevölkerungsdichte, Anteil der
Gewerbefläche an der Gesamtfläche, Betriebe und Beschäftigte des Verarbeitenden Gewerbes
(Stand: 31. 12. 1993)   Quellen: Statistisches Landesamt Berlin und Landesamt für Datenverarbeitung
und Statistik Brandenburg (1995, S. 11); Statistisches Landesamt Berlin (1993, S. 38 f.; 1994,
S. 36 f., 52); Landeszentrale für politische Bildungsarbeit Berlin (1995, 29.2); eigene Berechnungen

In der Siedlungsstruktur des Raumes zeigen sich die jahrzehntelange Teilung Berlins
und die Abtrennung des Westteils vom Umland. Innerhalb Berlins haben sich zwei
City-Bereiche erhalten bzw. herausgebildet. Die City West (Bereich Kurfürstendamm)
kennzeichnet eine Konzentration hochrangiger Dienstleistungs-, Handels- und Kul-

turfunktionen. Der City Ost (Bereich historischer Kern/Alexanderplatz) fehlt trotz Konzentration u. a. von Wissenschafts-, Kultur- und Versorgungseinrichtungen die urbane Ausprägung. Charakteristisch für Berlin sind eine historisch geprägte polyzentrische Raumorganisation in Form der 23 Bezirke und deren Subzentren sowie eine starke funktionale Durchmischung in den Stadtarealen. Dies zeigt sich in besonderem Maße im Westteil der Stadt. Um die zentralen Bereiche beider Stadthälften lagert sich der Wilhelminische Wohngürtel, der nicht nur sehr hohe Bevölkerungsdichten und zumeist alte, größtenteils sanierungsbedürftige Bausubstanz aufweist, sondern zugleich von einer Vielzahl gewerblicher und öffentlicher Funktionen durchzogen wird. Hier befinden sich auch die Subzentren des Einzelhandels und anderer versorgungs- und personenorientierter Dienstleistungen. Die Industrieareale – zumeist mit der zweiten Randwanderung der Berliner Industrie ab der Jahrhundertwende entstanden – schließen sich jenseits der Ringbahn sowie entlang der Wasserwege, Schienen- und Straßentrassen nach außen hin an. An der Peripherie beider Teile Berlins entstanden in der Nachkriegszeit (60er bzw. 70er und 80er Jahre) größere Neubaugebiete, deren deutlicher räumlicher Schwerpunkt im Osten Ostberlins liegt. Sie bewirkten in beiden Teilen der Stadt eine gewisse Tendenz der Bevölkerungsdekonzen-

Raumbezugseinheit	Gemeinden [Anzahl]	Fläche [km²]	Bevölkerung [Einw.]	Bevölke- rungsdichte [Einw./km²]	Gewerbliche Baufläche[1] genehm. [ha]	befürw.
Kreisfreie Stadt Potsdam	1	109,4	139 164	1 272	0,0	117,0
Teil der Landkreise:						
• Barnim	30	465,7	61 534	132	149,5	331,2
• Dahme-Spreewald	40	482,0	77 982	162	396,4	668,1
• Havelland	36	685,1	63 871	93	657,1	1 176,2
• Märkisch-Oderland	17	330,5	82 600	250	486,3	656,9
• Oberhavel	37	708,0	120 324	170	89,7	628,9
• Oder-Spree	17	411,7	71 253	173	230,4	555,3
• Potsdam-Mittelmark	55	731,6	97 837	134	316,8	802,2
• Teltow-Fläming	42	554,6	67 776	122	823,3	1 272,0
Berliner Umland (= engerer Verflechtungs- raum Brandenburg)	275	4 478,6	782 341	175	3 149,5	6 207,8
Vergleich:						
Äußerer Entwicklungsraum						
Brandenburg	1 421	24 997,8	1 750 861	70	4 842,2	8 878,2
Land Brandenburg	1 696	29 476,4	2 533 202	86	7 991,6	15 086,0

[1] Stand: 30. 9. 1995

Tab. 2.2: Das Berliner Umland – Gemeindeanzahl, Fläche, Bevölkerung, Bevölkerungsdichte, genehmigte und befürwortete gewerbliche Bauflächen (Stand: 30. 6. 1994)
Quelle: Landesumweltamt Brandenburg, Referat Öffentlichkeitsarbeit (1995, Tab. 1.12, 1.13, 1.16)

Zentren und andere Schwerpunkte der dezentralen Konzentration	Gemeinden [Anzahl]	Fläche [km²]	Bevölkerung [Einw.]	Bevölke-rungsdichte [Einw./km²]	Gewerbliche Baufläche[1]	
					genehm. [ha]	befürw.
Zentren im Berliner Umland	9	447,5	304 985	682	261,9	908,2
• Bernau	1	55,1	19 619	356	5,4	28,1
• Fürstenwalde	1	70,5	33 776	479	8,0	324,1
• Königs Wusterhausen / Wildau	2	24,9	24 942	1 000	84,3	146,7
• Ludwigsfelde	1	13,4	20 839	1 549	0,0	43,7
• Nauen	1	60,3	10 547	175	80,0	93,5
• Oranienburg	1	45,8	28 302	618	33,0	83,0
• Potsdam	1	109,4	139 164	1 272	0,0	117,0
• Strausberg	1	68,1	27 796	408	51,2	72,1
Industriell-gewerbliche Entwicklungsstandorte und Orte mit besonderem Handlungsbedarf im Berliner Umland	10	297,6	92 561	311	239,6	613,4
• Beelitz	1	49,0	5 827	119	32,0	66,2
• Dallgow/Elstal	2	63,6	4 806	76	9,0	89,3
• Hennigsdorf/Velten	2	47,5	34 503	726	0,0	224,1
• Rüdersdorf/Erkner	2	54,7	22 947	419	53,4	95,3
• Teltow/Stahnsdorf	2	35,4	21 818	616	145,2	138,5
• Wünsdorf	1	47,4	2 660	56	0,0	0,0

[1] Stand: 30. 9. 1995

Tab. 2.3: Zentren und andere Schwerpunkte der dezentralen Konzentration im Berliner Umland – Gemeinden, Fläche, Bevölkerung, Bevölkerungsdichte, genehmigte und befürwortete gewerbliche Bauflächen (Stand: 30. 6. 1994)
Quelle: Landesumweltamt Brandenburg, Referat Öffentlichkeitsarbeit (1995, Tab. 2.2, 2.6)

tration. Infolge nicht möglicher bzw. nur in geringem Umfang erfolgter Suburbanisierung waren aber bis 1989 kaum größere Auflösungserscheinungen der kompakten Stadt erkennbar. Auch die sternförmige Siedlungsstrukturentwicklung in das Berliner Umland, die mit der zweiten Randwanderung der Berliner Industrie entlang bevorzugter Verkehrslinien bis zu kleinen und mittelgroßen Subzentren (z. B. Strausberg, Oranienburg, Bernau) entstand, wurde konserviert. Besonders im westlichen Umland blieben – durch die historisch-räumliche Anormalität der Isolation Westberlins – in vielen Städten und Gemeinden (u. a. Potsdam, Hennigsdorf, Ludwigsfelde, Falkensee) vor dem Zweiten Weltkrieg entstandene Strukturen erhalten. Die nach der Bevölkerungszahl größten Städte, die im „Dezentralen Konzentrations-Konzept" zumeist als Zentrum bzw. Siedlungsschwerpunkt im Berliner Umland eingestuft werden, sind: Potsdam, Fürstenwalde, Oranienburg, Strausberg, Königs Wusterhausen, Ludwigsfelde, Bernau und Nauen (Tab. 2.3, Abb. 2.1). Die durchschnittliche Gemeindegröße beträgt 2 845 Einw./Gemeinde, womit das Umland Berlins im Vergleich zum gesamten Land Brandenburg einen fast doppelt so hohen Wert erreicht. Allerdings differiert die durchschnittliche Gemeindegröße zwischen den einzelnen Teilen des Umlandes beträchtlich. Auffällig sind die gegenwärtig noch höheren Werte in den östlichen Teilen: in den Kreisen Märkisch-Oderland und Oder-Spree (Tab. 2.2).

Für die Entwicklung Berlins und der hauptstädtischen Region hat die Qualität der materiellen Infrastruktur maßgebliche Bedeutung; vor allem die Verkehrsinfrastruktur besitzt großen Einfluß. Berlin war vor dem Zweiten Weltkrieg ein zentraler Knoten des europäischen Eisenbahnnetzes mit 13 von der Stadt ausgehenden Radialstrecken. Innerhalb der Stadt existierte ein engmaschiges Netz des schienengebundenen öffentlichen Nahverkehrs. Die Nachkriegssituation ließ für Westberlin lediglich 3 Transitkorridore des Schienenfernverkehrs zu. Innerhalb Berlins sowie zwischen Westberlin und dem Umland wurden Trassen an der Grenze gekappt. Dieser Umstand wirkt bis in die Gegenwart, selbst wenn sich seit der Wiedervereinigung die Fern-, Berlin-/Umland- und die innerstädtischen Bahnverbindungen bereits verbessert haben. Die vollständige Wiederherstellung des Schienenverbundes wird noch einige Zeit beanspruchen. Im Straßenverkehr ist Berlin über 6 auf den Berliner Ring zulaufende radiale Autobahnen mit Europa verbunden, und 11 Bundesstraßen führen ergänzend sternförmig auf die Berliner Innenstadt zu. Die bis 1989 ebenfalls unterbrochenen Straßenverbindungen zwischen West- und Ostberlin sowie zum Umland sind im Gegensatz zum Schienenverkehr weitgehend wiederhergestellt. Die Netzgestaltung bewirkt jedoch vor allem in innenstadtnahen Bereichen Überlastungserscheinungen, die den weiterhin hohen Modernisierungsbedarf deutlich machen. Der Luftverkehr im Agglomerationsraum Berlin bzw. ins Umland wird gegenwärtig über 3 Flughäfen abgewickelt. Der neue Standort des Flughafens Berlin-Brandenburg-International ist zwar bestimmt, aber eine Reihe bedeutsamer Infrastrukturentscheidungen für den gesamten Verdichtungsraum und seine Teile stehen noch aus. Zahlreiche Verkehrsprojekte „Deutsche Einheit" verlaufen durch Brandenburg. Sie werden die deutsche Hauptstadt durch fast alle Verkehrsträger wieder besser an das Umland und überregional anbinden. Damit werden staatliche Basisinvestitionen für die Verbesserung der Standortbedingungen des Wirtschaftsstandortes Berlin und seines Umland getätigt. Sie bedienen die Zukunftsvision der Stadt, unter Ausnutzung der geographischen Lage das „Nachholen" von Entwicklungen zu innovativer, hauptstadttypischer Struktur- und Funktionsausbildung möglichst schnell zu gestalten.

2.3   Ausbau und Entwicklung der Hauptstadtfunktionen

Am 20. 6. 1991 beschloß der Deutsche Bundestag zur „Vollendung der Einheit Deutschlands" die Verlegung seines Sitzes von Bonn nach Berlin, und am 11. 12. 1991 bzw. 29. 5. 1992 erfolgte der Beschluß zur Verlagerung der Bundesregierung mit dem Bundeskanzleramt, dem Presse- und Informationsamt sowie von 10 Ministerien (Ministerien für Äußeres, Inneres, Justiz, Finanzen, Wirtschaft, Ver-

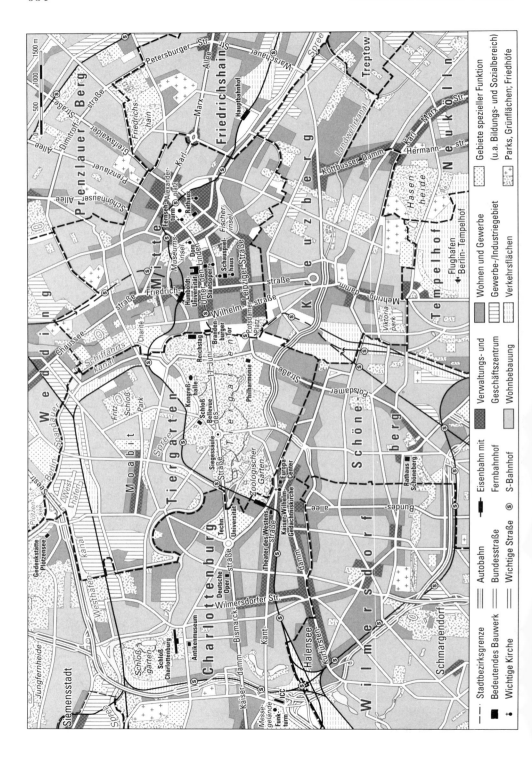

kehr, Raumordnung, Bauwesen und Städtebau, Arbeit und Sozialordnung, Familie und Senioren sowie Frauen und Jugend) in die Stadt. Für die in Bonn verbleibenden weiteren 8 Ministerien (u. a. Ministerium für Verteidigung) werden in Berlin zweite Dienstsitze eingerichtet. Der Bundespräsident hat seinen Sitz bereits seit 1994 in der Hauptstadt. Das Präsidialamt ist im Bau. Der Bundesrat, der zunächst in Bonn bleiben sollte, zieht die zeitgleiche Verlagerung nach Berlin vor. Der anvisierte Realisierungszeitraum für den Umzug von Regierung und Parlament bewegt sich zwischen 1998 und 2000. Bis dahin beherbergt die Stadt Außenstellen und zweite Domizile (z. B. einige Bundesbehörden in ehemaligen Ministeriengebäuden aus der DDR-Zeit).

Mit diesem politischen Bedeutungs- und Funktionsgewinn erhofft Berlin (und das Berliner Umland) neue, spürbare und dringend notwendige externe Entwicklungsimpulse, die Inwertsetzung seines endogenen Potentials (Wirtschaft, Wissenschaft, Bildung, Kultur u. a.) und die Erhöhung seiner Anziehungskraft für vorrangig „Fühlungsvorteile nutzende" Entscheidungszentralen der privaten Wirtschaft. In einem gemeinsamen Bundesland Berlin-Brandenburg würde Potsdam den Sitz der Landesregierung und des Landesparlamentes bekommen. Somit käme es innerhalb der Hauptstadtregion zu weiteren wünschenswerten arbeitsteiligen Funktionszuwächsen und zu einer räumlichen Dekonzentrationstendenz.

Direkte Beschäftigungseffekte durch den Umzug von Regierung und Parlament werden vergleichsweise gering ausfallen. Von größerer Bedeutung werden die indirekten Effekte sein, die Berlin aus der Neuansiedlung oder Erweiterung von Botschaften, Konsulaten, Parteizentralen, regierungsnahen Unternehmen, Institutionen, Vereinigungen und vor allem von Wirtschaftsverbänden, privatwirtschaftlichen zentralen Verwaltungs- und Dienstleistungseinrichtungen erzielen kann. Gelingt es der Stadt, mit der Übernahme hauptstädtischer Funktionen zugleich den in der Nachkriegszeit entstandenen erheblichen Verlust an Headquarterfunktionen zumindest teilweise zu überwinden, bekäme der Standort Berlin wieder eine neue Qualität und könnte einen Teil der verlorengegangenen Standortgunst für deutsche und ausländische Investoren zurückgewinnen – eine für die erfolgreiche Bewältigung des wirtschaftlichen Strukturwandels in Berlin und im Umland mit entscheidende Voraussetzung.

Auch könnte das umfangreiche Forschung-, Bildungs- und Entwicklungspotential der beiden Stadthälften effizienter zur Geltung gebracht werden. Berlin ist mit 3 Universitäten, 14 Fachhochschulen und mehr als 250 Forschungseinrichtungen eine FuE-Metropole mit nahezu unbegrenztem Technologieangebot und bei ca. 150 000 Studierenden auch bedeutendstes Hochschulzentrum Deutschlands – ein Sachverhalt, der für die Wettbewerbsfähigkeit Berlins im europäischen Kontext als innovativer Produktionsstandort der Zukunft spricht. Der Ausbau der Attraktivität der Stadt als Medien-, Messe-, Ausstellungs-, Kongreß- und Kulturmetropole sowie Zentrum des Fremdenverkehrs korrespondiert damit und könnte weitere zusätzliche Anreize zur Ansiedlung von Unternehmen schaffen.

Abb. 2.2: Funktionale Gliederung der Innenstadt Berlins Anfang der 90er Jahre
Quelle: Wallert (1994, Folien F4 u. 4a); aus Scherf u. Viehrig (1995, S. 309)

Stadtstrukturell steht Berlin seit der Wiedervereinigung und mit der Übernahme der Hauptstadtfunktionen vor einer großen Herausforderung. Bisherige Entwicklungsvorstellungen, die damit in Verbindung stehen, konzentrieren sich auf drei Aspekte:

- Die Mitte der Stadt soll ohne die Zerstörung erhaltenswerter historisch vorgeprägter Strukturbereiche zukunftsorientiert neugestaltet werden – eine in Europa einmalige Situation und Chance. Sie beinhaltet zum einen Reintegration zweier Citybereiche zur gemeinsamen Stadtmitte und zum anderen Reurbanisierung einschließlich hochgradiger Vernetzung von Hauptstadt-, Wissenschafts-, Einzelhandels-, Dienstleistungs- und Kulturfunktion im neuen zentralen Bereich Berlins. Im Ergebnis kann dies sowohl wünschenswerte Aufwertung (z. B. für bisher wenig oder nicht genutzte Flächen entlang des Mauerbereiches) als auch den Verlust erhaltenswerter angestammter Funktionsmischung (z. B. mit Wohnen und Kleingewerbe in einigen heute wieder zentralen innerstädtischen Gemengelagen) bedeuten. Zur Gestaltung des Parlaments- und Regierungsviertels sind Entwicklungsbereiche und zugehörige Anpassungsgebiete vor allem in den Bezirken Mitte und Tiergarten vorgesehen (Abb. 2.2 u. 2.3). In den früheren innerstädtischen „Grenzlagen" (z. B. Potsdamer Platz, Lehrter Bahnhof) sowie in den historischen Citybereichen im Ost- und im Westteil kommt es bereits zur intensiven Ausbildung von hochrangigen Dienstleistungsstandorten.
- Der anschließende innerstädtische Bereich bis hin zur Ringbahn erfährt zukünftig eine bedeutende Aufwertung und erhält zugleich eine Dekonzentrationsfunktion. Er soll unter gezielter Nutzung seiner Standortvorteile (z. B. Citynähe, Verkehrsgunst, Flächenangebot, Bevölkerungskonzentration) vornehmlich der übermäßigen Anziehungskraft der City für viele hochrangige tertiäre Einrichtungen entgegenwirken und so dem Erhalt bzw. der Entwicklung von Multifunktionalität der verschiedenen Stadtbereiche Berlins dienen. Die Entstehung von vielfältig genutzten Einkaufs-, Büro-, Hotel-, Gastgewerbe- und Wohngebäudekomplexen vor allem im Ostteil der Stadt (z. B. im Bereich von innerstädtischen Fern- und Regionalbahnhöfen, in bezirklichen Entwicklungsschwerpunkten) sowie von vier Ringzentren (Ostkreuz, Westkreuz, Nord- und Südkreuz) ist als Ansatz zur Vermeidung neuer funktionaler und räumlicher Disparitäten innerhalb beider Teile der Innenstadt zu verstehen.
- Die Außenbezirke partizipieren vom Ausbau hauptstädtischer Funktionen indirekt. Sie sollen in ihrer spezifischen, weitgehend historisch vorgeprägten Funktionsmischung von Dienstleistungen und Verarbeitendem Gewerbe eine Förderung erfahren (Beispiele: Wissenschafts-, Forschungs-, Technologie- und Gründerzentren sowie produktionsorientierte Entwicklungsgebiete) und zugleich eine nachfragegerechte, dem Prinzip der polyzentrischen Entwicklung Berlins dienende Ausprägung des Handels und der Dienstleistungen herausbilden (Beispiele: multifunktionale Einkaufszentren und Bürogebäude an verkehrsgünstigen Standorten).

Erkennbar ist, daß die Ausgestaltung und sinnvolle Integration der hauptstädtischen Funktionen in Entwicklungsszenarien für den Wirtschafts- und Stadtstrukturwandel sowie für die Herausbildung einer wettbewerbsfähigen europäischen Region in den nächsten Jahren interne wie externe Potentiale nutzen bzw. freisetzen kann, die ohne diesen Funktions- und Bedeutungszuwachs unwahrscheinlich wären.

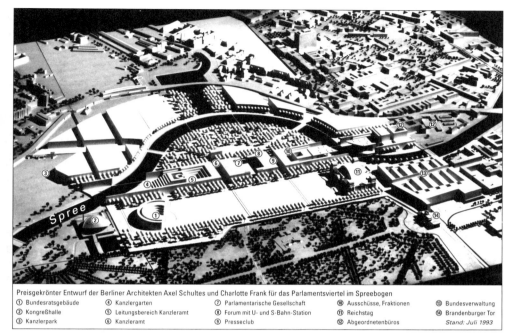

Preisgekrönter Entwurf der Berliner Architekten Axel Schultes und Charlotte Frank für das Parlamentsviertel im Spreebogen

① Bundesratsgebäude	④ Kanzlergarten	⑦ Parlamentarische Gesellschaft	⑩ Ausschüsse, Fraktionen	⑬ Bundesverwaltung
② Kongreßhalle	⑤ Leitungsbereich Kanzleramt	⑧ Forum mit U- und S-Bahn-Station	⑪ Reichstag	⑭ Brandenburger Tor
③ Kanzlerpark	⑥ Kanzleramt	⑨ Presseclub	⑫ Abgeordnetenbüros	*Stand: Juli 1993*

Abb. 2.3: Preisgekrönter Entwurf der Berliner Architekten A. SCHULTES und CH. FRANK zur Gestaltung des Parlamentsviertels am Spreebogen   Quelle: WALLERT (1994, S. 31); aus SCHERF u. VIEHRIG 1995, S. 310)

2.4   Wirtschaftlicher Strukturwandel

Die Wirtschaft Berlins und des Berliner Umlandes weist als Folge der mehr als 40 Jahre während Teilung und unterschiedlichen Systemgehörigkeit von Ostberlin und dem Umland als Teil der östlichen, sowjetisch dominierten Staatengruppe einerseit und von Westberlin als Teil der westlichen Staatengemeinschaft andererseits eine Vielzahl wirtschaftlicher Transformationsprobleme und Wandlungsnotwendigkeiten auf. Es überlagern sich vor allem Prozesse der Deindustrialisierung, der Reindustrialisierung und der Tertiärisierung in bisher nicht gekannten Dimensionen und Wirkungen

2.4.1   Industrieller Strukturwandel oder Deindustrialisierung?

Eines der größten Probleme in beiden Teilen Berlins und im Umland verbindet sich mit der Industriestruktur. Es hat sich im West- und im Ostteil der Hauptstadt eine „künstliche", auf „Tradition" aufbauende, aber nicht an marktwirtschaftlichen Kriterien orientierte Branchen- und Produktstruktur erhalten bzw. bis 1989 herausgebildet (vgl. HOFMEISTER 1990, LEUPOLT 1993). Die Teilung der Stadt fügte dem vor dem Zweiten Weltkrieg innovativsten und größten Industriestandort Deutschlands erhebliche strukturelle Schäden zu. Die Unternehmen in beiden Stadthälften werden seit 1989 zeitversetzt, in unterschiedlichem Umfang und mit differierender Intensität mit dieser Situation konfrontiert. Die Branchenstruktur Ost- und Westberlins ähnelte 1989 rein statistisch der vor dem Zweiten Weltkrieg (vgl. LEUPOLT 1993 sowie Abb. 2.4 u. 2.5). Die strukturbestimmenden Zweige waren nach wie vor u. a. die Elektrotechnik, die Elektronik, der Maschinenbau und die chemische Industrie. Es existierte zur Vorkriegssituation jedoch ein entscheidender Unterschied – die Industrie hatte ihre innovative Kraft fast vollständig eingebüßt.

Bis 1989 konzentrierten sich am Standort Westberlin aufgrund einer Vielzahl staatlicher Standortsicherungsmaßnahmen (ERP-Mittel, Bundeshilfe, Berlinförderung u. a.) zahlreiche wertschöpfungsflache, kapital- und umsatzintensive, standardisierte Produktionen (viele Produkte der Reife- oder gar Schrumpfungsphase im Lebenszyklus). Headquarterfunktionen und mit ihnen Forschungs- und Entwicklungsabteilungen, Marketing, Finanzierung u. a. fehlten fast völlig (mit Ausnahme der Schering AG). Im Jahre 1991 hatten nur 6 der 500 größten deutschen Unternehmen einen Sitz in Berlin. In Hamburg, Frankfurt/M., München, Düsseldorf war die Anzahl der Headquarters fünf- bis siebenmal so hoch. Im Ranking des Unternehmenssitzes der weltweit größten 2 000 Unternehmen nahm Berlin innerhalb Deutschlands Position 16 ein (vgl. Industrie- und Handelskammer 1992, S. 25). Der Anteil von Akademikern, Facharbeitern, Angestellten und Auszubildenden an den Gesamtbeschäftigten der Industrie war gering. Es hat in der Nachkriegszeit ein unvergleichlicher Auszehrungsprozeß in den traditionellen, innovativen Industriebranchen stattgefunden (vgl. KNIGGE 1990). Die Konzentration der Wissenschaft im Westteil mit überregionaler Bedeutung (TU, FU u. a. Hochschulen) wurde in der Stadt selbst nur gering wirksam.

Die Entwicklungsmöglichkeiten der Industriestruktur in Ostberlin resultierten für annähernd 45 Jahre aus der sozialistischen Planwirtschaft und der Einbindung in den COMECON-Markt. Die Politik zielte darauf ab, Berlins Industriequalitäten zu nutzen, aber im Sinne sozialistischer Standortverteilung keine sogenannten hypertrophen Entwicklungen zuzulassen. Das bedeutete jedoch, daß Ostberliner Industrieproduktionen ihre Innovationskraft für die DDR-Produktion verloren. Erst ab Mitte der 80er Jahre wurde diesem Umstand durch gezielte zusätzliche Investitionen wieder mehr Beachtung geschenkt. Nach der Umwandlung aller Betriebe in der Nachkriegszeit in Volkseigentum stellte die Konzentration zu Industriekombinaten in den 70er Jahren einen weiteren wesentlichen Einschnitt dar, der dann auch auf die Situation nach der Wiedervereinigung Einfluß hatte. Das Resultat waren systemimmanent u. a. enorme Defizite in der betrieblichen Organisation und Wirtschaftlichkeit, im Kapitalstock, in der Produktivität, in der Prozeß- und Produktinnovation, in der Marktfähigkeit hergestellter Produkte und damit extreme, durch den Markt nahezu sofort bestrafte Strukturschwächen.

Die Raumstruktur der Industrie blieb bis 1989 in Westberlin insbesondere aufgrund der Flächenknappheit fast unverändert an den traditionellen Standorten erhalten. Lediglich einige Gebiete mittlerer Größe (z. B. in Tegel und Marienfelde) kamen hinzu. In Ostberlin behielten die alten Standorträume ebenfalls ihre Bedeutung, es entstanden aber zwei größere Industrie- und Gewerbegebiete neu – das Gewerbegebiet an der Storkower Straße (1960 – 1970) und das größte Industriegebiet in Ostberlin (und Gesamtberlins) in Marzahn (ab 1970).

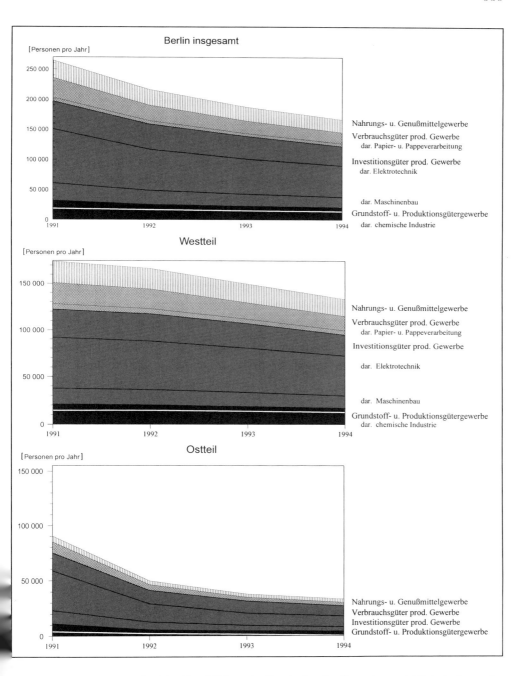

Abb. 2.4: Veränderung der Zahl der Beschäftigten im Verarbeitenden Gewerbe nach Wirtschafts- und Hauptgruppen in Berlin 1991 – 1994 (Einbezogen sind Betriebe von Unternehmen mit 20 und mehr Beschäftigten, einschließlich produzierendes Handwerk. Die statistische Abgrenzung erfolgte nach fachlichen Betriebsteilen.)　Quelle: Senatsverwaltung für Wirtschaft und Technologie (1995, S. 26)

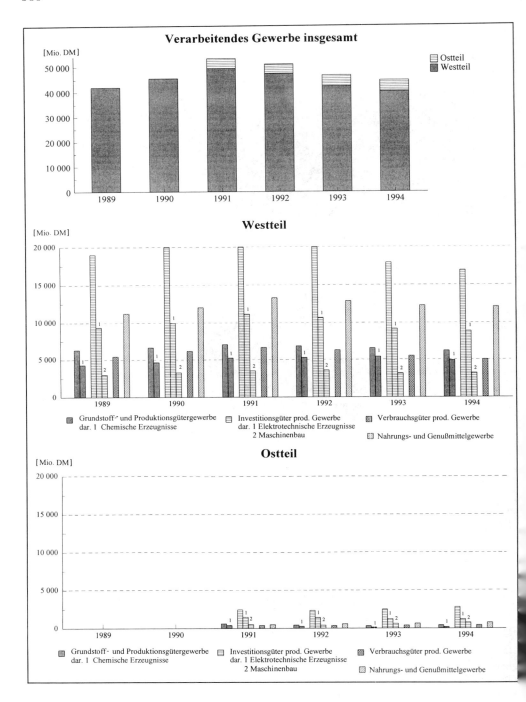

Im Umland sind zu DDR-Zeiten einige wenige Betriebe, zumeist Zweigbetriebe Ostberliner Kombinate (z. B. in Bernau, Strausberg, Teltow, Ludwigsfelde), im Zuge sozialistischer dezentraler Standortpolitik hinzugekommen. Damit setzte sich in den Umlandkreisen die Abhängigkeit von Berlin in der Branchen- und Raumstrukturentwicklung weiter fort (vgl. LEUPOLT 1993). Die Industriebetriebe standen hier somit seit 1989 vor den gleichen beträchtlichen Problemen wie in Ostberlin.

Der Beginn des Transformationsprozesses von der Plan- zur Marktwirtschaft bedeutete für viele Industrieunternehmen im Ostteil und im Umland Berlins nicht selten sofortige vollständige oder Teilliquidation. Nach der Übernahme, z. T. Sanierung und Diversifizierung gestaltete sich die Privatisierung für die Treuhandanstalt zumeist schwierig. Bis Ende September 1994 wurden allein in Berlin 965 Unternehmen oder Betriebsteile privatisiert, nur 3 Betriebe verblieben zum Verkauf. In der Hauptstadt erzielte die Treuhandanstalt ca. 22 Mrd. DM als Verkaufserlös (fast ein Drittel ihres zu erwartenden Gesamterlöses). Mit den Privatisierungen waren Beschäftigungszusagen von 250 000 Arbeitsplätzen und Investitionszusagen von ca. 52 Mrd. DM verknüpft (vgl. Senatsverwaltung für Wirtschaft und Technologie 1995, S. 63). Auffälligste Kennzeichen des bisherigen Transformationsprozesses sind ein erheblicher Arbeitsplatzverlust und ein beträchtlicher Rückgang im erzielten Produktionswert von Gütern in allen strukturbestimmenden Industriebranchen (Abb. 2.4 u. 2.5) und ein umfangreiches Brachfallen größerer Industrieflächen. Das Ausmaß kommt einer breitgefächerten Deindustrialisierung gleich. Besonders betroffen sind die strukturdominierenden Zweige des Investitionsgüter produzierenden Gewerbes (Abb. 2.4 u. 2.5). So verringerte sich die Zahl der Beschäftigten der Elektrotechnik allein zwischen 1991 und 1994 im Ostteil Berlins um 25 848 Personen (d. h. –72,7%) auf 9 719 Beschäftigte (zum Vergleich: 1989 waren in der Elektrotechnik/Elektronik und im Gerätebau ca. 55 960 Personen tätig). Der erwirtschaftete Produktionswert verringerte sich bis 1994 auf ca. 1,2 Mrd. DM (d. h. nur noch 12% des Wertes der Elektrotechnik Berlins). Ähnliche Bedeutungsverluste mußte auch der Maschinenbau hinnehmen. Das standortstrukturelle Ergebnis ist, daß einige der großen, traditionsreichen Industriegebiete (z. B. Oberschöneweide, Ostkreuz) kurz- und längerfristig gezielter Bestandssicherung bzw. -förderung bedürfen, um einen Neuanfang bzw. eine Weiterentwicklung der Industrie nicht zu gefährden (vgl. Senatsverwaltung für Wirtschaft und Technologie 1993). Erst seit 1993/94 sind im Ostteil Berlins (und im Umland) erste Anzeichen der Stabilisierung industrieller Produktion auf einem vergleichsweise sehr niedrigen Niveau und Anfangserfolge bei der Herausbildung wettbewerbsfähiger Strukturen in Richtung einer großstadtadäquaten Reindustrialisierung zu erkennen. Das zeigt sich u. a. bei der Entwicklung der Beschäftigtenzahlen und des erwirtschafteten Produktionswertes in den Hauptgruppen des Verarbeitenden Gewerbes (Abb. 2.4 u. 2.5).

Abb. 2.5: Veränderung des Produktionswertes von Gütern in den Hauptgruppen des Verarbeitenden Gewerbes in Berlin 1989 – 1994 (Einbezogen sind Betriebe von Unternehmen mit 20 und mehr Beschäftigten. Ab 1990 liegt den Erhebungsunterlagen für die Produktion das Systematische Güterverzeichnis für Produktionsstatistiken, Ausgabe 1989, einschließlich der Zugänge aus der Arbeitsstättenzählung zugrunde.)
Quellen: Senatsverwaltung für Wirtschaft und Technologie (1994, S. 23; 1995, S. 25)

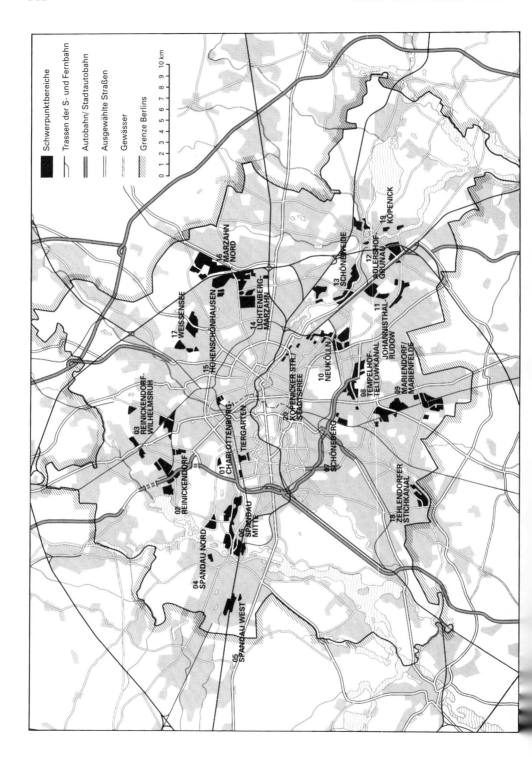

Legende:

Schwerpunktbereiche

Trassen der S- und Fernbahn

Autobahn/ Stadtautobahn

Ausgewählte Straßen

Gewässer

Grenze Berlins

0 1 2 3 4 5 6 7 8 9 10 km

03 REINICKENDORF-WILHELMSRUH
02 REINICKENDORF
01 CHARLOTTENBURG-TIERGARTEN
04 SPANDAU NORD
06 SPANDAU MITTE
05 SPANDAU WEST
07 SCHÖNEBERG
08 TEMPELHOF-TELTOWKANAL
09 MARIENDORF/ MARIENFELDE
10 NEUKÖLLN
11 JOHANNISTHAL/ RUDOW
12 ADLERSHOF/ GRÜNAU
13 SCHÖNEWEIDE
14 LICHTENBERG-MARZAHN
15 HOHENSCHÖNHAUSEN
16 MARZAHN NORD
17 WEISSENSEE
18 ZEHLENDORFER STICHKANAL
19 KÖPENICK
20 KÖPENICKER STR./ STADTSPREE

Der industrielle Wandel im Westteil Berlins setzte erst später ein. Zunächst konnten viele Branchen durch erhöhte Nachfrage aus den neuen Bundesländern von der Wiedervereinigung profitieren (Abb. 2.4 u. 2.5). Mit dem schnellen Abbau der Berlinförderung und der Reduzierung der Bundeshilfe verstärkte sich seit 1992 zeitversetzt auch hier der Wandlungsdruck. Das Ergebnis tiefgreifender Strukturveränderungen in Verbindung mit Umstrukturierungen, Rationalisierungen, Verringerung des Produktionsprogramms und der Fertigungstiefen in einer Vielzahl von Industrieunternehmen sind Verlagerungen eines Teils der Aktivitäten oder vollständiger Produktionen aus dem Westteil in den Ostteil Berlins, in das Umland sowie Abwanderung vor allem überregionaler Unternehmen in andere Regionen. Deutliche Hinweise darauf sind ebenfalls beträchtliche Einbußen von Arbeitsplätzen und von erzielten Produktionswerten im Verarbeitenden Gewerbe insgesamt und in den strukturbestimmenden Branchen (Abb. 2.4 u. 2.5) sowie absehbare Aufgaben bzw. Umnutzungen von Gewerbeflächen.

In der Dimension ist dieser Strukturanpassungsprozeß sehr umfangreich, allerdings nicht vergleichbar mit dem im Ostteil bzw. im Umland. Die Gefahr deindustrieller Tendenzen existiert z.T. auch, denn der Strukturwandel steht erst am Beginn. Am stärksten betroffen sind auch hier das Investitionsgüter produzierende Gewerbe (vor allem die Elektroindustrie und der Maschinenbau) sowie das Verbrauchsgüter produzierende Gewerbe (u.a. Papier- und Pappgewerbe). Auffällig ist, daß gleiche Anpassungsreaktionen auf die veränderten Standortbedingungen in unterschiedlichen Wirtschaftsgruppen und bei verschiedenen Betriebsgrößen erfolgen. Sowohl in der Elektrotechnik, die durch wenige Großunternehmen geprägt wird (allein die Siemens AG konzentriert auf sich fast die Hälfte der Beschäftigten und des Produktionsvolumens der Branche), als auch im Maschinen- und Anlagenbau, der vorrangig von mittelständischen Unternehmen bestimmt wird, zeigt sich eine deutliche Verlagerungstendenz insbesondere arbeitsintensiver Fertigungen aus der Stadt vornehmlich nach Osteuropa (Tschechien, Polen, Ungarn) bzw. an die westeuropäische Peripherie (z.B. Irland, Portugal). Es sind jedoch auch Suburbanisierungstendenzen und damit eine Verstärkung innerregionaler Interaktionen und regionaler Entwicklung erkennbar, die die unterschiedlichen Standortqualitäten Berlins bzw. des Umlandes erstmalig wieder nutzen.

Insgesamt ist festzustellen, daß die Systemtransformation und mit ihr die Tendenz der Deindustrialisierung und des Wandels im Ostteil und im Umland bzw. der bisherige Strukturwandel im Westteil zu einer deutlichen Anteilsverlagerung industrieller Aktivitäten auf den westlichen Standortbereich der Stadt geführt hat (Tab. 2.1, Abb. 2.4, 2.5 u. 2.6). Die Um- bzw. Neubewertung der Industriestandorte innerhalb der Stadt und im Umland läßt jedoch erwarten, daß es sowohl über den Marktmechanismus als auch durch wirtschaftspolitische Einflußnahme zu einer Wiederangleichung des Entwicklungsstandes der Industrie beider Teile Berlins kommen wird. Ansätze sind erkennbar. Erste empirische Untersuchungsergebnisse im Industrie- und Gewerbegebiet Marzahn lassen diesen Schluß ebenso zu (vgl. LEU-

Abb. 2.6: Sektorales Konzept für die räumliche Entwicklung des Produzierenden Gewerbes in Berlin
Quelle: Senatsverwaltung für Wirtschaft und Technologie (1993, Anh.); aus SCHERF u. VIEHRIG (1995, S. 294)

Wirtschaftszweig	Standort-veränderun-gen nicht absehbar	Neue Standorte[1] befinden sich...				Über Stand-ort ist noch nicht ent-schieden
		am derzeiti-gen Stand-ort	an einem anderen Standort in Berlin	in der Um-gebung Berlins	in anderen Regionen	
Verarbeitendes Gewerbe						
insgesamt	56	16	8	10	4	10
darunter:						
Chemische Industrie	41	27	3	14	3	19
Maschinenbau	55	26	7	5	2	12
Fahrzeugbau	52	24	20	0	4	4
Elektrotechnik	53	15	13	10	8	8
Feinmechanik/Optik	68	7	13	23	0	0
EBM-Waren	54	21	4	12	4	4
Papierverarbeitung	41	5	5	22	3	30
Druckgewerbe	55	19	11	8	2	11
Kunststoffverarbeitung	56	16	8	20	4	0
Textilgewerbe	42	8	8	13	25	4
Nahrungs- und Genuß-mittelgewerbe	55	18	5	4	8	13

[1] Mehrfachnennungen möglich, daher addieren sich die Anteilswerte auf über 100 %.

Tab. 2.4: Westberlin – absehbare räumliche Veränderungen im Verarbeitenden Gewerbe nach ausgewählten Wirtschaftszweigen [%]
Quelle: EICKELPASCH u. PFEIFFER (1992, S. 168; nach Erhebungsergebnissen des DIW 1991)

POLT 1993) wie Erhebungsergebnisse des DIW 1991 (Tab. 2.4). Das Berliner Umland wird im weiteren Verlauf des industriellen Strukturwandels u.a. aus Suburbanisierungsprozessen spezifischen Nutzen ziehen können.

Berlin bleibt vorerst nach der Zahl der Beschäftigten im Verarbeitenden Gewerbe im Jahre 1994 mit 166 635 Personen (davon 133 451 Arbeitnehmer im West- und 33 184 Arbeitnehmer im Ostteil), nach dem erwirtschafteten Produktionswert im Verarbeitenden Gewerbe im Jahre 1994 von 44,6 Mrd. DM (davon 40,2 Mrd. DM im West- und 4,4 Mrd. DM im Ostteil) sowie nach der Zahl der Betriebe im Verarbeitenden Gewerbe im Jahre 1994 mit 2 481 (davon 1 985 im West- und 496 im Ostteil) – rein statistisch – größter Industriestandort Deutschlands (vgl. Senatsverwaltung für Wirtschaft und Technologie 1995, S. 25 f.). Der Besatz mit Arbeitsplätzen im Verarbeitenden Gewerbe je 1 000 Einwohner im Jahre 1993 offenbarte für die Hauptstadt mit 69 allerdings einen sehr viel geringeren Wert, als andere Großstädte Deutschlands ihn aufweisen. Die Vergleichsziffern sind u.a. für Frankfurt 149, für München 123, für Hamburg 86 (EICKELPASCH u. PFEIFFER 1994, S. 754) – ein Sachverhalt, der den Nachhol- und Wandlungsbedarf der Industrie Berlins weiter unterstreicht und insbesondere die Notwendigkeit des Ausbaus einer innovativen, wettbewerbsfähigen Strukturausprägung verdeutlicht.

2.4.2 Strukturwandel durch Tertiärisierung?

Nicht nur im industriellen Bereich bestehen in beiden Teilen Berlins und im Umland Defizite, sondern auch der tertiäre Sektor weist erhebliche Entwicklungsrückstände des hauptstädtischen Verdichtungsraums gegenüber vergleichbaren Räumen auf. In Westberlin erfolgte früh (bereits kurz nach dem Mauerbau) und in der Quantität erkennbarer ein Schritt in Richtung Tertiärisierung der Wirtschaft. Allerdings handelte es sich in den meisten Fällen um Erweiterungen staatlicher bzw. halböffentlicher Dienstleistungen im Zusammenhang mit politisch motivierten Ausgleichsaufgaben für die bis 1990 mit Sonderstatus belegte Stadt. Ostberlin führte im Gegensatz dazu die hauptstädtischen Funktionen für die ehemalige DDR bis zur Wiedervereinigung weiter (hatte auch im DDR-Maßstab den höchsten Anteil im Dienstleistungbereich Tätiger). Systembedingt bestanden hier jedoch weit umfangreichere Defizite in der Proportionierung und im Niveau von staatlichen, halböffentlichen und privaten Dienstleistungen.

Die Ausgangsbasis für eine zukunftsorientierte, an den Anforderungen und Bedürfnissen einer Hauptstadt und ihrer Gesamtwirtschaft ausgerichtete Strukturausprägung war somit nicht in jeder Hinsicht günstig. Die Entwicklung zwischen

Abb. 2.7 a: Veränderung der Zahl der Erwerbstätigen nach Wirtschaftssektoren in Berlin 1989 – 2005
Quellen: Senatsverwaltung für Wirtschaft und Technologie (1994, S. 14; 1995, S. 13), EICKELPASCH u. PFEIFFER (1994, S. 755)

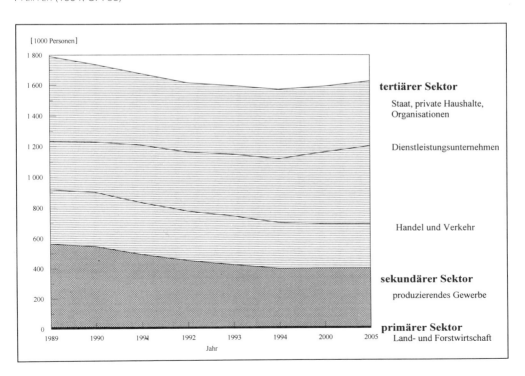

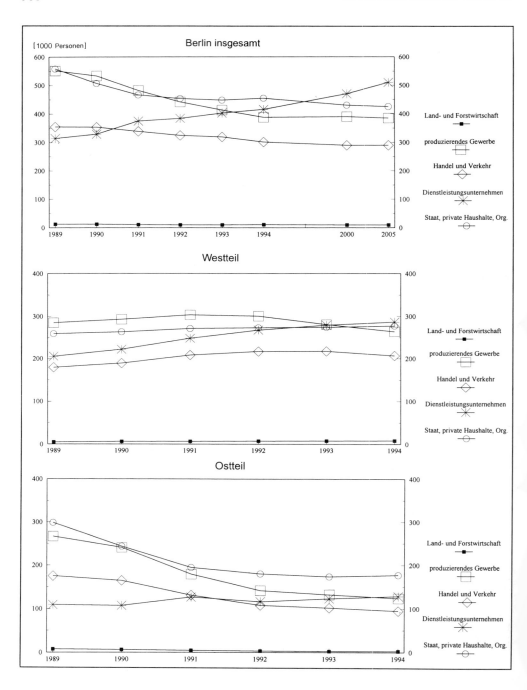

Abb. 2.7 b: Veränderung der Zahl der Erwerbstätigen nach Wirtschaftsbereichen in Berlin 1989 – 2005
Quellen: Senatsverwaltung für Wirtschaft und Technologie (1994, S. 14; 1995, S. 13), EICKELPASCH u.
PFEIFFER (1994, S. 755)

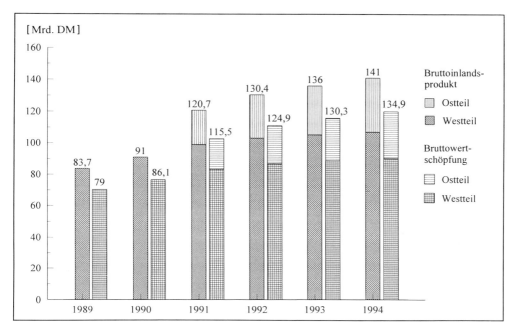

Abb. 2.8 a: Veränderung des Bruttoinlandsprodukts und der Bruttowertschöpfung Berlins 1989 – 1994 (Bruttoinlandsprodukt = unbereinigte Bruttowertschöpfung abzüglich unterstellter Entgelte für Bankdienstleistungen, zuzüglich nicht abzugsfähiger Umsatzsteuer und Einfuhrabgaben; in jeweiligen Preisen; unbereinigte Bruttowertschöpfung der Wirtschaftsbereiche, d. h. einschließlich unterstellter Entgelte für Bankdienstleistungen)
Quellen: Senatsverwaltung für Wirtschaft und Technologie (1994, S. 11; 1995, S. 11)

1989 und 1994 verdeutlicht jedoch die herausragende Rolle des tertiären Sektors im Strukturwandel der Wirtschaft Berlins (Abb. 2.7 a u. b, 2.8 a u. b). Augenscheinlich wird das zunächst in der Zunahme des Anteils an den Erwerbstätigen insgesamt von 68,5 % im Jahre 1989 auf 74,6 % im Jahre 1994 und in der Erhöhung des Anteils am erwirtschafteten Bruttoinlandsprodukt von 59,3 % im Jahre 1991 auf 63 % im Jahre 1994. Am erwirtschafteten Bruttoinlandsprodukt Berlins war der tertiäre Sektor im Westteil seit 1991 mit ca. 45 Prozentpunkten beteiligt, im Ostteil erbrachte er einen sehr viel geringeren, aber zunehmenden Anteil von ca. 14 (1991) bzw. 18 Prozentpunkten (1994). Im Vergleich zu anderen Verdichtungsräumen zeigt die Hauptstadt bei dieser noch undifferenzierten Betrachtung ähnliche Werte. So betrug der Anteil der Beschäftigten im tertiären Sektor in Frankfurt 75,5 %, in Hamburg 74,9 % und in München 71,7 % (vgl. Senatsverwaltung für Wirtschaft und Technologie 1995, S. 40).

Die Problematik Berlins liegt bei Vergleichen in den beträchtlichen Unterschieden in Bedeutung und Niveau der Entwicklung der Teilsektoren. Die Abbildungen 2.7 a u. b und 2.8 a u. b verdeutlichen für beide Stadtteile die große Rolle des Teilsektors Staat, private Haushalte, private Organisationen (z. B. ca. 36 % im Westteil und ca. 44 % im Ostteil an den Erwerbstätigen des tertiären Sektors). Hierin kom-

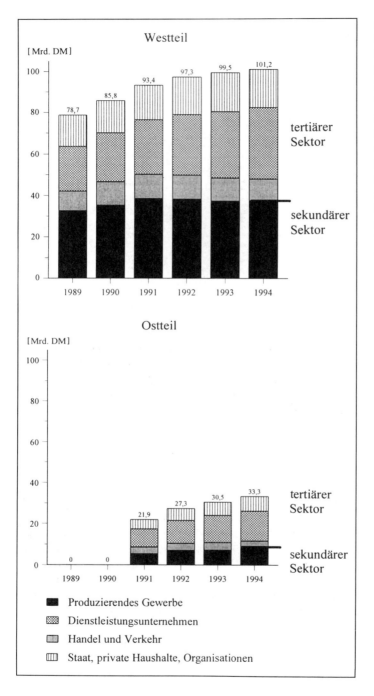

Abb. 2.8 b:
Veränderung der Brutto-
wertschöpfung
Berlins nach Wirtschafts-
bereichen und -sektoren
1989 – 1994 (Die Land-
und Forstwirtschaft –
primärer Sektor – ist
wegen ihres geringen
Anteils an der Bruttowertschöpfung nicht
dargestellt.)
Quellen: Senatsverwaltung
für Wirtschaft und
Technologie (1994, S. 11;
1995, S. 11)

men die Potentiale in der Wissenschaft, in der Bildung, in der Kultur und in der staatlichen Verwaltung zum Tragen. Eine zentrale Bedeutung im Strukturwandel hat aber der private Dienstleistungssektor. Er nahm in beiden Teilen der Stadt besonders zu (z.B. beim Anteil an den Erwerbstätigen des tertiären Sektors: Westteil von etwa 32% auf 37%; Ostteil von ca. 19% auf 32%). Diese Tendenz wird weiter anhalten. Im Jahre 2010 könnte der Anteil dieses Teilsektors an der Gesamtbeschäftigung bei ca. 40% liegen, ein Niveau, welches Frankfurt und München heute schon haben (vgl. GEPPERT u. VESPER 1995, S. 217). Die für die Wettbewerbsfähigkeit und Ansiedlungsattraktivität z.B. industrieller Unternehmen so wichtigen privaten produktionsorientierten Dienstleistungen – wie Finanzdienstleistungen, Unternehmensberatungen, Ingenieurleistungen, Marketing, Management u.a. – weisen jedoch noch deutliche Defizite auf. Erkennbar aber ist, daß innerhalb des relativ kurzen Zeitraumes von ca. 5 Jahren seit der Wiedervereinigung bereits beträchtliche Wandlungsfortschritte eingetreten sind. Insbesondere im Westteil der Stadt haben sich hochwertige private produktionsorientierte Dienstleistungen besonders expansiv entwickelt (vgl. u.a. GEPPERT 1992). Im Ostteil der Stadt zeichnen sich Entwicklungserfolge auf einem noch niedrigeren Niveau ab. In der Stadt und im Umland lassen sich weiterhin beträchtliche Wachstumspotentiale im Dienstleistungssektor erschließen. Alle Teile des Verdichtungsraumes können erst jetzt ihre spezifischen Standortvorteile wieder zur Geltung bringen. Nachholbedarf, Bedeutungs- und Funktionszuwachs (u.a. durch die Hauptstadtentscheidung, die Erweiterung des Einzugsbereiches für bestimmte Dienstleistungen über die Stadt hinaus in Richtung Umland, Deutschland, Europa) lassen eine beträchtliche, wenn auch differenzierte Expansion in den versorgungsorientierten (Einzelhandel, Banken, Versicherungen, Verkehr, Kommunikation u.a.), personenorientierten (z.B. Medien- und Verlagswesen, Hotel- und Gastgewerbe, Fremdenverkehr) und produktionsorientierten Dienstleistungen (Finanzdienstleistungen, Software, Marketing, Werbung, Beratung, Ingenieurleistungen u.a.) möglich erscheinen. Für überregionale Dienstleistungsangebote ist jedoch zu berücksichtigen, daß sich in den letzten 40 Jahren bereits räumliche Schwerpunkte in der Bundesrepublik herausgebildet haben. So ist Hamburg Handels- und Medienstandort; der Raum Köln/Bonn/Düsseldorf/Ruhrgebiet ist Modezentrum, Sitz großer Versicherungsunternehmen und Handelshäuser; Frankfurt ist das Banken- und Finanzzentrum und Messeplatz. Eine schnelle, langfristig tragfähige Spezialisierung Berlins für überregionale Dienstleistungen ist schwierig (vgl. EICKELPASCH u. PFEIFFER 1992, S. 166). Anders als in den vergangenen 40 Jahren wird Berlin jedoch bei neu zu treffenden Standortentscheidungen wieder eine große Rolle spielen. Der tertiäre Sektor Berlins und des Umlandes kann ihm immanente Wachstumspotentiale in den Teilsektoren mit dem ihrer Bedeutung entsprechenden Niveau langfristig jedoch nur dann ausbilden, wenn die hauptstadt- bzw. hauptstadtregionsadäquate Strukturwandlung des Verarbeitenden Gewerbes gelingt und eine Basis dafür bietet.

Raumstrukturell wirkt dieser Sektor in Berlin vor allem durch den erhöhten Flächenbedarf vielfältiger Büronutzungen sowie den Aus- bzw. Neubau von Handels- und Verkehrseinrichtungen und -netzen. Gegenwärtig existieren ca. 12 Mio. m² Bürofläche in der Stadt, bis zum Jahre 2010 soll das Angebot um nochmals ca. 11 Mio. m² Fläche wachsen. Der Einzelhandel verfügte 1991 über 2,6 Mio m² Ver-

Abb. 2.9:
Allee-Center an der
Landsberger Allee (Berlin-
Hohenschönhausen)
Foto: B. LEUPOLT

kaufsfläche, und er wird – unter Berücksichtigung der Bevölkerungsentwicklung – bis 2010 einen Zuwachs von ca. 1,4 Mio m² Verkaufsfläche realisieren (vgl. Senatsverwaltung für Stadtentwicklung und Umweltschutz 1994, S. 95 u. 133). Damit verbunden sind vielfach Neu- und z.T. Umbewertungen bestehender Handels-, Dienstleistungs- und Verkehrsstandorte sowie umfangreiche Neubau- und Neuansiedlungsaktivitäten in verschiedenen Stadtarealen. Zur Sicherung der polyzentrischen Entwicklungsstrategie werden entlang des S-Bahnringes, an den Ausfallstraßen, in den Bezirkszentren (Haupt- bzw. Mittelzentren), in den Stadtteil- und Wohngebietszentren (Mittel- bzw. Unterzentren) vornehmlich im Ostteil der Stadt eine Vielzahl hierarchisch abgestufter Handels-, Dienstleistungs- und Bürobauten (zumeist in Nutzungsmischung mit Gewerbe und Wohnen) errichtet (Abb. 2.9). Diese Entwicklungen machen jedoch nicht an der Stadtgrenze halt, sondern greifen z.T. erheblich in die Entwicklung der Umlandgemeinden (mit Rückwirkung auf Berlin) ein. Mit der Neuorganisation der Wirtschaftsstruktur Berlins erfolgt eine Neuordnung der wirtschaftlichen Funktionen in der entstehenden Hauptstadtregion. Ein Ausdruck dessen ist die „nachholende" Suburbanisierung von Bevölkerung, Gewerbe und tertiären Bereichen im Berliner Umland.

2.5   Wirtschaftssuburbanisierung

Mit der Wiedervereinigung Berlins und Deutschlands 1990 eröffneten sich für den hauptstädtischen Verdichtungsraum nahezu schlagartig neue Möglichkeiten zur Entwicklung seiner Wirtschafts- und Raumstruktur. Die Standortstrukturen des Agglomerationsraumes haben sich seit dem Zweiten Weltkrieg wenig verändert; dementsprechend erfolgen gegenwärtig Entwicklungen, die sich in anderen Agglomerationen über einen Zeitraum von 50 Jahren vollzogen. Weite Teile des Berliner Umlandes werden bis in die Gegenwart durch die landwirtschaftliche Nutzung (trotz z.T. bedrohlicher Auswirkungen der Umstrukturierungsprozesse) und durch

Abb. 2.10:
Kaufpark Eiche.
Das nichtintegrierte Ein-
kaufszentrum befindet
sich im östlichen Umland
unmittelbar an der Stadt-
grenze zu Berlin.
Foto: B. Leupolt

ländliche Siedlungsweise geprägt. Deindustrialisierungsprozesse in den ersten zwei bis drei Jahren nach der Wiedervereinigung verstärkten die Disparitäten zu Berlin weiter. Um so problematischer ist ein übereiltes „Nachholen" bekannter Suburbanisierungsmuster zu beurteilen. Im Berliner Verdichtungsraum besteht die einmalige Chance, aus den negativen Erfahrungen und Ergebnissen dieses Prozesses in anderen großstädtischen Verdichtungsräumen der 60er und 70er Jahre zu lernen und erkannte Fehler (u. a. starke Funktionsteilung einzelner Teilräume bis hin zu Monostrukturierung, erhebliche Zersiedelung weiter Teile des Umlandes) zu vermeiden. Berlin und das Berliner Umland haben sich innerhalb der kurzen Zeitspanne von ca. 5 Jahren schnell zu einem „Markt" mit den charakteristischen selektiv wirkenden Wanderungsbewegungen einzelner Akteure und Bereiche entwickelt. Dem Wandlungsdruck innerhalb der Hauptstadt entsprechend (u. a. Verdrängungs- und Differenzierungsprozeß infolge erhöhter bis überhöhter Boden-, Pacht-, Mietpreise; Auflösung der Funktionsmischung; fehlende Erweiterungsflächen; existierende Nutzungs- und Investitionsbeschränkungen; schlechte Erreichbarkeit für Kunden und Lieferanten) und bei Neuansiedlung die Standortvorteile des Umlandes nutzend (z. B. Hauptstadtnähe, großes Angebot an erschlossenen, preiswerten Gewerbe- und Industrieflächen in mehreren Gewerbe-, Technologie- und / oder Business-Parks; Erhalt der Nähe zum alten Standort; Nutzung des Arbeitskräftereservoirs), zeichnet sich eine zunehmende wirtschaftliche, somit auch industrielle Suburbanisierung – eine „3. Randwanderung der Berliner Industrie" – ab. Hinzu kommt ein relativ neuer, aber für den Verdichtungsraum bedeutender Prozeß – die Randwanderung des Einzelhandels in Form großer, städtebaulich nicht integrierter Einkaufszentren, Fachmärkte u. ä. (Abb. 2.10).

Damit gehen umfangreiche Zunahmen innerregionaler Interaktion in Form von Arbeitspendler-, Einkaufs-, Freizeitpendlerbeziehungen sowie wachsende intraregionale Zuliefer- und Absatzverflechtungen der Wirtschaft einher. Die Zahl der Arbeitspendler aus Brandenburg und besonders aus dem Umland nach Berlin wird mit etwa 60 000 Personen bzw. diejenige der Arbeitspendler aus Berlin in das Um-

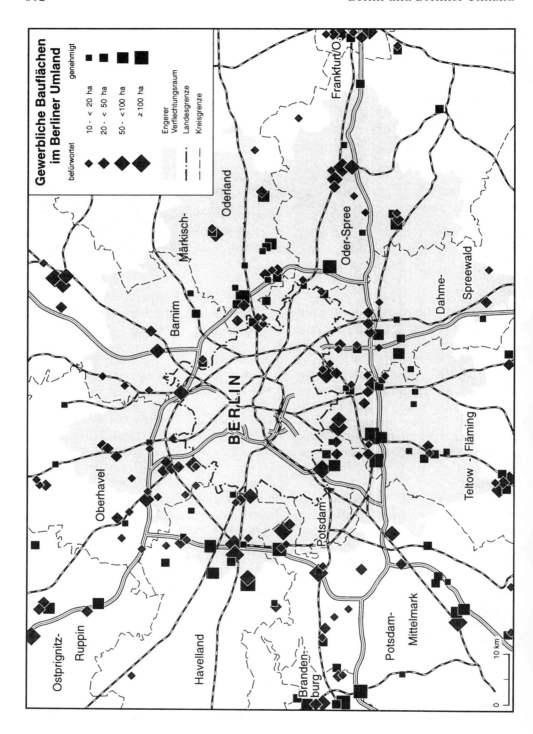

Einkaufszentren	Landkreis	Verkaufsfläche [m²]
Einkaufszentrum Waltersdorf	Dahme-Spreewald	100 000
Kaufpark Eiche	Barnim	45 000
Havelpark Dallgow	Havelland	43 000
Einkaufszentrum Vogelsdorf	Märkisch-Oderland	35 000

Tab. 2.5: Berliner Umland – ausgewählte nichtintegrierte Einkaufszentren 1994
Quelle: Brandenburgisches Wirtschaftsinstitut (1995); eigene Zusammenstellung

land mit ca. 35 000 Personen beziffert (vgl. auch GEPPERT u. VESPER 1995, S. 215). Schätzungen gehen davon aus, daß etwa zwei Drittel der Wirtschaftsunternehmen Berlins und Brandenburgs bereits miteinander kooperieren. Selbst unter der Annahme eines vergleichsweise begrenzten wirtschaftlichen Wachstums in Berlin und im Umland in den nächsten Jahren wird es allein infolge der vor vielen Berliner Unternehmen stehenden Wandlungsnotwendigkeit zur Erreichung ihrer Wettbewerbsfähigkeit zu einem massiven Ansiedlungsdruck auf vorhandene Freiflächen im Umland kommen. Beispielhaft für bereits erfolgte Standortverlagerungen und -spaltungen der Industrie sind der Aufbau eines großen neuen Produktions- und Versandstandortes in Falkensee (Landkreis Havelland) durch den Berliner Büroartikelhersteller Herlitz, die Übernahme und Zusammenlegung der Spandauer und Hennigsdorfer Bahnsystemwerke in Hennigsdorf (Landkreis Oberhavel) durch die AEG zur AEG Schienenfahrzeuge GmbH (Fusion 1995 mit ABB Henschel Waggon Union Berlin zum neuen, weltweit operierenden Unternehmen ABB Daimler-Benz Transportation – Adtranz – mit Sitz in Berlin), die Errichtung eines Montagestandortes in Hoppegarten (Landkreis Märkisch-Oderland) durch die DETEWE Deutsche Telephonwerke AG & Co. Die Siemens AG hat Produktionsstätten der Elektrotechnik in Teltow und Kleinmachnow (Landkreis Potsdam-Mittelmark) von der Treuhandanstalt erworben und die Siemens Anlagenbau Teltow GmbH gegründet. Eine der bedeutendsten Neulokalisationen der Industrie im Umland stellt die Ansiedlung von BMW Rolls-Royce Aero Engines GmbH (Herstellung und Erprobung von zivilen Flugzeugtriebwerken) auf einer ca. 60 ha großen Fläche im Gewerbegebiet Dahlewitz (Landkreis Teltow-Fläming) dar.

Die räumliche Verteilung von Lokalisierungswünschen bzw. -absichten läßt bevorzugte Standorte oder Standorträume im Umland erkennen (Tab. 2.2 u. 2.3, Abb. 2.11). Die Auswertung eingeleiteter Raumordnungsverfahren für Gewerbe-, Verkehrs-, Handels- und z.T. Freizeitstandorte offenbart die herausragende Bedeutung der Verkehrserschließung bei der Standortwahl im Berliner Umland. Die Pla-

Abb. 2.11: Genehmigte und befürwortete gewerbliche Bauflächen im Berliner Umland
(Stand: 30. 6. 1995)
Quelle: Landesumweltamt Brandenburg, Referat Raumbeobachtung (1995, Karte);
MUNR, Stand 30. 6. 1995; MSWV, Stand 31. 5. 1995

Kreisfreie Stadt/Landkreis Gewerbepark/-gebiet	Gemeinde	Flächengröße [ha]
Potsdam		
Medienstadt Babelsberg	Potsdam	47
Kirchsteigfeld	Potsdam	55
Bornstedter Feld	Potsdam	300
Industriegebiet Rehbrücke	Potsdam	100
Potsdam-Center	Potsdam	ca. 40
Stern-Center	Potsdam	ca. 11
Potsdam-Mittelmark		
Gewerbegebiet	Kleinmachnow Dreilinden	106
Gewerbegebiet TTT	Teltow	56
Gewerbegebiet	Stahnsdorf	50
Teltow-Fläming		
Güterverkehrszentrum	Großbeeren	350
Brandenburg-Park	Genshagen	250
Preußen-Park	Ludwigsfelde	80
Gewerbegebiet	Dahlewitz	60
Gewerbegebiet	Großmachnow	50
Gewerbegebiet	Zossen-Dabendorf	30
Gewerbegebiet	Groß Kienitz	20
Dahme-Spreewald		
Business-Park Berlin-Wildau	Wildau	35
Gewerbegebiet „European Operations Center"	Schönefeld	ca. 60
Büro- und Gewerbepark „Schönefelder Kreuz"	Kiekebusch	ca. 36
Gewerbe- und Industriegebiet „Hechtstücke"	Mittenwalde	72
Wohn- und Gewerbepark „Königspark"	Königs Wusterhausen	ca. 101
Industriegebiet „Liebnitzenberg"	Niederlehme	ca. 40
Oder-Spree		
Müggelpark	Gosen	27
Gewerbegebiet	Spreenhagen	14
Gewerbegebiet	Schöneiche	24
Märkisch-Oderland		
Gewerbegebiet „Am Umspannwerk"	Neuenhagen	ca. 98
Gewerbegebiet Nord	Strausberg	58
Gewerbegebiete (1 und 2)	Dahlwitz-Hoppegarten	zus. 42
Gewerbegebiet	Herzfelde	70
Barnim		
Gewerbepark „Pappelallee"	Schönow	47
Gewerbegebiet „Am Rehhahn"	Blumberg	35
Oberhavel		
Gewerbegebiet „Nord"	Oranienburg	48
Business-Park	Velten	60
Gewerbegebiet „Südgelände"/Technopark	Hennigsdorf	ca. 17
Gewerbegebiet „Nordgelände"	Hennigsdorf	ca. 24
Gewerbegebiet „Orion"	Kremmen	ca. 16
Havelland		
Güterverteilzentrum	Wustermark	ca. 255
Gewerbegebiet „Ost"	Nauen	ca. 70
Industriegebiet (Herlitz)	Falkensee	ca. 40
Gewerbegebiet	Brieselang	ca. 99
Gewerbegebiet (Demex)	Elstal	ca. 30
Gewerbegebiet (MOSOLF)	Etzin	ca. 85
Gewerbegebiet	Börnicke	ca. 21

Tab. 2.6: Berliner Umland – ausgewählte Gewerbeparks, Gewerbe- und Industriegebiete 1994

Quelle: Brandenburgisches Wirtschaftsinstitut (1995); eigene Zusammenstellung

Abb. 2.12: Brandenburg-Park: ein sehr erfolgreich erschlossener und bereits durch etwa 30 Unternehmen verschiedener Wirtschaftsbereiche und Branchen genutzter Gewerbepark im südlichen Umland Berlins am Autobahnring A10

Foto: mit freundlicher Genehmigung der Horsham Properties GmbH, Berlin

nungen und Projekte von Gewerbeparks, Einkaufszentren, Lagereinrichtungen, Güterverkehrs- und -verteilzentren (vgl. Tab. 2.5 u. 2.6 sowie Abb. 2.12) sowie Golfplätzen und anderen Freizeiteinrichtungen konzentrieren sich an den Auf- und Abfahrten des Berliner Ringes und entlang der Autobahntrassen. Die wirtschaftsraumpolitische Einflußnahme verhinderte bisher die Ausbildung eines geschlossenen Gewerbe- bzw. Siedlungsringes um Berlin. Neben der durch raumordnerische Instrumentarien beeinflußten Entwicklung sektoraler Art und räumlicher Entwicklung einzelner Schwerpunktgemeinden (Tab. 2.3) zeigt sich eine unternehmerische Bevorzugung vor allem des südlichen, südwestlichen und z. T. westlichen Berliner Umlandraumes (Stadtkreis Potsdam, Landkreise Teltow-Fläming, Potsdam-Mittelmark, Havelland; vgl. Tab. 2.2, 2.3, 2.5 u. 2.6 sowie Abb. 2.11). Konkurrierende Gemeindeinteressen und z. T. fehlende Rechtsgrundlagen in der Anfangszeit ließen viele dieser Projekte auf der „grünen Wiese" entstehen. Nicht alle durch Bundes- und Landesmittel geförderten Gewerbegebiete im Berliner Umland wurden bisher von Investoren bzw. Unternehmen angenommen. Der innerregionale Wettbewerb der Standorte erbrachte für das Umland jedoch schon jetzt einen wirtschaftlichen Funktionsgewinn für das Gesamtgebiet.

2.6   Entwicklungstendenzen und -probleme

Über die Zukunft des hauptstädtischen Verdichtungsraumes entscheidet vor allem, wie der wirtschaftliche Strukturwandel in Berlin vorankommt und welchen Stellenwert der Industriestandort Berlin mit Auswirkungen auf das Umland erlangen kann. Entwicklungsszenarien in sektoraler Sicht lassen unter Ausnutzung gegebener bzw. zu erwartender Standortvorteile (geographische Lage innerhalb Deutschlands, räumliche Verbindung zwischen West- und Osteuropa, breit gefächertes Wissenschafts- und Forschungspotential, Hauptstadtfunktion, „weiche" personen- und unternehmensbezogene Faktoren, wie Wohn- und Lebensqualität, Naturpotentiale der Region, wirtschafts- und unternehmensfreundliches Klima u. a.) eine langfristig innovative, stark vernetzte und wettbewerbsfähige Struktur mit den Kernbereichen Umwelt- und Recycling- sowie Automatisierungstechnik, Mikroelektronik, Medizintechnik, Maschinenbau, Fahrzeugtechnik u. a. möglich erscheinen.

Im Trend deutet sich eine arbeitsteilig organisierte Reindustrialisierung innerhalb des Verdichtungsraumes an. Sie wird jedoch ebensowenig im Selbstlauf Realität, wie Berlin ohne eine leistungsfähige, innovative Industrie zur Dienstleistungsmetropole aufsteigt. Der tertiäre Sektor wird die Wirtschaftsstruktur der Stadt in Zukunft stark bestimmen (vgl. auch Abb. 2.7a u. b). Er wird das wirtschaftliche Wachstum und den Strukturwandel im Verdichtungsraum der Bundeshauptstadt weiterhin prägen.

Die Ausgestaltung und die Stärkung der hauptstädtischen Funktionen können für diesen Tertiärisierungsprozeß jedoch nur bis zu einem bestimmten Niveau eine Basis sein. Langfristige Wachstumsimpulse für die entscheidenden Teilbereiche des tertiären Sektors lassen sich nur über einen innovativen sekundären Sektor erlangen. Die mögliche Vielfalt arbeitsteiliger Organisation beider Sektoren zwischen Berlin und dem Berliner Umland erscheint da zweitrangig und wird sich zudem an bekannte Verflechtungsmuster anlehnen.

Die wirtschaftlichen Wandlungs- und Differenzierungsprozesse werden in Zukunft noch stärkeren Einfluß auf die heterogene Raumstruktur des Verdichtungsraumes nehmen und diese beträchtlich verändern. Die Richtungen sind durch Flächennutzungspläne, Bebauungspläne, Vorhaben- und Erschließungspläne etc. in Berlin und vielen Gemeinden des Umlandes in Grundsätzen festgelegt. Schwieriger gestaltet sich die Umsetzung. In Berlin stellt sich in Zukunft vor allem das Problem der nachfragegerechten Bereitstellung hochwertiger Gewerbeflächen und ihrer strukturellen Einordnung in den differenziert entwickelten Stadtkörper. Mit dem „Konzept zur Gewerbeflächensicherung", in das 21 Schwerpunktgebiete (mit insgesamt ca. 3 250 ha Fläche) in beiden Teilen der Stadt einbezogen sind (Abb. 6), dem Brachflächenrecycling, der Mobilisierung der „inneren Reserve" (ca. 1 300 ha) durch Nutzungsintensivierung, Umnutzung bzw. Aufwertung von Flächen und der Neuausweisung von Gewerbeflächen (ca. 500 ha), zeitlich abgestuft bis 2005, sind bisherige staatliche Lösungsansätze erkennbar. Sie sollen vor allem für das Verarbeitende Gewerbe Ansiedlungsmöglichkeiten schaffen (vgl. Senatsverwaltung für Stadtentwicklung und Umweltschutz 1994, S. 95). Die im Umland aktivierbaren Gewerbeflächen übersteigen die Berlins um gegenwärtig ca. 50 % (vgl. Senatsverwaltung für Wirtschaft und Technologie 1993, S. 16).

Die innerregionale Standortkonkurrenz ist Realität und Ausdruck für gestiegene Möglichkeiten räumlicher Dekonzentration. Die Hoffnung Brandenburgs, daß mit der Verwirklichung des „Konzepts der Dezentralen Konzentration" die suburbane Beeinflussung des Berliner Umlandes auch in wirtschaftliche Teilhabe der peripheren Kreisgebiete mündet, kann bei starker Konkurrenz jedoch auch zu einer zunehmend disparitären Raumentwicklung innerhalb Brandenburgs führen. Ein gemeinsames Bundesland Berlin-Brandenburg hätte den Annäherungs- und Differenzierungsprozeß befördern können (z.B. durch vereintes Vorgehen in der Regionalplanung, bei der Wirtschaftsförderung, bei der Infrastrukturpolitik) und wäre einem erfolgversprechenden gemeinsamen Standortmarketing entgegengekommen.

Das zentrale Ziel Berlins und des Umlandes, in den nächsten Jahren zu den wirtschaftlich prosperierenden Verdichtungsräumen in Deutschland zu gehören, ist realistisch. Der Wachstumsprozeß geht aber in fast allen Bereichen von einem vergleichsweise niedrigen Niveau und nach wie vor großer raumstruktureller Heterogenität aus. Nach mehr als 40 Jahren Teilung, Isolation, Immobilität, Stagnation und Zukunftslosigkeit erhält der Verdichtungsraum Berlin jedoch in den nächsten Jahrzehnten aufgrund seiner Standortvoraussetzungen und raschen Veränderungen eine originäre Entwicklungschance unter den Regionen in Deutschland und Europa.

Literatur

Brandenburgisches Wirtschaftsinstitut [Hrsg.]
(1995):
Wirtschaftsatlas Brandenburg. Regional.
Teltow, 217 S.

EICKELPASCH, A., u. I. PFEIFFER (1992):
Flächenbedarf der Industrie in Berlin. In:
Deutsches Institut für Wirtschaftsforschung
[Hrsg.]: Wochenbericht 14: 163 – 169.

EICKELPASCH, A., u. I. PFEIFFER (1994):
Perspektiven der Erwerbstätigkeit in Berlin.
In: Deutsches Institut für Wirtschaftsfor-
schung [Hrsg.]: Wochenbericht 44: 751 – 756.

GEPPERT, K. (1992):
Dienstleistungsstandort Berlin. In: Deutsches
Institut für Wirtschaftsforschung [Hrsg.]:
Wochenbericht 9: 97 – 103.

GEPPERT, K., u. D. VESPER (1995):
Länderfusion begünstigt Entwicklung. In:
Deutsches Institut für Wirtschaftsforschung
[Hrsg.]: Wochenbericht 10: 215 – 227.

HOFMEISTER, B. (1990):
Berlin(West). Eine geographische Strukturanalyse der zwölf westlichen Bezirke.
2. Aufl. Darmstadt / Gotha, 313 S.

Industrie- und Handelskammer [Hrsg.] (1992):
Nachholbedarf Berlins. Mitteilungen, H. 1: 25.

Institut für Regionalentwicklung und Strukturplanung [Hrsg.] (1994):
Raumordnung in Brandenburg und Berlin.
Dokumentation der Raumordnungskon-
ferenz Brandenburg – Berlin
am 6. / 7. Juni 1994 in Eberswalde. Berlin. =
Regio, Beiträge des IRS, H. 5.

KNIGGE, R. (1990):
Stärken und Schwächen des Wirtschaftsstandortes Berlin (West). In: ARL [Hrsg.]:
Stadtforschung in Ost und West. Perspektiven und Möglichkeiten der Kooperation der
großen Zentren in Europa. Hannover, 9 – 102.

Landesamt für Datenverarbeitung und Statistik
Brandenburg [Hrsg.] (1995):
Statistischer Jahresbericht 1994.
Potsdam, 44 S.

Landesumweltamt Brandenburg, Referat
Öffentlichkeitsarbeit [Hrsg.] (1995):
Bauleitplanung. Quartalsbericht III / 95.
Potsdam. =
Fachbeiträge des Landesumweltamtes,
Berichte aus der Laufenden Raumbeobach-
tung, 1 / 95.

Landesumweltamt Brandenburg, Referat
Raumbeobachtung [Hrsg.] (1995):
Bauleitplanung im Land Brandenburg.
Genehmigte und befürwortete gewerbliche
Bauflächen. Karte.
Potsdam.

Landeszentrale für Politische Bildungsarbeit
Berlin [Hrsg.] (1995):
Die kleine Berlin-Statistik 1994.
Berlin.

LEUPOLT, B. (1993 a):
Entwicklung der Industrie in
Berlin-Brandenburg.
Geographische Rundschau,
45 (10): 594 – 599.

LEUPOLT, B. (1993 b):
Industriestruktur in Berlin-Brandenburg.
Genese und Entwicklungschancen.
In: ECKART, K., MARCINEK, J., u. H. VIEHRIG
[Hrsg.]: Räumliche Bedingungen und
Wirkungen des sozial-ökonomischen
Umbruchs in Berlin-Brandenburg.
Berlin, 77 – 104. =
Schriftenreihe der Gesellschaft für
Deutschlandforschung, **36**.

LEUPOLT, B. (1994):
Aktueller Strukturwandel in der Industrie
Berlins am Beispiel des Industrie- und Ge-
werbegebietes Marzahn.
In: VEN, J. V. D., u. J. V. D. WEIDEN [Hrsg.]:
Berlin und Amsterdam: ein Stadtvergleich.
Beiträge an der 3. Konferenz Amsterdam.
Berlin, Amsterdam, 27 – 30.

Ministerium für Umwelt, Naturschutz und Raumordnung des Landes Brandenburg [Hrsg.] (1995): Brandenburger Umwelt Journal, 15/16: 21 – 24.

Ministerium für Umwelt, Naturschutz und Raumordnung Potsdam und Senatsverwaltung für Stadtentwicklung und Umweltschutz des Landes Berlin [Hrsg.] (1995): Gemeinsamer Landesentwicklungsplan für den engeren Verflechtungsraum Brandenburg/Berlin – LEP e.V. Entwurf: Stand 4. 4. 1995, Teil V.

Ministerium für Wirtschaft, Mittelstand und Technologie, Referat Grundsatzfragen der Wirtschaftspolitik, Berichtswesen, Statistik [Hrsg.] (1995): Brandenburger Wirtschaftsreport, 2 – 3: 33 S.

SCHERF, K., u. H. VIEHRIG [Hrsg.] (1995): Berlin und Brandenburg auf dem Weg in die gemeinsame Zukunft. Gotha, 479 S.

Senatsverwaltung für Stadtentwicklung und Umweltschutz [Hrsg.] (1994): Flächennutzungsplan Berlin – FNP 94. Erläuterungsbericht. Berlin, 199 S.

Senatsverwaltung für Wirtschaft und Technologie [Hrsg.] (1993): Konzept zur Sicherung von Gewerbe- und Industrieflächen in wichtigen Bereichen Berlins (Konzept zur Industrieflächensicherung). Berlin.

Senatsverwaltung für Wirtschaft und Technologie [Hrsg.] (1994): Wirtschaftsbericht Berlin1994. Berlin, 139 S.

Senatsverwaltung für Wirtschaft und Technologie [Hrsg.] (1995): Wirtschaftsbericht Berlin 1995. Berlin, 120 S.

Statistisches Landesamt Berlin und Landesamt für Datenverarbeitung und Statistik Brandenburg [Hrsg.] (1995): Statistische Informationen Bevölkerung, H. 1.

Statistisches Landesamt Berlin [Hrsg.] (1993): Statistisches Jahrbuch 1993. Berlin.

Statistisches Landesamt Berlin [Hrsg.] (1994): Statistisches Jahrbuch 1994. Berlin.

WALLERT, W. [Hrsg.] (1994): Berlin. Gotha. = Folienmappe Weltstädte.

B.3 Das Verdichtungs- gebiet Halle – Leipzig

ECKHARD OELKE, Salzmünde

3.1 Die Entstehung und Abgrenzung des Verdichtungsgebietes

3.1.1 Die Herausbildung der Verdichtung bis 1945

Aufgrund fruchtbarer Böden und vieler alter, wenngleich noch kleiner Städte waren die Leipziger Tieflandsbucht sowie ihre Randgebiete schon vor dem Beginn der Industrialisierung relativ dicht bevölkert. Läßt man die Industrialisierung mit dem Aufkommen des ersten Massenverkehrsmittels, der Eisenbahn, beginnen, so setzte sie in Mitteldeutschland um 1840 ein. Zu dieser Zeit zählten mit Leipzig (46 294 Einw. 1834), Halle (25 546 Einw. 1830) und Dessau (10 612 Einw. 1830) nur drei Städte mehr als 10 000 Einwohner. Fünf Städte hatten zwischen 5 000 und 10 000 Einwohner (Eilenburg, Eisleben, Merseburg, Weißenfels, Zeitz), sieben zwischen 2 000 und 5 000.

Wichtige Voraussetzungen für die Industrialisierung und das damit verbundene Wachstum der Bevölkerung und Siedlungen waren in Mitteldeutschland:
- die schnelle Herausbildung eines dichten Eisenbahnnetzes mit den primären Knoten Leipzig und Halle sowie einer Reihe sekundärer Knoten,
- die Nutzbarmachung von Bodenschätzen, unter denen die Braunkohle eine herausragende Bedeutung erlangte,
- die großen Fortschritte in der Landwirtschaft, die in der ersten Hälfte des 19. Jh. zu einem bedeutenden Produktivitätszuwachs führten,
- die allmähliche Konzentration des Kapitals (Banken) sowie der Industrieunternehmen zu Konzernen, die zu einem überregionalen Marketing fähig waren.

Unter diesen Voraussetzungen entwickelten sich :
- *Zuckerindustrie.* Unter dem Schutz von Zöllen wurde nach 1830 die Zuckerrübenverarbeitung zur ersten flächenhaft verbreiteten Industrie.
- Die Entwicklung der Zuckerindustrie stimulierte den *Braunkohlenbergbau.* Die wahrscheinlich schon im 14. Jh. beginnende Nutzung der Braunkohle war über Jahrhunderte ein diskontinuierlich betriebenes häusliches Nebengewerbe. Im 18. Jh. begannen die vertragsgemäße Belieferung von Salinen und der beständige Betrieb einiger Gruben. Aber erst der Brennstoffbedarf der in großer Zahl entstehenden Zuckerfabriken ließ in der Mitte des 19. Jh. die Zahl der Gruben nach oben schnellen. Mehrere Faktoren bewirkten, daß sich hier ein großes Zentrum der deutschen Braunkohlenwirtschaft formte. Allein auf den Regierungsbezirk Merseburg entfielen 1871 38 % der deutschen Braunkohlenförderung. Hervorzuheben sind :
  - das Bekanntwerden umfangreicher Kohlelagerstätten;
  - die erstmals 1858 in Ammendorf bei Halle gelungene Brikettierung, die erst die Braunkohle zu einem wertvollen transportierbaren Brennstoff machte; vor allem zwischen 1870 und 1890 wurden viele Brikettfabriken errichtet;
  - der Anschluß vieler Gruben an das Eisenbahnnetz, wobei das Bitterfelder Revier voranging;
  - die chemische Verwertung der Braunkohle, die gleichfalls um 1850 einsetzte; besondere Bedeutung erlangte sie im Zeitz – Weißenfelser Revier, dem „klassi-

schen Land der Schwelereien" und im Bornaer Revier, doch war sie auch für das Meuselwitzer, Röblinger und Hallesche Revier wichtig. Während die Montanwachs- und Paraffinerzeugung allmählich zurücktraten, erhöhte sich die Bedeutung der Kraftstoffe, wozu in den 30er und 40er Jahren des 20. Jh. große Schwel- bzw. Hydrierungsanlagen in Leuna, Lützkendorf, Tröglitz, Deuben, Profen, Rositz, Böhlen, Deutzen und Espenhain geschaffen wurden. Spezielle Brikettfabriken arbeiteten für den Bedarf der Schwelereien;

– die Verwendung zur Erzeugung von elektrischem Strom. Neben vielen Kleinstkraftwerken entstanden Überlandzentralen (Amsdorf, Zschornewitz, Vockerode, Muldenstein, Großkayna, Böhlen) sowie große Industriekraftwerke (Bitterfeld, Wolfen, Schkopau, Leuna, Espenhain u.a.). Auch die Städte errichteten Elektrizitätswerke auf Braunkohlenbasis;

– die Ansiedlung energieintensiver Industrien.

• *Maschinenbau.* Dieser orientierte sich zunächst (1840) am Bedarf der Landwirtschaft und Lebensmittelindustrie sowie des Verkehrswesens, mit dem Emporkommen des Bergbaus und später der chemischen Industrie dann an den Anforderungen auch dieser Branchen. Die Braunkohlenwirtschaft beeinflußte den Maschinenbau besonders in Zeitz, Weißenfels, Leipzig, Halle, Schkeuditz, Wurzen, Borna und Altenburg. Wichtig waren der Bau von Werkzeugmaschinen und polygraphischen Maschinen in Leipzig, von Fahrzeugen und Pumpen in Halle, Flugzeugen in Dessau, doch auch viele Zulieferindustrien, wie Gießereien oder Hydraulikbetriebe. Nach etwa 100jähriger Entwicklung waren Leipzig, Dessau, Halle, Zeitz, Altenburg, Wurzen und Merseburg größte Standorte des Maschinenbaus geworden.

• *Chemische Industrie.* Ihre wichtigsten Rohstoffe waren Braunkohle und Salze. Damit siedelten sich Industrien außerhalb der Städte in den Kohlerevieren bzw. am Rand der Kohlereviere an. Zwischen 1893 und 1910 entstand ein großer Komplex chemischer Industrie im Raum Bitterfeld – Wolfen, zwischen 1916 und 1936 um Merseburg (Leuna, Schkopau, Lützkendorf), zwischen 1936 und 1943 um Zeitz (zusätzlich zu den alten Schwelereien, Mineralöl- und Paraffinfabriken 1939 das Hydrierwerk Tröglitz, 1936 und 1943 die Schwelereien Deuben und Profen), zwischen 1917 und 1942 um Borna (1917 Rositz, 1934 Böhlen, 1938 Deutzen, 1942 Espenhain). Mit diesen großen bzw. z.T. sehr großen Betrieben trug die chemische Industrie in bedeutendem Maße zur räumlichen Ausdehnung der industriellen Agglomeration bei. Weil diese Großbetriebe sehr viele Grundstoffe erzeugten, konnten sich weiterverarbeitende Betriebe in ihrer Nähe, darunter in den Städten, niederlassen. In den Städten überwogen chemische Spezialproduktionen.

Über die genannten, wichtigsten Branchen hinaus entwickelte sich in den Städten eine breite Palette von Industrien. Die Lebensmittelindustrie, die mitunter, wie in Dessau oder Wurzen, auch große Betriebe hervorbrachte, hatte generell Bedeutung. Daneben gab es Industrien, die nur für einige Städte bzw.Teilregionen wichtig wurden. Das betraf die Kupfergewinnung für Eisleben, die Schuhindustrie für Weißenfels, Groitzsch und Pegau, das Verlagswesen und die Textilindustrie für Leipzig.

Mit der Industrialisierung erlangten die Städte ein beschleunigtes Wachstum. In dem Jahrhundert von 1840 bis 1940 vergrößerte Leipzig seine Einwohnerzahl auf mehr als das 15fache. Halle und Dessau verzeichneten Zunahmen auf mehr als das

8fache. Die alten Kreisstädte (Altenburg, Borna, Delitzsch, Eilenburg, Eisleben, Merseburg, Wurzen, Zeitz) steigerten die Einwohnerzahlen im allgemeinen auf das 3- bis 4fache, nur ausnahmsweise stärker (Bitterfeld, Weißenfels). Hohe Zunahmen erreichten einige inmitten der Industrreviere gelegene alte Städte (Müchen, Meuselwitz) oder Industriegemeinden, von denen einige in jüngerer Zeit mit Stadtrecht ausgestattet worden sind (Wolfen, Leuna, Braunsbedra, Bad Dürrenberg, Böhlen). Sehr schnell wuchsen die Leipziger Stadtrandgemeinden (Schkeuditz, Markranstädt, Markkleeberg, Engelsdorf, Taucha u. a.).

Für diese Einwohnerzunahme war die Industrie die wichtigste Ursache. Auch in den beiden größten Städten, Leipzig und Halle, dominierte die Industrie die Arbeitsplatzstruktur (58,9% bzw. 55,7% im Jahre 1925; vgl. Scholz 1977). Während die überwiegend kleinbetriebliche Leicht- und Lebensmittelindustrie sich in allen Stadtteilen, auch in den Innenstädten, lokalisierte, ließen sich die „neuen" Industrien, wie der Maschinenbau, am damaligen Rand der Städte entlang wichtiger Verkehrstrassen sowie in Vorortgemeinden nieder, wodurch es in den mittleren und größeren Städten zur Entstehung von Industrievierteln kam (vgl. U. Schmidt 1961, Scholz 1977, Walossek 1986).

Im Verdichtungsgebiet bildeten sich mehrere Kohlereviere heraus (Meuselwitz – Altenburg, Borna, Zeitz – Weißenfels, Geiseltal, Halle, Röblingen, Bitterfeld – Gräfenhainichen). Sie zeichneten sich durch vertikal aufgebaute Strukturen aus: Abbau der Braunkohle, Brikettierung, Verstromung, chemische Veredlung. Von der Braunkohle gingen in diesen Revieren starke Einflußnahmen auf andere Industrien (z.B. Baustoffe, Maschinen), die Verkehrsinfrastruktur, Bevölkerung und Siedlungen aus.

Die Bedeutung der einzelnen Reviere veränderte sich in der Zeit. War bis Anfang der 60er Jahre des 19. Jh. das engere Hallesche Revier (Halle und Saalkreis) führend, so gewann danach für eine lange Zeit das Zeitz – Weißenfelser Revier (Tab. 3.1) an Bedeutung. Diesem folgte das Geiseltal. Nach 1960 erbrachte das Bornaer Revier die umfangreichste Förderung. Trotz Förderzunahme ging der Anteil des Verdich-

Jahr	Borna	Altenburg	Zeitz-Weißen-fels	Geiseltal	Halle	Bitterfeld-Gräfen-hainichen	Delitzsch	Merse-burg-Ost
1	2	3	4	5	6	7	8	9
1900	1,92	2,51	6,68	0,32	0,84[1]	2,99	–	0,06
1921	8,74	5,17	12,99[2]	9,02	1,65[1]	8,91	–	0,07
1929	12,21	5,97	10,58	13,87	2,44	12,49	–	0,04
1937	14,03	8,69	11,71	14,81	3,88	13,9	–	–
1980	50,3	–	8,9	5,9	–	17,6	0,3	6,9
1986	60,1	–	13,3	5,9	–	12,0	10,1	9,5

[1] ohne Ammendorf und Osendorf   [2] einschließlich Ammendorf, Osendorf und Röblinger Revier

Tab. 3.1: Braunkohlenförderung im Verdichtungsgebiet Halle – Leipzig 1900 – 1986 [Mio. t]
Quellen: Deutsches Bergbau-Jahrbuch, verschiedene Jahrgänge; Braunkohle, 38. Jg. 1939;
Braunkohlenbergbau der DDR – Tagebaue, Ausgabe 1981 und 1987

tungsgebietes Halle – Leipzig an der deutschen Braunkohlenförderung zurück (1900: 38%, 1929: 32,6%, 1986: 26,5%). Wegen Erschöpfung der Lagerstätten mußte der Braunkohlenbergbau im Meuselwitzer (1967) und im Halleschen Revier (1973) aufgegeben werden.

Durch die vielen Arbeitsplätze und die unzureichende Schaffung neuer Wohngelegenheiten in den zuvor relativ dünn besiedelten Kohlerevieren wurde die Arbeitspendelwanderung zu einer typischen Erscheinung der Industrieviere. Die allmähliche Konzentration des Bergbaus auf immer größer werdende Tagebaubetriebe (vor allem seit 1925), die Ablösung der vielen kleinen durch wenige große Verarbeitungsbetriebe sowie die Lokalisierung sehr großer Betriebe der eng mit der Braunkohle verflochtenen chemischen Industrie in den Kohlerevieren ließen die Großbetriebe zu Zielpunkten einer räumlich weit ausgedehnten und in Nähe des Zielortes intensiven Pendelwanderung werden. Damit waren – als ein wichtiges Merkmal für das entstehende Verdichtungsgebiet – neben den Städten zahlreiche weitere Zielpunkte der Pendelwanderung und somit eine Verflechtung der Teilgebiete und auch der Städte mit ihrem Umland auf der Basis einer gegenseitigen Pendelverflechtung gegeben. Im Jahr 1929 zählten Leipzig 28 829, Halle 7 449, Dessau 4 015, das Bitterfelder Industrierevier rd. 17 000, das Zeitz – Weißenfelser Revier (ohne die Städte Zeitz und Weißenfels) rd. 5 500, das Geiseltal rd. 2 800, das Bornaer Revier rd. 5 300, das Eislebener Revier (ohne Hettstedt) 10 600 Einpendler. Leuna allein hatte aus 539 Orten 16 472 Einpendler. Die flächenhafte Arbeitsstättenverteilung spiegelt sich darin wider, daß die großen Städte zugleich bedeutende Auspendlerorte waren. So betrug das Verhältnis von Auspendlern zu Einpendlern in Leipzig 1:5,2, in Dessau 1:1,8, in Halle sogar 1:1,1. Leipzig war von einem Kranz von Städten umgeben, die täglich mehr als 1 000 Auspendler abgaben (Engelsdorf, Gautzsch, Böhlitz-Ehrenberg, Lindenthal, Markranstädt, Schkeuditz, Taucha, Markkleeberg, Zwenkau), von denen einige aber auch mehr als 1 000 Einpendler empfingen. Unter den halleschen Randgemeinden erreichte allein Ammendorf diese Größenordnung.

3.1.2 Die Entwicklung der Verdichtung 1945 – 1989

Nach 1945 wurde die Wirtschaft in eine zentralistische und dirigistische Planung einbezogen. Da die Industrie als Kern der Wirtschaft angesehen wurde, zudem in dem Verdichtungsgebiet Halle – Leipzig ein bedeutender Teil der Industrie der DDR konzentriert war, wurde sie an den Erfordernissen der DDR insgesamt wie auch an den aus der internationalen Arbeitsteilung der DDR erwachsenden Aufgaben ausgerichtet und die Industrialisierung weiter vorangetrieben. 1989 waren in dem Verdichtungsraum, soweit er heute in den Bundesländern Sachsen und Sachsen-Anhalt liegt, 46,8% der Beschäftigten in der Industrie, weitere 6,2% im Bauwesen tätig. In den verdichteten Kreisen betrug der Anteil des Sektors II mehr als 60% (Tab. 3.2).

Tab. 3.2: Strukturwandel im Verdichtungsgebiet Halle – Leipzig zwischen 1989 und 1994
Quellen: 1989: Regionalreport Sachsen-Anhalt 1991 und Prof. Dr. Usbeck GmbH; 1994: Statistisches Jahrbuch Sachsen 1996 und Statistisches Landesamt Sachsen-Anhalt (vorläufige Ergebnisse)

Region	Fläche [km²]	Einwohner	Einwohner/ km²	Erwerbstätige	Erwerbsquote
			1989		
Kernstadt					
Dessau	148,0	101 262	684	55 363	54,7
Halle	133,7	321 684	2 406	161 302	50,1
Leipzig	157,7	530 010	3 361	286 300	54,0
Summe	439,4	952 956	2 169	502 965	52,8
Verdichteter Kreis					
Bitterfeld	504,5	126 181	250	74 454	59,0
Weißenfels	373,7	91 538[1]	245	423 341	46,2
Leipziger Land	991,2	253 142[2]	255	1 470 002	58,1
Summe	1 869,4	470 861	252	263 788	56,0
Anteilig verdichteter Kreis					
Merseburg-Querfurt	804,6	150 641[3]	187	107 707[3]	71,5
Burgenlandkreis	1 039,8	160 434[4]	154	75 189[4]	46,8
Summe	1 844,4	311 075	169	182 856	58,8
Nicht verdichteter Kreis					
Saalkreis	628,2	66 013	105	27 452	41,6
Delitzsch	778,8	105 858[5]	136	49 100[5]	46,4
Muldentalkreis	877,0	114 595[6]	131	56 600[6]	49,4
Summe	2 284,0	286 466	125	133 152	46,5
Insgesamt	6 437,2	2 021 358	314	1 082 761	53,6
			1994		
Kernstadt					
Dessau	148,0	92 535	625	44 660	48,3
Halle	133,7	290 051	2 120	151 064	52,1
Leipzig	157,7	481 121	3 051	235 151	48,9
Summe	439,4	863 707	1 966	430 879	49,9
Verdichteter Kreis					
Bitterfeld	504,5	118 394	235	48 934	41,3
Weißenfels	373,7	81 717	219	26 610	32,6
Leipziger Land	991,2	229 931	232	98 208	42,7
Summe	1 869,4	430 042	230	173 752	40,4
Anteilig verdichteter Kreis					
Merseburg-Querfurt	804,6	140 281	174	66 890	47,7
Burgenlandkreis	1 039,8	151 345	146	55 022	36,4
Summe	1 844,4	291 626	158	121 912	41,8
Nicht verdichteter Kreis					
Saalkreis	628,2	66 070	105	21 703	32,8
Delitzsch	778,8	96 567	124	37 122	38,4
Muldentalkreis	877,0	120 786	138	39 872	33,0
Summe	2 284,0	283 423	124	98 697	34,8
Insgesamt	6 437,2	1 868 798	290	825 240	44,2
			Veränderung 1989 – 1994		
Kernstädte		-9,37		-14,3	
Verdichtete Kreise		-8,67		-34,1	
Anteilig verdichtete Kreise		-6,25		-33,3	
Nicht verdichtete Kreise		-1,06		-25,9	
Verdichtungsraum insgesamt		-7,55		-23,8	

[1] Summe der Altkreise Weißenfels und Hohenmölsen   [2] Summe der Altkreise Leipziger Land, Borna und Geithain   [3] Summe der Altkreise Merseburg und Querfurt

Region	Beschäftigte im Sektor					
	I		II		III	
	abs.	rel.	abs.	rel.	abs.	rel.
1989						
Kernstadt						
Dessau	282	0,5	32 810	59,3	22 271	40,2
Halle	862	0,5	64 582	40,0	95 858	59,4
Leipzig	286	0,1	130 553	45,6	155 461	54,3
Summe	1 430	0,3	227 945	45,3	273 590	54,4
Verdichteter Kreis						
Bitterfeld	3 866	5,2	50 253	67,5	20 335	27,3
Weißenfels	4 084	9,6	22 067	52,1	16 183	38,2
Leipziger Land	13 903	9,5	91 931	62,5	41 160	28,0
Summe	21 853	8,3	164 251	62,3	77 678	29,4
Anteilig verdichteter Kreis						
Merseburg-Querfurt	9 284	8,6	72 946	67,7	25 477	23,7
Burgenlandkreis	11 372	15,1	35 664	47,5	28 113	37,4
Summe	20 656	11,3	108 610	59,4	53 590	29,3
Nicht verdichteter Kreis						
Saalkreis	9 992	36,4	10 225	37,2	7 235	26,4
Delitzsch	10 217	20,8	20 032	40,8	18 851	38,4
Muldentalkreis	8 603	15,2	29 367	51,9	18 630	32,9
Summe	28 812	21,6	59 624	44,8	44 716	33,6
Insgesamt	72 751	6,7	560 430	51,8	449 574	41,5
1994						
Kernstadt						
Dessau	415	0,9	17 322	38,8	26 923	60,3
Halle	575	0,4	44 322	29,3	106 167	70,3
Leipzig	178	0,1	61 308	26,1	173 669	73,9
Summe	1168	0,3	122 952	28,5	306 759	71,2
Verdichteter Kreis						
Bitterfeld	3 442	7,0	21 973	44,9	23 519	48,1
Weißenfels	822	3,1	9 756	36,7	16 032	60,2
Leipziger Land	3 499	3,6	44 858	45,7	49 851	50,8
Summe	7 763	4,5	76 587	44,1	89 402	51,5
Anteilig verdichteter Kreis						
Merseburg-Querfurt	1 903	2,8	34 298	51,3	30 689	45,9
Burgenlandkreis	2 341	4,3	21 288	38,7	31 393	57,1
Summe	4 244	3,5	55 586	45,6	62 082	50,9
Nicht verdichteter Kreis						
Saalkreis	884	4,1	9 714	44,8	11 105	51,1
Delitzsch	1 590	4,3	14 945	40,3	20 587	55,4
Muldentalkreis	2 245	5,6	15 354	38,5	22 273	55,9
Summe	4 719	4,8	40 013	40,5	53 965	54,7
Insgesamt	17 894	2,2	295 138	35,8	512 208	62,0
Veränderung 1989 – 1994						
Kernstädte	-18,3		-46,1		+12,1	
Verdichtete Kreise	-64,5		-53,4		+15,1	
Anteilig verdichtete Kreise	-79,5		-48,8		+15,8	
Nicht verdichtete Kreise	-83,6		-32,9		+20,7	
Verdichtungsraum insgesamt	-75,4		-47,3		+13,9	

[4] Summe der Altkreise Naumburg, Nebra und Zeitz [5] Summe der Altkreise Delitzsch und Eilenburg [6] Summe der Altkreise Grimma und Wurzen

Da für die Zeit der DDR die Beschäftigungsstruktur das einzig meßbare Kriterium für die Wirtschaftsstruktur ist, muß auf deren eingeschränkte Aussagefähigkeit hingewiesen werden. Zum einen waren die Industriebetriebe ebenso wie die Betriebe in anderen Wirtschaftsbereichen zu umfangreichen sozialen Aufgaben für ihre Belegschaften verpflichtet. Ferner gliederten sich die Industriebetriebe, um weniger störanfällig zu werden, zahlreiche „dienstleistende" und produktionsvorbereitende Abteilungen an. Die Beschäftigten dieser Abteilungen / Bereiche zählten statistisch als Industriebeschäftigte. Eine Vorstellung über die Größenordnung dieser Personengruppe gibt eine Untersuchung von H. NEUMANN (zit. in USBECK 1996), wonach Ende der 80er Jahre in der Stadt Leipzig 46 % (!) der statistisch im Sekundärsektor geführten Beschäftigten mit Arbeiten tertiären Charakters befaßt waren. Damit wird deutlich, daß der statistisch ausgewiesene Industrialisierungsgrad überhöht war. Regionale / lokale Unterschiede im Ausmaß der Überhöhung sind wahrscheinlich. Zum anderen führte die statistische Erfassung der in den Nebenbetrieben Beschäftigten am Standort des Hauptbetriebes zu vielen regionalen / lokalen Ungenauigkeiten. Von dieser Schwäche sind die Abbildungen 3.1 und 3.2 nicht frei, doch fällt sie, maßstabsbedingt, nur wenig ins Gewicht.

Die Industrie knüpfte an die überkommenen Standorte an. Die teilweise im Krieg zerstörten (z. B. Mineralölwerk Lützkendorf) oder danach demontierten Betriebe (z. B. Kraftwerk Vockerode) wurden wiedererrichtet. Die große Ausnahme war der ehemals so bedeutende Flugzeugbau, vornehmlich in Dessau. Die Veränderung der Struktur durch Anpassung an Aufgaben aus größeren Wirtschaftszusammenhängen heraus erfolgte stets allmählich. Damit war eine weitergehende Spezialisierung der Industrie verbunden. Für die als besonders wichtig angesehenen Aufgaben mußten territoriale Ressourcen mobilisiert werden. Häufig beschrittene Wege zur Sicherung der Hauptproduktionen waren Umstellungen kleinerer Betriebe als Zulieferer und die Stillegung kleiner oder völlig überalterter Betriebe zur Gewinnung von Arbeitskräften.

Im Verdichtungsgebiet verstärkten sich die gesteuerten Verflechtungen der Betriebe. Sie bestanden horizontal zwischen Betrieben derselben Branche, z. B. der chemischen Industrie. Charakteristisch aber waren die vertikalen Verflechtungen der Branchen, wie zwischen der Braunkohlenwirtschaft, der chemischen Industrie, dem Maschinen- und dem Rohrleitungsbau. Sie wurden sowohl durch den Aufbau neuer Produktionslinien (z. B. Chemieanlagenbau) als auch durch den Ausbau schon vorhandener Produktionsrichtungen (z. B. Förder- oder Brikettierungsanlagen) erweitert.

Durch die gewollte Entwicklung der Hauptproduktionslinien, die sich an einem internationalen Markt orientierten, mit dem die Betriebe aber nur indirekt verbunden waren, verstärkte sich das schon überkommene Produktionsprofil, das in Teilen des Verdichtungsgebietes zu Monostrukturen tendierte.

Seit Ende der 60er Jahre wurden die Industriebetriebe in Anlehnung an einen „Stammbetrieb" zu Kombinaten zusammengefaßt. In den zentralen Kombinaten war der gesamte Reproduktionszyklus vereinigt, von der Forschung über die Entwicklung hin zu den eigentlichen Produktionsbetrieben, ferner wichtige Zulieferer, der Produktionsmittelbau, das Reparaturwesen, Marketing und Service sowie ansehnliche Sozialabteilungen. Die Kombinate waren „sozialistische Monopole",

Abb. 3.1: Die Industrie in den Kreisen des Verdichtungsgebietes Halle – Leipzig
in der Mitte der 80er Jahre
Quelle: SCHERF (1990, S. 149, 176, 186, 199, 204, 220)

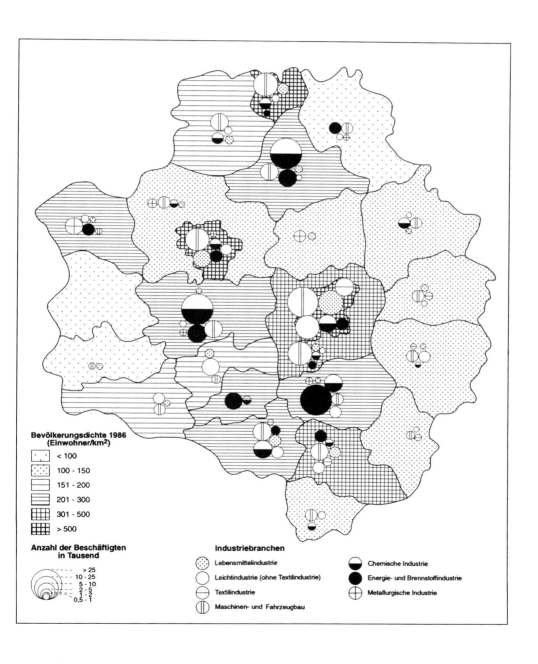

Bevölkerungsdichte 1986
(Einwohner/km^2)

- < 100
- 100 - 150
- 151 - 200
- 201 - 300
- 301 - 500
- > 500

Anzahl der Beschäftigten
in Tausend

- > 25
- 10 - 25
- 5 - 10
- 2 - 5
- 1 - 2
- 0,5 - 1

Industriebranchen

- Lebensmittelindustrie
- Leichtindustrie (ohne Textilindustrie)
- Textilindustrie
- Maschinen- und Fahrzeugbau
- Chemische Industrie
- Energie- und Brennstoffindustrie
- Metallurgische Industrie

Abb. 3.2: Industriestandorte und Industriebeschäftigtendichte im Verdichtungsraum
Halle – Leipzig – Dessau um 1965
Quelle: Atlas DDR. Gotha/Leipzig 1976 – 1981, Karte 33

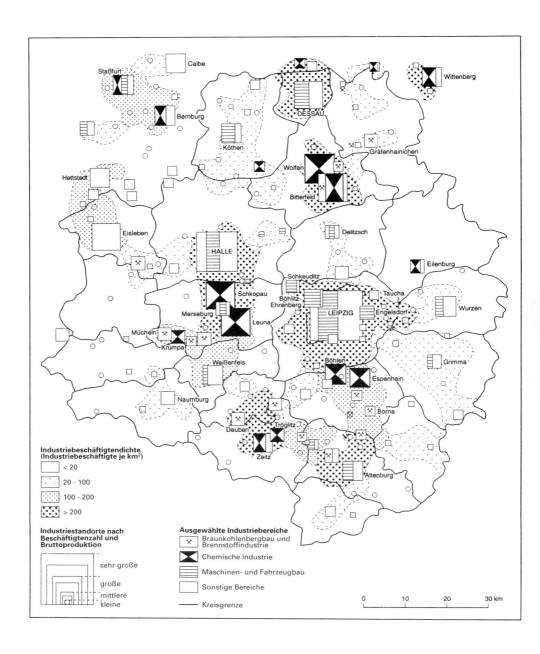

denen der Gedanke eines leistungsfördernden Wettbewerbs im eigenen Land fremd war. Auch deshalb litt die Entwicklung der Arbeitsproduktivität. Produkterneuerung und Innovationsfähigkeit der Betriebe waren eingeschränkt. Die zentralgeleiteten Kombinate entstanden vor allem in den Großstädten Leipzig (13) und Halle (7). Im Raum Dessau (2) – Wolfen (1) – Bitterfeld (2) wurden 5 Kombinate eingerichtet, weitere in Eisleben, Schkopau, Leuna, Weißenfels, Regis, Grimma und Delitzsch. Die bezirksgeleiteten Kombinate waren gleichfalls überwiegend in den damaligen Bezirksstädten lokalisiert, was nicht zuletzt Ausdruck des zentralistischen Dirigismus war.

Die Betriebsgrößenstruktur veränderte sich fortlaufend zugunsten der Großbetriebe. Es muß aber betont werden, daß die Entwicklung der Industrie im Verdichtungsgebiet Halle – Leipzig von Anfang an wesentlich durch Großbetriebe vorangebracht worden ist, auch durch deren technologische Innovationen. Insofern war der Kombinatsgigantismus nur das Ende einer jahrzehntelangen Entwicklung. 1967 wurden 59% der industriellen Bruttoproduktion im Verdichtungsgebiet Halle – Leipzig durch Betriebe mit mehr als 1 000 Beschäftigten erbracht (H. SCHMIDT 1977). Der Ausbau der Großbetriebe ging einher mit einer „Wegrationalisierung" sehr vieler Kleinbetriebe, deren Existenz als überholt angesehen wurde. Auch in den wenig industrialisierten Kreisen, die von ihren Strukturdaten her gar nicht zum Verdichtungsgebiet gehören (wie z.B. der Saalkreis), dominierten Großbetriebe.

Seit etwa 1960 wurden die Investitionen wieder vorrangig in die bestehenden industriellen Zentren gelenkt. Sie waren im Verdichtungsgebiet u.a. mit der teilweisen Ablösung der Karbochemie durch die Petrolchemie und dem Aufbau neuer petrolchemischer Kapazitäten verbunden (u.a. 1964 Leuna, 1970 Böhlen, 1974 Zeitz, 1979 Schkopau), doch blieben die Karbochemie (Espenhain, Leuna, Deuben, Webau u.a.), die Acetylenchemie (Schkopau) und ebenso die Chlorchemie (Schkopau, Bitterfeld) erhalten. Das Fotochemische Kombinat ORWO in Wolfen wurde erweitert, in Dessau als Kooperationspartner eine große Magnetbandfabrik errichtet. Zwischen den Betrieben in Böhlen, Zeitz, Leuna, Schkopau und Bitterfeld gab es viele, zum Teil gegenseitige Lieferbeziehungen, darunter mittels eines Rohrleitungsnetzes. Die Energiewirtschaft wurde durch die Wiedererrichtung des Kraftwerks Vockerode (370 MW), die Neubauten Thierbach (840 MW) und Lippendorf (600 MW) und einige Industriekraftwerke (z.B. Leuna, Wolfen) ausgebaut, doch mußte wegen des hohen Verbrauchs noch Elektroenergie aus der Lausitz zugeführt werden.

Die seit Anfang der 70er Jahre betriebene sogenannte intensive Entwicklung bedeutete im allgemeinen eine weitere Entwicklung an den bestehenden Standorten, so daß das Standortmuster nun weithin festgelegt war. Ausnahmen waren Stilllegungen völlig überalterter Betriebe (z.B. Kupferhütte Eisleben, Kraftwerk Großkayna) oder die Erschöpfung von Lagerstätten, wie der Kupferschieferbergbau bei Eisleben (1967), der Steinkohlenbergbau bei Plötz (1967), der Kalibergbau bei Teutschenthal (1981), der Braunkohlenbergbau in (1966) und bei (1973) Halle, bei Köthen (1964) und bei Meuselwitz (1967). Neu wurde die Braunkohlenförderung bei Delitzsch und östlich von Merseburg aufgenommen.

Ein bedeutendes wissenschaftliches Potential an Hochschulen und Instituten unterstützte die Industrieforschung. Außer den beiden alten Universitäten, die nur wenig ausgebaut wurden, gab es Mitte der 70er Jahre in den Städten Leipzig und

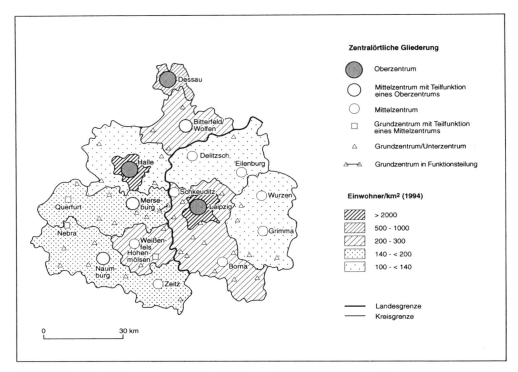

Abb. 3.3: Das Verdichtungsgebiet Halle – Leipzig: zentralörtliche Gliederung und Bevölkerungsdichte

Halle u. a. 10 Hochschulen, 25 Fachschulen, 10 Institute der Akademie der Wissen-schaften und 5 Institute der Bauakademie (H. SCHMIDT 1977). Die Hochschulen in Köthen und Merseburg kooperierten sehr eng mit der Industrie.

Die Abbildungen 3.1 und 3.2 zeigen die regionale Verteilung der Industrie. Deut-lich treten die Unterschiede zwischen den Kernstädten mit einer vielseitigen Struk-tur und dabei einer starken Stellung des Maschinenbaus und dem Verdichtungsge-biet mit einer relativ einseitigen Struktur bei einer Dominanz von chemischer In-dustrie und Bergbau hervor. Außerhalb der Verdichtung ist der Industrialisie-rungsgrad nur noch gering.

Auffällig ist die Verschiedenheit der Raumstruktur um die beiden Kernstädte. Leipzig grenzt an eine Reihe schon älterer Industriestädte und strahlt radial in alle Richtungen aus, vornehmlich entlang der Eisenbahntrassen. Von Halle erstreckt sich hingegen nur eine stark verdichtete Achse über Merseburg bis Weißenfels im Süden mit einer Nebenachse ins Geiseltal; die radiale Ausstrahlung (Nordosten, We-sten) ist schwach.

Übereinstimmend trifft für beide Kernstädte zu, daß sie keine Suburbanisie-rungszonen ausbildeten. Die Entwicklung der Städte wurde auf das Territorium der Städte selbst konzentriert, die Stadtrandzone lediglich als ein „Ergänzungsge-biet" betrachtet (GUTZER 1977). Nur vereinzelt wurden Betriebe oder Betriebsabtei-lungen dorthin verlagert. Umgekehrt wurde die Stadtrandzone sogar teilweise ihrer

Bevölkerung entblößt. Weil der industriemäßig durchgeführte Wohnungsbau in den Städten erfolgte (Halle-Neustadt, Halle-Süd, Leipzig-Grünau, Wolfen-Nord u. a.), konnten Wohnungssuchende eine Wohnung nur in den Städten finden. Zudem sollte der Umfang der Pendelwanderung eingeschränkt werden. Daher siedelte, parallel zum Aufbau der großen randstädtischen Wohngebiete, viel Bevölkerung aus dem Umland und gerade aus stadtnah gelegenen Siedlungen in die Kernstädte. Damit schwächte sich die historisch entstandene regionale Verdichtung wieder ab und löste sich zunehmend in Inseln auf. Es erfolgte kein Zusammenwachsen der Teilgebiete des Verdichtungsraumes, sondern deren stärkere Absonderung. Überlagert wurden diese nahräumlichen Prozesse durch weiträumige Wanderungsverluste.

3.1.3 Die Abgrenzung des Verdichtungsgebietes

Die hier vorgenommene Abgrenzung dient dem Ziel, Einblicke in die Veränderung der Wirtschaftsstruktur eines verdichteten Gebietes zu ermöglichen und umgrenzt daher ein weiteres Untersuchungsgebiet. Die Abbildungen 3.1 und 3.2 zeigen, daß die tatsächliche Verdichtung nicht mit der hier vorgenommenen Abgrenzung, die auf die Bundesländer Sachsen und Sachsen-Anhalt beschränkt wird, übereinstimmt (vgl. Abb. 3.3).

Da für die Beobachtung der Veränderungen am besten zeitliche Reihen herangezogen werden, diese aber auf Kreisebene durch die Kreisgebietsreform von 1994 sehr stark beeinflußt wurden bzw. für die früheren Kreise nicht mehr vorliegen, bot sich als ein gangbarer Weg an, die neuentstandenen Kreise als räumliche Basiseinheit zu nehmen. Dabei entsprechen die neuen Kreise in der Regel nicht genau der Summe der alten Kreise, doch sind die Unterschiede für die hier verfolgte Fragestellung unerheblich. Durch dieses Vorgehen wurden aber Gebietsteile dem Verdichtungsgebiet hinzugezählt, die nicht verdichtet sind (vgl. Abb. 3.1 bis 3.3).

3.2 Der wirtschaftliche Strukturwandel seit 1989

3.2.1 Wichtige Bestandteile und Ergebnisse des Strukturwandels

Mit der abrupten Einführung der Marktwirtschaft wurden die überkommenen Strukturen verändert und einer Neubewertung unterzogen. Sowohl strukturell als auch räumlich setzten neue Entwicklungen ein.

In dem bis 1989 wichtigsten Wirtschaftsbereich, der Industrie, war die Umstrukturierung mit flächenhaften Stillegungen (z. B. Braunkohlenreviere, Zuckerfabriken), einem massiven Beschäftigungsabbau sowie einer radikalen Veränderung der Betriebsgrößenstruktur verbunden. Die in Kombinaten und Großbetrieben organisierte Produktion erwies sich aus vielen Gründen als nicht wettbewerbsfähig. Die Kombinate wurden aufgelöst, alle Betriebe auf ihre Kerne „abgeschmolzen" und privatisiert. Zugleich entstand durch Aus- und Neugründungen im Umfeld der Produktionsbetriebe eine wirtschaftsnahe Infrastruktur.

Im Verdichtungsgebiet Halle – Leipzig ging zwischen 1989 und 1994 die Bevölkerung um 7,55 %, die Erwerbstätigkeit aber um 23,8 %, die Beschäftigung im Produzierenden Gewerbe sogar um 47,3 % zurück (Tab. 3.2). Im Bereich Bergbau und Verarbeitendes Gewerbe waren Mitte 1996 nur noch 81 300 Personen beschäftigt.

Von der Deindustrialisierung waren die Kernstädte trotz ihrer großen Branchenvielfalt in etwa gleichem Maße betroffen wie das Umland (Tab. 3.2). Insofern ist die häufig geäußerte Auffassung, die Deindustrialisierung sei hauptsächlich den Monostrukturen der alten Industrie geschuldet, nicht aufrechtzuerhalten.

Seit 1994 verzeichnet die Erwerbstätigkeit insgesamt eine bescheidene Zunahme. Der Umfang der industriellen Beschäftigung hat sich aber noch weiter verringert. Viele ehemalige Großbetriebe wurden ganz stillgelegt, andere wurden nach der Privatisierung in nur noch kleinem oder sehr kleinem Umfang weitergeführt. Die Industriebetriebe mit mehr als 1 000 Beschäftigten sind fast gänzlich verschwunden.

Da sich, durch die historische Situation bedingt, im Verdichtungsgebiet Halle – Leipzig kein privates Kapital gebildet hatte, kamen alle mittleren und größeren Betriebe in die Hand „Auswärtiger". Weil sich das private deutsche Kapital sehr zurückhielt und wenig Interesse an den mitteldeutschen Produktionsstätten zeigte, glücklicherweise aber ausländisches Kapital aktiv wurde, kamen die Reste der Industrie in ausländischen Besitz. Wenn in Mitteldeutschland wirklich „industrielle Kerne" erhalten geblieben sind, dann in entscheidendem Maße durch das Engagement des ausländischen, besonders des US-amerikanischen und französischen Kapitals. An ausländisches Kapital sind, von wenigen Ausnahmen abgesehen, die großen Investitionen in der Industrie gebunden. Damit liegt nun die Entscheidungskompetenz über die Industrie generell außerhalb der Region.

Im Unterschied zur Betriebsgrößenstruktur hat sich die Branchenstruktur nur wenig geändert, so daß in dieser Hinsicht nicht von einem „Bruch" gesprochen werden kann. Am bemerkenswertesten sind der starke Rückgang des Bergbaus, die Einstellung der Karbochemie, die nahezu völlige Aufgabe der Schuhindustrie, die relative Zunahme der Lebensmittelindustrie und die absolute Zunahme der Baustoffindustrie. Innerhalb der sehr rückläufigen Metallindustrie hielt sich der mit der Bauindustrie kooperierende Stahl- und Metallbau am besten. Ansonsten kam es zwar generell zu bedeutenden Einschnitten, doch blieb zumeist der betreffende Industriezweig erhalten (z. B. Waggonbau in Dessau eingestellt, in Halle weitergeführt).

Fast alle großen Investitionen flossen in die schon früher wichtigsten Industriebranchen. Ausnahmen sind die Glas- und die Zellstoffindustrie. In der Standortstruktur hat es deshalb, von den Braunkohlenrevieren abgesehen, wenig Veränderungen gegeben. Zeitz und Espenhain schieden als bedeutende Chemiestandorte aus.

Die Neu-, Um- und Ausgründungen neuer Industrieunternehmen erfolgten vornehmlich an den traditionellen Standorten. Die von Arbeitsplätzen entblößten früheren Braunkohlenreviere erlitten starke Bevölkerungsverluste.

Die Bauindustrie hingegen entwickelte sich kräftig. Viele Baustoffbetriebe nutzten die Standortangebote auf den neuen Gewerbeflächen. Wegen des Umstrukturierungsprozesses und des Nachholbedarfs ist die Bauindustrie sogar im Vergleich zu anderen Branchen überdimensioniert. Ein sehr großer Teil der im sekundären Sektor Beschäftigten entfällt auf die Bauindustrie, in einigen Kreisen mehr als die Hälfte (Weißenfels, Saalkreis).

Der zuvor in den Randkreisen des Verdichtungsgebietes hohe Anteil landwirtschaftlicher Beschäftigung hat sich bedeutend verringert (Tab. 3.2) und geht noch
weiter zurück.

Einen großen Aufschwung nahm der Tertiärsektor, der in allen Gebietskategorien
bei der Zahl der Beschäftigung zulegte und an die führende Position gelangte. Die Zunahme war mit einer breiten Diversifizierung und einem Qualitätssprung verbunden. Weil aber wegen der Deindustrialisierung nur eine schwache Nachfrage nach
einer leistungsfähigen wirtschaftsnahen Infrastruktur besteht, entwickelt sich der
Tertiärsektor strukturell anders (regional determiniert, konsumnachfrageorientiert)
als in den alten Bundesländern (KARRASCH 1993). Besonders stark legte der Dienstleistungssektor in den großen Städten zu, wo deshalb der Rückgang der Erwerbsquote
viel niedriger ausfiel als in den anderen Gebietskategorien (Tab. 3.2, Spalte 6). Leipzig
entwickelt sich zu einer großen Dienstleistungs- und Handelsmetropole. Die gewalti-
gen Investitionen (z.B. Güterverkehrszentrum, Neue Messe) bewirken einen Imagegewinn für die gesamte Region. Die übersteigerten Erwartungen an die Entwicklung
des Tertiärsektors zeigen sich in der Entstehung eines Überangebots an Büroflächen
sowohl in den großen Städten als auch deren suburbanen Zonen.

Zur Zeit kann konstatiert werden, daß der Strukturwandel in etwa das Ende sei-
ner 1. Phase erreicht hat, den Zusammenbruch der alten Struktur. Die 2. Phase, der
Aufbau einer neuen, sich selbst tragenden Struktur, steht am Anfang. Bisher ist die
Wertschöpfung viel zu schwach, um den Dienstleistungssektor tragen zu können.
Neue, in die Zukunft weisende Elemente sind erst als sehr kleine Tupfer entstanden. Der Versuch, sich als Bioregion zu profilieren und damit neue, dringend
benötigte Impulse in die Region hineinzubekommen, fand bei einem bundesweiten
Wettbewerb 1996 leider keine Unterstützung durch die Bundesregierung. Daraus
hätte ein Neubeginn erwachsen können. Aber auch so will die Region Halle – Leipzig die Biotechnik ausbauen.

3.2.2　Die Suburbanisierung

Die Suburbanisierung ist die auffälligste räumliche Entwicklung im Verdichtungsgebiet. Jahrzehntelang durch die Kanalisierung der Stadtentwicklung auf das Territorium der Städte „künstlich" unterbunden, setzte sie als Teil des Strukturwandels
sogleich nach der Wende ein, sobald die neuen gesetzlichen Grundlagen fixiert
waren. Deshalb erscheint es müßig, ein zeitliches Nacheinander von Gewerbe-, Han-
dels- oder Wohnsuburbanisierung feststellen zu wollen; der jahrzehntelange Nachholbedarf brach sich in allen Bereichen so schnell wie möglich Bahn.

Rings um Leipzig und Halle entstanden auf der „grünen Wiese" sehr große Einkaufszentren, unter denen der Saalepark mit mehr als 140 000 m² Verkaufsfläche,
weitab der Saale zwischen Merseburg und Leipzig gelegen, noch herausragt
(vgl. GRUNDMANN, TZSCHACHEL u. WOLLKOPF 1996, JÜRGENS 1994). Der „Auszug" der
Stadtbevölkerung in die suburbanen Siedlungen hat im Verlauf der 90er Jahre zugenommen (vgl. z.B. HERFERT 1996, OELKE 1996). Zwischen den großen Städten und
ihrem Umland kehrte sich die Migration um. Sie ist nun von den Städten hinaus ins
Umland gerichtet.

So auffällig diese Migration auch wegen ihrer derzeitigen Intensität sein mag, so ist doch bei ihrer Einschätzung zu berücksichtigen, daß hier zunächst ein großer Nachhol- und Ausgleichsprozeß in Gang gekommen ist. Jahrzehntelang haben die Umlandgemeinden ununterbrochen Bevölkerung an die großen Städte verloren, so daß ein abruptes Nebeneinander von Städten und schrumpfenden dörflichen Siedlungen entstanden war. Die Siedlungen zwischen Halle und Leipzig profitierten nicht etwa von ihrer günstigen Lage, sondern gaben Bevölkerung ab. So läuft derzeit nichts weniger als ein „Auffüllvorgang" rings um die beiden Städte ab, der sich in den Migrationsgewinnen aller Umlandgemeinden widerspiegelt. Daneben zeichnen sich bevorzugte, achsenhaft angelegte Räume mit besonders hohen Wanderungsgewinnen ab.

Die Ausweisung von Gewerbegebietsflächen ist von den Umlandgemeinden mit teilweise zu großen Erwartungen in Angriff genommen worden. Wenngleich die Raumordnungsbehörden viele Vorhaben einschränkten, sind letztlich mehr Gewerbeflächen genehmigt worden als in Anspruch genommen worden sind. Bis Oktober 1993 waren im Regierungsbezirk Leipzig 5 055 ha Gewerbeflächen raumordnerisch befürwortet worden, bis Ende 1993 im Regierungsbezirk Halle 3 776 ha, davon 3 010 im Verdichtungsgebiet Halle – Leipzig. Die umfangreichsten Flächenausweisungen waren in den Altkreisen Leipzig-Land, Delitzsch (DREWS 1995) sowie Saalkreis und Merseburg erfolgt.

Die neuen Gewerbeflächen reihen sich an den Hauptverkehrsstraßen auf, wogegen Eisenbahnanschlüsse (Versandhaus Quelle) die Ausnahme sind. Sehr große Gewerbeflächen wurden zwischen Engelsdorf und Schkeuditz im Nordwesten und Norden Leipzigs ausgewiesen (vgl. BRAUSE u. GRUNDMANN 1994, USBECK 1996). Entlang der A 14 und B 6 erstrecken sie sich bis Halle (OELKE 1996). Große Gewerbeflächen wurden ferner im Westen Leipzigs und auf der Achse nach Osten in Richtung Wurzen sowie von Halle aus in nordöstlicher Richtung nach Bitterfeld und in Anlehnung an die schon alte Achse nach Süden eingerichtet.

Auffallend ist der relativ niedrige Anteil des Produzierenden Gewerbes an den neuen Gewerbeflächen. Innerhalb des Produzierenden Gewerbes entfällt ein großer Teil auf das Baugewerbe. Mitte der 90er Jahre ließ die Suburbanisierung des Gewerbes stark nach. Dagegen bestand weiterhin Nachfrage an den traditionellen Großstandorten, wie Leuna oder Bitterfeld.

Verlagerungen von Industriebetrieben aus den Kernstädten ins Umland machen bisher nur einen untergeordneten Teil der Gewerbesuburbanisierung aus. Beispiele sind mehrere Druckereien aus Leipzig oder die traditionsreiche Maschinenfabrik aus Halle.

3.2.3   Neue und veränderte Funktionen der großen Städte

Bis 1989 waren Leipzig und Halle vorrangig, wenn auch in unterschiedlichem Maße, industrielle und administrative Zentren. Diese Funktionen erfuhren dauerhafte Veränderungen. Beide Städte büßten ihre Bezirksstadtfunktion ein. Sie sind zwar die größten Städte in ihren Bundesländern, aber eben nicht die jeweiligen Hauptstädte. Das Vorhaben Sachsen-Anhalts, die Regierungspräsidien abzuschaffen, wird die Verwaltungsfunktion von Halle und Dessau weiter schwächen.

Als Industriestandorte verloren die großen Städte sehr stark an Bedeutung. 1995 zählte Leipzig nur noch etwa 12 200 Beschäftigte in Bergbau und Verarbeitendem Gewerbe; 1989 waren es noch 101 000 gewesen (BEZ 1995). Halle hatte Mitte 1996 etwa 9 280 und Dessau 4 800 Industriebeschäftigte. Die innerstädtischen Altindustriegebiete unterliegen einer Nutzungsumwidmung, so daß schon aus Gründen der Flächenverfügbarkeit die Industrie ihre frühere Bedeutung nicht wieder erlangen könnte.

Parallel zum „Wegbrechen" der Arbeitsplätze im sekundären Sektor erfolgte in den Städten ein Wachsen des tertiären Sektors, wobei die Gesamtzahl der Beschäftigten deutlich rückläufig war. Die Umschichtung der Arbeitsplätze war mit einem quantitativen Rückgang verbunden, der stärker als der Bevölkerungsrückgang ausfiel.

In der Entwicklung des Dienstleistungssektors sehen die Städte eine große Chance. Mittels sehr großer Investitionen ist Leipzig dabei, sich unter dem Motto „Messe – Handel – Medien" zu einer Dienstleistungs- und Handelsmetropole von europäischem Rang zu entwickeln. Damit ist ein Imagegewinn für die gesamte Region verbunden. 1996 konnte im Norden der Stadt die Neue Messe eröffnet werden. Die frühere Universalmesse wurde durch eine Vielzahl von Fachmessen abgelöst. Viele unternehmensorientierte Dienstleistungen haben sich niedergelassen, unter ihnen etwa 100 Finanzinstitute und sehr viele Firmen der Unternehmensberatung (USBECK 1996). Die Deutsche Bank betreut von Leipzig aus die Bundesländer Sachsen, Thüringen und den Süden Sachsen-Anhalts.

Die Region kann mit einem sehr reichen kulturellen Erbe und Leben (BACH, HÄNDEL, Gewandhaus, Theater, Museen, Bauhaus, Dessau – Wörlitzer Gartenreich u. a. m.) für sich werben. Die traditionsreichen Universitäten Leipzig und Halle, dazu Jena, sind eine enge Kooperation eingegangen. Defizite tun sich aber in der technischen und ingenieurtechnischen Forschung an den Universitäten und Hochschulen auf. Nur ein Teil der früheren Akademieinstitute wurde fortgeführt. Durch die vorgesehene Ansiedlung von Bundesbehörden (Leipzig, Dessau), neue Konsulate (Leipzig) oder das Landesarbeitsamt für die Bundesländer Thüringen und Sachsen-Anhalt (Halle) verzeichnen die Städte Funktionsgewinne auf einer höheren administrativen Ebene.

Hohe Umweltbelastungen, die im Verlauf der industriellen Entwicklung besonders durch die chemische Industrie und den Braunkohlenbergbau aufgelaufen sind, ließen die Region in sehr negative, zudem journalistisch aufgebauschte Schlagzeilen geraten. Bitterfeld und Espenhain wurden Synonyme für unerträglich hohe Umweltbelastungen. Sorgfältige Untersuchungen haben den Befürchtungen die Spitze genommen. Dennoch bleibt noch viel zu tun, um die realen Kontaminationen und das subjektive Negativimage abzubauen.

3.2.4 Entwicklung ausgewählter Industrien

Angesichts der dramatischen Deindustrialisierung und der damit verbundenen Schwäche der Wirtschaft besteht allgemein Konsens darüber, daß die verarbeitende Industrie zu stärken ist. Es gibt eine Vision vom Standort mit den modernsten Industriebetrieben Europas. Das kann insofern gar nicht anders sein, als die neuen Betriebe stets mit der modernsten Technologie ausgestattet werden. Beispiele dafür sind die MIDER – Raffinerie in Leuna, Chemiebetriebe in Bitterfeld (Bayer, Heraeus) oder die Zuckerfabriken in Delitzsch und Zeitz. Die große Mehrzahl der Betriebe sind aber kleine Unternehmen, oft durch ehemals leitende Mitarbeiter privatisiert, die durch gravierende Eigenkapitalschwäche charakterisiert und in ihrer Existenz permanent gefährdet sind. Sie sind weder zu einem überregionalen Marketing fähig, noch können sie ihre Betriebe modern ausstatten. Die oft ins Feld geführten verbesserten Standortbedingungen durch den EU-Binnenmarkt oder überhaupt Exportleistungen sind für sie irrelevant. Es bildete sich eine dualistische Struktur heraus : (noch) wenige sehr moderne, in große Wirtschaftszusammenhänge eingebundene Betriebe versus viele kleine, am regionalen Markt orientierte und in der technischen Ausstattung zurückgebliebene Betriebe, die zudem über kein Innovationspotential verfügen.

Die vorteilhafte geographische Lage innerhalb Europas kann nur über die Verbesserung der Verkehrsverbindungen zu anderen europäischen Zentren nutzbar gemacht werden. Daran wird derzeit gearbeitet. Dazu gehören der Ausbau des Flughafens Leipzig – Halle, der Ausbau bestehender und der Bau neuer Autobahnen (A 14, A 38, A 143 als Südumgehung von Merseburg und Leipzig), die ICE-Trasse Nürnberg – Erfurt – Halle / Leipzig – Berlin, die Schienenverbindungen nach Dresden und Chemnitz, das Güterverkehrszentrum Leipzig-Wahren, die Pipeline Rostock – Leuna – Böhlen. Die relativ kurze A 143 ist sowohl für die Entlastung der Städte als auch den Anschluß der neuen Industrien im Raum Schkopau – Leuna – Böhlen wichtig. Die meisten Bauwerke werden aber erst nach dem Jahr 2000 fertig werden. Parallel dazu wird die innerregionale Infrastruktur verbessert, angezeigt durch den vorgesehenen Bau einer S-Bahntrasse zwischen Halle und Leipzig, den City-Tunnel in Leipzig und einen länderübergreifenden Verkehrsverbund.

3.2.4.1 Die chemische Industrie

Die nach der Wende mit vielen negativen Attributen belegte, weithin stillgelegte und in ihrer Existenz grundsätzlich in Frage gestellte chemische Industrie ist derzeit in einem Konsolidierungsprozeß. Waren die Investitionen zunächst vor allem auf Umweltschutz-, Anlagensicherheits- und Technologieanforderungen gerichtet, so erfolgte 1994 eine Verschiebung zu den Neuanlagen- und Ersatzinvestitionen (vgl. JESCHKE 1995). Diese wurden vorwiegend durch ausländisches Kapital getätigt. 1993 erwirtschaftete die chemische Industrie nur etwa ein Drittel ihres früheren Umsatzes, doch stieg dieser 1994 wieder an.

Die mit großen Investitionen betriebene Reindustrialisierung ist an wenige traditionelle Standorte geknüpft. Als Herzstück der mitteldeutschen chemischen Industrie entsteht unter maßgeblicher Beteiligung der französischen ELF-Gruppe bei einem Aufwand von etwa 4,9 Mrd. DM die Raffinerie „Leuna 2000" (MIDER). Sie nahm im Herbst 1997 den Betrieb auf. Mit einer Kapazität von 9 – 10 Mio. t/a ersetzt sie annähernd die stillgelegten Kapazitäten aus Leuna, Zeitz und Böhlen. Sie wird vorwiegend mit russischem Erdöl via Schwedt versorgt, dazu ab Ende 1997 über die gemeinsam mit der BSL errichtete Pipeline aus Rostock (2,2 Mio. t/a). Ihrerseits beliefert die Raffinerie dann u. a. den BSL-Olefinverbund. Auf dem Gelände der früheren Leunawerke entstanden neue Kraftwerke, Luftzerlegungsanlagen sowie zahlreiche neue bzw. erneuerte Chemieanlagen. Größter Betrieb der chemischen Industrie in Leuna ist derzeit die Caprolaktamproduktion der belgischen Domo. Die ehemals so bedeutende Ammoniaksynthese wurde aufgegeben. Einigendes Band aller Betriebe am Standort Leuna ist die Infra-Leuna, die eine erstklassige Infrastruktur bieten und die Chemieunternehmen von allen Nebenaufgaben befreien will.

Mit der Übernahme des Olefinverbundes BSL (Buna, Sächsische Olefinwerke Böhlen, Leuna) durch die amerikanische DOW, die in ihre Standorte und die neue Pipeline aus Rostock 4,5 Mrd. DM investieren will, konnte ein weiterer Kern der mitteldeutschen Chemie gerettet und einer günstigen Entwicklung zugeführt werden. Durch die Pipeline aus Rostock erreichte der mitteldeutsche Chemiestandort eine Lage „am Wasser". Wesentliche Bestandteile des DOW-Konzeptes sind die Ertüchtigung des Crackers Böhlen, die Modernisierung der Chlorchemie, die Errichtung neuer Produktionsanlagen (z.B. Anilin-, Polypropylen-, Acrylsäurefabrik), die Entwicklung zum führenden Forschungsstandort des Unternehmens in Europa sowie die Aufgabe einiger schon lange in Schkopau betriebener Geschäftsfelder.

Für die beiden eng benachbarten und vielfältig kooperierenden Standorte Leuna und Schkopau gibt es weitere ansiedlungswillige Investoren. Hier entsteht der erste industrielle Wachstumskern Mitteldeutschlands, der seinerseits Wachstum induzieren könnte (Ansiedlung mittelständischer Wirtschaft). Nicht zuletzt bedeutet das Engagement der weltweit operierenden Firmen ELF und DOW einen beträchtlichen Imagegewinn für die Region.

Ähnlich wie in Leuna wurde in Bitterfeld / Wolfen eine neue Infrastruktur geschaffen. In der Chlorchemie besteht eine enge Zusammenarbeit mit dem BSL-Olefinverbund. Größter Investor ist bisher BAYER mit 4 Betrieben und einem Investitionsvolumen von 850 Mio. DM. Unter den weiteren Chemieproduzenten in Bitterfeld sticht der Quarzglashersteller Heraeus hervor. In Wolfen verlief die Entwicklung weniger günstig. Die traditionsreiche Filmfabrik ORWO wurde Ende 1994 geschlossen. Unter dem Namen ORWO firmiert nun die frühere Konfektionierung, die Filmmaterial kauft und dann unter dem eigenen Namen vertreibt. Neben ausgegründeten kleinen Betrieben ließ sich 1996 in Wolfen eine große amerikanische Flachglasfabrik nieder.

Die weiteren, noch verbliebenen Reste der chemischen Industrie des Verdichtungsgebietes Halle – Leipzig (Krumpa, Webau, Dessau, Zeitz, Eilenburg u.a.) sind zu klein, um Wachstum induzieren zu können. In Wolfen und auf dem Gelände der Fachhochschule Merseburg erinnern Industriemuseen an industrie- und technikgeschichtlich große Leistungen der Region.

3.2.4.2 Die Braunkohlenindustrie

Bis zur politischen Wende war der Braunkohlenbergbau bei einer Kohleförderung (1989) von 105,6 Mio. t und 57 249 Beschäftigten (JAKOB 1993) einer der bedeutendsten Industriezweige in Mitteldeutschland. Mit der Wende in eine völlig veränderte ökonomische Situation gestellt, erfolgte bereits 1990 durch die Stillegung von Tagebauen und die Senkung der Förderhöhe in noch laufenden Tagebauen eine starke

Reduzierung der Kohlegewinnung. Erzwungen wurde diese Entwicklung durch die schrumpfenden Absatzmöglichkeiten. Fast alle mit Braunkohle befeuerten Kraftwerke wurden stillgelegt (z. B. die Industriekraftwerke in Leuna, Wolfen, Bitterfeld, zuletzt 1966 in Espenhain), ebenso die Heizwerke (z. B. in Halle und Zeitz). Wegen des zu hohen Schwefelgehaltes der meisten Braunkohlen durften entsprechend dem Bundesimmissionsschutzgesetz die daraus produzierten Briketts seit 1994 nicht mehr im Hausbrand verfeuert werden. Daher blieben, nach technischer Umrüstung, nur 2 von ehemals 21 Brikettfabriken bestehen; die Trockenkohleerzeugung in Espenhain wurde Mitte 1996 aufgegeben. Die Schwelereien, die die Umwelt extrem belastet hatten, waren sofort stillgelegt worden. Mit der Einstellung der Förderung in den meisten Revieren und des Betriebs der angelagerten Verarbeitungsindustrie stand ein ehemals strukturbestimmender Wirtschaftsbereich vor dem Erlöschen.

Erst als der politische Wille zur Erhaltung des mitteldeutschen Braunkohlenbergbaus deutlich wurde und mit dem Bau neuer großer Kraftwerke in Schkopau (900 MW) und Lippendorf (1 600 MW) Großabnehmer für etwa 5,5 bzw. 10 Mio. t/a Braunkohle im Entstehen waren, gelang zum 1. 1. 1994 die Privatisierung der MIBRAG mbH (Mitteldeutsche Braunkohlen AG) durch ein englisch-amerikanisches Firmenkonsortium. Ende 1994 wurden nur noch die Tagebaue Profen, Schleenhain und Zwenkau betrieben (Abb. 3.4). 1995 förderten sie 15,7 Mio. t Rohkohle. Der Tagebau Profen hat noch eine Laufzeit von rund 30, Schleenhain von 40 Jahren. Damit kommt etwa ein Viertel der als gewinnbar angesehenen Vorräte zum Abbau.

Wegen Umstellung auf Vollbandbetrieb ruht 1995 – 1999 die Förderung im Tagebau Schleenhain, der dann das neue Kraftwerk Lippendorf versorgen wird. Der Tagebau Zwenkau beliefert derzeit die beiden alten Kraftwerke Thierbach (840 MW) und Lippendorf (600 MW). Er wird 1999 die Kohlenförderung beenden, die beiden alten Kraftwerke werden dann abgeschaltet.

Bei einem hohen Investitionsaufwand (2,5 bzw. 4,7 Mrd. DM) verkörpern beide Kraftwerke technologischen Höchststand. Sie werden aber nur wenige Mitarbeiter beschäftigen (190 bzw. 290). Das 1996 ans Netz gegangene Kraftwerk Schkopau beliefert u. a. den benachbarten BSL-Olefinverband sowie die Deutsche Bahn AG. Außer zum Kraftwerk Schkopau gelangt Kohle aus dem Tagebau Profen zu 3 kleinen Industriekraftwerken (234,4 MW) und 2 kleinen Brikettfabriken (0,6 Mio. t/a) in seiner Umgebung (Abb. 3.4) sowie zu weiteren Kleinabnehmern (Zuckerfabriken, Heizwerke). Mit etwa 2 600 Beschäftigten ist die MIBRAG mbH der größte Arbeitgeber im Dreiländereck von Sachsen, Thüringen und Sachsen-Anhalt.

Der Braunkohlenbergbau kann aber nicht mehr zu einem die Wirtschaft im Verdichtungsraum Halle – Leipzig wesentlich bestimmenden Faktor werden und seine frühere Bedeutung nicht wieder zurückerlangen. Die ehemaligen Braunkohlenreviere haben keine Verflechtungsmöglichkeiten mit der Industrie mehr. Es gibt noch keinen Neuanfang. Gerade diese Gebiete, in denen, zur Zeit noch etwas kaschiert durch die Sanierungsarbeiten, fast alle Arbeitsplätze weggebrochen sind, die zudem aus Gründen der Umweltbeeinträchtigungen ein negatives Image haben, benötigen dringend Investitionen in neue Arbeitsplätze.

Der Braunkohlenbergbau hat gravierend in die mitteldeutschen Landschaften eingegriffen (vgl. BARTHEL 1962, BERKNER 1989 u. 1993). Die schnelle Einstellung der Tagebaue vergrößerte den Bedarf an Landschaftsgestaltung und Rekultivierung.

Abb. 3.4:
Braunkohlenindustrie
im Verdichtungsgebiet
Halle – Leipzig

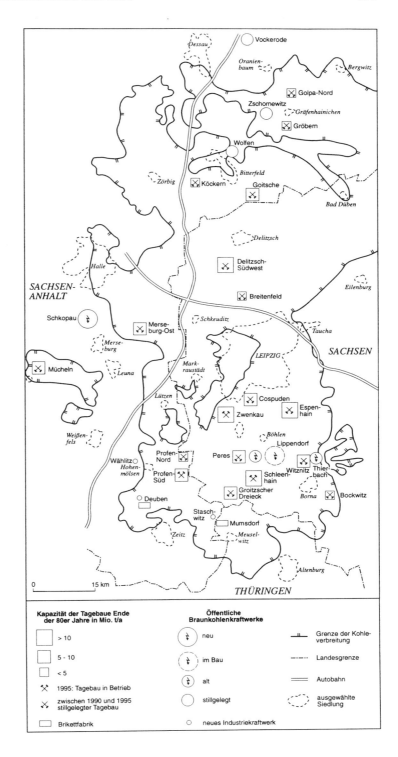

**Kapazität der Tagebaue Ende
der 80er Jahre in Mio. t/a**

☐	> 10
☐	5 - 10
☐	< 5
⚒	1995: Tagebau in Betrieb
⚒	zwischen 1990 und 1995 stillgelegter Tagebau
▭	Brikettfabrik

**Öffentliche
Braunkohlenkraftwerke**

⊘	neu
⊘	im Bau
⊘	alt
○	stillgelegt
○	neues Industriekraftwerk

⊥⊥	Grenze der Kohle-verbreitung
–·–·–	Landesgrenze
═══	Autobahn
⟨ ⟩	ausgewählte Siedlung

Überwiegend mit Mitteln des Bundes hat die MBV bzw. seit 1996 die LMBV (Lausitzer und Mitteldeutsche Bergbauverwaltungsgesellschaft) die Wiederurbarmachung der aufgegebenen Tagebauflächen zügig vorangebracht. Große Teile der neuen Sekundärlandschaft, die nach Relief, Flora und Fauna viel abwechslungsreicher sein wird als die frühere Landschaft, bleiben einer „natürlichen" Entwicklung überlassen. Anziehungspunkte werden die zahlreichen, in den verbliebenen Restlöchern entstehenden Seen sein. Südlich von Leipzig, südwestlich und östlich von Merseburg sowie um Bitterfeld bilden sich Seenplatten aus, mit z. T. großen Gewässern, die der Region ein neues landschaftliches Image geben werden. Schon heute gibt es bekannte Erholungsgewässer (Bergwitzsee, Mondsee, Kulkwitzer See, Hasse u. a.).

Mit den Hinterlassenschaften des früheren Braunkohlenabbaus und der angelagerten Industrien verbindet sich eine hohe, gebietsweise sehr hohe Umweltbelastung. Sie gilt als die höchste in Deutschland. Noch in der Zeit der Wende wurden die größten industriellen Umweltverschmutzer stillgelegt. Über ein engmaschiges Meßstellennetz wurde das tatsächliche Ausmaß der Kontaminationen festgestellt, das örtlich sehr hoch war, sich zum Glück aber nicht als so schlimm herausstellte, wie manche vorher öffentlich geäußerte Meinung hatte vermuten lassen (vgl. HILLE u. a. 1992, Ministerium … 1994).

Inzwischen sind viele Schäden beseitigt oder gemindert worden. Eine Umwelt-Infrastruktur wurde aufgebaut. Es bleibt aber rascher Handlungsbedarf insbesondere deshalb, weil mit der Einstellung der bergbaulichen Wasserhaltung der Grundwasserspiegel ansteigt und Deponiekörper erfaßt, von denen neue Gefährdungen ausgehen. Die Übernahme der Kosten für die Altlastensanierung durch Bund und Land war eine wesentliche Voraussetzung für die erneute ökonomische Inwertsetzung dieser Altindustrieregionen und für Investitionsentscheidungen.

3.3   Ein ländergrenzenübergreifender Wirtschaftsraum

Die Klagen über hemmende Wirkungen der Grenzen zwischen den Teilregionen des Wirtschaftsraums Halle – Leipzig sind alt. Vor 1871 gehörten Halle und Leipzig zu verschiedenen deutschen Staaten, innerhalb Deutschlands dann zu verschiedenen Provinzen (bis 1947), Ländern (1947 bis 1952, seit 1990) oder Bezirken (1952 bis 1990). Trotz Betonung der Notwendigkeit einer engen Zusammenarbeit mit Leipzig blieb im Ergebnis der Diskussionen der 20er Jahre um die Einheit Mitteldeutschlands Leipzig außerhalb der vorgeschlagenen neuen Provinz Sachsen-Anhalt. Diese führte aber das anhaltische Dessau und Halle zusammen. Die Auffassung von einer Zusammengehörigkeit aller Teilräume bestand aber als Mitteldeutsches Wirtschaftsgebiet. Nach 1960 wurde die Bezeichnung Ballungsgebiet Halle – Leipzig üblich. Mit Bezugnahme auf die enge wirtschaftliche Verflechtung kamen wiederholt, auch zur Zeit der politischen Wende, Überlegungen auf, diesen Raum in einer politischen Einheit zusammenzufassen.

Die ländergrenzenübergreifende Kooperation wird heute für den Mitteldeutschen Wirtschaftsraum als eine große Chance gesehen. Durch Bündelung der zur Zeit noch sehr schwachen Kräfte kann man sich in den Wettbewerb zwischen den europäischen Regionen einbringen und, so hofft man, behaupten.

Die Bündelung der Kräfte wird bereits vielfältig betrieben. Große Industrieunternehmen agieren über die Grenze hinweg, wie die MIBRAG mbH oder der BSL-Olefinverbund. Die Gestaltung der Bergbaufolgelandschaft südlich von Bitterfeld bzw. bei Profen erfordert Abstimmungen der Regionalplanung in Sachsen und Sachsen-Anhalt. Der 1928 auf provinzialsächsischem Gebiet errichtete, heute im Freistaat Sachsen gelegene Flughafen Leipzig – Halle, an dem das Land Sachsen-Anhalt und die Stadt Halle beteiligt sind, bedient den gesamten Wirtschaftsraum. Letzteres gilt auch für das im Entstehen begriffene Güterverkehrszentrum Leipzig-Wahren.

Viele der mit Blick auf die Zukunft gerichteten Investitionen gehen von der Vorstellung eines „ganzheitlichen" Wirtschaftsraumes Halle – Leipzig aus. Das betrifft z. B. die Vorhaben der Verkehrswegeplanung mit dem Autobahnring (A 143, 38, 14) um Halle und Leipzig, die Einbindung beider Zentren in das ICE-Netz der Deutschen Bahn AG oder die Erweiterung des Flughafens. Das zeigen auch die Großinvestitionen im Dienstleistungswesen, die vorwiegend im Norden und Nordwesten Leipzigs getätigt wurden bzw. werden (Neue Messe, Quelle-Versandhaus, Mitteldeutsches Büro- und Verwaltungszentrum Schkeuditz usw.).

Die Landesregierungen in Magdeburg und Dresden sowie die Regierungspräsidien in Leipzig, Halle und Dessau, ebenso die Städte, Kreise und Gemeinden sind bemüht, die Chance einer günstigeren Entwicklung durch Abstimmung von Plänen und Maßnahmen zu ergreifen und zu befördern. Beredter Ausdruck dessen ist der am 11. 2. 1994 in Kraft getretene Staatsvertrag zwischen Sachsen und Sachsen-Anhalt zur Regelung der grenzüberschreitenden Zusammenarbeit in der Raumordnung und Landesplanung. Die gegenseitige Abstimmung der Regionalpläne ist auch insofern bedeutungsvoll, als für die Teilgebiete sehr hohe Investitionen angekündigt und teilweise schon realisiert worden sind.

Seitens der Politik und der Wirtschaft sind bereits viele Initiativen ergriffen worden, um die als vorteilhaft erkannte gemeinsame Politik voranzubringen, wie Regionalforen auf der Ebene der Regierungsbezirke, Treffen der Oberbürgermeister und der Industrie- und Handelskammern, die Regionalen Entwicklungskonferenzen der beiden Bundesländer oder die Bildung der gemeinsamen Raumordnungskommission aus Vertretern der Regierungsbezirke, Stadt- und Landkreise. Unter der Federführung der gemeinsamen Raumordnungskommission entstand ein Regionales Entwicklungskonzept mit Leitbildern und einem Maßnahmeprogramm. Zur Umsetzung des Konzeptes soll ein Regionalforum Mitteldeutschland Halle – Leipzig – Dessau mit einem Lenkungsausschuß geschaffen werden (vgl. Sächsisches Staatsministerium ... 1996).

Literatur

BARTHEL, H. (1962):
Braunkohlenbergbau und Landschaftsdynamik. Gotha / Leipzig, 300 S. =
Ergänzungsheft Nr. 270 zu Petermanns Geographischen Mitteilungen

BERKNER, A. (1989):
Braunkohlenbergbau, Landschaftsdynamik
und territoriale Folgewirkungen in der DDR.
Petermanns Geographische Mitteilungen,
133 (3): 173 – 190.

BERKNER, A. (1993):
Der Südraum Leipzig – Braunkohlenberg-
bau, Grundstoffindustrie und
Folgelandschaftsgestaltung im Umbruch.
Berichte zur deutschen Landeskunde,
67 (1): 35 – 53.

BEZ, D. (1995):
Die Entwicklungsprobleme der Region
Halle – Leipzig. In: MOMM, A., et al. [Hrsg.]:
Regionalisierte Entwicklungsstrategien.
Bonn, 101 – 133. =
Material zur Angewandten Geographie, **30**.

BRAUSE, G., u. L. GRUNDMANN (1994):
Funktion und Struktur im Wandel – der
Nordwesten der Stadtregion Leipzig.
Europa Regional, **2**: 10 – 22.

DREWS, K.-H. (1995):
Gewerbeflächenentwicklung.
In: 1. Regionale Entwicklungskonferenz für
den Großraum Halle – Leipzig. Tagungsband
zur Konferenz am 21. Juni 1995.
Merseburg, 47 – 54.

GRUNDMANN, L., TZSCHACHEL, S., u. M. WOLLKOPF
[Hrsg.] (1996):
Leipzig. Ein geographischer Führer durch
Stadt und Umland. Leipzig, 288 S.

GUTZER, W. (1977):
Probleme der Gestaltung von Funktionen
des Saalkreises als Teil der Stadtrandzone
der Großstadtregion Halle (Saale).
Hallesches Jahrbuch für Geowissenschaften,
1: 19 – 32.

HALVER, W. (1996):
Standorteignung großstädtischer Agglomerationen für Industriebetriebe – dargestellt
an den Beispielen Köln und Leipzig. Köln,
280 S. = Kölner Forschungen zur Wirtschafts-
und Sozialgeographie, **48**.

HERFERT, G. (1996):
Wohnsuburbanisierung in Verdichtungsräumen der neuen Bundesländer. Eine vergleichende Untersuchung im Umland von Leipzig und Schwerin. Europa Regional,
1: 32 – 46.

HILLE, J., RUSKE, R., SCHOLZ, R.W. ,u. F. WALKOW
[Hrsg.] (1992):
Bitterfeld: Modellhafte ökologische Bestandsaufnahme einer kontaminierten Industrieregion – Beiträge der 1. Bitterfelder Umwelt-
konferenz. Berlin.

HÖNSCH, F. (1973):
Der Einfluß des Industriekomplexes
Böhlen – Espenhain auf die Entwicklung
der Landesplanung im westsächsischen
Braunkohlengebiet.
Geographische Berichte, **18** (3): 206 – 214.

JAKOB, W. (1993):
Wie weiter mit der Braunkohle im
mitteldeutschen Revier?
In: Die Region Leipzig – Halle im Wandel.
Köln, 55 – 59. =
Material zur Angewandten Geographie, **22**.

JESCHKE, H.-J. (1995):
Strukturwandel und künftige Aussichten
der ostdeutschen chemischen Industrie.
Gesprächskreis Wirtschaft und Wissenschaft
Friedrich Ebert Stiftung, Büro Sachsen-An-
halt. Magdeburg.

JUNG, H.-U. [Hrsg.] (1990):
Regionalreport Sachsen-Anhalt 1990.
Hannover, 162 S.

JÜRGENS, U. (1994):
Saalepark und Sachsenpark – Großflächige
Einkaufszentren im Raum Leipzig – Halle.
Geographische Rundschau, **46**: 516 – 524.

KARRASCH, P. (1993):
Chancen und Perspektiven der Leipziger
Metallindustrie.
In: Die Region Leipzig – Halle im Wandel.
Köln, 49 – 53. =
Material zur Angewandten Geographie, **22**.

Ministerium für Umwelt und Naturschutz des
Landes Sachsen-Anhalt [Hrsg.] (1994):
Information des Landes Sachsen-Anhalt
zum Nationalen Sonderprogramm
Bitterfeld – Halle – Merseburg. 2. Aufl.
Magdeburg, 90 S.

NIEMANN, H., u. H. USBECK (1996):
Aktuelle Entwicklungsprozesse der Agglome-
rationsräume Leipzig und Dresden.
In: Agglomerationsräume in Deutschland:
Ansichten, Einsichten, Aussichten.
Hannover, 280 – 288. = Forschungs- und
Sitzungsberichte der Akademie für
Raumforschung und Landesplanung, **199**.

OELKE, E. (1992):
Braunkohlenbergbau in Sachsen-Anhalt.
Nova Acta Lovaniensia, **33**: 309 – 315.

OELKE, E. (1996):
Aktuelle Entwicklungen in Sachsen-Anhalt.
Praxis Geographie, **26** (6): 4 – 10.

Sächsisches Staatsministerium für Umwelt und
Landesentwicklung und Ministerium für
Raumordnung, Landwirtschaft und Umwelt
des Landes Sachsen-Anhalt [Hrsg.] (1996):
2. Regionale Entwicklungskonferenz für den
Großraum Halle – Leipzig.
Tagungsband zur Konferenz vom
18. September 1996 in Leipzig.
Leipzig, 99 S.

SCHERF, K. [Hrsg.] (1990):
DDR. Ökonomische und soziale Geographie.
Gotha, 500 S.

SCHMIDT, H. (1977):
Die Industriestruktur des Ballungsgebietes
Halle – Leipzig. Hallesches Jahrbuch für
Geowissenschaften, **1**: 5 – 18.

SCHMIDT, H., u. D. SCHOLZ (1972):
Borna – Meuselwitzer Braunkohlenrevier –
Strukturwandel eines Ballungsgebietes. In:
MOHS, G., OELKE, E., u. E. ROSENKRANZ [Hrsg.]:
Halle und Umgebung. Geographische Exkur-
sionen. Gotha / Leipzig, 137 – 141. =
Geographische Bausteine, **12**.

SCHMIDT, U. (1961):
Zu den Veränderungen in der räumlichen
Verteilung hallescher Industriestandorte seit
der Mitte des vorigen Jahrhunderts. Wiss.
Zeitschr. Univ. Halle, X, Reihe M, Heft 5.

SCHOLZ, D. (1977):
Die industrielle Agglomeration im Raum
Halle – Leipzig zwischen 1850 und 1945 und
die Entstehung des Ballungsgebietes.
Hall. Jahrb. f. Geowissenschaften, **2**: 87 – 116.

USBECK, H. (1996) :
Entwicklungen und Probleme der Agglome-
rationsräume in Deutschland – Fallstudie
Leipzig. In: Agglomerationsräume in
Deutschland: Ansichten, Einsichten, Aussich-
ten. Hannover, 304 – 324. = Forschungs- und
Sitzungsberichte der Akademie für Raumfor-
schung und Landesplanung, **199**.

USBECK, H., u. H. NEUMANN (1996):
Aspekte des wirtschaftlichen und räumlichen Strukturwandels in deutschen Groß-
stadtregionen – Deindustrialisierung,
Schrumpfung, Funktionsverlust. In: Verband
Deutscher Städtestatistiker [Hrsg.]: Jahresbericht 1995. Leipzig, 99 – 126.

WALOSSEK, W. (1986):
Untersuchung zur rationellen Nutzung der
halleschen Industrieflächen. Hallesches Jahrbuch für Geowissenschaften, **11**: 33 – 47.

B.4 Dresden und Lausitz

HARTMUT KOWALKE, Dresden

4.1   Einleitung

Im Süden Ostdeutschlands befindet sich ein durchgehender Gürtel altindustrialisierter Regionen, der im Osten an der Neiße mit der Oberlausitz beginnt, seinen
Fortgang in Richtung Westen über die Verdichtungsräume Dresden und Chemnitz
bis nach Thüringen (Vorländer der Mittelgebirge Thüringer Wald und Harz) nimmt
und schließlich den Verdichtungsraum Halle – Leipzig umfaßt. In dieser südlichen
Verdichtungszone sind je nach Abgrenzung 40 – 50 % der Bevölkerung Ostdeutschlands und über die Hälfte des wirtschaftlichen Potentials konzentriert (HASENPFLUG
u. KOWALKE 1990).

Der Freistaat Sachsen – als Teil dieser Agglomerationszone – zeigt auf der Basis
der geologischen/tektonischen Bedingungen, der naturräumlichen Ausstattung
und der geschichtlichen Entwicklung in Verbindung mit der Inwertsetzung durch
den Menschen eine große innere Vielfalt (naturräumliche Einheiten, Wirtschafts-
und Sozialräume; vgl. Abb. 4.1 u. 4.2).

Die „moderne" sächsische Geschichte beginnt 929 mit der Gründung der Burg
Meißen durch König HEINRICH I. als militärisches, administratives und ab 968
(Gründung des Bistums Meißen) kirchliches Zentrum der im Zuge der deutschen
Ostexpansion eroberten slawischen Territorien. 1089 (bis 1918) übernahm das Haus
Wettin die Herrschaft über Sachsen.

Die heutigen wirtschaftsräumlichen Strukturen Sachsens basieren vor allem auf
den Wirkungen des über 800jährigen Bergbaus (Beginn 1168 in Christiansdorph/
heute Freiberg am Fuße des Erzgebirges). Sie führten bereits im 15. bis 18. Jh. zu
deutlichen räumlichen Disparitäten bei der Bevölkerungs- und Siedlungsverteilung,
der Anlage der Verkehrsinfrastruktur, der Entwicklung von Handwerk und Handel
usw. Es bildeten sich frühzeitig wirtschaftliche Aktivräume heraus, die sich dann im
Laufe des Industrialisierungsprozesses des 19./20. Jh. zu Verdichtungsgebieten wei-
terentwickelten. Etwa 70 % der Staatsfläche Sachsens zählen zu dieser Gebietskatego-
rie. Im Gegensatz dazu stehen die ländlichen Räume, die wenig wirtschaftliche Impulse erhielten und somit „Passivräume" wurden bzw. blieben. Dieses Grundmuster
der wirtschaftsräumlichen Struktur läßt sich bis heute in Sachsen beobachten.

Der folgende Beitrag dokumentiert die langfristige wirtschaftsräumliche Entwicklung und analysiert die aktuellen transformationsbedingten strukturellen Veränderungen. Exemplarisch finden dabei das multifunktionale Oberzentrum Dresden und die stark monostrukturierten Gebiete der Lausitz Berücksichtigung.

Abb. 4.1: Sachsen – naturräumliche Einheiten

Abb. 4.2: Sachsen – Raumkategorien
Quelle: KOWALKE (1993)

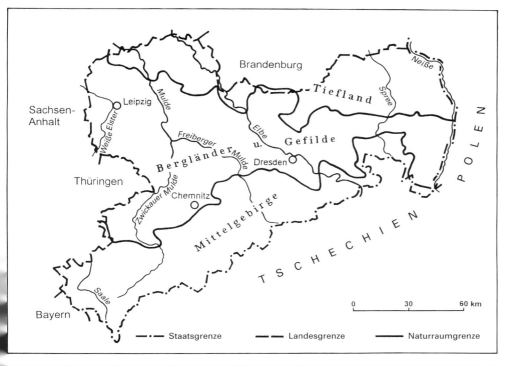

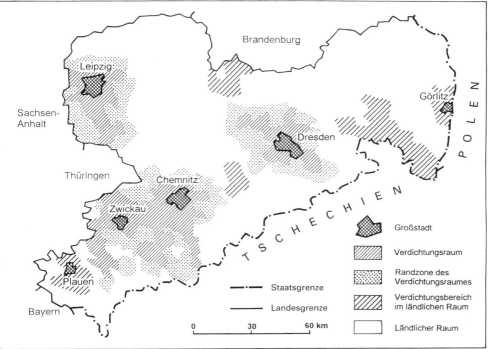

4.2   Dresden

4.2.1   Historische Prägungen des Wirtschaftsraumes

Die Hauptstadt des Freistaates Sachsen ist das politische, wirtschaftliche und kulturelle Zentrum des Landes. In ihrer fast 800jährigen Geschichte entwickelte sie sich zu einer der schönsten Städte Deutschlands, die sie trotz der starken Kriegszerstörungen im Jahre 1945 blieb.

Der Elbtalkessel zwischen Pirna im Südosten und Meißen im Nordwesten ist – besiedlungsgeschichtlich gesehen – ein jahrtausendealtes Durchzugsgebiet. Nachgewiesenermaßen ist es seit dem Neolithikum bewohnt.

Seit der Völkerwanderung (6. Jh. u. Z.) slawisch besiedelt (an der Stelle der späteren Stadt Dresden lag das slawische Fischerdorf Drezdane), wurde der Raum mit der Ostexpansion seit dem 12./13. Jh. in das Gebiet des „Heiligen Römischen Reiches deutscher Nation" einbezogen.

Die Anfänge der Stadtentwicklung liegen am Beginn des 13. Jh. (1206 erste urkundliche Erwähnung, 1216 Stadtrecht). An der Kreuzung von mittelalterlichen Handelsstraßen, an einer Furt durch die Elbe, bildete sich ein Fernhandelsmarkt, an welchem sich Handwerker und Händler ansiedelten. Einen ersten wichtigen Aufschwung erlebte die Stadt 1485 mit der Verlagerung der Residenzfunktion von Meißen nach Dresden. 1547 wurde die Stadt zum Zentrum des bedeutendsten protestantischen Territoriums in Deutschland.

Die Hofhaltung der sächsischen Kurfürsten und Könige war für die wirtschaftliche Entwicklung der Region um Dresden wichtig. Speziell die Regierungszeit von FRIEDRICH AUGUST I. (AUGUST DER STARKE) und dessen Sohn FRIEDRICH AUGUST II. (Ende 17. bis Mitte 18. Jh.) ist geprägt von einem einmaligen wirtschaftlichen und kulturellen Aufschwung. Arbeits- und intelligenzintensive Produkte der Manufakturen (Textilproduktion ab 1678 [Wolle, Seide], Porzellanherstellung ab 1710) hatten hier einen gesicherten Absatz. Diese Entwicklung gipfelte in der 1828 erfolgten Gründung der Technischen Bildungsanstalt Dresden, dem Vorläufer der Technischen Hochschule und heutigen Technischen Universität. (Im Zusammenhang mit dem Bergbau wurde bereits 1765 in Freiberg die Bergakademie als erste montanwissenschaftliche Forschungs- und Lehreinrichtung der Erde gegründet.)

Ein weiterer wichtiger Impuls für die wirtschaftliche Entwicklung im Dresdner Elbtalkessel waren die Steinkohlenfunde in dem im Südwesten der Stadt gelegenen Döhlener Becken. Damit im Zusammenhang entwickelte sich eine rohstoffintensive Produktion (Glas- [1801], Porzellan-, Stahlproduktion [1836], Maschinenbau [1834]).

Wichtig für das Verstehen der räumlichen Struktur bzw. der Standortverteilung der Produktion in der Region Dresden ist die 1720 erlassene Baugesetzgebung. Sie schrieb sowohl die Bauhöhen in der Stadt als auch die Nutzungsstruktur der Gebäude fest. Damit wurde der Industrialisierungsprozeß in der Stadt Dresden über Jahrzehnte hinweg behindert oder zumindest beeinflußt. Da sich Produzierendes Gewerbe nur bedingt oder gar nicht innerhalb der Stadtgrenzen ansiedeln durfte, gingen die Unternehmer an die Peripherie (in die Vorstädte) und in die Umlandgemeinden. Die Eisenbahntrassen wurden in der Folgezeit zu einem bestimmenden Element für die Lokalisation der Industrie. So entstanden z. B. zwischen Pirna und

Heidenau an der verkehrsgünstig gelegenen linken Seite des Elbtales Zellulose- und Papierfabriken (direkt am Fluß) und Betriebe des Maschinenbaus. Es entwickelten sich ein Industriegürtel um die Stadt und in das Umland reichende Achsen.

Die Bevölkerungszunahme bewirkte ein Zusammenwachsen ehemals deutlich getrennter Siedlungskerne. Aus agrarisch geprägten Siedlungen wurden Industrie-arbeiterwohngemeinden und Industriedörfer. Diese wiederum schlossen sich teil-weise zu Industriestädten zusammen, wie Freital (Tab. 4.1), Heidenau und Rade-beul. Besonders deutlich wird diese Entwicklung entlang der Elbe von Meißen im Nordwesten bis Pirna im Südosten, wo sich ein durchgehendes Siedlungsband (Conurbation) herausgebildet hat. Ein zweites Band, in etwas abgeschwächter Form, findet man von Klotzsche im Nordosten bis Freital/Tharandt im Südwesten.

In der zweiten Hälfte des 19. Jh. setzte der Industrialisierungsprozeß auch in der Stadt Dresden ein. Gefördert wurde diese Entwicklung durch den wirtschaftlichen Aufschwung, den Sachsen nach der Gründung des Deutschen Reiches 1871 nahm. Zum einen kam es zu ersten Eingemeindungen (ab 1835; vgl. HAHN u. NEEF 1985) von industriell oder agrarisch geprägten Siedlungen, die funktional mit der Stadt verbunden waren, und zum anderen ließen sich Betriebe damals moderner Bran-chen in der Stadt nieder. Häufig basierte dies auf der Tradition „höfischen Gewer-bes" oder im Zusammenhang mit der Technischen Bildungseinrichtung.

Begünstigt wurde die Ansiedlung von Gewerbe auch durch die Schleifung der Festungswerke (1817/19), die Entwicklung des Eisenbahnnetzes (1839 erste deut-sche Fernbahn zwischen Dresden und Leipzig), die Aufnahme der Dampfschiffahrt auf der Elbe (1837) und das Gewerbegesetz von 1861 (Gewerbefreiheit).

Die in der Region Dresden/Oberes Elbtal in der zweiten Hälfte des vorigen Jahr-hunderts bis zum ersten Weltkrieg entstandene gewerbliche Wirtschaft wurde überwiegend von Klein- und Mittelbetrieben getragen (Maschinen- und Fahrzeug-bau, wissenschaftlicher Gerätebau, Feinmechanik/Optik, Porzellan-, Arzneimittel-herstellung, Lebensmittel).

18. Jh.	Beginn des Steinkohlenbergbaus im Döhlener Becken
1836/37	Bildung von Aktiengesellschaften des Steinkohlenbergbaus
1912	Vereinigung der Gemeinden Groß- und Kleinburgk zur Gemeinde Burgk
1913	Eingemeindung von Eckersdorf nach Coßmannsdorf
1921	Bildung der Stadt Freital aus den Gemeinden Deuben, Döhlen und Potschappel
1922	Eingemeindung von Zauckerode nach Freital
1923	Eingemeindung von Birkigt
1924	Eingemeindung von Burgk
1933	Eingemeindung von Coßmannsdorf mit Eckersdorf nach Hainsberg
1963	Eingemeindung von Hainsberg mit Coßmannsdorf und Eckersdorf nach Freital
1973	Eingemeindung von Saalhausen
1974	Eingemeindung von Wurgwitz, Kleinnaundorf, Somsdorf und Weißig

Tab. 4.1: Territoriale Entwicklung der Stadt Freital
Quelle: Bezirkskabinett Dresden (1988); mit Ergänzungen

Das Ergebnis dieser Entwicklung war die Herausbildung eines Verdichtungsraumes im oberen Elbtal mit dem Kern Dresden. Diese Region zeichnete sich insgesamt durch eine überdurchschnittlich hohe Bevölkerungs- und Infrastrukturnetzdichte und eine große Branchenvielfalt im Bereich des Produzierenden Gewerbes aus. Daneben existierte ein großes Potential im Bereich Wissenschaft und Kultur. Zum Ende des 19. Jh. stand Dresden an vierter Stelle der deutschen Städte hinsichtlich der Industriebeschäftigten und an fünfter Stelle bezüglich zentraler überregionaler Funktionen (Bezirkskabinett Dresden 1988).

In der Zwischenkriegszeit vollzog sich eine schnelle Entwicklung im produktiven Bereich vor allem durch den Ausbau bestehender Branchen an vorhandenen Standorten (Maschinenbau, Feinmechanik/Optik/Gerätebau, Elektrotechnik).

Diese Entwicklung wurde durch den zweiten Weltkrieg beendet. Fast bis zum Ende des Krieges von Zerstörungen verschont geblieben, wurde Dresden am 13./14. Februar 1945 durch drei anglo-amerikanische Bombenangriffe zerstört. 15 km² Fläche lagen in Schutt und Asche. Von 220 000 Wohnungen wurden 75 000 völlig zerstört, zehntausende mehr oder weniger schwer beschädigt, die kulturhistorischen Gebäude der Innenstadt vernichtet. Die amtlichen Schätzungen sprechen von über 35 000 Toten.

4.2.2 Wirtschaftsräumliche Entwicklung in der DDR

Die Nachkriegszeit (1945 – 1949) war geprägt durch
- den Wiederaufbau zerstörter Substanz (Betriebe, Wohnungen, Infrastruktur),
- die Reparationsleistungen an die Sowjetunion (Demontagen) sowie
- die Verstaatlichungspolitik der sowjetischen Besatzungsmacht und der Verantwortlichen in der SBZ (Gründung von SAG- und volkseigenen Betrieben nach dem Volksentscheid in Sachsen vom 30. 6. 1946).

Mit der Gründung der DDR (1949) und dem Beitritt der DDR in den von der Sowjetunion initiierten Rat für Gegenseitige Wirtschaftshilfe (RGW, 1950) setzte eine neue Etappe der Entwicklung in Ostdeutschland ein. Die eindeutige Ausrichtung der Wirtschaft auf die Sowjetunion und die anderen „Volksdemokratien" Ost- und Südosteuropas verhinderte eine Orientierung am Weltmarkt. Gleichzeitig eröffnete sich der DDR-Wirtschaft mit dieser Ostorientierung ein Markt, der faktisch unbegrenzt war. Dieser sichere Markt reduzierte den Zwang zur Entwicklung von neuen Produkten sowie zur Realisierung von Innovationen und führte statt dessen zu einer Quantitätsorientierung der Produktion.

Die historisch entstandene Vielseitigkeit der Industrie, das hohe Qualifikationsniveau der Arbeitskräfte und das Wissenschaftspotential der Stadt Dresden erwiesen sich bei dem Ausbau der industriellen Basis als Standortvorteile für die Region. Im besonderen ist auf die weitere Entwicklung der Branchen Feinmechanik/Optik, wissenschaftlicher Gerätebau sowie Elektrotechnik/Elektronik zu verweisen. Dazu wurden neue Branchen angesiedelt, so z.B. Mikroelektronik, Medizin-, Kälte- und Hochvakuumtechnik. Parallel dazu spezialisierte sich der Maschinen- und Fahr-

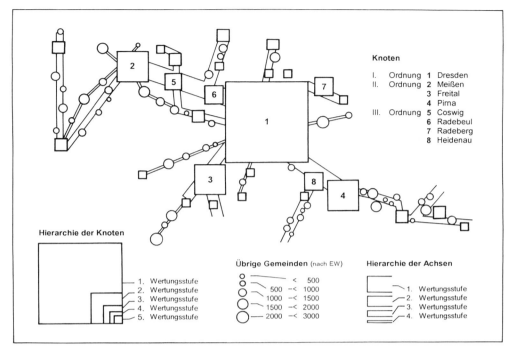

Abb. 4.3: Schema der Knoten-Achsen-Struktur des Verdichtungsraumes Dresden
Quelle: PFEIL u. EISOLDT (1985)

zeugbau (Flugzeugbau, Werkzeug- und Verpackungsmaschinenbau, Elektrogeräte- und Elektromotorenbau). Der Traditionslinie Freitals folgend, wurde der VEB Edelstahlwerk als Zentrum der Edelstahlproduktion der DDR errichtet.

Mit der Verwaltungsreform von 1952, bei der die fünf Länder Ostdeutschlands in 14 Bezirke (und die Hauptstadt Berlin) gegliedert wurden (das Land Sachsen „zerfiel" in die drei Bezirke Dresden, Leipzig, Chemnitz), erhielt Dresden den Status einer Bezirksstadt. Basierend auf der historischen Stellung der Stadt und der neuen Funktion, erfolgte der weitere Ausbau in den Bereichen Forschung, Wissenschaft, Kultur, Fremdenverkehr. Dies hatte eine Zunahme der Bedeutung des tertiären Sektors zur Folge.

Der Verdichtungsraum Dresden/Oberes Elbtal, in dem knapp eine Million Einwohner leben und zu dem das engere und weitere Umland der Stadt Dresden gehört, umfaßt die Region zwischen Meißen im Nordwesten und Pirna im Südosten sowie Freital/Tharandt im Südwesten und Klotzsche/Radeberg im Nordosten. Er hat – wie oben aufgezeigt – auf der Basis der naturräumlichen Gegebenheiten und der historischen Entwicklung eine ausgeprägte Knoten-Achsen-Struktur (Abb. 4.3), die mit der „planmäßigen" Wirtschaftsentwicklung in der DDR weiter ausgebaut wurde. Diese räumliche Grundstruktur stellt gleichzeitig ein territoriales Ordnungsmuster der Funktionsbereiche Arbeiten - Wohnen - Bilden - Versorgen - Erholen dar. Nach PFEIL u. EISOLDT (1985) lebten in den Knoten 88,9% der Einwohner der Agglomeration (addiert man die Gemeinden auf den Achsen, waren es sogar 93,7%).

Zum Ende der 80er Jahre zeigte sich für die Stadt und die Region Dresden folgendes Bild der wirtschaftlichen Situation:
- Die Industrie verfügt über eine breite Branchenstruktur. Untypisch für die DDR ist dabei der günstige Branchenmix mit einem hohen Anteil wissenschaftsintensiver Zweige. Bedingt durch die Investitionen der 70er und 80er Jahre, ist auch der Verschleißgrad der baulichen Anlagen und der technischen/technologischen Ausstattung unterdurchschnittlich. In der Stadt existierten 1988 294 Industriebetriebe mit ca. 100 000 Beschäftigten (Ergebnisse der Erfassung der Arbeitsstätten, 31. 12. 1987; vgl. Zentralverwaltung für Statistik ... 1988).
- In der Region existiert eine hohe Konzentration von universitären und außeruniversitären Forschungseinrichtungen. Damit ist eine räumliche Konzentration von Wissenschaft und Wirtschaft gegeben.
- Ein Resultat beider obiger Aussagen ist eine Konzentration gut ausgebildeter, hochqualifizierter Arbeitskräfte.
- Die Region weist eine gute Ausstattung mit kulturellen Einrichtungen auf; diese bilden im Zusammenhang mit den naturräumlichen Vorzügen (Elbtal, Sächsische Schweiz, Erzgebirge usw.) die Grundlage für den Tourismus.
- Im Raum Dresden kreuzen sich wichtige Verkehrswege (Autobahnen, Fernstraßen, Eisenbahnen, Binnenwasserstraße, Flughafen).

4.2.3   Veränderungen seit der Wende

Die historisch gewachsene Wirtschaftsstruktur der Region Dresden bietet wesentliche Gunstfaktoren für die mit der Wende begonnene Umstrukturierung. Dazu zählen neben den oben aufgeführten Vorzügen weiterhin
- ein entwickeltes und aktivierbares Innovationspotential,
- eine breitgefächerte Industriestruktur mit einer günstigen Betriebsgrößenstruktur,
- ein breites Spektrum „weicher" Standortfaktoren (Forschungseinrichtungen, Kultur- und Bildungsstätten, Mikro- und Mesolage, Umgebung, positives Image usw.),
- eine lagebedingte Möglichkeit zur Übernahme der Brückenfunktion nach Ost- und Südosteuropa,
- ein hoher Grad der Verflechtung zwischen den einzelnen Teilräumen; dabei lassen sich aber deutlich Gebiete mit Spezialfunktionen ausgliedern,
- die politisch-administrativen Funktionen als Landeshauptstadt.

Mit der Einführung der D-Mark in der DDR und nach der deutschen Einheit wurden bereits 1990 die wirtschaftlichen Probleme der ostdeutschen Wirtschaft deutlich (KOWALKE u. KALLIS 1995), wie die fehlende Konkurrenzfähigkeit aufgrund unproduktiver Kostenrelationen, ein veralteter Kapitalstock, ein überhöhter Arbeitskräftebesatz, veraltete Produktionsmethoden bzw. -technologien, eine fehlende und/oder überalterte Infrastruktur und eine geringe Innovationsfähigkeit.

Am 31. 12. 1990 fiel der transferable Rubel als Verrechnungseinheit mit den RGW-Ländern weg. Bei einer Bindung des Außenhandels der ostdeutschen Wirtschaft zu über 75 % an diesen Wirtschaftsraum bedeutete dies ab 1991 einen extremen Exporteinbruch.

Diese Rahmenbedingungen führten zu einem unter sozialen Aspekten als katastrophal zu bezeichnenden Deindustrialisierungsschock, der auch solche zur DDR-Zeit bevorzugten Investitionsstandorte wie Dresden traf. So veränderten sich im Zeitraum 1989 bis 1992 die Beschäftigtenzahlen ehemals führender Dresdner Unternehmen wie folgt (Landeshauptstadt Dresden 1994b, S. 11):

Pentacon	von 6 000 auf	200 Beschäftigte
Robotron	von 4 000 auf	1 100 Beschäftigte
Zentrum Meßelektronik	von 3 300 auf	900 Beschäftigte
Sachsenwerk	von 2 600 auf	600 Beschäftigte
Meßelektronik	von 2 500 auf	300 Beschäftigte
Lufttechnische Anlagen	von 2 500 auf	200 Beschäftigte
Elektroschaltgeräte	von 2 000 auf	200 Beschäftigte
Hochvakuum	von 2 000 auf	400 Beschäftigte
Luft- und Kältetechnik	von 1 800 auf	700 Beschäftigte
Elektromat	von 1 200 auf	0 Beschäftigte

Der Aufbau neuer Strukturen geht langsamer vonstatten als der Abbau der alten. Im Vergleich zu führenden westlichen Industrieländern wies die DDR, bezogen auf die Erwerbstätigen, einen weit überdimensionierten Industriesektor und einen deutlich unterentwickelten Dienstleistungssektor auf. Obwohl die Stadt Dresden bereits in der DDR als Dienstleistungszentrum galt, so waren doch 1989 nur ca. 21 % der Beschäftigten in direkten Dienstleistungsbetrieben einschließlich Handel tätig, in der Industrie waren es 37 % (Landeshauptstadt Dresden 1994b). Bereits im Zeitraum zwischen 1989 und 1992 kam es zu deutlichen strukturellen Veränderungen. So sank die Zahl der Erwerbstätigen um 13 %, jedoch zeigten die einzelnen Wirtschaftssektoren deutliche Unterschiede.

Hatte das Verarbeitende Gewerbe 1988 294 Betriebe mit ca. 100 000 Beschäftigten, so waren es 1992 noch 162 Betriebe mit nur ca. 28 000 Arbeitnehmern, was einem Rückgang auf 28 % (!) entspricht. (Dabei wurden nur Betriebe mit über 20 Beschäftigten erfaßt, dazu kommen noch ca. 500 kleinere Betriebe. Die Statistik weist für Ende 1994 682 Industriebetriebe aus!) Dieser Abbau setzte sich auch bis 1995 fort: In 161 Betrieben waren noch ca. 17 700 Arbeitskräfte beschäftigt. Mit diesem Arbeitskräfteabbau war gleichzeitig eine Erhöhung der Effektivität verbunden (Umsatz je Beschäftigter: 1992: 150 500 DM, 1993: 185 000 DM, 1994: 211 000 DM, 1995: 237 500 DM; Landeshauptstadt Dresden 1995, 1997).

Im Gegensatz zur Industrie nahm das Handwerk einen deutlichen Aufschwung. Zu begründen ist dies vor allem mit dem enormen Nachholbedarf. Dieser Bereich war in der DDR eindeutig unterdimensioniert ausgebildet. 1990 fanden nur 7 700 Personen (in 2 600 Betrieben) in diesem Bereich Beschäftigung. 1993 waren es bereits 3 700 Betriebe mit 28 000 Arbeitnehmern. Obwohl sich das Verhältnis zwischen Gewerbean- und -abmeldungen in den letzten Jahren verschlechtert hat (1994: 1,4 : 1), gab es auch zwischen 1993 und 1994 einen weiteren Anstieg auf 4 000 Handwerksbetriebe. Damit hat sich dieser Bereich in der Stadt Dresden zum beschäftigungsintensivsten Zweig des Produzierenden Gewerbes entwickelt.

Die „Konjunkturlokomotive" Bauwesen verzeichnete auch in Dresden – zumindest bis 1994 – die höchsten Zuwachsraten. Dies hängt eindeutig mit dem Auf- und

Ausbau der Strukturen beim Übergang von der Plan- zur Marktwirtschaft zusammen (Wohnungs-, Gesellschafts-, Industriebau). So erteilte die Stadt z. B. zwischen Juli 1991 und Ende 1993 über 5 600 Baugenehmigungen (Landeshauptstadt Dresden 1994 b). In Dresden gab es 1991 nur 7 500 Beschäftigte im Bauhauptgewerbe, 1994 waren es bereits 11 500 (Anstieg der Betriebszahl von unter 60 auf knapp 130). Im Ausbaugewerbe stieg die Zahl der Arbeitskräfte von 2 500 auf 5 000 und die der Betriebe von ca. 30 auf knapp 90. Spätestens seit 1995 gibt es im Bauwesen eine deutliche Flaute, was sich in einem Rückgang der Aufträge und einem Abbau von Arbeitsplätzen zeigt.

Der Dienstleistungssektor (einschließlich Handel) hatte 1990 nur einen Anteil von 21% an den Gesamtbeschäftigten der Stadt. Bis 1993 ist – im Zusammenhang mit dem Übergang von der industriegeprägten zur tertiär geprägten Gesellschaft – allein der Dienstleistungssektor auf rund 93 000 Beschäftigte (35% Strukturanteil) angewachsen. Innerhalb von fünf Jahren stieg die Zahl der Unternehmen von 5 000 auf knapp 14 200 (1995); dazu kamen noch einmal ca. 9 900 Betriebe des Handels.

In der Landeshauptstadt Dresden haben sich wichtige Dienstleistungsbranchen niedergelassen (u. a. ca. 100 Niederlassungen von Banken, Versicherungen u. ä., ca. 300 Steuerberater, ca. 400 Rechtsanwälte, ca. 280 Werbeagenturen). Dazu kommt noch eine große Anzahl an unternehmensnahen Dienstleistungsbereichen (Ingenieur- und Planungsbetriebe u. a.; Landeshauptstadt Dresden 1994 b, 1995, 1996).

Die Neustrukturierung im Hochschul- und außeruniversitären öffentlich-rechtlichen Forschungsbereich führte ungeachtet der in Dresden relativ günstigen Situation zu einem Arbeitsplatzabbau und damit zur Freisetzung zahlreicher Mitarbeiter. Im Bereich der außeruniversitären akademischen Forschung waren 1989 in Dresden ca. 2 000 wissenschaftliche Mitarbeiter tätig. Im Jahre 1993 arbeiteten in den daraus hervorgegangenen Institutionen der „Blauen Liste", der Fraunhofer-Gesellschaft und anderer öffentlich-rechtlicher Träger noch ca. 1 000 Personen.

Vom drastischen Beschäftigungseinbruch im Bereich der ostdeutschen Industrie wurden auch die nichtuniversitäre und nichtakademische Forschung und Entwicklung beeinflußt. Das Ergebnis war eine Reduzierung des FuE-Potentials (1993 : 1989) auf 20%. Eine wichtige Rolle für das Überleben dieser Forschung spielen die sogenannten Forschungs-GmbHs, die vor allem aus den ehemaligen Entwicklungsbetrieben der DDR-Kombinate hervorgingen und heute als Unternehmen der privaten Wirtschaft oder als eingetragene Vereine tätig sind. In Dresden existierten 1994 14 derartige Gesellschaften mit zusammen 550 Mitarbeitern. Sie sind auf den Gebieten Auftragsforschung, Anwendungsentwicklung und Engineering überwiegend im Bereich der Schlüsseltechnologien tätig.

Auch im Bereich der Industrie wächst der Anteil eigener FuE-Tätigkeit wieder an. Die IHK Dresden spricht davon, daß 1993 ca. 40% aller Betriebe eigene FuE-Abteilungen besitzen und Forschung betreiben (Landeshauptstadt Dresden 1994 b).

4.2.4 Entwicklungspotentiale

Die Landeshauptstadt Dresden ist aufgrund ihrer bisherigen Entwicklung, ihrer Traditionen, ihrer politischen und geographischen Situation, ihres Humankapitals und ihrer Ausstattung ein Standort mit vielfältigen Potentialen:

- Verwaltungszentrum: Landeshauptstadt; Sitz von Landesregierung und Regierungspräsidium; Sitz von Kammern der Industrie und des Handwerks, von Berufsvereinigungen, Verbänden, politischen Organisationen; Sitz von Verwaltungen von Wirtschaftsunternehmen.
- Industriestandort: Trotz des Deindustrialisierungsprozesses ist die Industrie mit ihrer diversifizierten Branchenstruktur erhalten geblieben (Tab. 4.2). Standortvorteil ist, daß ausgesprochene Problembranchen fehlen.
- Zentrum von Wissenschaft und Forschung: Traditionell und zukünftig liegt der Schwerpunkt auf den technologieorientierten Feldern; großes Potential im Bereich der Grundlagenforschung auf zukunftsorientierten Technologiefeldern.
- Dienstleistungszentrum: Auf der Basis der politischen und wirtschaftsgeographischen Stellung kommt es zu einer extensiven und intensiven Entwicklung des Dienstleistungssektors.
- Handelszentrum: zentraler Ort in einem Umfeld mit einem Radius von 50 – 100 km; notwendig: Ausbau einer ausgewogenen Handelsstruktur, Gestaltung der Innenstadt als attraktives Zentrum.
- Tourismuszentrum: Kunst- und Kulturstadt mit attraktivem Umland; gute Erreichbarkeit; gute Infrastrukturausstattung; Kongreß- und Messestadt.
- Tor zum Osten: Zu den östlich und südlich angrenzenden Ländern Polen und Tschechien bestehen traditionell enge wirtschaftliche Beziehungen.
- Image und andere „weiche" Standortfaktoren: Kultur, Wissenschaft, Bildung, Architektur, Landschaft usw. (Landeshauptstadt Dresden 1994 b).

Diese Potentiale und Rahmenbedingungen zu erkennen, zu aktivieren und zu gestalten ist für die weitere Entwicklung des Standortes Dresden, für seine Stellung in Deutschland und Europa von großer Bedeutung. Davon sowie von der Nutzung der extern vorgegebenen Konditionen (globale Tendenzen der Wirtschaftsentwicklung, Wirtschaftspolitik der Bundesregierung sowie der Sächsischen Staatsregierung, Entwicklungsaspekte der EU usw.) hängt die weitere positive Entwicklung der Stadt ab.

Hauptbranchen	Internationale Unternehmen
• Elektronik/Informations- und Kommunikationstechnik • Elektrotechnik • Mikroelektronik • Maschinen- u. Anlagenbau/Umwelttechnik • Foto/Optik/Feinmechanik • Pharmazeutik/Kosmetik/Feinchemie • Druck- und Verlagswesen • Nahrungs- und Genußmittelindustrie • Baustoffindustrie	• SIMEC Halbleiterwerk • Noble Kamerawerke • Asta Medica • VEM Antriebstechnik AG • Zamek Nahrungsmittel GmbH

Tab. 4.2: Hauptbranchen und ansässige Firmen in Dresden 1995
Quelle: Kowalke u. Kallis (1995)

4.3   Lausitz

4.3.1   Historische Prägungen des Wirtschaftsraumes

Der Wirtschaftsraum Lausitz wird heute politisch-administrativ durch die Länder-grenze zwischen dem Freistaat Sachsen und Brandenburg geteilt. Die Region im Südosten Deutschlands, die den Namen Lausitz trägt, wurde im Zuge der deutschen Ostexpansion (im 10. Jh. beginnend) unter die Standesherrschaft des deutschen Adels gestellt (Gründung der Burgwarde Ostra, Doberschau, Stolpen). Durch Ro-dungen und Ansiedlung von Bauern aus Thüringen, Hessen und anderen Teilen des „Reichs" kam es zur Entwicklung und räumlichen Erweiterung der bis zu die-ser Zeit sorbischen Kulturlandschaft (der Name Lausitz geht auf den slawischen Volksstamm der Lusatia zurück). Es erfolgten die Anlage von Dörfern und die Aus-weitung der landwirtschaftlichen Anbaufläche. Im Verlauf der Kolonisation wur-den vor allem im 13. Jh. Städte gegründet (z. B. 1213 Bautzen, 1221 Löbau, 1225 Ka-menz, 1255 Zittau). Die Fernhandelstätigkeit war durch den Anschluß an wichtige Handelsstraßen (Hohe Straße, Böhmische Straße) begünstigt. Zur Durchsetzung und Erhaltung ihrer städtischen Rechte sowie zu ihrem Schutz verbündeten sich 1346 die Oberlausitzer Städte Bautzen, Görlitz, Kamenz, Löbau, Zittau und Lauban (heute Luban / Polen) zum Lausitzer Sechsstädtebund.

Von 1076 bis 1635 (mit Ausnahme der Jahre 1253 bis 1378) stand die Lausitz unter der Herrschaft Böhmens. 1635 kam das Gebiet zu Kursachsen. Um 1500 haben sich für die Region Lausitz die Bezeichnungen Oberlausitz für den südlichen Teil und Nieder-lausitz für den Norden durchgesetzt. Dies ist auch Ausdruck dafür, daß die Lausitz kein einheitliches Territorium war, weder politisch-administrativ noch wirtschaftlich.

Zunächst für die Selbstversorgung bestimmt, bildeten sich im 15. und 16. Jh. als zweites wirtschaftliches Standbein – neben der Landwirtschaft – die Leineweberei und Tuchmacherei heraus. Begünstigend für die Herausbildung dieser Hand-werkszweige waren auch die Naturfaktoren (Möglichkeit für den Anbau von Flachs, Wasser und Energie durch die Gebirgsflüsse). Wichtig für die wirtschaftliche Ent-wicklung beider Teile der Lausitz war die Ansiedlung von Glaubensflüchtlingen (französische Hugenotten und böhmische Exulanten). Aufgrund der differenzierten Standortbedingungen zwischen Ober- und Niederlausitz kam es spätestens nach dem Dreißigjährigen Krieg zu getrennten Entwicklungen.

4.3.2   Niederlausitz

4.3.2.1 Wirtschaftsräumliche Entwicklung bis zur Wende

Ausgehend von den ungünstigen naturräumlichen Standortbedingungen, den Aus-wirkungen der Kriege (Dreißigjähriger, Siebenjähriger Krieg) und der peripheren Lage zu den wirtschaftlichen Entwicklungsräumen Deutschlands, blieb der nördli-che Teil der Lausitz bis in das 19. Jh. eine vorwiegend agrarisch geprägte Region. Im Ergebnis des Wiener Kongresses (1815) fiel die Niederlausitz, die bis dahin zum Kö-nigreich Sachsen gehörte, an Preußen (Reg.-Bez. Frankfurt/O.; vgl. Lausitz 1985).

Die Region gehörte zu den wirtschaftlich rückständigsten Gebieten ganz Deutschlands. Ein wenig effektiver Ackerbau auf den vorwiegend leichten und wenig fruchtbaren Sandböden (Roggen, Kartoffeln) und eine ausgeprägte extensive Viehwirtschaft (Schafe) waren die wirtschaftlichen Standbeine. In den Städten hatte sich die Tuchproduktion etabliert. An wenigen Standorten spielte die Verarbeitung des Raseneisenerzes zu Roheisen eine Rolle (Lauchhammer). Auch wurden Glassand und Ton abgebaut und Glas und Keramik produziert. Diese genannten Produktionen trugen zwar Mitte des 19. Jh. noch vorwiegend handwerksmäßigen Charakter und wurden vielfach als Heimarbeit betrieben, sie gaben aber den Anstoß zur Industrialisierung der Region.

Ab etwa 1850 löste die in der Niederlausitz anstehende Braunkohle das Holz als Energieträger ab. Ausgangspunkt war der chronische Holzmangel, bedingt durch die Forcierung der wirtschaftlichen Entwicklung. Bis zu dieser Zeit wurde der „neue" Brennstoff nur punktuell in kleinen Gruben gefördert (erste Braunkohlenfunde 1789 bei Lauchhammer). Nun setzte der industrielle Abbau ein (die erste Grube „Jenny" wurde 1851 im Grünhauser Forst bei Kostebrau angelegt), der die Wirtschaftsstruktur und damit das Bild der Region nachhaltig veränderte. Aus einer bis dahin agrarisch geprägten Landschaft entwickelte sich eine Industrieregion. Zuerst nur wenige räumliche Einheiten betreffend (sogenannte „Kernreviere" im Bereich des Niederlausitzer Grenzwalls, des Muskauer Faltenbogens und bei Senftenberg – Großräschen, wo die Kohle oberflächennah zugänglich war), kam es nach dem zweiten Weltkrieg im Zusammenhang mit der extensiven Industrieentwicklung in der DDR zu einer flächenhaften Überprägung der Raumstrukturen. Deutlich wird dies vor allem bei den Produktions- und Bevölkerungsstrukturen. Mit der intensiveren Nutzung der Braunkohle erhielten sowohl die „klassischen Industriebranchen" als auch „neue" Zweige (Grundstoffindustrie, Maschinenbau) einen Aufschwung. Dazu kamen in der zweiten Hälfte des 19. und zu Beginn des 20. Jh. Betriebe zur Veredlung der Braunkohle (Brikettfabriken, Elektrizitätswerke). Die Industrialisierung und der daraus resultierende Transportbedarf führten zu einem intensiven Ausbau des Straßen- und Schienennetzes.

Im Jahre 1936 hatte das Braunkohlenrevier der Niederlausitz, bezogen auf das Territorium der späteren DDR, folgende Anteile: ca. 35% der Braunkohlenförderung, ca. 40% der Brikettierung und ca. 15% der Elektroenergieerzeugung (Bezirkskabinett Cottbus 1969).

In der Zeit zwischen den beiden Weltkriegen (auch im Zusammenhang mit den Autarkiebestrebungen des faschistischen Deutschlands zu sehen) entwickelten sich einige Spezialproduktionen auf der Basis der Braunkohle:
• Aluminiumproduktion in Lauta (Braunkohle als Energieträger) und
• Kraftstoffherstellung in Schwarzheide (Braunkohle als Rohstoff).

Zum Ende des zweiten Weltkrieges zeigte die räumliche Verteilung der Industrie folgendes Bild:
• Konzentration im Gebiet Lauchhammer – Klettwitz – Senftenberg – Laubusch. In 18 von 25 Kohlengruben wurden 70% der Niederlausitzer Braunkohle gefördert, und in 25 von 37 Brikettfabriken wurden 80% der Briketts produziert.
• Einzelstandorte in Welzow, Knappenrode, Burghammer, Greifenhain u. a.

Nach dem zweiten Weltkrieg, speziell im Zuge der Industrialisierungspolitik der DDR, kam es einerseits zu einer Extensivierung und andererseits zu einer Intensivierung der Braunkohlenförderung und -verarbeitung in der Niederlausitz. Ausgangspunkte waren die Knappheit an Rohstoffen, vor allem an Primärenergieträgern in der DDR und die „sozialistische" Wirtschaftspolitik, die auf eine extensive Industrialisierung abzielte. Später kam die Autarkiepolitik der DDR im Rahmen des RGW hinzu.

Im Zuge der administrativen Neugliederung der DDR im Jahre 1952 wurden die kohleführenden Teile der Länder Sachsen, Brandenburg und Sachsen-Anhalt zum neuen Bezirk Cottbus zusammengeschlossen. Beschlüsse des Ministerrates der DDR von 1953, 1955 und 1957 legten die Entwicklung der Region zum neuen „Kohle- und Energiezentrum der DDR" fest. Dies hatte den Ausbau der Förder- und Verarbeitungskapazitäten der Braunkohle, weiterer Industriebranchen sowie der Infrastruktur zur Folge. Räumlich erfolgte die Ausweitung der traditionellen Förderräume nach Norden und Osten, später nach Südosten (Bezirkskabinett Cottbus 1969).

Aufgeschlossen wurden Großtagebaue zum Abbau des II. Lausitzer Braunkohlenflözes (Kapazität 10 – 12 Mio. t/Jahr), errichtet bzw. ausgebaut wurden Großbetriebe (später Kombinate) zur Verarbeitung und Veredlung der einheimischen Braunkohle (Kraftwerke Trattendorf, Lübbenau/Vetschau, Boxberg; Großkokerei Lauchhammer, Gaskombinat Schwarze Pumpe, Synthesewerk Schwarzheide) und der Schwerindustrie bzw. des Maschinenbaus (Schwermaschinenbau Lauchhammer; Abb. 4.4). Mit diesem Ausbau und der damit verbundenen Zunahme der Branchenvielfalt veränderte sich die Wirtschaftsstruktur. Es entstand ein „planmäßig konzipiertes sozialistisches Industriegebiet", das „industrielle Dichtegebiet Niederlausitz" (Hasenpflug u. Kowalke 1990).

Im Jahre 1967 hatte der Bezirk Cottbus hohe Anteile an der DDR-Energieproduktion: Braunkohlenförderung: 45,4%, Brikettproduktion: 42,5%, Elektroenergieerzeugung: 40,3%, Stadtgasproduktion: 32,9% (Bezirkskabinett Cottbus 1969).

Auf der Basis der Autarkiebestrebungen der DDR wurde die Braunkohlenförderung und -verarbeitung ständig ausgebaut. Wurden 1980 in der DDR noch 258 Mio. t Rohbraunkohlen abgebaut, so waren es 1989 300 Mio. t; davon hatte die Niederlausitz mit 195,7 Mio. t einen Anteil von über 60% (Kowalke 1995a).

Ende der 80er Jahre bestimmten drei große Kombinate der Kohle- und Energiewirtschaft in der Niederlausitz die Wirtschaftsstruktur:
- Braunkohlenkombinat (BKK) Senftenberg,
- Kombinat Braunkohlenkraftwerke Cottbus und
- Gaskombinat Schwarze Pumpe.

Das Niederlausitzer Revier gliederte sich in fünf Förderräume, die bestimmte Versorgungsfunktionen hatten:
- Der Förderraum Senftenberg – Lauchhammer (Großtagebaue Klettwitz und Meuro) diente zur Versorgung der Großkokerei Lauchhammer und von Brikettfabriken.
- Der Förderraum Welzow (Großtagebaue Welzow-Süd und Spreetal) versorgte das Gaskombinat Schwarze Pumpe.
- Der Förderraum Nochten (Großtagebaue Nochten, Bärwalde und Lohsa) belieferte das Kraftwerk Boxberg, das Gaskombinat Schwarze Pumpe und die Brikettfabriken des Raumes Knappenrode/Hoyerswerda.

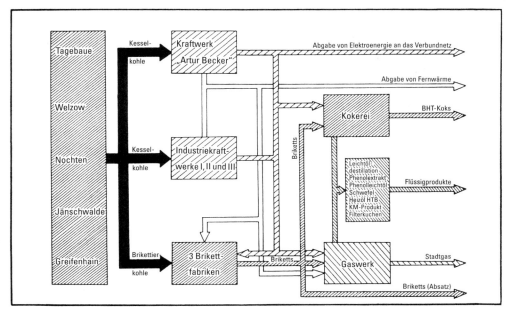

Abb. 4.4: Produktion im Stammbetrieb des Kombinates „Schwarze Pumpe"
Quelle: SCHERF u. a. (1990)

- Der Förderraum Lübbenau – Calau (Großtagebau Schlabendorf-Süd mit Greifenhain, Tagebaue Gräfendorf, Missen, Seese-Ost) arbeitete für die Kraftwerke Lübbenau / Vetschau.
- Der Förderraum Cottbus (Großtagebaue Jänschwalde-Mitte, Cottbus-Nord) versorgte das Kraftwerk Jänschwalde sowie weitere Industriekraftwerke (SCHERF u. a. 1990).

Der bergbaulich bedingte Flächenentzug bis 1989 / 90 umfaßte in der Niederlausitz
insgesamt ca. 52 000 ha. Nur 47 % davon wurden in dieser Zeit rekultiviert. Der Sa-
nierungsbedarf liegt aber weit höher, denn nur 35 % der rekultivierten Fläche entsprechen den heutigen Anforderungen. Insgesamt verschlechterten sich die ökologischen Bedingungen im Abbaugebiet deutlich (NICHE 1995).

Im Ergebnis des Ausbaus der Produktions- sowie der Siedlungsstruktur entwickelte sich auch die technische Infrastruktur (Verkehrstrassen, technische Ver-
und Entsorgung). Notwendig wurde parallel dazu der Ausbau des Netzes sozialer
Einrichtungen (Bildungs-, Gesundheits- und Sozialwesen, Kultur usw.).

Bereits um die letzte Jahrhundertwende zeigten sich Einflüsse der Industrialisierung auf Bevölkerungszahl, -verteilung und -strukturen. Arbeitskräfte aus Mittel-
und Ostdeutschland zogen an die Standorte der Braunkohlenförderung und -verar-
beitung (Entwicklung 1885 – 1925: +42 %, 1885 – 1939: +52 %; vgl. Bezirkskabinett Cottbus 1969). In der Folge dieser Entwicklung kam es zu Konzentrationstendenzen,
Veränderungen in der Sozial-, Alters- und Sexualstruktur, zur Überprägung der historisch gewachsenen Siedlungs- und zentralörtlichen Strukturen usw.

Die Bevölkerungsentwicklung nach 1945 weist auf die unterschiedlichen Etappen in der ökonomischen Entwicklung der Niederlausitz hin. Nach einer Zunahme durch den Zuzug von Flüchtlingen aus den ehemaligen deutschen Ostgebieten stagnierte die Anzahl bis Mitte der 50er Jahre. Die Extensivierung der Braunkohlewirtschaft führt ab der zweiten Hälfte der 50er Jahre zu einer raschen Zunahme der Bevölkerungszahl, dabei werden innerhalb des Bezirkes Unterschiede zwischen den Braunkohlengebieten und den Agrarräumen deutlich (Bezirk Cottbus 1968 zu 1950: +6%; Kreis Hoyerswerda: +86%, Kreis Finsterwalde: –9%). Der Urbanisierungsgrad nahm ebenso zu. Gab es 1950 nur 5 Städte mit über 20 000 Einwohnern (Bevölkerungsanteil 19,8%), so waren es 1967 bereits 8 Zentren dieser Größenordnung (33,5%; 1985: 47,1%). So wurde zum Beispiel die Ackerbürgerstadt Hoyerswerda (1955: 7 500 Einwohner) im Zusammenhang mit dem Aufbau des Kombinates Schwarze Pumpe zur „sozialistischen Wohnstadt" ausgebaut (1967: 53 000 Einw., 1975: 66 000 Einw., 1980: 71 000 Einw.).

Die Einwohnerentwicklung verlangsamte sich in den 80er Jahren – der Zuwachs von 1981 bis 1986 von 1% resultierte ausschließlich aus den überdurchschnittlichen Geburtenraten, bedingt durch eine junge Bevölkerung –, und es kam zu einer Verschiebung der Entwicklungsregionen aus den Kerngebieten (Kreis Senftenberg: –2%) in den Südosten der Niederlausitz (Kreis Weißwasser: +4,5%; vgl. Statistische Jahrbücher der DDR).

4.3.2.2 Aktuelle strukturelle Wandlungen

Seit 1990 vollziehen sich auch in der Niederlausitz tiefgreifende Umstrukturierungsprozesse, die zur Deindustrialisierung sowie zu deutlichen Einschnitten bei der Braunkohlenförderung und -verarbeitung führen. Besonders negativ auf die aktuellen Entwicklungsprozesse wirkt sich die vorhandene wirtschaftliche Monostruktur aus. Der bis 1989 eindeutig dominierende Bergbau schrumpft extrem, so daß das industrielle Wachstum zwangsläufig gebremst wird (1994 Förderung von 78 Mio. t Rohbraunkohle; seit 1989 ein Minus von 59%). Auch die Einsatzstruktur der Braunkohle veränderte sich im Zuge der Umstrukturierung. 1994 wurden über 70% für die Stromerzeugung und nur noch 28% für die Brikett- und Staubherstellung genutzt, Braunkohlenhochtemperaturkoks und Stadtgas werden gar nicht mehr erzeugt (NICHE 1995, KOWALKE 1995 a).

Im Zuge der Privatisierung entstand am 29. 6. 1990 aus dem BKK Senftenberg das Unternehmen Lausitzer Braunkohle Aktiengesellschaft (LAUBAG). In einem vier Jahre dauernden Prozeß erfolgte die Umwandlung des ehemals planwirtschaftlich geführten Lausitzer Braunkohlenbergbaus (einschließlich der Verarbeitung) in marktwirtschaftliche Strukturen. Dazu gehörte zum Beispiel auch die Fusion von ESPAG (Energiewerke Schwarze Pumpe AG; dieser Betrieb entstand am 29. 6. 1990 aus dem Gaskombinat Schwarze Pumpe) und LAUBAG (1993).

Am 29. 6. 1994 wurde die Spaltung der LAUBAG mit Rückwirkung zum 1. 1. 1994 in zwei juristisch selbständige Unternehmen vollzogen; es entstanden die namensgleiche Lausitzer Braunkohlen AG (LAUBAG) und die Lausitzer Verwaltungsgesellschaft mbH (LBV).

Am 6. 9. 1994 wurden die Verträge über die Privatisierung der LAUBAG durch ein Besitzerkonsortium unter Führung der Kölner Rheinbraun AG unterzeichnet. Das Unternehmenskonzept der Aktiengesellschaft ist dabei auf die langfristige Weiterführung des Braunkohlenbergbaus in der Lausitz gerichtet. Zur LAUBAG gehören heute die Betriebsdirektionen Tagebau Jänschwalde / Cottbus-Nord, Tagebau Welzow-Süd, Tagebau Nochten / Reichwalde, Transport-Entwässerung-Werkstatt (TEW) und Veredlung.

Die LAUBAG ist gegenwärtig Arbeitgeber für ca. 9 600 Personen. Damit ist der Tiefststand noch nicht erreicht; das Unternehmenskonzept geht von etwa 8 000 Arbeitnehmern im Jahre 2000 aus.

Zur Lausitzer Bergbau-Verwaltungsgesellschaft (LBV) gehören die „nichtaktiven" Teile des Lausitzer Braunkohlenreviers, d.h. die nicht zu privatisierenden Teile. Die z. Z. etwa 7 000 Mitarbeiter führen die Förderung und Veredlung von Rohbraunkohle in den auslaufenden Anlagen (u. a. drei Tagebaue, fünf Brikettfabriken, drei Kraftwerke) zu Ende. Die wichtigste Aufgabe der LBV ist die Rekultivierung und die Beseitigung von Altlasten. Dazu wurden mehr als 5 000 ABM-Stellen zur Verfügung gestellt (KOWALKE 1995 a).

Am 1. 1. 1996 erfolgte die Fusion der bis dahin getrennten Verwaltungsgesellschaften für die Lausitz und für das Leipziger Revier zur Lausitzer und Mitteldeutschen Bergbau-Verwaltungsgesellschaft mbH (LMBV). Der Grund für diese Maßnahme liegt in einer notwendigen Zentralisation für alle Fragen der Sanierung in Ostdeutschland in einer Hand.

Noch für 1996 war mit dem Auslaufen zweier Tagebaue ein weiterer Arbeitsplatzabbau verbunden (auf ca. 4 500 bis 5 000). Ab dem Jahre 2000 will sich die LMBV mit rund 1 500 verbleibenden Beschäftigten (für beide Reviere) ausschließlich der Sanierungssteuerung und der Immobilienverwertung widmen (Sächsische Zeitung v. 18. 1. 1996).

Durch den Rückgang der Braunkohlenförderung auf weniger als die Hälfte von 1989 wurde ein dramatischer Abbau von Arbeitsplätzen verursacht, der bis heute noch nicht abgeschlossen ist. Von den fast 80 000 Arbeitsplätzen in der Braunkohlenwirtschaft sind damit bis Ende 1996 weniger als 15 000 verblieben. Die Tendenz ist weiter fallend; einerseits hat die LAUBAG die Umstrukturierung noch nicht abgeschlossen, zum anderen setzt die LMBV den Abbau von Arbeitskräften fort.

Die bisher negative wirtschaftliche Entwicklung in der Niederlausitz seit der politischen und ökonomischen Wende wirkt sich auch auf die Bevölkerung aus. Wie überall in Ostdeutschland zeigen sich – vor allem zwischen 1989 und 1992 – große Wanderungsverluste sowie ein drastischer Rückgang der Geburtenraten. Für die Niederlausitz ergeben sich seit 1989 durchgehend negative natürliche und räumliche Bevölkerungssaldi. Neben den Verlusten an Arbeitsplätzen wirken hier noch die ökologischen Probleme erschwerend. So verringerte sich beispielsweise die Einwohnerzahl von Hoyerswerda von 68 900 (1987) über 61 100 (1992) auf 58 000 (1995) Personen (Statistische Jahrbücher der DDR und Sachsen).

Es läßt sich einschätzen, daß mit der Privatisierung der Braunkohlenförderung und -verarbeitung der industrielle Kern der Region Niederlausitz erhalten blieb. In den nächsten 15 – 20 Jahren werden im aktiven Bergbau und in den Kraftwerken etwa 30 Mrd. DM investiert werden. Die bisherige Investitionstätigkeit in der Braunkohle hat in den letzten vier Jahren bereits zur Ansiedlung von 140 mittelständischen Unternehmen mit etwa 4 000 Arbeitsplätzen geführt. Neben kommunalen Dienstleistungseinrichtungen entstanden Ingenieurbüros, Betriebe für Mechanik und mechanische Instandhaltung, Meß- und Steuerungstechnik, Baubetriebe, Dienstleister für Rekultivierung und Landschaftsgestaltung und Transport (KOWALKE 1995 a).

Zentrale Bedeutung für die weitere wirtschaftliche Entwicklung hat die Überwindung der Monostruktur. Von den Landesregierungen in Brandenburg und Sachsen (das Wirtschaftsgebiet Niederlausitz wird seit der Ländereinführung 1990 durch die Landesgrenze zwischen den beiden Bundesländern getrennt; dabei verläuft sie sogar mitten durch den Industriekomplex Schwarze Pumpe!) wird der polyfunktionale Ansatz eindeutig favorisiert. Zwei Entwicklungslinien prägen die Perspektiven der Industrie in der Niederlausitz: Einen Schwerpunkt bildet der Ausbau des Sektors der Mittel- und Kleinunternehmen mit innovativen Produkten. Gleichzeitig wird, vor allem zur Sicherung der Kernbereiche alter Standorte, die Ansiedlung von Großinvestoren gefördert (LEHMANN 1995).

Die Wirtschaftsförderung in der Niederlausitz setzt neben dem Produzierenden Gewerbe auch auf die Aktivierung der Potentiale anderer Wirtschaftsbranchen. Eine wichtige Rolle spielt dabei der Ausbau des Tourismus. An erster Stelle steht die qualitative Ausgestaltung und bessere Nutzung der bereits vorhandenen Fremdenverkehrspotentiale. Zu diesen gehören z. B.

• die Erholungslandschaften „Senftenberger See", „Knappensee" und „Silbersee". Es handelt sich dabei um in den 50er bis 70er Jahren geflutete Tagebaurestlöcher. Bei der Rekultivierung wurde bereits auf eine Erholungsnutzung orientiert.
• die Gegebenheiten des Kulturraumes (Stadtareale, z. B. Cottbus; Parkanlagen, u. a. in Branitz, Bad Muskau; Schlösser; aber auch das Brauchtum der Sorben, die Volksarchitektur u. a.). In diesem Zusammenhang ist z. B. auch die Gartenbauausstellung 1995 in Cottbus einzuordnen.
• die Zeugen der Industrie- und Bergbaugeschichte (Nutzung und Ausbau von stillgelegten Gruben und Betriebsanlagen als Industrie- und Bergbaumuseen, z. B. Knappenrode).

Darüber hinaus ist vorgesehen, zusätzliche Potentiale in den Ausbau des Tourismus einzubeziehen. So sollen im Zusammenhang mit der Rekultivierung ehemals bergbaulich genutzter Flächen Erholungs- und Erlebnislandschaften entstehen. Ein Beispiel dafür ist der „Karl-May-Park" nördlich von Hoyerswerda (Gemeinde Elsterheide). Auf einer ca. 160 km² großen, ehemals vom Bergbau genutzten Fläche (u. a. Einbeziehung der Tagebaurestlöcher Sedlitz, Koschen, Scado, Spreetal, Laubusch und Bluno) sollen – ähnlich wie im Disneyland – Attraktionen für die Besucher aufgebaut werden (z. B. fünf Erlebniszentren: „Indian Village", „West Town", „Fort", „Governors Castle", „Cattle Ranch", ein subtropisches Schwimmbad, eine umfunktionierte Kohlenbahn), ebenso ist eine Hotelstadt mit 3 000 Übernachtungsmöglichkeiten vorgesehen. Die Erschließung, die 1998/99 beginnen soll, erfolgt durch die LMBV. 500 bis 800 Arbeitsplätze werden mit der Eröffnung des Karl-May-Parks nach dem Jahre 2000 neu entstehen. Die drei prinzipiellen Aufgaben Wirtschaftsförderung, Bergbausanierung und kommerzielle Projekte könnten hier verwirklicht werden.

In unmittelbarer Nähe (Blickbeziehung) soll als weiterer Tourismusmagnet der „Ilse-Park" Gestalt annehmen. Ein Architekturbüro plant eine Bauausstellung „Stadt des 21. Jahrhunderts". Eine andere touristische Attraktion ist der unweit von Cottbus gelegene „Lausitz-Ring", ein Automobilrundkurs für Wettbewerbe und für Testfahrten.

4.3.3 Oberlausitz

4.3.3.1 Wirtschaftsräumliche Entwicklung bis zur Wende

Das früh entstandene Textilgewerbe, der Dreißigjährige Krieg und die Ansiedlung der Glaubensflüchtlinge veränderten die Wirtschafts- und damit die Raumstruktur des südlichen Teils der Lausitz deutlich. Aus der agrarisch geprägten Region entwickelte sich über den Zeitraum des 17. bis 19. Jh. ein industriell-gewerblich strukturierter Raum. Seinen deutlichen Ausdruck fand dies u. a.

- in der Überprägung der dörflichen Siedlungsstrukturen: Aus den bevölkerungsarmen agrarisch strukturierten Waldhufendörfern aus der zweiten Etappe der Ostkolonisation entwickelten sich bevölkerungsreiche Weberdörfer, die sich oft kilometerlang in den Flußtälern erstrecken und ineinander übergehen (Siedlungsbänder). Im Zuge der Industrialisierung wurden daraus teilweise Industriedörfer bzw. industrielle Kleinstädte.
- in einem Aufblühen des Handwerks und der Industrie in den Städten: Aus den kleinen Ackerbürgerstädten wurden Handwerker- und Industriestädte; damit verbunden war eine deutliche Veränderung der Stadtstrukturen (Entwicklung von Handwerkergassen, bauliche Aufwertung, später Entwicklung von Textilmanufakturen und -betrieben).
- in einer Verbreiterung der industriellen Basis: Dies zeigt sich einerseits in einer Aufsplittung der Textilproduktion (Einsatz von differenzierten Rohstoffen und Zunahme der Verarbeitungstechniken und der Produktionstiefe) und andererseits in einer Zunahme der Anzahl der Branchen (z. B. Maschinenbau als gebietsbedienender Zweig im Sinne einer endogenen Entwicklungslinie, aber auch Leichtindustrie, Fahrzeugbau u. a.).
- in einer deutlichen Zunahme der Handelstätigkeit (als Ausdruck der Zunahme der Arbeitsteilung) und
- in einem Ausbau und der Verdichtung der Infrastruktur (Straßen-, Eisenbahnnetz, Versorgungs- und Betreuungseinrichtungen usw.).

Als Ergebnis dieser Veränderungen entwickelte sich die Oberlausitz im 18. und 19. Jh. zu einer der am dichtesten besiedelten „ländlichen" Regionen Deutschlands. Die Bevölkerungsdichte stieg von 86 Einw./km² um 1700 auf 217 Einw./km² im Jahre 1849.

Auf der Basis der differenzierten naturräumlichen Bedingungen, der historischen Entwicklung sowie der Spezialisierung und Arbeitsteilung läßt sich zu Beginn des 20. Jh. die Oberlausitz in folgende wirtschaftsräumliche Einheiten gliedern (Scherf u. a. 1990, Bezirkskabinett Dresden 1988):

1. das Textilgebiet im südlichen Teil (Pulsnitz – Großharthau, Kirschau, Schirgiswalde, Ebersbach, Neugersdorf, Oberoderwitz, Großschönau),
2. das Bergbau- und Energiegebiet im Osten (Hirschfelde, Berzdorf, Hagenwerder, Zittau),
3. das Fremdenverkehrsgebiet im Südosten (Zittauer Gebirge, Lausitzer Bergland),
4. die Maschinen- und Fahrzeugbaustadt Görlitz,
5. die Landwirtschaftsregion um Bautzen.

Die Situation nach dem zweiten Weltkrieg paßt sich generell in die an anderer Stelle und für andere Regionen der DDR aufgezeigte Entwicklung ein. Für die Oberlausitz zeigen sich aber aufgrund der spezifischen Standortverteilung der Produktion (disperses Standortmuster) und der frühzeitigen Industrialisierung (Überalterung der technischen / technologischen und baulichen Grundfonds; Kleinst-, Klein- und Mittelbetriebsstrukturen; traditionelle Branchen) einige Spezifika.

Der betriebliche Konzentrationsprozeß, der in der Phase des extensiven Ausbaus der Volkswirtschaft der DDR vor allem durch Verstaatlichung privater und halbstaatlicher Betriebe sowie durch die Kombinatsbildung erfolgte, führte zu einer drastischen Reduzierung der Anzahl der Klein- und Mittelbetriebe und damit zu einem gebietlichen Funktionsverlust. Parallel dazu kam es zu einem deutlichen Anstieg der kleinen und mittleren (juristisch und ökonomisch nicht selbständigen) Produktionsstätten, vorwiegend mit integrierter Produktion (so hatte z.B. der VEB Oberlausitzer Textilbetriebe Neugersdorf 33 Produktionsstätten in vier Landkreisen). Dies hatte zur Folge, daß die gebrochene Fertigung oder die fehlende Produktion „unter einem Dach" zur gebietlichen Erscheinungsform wurde, was mit erheblichen laufenden Aufwendungen verbunden war und die Produktion störanfällig machte. Ebenfalls damit in Verbindung stand eine Einengung des gebietlichen Produktionsspektrums (Abb. 4.5 a u. b).

Die Umwandlung von Kleinst-, Klein- und Mittelbetrieben in Produktionsstätten führte vorwiegend auf kommunaler bis teilkreislicher Ebene zu einer Einschränkung des quantitativen und qualitativen Arbeitsplatzangebotes, was sich in einem Rückgang der Arbeitsplätze außerhalb des produktionsdurchführenden Bereichs bzw. in höheren Qualifikationsgruppen bemerkbar machte. Für viele Industriegemeinden bedeutete dies eine Deformierung der Qualifikationsstruktur der industriellen Wohnbevölkerung.

Durch die Unterrepräsentanz von Kombinatsstamm- und Kombinatsbetrieben kam es zum Leistungsabfluß. Da die Produktionsstätten über keine eigenen finanziellen Fonds verfügten, wurden auch die monetären und bilanzseitigen Grundlagen der Zusammenarbeit zwischen Produktionsstätte und Territorium eingeschränkt. Die Mehrzahl der Produktionsstätten der traditionellen Branchen in der Oberlausitz war in Gebäuden untergebracht, die im vorigen Jahrhundert oder um die Jahrhundertwende entstanden sind, so daß sie daher in der Bauqualität, der technischen Ausstattung und der Möglichkeit des Einbaus moderner Produktionstechnik begrenzende Faktoren für eine Weiterentwicklung darstellten.

Als Ergebnis der kampagnenartigen Wirtschaftsentwicklung in der DDR erhielten die traditionellen Branchen Textil- und Leichtindustrie, z.T. auch Maschinen- und Fahrzeugbau und Lebensmittelindustrie nur unterproportionale Investitions-

Abb. 4.5a:

VEB Herrenmode Dresden, Werk Neugersdorf (31. 12. 1987)

Quelle:

Zentralverwaltung für Statistik (1988)

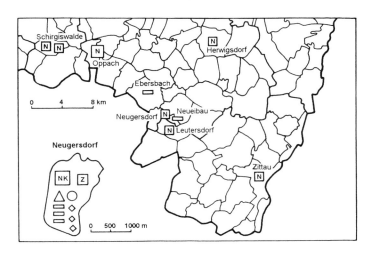

Abb. 4.5b:

Dresdner Herrenmode GmbH, Werk Neugersdorf (15. 3. 1991)

Quelle: Hasenpflug u. Kowalke (1991 b)

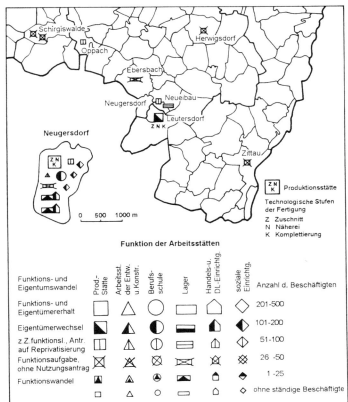

anteile (in den 80er Jahren lag der Anteil des Investitionsfonds am Nationalein-
kommen der DDR unter 20%). Da die Investitionen fast ausschließlich in die Kom-
binatsstamm- und Kombinatsbetriebe gingen, verschärfte sich die Situation in der
Oberlausitz noch zusätzlich. Eine Verlangsamung der wirtschaftlichen Dynamik
war die Folge. Der Anteil innovativer Branchen lag unter dem DDR-Durchschnitt.
Bedingt durch das Fehlen außerindustrieller Forschungseinrichtungen, mußten in-
itiale Wirkungen von außerhalb des Gebietes kommen (HASENPFLUG u. KOWALKE
1990, 1991 a). Ausdruck dieser negativen Situation war der Rückgang der Einwohnerzahl in der Oberlausitz (z. B. 1970 bis 1985: –9%; Kreis Bautzen: –4%, Kreis Görlitz-
Land: –14%; vgl. Statistische Jahrbücher der DDR).

Ende der 80er Jahre zeigte sich hinsichtlich des Produzierenden Gewerbes in der
Oberlausitz das Bild des Dominierens nur weniger, historisch gewachsener Branchen (Maschinen- und Fahrzeugbau, Textilindustrie, Lebensmittelindustrie, Bau-
materialienindustrie) und einer starken räumlichen Konzentration (Maschinen-
und Fahrzeugbau in Bautzen, Görlitz, Zittau; Textilindustrie im Süden; Lebensmittelindustrie im Norden; Braunkohlenförderung und -verarbeitung im Südosten).

4.3.3.2 Aktuelle strukturelle Wandlungen

In der Zeit nach 1989 / 90 ist die Oberlausitz aufgrund ihrer bisherigen Ausrichtung
auf „Schrumpfungsbranchen" der Industrie, des hohen Anteils der Landwirtschaft
sowie militärischer Einrichtungen und ihrer peripheren Lage an der Ostgrenze
Deutschlands als wirtschaftliches Problemgebiet anzusehen.

Die Entwicklung der letzten sieben Jahre zeigt die Auswirkungen des „Struktur-
bruchs" der Wirtschaft, der durch den Anschluß der DDR an die Bundesrepublik
ausgelöst wurde, gerade in der altindustrialisierten Region der Oberlausitz deutlich. Die Oberlausitz war durch die Dominanz des sekundären Sektors bestimmt;
knapp 60% der Beschäftigten waren 1989 in diesem Bereich tätig (10% Land- und
Forstwirtschaft, 30% Tertiärsektor). Mit der Wirtschaftstransformation brachen die
strukturbestimmenden Zweige des Produzierenden Gewerbes Textilindustrie sowie (teilweise) Maschinen- und Fahrzeugbau zusammen. Damit ging bereits in den
ersten beiden Jahren nach der Wende die Anzahl der Beschäftigten im Sekundärsektor um ca. 35% zurück. In der Textilindustrie blieben bis heute nur etwa 10% der
Arbeitsplätze von 1989 übrig, in anderen Branchen sind es zwischen 20 und knapp
50%. Da der Umstrukturierungsprozeß im Produzierenden Gewerbe noch nicht abgeschlossen ist (z. B. Maschinen- und Fahrzeugbau, Braunkohlenwirtschaft), ist mit
einem weiteren Rückgang der Bedeutung dieses Sektors zu rechnen (SCHMIDT 1993,
Sächsisches Staatsministerium für Wirtschaft und Arbeit 1994).

Der dominierende Industriezweig in der Oberlausitz ist trotz erheblichen Be-
schäftigungsrückgangs der Maschinen- und Fahrzeugbau (z. B. Waggonbau in Bautzen und Görlitz). Daneben hat auch die ehemals wesentlich stärker vertretene Tex-
til- und Bekleidungsindustrie noch an einzelnen Standorten Bedeutung (Ende 1992
18% der Betriebe, 18% der Beschäftigten und 16% des Umsatzes des Produzierenden
Gewerbes in der Oberlausitz). Speziell jene Unternehmen konnten überleben,
denen es gelang, Marktnischen zu finden, intelligenzintensiv zu produzieren, un-

mittelbare Kundennähe zu praktizieren und flexible Kollektionen vorzustellen. Baumaterialien-, Lebensmittel- und Leichtindustrie sind ebenfalls im Gebiet vertreten. Insgesamt ist in der Oberlausitz der Anteil der in der Industrie Beschäftigten von 1989 bis 1994 auf weniger als ein Fünftel des Ausgangsbestandes zurückgegangen. Die einzige stabile Branche war bis in das zweite Halbjahr 1995 die Bauwirtschaft, die seitdem ebenfalls stagniert bzw. rückläufig ist (KOWALKE u. KALLIS 1995, Institut für Ökologische Raumentwicklung ... 1995).

Auch die Landwirtschaft als wichtiger Wirtschaftsbereich in weiten Teilen der Oberlausitz hat wesentlich an Bedeutung verloren. Seit 1990 mußte sie sich den Umstrukturierungsproblemen der ehemaligen landwirtschaftlichen Produktionsgenossenschaften und dem erhöhten Anpassungsdruck auf den EU-Agrarmärkten stellen.

Notwendige Schritte zur Umstrukturierung waren die Zusammenlegung von Pflanzen- und Tierproduktion in einem Betrieb, die Verkleinerung der Betriebsgrößen, die Änderung der Rechtsformen, die Reduzierung der Beschäftigtenzahlen und die Veränderung der Produktionsrichtung (Finden von Marktnischen: Ölfruchtanbau) sowie der Produktionsmethoden (ökologischer Landbau).

Heute überwiegen in der Organisationsstruktur der Landwirtschaft in der Oberlausitz die Einzelunternehmen (über 80 % der Betriebe) und hierbei die im Nebenerwerb (über zwei Drittel der Einzelunternehmen); bei der bewirtschafteten Fläche stehen die „juristischen Personen" an erster Stelle (75 %). Die durchschnittlichen Flächengrößen zeigen die durch die Großflächenwirtschaft der DDR-Landwirtschaft überprägte Struktur; Einzelunternehmen verfügen über ca. 65 ha (Haupterwerb) und „juristische Personen" über ca. 1 000 ha.

Verbunden war die Umstrukturierung mit einem Rückgang der Beschäftigten. So lag der Arbeitskräftebesatz 1989 noch bei knapp 15 AK / 100 ha landwirtschaftlicher Nutzfläche, heute beträgt er etwa 3 AK / 100 ha LNF. Bei der Bewertung dieses Besatzes wird deutlich, daß er unter dem Wert für die alten Bundesländer (1995: 4,8 AK / 100 ha LNF) liegt. Ein Grund dafür ist auch in dem Abbau arbeitskräfteintensiver Produktionsformen (Gartenbau, Tierproduktion) zu sehen. Eine Halbierung der Tierbestände innerhalb kurzer Zeit hat deutliche ökonomische (Brachfallen der Anlagen, Verlust an Arbeit, Verlust der Agrarquoten) und ökologische (Verarmung der Fruchtfolgen, Erhöhung der Bodenerosion, Beschleunigung der Flächenstillegungen) Folgen (Institut für Ökologische Raumentwicklung ... 1995).

Ein wichtiger Impuls der heutigen wirtschaftlichen Entwicklung kann vom Tertiärsektor ausgehen. So hat der Anteil der Beschäftigten in diesen Zweigen in nur drei Jahren (bis 1992) um rund 15 % zugenommen. Bei der insgesamt negativen Arbeitsplatzentwicklung in der Region bedeutet dies aber keinen absoluten Zuwachs an Arbeitsplätzen.

Der wirtschaftliche Umbruch reflektiert sich auch in der Arbeitsmarktsituation der Oberlausitz. Seit der Wende stieg die Arbeitslosenquote von 6,4 % Ende 1990 auf 19 % im Januar 1996 an; damit liegt der Wert über dem sächsischen Durchschnitt (17,3 %). Es zeigen sich dabei deutliche territoriale Unterschiede. Die höchsten Quoten ergeben sich im Oberlausitzer Bergland durch das „Wegbrechen" der traditionellen Industrien. In den im Norden gelegenen, stärker agrarisch strukturierten Gemeinden ist die Quote geringer (Landesarbeitsamt Sachsen 1994, 1995); vgl. Abbildung 4.6.

Als Ergebnis der negativen wirtschaftlichen Entwicklung verzeichnet die Oberlausitz einen erheblichen Bevölkerungsrückgang; allein zwischen 1988 und 1992 verringerte sich die Einwohnerzahl um fast 10 %, resultierend sowohl aus einem negativen räumlichen als auch einem negativen natürlichen Saldo (Beispiel Landkreis Bautzen 1990 – 1993: Zuzüge: 20 600, Wegzüge: 28 300, räumlicher Saldo: –7 700; Geburten: 4 900, Gestorbene: 8 400, natürlicher Saldo: –3 500; Gesamtsaldo: –11 200; vgl. Statistische Jahrbücher Sachsen).

Durch den Wegzug vor allem junger Menschen und den starken Rückgang der Geburtenrate ergeben sich in der Region Überalterungstendenzen der Bevölkerung. Dieser damit im Zusammenhang stehende Bevölkerungsrückgang führt zu „Ausdünnungserscheinungen" der versorgungsorientierten Infrastruktur (Schließung von Kindertagesstätten, Schulen, Handelseinrichtungen, Postfilialen, aber auch Einstellung von Linien des ÖPNV).

Aus dieser Situation resultieren besondere Anforderungen an die Raumordnung und Landesplanung. Große Bedeutung kommt der qualitativen Ausgestaltung des Siedlungsnetzes zu, dabei speziell der Ausbildung der Stadt-Umland-Beziehungen, der Stärkung der Funktionen der zentralen Orte und der Arbeitsteilung zwischen diesen. Der Landesentwicklungsplan des Freistaates Sachsen (Sächsisches Staatsministerium für Umwelt und Landesentwicklung 1994) weist für die Oberlausitz folgende zentrale Orte aus: den Oberzentralen Städteverbund Görlitz – Bautzen – Hoyerswerda, die Mittelzentren Bischofswerda, Kamenz, Löbau, Zittau, 11 Unterzentren und eine Anzahl von Kleinzentren (Ausweisung in den Regionalplänen).

Abb. 4.6: Entwicklung der Arbeitslosenquote im Arbeitsamtsbezirk Bautzen 1990 – 1995
Quelle: Landesarbeitsamt Sachsen, Jahresstatistiken

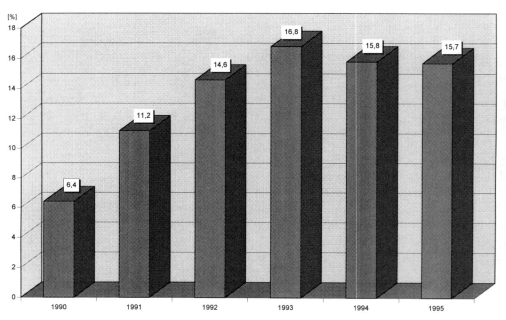

Das dichte, historisch gewachsene Netz von dörflichen Siedlungen und Städten in der Oberlausitz erfordert es, darüber hinaus Sonderformen zentraler Orten auszuweisen:
- kooperierende zentrale Orte (vor allem bei bandartigen Siedlungsstrukturen, wo zwei oder mehrere gleichwertige benachbarte zentrale Orte teilweise gemeinsame Verflechtungsbereiche bilden): Bernstadt – Ostritz, Neugersdorf – Ebersbach,
- Städteverbünde (Siedlungen auf gleicher oder verschiedener zentralörtlicher Stufe, die in engem funktionsräumlichen und baulichen Zusammenhang stehen und in ihrer Komplexität als zentraler Ort der jeweils höchsten Stufe betrachtet werden können): Kirschau – Schirgiswalde – Sohland – Wilthen.

Um das Leitziel des Landesentwicklungsplanes des Freistaates Sachsen – die Schaffung gleichwertiger Lebens- und Arbeitsbedingungen für die Bevölkerung in allen Teilräumen des Landes – zu realisieren, macht es sich erforderlich, in dünner besiedelten Landesteilen (im Norden der Oberlausitz), in siedlungsstrukturell zersplitterten sowie in topographisch stark gegliederten Räumen (Mittelgebirge) zentralörtliche Einrichtungen auch dann vorzuhalten, wenn deren Auslastung nicht immer sichergestellt ist. Dabei kommt dem Aspekt der Erreichbarkeit dieser Einrichtungen mit zumutbarem Aufwand besondere Bedeutung zu.

Abb. 4.7: Sachsens Euroregionen

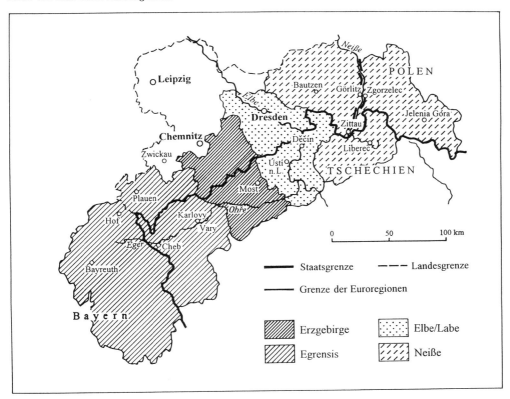

Ein weiteres wichtiges Entwicklungspotential der Region liegt in ihrer geographischen Lage, nämlich der Nähe zu den Reformstaaten Polen und Tschechien. Was sich heute oft als Standortnachteil zeigt (bedingt durch die Wirkungen der „Wohlstandsgrenze"), kann sich spätestens mit der absehbaren Aufnahme dieser Länder in die Europäische Union als vorteilhaft erweisen.

„Geprobt" wird diese grenzüberschreitende Zusammenarbeit im kleinen heute bereits in den nach der Wende gegründeten Euroregionen an der östlichen Außengrenze der EU. Östliche und südöstliche Teile der Oberlausitz haben dabei Anteil an der bereits 1991 gegründeten Euroregion „Neiße", in der eine grenzüberschreitende Kooperation zwischen Ostsachsen sowie Teilen Niederschlesiens und Nordböhmens vor allem in den Bereichen Wirtschaft und Infrastruktur stattfindet (KOWALKE 1995b); vgl. Abbildung 4.7.

Das Ziel für die Wirtschaftsentwicklung der Oberlausitz ist vor allem im Ausbau einer diversifizierten Branchenstruktur zu sehen. Dabei gilt es, die vorhandenen Strukturelemente zu erhalten, zu stabilisieren und auszubauen (endogene Potentiale) sowie neue Branchen zu lokalisieren bzw. Bedingungen für ihre Entwicklung zu schaffen (exogene Potentiale), damit quantitativ und qualitativ ausreichend Arbeitsplätze für die einheimische Bevölkerung zur Verfügung gestellt werden können. Nur auf diesem Weg ist das weitere „Ausbluten" der alten Kulturlandschaft Oberlausitz zu verhindern.

Literatur

Bezirkskabinett für Unterricht und Weiterbildung der Lehrer und Erzieher Dresden [Hrsg.] (1988):
Beiträge zur Geographie Bezirk Dresden. Dresden, 70 S.

Bezirkskabinett für Weiterbildung der Lehrer und Erzieher Cottbus [Hrsg.] (1969):
Der Bezirk Cottbus. Beiträge zur Geographie des Kohle- und Energiezentrums der DDR. Cottbus, 96 S.

HAHN, A., u. E. NEEF (1985):
Dresden. Ergebnisse der heimatkundlichen Bestandsaufnahme. Berlin, 270 S. = Werte unserer Heimat, **42**.

HASENPFLUG, H., u. H. KOWALKE (1990):
Analyse und Bewertung territorialer Reproduktionsbedingungen in den Dichtegebieten der DDR unter besonderer Berücksichtigung der Industrie. Dresden, 250 S. [unveröff. Habil.-Schrift].

HASENPFLUG, H., u. H. KOWALKE (1991 a):
Gedanken zur wirtschaftsräumlichen Gliederung der ehemaligen DDR und ihrer Anpassungsprobleme beim Übergang in die soziale Marktwirtschaft. Zeitschrift für Wirtschaftsgeographie, **35**: 68 – 82.

HASENPFLUG, H., u. H. KOWALKE (1991 b):
Die industriellen Dichtegebiete Oberlausitz und Niederlausitz. Geographische Rundschau, **43**: 560 – 568.

HEINZMANN, J. [Hrsg.] (1992):
Landesreport Freistaat Sachsen. Berlin / München, 180 S.

IHK Dresden [Hrsg.] (1994):
Konjunkturbericht zur wirtschaftlichen Situation im Kammerbezirk Dresden zur Jahreshälfte 1994. Dresden, 52 S.

IHK Dresden [Hrsg.] (1995):
Wirtschaftsdaten. Freistaat Sachsen – Kammerbezirk Dresden – Stadt Dresden. April 1995. Dresden, 42 S.

Institut für Ökologische Raumentwicklung Dresden u. TU Dresden [Hrsg.] (1995):
Regionaler und siedlungsstruktureller Wandel im ländlichen Raum des Freistaates Sachsen – eine exemplarische Untersuchung zu Entwicklungsproblemen und -chancen am Beispiel des Landkreises Bautzen. Dresden, 269 S. [unveröff.].

KOWALKE, H. (1993):
Studie zur Abgrenzung der Raumkategorien „Verdichtungsraum", „Randzone des Verdichtungsraumes" und „Verdichtungsbereich im ländlichen Raum" im Freistaat Sachsen. Dresden [unveröff.].

KOWALKE, H. (1994 a):
Der Freistaat Sachsen – ein geographischer Überblick. Praxis Geographie, **24**: 4 – 11.

KOWALKE, H. (1994 b):
Wirtschaftsraum Sachsen. Geographische Rundschau, **46**: 484 – 490.

KOWALKE, H. (1995 a):
Braunkohle in Deutschland. Teil: Revier Lausitz. Dresden, 15 S. [unveröff.].

KOWALKE, H. (1995 b):
Die Euroregion Neiße – Chancen für die Umstrukturierung im Dreiländereck Sachsen – Schlesien – Böhmen. In: Neue grenzüberschreitende Regionen im östlichen Mitteleuropa. Frankfurt / M., 75 – 90. = Frankfurter Wirtschafts- und Sozialgeographische Schriften, **67**.

KOWALKE, H. (1995 c):
Auswirkungen des wirtschaftlichen Strukturwandels auf die Raumstruktur Sachsens. In: Strukturwandel und Entwicklungsfragen Altindustrialisierter Regionen. Dresden, 50 – 57. = IÖR-Schriften, **13**.

KOWALKE, H., u. P. KALLIS (1995):
Sachsen zwischen Wirtschaftstransformation und globalem Strukturwandel. Zeitschrift für Wirtschaftsgeographie, **39**: 240 – 249.

Landesarbeitsamt Sachsen [Hrsg.] (1994):
Jahresstatistik 1994. Teil 4.1.:
Ergebnisse der Strukturanalyse in Sachsen.
Chemnitz, 47 S.

Landesarbeitsamt Sachsen [Hrsg.] (1995):
Jahresstatistik 1995.
Chemnitz, 50 S.

Landeshauptstadt Dresden [Hrsg.] (1994 a):
Dresden in Zahlen 1993.
Dresden, 75 S.

Landeshauptstadt Dresden [Hrsg.] (1994 b):
Wirtschaft und kommunale Wirtschaftsför-
derung 1.
Dresden, 92 S.

Landeshauptstadt Dresden [Hrsg.] (1995):
Dresden in Zahlen 1994.
Dresden, 152 S.

Landeshauptstadt Dresden [Hrsg.] (1996):
Dresden in Zahlen 1995.
Dresden, 150 S.

Landeshauptstadt Dresden [Hrsg.] (1997):
Bergbau und Verarbeitendes Gewerbe
1991 – 1995.
Dresden, 30 S. =
Statistische Mitteilungen 1997.

Lausitz. Berlin / Leipzig 1985, 452 S. =
Tourist Reisehandbuch.

LEHMANN, O. (1995):
Brandenburgs Industrie im Wandel.
Praxis Geographie, **25**: 10 – 13.

MAERKER, L., u. H. PAULIG (1993):
Kleine sächsische Landeskunde.
Dresden, 186 S. =
Kleine Sächsische Bibliothek, **4**.

NICHE, H. (1995):
Sanierung von Bergbaugebieten. Chance für
die Niederlausitz.
Praxis Geographie, **25**: 20 – 23.

OSTERTAG, R., u. H. KOWALKE (1993):
Die Stärke der schwachen Kräfte.
Archithese, **23**: 21 – 29.

PFEIL, F., u. T. EISOLDT (1985):
Zur Bewertung der Knoten-Achsen-Struktur
des Ballungsgebietes Dresden.
In: Territoriale Struktureffekte der Ballungs-
gebiete. Dresden, 67 – 77 =
Dresdner Reihe zur Forschung, **12**.

Sächsische Zeitung Dresden v. 18. 1. 1996:
Sanierungsbergbau bis 2000. S. 23.

Sächsisches Staatsministerium für Landwirt-
schaft, Ernährung und Forsten [Hrsg.] (1995):
Sächsischer Agrarbericht 1994.
Dresden, 198 S.

Sächsisches Staatsministerium für Umwelt und
Landesentwicklung [Hrsg.] (1994):
Landesentwicklungsplan Sachsen.
Dresden, 220 S.

Sächsisches Staatsministerium für Wirtschaft
und Arbeit [Hrsg.] (1994):
Wirtschaft und Arbeit in Sachsen 1994.
Dresden, 73 S.

SCHERF, K., u. a. [Hrsg.] (1990):
DDR. Ökonomische und soziale Geographie.
Gotha, 497 S.

SCHMIDT, M. (1993):
Entwicklung in der Textil- und Bekleidungs-
industrie 1992 bis 1993.
Sachsen – Kammerbezirk Dresden –
Oberlausitz.
Dresden, 25 S. [unveröff.].

Statistisches Landesamt des Freistaates
Sachsen [Hrsg.]:
Statistisches Jahrbuch Sachsen 1990 – 1995.
Kamenz.

Zentralverwaltung für Statistik der DDR [Hrsg.]
(1988):
Ergebnisse der Erfassung der Arbeitsstätten
der Betriebe des Wirtschaftsbereiches Industrie (Stichtag: 31. 12. 87). Berlin.

Zentralverwaltung für Statistik der DDR
[Hrsg.]:
Statistische Jahrbücher der DDR 1950 – 1989.
Berlin.

B.5 Ruhrgebiet

MANFRED SCHRADER, HANNOVER

5.1 Einleitung

5.1.1 Lage, Abgrenzung, Typisierung

Trotz erheblicher struktureller und konjunktureller Krisen in den letzten Jahrzehnten ist das Ruhrgebiet noch immer der größte industrielle Ballungsraum Europas und zugleich eine der größten Industrieagglomerationen der Erde. Gemäß der Abgrenzung des Kommunalverbandes Ruhrgebiet (KVR) erstreckt sich diese Region vom Kreis Wesel westlich des Rheins bis Hamm im Osten (Abb. 5.1) und umfaßt 11 kreisfreie Städte und 4 Landkreise. Auf der Ebene der Bezirksregierungen stellt die Industrieregion keine eigene Einheit dar, sondern ist auf die Regierungsbezirke Arnsberg, Münster und Düsseldorf aufgeteilt worden, so daß wichtige politische und planerische Entscheidungen und Verwaltungsakte außerhalb des Reviers erfolgen. Die günstige geographische Lage des Ruhrgebiets innerhalb Europas hat sich nach der EU-Integration und der Ostöffnung weiter verbessert. Die mehr als 5 Mio. Einwohner bilden zugleich ein erhebliches Nachfragepotential.

Das Ruhrgebiet gehört zum Regionstyp der montanindustriell geprägten Altindustrieregionen (SCHRADER 1993), die in der englischsprachigen Literatur treffender als „areas of industrial decline" bezeichnet werden (WIENERT 1990). „Alt" ist hier nicht mit Bezug auf die frühe Gründung und Entwicklung von Industriegebieten gemeint, sondern betrifft Regionen, die die Fähigkeit zur ökonomischen Regeneration verloren haben oder gar nicht erst entwickeln konnten. Dieser Prozeß des „Alterns" von Regionen, deren Aufstieg durch Industrien früherer „langer Wellen" initiiert und getragen wurde, muß keineswegs zwingend erfolgen. Es gibt genügend Beispiele von Regionen, die immer wieder als industrielle Wachstumszentren hervortreten oder durch innovative Gestaltung, Weiterentwicklung oder Veränderung der Industriestruktur erfolgreich bleiben und nicht „altern" (STERNBERG 1995). Dem Ruhrgebiet ist ein solcher positiver Verlauf des Strukturwandels nicht umfassend gelungen.

Da eine allgemein akzeptierte Definition für „Altindustrieregionen" nicht vorliegt, werden u.a. folgende Merkmale zur Charakterisierung herangezogen (HAMM u. WIENERT 1990, JUNKERNHEINRICH 1988, SCHRADER 1993, REHFELD 1994):
• hohe Einwohner- und Industriedichte, hoher Industriebesatz,
• früher Zeitpunkt der Industrialisierung, z.T. mit gravierenden Folgen für den Zustand des Sachkapitals und der Umwelt, Gemengelage von Industrie und Wohnen,
• eine Industriestruktur, die u.a. durch großbetriebliche Strukturen, Massenproduktion, Branchen mit unterdurchschnittlichem Wachstum oder Rückgang, einen sinkenden oder stagnierenden Anteil an der Wertschöpfung, eine Produktionsstruktur am Ende des Produktlebenszyklus sowie hierarchische und inflexible zwischenbetriebliche Verflechtungen gekennzeichnet sind,
• eine vom übrigen Trend abgekoppelte Beschäftigungsentwicklung bei gleichzeitig hoher (wachsender) und verfestigter Arbeitslosenquote.

Alle Merkmale sind für das Ruhrgebiet relevant und werden z.T. in den folgenden Kapiteln bewertet.

5.1.2 Wirtschaftlicher Aufstieg – frühe Krisen

Den Ausgangspunkt der rasanten industriellen Entwicklung im Ruhrgebiet bildete die erstmalige Förderung verkokbarer Fettkohle im Jahre 1837, nachdem es gelungen war, die wasserreichen Mergelschichten zu durchstoßen. Das vorhandene naturräumliche Potential der Steinkohlenlagerstätten konnte erfolgreich erschlossen werden, weil zeitgleich mehrere Bedingungen erfüllt waren: Verfügbarkeit technologischer Innovationen (besonders Technologietransfer aus England), Ausbau des Eisenbahn- und Kanalnetzes, Import von Fremdkapital, eine politisch-ökonomische Liberalisierung und ein dynamisches unternehmerisches Handeln (BUTZIN 1987, KILPER u. a. 1994).

Das Entstehen der Montanregion, zunächst gekennzeichnet durch die Dominanz des Kohle-Stahl-Verbundes, gelang also durch die Kombination von Rohstoffverfügbarkeit, von technischen Neuerungen und dem Wirken von Unternehmerpersönlichkeiten. Die weitere positive Entwicklung wurde u. a. durch eine stark expandierende Nachfrage des Infrastrukturausbaus sowie durch die Herausbildung einer leistungsstarken Investitionsgüterindustrie (Maschinenbau, Stahlbau, Großanlagenbau) gefördert. Im Entwicklungsprozeß noch zunehmende „economies of scale" und das Entstehen umfangreicher Vorwärts- und Rückwärtskopplungseffekte (HAMM 1995) führten zur Ausprägung eines Montankomplexes, den REHFELD (1994) auch als „montanindustriellen Produktionscluster" bezeichnet. Die enge Vernetzung von Bergbau, Stahlindustrie und Maschinenbau wurde Ende des 19. Jh. durch die Kohlechemie und die Energiewirtschaft auf Kohlebasis erweitert.

Zu den Strukturelementen, die bereits in der frühen Entwicklungsphase Mitte des 19. Jh. entstanden und in ihren Auswirkungen heute z. T. auch negative Effekte und Probleme bewirken, gehören u. a.:

- die Herausbildung spezifischer großbetrieblicher Organisationsformen (Konzern- und Kartellbildungen),
- die Entstehung kleiner und mittlerer Unternehmen, insbesondere des Maschinenbaus, die in sehr enger Verflechtung und Abhängigkeit mit den Großbetrieben waren und sind (vgl. Kap. 5.3.2.), sowie
- die Entwicklung einer ungeordneten und ungeplanten Siedlungsstruktur (besonders in der Emscherzone) mit erheblichen Mängeln in der Infrastruktur.

Die insgesamt außerordentlich dynamische Entwicklung des Ruhrgebiets war aber nicht frei von Krisen und Entwicklungsbrüchen. So führte die „Gründerkrise" auf Unternehmerseite zu Konzentrationen und Kartellbildungen, während der Staat über eine Schutzzollpolitik versuchte, den internationalen Konkurrenzdruck zu mildern (KVR 1993, HAMM u. WIENERT 1990). Auf immer wiederkehrende konjunkturelle Einbrüche im 20. Jh. reagierte die Montanindustrie mit Verbesserung der Produktivität (Optimierung der Verfahrensabläufe). Besonders nach dem ersten Weltkrieg führten die Konzentration auf Großzechen, verbunden mit der Nordwanderung des Bergbaus, und die weitere Mechanisierung des Abbaus zu erheblichen Arbeitsplatzverlusten (zwischen 1923 und 1929: 155 000; zwischen 1929 und 1932: 163 000).

Nach dem zweiten Weltkrieg erzwang die wirtschaftliche Situation in Deutschland den raschen Wiederaufbau der zerstörten und demontierten Montanindustrie im Ruhrgebiet und führte damit zu einer Wiederbelebung der Vorkriegsstrukturen. Viele Probleme der Krisensituation in den letzten Jahrzehnten haben sich dadurch ergeben, daß auf einen ungewöhnlich hohen, aber relativ kurzfristigen Nachfrage-anstieg nach den Produkten der Montanindustrie mit langfristig wirkenden Inve-stitions- und Kapazitätssteigerungen reagiert wurde (HAMM u. WIENERT 1990).

5.2 Verlauf und aktueller Stand der Wirtschaftsentwicklung und des wirtschaftlichen Strukturwandels

5.2.1 Wirtschaftskraft und Erwerbsstruktur

Seit Beginn der 60er Jahre zeigt sich für das Ruhrgebiet ein relativer Bedeutungs-verlust seiner *Wirtschaftskraft,* vor allem im Vergleich zu den Aufsteigerregionen Süddeutschlands. Aber auch gegenüber dem gesamten Bundesgebiet (West) werden die Bruttowertschöpfungsanteile kontinuierlich geringer (Tab. 5.1).

Im Hinblick auf die regionale Verteilung der Bruttowertschöpfung pro Erwerbstä-tigen innerhalb des Ruhrgebietes besteht noch immer ein Kern-Rand-Gefälle (Abb. 5.1). Über dem Durchschnittswert des Bundesgebietes und des Landes Nord-rhein-Westfalen liegen die Hellweg-Großstädte Duisburg, Mülheim, Essen, Bochum und Dortmund. Trotz erheblicher Probleme während des Strukturwandels bleiben die großen zentralen Orte dieser Teilregion wegen ihres gewachsenen Dienstlei-stungsanteils und der noch immer vorhandenen und z.T. auch verbesserten Lei-stungsfähigkeit im Bereich der industriellen Produktion bedeutsam für die Wirt-schaftskraft der Gesamtregion. Der Spitzenwert des in der benachteiligten Emscher-zone liegenden Gelsenkirchen ergibt sich durch ein neues Berechnungsverfahren für 1991, bei dem sich die Mineralölverarbeitung (Raffineriestandort) stark auswirkt.

Jahr	BWS-Anteile des RG am Bundesgebiet (West) [%]	Anteile der Beschäftigten im RG am Bundesgebiet (West)		
		Erwerbstätige insgesamt [%]	Erwerbstätige im Produzieren-den Gewerbe [%]	Erwerbstätige im Dienstlei-stungsbereich [%]
1964[1]	10,0	8,8	10,8	8,6
1970[1]	8,9	8,4	9,9	8,1
1976[1]	9,3	8,0	9,4	7,5
1980	8,6	7,7	8,3	7,3
1985	8,0	7,2	8,3	6,9
1988	7,5	7,5	8,6	7,1
1991	7,3	7,3	7,9	7,1
1993	.	7,2	7,9	6,9

Tab. 5.1:
Bruttowertschöpfung (BWS) und Erwerbstätige des Ruhrgebietes (RG) im Vergleich zum Bundesge-biet (West)
Quellen: Angaben des KVR und eigene Berechnungen

[1] hier BIP (Werte weichen nur geringfügig vom BWS ab)

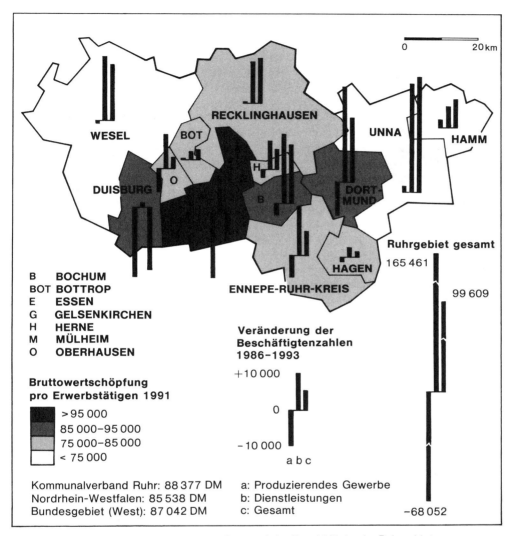

Abb. 5.1: Entwicklung der Bruttowertschöpfung und der Beschäftigten im Ruhrgebiet
Quellen: KVR (1995), KVR: Städte- und Kreisstatistik Ruhrgebiet, verschiedene Jahrgänge

Auch bei der *Beschäftigtenentwicklung* wird die Abkopplung vom Entwicklungs-
trend im Bundesgebiet insgesamt und in anderen Bundesländern deutlich
(Abb. 5.2). Nach einem Rückgang der Erwerbstätigen im Ruhrgebiet seit Mitte der
60er Jahre bis 1985 um 20% ist der Wert im Zuge der lang anhaltenden Hochkon-
junkturphase einschließlich der Sonderkonjunktur durch die deutsche Wiedervereinigung bis 1993 um 218 200 auf 2 139 300 (um 11%) angestiegen (KVR 1994 a). Der
Abstand zu den Vergleichsregionen, darunter auch wachstumsschwächeren wie
Hannover, nimmt zu, weil der Eintritt in die positive Phase ab Mitte der 80er Jahre

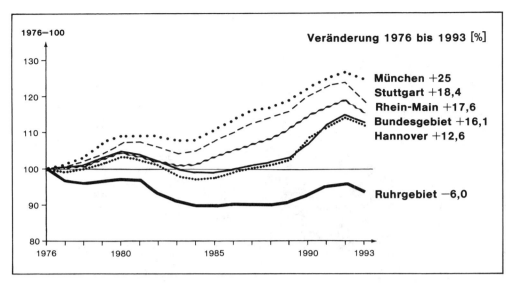

Abb. 5.2: Entwicklung der sozialversicherungspflichtig Beschäftigten im Ruhrgebiet
im Vergleich zu ausgewählten Verdichtungsräumen
Quelle: nach BADE (1995), verändert

verspätet und mit geringerer Intensität erfolgte. Wie schon bei der Wirtschaftskraft, so ist auch bei der Beschäftigung ein kontinuierlicher Rückgang des Ruhrgebietsanteils (Tab. 5.1) zu erkennen. Konjunkturelle Schwankungen bleiben weitgehend ohne Einfluß auf den Rückstand des Ruhrgebietes gegenüber der Entwicklung im Bundesgebiet (BADE 1995). Die Gründe liegen in überdurchschnittlichen Verlusten im Produzierenden Gewerbe bei gleichzeitig unterdurchschnittlichem Wachstum im Dienstleistungsbereich. Differenzierte Bewertungen werden durch die folgende regionale (Abb. 5.1) und branchenspezifische (Abb. 5.3) Analyse ermöglicht.

Die in Abbildung 5.1 dargestellte regionale Verteilung der Beschäftigten bezieht sich auf die Jahre 1986 bis 1993 und umfaßt damit weitgehend die schon 1985 begonnene konjunkturelle Hochphase, die 1992 abrupt endete und in eine tiefe Rezession umschlug. Ein insgesamt negativer Beschäftigungssaldo (Abb. 5.1, Säule c) ergab sich nur noch in der Stahlstadt Duisburg (–17 663) und im führenden Oberzentrum Essen (–7 652). Trotz konjunkturell günstiger Rahmenbedingungen gingen im Produzierenden Gewerbe (Abb. 5.1, Säule a) in fast allen Teilen des Reviers (Ausnahmen in der Randzone) weitere Arbeitsplätze verloren. Der auch in dieser Phase fortschreitende Strukturwandel traf insbesondere die Hellweg-Großstädte (Duisburg: –19 475, Essen: –18 319, Dortmund: –9 584) und die Bergbaustädte der Emscherzone. An den relativ großen Zugewinnen im Dienstleistungsbereich sind alle Teilregionen, wenn auch in unterschiedlicher Weise, beteiligt.

Zu den 1993 führenden 10 Wirtschaftszweigen im Ruhrgebiet gehören aus dem Bereich des Produzierenden Gewerbes – trotz des seit Jahrzehnten andauernden Strukturwandels mit Stellenabbau – noch immer die beiden bedeutendsten Zweige der Montanindustrie sowie der Stahl- und Fahrzeugbau und die Bauwirtschaft

(Abb. 5.3). In Deutschland führende Exportbranchen wie Maschinenbau, Elektroindustrie, Fahrzeugbau oder die chemische Industrie zählen nicht dazu.

Bei der Betrachtung der Beschäftigtenentwicklung der wichtigsten Branchen des Reviers für die Zeit von 1986 bis 1993 (Abb. 5.4) ist das Produzierende Gewerbe, das 1993 nur noch 43 % aller Erwerbstätigen (1980 noch 52 %) stellte, allein durch die Bauwirtschaft mit nennenswerten Zuwächsen vertreten. Neben der allgemeinen konjunkturellen Gunst fallen, ähnlich wie beim Handel, die zusätzlichen Chancen durch die Wiedervereinigung ins Gewicht. Verliererbranchen mit z.T. hohen Arbeitsplatzverlusten gehören fast ausschließlich zum Produzierenden Gewerbe.

Sowohl Untersuchungen, die 1976 beginnen (BADE 1995), als auch solche, die nur die 80er Jahre betrachten (KVR 1993), kommen zu den für Altindustrieregionen typischen Ergebnissen, daß im Ruhrgebiet die Arbeitsplatzverluste sich keineswegs nur auf den Montanbereich beschränken, sondern daß fast alle Branchen des Verarbeitenden Gewerbes im Vergleich zum Bundestrend ungünstigere Beschäftigungsentwicklungen aufweisen. Von den 4 führenden deutschen Exportbranchen zeigt besonders der Maschinenbau zwischen 1978 bis 1993 einen erheblichen Beschäftigungsrückgang von über 26 %, während im Bundesgebiet die Entwicklung in dieser Branche langfristig stagnierte. Es ist umstritten, ob die Probleme als Folge einer zu engen Verflechtung mit dem Montankomplex entstanden sind oder ob überregionale und internationale Einbindungen diese Schwierigkeiten ansteigen ließen (KILPER u. a. 1994).

Als zweitgrößte Branche des Verarbeitenden Gewerbes im Revier (1993: 105 258 Beschäftigte = 20 %) gibt der Bereich „Stahl-, Fahrzeugbau, ADV" Anlaß zu vorsichtigem Optimismus, da standortsichernde Investitionen, z.B. für Opel in Bochum in Höhe von mehr als 2,6 Mrd. DM, angekündigt sind (WAZ v. 27. 6. 1995). Andererseits geht gerade die Automobilindustrie auf dem Weg voran, durch Rationalisierung sowie Veränderung der Organisation im Bereich Produktion und Logistik den Einsatz des Produktionsfaktors Arbeit erheblich zu verringern. So wurden in der Bran-

Abb. 5.3: Die zehn führenden Wirtschaftszweige im Ruhrgebiet 1993
Quelle: KVR (1995): Städte- und Kreisstatistik Ruhrgebiet

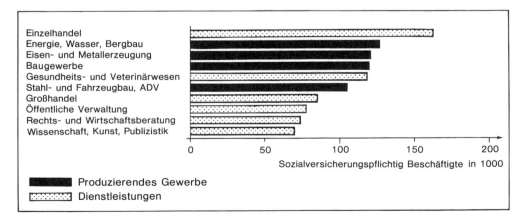

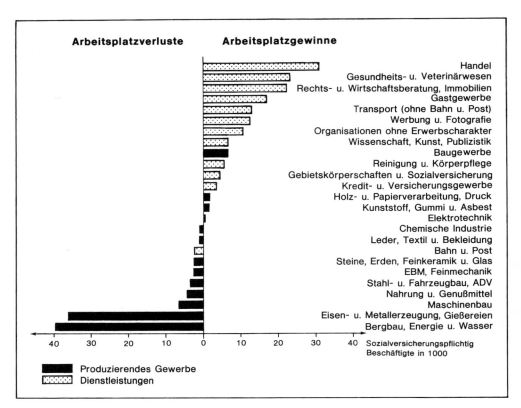

Abb. 5.4: Beschäftigungsentwicklung in ausgewählten Branchen des Ruhrgebietes 1986 – 1993
Quelle: KVR (1995): Städte- und Kreisstatistik Ruhrgebiet

che „Stahl-, Fahrzeugbau, ADV" allein von 1992 bis 1993 7 427 Arbeitsplätze abgebaut, während der Gesamtwert von 1978 bis 1993 nur um ca. 2 000 Beschäftigte höher liegt.

Tabelle 5.2 macht deutlich, daß die Dienstleistungsberufe bei der Veränderung der Beschäftigtenstruktur nach Berufshauptgruppen seit 1978 sowohl generell als auch regional vergleichsweise sehr gute Ergebnisse erzielt haben. Für die Innovations- und Regenerationsfähigkeit einer noch immer auf Industrieproduktion ausgerichteten Region hat der Anteil der technischen Berufe (z. B. Ingenieure, Naturwissenschaftler) eine große Bedeutung. Im betrachteten Zeitraum erreichte das Revier mit +1,3 % (1 700 Beschäftigte) einen deutlich geringeren Zugewinn als Nordrhein-Westfalen mit +19,2 %. Die regionale Verteilung der Veränderungen bietet kein einheitliches Bild; dennoch ergeben sich für die großen Städte der Kernzone eher negative Werte, während die Randzone positivere Ergebnisse zeigt.

Die Fertigungsberufe sind mit einem Rückgang von –17,4 % (ca. 115 000 Beschäftigte) die eindeutigen Verlierer des Strukturwandels. Rationalisierungen, Werksschließungen und Standortverlagerungen trafen besonders diese Gruppe. Auch hier gelingt es den meisten Regionen der Randzone aufgrund der jüngeren und mo-

Tab. 5.2:
Veränderungen der
Beschäftigtenstruktur
nach Berufshauptgruppen
von 1978 bis 1993 in den
Städten und Kreisen des
Ruhrgebietes
Quelle: KVR (1995)

Städte und Kreise des Ruhrgebietes	Dienstlei-stungsberufe	Technische Berufe	Fertigungs-berufe
Bochum	11,9	6,5	-14,6
Bottrop	47,0	122,9	11,5
Dortmund	11,8	-14,7	-16,1
Duisburg	-6,7	-23,3	-29,6
Essen	12,9	5,7	-21,0
Gelsenkirchen	0,2	43,4	-21,2
Hagen	9,4	0,9	-16,5
Hamm	25,7	27,2	-5,7
Herne	3,9	-52,4	-12,9
Mülheim	13,1	-4,9	-17,6
Oberhausen	15,3	-5,3	-29,7
Ennepe-Ruhr-Kreis	19,7	5,9	-21,8
Kreis Recklinghausen	25,6	31,6	-8,9
Kreis Unna	38,4	38,0	-7,4
Kreis Wesel	36,6	74,8	-1,1

derneren Industriestruktur, bessere Ergebnisse zu erzielen als die besonders negativ betroffenen größeren Städte der Hellweg- und Emscherzone (KVR 1995).

Wie in vielen anderen Altindustrieregionen gehörten auch im Ruhrgebiet der Umfang, der zeitliche Verlauf und die regionale Verteilung der Arbeitslosigkeit zu den schwierigsten Problemen des strukturellen Wandlungsprozesses. Im Revier stieg die Arbeitslosenquote (Abb. 5.5) noch 4 Jahre nach Beginn der Aufschwungphase bis 1988 weiter auf 15,1 % an, während sowohl das Bundesgebiet als auch Nordrhein-Westfalen ihre Maxima mehrere Jahre früher erreichten. Die Struktur der Arbeitslosen ist im Vergleich zum Bundesgebiet gekennzeichnet durch überproportionale Anteile an Nichtfach- und Facharbeitern sowie an Arbeitslosen über 55 Jahre und Langzeitarbeitslosen (KVR 1993). Weder die relativ große Zahl arbeitsloser Frauen (typisch für Montanregionen) noch die Angehörigen der genannten Problemgruppen sowie die statistisch nicht erfaßte „stille Reserve" haben in absehbarer Zukunft eine große Chance auf einen Arbeitsplatz. Die Integration der durch Umschulung und Weiterbildung qualifizierten Arbeitnehmer, die durch den Strukturwandel und internationale Wettbewerbsprobleme ihren alten Arbeitsplatz verloren haben, wird alle Anstrengungen von Wirtschaft und Politik erfordern. Im Hinblick auf die vergleichsweise niedrige Jugendarbeitslosigkeit sind bereits Erfolge erzielt worden.

Sowohl hinsichtlich der Arbeitslosenquoten als auch der Sozialhilfezahlungen (Tab. 5.3) ist die Kernzone besonders betroffen. Dabei haben die von altindustriellen Strukturen noch stärker geprägten Emscher-Städte ähnliche Arbeitslosenprobleme wie die im Strukturwandel oft schon erfolgreicheren Hellweg-Großstädte. So erreicht die größte Stadt des Reviers, Essen, eine Arbeitslosenquote von 12,9 % (1994) sowie eine hohe Sozialhilfezahlung von ca. 383 Mio. DM an mehr als 65 000 Einwohner (= 538 DM / Einw.; Vergleichswert KVR: 367 DM / Einw.). Finanzielle Engpässe der Kommunen sind die Folge.

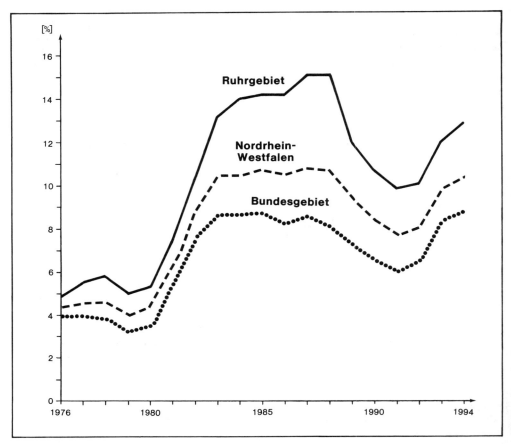

Abb. 5.5: Entwicklung der Arbeitslosenquoten im Ruhrgebiet im Vergleich zu Nordrhein-Westfalen
und dem Bundesgebiet (West) seit 1976   Quelle: KVR (1994a, S. 70)

Ruhrgebiet insgesamt (DM/Einw.)		Ruhrgebiet Kernzone[1] (DM/Einw.)		Ruhrgebiet Randzone (DM/Einw.)		Nordrh.-Westf. insgesamt (DM/Einw.)	
1980	1993	1980	1993	1980	1993	1980	1993
140,8	330,0	151,3	427,4	114,3	340,0	116,3	268,0

Tab. 5.3: Sozialhilfezahlungen in den Zonen des Ruhrgebietes 1980 und 1993
Quelle: errechnet aus KVR 1995, verschiedene Jahrgänge
[1] Die Kernzone umfaßt die Städte Bochum, Bottrop, Dortmund, Duisburg, Essen, Gelsenkirchen, Herne, Mülheim,
Oberhausen.

5.2.2 Die Rolle der Montanindustrie

Die Montanindustrien haben viel von ihrer dominierenden Bedeutung für das Ruhrgebiet eingebüßt. Mit 36,5 % (1993) aller Industriebeschäftigten (Bergbau: 16,5 %, Eisen- und Stahlindustrie: 20 %; KVR 1994 a) besitzen sie trotz eines Wertschöpfungsanteils für das Revier von nur noch 16 % weiterhin eine strukturprägende Dimension. Für den montanindustriellen Produktionscluster (Bergbau, Stahlerzeugung, spezialisierter Maschinenbau, weiterverarbeitende Produktionsstufen, energieintensive Grundstoffindustrie) errechnete REHFELD (1994) für 1990 sogar noch einen Industriebeschäftigtenanteil von mehr als 60 %. Insgesamt ist der Anteil der Montanbeschäftigten an allen Beschäftigten von 30 % (1961) auf unter 10 % (1993) gesunken (KVR 1993).

Seit 1957, als in 141 Zechen mit 490 000 Mitarbeitern noch über 120 Mio. t Steinkohle gefördert wurden, verringert sich die Zahl der Mitarbeiter um mehr als 400 000 auf ca. 70 000 (1995). Nur noch 13 Großschachtanlagen waren für die Produktion von ca. 40 Mio. t Kohle notwendig (Angaben der Ruhrkohle AG). Die Hauptgründe für den Absatzrückgang lagen in der Verdrängung der Steinkohle aus dem Wärmemarkt und aus zentralen Bereichen der Elektrizitätserzeugung durch billigeres Erdöl und -gas sowie durch die Kernenergie. Technische Innovationen verringerten den spezifischen Kohleeinsatz bei Strom- und Stahlerzeugung, und auch die Bedeutung der Kohle als Chemierohstoff ging zurück. Bedingt durch die nicht ausreichende internationale Wettbewerbsfähigkeit (Importkohle kostet ca. 100 DM / t, Ruhrkohle ca. 270 DM / t; WIENERT 1993a), ist die Steinkohlesubventionierung im Ruhrgebiet 1994 auf 10,4 Mrd. DM angestiegen; davon entfallen allein 3,6 Mrd. für den Kohlepfennig für Kohleverkauf an Kraftwerke und 2,8 Mrd. für die Kokskohlenbeihilfe. Der Import von Steinkohle ist nur in Sonderfällen erlaubt.

Nach dem Urteil des Bundesverfassungsgerichts zur Unzulässigkeit des Kohlepfennigs und vor dem Hintergrund der geplanten Reduzierung des Bundesanteils zur Kokskohlesubventionierung verschärfte sich die kontroverse Diskussion über die weitere Unterstützung des Steinkohlenbergbaus. KLOTEN (1995) betont die regionalpolitischen Schäden des Kohleschutzes, da sich dadurch die strukturelle Erneuerung verzögere. Ob weiterhin Subventionen von ca. 100 000 DM je Arbeitsplatz akzeptiert werden, ob eine weitere sozialverträgliche Reduzierung erfolgen soll oder ob eine Schließung im nächsten Jahrtausend das wirtschaftspolitische Ziel sein wird, ist bisher nicht entschieden. Eine Halbierung der Bergbauarbeitsplätze in den nächsten Jahren scheint aber sicher zu sein (LÄPPLE 1994).

Von der krisenhaften Entwicklung besonders betroffen sind die Städte der Emscherzone, in denen der Bergbau noch hohe Anteile an den Beschäftigten des Produzierenden Gewerbes hat (z. B. Bottrop ca. 40 %, Gelsenkirchen 14,4 %, Kreis Recklinghausen 22,5 %), sowie Regionen der Randzone (Hamm ca. 20 %, Unna 15,4 %, Kreis Wesel 27 %), in denen in den 70er und 80er Jahren aufgrund der Lagerstättenverhältnisse der Steinkohlenbergbau sogar noch ausgeweitet wurde (KVR 1995).

Ab 1975 verschärfte sich die Lage auf dem Arbeitsmarkt des Reviers auch dadurch, daß in der Eisen- und Stahlindustrie die immer deutlicher werdenden strukturellen Probleme von konjunkturellen Einbrüchen überlagert wurden (1975, 1982 / 83, 1992 / 93). Die Zahl der Beschäftigten ist von 1974 bis 1993 von ca. 210 000 auf ca. 102 000 mehr als halbiert worden (KVR 1994 a). Als Gründe und Einflüsse für die zyklenhafte negative Entwicklung sind u. a. zu nennen: Errichtung von internationalen Überkapazitäten, z. T. durch massive Subventionen unterstützt; bei Massenstahl auftretende neue Wettbewerber aus Entwicklungs- und Schwellenländern sowie Osteuropa, die kostengünstiger liefern können; eine Verringerung des spezifischen Stahlverbrauchs und nicht zuletzt eine Substitution von Stahl durch andere Materialien.

Die strukturellen Anpassungsmaßnahmen durch Produkt- und Prozeßinnovationen, verbunden mit Unternehmens- und Standortkonzentrationen, sind in den letzten Jahren auch während konjunktureller Erholungsphasen weitergeführt worden und haben die Teilregionen des Ruhrgebietes unterschiedlich betroffen. Am ausgeprägtesten hat die Hellwegzone Beschäftigte in der noch immer größten Branche innerhalb des produzierenden Sektors verloren. Dennoch erreichte 1993 die Branche „Eisen-, Metallerzeugung und Gießerei" in den beiden führenden Stahlstandorten Deutschlands, Duisburg und Dortmund, einen Anteil der sozialversicherungspflichtig Beschäftigten am sekundären Sektor von 43,7 % bzw. 17,1 % (KVR 1995).

Herausforderungen für die Zukunft bestehen vor allem in weitreichenden Veränderungen der Produktionstechnologien (u. a. Dünnbrammen - bzw. Dünnbandgießen) mit viel höherer Arbeitsproduktivität und daraus folgendem zusätzlichem Belegschaftsabbau (WIENERT 1993b). Auch neue Standorte für die kostengünstigeren Ministahlwerke außerhalb des traditionellen Stahlreviers sind nicht unwahrscheinlich. Die Strategie der Konzentration auf hochwertige, wertschöpfungsintensive Stähle bleibt auch in Zukunft notwendig. Da ausländische Anbieter die hohen Qualitätsanforderungen etwa der Automobilindustrie ebenfalls erfüllen, ist die bisherige starke Bevorzugung der deutschen Stahlindustrie aus Kostengründen gefährdet.

5.2.3 Entwicklungschancen und -grenzen des Dienstleistungssektors

Der Umfang der Verschiebungen von Wertschöpfungs- und Beschäftigtenanteilen vom sekundären zum tertiären Sektor ist für Industrienationen geradezu ein Indikator für erfolgreichen Strukturwandel geworden. Altindustrieregionen wie das Ruhrgebiet haben an diesem Prozeß ebenfalls Anteil, allerdings mit z. T. wichtigen Abweichungen. Seit Mitte der 60er Jahre wächst der Dienstleistungssektor im Revier kontinuierlich und stellte 1993 55,4 % der Erwerbstätigen (Bundesgebiet / West: 57,5 %). Dieser Anteil fällt jedoch im Vergleich zu anderen Verdichtungsräumen relativ gering aus (BADE 1995). Der Zuwachs in diesem Sektor lag lange Zeit hinter den Werten des Bundes zurück. Als Erklärung für das unterdurchschnittliche Wachstum wird zu Recht auf die Vernetzung der Dienstleistungen mit dem Produzierenden Gewerbe hingewiesen (u. a. DEGE u. KERKEMEYER 1993, LÄPPLE 1994). Dem Dienstleistungsbereich gelang es in keiner Region der Bundesrepublik, sich von der Entwicklungsdynamik des industriellen Bereichs abzukoppeln. Vor diesem Hintergrund muß die Hoffnung mancher Politiker, die Strukturprobleme allein über den Dienstleistungssektor zu bewältigen, eher als fragwürdig beurteilt werden.

In den 80er Jahren konnte das Ruhrgebiet allerdings die Abstände zum Bundesgebiet hinsichtlich der Erwerbstätigenanteile im Dienstleistungsbereich verringern. Von 1986 bis 1993 überstieg die Zunahme der sozialversicherungspflichtig Be-

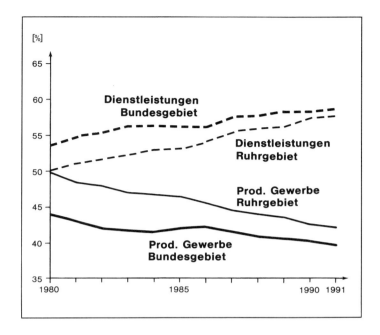

Abb. 5.6:
Vergleich der Bruttowert-
schöpfungsanteile:
Ruhrgebiet – Bundesge-
biet (West)
Quelle: KVR (1994a, S. 84)

schäftigten dieses Sektors (+146 070) die Abnahme im Produzierenden Gewerbe (–86 996) deutlich. Abbildung 5.6 zeigt diese Entwicklung auch für die Wertschöpfungsanteile.

Typischerweise wurden die Arbeitsplatzgewinne dieser Zeit (Abb. 5.4) in hohem Maße vom Handel und anderen konsumnahen Dienstleistungen erzielt. Die regionale Verteilung der Zuwächse (Abb. 5.1, Säule b) konzentriert sich auf die Oberzentren Dortmund und Bochum und auf die Randzone. Trotz begonnener Rationalisierungsbemühungen im Handel sowie in anderen Dienstleistungen (besonders Banken und Versicherungen) haben alle Teilregionen noch positive Werte erreichen können.

Für Altindustrieregionen, die unter verstärktem Leistungsdruck stehen, sind vorausschauende und nachbereitende Aktivitäten, wie sie die höherwertigen Dienstleistungen darstellen, von besonderem Interesse. Zwar hat sich von 1976 bis 1993 die Beschäftigtenzahl in diesem Bereich auch im Ruhrgebiet deutlich (+62 %) erhöht, allerdings blieb die Zunahme um fast ein Drittel niedriger als im Bundesgebiet. Für wichtige Teilbereiche wie Forschung und Entwicklung (+6 %) oder Unternehmensplanung (+14 %) gilt das gleiche, denn die positiven Veränderungen im Ruhrgebiet zeigen eine um –35 % bzw. –27 % schlechtere Entwicklung als im Bundesdurchschnitt und haben damit von allen wirtschaftlichen Funktionen den größten Rückstand zur Bundesentwicklung (BADE 1995). BUTZIN (1993b) befürchtet, daß der relativ starke FuE-Besatz im Revier, der besonders bei der Montanindustrie angesiedelt ist, mit dem Schrumpfen dieses Sektors auch zurückgehen könnte. Das vergleichsweise „erhebliche Entwicklungsdefizit" (KVR 1993) im FuE-Bereich, soweit Beschäftigungsdaten zur Bewertung ausreichen, muß zur Stärkung und Verbesserung der Wettbewerbsfähigkeit der Ruhrindustrie schnell reduziert werden.

5.3　Ursachen der Strukturprobleme – Hemmnisse und Chancen für Veränderungen

Eine Ursachenanalyse sowohl für das ökonomische Zurückbleiben als auch für den nicht ausreichend gelungenen Strukturwandel hat zwei unterschiedliche Gruppen von Anpassungshemmnissen, Steuerungsfaktoren und Rahmenbedingungen zu diskutieren. Kap. 5.3.1 untersucht regionsexterne Faktoren, d. h. gesamtwirtschaftliche, nationale, internationale, politisch-ökonomische, organisatorische und andere Einflußgrößen und Flexibilitätshemmnisse. Sie sind von den Akteuren in Altindustrieregionen wie dem Ruhrgebiet oft kaum unmittelbar zu beeinflussen, auf deren Folgen müssen sie aber sehr wohl wegen der oft großen Betroffenheit angemessen reagieren.

Kap. 5.3.2 analysiert wichtige regionsinterne Faktoren und Potentiale, harte und weiche Standortfaktoren, um deren kontinuierliche Verbesserung gerungen werden muß, damit die internationale Wettbewerbsfähigkeit von Branchen und Teilregionen gesichert oder zurückgewonnen werden kann.

5.3.1　Regionsexterne Einflußfaktoren – veränderte Rahmenbedingungen

Zu den generell und häufig international wirkenden veränderten Einflußfaktoren und Rahmenbedingungen, die in Altindustrieregionen oft zu spezifischen Problemen führen, gehören u. a. der schnelle Wandel der Produktionsstrukturen und Fertigungsprozesse. Durch Optimierung der Produktionsprozesse, Auslagerung von Fertigungslinien, Verringerung der Fertigungstiefe, Zweigwerkgründungen an kostengünstigeren Auslandsstandorten, Einsatz flexibler Fertigungssysteme und die Durchsetzung neuer Organisationskonzepte gelingen gegenwärtig erhebliche Produktivitätssprünge (SCHRADER 1995; vgl. „Fordismusdiskussion": GAEBE 1991 u. 1993, DICKEN 1992).

Die neue *internationale Arbeitsteilung*, u. a. beeinflußt durch EU-Integration, Ostöffnung und das erfolgreiche Eingreifen ost-/ südostasiatischer Schwellenländer in den Weltmarkt, sowie die Abnahme der *Rohstoffbindung* generell und die Bedeutungsveränderung des *Transportkostenanteils* erfordern von Wirtschaftsakteuren flexible Anpassungsmaßnahmen. Das gilt insbesondere auch für die notwendige Reaktion auf die Wandlungen der privaten und staatlichen *Nachfrage,* die sich heute stärker auf technologisch höherwertige Güter konzentriert, die von den traditionellen Branchen des Ruhrgebietes noch nicht ausreichend angeboten werden. Der Hinweis auf spezifische Branchenstrukturen im Revier reicht allerdings zur Begründung eines regionalen Anpassungsdefizits nicht aus (BUTZIN 1993 a, JUNKERNHEINRICH 1989). Zu den regionsextern gesteuerten oder beeinflußten Anpassungshemmnissen gehören vor allem politische Entscheidungen im Bereich des *Bau-, Planungs- und Umweltrechts*. Hohe Schwellenwerte wirken sich in einem hochverdichteten Industrieraum mit ausgeprägter Gemengelage von Industrie-, Dienstleistungs- und Wohnfunktionen stärker aus als in anderen Regionen. Andererseits müssen lange Übergangszeiten oder Bestandsschutz für ansässige Unternehmen als Innovationshemmnis oder gar als Marktzutrittsschranke für Ansiedlungswillige bewertet werden (KLEMMER 1983).

Die im wesentlichen regionsextern entschiedenen Höhen der Lohn- und Lohnnebenkosten, der Energiepreise und der Umweltstandards bewirken zumindest für
die beiden letztgenannten Bereiche internationale Wettbewerbsnachteile für das
Ruhrgebiet. Eine Verfestigung struktureller Einseitigkeiten und eine Verzögerung
des Strukturwandels können als Folge einer nicht sachgerechten nationalen und
EU-Subventionspolitik auftreten (vgl. Kap. 5.4).

Schließlich trifft ein unangemessenes „Regelungsdickicht" (MICK 1994) mit der
Folge von Investitions- und sogar Innovationshemmnissen vor allem struktur-
schwache Regionen wie das Ruhrgebiet und dort häufig kleine und mittlere Unternehmen, auf deren Erneuerungskraft besondere Hoffnungen gesetzt werden.

5.3.2 Regionsinterne Potentiale, Hemmnisse und Chancen –
Bedeutungswandel von Standortfaktoren

Regionsinterne Flexibilitäten und Anpassungshemmnisse sind im Ruhrgebiet im
weitesten Sinne auch das Ergebnis einer erfolgreichen industriellen Vergangenheit.
Qualitative und quantitative Wettbewerbsmängel bei harten Standortfaktoren führen in Teilen des Reviers trotz großer Anstrengungen vieler Akteure noch immer zu
Nachteilen gegenüber Konkurrenzregionen im In- und Ausland (DEGE u. KERKEMEYER
1993, KVR 1993).

Durch den Strukturwandel im Revier werden mehr als 6 000 ha Gewerbe-, In-
dustrie- und Verkehrsflächen nicht mehr adäquat genutzt. Viele dieser *Brachflächen* bewirken bei der Reaktivierung und Wiedernutzung oft erhebliche Probleme u. a. wegen Kontaminierung, Größe, Gemengelage, Zuschnitt, Verkehrslage und
der Eigentumssituation; denn nur eigentumsrechtlich verfügbare, planungsrecht-
lich gesicherte, abgeräumte und von Altlasten befreite Flächen bieten Chancen für
Neuansiedlungen, Erweiterungen oder Nutzungen im Wohn-, Freizeit- und Ökolo-
giebereich. Die Möglichkeit, potentiellen Investoren auch große Flächen anzubieten, hat sich seit einigen Jahren deutlich verbessert, seitdem die Montanindustrie
ihre Blockadehaltung (u. a. wegen Regreßansprüchen, hoher Aufbereitungskosten
und Vorrats- bzw. Spekulationsüberlegungen) deutlich verringert hat. So stellte z. B.
die Ruhrkohle AG seit 1960 bereits weit über 3 000 ha Altflächen zur Wiedernutzung zur Verfügung.

Seit 1980 beteiligt sich der *Grundstücksfonds Ruhr* (seit 1984 erweitert zum
Grundstücksfonds NRW) z. T. in Zusammenarbeit mit der Internationalen Bauausstellung Emscher-Park an der kostenintensiven Aufgabe, große Industrie-, Zechen-,
Gewerbe- oder Verkehrsbrachen zu erwerben, aufzubereiten, ggf. von Altlasten zu
befreien und in Abstimmung mit den Gemeinden neuen Nutzungen zuzuführen
(KVR 1993, MSKS 1995). Die Brachen- und Altlastenproblematik im Ruhrgebiet wird
als Mengen- und Kostenproblem noch lange bestehen bleiben. Insgesamt ergibt sich
hinsichtlich des Flächenangebots für potentielle Nachfrager in der Region weniger
ein quantitatives als eher ein qualitatives Problem (HAMM 1995).

Flächenrecycling und -management werden erschwert, weil auf den *gewerblichen Immobilienmärkten* im Ruhrgebiet wegen der wirtschaftsstrukturellen
Schwächen im Vergleich zu den führenden deutschen Wirtschaftsregionen deutlich

geringere Grundstückspreise und Mieten zu erzielen sind. Natürlich liegt darin auch ein Wettbewerbsvorteil für Neuansiedlungen und Umstrukturierungen.

Grundstückspreise für Gewerbe und Industrie kosten (1993) im Revier zwischen 55 DM und 175 DM/m², während in München 1 300 DM und in Düsseldorf 450 DM gezahlt werden (KVR 1994b). Die Preise für Grundstücke, die für Bürobebauung in Frage kommen, erreichen in Gewerbegebieten des Reviers 50 DM bis 200 DM/m², in Innenstadtlagen zwischen 1 000 DM und 8 000 DM/m². Die Büromieten (Innenstadt) in den großen Ruhrstädten liegen mit 19 DM bis 30 DM/m² bei ca. 50% der Sätze von München oder Düsseldorf. Ausgehend von einem niedrigeren Niveau als in den Vergleichsstädten, stiegen die durchschnittlichen Büromieten in Dortmund und Essen von 1985 bis 1993 aufgrund der höheren Nachfrage aber stärker an.

Auch die für unternehmerische Standortentscheidungen unmittelbar bedeutsame *Verkehrsinfrastruktur* ist als Teilgebiet der produktionsbezogenen Infrastruktur nicht frei von Anpassungshemmnissen. Insbesondere die anhaltend hohe Bedeutung der Bahn im Güterverkehr bleibt vorrangig noch immer auf die Montanindustrie ausgerichtet. Allerdings bieten die in den letzten Jahren entstandenen leistungsfähigen Containerterminals eine wichtige Basis, das Transportangebot für die höherwertige Güterproduktion zu verbessern (BECKMANN, SCHMIDT u. ABELT 1993). Verkehrskonzepte sind gefragt, welche die wachsenden Güterströme und die vorhandenen Infrastrukturen aufeinander abstimmen, etwa durch Erweiterung eines sinnvollen Netzes von Güterverkehrszentren. Handlungsbedarf besteht trotz umfangreicher Neu- und Ausbauten des Fernstraßennetzes, weil der Güterverkehr auf der Straße u.a. wegen der zunehmenden Globalisierung der Absatz- und Beschaffungsmärkte sowie der Vollendung des EU-Binnenmarktes und der Ostöffnung weiter zunehmen wird.

Die baulichen und organisatorischen Anpassungen an neue *Logistiksysteme* (z. B. Just-in-time-Lieferung), die im Zuge abnehmender Fertigungstiefen und neuer Zuliefererverflechtungen auch bei der Ruhrindustrie entstehen, entscheiden mit über einen erfolgreichen Strukturwandel in dieser Altindustrieregion. Das gilt ebenso für die Notwendigkeit, bestehende Defizite bei allen neuen Informations- und Kommunikationstechniken abzubauen.

Qualität und Quantität des Faktors *Humankapital* werden für einen erfolgreichen Strukturwandel in einer altindustrialisierten Hochlohnregion immer wichtiger. Die gravierenden Defizite im Bereich Bildung, Wissenschaft und Forschung als Quellen innovativer Entwicklungen und hochqualifizierter Ausbildung sind seit Mitte der 60er Jahre weitgehend abgebaut (STAUDT 1994, STÖBE 1995). Sechs Universitäten und mehrere Fachhochschulen stellen ein größeres Potential an hochqualifizierten Berufseinsteigern zur Verfügung, als der regionale Arbeitsmarkt trotz steigender Anteile in diesem Beschäftigungssektor aufnehmen kann, so daß es zum brain drain kommt (BUTZIN 1993b, KVR 1993).

Da die Qualifikationen der an sich gut ausgebildeten Facharbeiterschaft des Ruhrgebietes häufig zu stark auf die traditionelle Wirtschaftsstruktur ausgerichtet sind, besteht ein erheblicher Bedarf an Fort- und Weiterbildungen und Umschulungen. Zahlreiche Institutionen im Revier widmen sich dieser wichtigen Zukunftsaufgabe, wobei die Aus- und Weiterbildungsstrukturen mancher Betriebe und Kammern noch zu stark auf die alten Beschäftigungsfelder ausgerichtet sind (STAUDT 1994).

Defizite auf der Ebene der Facharbeiter und Techniker, auch der höherwertigen Dienste in den Unternehmen, hemmen nicht nur den Strukturwandel allgemein, sie erschweren insbesondere die Wirksamkeit des notwendigen Technologietransfers aus Hochschul- und Forschungseinrichtungen, da adäquate Partner in den Betrieben dann fehlen (STAUDT 1994, IPPERS 1990).

Weniger das manchmal monokausal als Erklärung für unzureichenden Strukturwandel angeführte hohe regionale *Lohnniveau* als vielmehr das komplexe Zusammenwirken von inflexiblen Löhnen, Arbeitsmarktreglementierungen und Defiziten beim innovativen unternehmerischen Potential werden heute als wesentlich angesehen (HAMM 1991 u. 1995).

Im Ruhrgebiet sind die für Innovation, Flexibilität und Beschäftigung besonders wichtigen *Klein- und Mittelbetriebe* vergleichsweise gering vertreten. Ihre oft wenig diversifizierte Produktion war bisher häufig auf nur einen Großabnehmer ausgerichtet, so daß eigene Forschungs-, Entwicklungs-, Vertriebs- und Marketingeinrichtungen lange Zeit überflüssig erschienen. Mit rückläufiger Bedeutung der traditionellen Abnehmer aus dem Montanbereich, aber auch wegen veränderter Verflechtungs- und Einkaufsstrategien, z.B. der Automobilindustrie (Globalisierung, Systemzulieferer etc.), werden die Zulieferer gezwungen, sich den neuen Bedingungen der veränderten Netzwerke anzupassen (KILPER u.a. 1994).

Insbesondere den vorherrschenden *Großbetrieben,* vor allem des Montansektors, wird der Vorwurf gemacht, mit meist wenig flexiblen Unternehmenseinheiten offensive Anpassungsreaktionen verhindert zu haben (HAMM 1991). Die häufig kritisierten *Interessenskoalitionen* zwischen industriellen Arbeitgebern, Gewerkschaften und der Politik auf verschiedenen Ebenen haben z.T. als Hemmnis gegen den Erneuerungsprozeß gewirkt. In den letzten Jahren ist es aber den großen Stahlkonzernen, der Ruhrkohle AG sowie den Chemie- und Energieunternehmen gelungen, in Bereiche mit neuen innovativen Produktionen und Dienstleistungen vorzudringen. Die zukunftsorientierten Investitionen erfolgten allerdings oft außerhalb des Reviers, so daß mit Recht von einer „Entkoppelung von Konzern- und Regionalwachstum" (BUTZIN 1993b u. 1995) gesprochen werden kann.

Zunehmend wichtiger für den Strukturwandel in Altindustrieregionen werden weiche *Standortfaktoren,* da sie die Entscheidungen potentieller Investoren und hochqualifizierter Arbeitnehmer verstärkt beeinflussen. So haben sich die *Umweltbedingungen* im Ruhrgebiet seit Mitte der 70er Jahre wesentlich verbessert, allerdings je nach Umweltbereichen und Regionen sehr verschieden (KVR 1993). Während Produktionsrückgänge im Bergbau und im Verarbeitenden Gewerbe sowie Umweltschutzmaßnahmen insbesondere die Luft- und Wasserqualität verbesserten, nehmen die verkehrsbedingten Schadstoffemissionen ständig zu.

Da ein negatives *Image* als ein viele Einzelaspekte integrierender Faktor in alten Industriegebieten oft ein wesentliches Anpassungshemmnis bildet, ist die Kenntnis seiner Bewertung durch die eigene Bevölkerung und Externe wichtig, um Änderungen zu veranlassen oder das Regionalmarketing zu verbessern. Die für das Ruhrgebiet seit 1985 in Zweijahresabständen in Deutschland durchgeführten Befragungen zum Image der Region registrierten positive Veränderungen hinsichtlich Wirtschaft, Einkommen, Umweltschutz und Zukunft des Reviers, während vor allem der Verkehrsbereich, aber auch Wohnverhältnisse und gesundheitliche Aspekte negativ bewertet wurden (RECHMANN 1992). Das Kulturangebot und die Weiterbildungsmöglichkeiten erhielten weiterhin eine sehr positive Einschätzung.

Monokausale Erklärungen für den nichtausreichenden Strukturwandel im Ruhrgebiet sind nicht möglich, so daß sich einfache Problemlösungsansätze auch verbieten. Offenbar hat gerade das kumulative, lange Zeit andauernde Zusammenwirken der verschiedenen externen und vor allem der internen Anpassungshemmnisse den Strukturwandlungsprozeß erschwert, verzögert und z.T. bisher verhindert.

5.4   Regionalpolitische Strategien und Ergebnisse für den sektoralen und regionalen Strukturwandel

5.4.1 Regionalpolitische Maßnahmen des Landes Nordrhein-Westfalen

Die seit der ersten Bergbaukrise nach dem zweiten Weltkrieg verfolgte *sektorale Strukturpolitik* zielte darauf ab, die Wettbewerbsfähigkeit des Montankomplexes durch Konzentration, Steigerung der Produktivität und politischen Flankenschutz wieder voll herzustellen (HAMM u. WIENERT 1990). Auch umfangreiche Subventionen (vgl. Kap. 5.2.2) für die Infrastruktur und technologieorientierte Fördermaßnahmen (z.B. „Technologieprogramm Bergbau", „Technologieprogramm Stahl") führten nicht zum notwendigen Strukturwandel an der Ruhr. In der Bewertung besteht Einigkeit darüber, daß die sektorale Strukturpolitik eher hemmend als fördernd wirkte, u.a. weil sie die Mobilität der Produktionsfaktoren und die Anpassungsfähigkeit der Unternehmen minderte und damit strukturkonservierende Folgen hatte (WANIEK 1995, JUNKERNHEINRICH 1988). Einzelelemente dieser Politik bestehen noch immer, allerdings werden öffentliche Akzeptanz und finanzielle Handlungsspielräume zunehmend geringer.

Seit Ende der 60er Jahre begann das Land Nordrhein-Westfalen mit finanzieller Beteiligung des Bundes, sich auf eine *regionale Strukturpolitik* umzustellen (HESSE 1988, HAMM u. WIENERT 1990). Sowohl das *„Entwicklungsprogramm Ruhr"* (1968 bis 1973) als auch das landesweit wirkende *„Nordrhein-Westfalen-Programm 75"* (1970 bis 1975) zielten auf die Unterstützung des Strukturwandels durch Anreize für Unternehmen und den Auf- und Ausbau spezifischer Infrastruktureinrichtungen ab (z.B. Errichtung von 5 neuen Universitäten bzw. Gesamthochschulen, Ausbau des ÖPNV, Flächenrecycling).

Der zunehmende Problemdruck und die relative Erfolglosigkeit vorhergehender regionalpolitischer Maßnahmen führten Ende der 70er Jahre zu einer breiter angelegten regionalen Strukturpolitik, die nicht mehr allein auf die Montanindustrie ausgerichtet war und verstärkt innovationsorientierte Ziele verfolgte. Dieser Wechsel von einer Politik der Reindustrialisierung zu Strategien, die eine Neoindustrialisierung (HEINZE, VOELZKOW u. HILBERT 1992) zum Ziel hatten, wurde im *„Aktionsprogramm Ruhr"* (6,9 Mrd. DM für 1980 – 1984) umgesetzt, das neuen Schwerpunkten in der Arbeitsmarkt- und Qualifizierungspolitik sowie der Förderung von Forschungs- und Entwicklungsarbeiten auch mit ökologischen Akzenten diente. Die erheblichen Mittel bewirkten Erfolge bei der Qualifizierung und der Stadtentwicklung, konnten die Arbeitsmarktpolitik aber nicht ausreichend beeinflussen (NOCKEN 1992). Im Zusammenhang mit dem Aktionsprogramm richtete die Landesregierung den *„Grundstücksfonds Ruhr"* 1980 als ein weiteres Instrument zur Verbesserung des Flächenrecyclings ein (vgl. Kap. 5.3.2).

Als direkte Reaktion auf die Verschärfung der wirtschaftlichen Krisenentwicklung durch Zechenstillegungen und Betriebsschließungen der Stahlindustrie beschloß die Landesregierung 1987 die *„Zukunftsinitiative Montanregionen"* (ZIM). Mit einem Finanzvolumen von 1,07 Mrd. DM bei ca. 290 ausgewählten Projekten war ZIM auf die folgenden 5 Handlungsfelder ausgerichtet, die in den Regionen für einen Innovationsschub sorgen sollten (MWMT 1992):
• Innovations- und Technologieförderung,
• Förderung zukunftsorientierter Qualifikationen der Arbeitnehmer,
• arbeitsplatzschaffende und arbeitsplatzsichernde Maßnahmen,
• Ausbau und Modernisierung der Infrastruktur,
• Verbesserung der Umwelt- und Energiesituation.

Neu an dieser *regionalisierten, kooperativen Strukturpolitik* war neben der Einbindung der anderen Fachressorts in die Strukturpolitik vor allem eine bessere Einbeziehung der Akteure vor Ort und damit eine Mobilisierung der vorhandenen Orts- und Sachkenntnis in den Regionen sowie eine Aktivierung der regionalen Eigenverantwortlichkeit für die wirtschaftsstrukturelle Entwicklung. Der Versuch der Regionalisierung der Wirtschaftsstrukturpolitik durch ZIM, seit 1989 erweitert zu ZIN („Zukunftsinitiative für die Regionen Nordrhein-Westfalens"), erfährt neben positiven Beurteilungen (z.B. teilweise gelungene partielle Dezentralisierung) auch Kritik: Durch die nicht demokratisch legitimierten Repräsentanten regionaler Interessengruppen in den Regionalkonferenzen besteht weiterhin die Gefahr der Konservierung überkommener Strukturen (WANIEK 1995, KILPER u. a. 1994).

5.4.2 Regionalpolitische Maßnahmen durch EU, Bund, Land und Kommunen

Mit der Vollendung des EU-Binnenmarktes werden wichtige regionalpolitische Entscheidungen von der EU in Abstimmung mit den Staaten und Regionen getroffen. Zu den Fördergebieten des Ruhrgebiets (Abb. 5.7), in die Fördermittel zur Bewältigung des Strukturwandels fließen (Abb. 5.8), gehören alle Landkreise und Städte, wenn auch mit großen Unterschieden hinsichtlich des Umfangs und der Zugehörigkeit der Teilregionen.

Die Bund-Länder-Gemeinschaftsaufgabe *„Verbesserung der regionalen Wirtschaftsstruktur"* (GRW) hat Altindustrieregionen wie das Ruhrgebiet aufgrund seiner Auswahlindikatoren (Arbeitslosigkeit, Einkommen, Infrastruktur) zunächst nicht berücksichtigt. Seit Anfang der 80er Jahre gelang es dem Revier, in das spezielle Stahlstandorteprogramm der GRW und mit Teilgebieten auch in die Normalförderung aufgenommen zu werden. Während von 1981 bis 1986 immerhin 5,8 Mrd. DM in die Region flossen, reduzierte sich dieser Beitrag von 1989 bis 1993 auf 1,2 Mrd. DM. Der GRW-Anteil geht also absolut und auch relativ zurück. Trotz

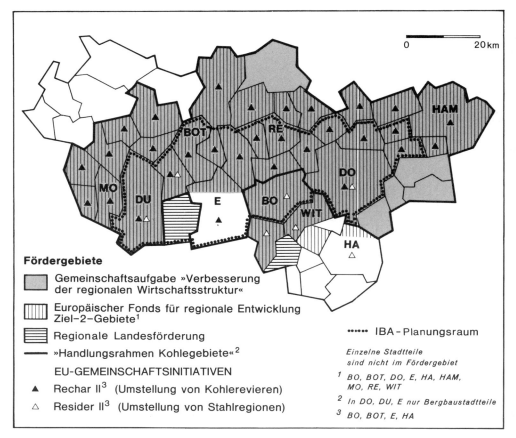

Abb. 5.7: Fördergebiete der Wirtschaftsförderung durch EU, Bund und Nordrhein-Westfalen
Quellen: Daten und Karten MSV (1993b), MWMT (1994a), EISMANN u. WALUGA (1994)

der beachtlichen Höhe dieser Fördermittel wird die Wirksamkeit der GRW für einen nachhaltigen Strukturwandel aber zurückhaltend oder kritisch beurteilt, weil ein zu hoher Anteil in traditionelle Branchen geflossen sei und weil gravierende Entwicklungshemmnisse im Flächen- und Humankapitalbereich sowie bei den Wohnumfeldproblemen durch GRW-Maßnahmen nicht gefördert wurden (SCHRUMPF 1995).

Immer wichtiger wird der EU-Anteil an der regionalen Förderung. Da das Ruhrgebiet von einer „rückläufigen industriellen Entwicklung besonders betroffen" ist, gehören zahlreiche Regionsteile (Abb. 5.7) zu den *Ziel-2-Gebieten der EU-Strukturpolitik*, die aus Mitteln des Europäischen Fonds für Regionale Entwicklung (EFRE) und des Europäischen Sozialfonds (ESF) sowie öffentlichen Mitteln des Landes Nordrhein-Westfalen gefördert werden. Die Programme zur Förderung des Strukturwandels im Ruhrgebiet entsprechen im wesentlichen den folgenden Programmschwerpunkten (MWMT 1994a):

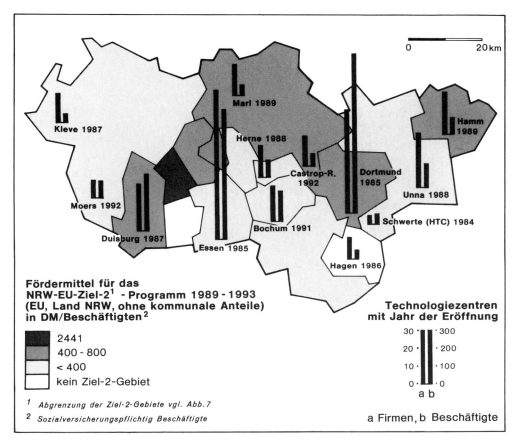

Abb. 5.8: Technologiezentren und Fördermittel für das NRW-EU-Ziel-2-Programm
Quellen: Daten und Karten MWMT (1994a, b, c u. 1995)

1. Diversifizierung der Industriestrukturen , insbesondere durch die Verbesserung der Entwicklungsbedingungen für kleine und mittlere Unternehmen,
2. Wiedernutzbarmachung und Verbesserung der Umweltqualität von Industrie- brachflächen,
3. Förderung des Humankapitals.

Damit werden wesentliche Problembereiche und regionsinterne Hemmnisse erfaßt und in Fördermaßnahmen einbezogen. Die Verteilung der Fördermittel je Beschäf- tigten (Abb. 5.8) zeigt die zu erwartende Bevorzugung der Stahlstandorte Duisburg und Dortmund sowie der noch verbliebenen Bergbaustandorte vor allem der Em- scherzone, die auch noch Zuschüsse durch Umschichtung bereitgestellter Mittel (1992 – 1995 ca. 1 Mrd. DM) aus dem *„Handlungsrahmen Kohlegebiete"* erhielten.

Von den 1988 auf Initiative der EU-Kommission eingerichteten Gemeinschafts- initiativen leistet RESIDER einen „Beitrag zur Umstellung der von der Umstrukturierung der Eisen- und Stahlindustrie betroffenen Regionen", während RECHAR (seit 1991) die wirtschaftliche Umstellung in den Kohlerevieren beschleunigen soll. Förderschwerpunkt und regionale Verteilung der Fördergebiete stimmen mit den Ziel-2-Regionen weitgehend überein (Abb. 5.7). Bis Ende 1993 sind für das Ziel-2-Programm 671 Mio. DM, für RESIDER 132 Mio. DM und für RECHAR 147 Mio. DM von der EU nach Nordrhein-Westfalen und damit zum weit überwiegenden Teil in das Ruhrgebiet geflossen. Die Gemeinschaftsinitiativen werden als RECHAR II und RESIDER II bis 1997 weitergeführt, mit besonderen Schwerpunkten bei der Belebung neuer Wirtschaftsaktivitäten, beim Umweltschutz und bei der zukunftsorientierten Qualifizierung der Arbeitnehmer.

Als Beispiel für eine konstruktive Zusammenarbeit von öffentlichen Institutionen und privaten Akteuren im Bereich der Technologiepolitik gelten die *Technologie- und Gründerzentren* (TGZ), deren Finanzierung aus EU-, Bundes-, Landes- und kommunalen sowie privaten Mitteln erfolgt. Dieses im Ruhrgebiet inzwischen an 13 Standorten (Abb. 5.8) eingesetzte regionalpolitische Instrument zur innovationsorientierten Erneuerung der lokalen und regionalen Wirtschaft bietet jungen Technologieunternehmen eine zeitlich begrenzte Möglichkeit, innovative Ideen bis zur Marktreife zu entwickeln und dabei Synergieeffekte zu nutzen. Auch wenn die regionalökonomischen Wirkungen mancher TGZ die Erwartungen besonders hinsichtlich des Arbeitslosenproblems oft nicht erfüllen, läßt sich doch am Beispiel mehrerer Großstädte der Hellwegzone zeigen (Abb. 5.8), daß zahlreiche Arbeitsplätze für häufig hoch qualifizierte Erwerbstätige geschaffen werden können, wenn das individuelle Konzept stimmt und Public-Private-Partnership als Prinzip umgesetzt wird.

Das Technologiezentrum Dortmund als größtes TGZ Deutschlands zeigt exemplarisch, daß durch die Zusammenarbeit der lokalen Wirtschaftsförderung, der Universität, wichtiger Forschungsinstitute (Fraunhofer-Institut, Institut für Roboterforschung), der IHK und anderer Einrichtungen gemeinsam mit privaten Investoren sowie durch die Bereitstellung von Venture-capital ein erfolgreicher Aufbau möglich ist. Aber erst durch die Einrichtung des Technologieparks in der Nähe, der vor allem aus dem TGZ ausscheidende Firmen aufnimmt, ist es gelungen, ein innovationsorientiertes Netzwerk mit den Schwerpunkten Kommunikationstechnologie, Datenverarbeitung, Biotechnik, Logistik usw. entstehen zu lassen, so daß 1995 im TGZ und im Park zusammen 3 097 Erwerbstätige in 178 Unternehmen Beschäftigung fanden.

Insgesamt haben sich die regionalpolitischen Ziele und der Instrumenteneinsatz von Strukturerhaltung in Richtung Strukturveränderung und Erneuerung verschoben. Dennoch kann das durch zahlreiche Programme und erheblichen Mitteleinsatz erreichte Ergebnis, gemessen an der Zielvorstellung, den Trend der Negativentwicklung durch Strukturwandel umzukehren und wenigstens ein am Bundesdurchschnitt orientiertes Niveau zu erreichen, nur als bedingt erfolgreich eingestuft werden.

5.4.3 IBA Emscher-Park – ein Modell für die Zukunft von Altindustrieregionen?

Ein in dieser Form erstmalig durchgeführtes Vorhaben zur ökonomischen, ökologischen und sozialen Revitalisierung einer besonders betroffenen Altindustrieregion hat die Landesregierung Nordrhein-Westfalen 1989 mit der Einrichtung der auf 10 Jahre angelegten Internationalen Bauausstellung Emscher-Park (IBA Emscher-Park) begonnen.

Der IBA-Planungsraum ist nicht gemeindescharf abgegrenzt (Abb. 5.7 zeigt Grenzen der beteiligten Kommunen), sondern er liegt zwischen der A2 im Norden, der A40 im Süden, dem Rhein im Westen und der A1 im Osten. Dieser „schwierigste Teil des Ruhrgebietes" (MSWV 1988) umfaß eine Fläche von ca. 800 km², auf der über 2 Mio. Menschen in 17 Städten leben. Das bedeutsamste montanindustrielle Zentrum Deutschlands in der Nachkriegszeit leidet heute unter den Folgen der spezifischen, ungeplanten Industrialisierung und der laufenden Deindustrialisierung. Als Folge sind u. a. Verlust von Bevölkerung und Arbeitsplätzen (vgl. 5.2.1 und 5.2.2), hohe ökologische Belastungen, siedlungsstrukturelle Defizite, Mangel an Zentren und intensivste Zerschneidung des Freiraums festzustellen (vgl. u. a. SIEBEL 1992, EISMANN u. WALUGA 1994).

Von den bisherigen Internationalen Bauausstellungen (Hannover 1951, Berlin 1957 und 1987) unterscheidet sich die IBA Emscher-Park vor allem dadurch, daß sie als Planungsraum keine Stadt, sondern eine große Region umfaßt und daß sie nicht nur auf Städte- und Wohnungsbauprobleme ausgerichtet ist, sondern auch umwelt-, arbeitsmarkt-, kultur- und sozialpolitische Aspekte in den bisher 91 Projekten (1995) zu integrieren versucht.

Vor dem Hintergrund der Probleme und der Berücksichtigung des endogenen Potentials dieser Region (qualifizierte Arbeitskräfte, Infrastruktur etc.) sind folgende Leitprojekte entwickelt und in Angriff genommen worden (Stand 1995):

Wiederaufbau von Landschaft – der Emscher-Landschaftspark
Sieben interkommunale Arbeitsgemeinschaften arbeiten an der Planung und Realisierung eines 300 km² großen Landschaftsparks zwischen Duisburg und Bergkamen. Zu den 25 bereits begonnenen Projekten gehören u. a. Radwegenetze, Ökologieparks und Grünzüge.

Ökologischer Umbau des Emschersystems
Um das langfristige Ziel zu erreichen, aus dem „größten offenen Abwassersystem der Welt" (SIEBEL 1992) wieder ein natürliches mäandrierendes Flußsystem zu entwickeln, müssen zahlreiche rechtliche, technische und ingenieurwissenschaftliche Fragen geklärt werden. Daher konzentrieren sich die bisherigen Aktivitäten besonders auf die Erstellung von Studien.

Neue Nutzung für industrielle Bauten
Es geht darum, Bau- und Technikdenkmäler aus der Industrialisierungsphase des 19./20. Jh., aber auch jüngere Industriebauten möglichst zu erhalten und neuen, sinnvollen Nutzungen zuzuführen (bisher 7 Projekte).

Arbeiten im Park

An ausgewählten Standorten (bisher 23 Projekte) werden Industrie- und Zechenbrachen aufbereitet und über ein Zusammenwirken von öffentlichen und privaten Investitionen zu Gewerbe-, Handwerker- und Wissenschaftsparks oder Technologiezentren mit städtebaulich und landschaftlich hohen Qualitätsstandards entwickelt.

Wohnen/integrierte Stadtentwicklung

Ziel ist es hier, die städtebaulich anspruchsvollen Arbeitersiedlungen mit hohem Wohnwert zu erhalten und hinsichtlich ökologischer Standards (vgl. u. a. Siebel 1992, MSV 1995, MSWV 1988, Kilper u. a. 1994) zu gestalten.

Zur Umsetzung der Projekte ist kein eigenes Förderprogramm eingerichtet worden, so daß die Finanzierung über bestehende Programme (vgl. Kap. 5.4.1 u. 5.4.2) und private Investitionen organisiert werden muß. Allerdings erhalten IBA-Projekte bei der Landesregierung Priorität, und außerdem verleiht dieser Status Prestige (Siebel 1992). Da die IBA Emscher-Park weder über eigene Investitionsmittel noch über hoheitliche Kompetenzen verfügt, liegen ihre Chancen vor allem darin, Ideen anzustoßen, Planungsprozesse zu organisieren, Qualitätsstandards zu erarbeiten und durchzusetzen sowie die regionalen Akteure bei der Nutzung des vorhandenen endogenen Potentials zu unterstützen.

Bei der Bewertung der IBA Emscher-Park nach Abschluß im Jahre 1999 ist vor allem danach zu fragen, ob es gelungen ist, praxisnahe Modelle entsprechend der Leitprojekte zu entwickeln und zu realisieren, denn bei der Größe der Problemregion und der Kürze der Laufzeit ist eine flächendeckende Lösung der Strukturprobleme unmöglich. Als modellhaft und evtl. auf andere Altindustrieregionen übertragbar könnte auch das von der IBA Emscher-Park eingeführte leitbild- und prozeßorientierte Planungs- und Steuerungsmodell gewertet werden, das auf die Etablierung dezentraler, projektbezogener Netzwerke bei gleichzeitiger kontinuierlicher Betreuung durch die IBA-Planungsgesellschaft (GmbH in hundertprozentigem Besitz des Landes Nordrhein-Westfalen) ausgerichtet ist (Kilper u. a. 1994, Heinze 1994). Durch die Bereitstellung von 1,8 Mrd. DM an Fördergeldern und rund 800 Mio. DM privater Investitionen sind zahlreiche Projekte begonnen worden, die einen positiven Impuls auf die Emscherzone ausüben. Ob das Gesamtprojekt aber als „beispielhaft für eine städtebauliche und ökologische Erneuerung industrieller Ballungsräume" anzusehen ist, kann allerdings erst nach Abschluß der IBA Emscher-Park bewertet werden.

5.5   Zukunftsperspektiven

Die von manchen Akteuren im Ruhrgebiet noch immer erhoffte Reindustrialisierung erscheint aussichtslos. Umfangreiche Industrieinvestitionen in Altindustrieregionen des Hochlohnlandes Bundesrepublik Deutschland (West) werden seit Jahren nicht mehr registriert, und außerdem sind Sektoren und Branchen nicht in Sicht, die „neue motorische Funktionen" anstelle des alten Montankomplexes übernehmen könnten (Hamm 1995).

Die regional differenzierte Wirtschaftsentwicklung und die Unterschiede im Strukturwandel innerhalb des Ruhrgebietes haben zu sozioökonomischen Disparitäten geführt (vgl. Kap. 5.2). Ob der erkennbare Trend zur Auflösung des Gesamtraumes in Teilregionen mit z. T. spezifischen, neuen Schwerpunktsetzungen (z. B. Duisburg – Rheinland: Umweltschutztechnologien oder Dortmund – Westfalen: Hochtechnologie) als Ergebnis und Voraussetzung eines erfolgreichen Strukturwandels gelten kann (REHFELD 1994, LÄPPLE 1994) oder ob eine „neue Region Ruhr" oder sogar „Rhein – Ruhr" (BUTZIN 1995) als adäquater Regionszuschnitt angemessen ist, bleibt umstritten.

Auch wenn an der Beseitigung fast aller aufgeführten Anpassungshemmnisse (vgl. Kap. 5.3) seit Jahren intensiv gearbeitet wird, setzte sich der Abkopplungsprozeß fort. Keine Branche des Reviers hat sich als ausreichend stark erwiesen, eine Trendwende herbeizuführen. Besonders kritisch für die Zukunftsbewertung müssen die zu geringen Aufwendungen der Unternehmen für Forschung und Entwicklung sowie Marketing angesehen werden (BADE 1995).

Zu große Hoffnungen auf regionalpolitische Hilfen für den zukünftigen Strukturwandel sind nicht gerechtfertigt. Die Mittelzuweisungen werden erheblich gekürzt, und außerdem hat die Vergangenheit gezeigt, daß öffentliche Förderungsmaßnahmen eher im Infrastrukturbereich und bei der Altlastenbeseitigung erfolgreich waren als bei der Gestaltung des ökonomischen Strukturwandels.

Hinsichtlich der erfolgten Vollendung des EU-Binnenmarktes (1992) wird das Ruhrgebiet aufgrund seiner Wirtschaftsstruktur, der Raumlage und der Raumqualität im Vergleich zu anderen Altindustrieregionen als Aufsteigerregion eingestuft (SCHRADER 1993). Da die vom Binnenmarkt besonders profitierenden Branchen aber unterrepräsentiert sind und viele Maßnahmen und Entscheidungen der Unternehmen schon vor 1993 erfolgten, bleiben die Zukunftserwartungen für die Region eher bescheiden. Das gilt auch für die Ostöffnung Europas, bei der Gefahren durch neue Wettbewerber sowie Chancen durch Markterweiterungen für die Zukunft zu berücksichtigen sind.

Das Ruhrgebiet hat keine Alternative zur Fortsetzung des begonnenen Stukturwandels, zum Aufbau neuer Netzwerke und „innovativer Milieus", zu einer Public-Private-Partnership, in der verbesserte staatliche Rahmenbedingungen und private Initiativen für die Region wirksam werden.

Literatur

BADE, F.-J. (1995):
Alte Industrieregionen im Wandel – Zur wirtschaftlichen Entwicklung des Ruhrgebietes. Institut für Raumplanung, Universität Dortmund, Arbeitspapier 139.

BECKMANN, H., SCHMIDT, H.-G., u. B. ABELT (1993):
Verkehrskonzepte für das Ruhrgebiet: Der Beitrag des Kommunalverbandes Ruhrgebiet. In: DÜRR, H., u. J. GRAMKE [Hrsg.]: Erneuerung des Ruhrgebietes. Regionales Erbe und Gestaltung für die Zukunft. Paderborn, 125 – 131.

BUTZIN, B. (1987):
Zur These eines regionalen Lebenszyklus im Ruhrgebiet. Münstersche Geographische Arbeiten, **26**: 191 – 210.

BUTZIN, B. (1993 a):
Strukturkrise und Strukturwandel in „alten" Industrieregionen - Das Beispiel Ruhrgebiet. Geographie heute, **113**: 4 – 12.

BUTZIN, B. (1993 b):
Was macht alte Industrieregionen alt? – Das Beispiel Ruhrgebiet.
Berichte zur deutschen Landeskunde, **67**: 243 – 254.

BUTZIN, B. (1995):
Gefährdungs- und Entwicklungspotentiale des Ruhrgebietes. In: 49. Deutscher Geographentag Bochum. Tagungsbericht und wissenschaftliche Abhandlungen.
Stuttgart, 25 – 33.

DEGE, W., u. S. KERKEMEYER (1993):
Der wirtschaftliche Wandel im Ruhrgebiet in den 80er Jahren. Geographische Rundschau, **9**: 503 – 509.

DICKEN, P. (1992):
Global Shift. The Internationalization of Economic Activity. London.

DÜRR, H., u. J. GRAMKE [Hrsg.] (1993):
Erneuerung des Ruhrgebiets. Regionales Erbe und Gestaltung für die Zukunft. Festschrift zum 49. Deutschen Geographentag. Paderborn.

EISMANN, R., u. S. WALUGA (1994):
Sozio-ökonomische Daten zum IBA-Planungsraum. In: KREIBICH, R., u. a. [Hrsg.]: Bauplatz Zukunft. Dispute über die Entwicklung von Industrieregionen.
Essen, 260 – 296.

GAEBE, W. (1991):
Räumliche Auswirkungen der Internationalisierung in der Automobilindustrie. Erdkunde, **45**: 95 – 107.

GAEBE, W. (1993):
Neue räumliche Organisationsstrukturen in der Automobilindustrie. Geographische Rundschau, **45**: 493 – 497.

HAMM, R. (1991):
Inflexibilitäten auf dem Arbeitsmarkt – Ein Hemmnis im Strukturwandel altindustrieller Regionen? List-Forum, **17**: 71 – 88.

HAMM, R. (1995):
Was macht Industrieregionen „alt"? Ergebnisse und Folgerungen aus internationalen Regionsvergleichen. Jahrbuch für Regionalwissenschaft, Jg. 1993 / 94: 79 – 100.

HAMM, R., u. H. WIENERT (1990):
Strukturelle Anpassung altindustrieller Regionen im internationalen Vergleich. Berlin. = Schriftenreihe des Rhein.-Westfäl. Inst. f. Wirtschaftsforschung, N. F., **48**.

HEINZE, R. G. (1994):
Innovation ohne Modernisierer? Die IBA muß den Schritt über die Schwelle wagen. In: KREIBICH, R., u. a. [Hrsg.]: Bauplatz Zukunft. Dispute über die Entwicklung von Industrieregionen. Essen, 68 – 71.

HEINZE, R. G., VOELZKOW, H., u. J. HILBERT (1992):
Strukturwandel und Strukturpolitik in Nordrhein-Westfalen. Opladen.

HESSE, J. J. [Hrsg.] (1988):
Die Erneuerung alter Industrieregionen. Ökonomischer Strukturwandel und Regionalpolitik im internationalen Vergleich. Baden-Baden.

IPPERS, G. (1990):
Die Bedeutung von Forschung und Entwicklung für die Metallindustrie im Ruhrgebiet. In: Hans-Böckler-Stiftung [Hrsg.]: Forschung und Entwicklung als Träger von Innovation und Strukturwandel im Ruhrgebiet. Düsseldorf, 11 – 14.

JUNKERNHEINRICH, M. (1988):
Wirtschaftliche Erneuerung altindustrieller Problemregionen: Das Beispiel Ruhrgebiet. – In: Sachverständigenrat zur Begutachtung der gesamtwirtschaftlichen Entwicklung; Jahresgutachten 1988/89, S. 183 – 210. = Bundestagsdrucksache 11/3478 v. 24. 11. 1988.

JUNKERNHEINRICH, M. (1989):
Ökonomische Erneuerung alter Industrieregionen. Das Beispiel Ruhrgebiet. Wirtschaftsdienst, **69**: 28 – 35.

KILPER, H., LATNIAK, E., REHFELD, D., u. G. SIMONIS (1994):
Das Ruhrgebiet im Umbruch. Opladen. = Schriften des Instituts Arbeit und Technik, **8**.

KLEMMER, P. (1983):
Problemregion Ruhrgebiet. Ursachen und Besonderheiten der Arbeitslosigkeit. Bochum. = Ruhr-Forschungsinstitut für Innovations- und Strukturpolitik e. V., Nr. 3.

KLOTEN, N. (1995):
Wirtschaftspolitische Folgerungen aus der Verfassungswidrigkeit des sogenannten Kohlepfennigs. Wirtschaftsdienst, **2**: 121 – 123.

Kommunalverband Ruhrgebiet (KVR):
Städte- und Kreisstatistik Ruhrgebiet. Essen [verschiedene Jahrgänge].

Kommunalverband Ruhrgebiet (KVR) (1993):
Strukturwandel im Ruhrgebiet. Neufassung. Essen.

Kommunalverband Ruhrgebiet (KVR) (1994a):
Zahlenspiegel Ruhrgebiet. Essen.

Kommunalverband Ruhrgebiet (KVR) [Hrsg.] (1994b):
Büroimmobilien im Ruhrgebiet. Bestand, Marktstrukturen und zukünftiger Bedarf. Essen.

Kommunalverband Ruhrgebiet (KVR) [Hrsg.] (1995):
Beschäftigte im Ruhrgebiet. Struktur und Entwicklung der sozialversicherungspflichtig Beschäftigten 1978 bis 1993. Essen.

KREIBICH, R., SCHMIDT, A. S., SIEBEL, W., SIEVERT, T., u. P. ZLONICKY [Hrsg.]:
Bauplatz Zukunft. Dispute über die Entwicklung von Industrieregionen. Essen.

LÄPPLE, D. (1994):
Zwischen gestern und übermorgen. Das Ruhrgebiet - eine Industrieregion im Umbruch. In: KREIBICH, R., u. a. [Hrsg.]: Bauplatz Zukunft. Dispute über die Entwicklung von Industrieregionen. Essen, 37 – 51.

MICK, T. (1994):
„Regelungsdickicht" als Investitionshemmnis. Bochum. = Ruhr-Forschungsinstitut für Innovations- und Strukturpolitik e. V., Nr. 4.

Der Minister für Stadtentwicklung, Wohnen und Verkehr des Landes Nordrhein-Westfalen (MSWV) [Hrsg.] (1988):
Internationale Bauausstellung Emscher-Park. Werkstatt für die Zukunft alter Industriegebiete. Memorandum zu Inhalt und Organisation. Düsseldorf.

Ministerium für Stadtentwicklung und Verkehr des Landes Nordrhein-Westfalen (MSV) [Hrsg.] (1993a):
Rechenschaftsbericht Grundstückfonds. Düsseldorf.

Ministerium für Stadtentwicklung und Verkehr des Landes Nordrhein-Westfalen (MSV) [Hrsg.] (1993b):
Mittelfristiges Stadterneuerungsprogramm für die Kohlegebiete Nordrhein-Westfalens von 1993 bis 1998. Düsseldorf.

Ministerium für Stadtentwicklung und Verkehr des Landes Nordrhein-Westfalen (MSV) [Hrsg.] (1995):
Strukturwandel in der Emscherregion. Wie geht es weiter mit der IBA Emscher-Park? Düsseldorf.

Ministerium für Stadtentwicklung, Kultur und
    Sport des Landes Nordrhein-Westfalen
    (MSKS) [Hrsg.] (1995):
    Grundstücksfonds. Rechenschaftsbericht
    1995. Düsseldorf.
Ministerium für Wirtschaft, Mittelstand und
    Technologie des Landes Nordrhein-Westfalen
    (MWMT) [Hrsg.] (1992):
    Regionalisierung. Neue Wege in der Struk-
    turpolitik Nordrhein-Westfalens.
    Düsseldorf.
Ministerium für Wirtschaft, Mittelstand und
    Technologie des Landes Nordrhein-Westfalen
    (MWMT) [Hrsg.] (1994 a):
    NRW im Europäischen Binnenmarkt. Mit
    Gemeinschaftsprogrammen den Struktur-
    wandel meistern. Düsseldorf.
Ministerium für Wirtschaft, Mittelstand und
    Technologie des Landes Nordrhein-Westfalen
    (MWMT) [Hrsg.] (1994 b):
    Regionale Wirtschaftsförderung in Nord-
    rhein-Westfalen. Düsseldorf.
Ministerium für Wirtschaft, Mittelstand und
    Technologie des Landes Nordrhein-Westfalen
    (MWMT) [Hrsg.] (1994 c):
    Regionales Wirtschaftsförderungsprogramm
    (RWP). Düsseldorf.
Ministerium für Wirtschaft, Mittelstand und
    Technologie des Landes Nordrhein-Westfalen
    (MWMT) [Hrsg.] (1995):
    Technologie-Handbuch Nordrhein-Westfalen.
    Köln.

NOCKEN, U. (1992):
    Wirtschaftspolitik. Jahrbuch der Politik und
    Wirtschaft in Nordrhein-Westfalen
    1988 – 1990. Bonn / Berlin.

RECHMANN, B. (1992):
    Ruhrgebiet. Bundesweite Befragung zum
    Image des Ballungsraumes. Standort – Zeit-
    schrift für Angewandte Geographie,
    1: 34 – 37.
REHFELD, D. (1994):
    Auflösung und Neuordnung. Passage – Für
    Kunst bis Politik, **4**: 20 – 26.

SCHRADER, M. (1993):
    Altindustrieregionen der EG. In:
    SCHÄTZL, L. [Hrsg.]: Wirtschafsgeographie
    der Europäischen Gemeinschaft.
    Paderborn, 111 – 166.
SCHRADER, M. (1995):
    Altindustrielle Regionen im Wandel –
    Hemmnisse und Chancen des Ruhrgebietes
    nach EU-Integration und Ostöffnung.
    Kölner Forschungen zur Wirtschafts- und
    Sozialgeographie, **44**: 209 – 231.
SCHRUMPF, H. (1995):
    Die Förderung altindustrialisierter Gebiete
    durch die Europäische Union (Ziel-2-Förde-
    rung) und die Gemeinschaftsaufgabe „Ver-
    besserung der regionalen Wirtschaftsstruk-
    tur". In: RIDINGER, R., u. M. STEINRÖX [Hrsg.]:
    Regionale Wirtschaftsförderung in der
    Praxis. Köln.
SIEBEL, W. (1992):
    Die Internationale Bauausstellung Emscher-
    Park - Eine Strategie zur ökonomischen,
    ökologischen und sozialen Erneuerung alter
    Industrieregionen. In: HÄUSSERMANN, H.
    [Hrsg.]: Ökonomie und Politik in alten Indu-
    strieregionen. Basel, Boston, Berlin.
STAUDT, E. (1994):
    Strukturwandel und berufliche Aus- und
    Weiterbildung am Beispiel Ruhrgebiet:
    Der schwierige Übergang von Kohle und
    Stahl zur Dienstleistung. Bochum. =
    Berichte aus der angewandten Innovations-
    forschung.
STERNBERG, R. (1995):
    Altindustrieregionen und Technologiepolitik
    auf nationaler und regionaler Maßstabs-
    ebene: Das Beispiel Greater Boston / USA
    und Kyushu / Japan. - In: 49. Deutscher Geo-
    graphentag Bochum. Tagungsbericht und
    wissenschaftliche Abhandlungen.
    Stuttgart, 85 – 93.
STÖBE, S. (1995):
    Aus- und Weiterbildung im Ruhrgebiet: Im-
    pulse für den Strukturwandel. - In: KVR
    [Hrsg.]: Schulbuchinformationsdienst, Nr. 23.
    Essen.

WANIEK, R. W. (1995):

Regionalisierung der Strukturpolitik. Erfahrungen aus der „Zukunftsinitiative für die Regionen Nordrhein-Westfalens" (ZIN). – In:
RIDINGER, R. U., u. M. STEINRÖX [Hrsg.]: Regionale Wirtschaftsförderung in der Praxis. Köln.

WIENERT, H. (1990):

Was macht Industrieregionen „alt"? – Ausgewählte sektorale und regionale Ansätze zur
theoretischen Erklärung regionaler Nieder-
gangsprozesse.
RWI-Mitteilungen, **41**: 363 – 390.

WIENERT, H. (1993 a):

Kohle und Stahl unter anhaltendem Verän-
derungsdruck. – In: DÜRR, H., u. J. GRAMKE
[Hrsg.]: Erneuerung des Ruhrgebiets. Regionales Erbe und Gestaltung für die Zukunft.
Paderborn, 55 – 63.

WIENERT, H. (1993 b):

Schwerster Einbruch der Nachkriegszeit?
Zyklische und strukturelle Elemente der
gegenwärtigen Krise der westdeutschen
Stahlindustrie.
RWI-Mitteilungen, **44**: 243 – 261.

B.6 Der Rhein-Main-Raum

RUTH BÖRDLEIN /
IRMGARD SCHICKHOFF, Frankfurt am Main

Mit dem Rhein-Main-Gebiet wird im folgenden ein Verdichtungsraum mit zwei spezifischen Charakteristika – zum einen der Polyzentralität und zum anderen der starken tertiärwirtschaftlichen Prägung – vorgestellt. Dabei ist einerseits auf die allgemeinen Entwicklungstendenzen dieses Raumtyps Bezug zu nehmen, andererseits sollen auch die spezifischen regionalen Bedingungen Berücksichtigung finden.

6.1   Lage und Abgrenzung der Region

Mit den Begriffen Rhein-Main-Raum, Rhein-Main-Gebiet oder Region Rhein – Main, die im weiteren synonym Verwendung finden, wird der Raum großer Bevölkerungsdichte und hoher Konzentration wirtschaftlicher Aktivitäten am Unterlauf des Mains und in dessen Mündungsbereich in den Rhein bezeichnet. Allerdings sind die Grenzen des Rhein-Main-Gebietes nicht verbindlich bestimmt, in der Literatur findet sich eine Vielzahl von Abgrenzungen. Im Grunde kann noch heute die Grobabgrenzung von KRENZLIN (1961, S. 313) herangezogen werden: Sie bestimmte das Rhein-Main-Gebiet durch ein „Achsenkreuz, dessen Ostwestachse vom Main oberhalb Aschaffenburgs bis Bingen verläuft, dessen Nordsüdachse sich von der Nordgrenze des Neckar-Main-Gebiets südlich Heppenheim bis gegen Friedberg erstreckt". Damit handelt es sich um eine Region, deren Teilgebiete sich in drei Bundesländern – Hessen, Bayern und Rheinland-Pfalz – befinden und deren Struktur durch eine größere Zahl städtischer Zentren unterschiedlicher Prägung gekennzeichnet ist. In den Abbildungen und Tabellen dieses Kapitels wird auf eine jüngere Selbstdefinition zurückgegriffen. Unter der Bezeichnung „Forum Rhein – Main" haben sich im Jahre 1991 verschiedene regionale Industrie- und Handelskammern zusammengeschlossen. Hierdurch werden sieben kreisfreie Städte und 15 Landkreise erfaßt.[1]

6.2   Entwicklung des Wirtschaftsraums

Die Rhein-Main-Region hat keine gemeinsame Territorialgeschichte, vielmehr ist die heutige polyzentrische Struktur das Ergebnis einer jahrhundertelangen territorialen Zersplitterung (vgl. KRENZLIN 1961, FREUND 1991).

Begünstigt wurde die frühe Besiedlung dieses Raumes durch die Verkehrsgunst der Beckenlandschaften in den Flußtälern von Main und Rhein. Das bedeutendste Zentrum der Region, die Stadt Frankfurt am Main, entwickelte durch seine politische Funktion als freie Reichsstadt sowie Wahl- und Krönungsort der deutschen

---

[1]   Kreisfreie Städte: Aschaffenburg, Darmstadt, Frankfurt, Mainz, Offenbach, Wiesbaden und Worms; Kreise: Alzey-Worms, Aschaffenburg, Bergstraße, Darmstadt-Dieburg, Groß-Gerau, Hochtaunus, Limburg-Weilburg, Main-Kinzig, Main-Taunus, Mainz-Bingen, Miltenberg, Odenwald, Offenbach, Rheingau-Taunus und Wetterau. Sollte aufgrund der Datenlage von dieser Abgrenzung abgewichen werden, wird darauf hingewiesen.

Kaiser[2] einerseits und seine früh entstandene Bedeutung als Fernhandels- und Messestadt andererseits nur relativ geringe Beziehungen zum Umland. Auf der Grundlage der Messe- und Handelsfunktion bildete sich in Frankfurt im Lauf der Jahrhunderte eines der bedeutenden europäischen Finanzzentren heraus. Das Frankfurter Großbürgertum stand der aufkommenden Industrialisierung zunächst äußerst skeptisch gegenüber, so daß erst 1864 die Gewerbefreiheit in Frankfurt eingeführt wurde. Die politische Vereinigung mit dem Umland erfolgte zwei Jahre später mit der Annexion durch Preußen.

Dies hatte den Effekt, daß die Anfänge der Industrialisierung im Untermaingebiet außerhalb des (damaligen) Stadtgebietes von Frankfurt liegen.[3] Dabei wurde die Industrialisierung verschiedener Umlandorte zum Teil von den jeweiligen Landesherren in bewußter Konkurrenz zur Kernstadt betrieben (vgl. KRENZLIN 1961, S. 318). Markantestes Beispiel hierfür ist die direkte Nachbarstadt Offenbach, die ab 1816 gezielt zur „Landesfabrikstadt" des Großherzogtums Hessen ausgebaut wurde (SCHNEIDER 1962, S. 10).

Darmstadt, ab 1806 Hauptstadt des Großherzogtums Hessen-Darmstadt, entwickelte sich in dieser Funktion zum einen zur Verwaltungsstadt[4], zum anderen förderten die Landesherren die Entwicklung von Technik, Kultur und Industrie[5]. Auch Wiesbaden bildete ab 1806 die Hauptstadt eines neu zugeschnittenen Staates (Nassau) und entwickelte sich in der Folgezeit aufgrund seiner Funktion als Residenz und des Kurwesens sowie als Hauptsitz von mainischen Industrieunternehmen. Die direkte Nachbarstadt Mainz, langjähriger Sitz des Fürstbischofs, fand nach der Mediatisierung neue Bedeutung durch den Ausbau als wichtiger Hafen des Großherzogtums Hessen-Darmstadt. Aschaffenburg und dessen Umland, das nach langer Zugehörigkeit zu Kurmainz ab 1814 bayerisch wurde, bildete sich aufgrund naturräumlicher (Holz) und sozioökonomischer Voraussetzungen (Potential an Heimarbeitern) zu einem Standort der Zellstoff- und Papierherstellung sowie der Textilindustrie heraus.

Neben diesen größeren Städten entwickelten sich im ausgehenden 19. Jh. noch eine Reihe von kleineren Industriestandorten. Hanau wurde, aufbauend auf vorindustrieller Tradition, zum Zentrum der Edelmetallverarbeitung. In Höchst und

---

[2] Wahlort der Kaiser des Heiligen Römischen Reiches Deutscher Nation von 1356 bis 1782, Krönungsort von 1562 bis 1782, Freie Reichsstadt von 1372 bis 1866, mit einer Unterbrechung während der napoleonischen Zeit als Großherzogtum Frankfurt.

[3] Verschiedene dieser Industrievororte wurden allerdings später nach Frankfurt eingemeindet: Heddernheim (Heddernheimer Kupferwerke, später Vereinigte Deutsche Metallwerke, gegr. 1853; Eingemeindung 1910); Fechenheim (Cassella ab 1870; Eingemeindung 1928); Höchst (Farbwerke ab 1863; Eingemeindung 1928).

[4] Diese politisch-administrative Bedeutung setzt sich noch heute dadurch fort, daß Darmstadt, nicht Frankfurt, Sitz des Regierungspräsidenten des südhessischen Regierungsbezirkes ist. Eine ähnliche Persistenz politischer Funktionen ist in der Wahl Wiesbadens zur hessischen Landeshauptstadt 1954 zu sehen.

[5] Chemisch-Pharmazeutischer Betrieb E. Merck ab 1827, Technische Hochschule Darmstadt ab 1877, Künstlerkolonie Mathildenhöhe / Werkkunstschule ab 1899.

Rüsselsheim wuchsen jeweils kleine Siedlungen um einen rasch wachsenden Industriebetrieb zu städtischer Größe (Höchst: Farbwerke Hoechst ab 1863; Rüsselsheim: Opel-Werke ab 1862).

Somit hatte die wirtschaftliche Entwicklung der Region eine Reihe unterschiedlicher Ausgangspunkte, die dazu führten, daß das Rhein-Main-Gebiet bis 1945 einen wichtigen Wirtschaftsraum des Deutschen Reiches bildete. „Als Industrieraum stand es aber nicht nur hinter dem Ruhrgebiet, sondern auch hinter Berlin sowie den sächsischen und schlesischen Industriegebieten zurück" (FREUND 1991, S. 273). Die beherrschende Position, die Frankfurt über lange Zeit als Finanzplatz in Deutschland und Europa innegehabt hatte, war in der Zeit nach der Reichsgründung sukzessive auf Berlin übergegangen; auch hier war also die Position der Region bestenfalls zweitrangig (s. auch Kap. 6.6).

6.3 Entwicklungen der letzten Jahrzehnte als Grundlagen der heutigen Struktur

Die Entwicklung der Region in der Nachkriegszeit ist zum einen vor dem Hintergrund der geschilderten historischen Ausgangssituation und der konkreten Veränderungen dieser Rahmenbedingungen und zum anderen in ihrer Abhängigkeit von gesamtgesellschaftlichen Prozessen zu betrachten.

6.3.1 Die Bedeutung der politischen Nachkriegsordnung

Nach dem Zusammenbruch des nationalsozialistischen Deutschland und der Aufteilung in vier Besatzungszonen befand sich das Rhein-Main-Gebiet sowohl im topographischen wie auch politischen Zentrum der drei westlichen Zonen, da sich dort die USA als stärkste Besatzungsmacht etablierten. Die Gründung des Landes Hessen im Herbst 1945 bedeutete im Hinblick auf die territoriale Einheit des Wirtschaftsraums einen Rückschritt, da das linksrheinische Gebiet um Mainz und Worms dem neuen Land nicht zugeschlagen wurde. Andere Entscheidungen der Alliierten können jedoch als wichtige Impulse für die weitere Entwicklung angesehen werden. Hier ist zunächst die Einrichtung des anfangs bi-, später trizonalen Wirtschaftsrates 1947 in Frankfurt zu nennen, der bald die entscheidende Institution für das Wirtschaftsleben Nachkriegsdeutschlands wurde. Die Vorläuferin der Deutschen Bundesbank, die Bank deutscher Länder, wurde 1948 ebenfalls am Standort Frankfurt gegründet. Nachdem auch der Parlamentarische Rat, der das Grundgesetz für die 1949 gegründete Bundesrepublik Deutschland ausarbeitete, in Frankfurt getagt hatte, galt die Stadt kurze Zeit als künftige Hauptstadt des neuen Bundesstaates. Im Vorgriff auf die Parlamentsentscheidung ließen sich eine Reihe bereits bestehender oder neu gegründeter Institutionen (Wirtschaftsverbände, Gewerkschaften) in Frankfurt nieder. Viele davon behielten auch nach der Entscheidung für Bonn diesen Standort bei.

Im Zuge des allgemeinen wirtschaftlichen Wiederaufbaus bildeten die zentrale Lage im Bundesgebiet sowie die aus der Vorkriegszeit vorhandene Verkehrsinfrastruktur (Eisenbahnlinien, Autobahnkreuz, Flughafen) günstige Voraussetzungen für ein rasches Wachstum der Region. Ebenso wie andere westdeutsche Verdichtungsräume profitierte das Rhein-Main-Gebiet dabei zum einen vom Bedeutungsverlust Berlins nach 1945 sowie von der Abwanderung von Unternehmen und anderen wirtschaftlichen Aktivitäten aus der sowjetischen Besatzungszone bzw. der DDR. Dies betrifft vor allem

- die Niederlassung der drei Großbanken in Frankfurt (Deutsche Bank, Dresdner Bank und Commerzbank),
- die Ansiedlung verschiedener Versicherungsgesellschaften (Alte Leipziger in Frankfurt; Berlinische Lebensversicherung, DBV-Gruppe, R+V-Versicherungsgruppe in Wiesbaden),
- die Übersiedlung bedeutender Industrie- und Handelsunternehmen (AEG, Hertie, Woolworth nach Frankfurt; Pittler nach Langen),
- die Verlagerung der gesamten Pelzbranche (vom Leipziger Brühl nach Frankfurt) sowie
- die Zuwanderung bedeutender Publikums- und Fachmessen (Konsumgüter, Pelze, Bücher, Automobile nach Frankfurt; Lederwaren nach Offenbach; Sportartikel nach Wiesbaden).

6.3.2 Weltwirtschaftliche Integration und nationaler Strukturwandel

Mit dem wirtschaftlichen Wachstum in den westlichen Industrieländern in den Jahrzehnten nach dem zweiten Weltkrieg vollzog sich – verstärkt ab den 70er Jahren – eine zunehmende weltwirtschaftliche Integration, die mit einem deutlichen wirtschaftlichen Strukturwandel auf der nationalen Ebene einherging. Unter weltwirtschaftlicher Integration wird dabei die Erschließung von immer mehr Ländern als Produktionsstandorte der weltweit immer flexibleren Unternehmensorganisation verstanden. Die Bedingungen hierfür sind vielfältig:

- Aufgrund der Technisierung in der Landwirtschaft und des Bevölkerungswachstums entstand in den sog. Entwicklungsländern ein Potential an ungelernten und somit billigen Arbeitskräften.
- Dies bildete den Anreiz, aus Kostengründen, z.T. auch aufgrund niedrigerer Umweltschutzauflagen, Produktion, die auf etablierten, standardisierten Technologien beruht oder sehr arbeitsintensiv ist (vor allem Massengüter wie z.B. Bekleidung, aber auch Schwerindustrie, in jüngerer Zeit auch technische Geräte wie Computer, Unterhaltungselektronik) in diese Länder zu verlagern.
- Die Entwicklung der Informations- und Kommunikationstechniken ermöglichte gleichzeitig die relativ einfache Kontrolle dieser ausgelagerten Produktionsbetriebe durch Mutterfirmen in den Industrieländern.
- All dies hätte jedoch keine Aussicht auf Erfolg gehabt, wenn nicht gleichzeitig durch Deregulierung und Ausweitung internationaler Finanztransaktionen der weltweite Kapitalfluß zur Finanzierung solcher Auslandsaktivitäten gefördert worden wäre.

Aufgrund dieser Prozesse haben sich in den letzten Jahrzehnten in Industrie- und Entwicklungsländern massive Veränderungen ergeben. Einige der Entwicklungsländer haben sich als Standorte für industrielle Produktion etabliert, d. h., sie haben sich von der traditionellen Rolle als Rohstofflieferant und Abnehmer industrieller Produkte gelöst. Die Veränderungen in den sogenannten Industrieländern werden unter dem Schlagwort vom „wirtschaftlichen Strukturwandel" zusammengefaßt. Hierunter versteht man die Abnahme der Beschäftigten im produzierenden Sektor, insbesondere bei der standardisierten Massenproduktion, die aufgrund von Kostenvorteilen günstiger in den Schwellenländern durchzuführen ist. Beschäftigtenzuwächse sind z. T. in technologieintensiven Bereichen zu verzeichnen und vor allem im Dienstleistungssektor.

6.3.3 Die Entstehung neuer Regionstypen

Die regionalen Effekte dieser Entwicklungen lassen sich grob nach der Art der Auswirkung unterscheiden. Besondere Aufmerksamkeit galt in der Literatur den „Verlierer-Regionen" des durch globale Trends induzierten Strukturwandels, nämlich den sogenannten „altindustrialisierten Regionen" der Industrieländer. Darunter werden diejenigen Regionen verstanden, deren Industrie auf mittlerweile ausgereiften, standardisierten Technologien (vor allem Schwerindustrie) beruht und die in der Konkurrenz durch die neu industrialisierten Länder nicht mehr wettbewerbsfähig sind.

Bei den Regionen, die durch die strukturellen Veränderungen weltwirtschaftlicher Organisationsformen Wachstumsimpulse erfahren, lassen sich grob folgende Regionstypen unterscheiden (vgl. v. FRIELING 1986, S. 74):
- Zentren des finanziellen und technologischen Managements („major", „global" oder „world cities"),
- Industrieregionen auf der Basis qualifizierter Arbeitskraft und des Einsatzes neuer Technologien (z. B. Silicon Valley in den USA, M4-Korridor in Großbritannien, Großraum München) und
- Regionen der standardisierten industriellen Massenproduktion auf der Basis der vorhandenen billigen Arbeitskräfte.

Den „global cities" oder Weltstädten kommt dabei eine strategische Rolle zu. Sie haben vor allem vier wesentliche Funktionen (vgl. SASSEN 1991, S. 4), die zusammenfassend als „global control capability" bezeichnet werden können:
- Sie fungieren als Steuerungszentralen der Weltwirtschaft, indem sie Standorte von Hauptsitzen transnationaler Unternehmen sind.
- Sie sind Hauptstandorte für Finanzdienste und spezialisierte unternehmensorientierte Dienstleistungen, die an diesen Standorten den weitaus bedeutendsten Wirtschaftsbereich bilden.
- Sie sind ebenfalls bedeutende Produktionsstandorte sowie Standorte, an denen die Innovationen der führenden Industrien hervorgebracht werden.
- Sie stellen darüber hinaus bedeutende Märkte und Kristallisationspunkte für Innovationsprozesse dar.

Die Konzentration dieser „global control capability" (SASSEN 1990, S. 289) ist auf das Zusammenwirken der oben dargestellten miteinander verflochtenen, jeweils ambivalenten Entwicklungen bei Produktion, Technikentwicklung und rechtlichen Rahmenbedingungen zurückzuführen. Ambivalenz bedeutet in diesem Zusammenhang, daß durch die zunehmende informationstechnische Vernetzung sowohl räumlich dezentrale als auch organisatorisch konzentrierte Strukturen ermöglicht werden. Einer wachsenden Dispersion von vernetzten Standorten steht also eine stärker zentralisierte Kontrolle gegenüber. Aufgrund vielfältiger Verflechtungen neigen diese Kontrollinstanzen zur räumlichen Konzentration an wenigen Standorten. Diese Interdependenzen sind vor allem in den Bereichen Forschung und Entwicklung, Finanzierung und Nachfrage nach spezialisierten produktionsorientierten Diensten zu sehen. Im Hinblick auf die sozioökonomische Gesamtstruktur hat die Herausbildung von „global cities" häufig polarisierende Wirkungen. Bezogen auf die gängigen wirtschaftsstatistischen Gliederungen heißt dies, daß die Metropolregionen u. a. durch ein starkes Wachstum im Dienstleistungsbereich und hier vor allem bei den unternehmensbezogenen Diensten zu charakterisieren sind. Innerhalb des produzierenden Bereichs sind Beschäftigungsverlagerungen weg von der eigentlichen Produktion hin zu den strategischen Funktionen wie Management, Forschung und Entwicklung und Vertrieb zu verzeichnen.

Das Rhein-Main-Gebiet bzw. die Stadt Frankfurt wird in den vorliegenden Klassifikationen in der Regel als „Weltstadt" zweiter Ordnung eingestuft. Es wird im folgenden dargestellt, daß die Region zwar zu den dynamischen Metropolen, die die Steuerungszentralen der Wirtschaft bilden, zählt, daß sich dies jedoch nur auf einige Teilbereiche der obengenannten „global control capability", vor allem auf den Finanzbereich bezieht.

6.4 Aktuelle Charakterisierung der Region

Vor dem Hintergrund der geschilderten spezifischen historischen Ausgangssituation und des allgemeinen Trends der Differenzierung regionaler Entwicklungen aufgrund weltwirtschaftlicher Strukturveränderungen wird im folgenden die heutige Struktur der Region Rhein – Main vorgestellt.

Die in den Abbildungen 6.1 und 6.2 dargestellte Region hatte 1994 rund 4,7 Mio. Einwohner, mit einem Zuwachs seit 1987 um rund 8,3 % (Tab. 6.1). Dieses Wachstum beruht auf der Zuwanderung; der Saldo der natürlichen Bevölkerungsentwicklung ist negativ. Die Attraktivität als Ziel von Zuwanderungen ist ein erstes Indiz für die regionale Dynamik.

Abbildung 6.1 belegt diese Dynamik im Hinblick auf die Beschäftigtenentwicklung von 1980 bis 1994. Während in diesem Zeitraum in den alten Ländern der Bundesrepublik Deutschland die Beschäftigtenzahl um 8,6 % gestiegen ist, hat die Region Rhein – Main ein Beschäftigtenwachstum sozialversicherungspflichtiger Arbeitnehmer von rund 13 % auf 1,48 Mio. zu verzeichnen. Allerdings verlief diese Entwicklung regional äußerst unterschiedlich. Auffallend ist, daß die hessischen kreisfreien Städte sehr niedrige Wachstumsraten aufweisen; in Offenbach hat sich die Beschäftigtenzahl sogar deutlich verringert. Die außerhessischen Städte Mainz, Aschaffenburg

Verwaltungseinheit	Bevölkerung 1994	Anteil an Rhein – Main [%]	Beschäftigte 1994	Anteil an Rhein – Main [%]	Veränderung 1980 – 1990 [%]
1	2	3	4	5	6
Kreisfreie Städte:					
Aschaffenburg	66 028	1,39	39 202	2,19	9,5
Darmstadt	139 063	2,92	93 048	5,21	6,8
Frankfurt	652 412	13,69	473 980	26,52	3,1
Mainz	184 627	3,87	95 953	5,37	13,3
Offenbach	116 482	2,44	48 445	2,71	−8,1
Wiesbaden	266 081	5,58	120 129	6,72	6,7
Worms	79 521	1,67	27 672	1,55	6,3
Kreise:					
Alzey-Worms	115 352	2,42	18 224	1,02	26,0
Aschaffenburg	168 912	3,54	42 629	2,39	13,9
Bergstraße	258 329	5,42	63 307	3,54	21,4
Darmstadt-Dieburg	276 574	5,80	59 125	3,31	19,3
Groß-Gerau	242 832	5,10	88 780	4,97	1,2
Hochtaunus	219 517	4,61	69 588	3,89	25,8
Limburg-Weilburg	168 796	3,54	44 728	2,50	19,3
Main-Kinzig	398 288	8,36	114 094	6,38	7,0
Main-Taunus	212 326	4,46	68 960	3,86	31,4
Mainz-Bingen	185 844	3,90	37 893	2,12	8,3
Miltenberg	126 872	2,66	38 027	2,13	10,7
Odenwald	97 755	2,05	26 199	1,47	7,7
Offenbach	327 029	6,86	104 013	5,82	15,4
Rheingau-Taunus	181 416	3,81	42 209	2,36	15,9
Wetterau	281 852	5,91	71 126	3,98	22,2
Summe	4 765 908	100,0	1 787 331	100,0	12,9

Tab. 6.1: Indikatoren zur Charakterisierung der Kreise und kreisfreien Städte der Region Rhein – Main 1994

und Worms liegen dagegen deutlich über oder nur knapp unter dem Durchschnitt der regionalen Entwicklung. Innerhalb der Kreise sind erhebliche Unterschiede zwischen den einzelnen Gemeinden festzustellen. Die Spannweite reicht dabei von −58% bis +280%. Im Kreisdurchschnitt sind die westlich und nördlich von Frankfurt gelegenen Kreise Main-Taunus (+31,4%), Hochtaunus (+25,8%) und Wetterau (+22,2%) am dynamischsten. Ähnliche Wachstumsraten weisen noch die Kreise Alzey-Worms (+24,3%) und Bergstraße (+21,4%) auf. Bei diesen beiden Kreisen ist jedoch zu bedenken, daß die absolute Zahl der Beschäftigten gering ist. Sie profitieren nicht nur von der Entwicklung des Rhein-Main-Gebietes, sondern erhalten ebenfalls Entwicklungsimpulse aus dem Rhein-Neckar-Raum. Eine deutlich unterdurchschnittli-

Verwaltungseinheit	Anteil der Dienstleistungen 1994 [%]	BWS zu Marktpreisen 1990 [Mio DM]	Veränderung 1980 – 1990 [%]	Anteil der Dienstleistungen 1990 [%]	Veränderung 1980 – 1990 [%]
1	7	8	9	10	11
Kreisfreie Städte:					
Aschaffenburg	59,0	3 539	89,3	48,2	99,1
Darmstadt	65,3	9 612	61,9	42,6	76,8
Frankfurt	75,5	71 222	88,1	71,3	110,2
Mainz	75,8	11 704	52,6	51,0	63,8
Offenbach	61,2	6 368	80,6	51,2	125,9
Wiesbaden	74,9	14 474	72,9	60,7	102,4
Worms	55,1	2 642	63,2	34,2	67,5
Kreise:					
Alzey-Worms	61,5	1 796	71,1	55,0	88,7
Aschaffenburg	38,8	4 551	89,3	40,3	121,5
Bergstraße	54,6	6 385	84,6	51,4	123,4
Darmstadt-Dieburg	49,8	6 667	97,4	56,4	150,9
Groß-Gerau	47,2	10 241	62,8	44,2	170,3
Hochtaunus	68,4	9 976	143,4	67,4	204,2
Limburg-Weilburg	57,6	3 983	72,9	52,2	101,4
Main-Kinzig	51,0	12 791	88,1	51,7	140,9
Main-Taunus	70,0	8 204	94,6	68,2	117,3
Mainz-Bingen	53,4	4 185	41,8	44,2	69,5
Miltenberg	33,4	3 463	91,4	33,8	126,2
Odenwald	38,8	2 701	94,3	45,3	150,8
Offenbach	53,9	11 378	83,8	56,8	99,9
Rheingau-Taunus	56,4	4 154	68,5	49,4	110,1
Wetterau	58,4	6 554	72,3	53,5	100,9
Summe	63,1	216 590	80,1	58,7	112,3

Quellen: Statistische Landesämter von Hessen, Bayern und Rheinland-Pfalz, verschiedene Veröffentlichungen; eigene Berechnungen

che Entwicklung ist in den Kreisen Groß-Gerau, Mainz-Bingen, Main-Kinzig und Odenwald zu verzeichnen. Alle diese Kreise weisen traditionell einen starken Industriebesatz auf; aus dem schwachen Wachstum lassen sich somit bereits Hinweise auf Strukturveränderungen ableiten.

Abb. 6.1: Beschäftigtenentwicklung in den Kreisen und kreisfreien Städten des Rhein-Main-Gebietes 1980 – 1994 (s. nächste Seite)
Abb. 6.2: Anteil der Beschäftigten im Dienstleistungsbereich in den Gemeinden des Rhein-Main-Gebietes 1994 (s. übernächste Seite)

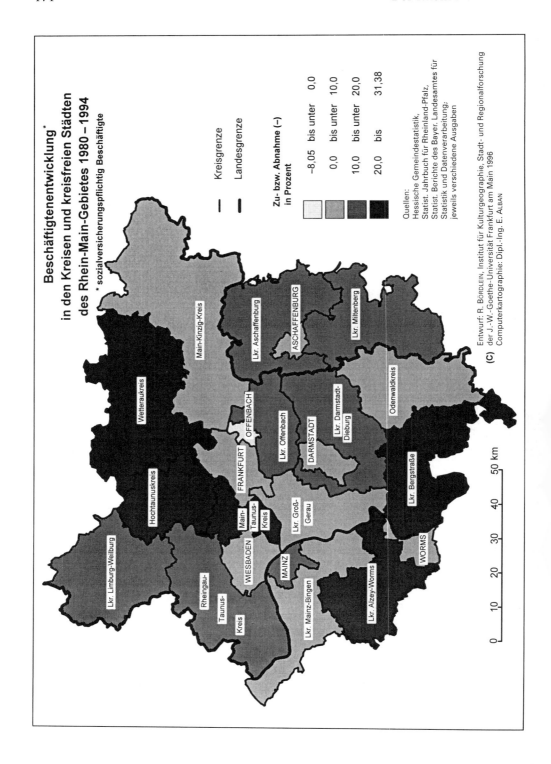

Beschäftigtenentwicklung[*]
in den Kreisen und kreisfreien Städten
des Rhein-Main-Gebietes 1980 – 1994

[*] sozialversicherungspflichtig Beschäftigte

Kreisgrenze

Landesgrenze

Zu- bzw. Abnahme (–)
in Prozent

−8,05 bis unter   0,0

   0,0 bis unter   10,0

 10,0 bis unter   20,0

 20,0 bis   31,38

Quellen:
Hessische Gemeindestatistik,
Statist. Jahrbuch für Rheinland-Pfalz,
Statist. Berichte des Bayer. Landesamtes für
Statistik und Datenverarbeitung;
jeweils verschiedene Ausgaben

(C) Entwurf: R. BÖRDLEIN, Institut für Kulturgeographie, Stadt- und Regionalforschung
der J.-W.-Goethe-Universität Frankfurt am Main 1996
Computerkartographie: Dipl.-Ing. E. ALBAN

Wetteraukreis

Main-Kinzig-Kreis

Lkr. Aschaffenburg

ASCHAFFENBURG

Lkr. Miltenberg

OFFENBACH

Lkr. Offenbach

FRANKFURT

DARMSTADT

Lkr. Darmstadt-
Dieburg

Odenwaldkreis

Hochtaunuskreis

Main-
Taunus-
Kreis

Lkr. Groß-
Gerau

Lkr. Bergstraße

Lkr. Limburg-Weilburg

Rheingau-
Taunus-
Kreis

WIESBADEN

MAINZ

Lkr. Mainz-Bingen

Lkr. Alzey-Worms

WORMS

0   10   20   30   40   50 km

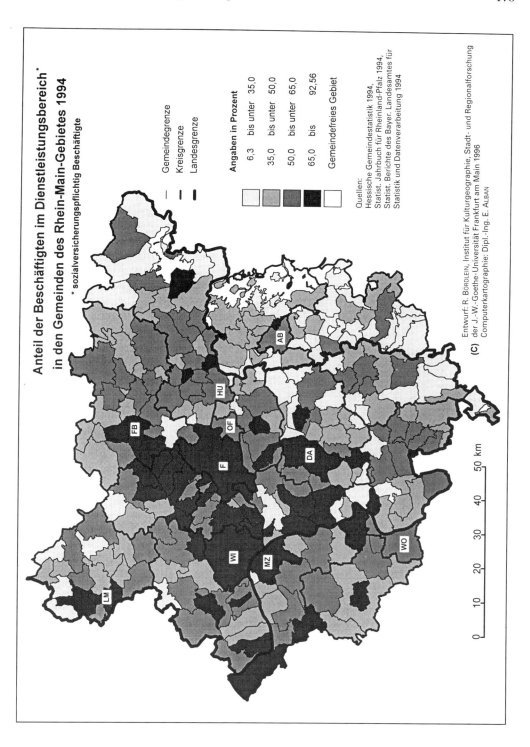

Anteil der Beschäftigten im Dienstleistungsbereich* in den Gemeinden des Rhein-Main-Gebietes 1994

* sozialversicherungspflichtig Beschäftigte

Gemeindegrenze
Kreisgrenze
Landesgrenze

Angaben in Prozent

6,3   bis unter   35,0
35,0   bis unter   50,0
50,0   bis unter   65,0
65,0   bis   92,56

Gemeindefreies Gebiet

Quellen:
Hessische Gemeindestatistik 1994,
Statist. Jahrbuch für Rheinland-Pfalz 1994,
Statist. Berichte des Bayer. Landesamtes für
Statistik und Datenverarbeitung 1994

(C) Entwurf: f. R. BORDLEIN, Institut für Kulturgeographie, Stadt- und Regionalforschung
der J.-W.-Goethe-Universität Frankfurt am Main 1996
Computerkartographie: Dipl.-Ing. E. ALBAN

Abbildung 6.2 zeigt die Dienstleistungsorientierung der Region. Dargestellt ist der Anteil der sozialversicherungspflichtig Beschäftigten, die in den Bereichen Handel, Verkehr, Kredit- und Versicherungswesen und sonstige Dienstleistungen tätig sind. Bekanntlich werden hierdurch nicht alle Dienstleistungstätigen erfaßt, zum einen, weil Beamte und Selbständige in der Statistik der Bundesanstalt für Arbeit nicht enthalten sind, zum anderen aber auch, weil der Zuordnung die Haupttätigkeit des Unternehmens zugrunde liegt. Der steigende Anteil von Dienstleistungstätigkeiten in Unternehmen des Produzierenden Gewerbes (Verwaltung, Marketing, Vertrieb, Forschung und Entwicklung) bleibt dadurch unberücksichtigt. Es kann daher davon ausgegangen werden, daß die tatsächliche Bedeutung der Dienstleistungen höher ist als in der Statistik ausgewiesen. Unter Berücksichtigung dieser Einschränkungen zeigt sich, daß in der Region Rhein – Main 1994 rund 63% aller sozialversicherungspflichtig Beschäftigten in Dienstleistungsunternehmen tätig waren. Im Bundesdurchschnitt lag der Anteil bei rund 47%.

Innerhalb der Region differieren die Anteile erheblich. Den höchsten Dienstleistungsbesatz erreicht mit 75,8% die rheinland-pfälzische Landeshauptstadt Mainz, dicht gefolgt von Frankfurt (75,5%), der hessischen Landeshauptstadt Wiesbaden (74,9%) und dem Main-Taunus-Kreis mit 70%. Auch in Darmstadt und dem Hochtaunuskreis sind noch rund zwei Drittel der Beschäftigten im Dienstleistungssektor tätig. Von den großen Städten der Region liegen Offenbach, Aschaffenburg und Worms unter dem regionalen Durchschnitt, bei den Kreisen sind der Odenwaldkreis und die beiden bayerischen Landkreise Aschaffenburg und Miltenberg die Schlußlichter. Hier liegen die Werte jeweils unter 40% (Tab. 6.1).

Insgesamt läßt sich ein Ost-West-Gefälle innerhalb der Region feststellen, d.h., die Gemeinden im Osten weisen tendenziell niedrigere Tertiärisierungsgrade auf. Besonders hohe Werte sind im nördlichen und westlichen Umland von Frankfurt zu verzeichnen. Innerhalb der Kreise liegen die Werte z.T. weit auseinander. Gerade bei kleineren Gemeinden machen sich spezifische lokale Gegebenheiten (Ansiedlung einzelner Großbetriebe, engagierte Kommunalpolitiker) in besonderem Maße bemerkbar.

Die Zusammenfassung der obengenannten verschiedenen Wirtschaftsbereiche zu einem einheitlichen Dienstleistungssektor verdeckt auch deutliche Unterschiede zwischen den Gemeinden hinsichtlich der Struktur der dort erbrachten Dienste. Der regionale Durchschnittswert von 63% setzt sich aus 38% im Bereich Verkehr, Kredit- und Versicherungswesen, sonstige Dienstleistungen, 16% im Handel sowie 9% in den übrigen Bereichen zusammen. In zahlreichen Gemeinden sind diese Verhältnisse deutlich zugunsten des Handels verschoben (vor allem in verschiedenen Gemeinden des Main-Taunus-Kreises und des Kreises Offenbach). Einige Gemeinden der Kreise Groß-Gerau und Hochtaunus hingegen weisen deutlich höhere Anteile im Bereich „Verkehr ..." auf. Während dies im südmainischen Kreis Groß-Gerau überwiegend auf eine Konzentration von Verkehrsdiensten (Speditionen, Paketdienste) zurückzuführen ist, zeigt die Betrachtung für den Hochtaunuskreis eine stärkere Ausrichtung auf die sonstigen Dienstleistungen.

Betrachtet man als weiteren Indikator für die Wirtschaftskraft der Region die Entwicklung der Bruttowertschöpfung, so läßt sich zunächst festhalten, daß im Durchschnitt der Region im Jahre 1990 die Bruttowertschöpfung pro Beschäftigten mit 99 816 DM um 31 % über dem bundesdurchschnittlichen Wert von 75 824 DM lag. Von den 22 betrachteten Städten und Landkreisen lagen sechs Einheiten unter dem Bundesdurchschnitt, alle anderen erwirtschafteten z. T. deutlich höhere Werte. Spitzenreiter ist hier der Hochtaunuskreis, wo mit 131 240 DM pro Beschäftigten der Bundeswert um 73 % übertroffen wird. Es folgen die Städte Frankfurt, Offenbach und Mainz sowie der Main-Taunus-Kreis.

Gegenüber 1980 hat sich die Bruttowertschöpfung zu Marktpreisen insgesamt um 80 % erhöht, auch hier mit deutlichen innerregionalen Unterschieden (Tab. 6.1).

Der Dienstleistungsanteil an der Wertschöpfung lag 1990 mit 58,7 % rund vier Prozentpunkte unter dem Beschäftigtenanteil, d. h., die durchschnittliche Wertschöpfung pro Beschäftigten im Dienstleistungssektor ist niedriger als im Produzierenden Gewerbe. Den höchsten Anteil an der Bruttowertschöpfung erreichen die Dienste im Frankfurt (71,3 %), gefolgt vom Main-Taunus-Kreis (68,2 %) und Hochtaunuskreis (67,4 %). Die Entwicklung der Dienstleistungswertschöpfung ist im betrachteten Jahrzehnt deutlich dynamischer verlaufen als die der Gesamtwertschöpfung, auch dies ist ein Hinweis auf den Strukturwandel in der Region.

Die Abbildungen 6.1 und 6.2 und die Tabelle 6.1 vermitteln somit einen ersten Überblick über Struktur, innere Differenzierung und Dynamik der regionalen Wirtschaft, die im folgenden anhand ausgewählter Themenbereiche ausführlicher dargestellt wird.

6.5 Regionale Differenzierung der Arbeitsplatzentwicklung im sekundären Sektor

Wie hinlänglich bekannt ist, nimmt seit etwa 1980 aufgrund verstärkter Rationalisierung und Automatisierung sowie einer erheblich ausgeweiteten Verlagerung von Teilen der Produktion ins Ausland die Zahl der in der Industrie Tätigen ständig ab (vgl. z. B. FRÖBEL, HEINRICHS u. KREYE 1986). So ist es auch nicht verwunderlich, daß die Zahl der industriellen Arbeitsplätze im Rhein-Main-Gebiet von 1980 bis 1994 stark zurückgeht. Wurden im Jahre 1980 noch 1 047 679 sozialversicherungspflichtig beschäftigte Arbeitnehmer im Verarbeitenden Gewerbe erfaßt (ohne die kreisfreie Stadt Aschaffenburg, die Landkreise Aschaffenburg und Miltenberg in Bayern), so waren es im Jahre 1994 148 225 Arbeitsplätze weniger, was einem Verlust von 14,2 % entspricht.

Wird die Entwicklung der auf die Produktion entfallenden Arbeitsplätze in den verschiedenen Gemeinden des Rhein-Main-Gebietes betrachtet, so lassen sich erhebliche Unterschiede feststellen (Abb. 6.3). Den größten Verlust in der Zahl der Industriebeschäftigten weisen schon erwartungsgemäß die zentralen Städte des Rhein-Main-Gebietes auf: Frankfurt, Offenbach, Wiesbaden und Darmstadt. So wurden z. B. in dem betrachteten Zeitraum in Frankfurt 26,9 %, in Offenbach 28,5 %, in Wiesbaden 24,1 % und in Darmstadt 12,0 % der industriellen Arbeitsplätze abgebaut. In der Stadt Mainz dagegen fand ein starker Zuwachs statt, und zwar um 73,1 % bzw. 22 780 Arbeitsplätze, die in dem betrachteten Zeitraum in der Produktion neu geschaffen wurden.

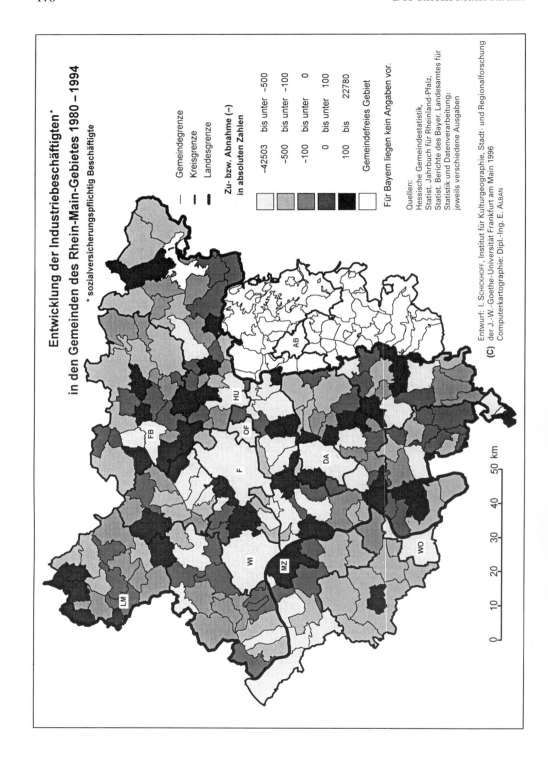

Entwicklung der Industriebeschäftigten*
in den Gemeinden des Rhein-Main-Gebietes 1980–1994
* sozialversicherungspflichtig Beschäftigte

Gemeindegrenze
Kreisgrenze
Landesgrenze

Zu- bzw. Abnahme (–)
in absoluten Zahlen

–42503   bis unter   –500
  –500   bis unter   –100
  –100   bis unter   0
     0   bis unter   100
   100   bis   22780

Gemeindefreies Gebiet

Für Bayern liegen kein Angaben vor.

Quellen:
Hessische Gemeindestatistik,
Statist. Jahrbuch für Rheinland-Pfalz,
Statist. Berichte des Bayer. Landesamtes für
Statistik und Datenverarbeitung;
jeweils verschiedene Ausgaben

Entwurf: I. SCHICKHOFF, Institut für Kulturgeographie, Stadt- und Regionalforschung
(C) der J.-W.-Goethe-Universität Frankfurt am Main 1996
Computerkartographie: Dipl.-Ing. E. ALBAN

0   10   20   30   40   50 km

Tab. 6.2:
Technikfelder des High-
Tech-Verzeichnisses
Quelle: KOSCHATZKY u. a.
(1993a, S. 6)

Lfd. Nr.	Technikfeld
1	Biotechnologie/Pharmazie
2	Fortgeschrittene Chemie
3	Energietechnik
4	Informations- und Kommunikationstechnik, Konsumelektronik und Medientechnik
5	Luft- und Raumfahrttechnik
6	Medizintechnik
7	Mikroelektronik und Optoelektronik
8	Neue Werkstoffe
9	Produktions- und Verfahrenstechnik, Robotik, C-integrierte Techniken
10	Sensorik, Meß-, Regel- und Analysetechnik
11	Umwelttechnik
12	Verkehrs- und Transporttechniken

Im Unterschied zu den Kernstädten des Rhein-Main-Gebietes mit Ausnahme von Mainz ist der Beschäftigungseinbruch sowohl in den ballungsnahen als auch in den ländlichen Regionen bei weitem nicht so einschneidend. Dieses Ergebnis steht auch im Einklang mit anderen Untersuchungen (vgl. z.B. BLOTEVOGEL, DOHMS, GRAEF u. SCHICKHOFF 1990). Die größten Verluste treten im stark industrialisierten Landkreis Groß-Gerau auf (z.B. bei der Adam Opel AG), und zwar sowohl in absoluten wie relativen Zahlen. In diesem Landkreis wurden mehr als ein Viertel (– 26,6%) aller industriellen Arbeitsplätze abgebaut, das entspricht 16 866 Arbeitsplätzen. Im ebenfalls stark industrialisierten Landkreis Offenbach gingen dagegen nur 10,6% aller Arbeitsplätze in der Industrie verloren.

Wird nun die Veränderung in der Beschäftigtenzahl auf Gemeindebasis betrachtet (Abb. 6.3), so zeigt sich, daß in vielen Gemeinden im ländlich geprägten Raum neue Arbeitsplätze geschaffen wurden. Besonders erfolgreiche Gemeinden sind die Städte Karben im Wetteraukreis, in der 2 598 neue industrielle Arbeitsplätze entstanden, Weiterstadt im Landkreis Darmstadt-Dieburg mit 2 254 neuen Arbeitsplätzen und Rödermark im Landkreis Offenbach mit 1 084 zusätzlichen Arbeitsplätzen. In diesen drei Gemeinden im ländlichen Raum ist der Zuwachs absolut gesehen am größten. In Karben wurden neue Gewerbegebiete ausgewiesen, und seit 1980 ist die Stadt verstärkt Zielort von verlagerten Fertigungsbetrieben, z.B. von dem Unternehmen VDO der Meß- und Regeltechnik. In der Stadt Rödermark siedelten sich 1991 Telenorma und 1993 die Firma Jado, die Armaturen herstellt, an. Die Gemeinde Weiterstadt war 1990 Zielort für das Backhaus Hess und 1991 für die Firma Riegelhof und Gärtner aus dem Bereich der EBM- und Kunststoffverarbeitung (vgl. FREUND 1995, S. 48). In der Gemeinde Rödermark hat IBM investiert.

Abb. 6.3: Entwicklung der Industriebeschäftigten in den Gemeinden des Rhein-Main-Gebietes 1980 – 1994

Abb. 6.4: High-Tech-Profil der Region Rhein – Main: regionales Potential an High-Tech-Unternehmen
Quelle: KOSCHATZKY u.a. (1993a, S. 16)

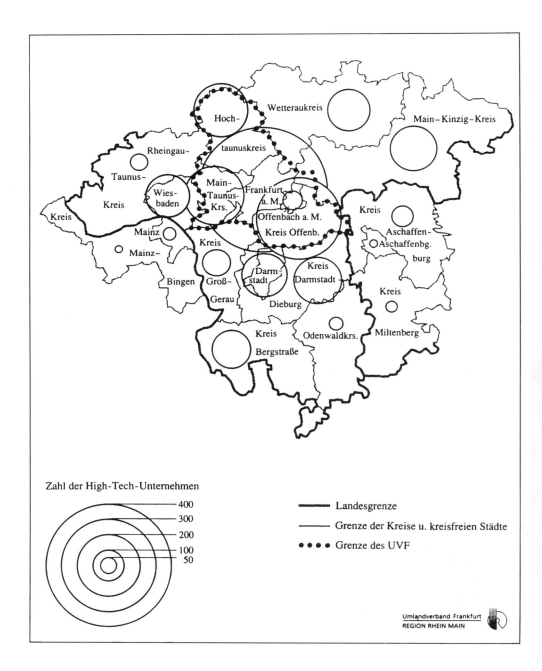

Um einen Einblick in zukunftsweisende Technologien dieser Agglomeration zu geben, wurde 1993 eine Studie erstellt, die das regionale Technologieprofil identifizieren sowie die regionale Verteilung von High-Tech-Unternehmen analysieren sollte (KOSCHATZKY u.a. 1993 a). Aufgrund der in Tabelle 6.2 (s.o.) zusammengestellten Technikfelder wurden im Gesamtgebiet 2 303 High-Tech-Unternehmen gefunden, deren regionale Verteilung sich wie in Abbildung 6.4 ausgewiesen darstellt. Die Autoren dieser Untersuchung kommen zu dem Schluß, daß in den Städten und Gemeinden des Frankfurter Umlandes die High-Tech-Orientierung weit überdurchschnittlich ist. In Darmstadt und seinem Umland existiert ein weiteres wichtiges High-Tech-Subzentrum. Der Beschäftigtenanteil der High-Tech-Unternehmen in der Region Rhein – Main liegt, bezogen auf die relevanten Wirtschaftszweige, in der Größenordnung von etwa 15 %. Wenn auch das Potential des Rhein-Main-Gebietes in diesem bedeutenden Techniksegment deutlich geringer ist als das von München und seinem Umland, so kann doch mit der großen Zahl von Unternehmen und der Vielfalt der in der Region angewendeten und entwickelten Technologien das High-Tech-Potential als beachtenswert angesehen werden, auch im Vergleich zu anderen europäischen Technologieregionen.

6.6 Frankfurt: Kernstadt der Region – Finanzzentrum Deutschlands

Die Zuordnung des Rhein-Main-Gebiets zu den weltweit bedeutenden Steuerungszentralen gründet sich in starkem Maße auf die Funktion Frankfurts als international bedeutendes Finanzzentrum Deutschlands. Diese Rolle hat die Stadt nach dem zweiten Weltkrieg von Berlin übernommen und stetig weiter ausgebaut (vgl. BÖRDLEIN 1995).

6.6.1 Historische Entwicklung

Frankfurt war vom ausgehenden Mittelalter bis in das 19. Jh. schon einmal einer der bedeutendsten Standorte für das Finanzwesen (Banken, Börse) in Deutschland gewesen. Grundlage dieser Entwicklung bildeten die Messen, die ab dem 14. Jh. zweimal jährlich in der Freien Reichsstadt abgehalten wurden. Nachdem die Finanzierung der dort getätigten Geschäfte zunächst durch die Handelshäuser selbst durchgeführt worden war, bildeten sich ab dem 16., verstärkt im 17. und 18. Jh. eigenständige Institutionen des Finanzwesens aus (Börse ab 1585, Bankhaus B. Metzler ab 1674, Heinrich Gontard ab 1726, Georg Hauck ab 1753, Gebrüder Bethmann ab 1748).

Nach einem Höhepunkt an der Wende vom 18. zum 19. Jh. verlor der Finanzplatz Frankfurt stetig an Bedeutung, vor allem wegen der Skepsis des alteingesessenen Bürgertums gegenüber der neuen Entwicklung. So wurde einerseits die Industrialisierung innerhalb der Stadt erst spät möglich, andererseits entsprach der für Frankfurt bestimmende Typus des Privatbankiers immer weniger den Anforderungen der Industriefinanzierung. Die ersten Aktienbanken entstanden andernorts. So wurde in der Region 1852 die erste Aktienbank „Bank für Handel und Industrie", später Darmstädter Bank, in Darmstadt gegründet.

Die mit der Reichsgründung 1871 verbundene Konzentration von Steuerungsfunktionen nationaler Bedeutung in Berlin verstärkte diesen Bedeutungsverlust weiter. Erst die politischen Verhältnisse und Entscheidungen nach dem zweiten Weltkrieg veränderten diese Situation. Bereits erwähnt wurde die Einrichtung des bi-, später trizonalen Wirtschaftsrates 1947 sowie der Bank deutscher Länder 1948 in Frankfurt. Auch nach der Gründung der Bundesrepublik Deutschland 1949 wurde der Standort der Zentralbank (ab 1957 Deutsche Bundesbank) fern des Regierungssitzes beibehalten.

Der Bedeutung Frankfurts als Sitz der Zentralbank trugen auch die Großbanken Rechnung. Direkt nach dem Krieg wurden durch die Besatzungsmächte neben großen Industrieunternehmen (z.B. IG Farben) auch die drei Großbanken (Deutsche Bank, Dresdner Bank, Commerzbank) in eine Vielzahl kleiner Einheiten zerlegt, da dem zentralisierten deutschen Bankenwesen und den unter Staatseinfluß stehenden Konzernen große Bedeutung für die Vorbereitung, Finanzierung und Führung des Krieges zugeschrieben wurde. Die drei Großen des deutschen Bankwesens konnten im Zuge der wirtschaftlichen Entwicklung und der politischen Westintegration der Bundesrepublik Deutschland in den 50er Jahren ihre alten Strukturen weitgehend wieder herstellen. Die Hauptsitze wurden – de facto, wenn auch nicht immer de jure – nach Frankfurt verlegt. In der Folgezeit siedelten sich zahlreiche weitere Kreditinstitute am Main an, so u.a. die Spitzeninstitute des genossenschaftlichen Bankenwesens und des Sparkassensektors oder auch die lange Zeit in Gewerkschaftsbesitz befindliche Bank für Gemeinwirtschaft. Dies führte auch dazu, daß die Frankfurter Börse sich seit den 60er Jahren zum führenden Börsenplatz der Bundesrepublik Deutschland entwickelte.

6.6.2 Aktuelle Charakteristika des Finanzsektors in Frankfurt am Main

Wie sieht nun die Entwicklung des Finanzsektors in Frankfurt in den letzten Jahrzehnten konkret aus?

Dazu wird zunächst die Entwicklung der Zahl der Kreditinstitute sowie deren Struktur betrachtet (Tab. 6.3). Die Gesamtzahl der Kreditinstitute hat sich in den letzten Jahren ständig erhöht und liegt heute bei rund 420. Im Laufe der Zeit haben sich deutliche Strukturveränderungen ergeben, die auf die wachsende Bedeutung Frankfurts als Finanzzentrum internationalen Ranges hinweisen. Die Zahl der Hauptsitze deutscher Institute (Kapitalmehrheit bei Inländern) ist über die Jahrzehnte nahezu konstant geblieben, d.h., der Zuwachs ist auf die Niederlassung weiterer inländischer Banken sowie in jüngerer Zeit vor allem auf den Zuzug ausländischer Institute zurückzuführen. Hatten noch 1970 zwei Drittel aller Banken mehrheitlich inländische Kapitaleigner, hat sich dieses Verhältnis heute umgekehrt.

Die ausländischen Banken lassen sich noch hinsichtlich ihrer Rechtsform unterscheiden, wodurch gleichzeitig ein Hinweis auf die Möglichkeiten, Bankgeschäfte zu tätigen, gegeben wird. Die größte Gruppe, die Repräsentanzen, gelten danach nicht als Kreditinstitute im rechtlichen Sinne. Bankgeschäfte, wie sie in § 1 des Gesetzes über das Kreditwesen definiert sind, können nicht durchgeführt werden. Die Tätigkeit der Repräsentanzen umfaßt vor allem die Kontaktaufnahme und -pflege,

Art der Kreditinstitute	Zahl der Kreditinstitute in Frankfurt					
	1953	1960	1970	1982	1994	
					absolut	[%]
1	2	3	4	5	6	7
Hauptsitze deutscher Institute	69	90	73	74	67	15,9
Niederlassungen deutscher Institute	11	21	35	56	75	17,9
Auslandsbanken[1]	–	3	8	39	108	25,7
Filialen ausländischer Banken[2]	3	9	13	46	52	12,4
Repräsentanzen ausländischer Banken	–	13	14	90	118	28,1
Nicht zuzuordnen	2	2	14	2	–	–
Summe	85	138	157	307	420	100,0

[1] Kreditinstitute im Mehrheitsbesitz ausländischer Banken; deutsche Rechtsform   [2] ausländische Rechtsform

Tab. 6.3: Entwicklung der Zahl der Kreditinstitute in Frankfurt am Main
Quellen: Bördlein (1993), IHK-Mitteilungen Nr. 2/1995

daher handelt es sich in der Regel um Betriebe mit wenigen Mitarbeitern. Niederlassungen ausländischer Banken sind organisatorisch Bestandteile der Mutterbank, können aber auch Bankgeschäfte abwickeln. Die intensivste Form des Engagements stellt die Gründung einer Tochtergesellschaft nach deutschem Recht dar. Zunehmend wird auch die Kapitalmehrheit deutscher Institute durch Ausländer übernommen. Dies hat für die übernehmende Bank den Vorteil, daß es sich um bereits eingeführte Institute mit gewachsenen Kundenbeziehungen handelt.

Tabelle 6.3 zeigt, daß sich der Trend zu einem dauerhaften Engagement am deutschen Markt vor allem im letzten Jahrzehnt deutlich verstärkt hat. Heute bilden die Auslandsbanken nach den Repräsentanzen die größte Gruppe der Kreditinstitute am Standort Frankfurt. Ihr Anteil am Geschäftsvolumen[6] liegt mit rund 14% im Jahre 1994 zwar noch deutlich unter diesem Wert, jedoch zeigen sich steigende Tendenzen.

Eine andere Meßgröße für die Dynamik des Finanzsektors in Frankfurt sind die Beschäftigtenzahlen (Tab. 6.4).[7] Für 1994 weist die BfA-Statistik rund 68 000 sozialversicherungspflichtig Beschäftigte bei Banken und Versicherungen aus. Mit einem Anteil von knapp 14% aller Beschäftigten rangiert Frankfurt deutlich vor anderen westdeutschen Städten über 500 000 Einwohner, die Werte in dieser Wirtschaftsabteilung zwischen 2,3% (Duisburg) und 9,2% (München) erreichen. Im Bundesdurchschnitt beträgt der Anteil 3,8%.

---

[6] Definiert als Bilanzsumme (Summe aus Aktiva und Passiva) zuzüglich der „unter dem Bilanzstrich" angegebenen Eventualverbindlichkeiten und Ausgliederungspositionen.

[7] Da die veröffentlichte BfA-Statistik keine Untergliederung zwischen Banken und Versicherungen ermöglicht, sind auch für die Arbeitsstättenzählung die Gesamtwerte für die Wirtschaftsabteilung 6 ausgewiesen. 1987 waren davon 76,5% bei Banken, 16,7% bei Versicherungen und der Rest bei anderen Unternehmen beschäftigt.

Jahr	Alle Wirtschaftsabteilungen			Kreditinstitute und Versicherungen				
	Arbeits-stätten insgesamt	Beschäf-tigte insgesamt	Besch.-entwickl.[2] [%]	Arbeits-stätten insgesamt	in % aller Arbeits-stätten	Beschäf-tigte insgesamt	in % aller Arbeits-stätten	Besch.-entwickl.[2] [%]
1	2	3	4	5	6	7	8	9
1950	34 325	296 403	–	220	0,6	8 222	2,8	–
1961	40 355	486 496	5,8	1 071	2,6	26 193	5,4	19,8
1970	35 595	538 473	1,1	1 359	3,8	40 261	7,5	6,0
1977	32 598	505 785	–0,9	1 536	4,7	42 776	8,4	0,9
1987	35 457	558 852	1,0	1 608	4,5	53 174	9,5	2,4
1988[3]	–	463 454	–	–	–	57 614	12,4	–
1994	–	473 980	0,4	–	–	68 202	14,4	3,1

[1] jeweiliger Gebietsstand, d.h. einschließlich 1970 ohne Harheim, Nieder-Eschbach, Nieder-Erlenbach und Bergen-Enkheim   [2] durchschnittliche jährliche Veränderung seit der vorangegangenen Erhebung   [3] 1987 und 1994: sozialversicherungspflichtig beschäftigte Arbeitnehmer aus der Statistik der Bundesanstalt für Arbeit

Tab. 6.4: Beschäftigtenentwicklung in der Stadt Frankfurt am Main[1] 1950 bis 1987/1994
Quellen: Amt für Statistik, Wahlen und Einwohnerwesen [Hrsg.]: Ergebnisse der Arbeitsstättenzählungen, verschiedene Jahrgänge; Statistisches Jahrbuch Frankfurt am Main 1995

Tabelle 6.4 belegt auch, daß der Finanzbereich ein überdurchschnittlich dynamischer Sektor der Frankfurter Wirtschaft war und ist. Dies zeigt sich einmal an der Erhöhung des Anteils an den Gesamtbeschäftigten. Auch die durchschnittliche jährliche Wachstumsrate im Finanzsektor liegt in allen Zeiträumen deutlich über der Entwicklung aller Wirtschaftsabteilungen.

In bezug auf die räumliche Verteilung der Banken ist eine starke Konzentration festzustellen. Dies ist für viele bedeutende Finanzzentren charakteristisch, wie Studien zu Amsterdam (TER HART u. PIERSMA 1990), London (DANIELS 1986, GAEBE 1989) und New York (DANIELS 1986) belegen. Als Grund hierfür wird die Nähe zu wichtigen Institutionen der Finanzmärkte (Börsen; in Deutschland Landeszentralbanken), zu anderen Kreditinstituten sowie spezialisierten Dienstleistungen genannt. Die Substituierbarkeit von persönlichen Kontakten durch technische Kommunikationsmittel wird als begrenzt angesehen. Ein weiterer Faktor liegt in der Bedeutung von Standortimages, d.h., der Stellenwert eines Unternehmens läßt sich auch daran erkennen, wo der Standort gewählt wird und wie das Gebäude gestaltet ist. So spielen bei dem Bestreben der Banken, das jeweils höchste Haus am Platz aufweisen zu können, Fragen der Wirtschaftlichkeit des Hochhausbaus eine nachgeordnete Rolle.

Aus der Analyse der Standortentwicklung und -struktur der Banken in Frankfurt von 1953 bis 1988 lassen sich folgende Ergebnisse ableiten (vgl. BÖRDLEIN 1993, S. 117ff.):

Abb. 6.5: Kreditinstitute in den Stadtbezirken von Frankfurt am Main 1995

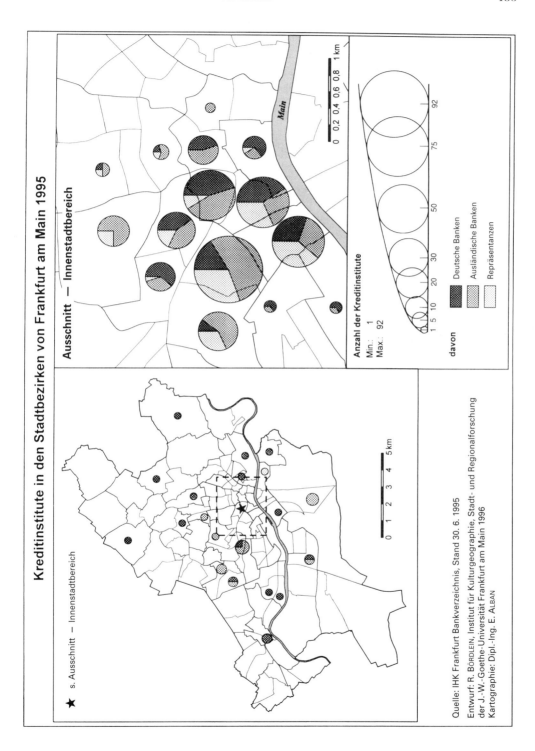

Kreditinstitute in den Stadtbezirken von Frankfurt am Main 1995

★ s. Ausschnitt – Innenstadtbereich

Ausschnitt — Innenstadtbereich

Anzahl der Kreditinstitute

Min.: 1
Max.: 92

davon

Deutsche Banken
Ausländische Banken
Repräsentanzen

Quelle: IHK Frankfurt Bankverzeichnis, Stand 30. 6. 1995

Entwurf: R. Bördlein, Institut für Kulturgeographie, Stadt- und Regionalforschung der J.-W.-Goethe-Universität Frankfurt am Main 1996

Kartographie: Dipl.-Ing. E. Alban

1986	• Reorganisation der Arbeitsgemeinschaft Deutscher Wertpapierbörsen ADW in Frankfurt. Die ADW betreibt im folgenden intensive Interessenvertretung für den Ausbau des Finanzplatzes Deuschland.
1988	• Zusammenfassung der EDV-Aktivitäten für die Börsengeschäfts- und Kassenvereinsabwicklung in der DWZ Deutsche Wertpapierdatenzentrale GmbH in Frankfurt • Gründung der Trägergesellschaft für die Deutsche Terminbörse durch 17 inländische Banken
1989	• Börsengesetznovelle tritt in Kraft. Hierdurch werden die Rahmenbedingungen für die Terminbörse geschaffen. • IBIS, das geplante Integrierte Börsenhandels- und Informations-System geht in Frankfurt zunächst als Informationssystem in Betrieb.
1990	• Zusammenfassung der fünf regionalen Kassenvereine/Wertpapiersammelstellen zur Deutschen Kassenverein AG in Frankfurt • Die Deutsche Terminbörse (DTB) mit Sitz in Frankfurt nimmt den Handel auf. Die Produktpalette wird in der Folgezeit kontinuierlich ausgebaut.
1991	• Reorganisation der Frankfurter Wertpapierbörse: Die Anteile der neugegründeten FWB AG halten zu 79 % Inlandsbanken, 10 % Auslandsbanken, 5 % Kursmakler und 6 % Freimakler. • Abschaffung der Börsenumsatzsteuer • IBIS nimmt an der Frankfurter Börse den Betrieb als vollelektronisches Handelssystem auf und etabliert sich in kurzer Zeit. • Die anderen sieben deutschen Börsen gründen die Deutsche Börsenbeteiligungsgesellschaft mbH.
1992	• Die Börsenaufsicht, die bislang ehrenamtlich durch einen Staatskommissar ausgeübt wurde, wird übergangsweise auf ein hauptamtliches Staatskommissariat mit mehreren Mitarbeitern übertragen. • An der Frankfurter Börse wird das elektronische Auftragsübermittlungssystem BOSS (Börsen-Order-Service-System) installiert.
1993	• Die Deutsche Börse AG, Trägergesellschaft der Frankfurter Wertpapierbörse, des Deutschen Kassenvereins mit den Töchtern Deutscher Auslandskassenverein, Deutsche Wertpapierdatenzentrale (DWZ) und Deutsche Terminbörse, nimmt ihre Tätigkeit auf. • Das erweiterte Staatskommissariat an den Frankfurter Börsen wird formell konstituiert. • BOSS ist an allen deutschen Börsen verfügbar. • Die Staats- und Regierungschefs der Europäischen Gemeinschaft einigen sich auf Frankfurt als Sitz des Europäischen Währungsinstituts (EWI) und der Europäischen Zentralbank (EZB). • Die Deutsche Börse AG beschließt, im Lauf des Jahres 1994 durch Verschmelzung mit der DTB GmbH deren Trägerschaft zu übernehmen. Auch die bisherige Kassenvereinstochter DWZ wird 100%ige Tochter der Deutschen Börse AG.
1994	• Der Rat des EWI trifft sich zur konstituierenden Sitzung in Frankfurt. Der Standort für das EWI wird im Lauf des Jahres 1994 gefunden, und das EWI nimmt nach und nach die Arbeit in Frankfurt auf. • 2. Finanzmarktförderungsgesetz tritt in Kraft (Neuordnung der Börsenaufsicht, Zulassung von Geldmarktfonds).
1995	• Das Bundesaufsichtsamt für den Wertpapierhandel nimmt in Frankfurt die Arbeit auf (vor allem Überwachung der Einhaltung des Insiderhandelsverbots). • Konzept für ein Center for Financial Studies in Frankfurt wird vorgestellt.

- Im Zeitablauf ist ein räumlicher Konzentrationsprozeß zu verzeichnen, der vor allem durch die starke Zunahme der Banken in einem kleinen Teilgebiet der Innenstadt getragen wird. In geringerem Maße wirkt sich die Abnahme von Instituten in den Außenbezirken aus.
- Bei den ausländischen Instituten ist im gesamten Zeitraum eine deutlich stärkere räumliche Konzentration festzustellen als bei den deutschen Banken. Rechnerischer räumlicher Schwerpunkt – sozusagen Orientierungspunkt bei der Standortfindung – ist dabei der Hauptsitz der größten deutschen Geschäftsbank, der Deutschen Bank.
- Innerhalb des Bankenbezirks hat sich in den letzten Jahrzehnten eine Verschiebung des rechnerischen räumlichen Schwerpunkts vom traditionellen Bankenviertel am Westrand der ursprünglichen Frankfurter Innenstadt in Richtung Westen ergeben. Diese gestiegene Bedeutung der Ortsteile Westend und Bahnhofsviertel wird durch die Betrachtung der Beschäftigtenentwicklung und der aktuellen Standortverteilung bestätigt.

Abbildung 6.5 verdeutlicht diese Aussagen anhand der aktuellen Standortstruktur. Die hohe räumliche Konzentration wird zunächst dadurch deutlich, daß der rechts dargestellte Innenstadtausschnitt 92,5 % der Hauptstandorte aller in Frankfurt ansässigen Kreditinstitute erfaßt. Dabei zeigt sich die stärkere Konzentration der ausländischen Institute. So befinden sich 87,8 % der deutschen Banken, dagegen jedoch 97,9 % der Repräsentanzen ausländischer Institute im dargestellen Ausschnitt. Auch die Westverlagerung der Bankaktivitäten innerhalb der Innenstadt ist zu erkennen: Tabelle 6.3 hatte gezeigt, daß im Zeitverlauf zunächst vor allem deutsche und erst ab den 70er Jahren verstärkt ausländische Institute in Frankfurt ansässig waren. Die Differenzierung nach Institutsgruppen weist aus, daß in den westlichen Stadtbezirken tendenziell der Anteil ausländischer Institute höher ist als in den östlichen. Die Westausweitung des Bankenbezirks ist also vor allem auf den Zuzug ausländischer Institute zurückzuführen.

Bedeutende Ausnahmen von dieser Orientierung auf die westliche Innenstadt bilden zum einen die Deutsche Bundesbank, die Anfang der 70er Jahre aus dem Bankenbezirk nach Bockenheim verlagert wurde, sowie die Mehrzahl der Kreditkartenunternehmen. Auch zwei weitere wichtige Institutionen des Finanzplatzes Frankfurt – die Aktien- und Devisenbörse sowie die Deutsche Terminbörse – haben vergleichsweise periphere Standorte. Außerdem ist bei vielen, vor allem größeren Kreditinstituten die Auslagerung von Teilbereichen (z. B. Datenverarbeitung) wegen Platzmangels am Zentralstandort bzw. aufgrund zu hoher Kosten einer Ausweitung in der City erfolgt. Dabei werden überwiegend Standorte in Bürogebieten am Stadtrand gewählt, wobei die Stadtgrenze keine Begrenzung bildet (z. B. Bürostadt Frankfurt-Niederrad, Frankfurt-Rödelheim, Frankfurt-Nieder-Eschbach, Eschborn, Offenbach / Kaiserlei).

Tab. 6.5: Ausbau des Finanzplatzes Deutschland – wesentliche rechtliche, organisatorische und technische Veränderungen 1986 bis 1995

Quellen: BÖRDLEIN (1993); Frankfurter Finanzmarktbericht, verschiedene Ausgaben

Die isolierte Betrachtung zeigt Frankfurt somit als ein dynamisches Finanzzentrum. Auch im internationalen Vergleich ist die Mainmetropole ein bedeutender Finanzplatz. Der Vergleich internationaler Finanzzentren weist jedoch auf eine deutliche Hierarchie hin. Die wichtigsten Standorte sind New York, Tokio und London, durch deren verteilte Lage auf dem Globus alle Zeitzonen abgedeckt werden und somit ein nahezu 24stündiges Finanzmarktgeschäft möglich ist. Gleichzeitig hatte sich zwischen diesen Zentren eine Schwerpunktbildung entwickelt, die jedoch aufgrund der Dollarschwäche etwas in Frage gestellt ist. Danach waren New York das Zentrum der Weltwährung Dollar und der größten kapitalimportierenden Volkswirtschaft, Tokio das Bankenzentrum des weltgrößten Nettokapitalexporteurs Japan und London der bedeutendste Standort der internationalen Fremdwährungsmärkte (vgl. JACOB u. FÖRSTER 1989). Neben diesen drei großen Finanzplätzen haben alle anderen eher nachgeordnete Bedeutung. Dabei herrscht eine starke Konkurrenz zwischen den kontinentaleuropäischen Finanzplätzen (vor allem Paris, Zürich, Amsterdam und Frankfurt) um den nach London führenden Rang in Europa.

Die umfangreichen Bemühungen um eine Reform des Finanzplatzes Deutschland, dessen bedeutendster Standort Frankfurt ist, sind vor diesem Hintergrund zu sehen. Tabelle 6.5 listet wichtige Maßnahmen auf, die von staatlicher Seite sowie von Akteuren der Finanzmärkte ergriffen wurden, um die Attraktivität des Finanzplatzes Deutschland zu steigern. Innerhalb Deutschlands haben diese Maßnahmen letztlich eine Konzentration von entscheidenden Funktionen und Kompetenz in Frankfurt zu Lasten der anderen Börsenplätze in Deutschland bewirkt. Dies hat z.B. zur Folge, daß bestimmte Reformen, wie die Umstrukturierung der bislang in Trägerschaft der IHK befindlichen Börse in die Deutsche Börse AG, bei den Vertretern der anderen Börsenplätze stark umstritten sind.

Allerdings kommen zahlreiche Experten zu dem Schluß, daß die bisherigen Maßnahmen nicht ausreichen und die Wettbewerbsfähigkeit der deutschen Finanzplätze im internationalen Maßstab noch zu wünschen übrig läßt (vgl. z.B. ENGELS u. THIESSEN 1994, FFB 21/1995 oder SMH 1995). Nachdem die Entscheidung der Regierungschefs der Europäischen Union, Frankfurt zum Standort des Europäischen Währungsinstituts (EWI) und später auch der geplanten Europäischen Zentralbank (EZB) zu machen, zunächst als wesentlicher Impuls für die Weiterentwicklung des Finanzplatzes angesehen wurde, hat sich die erste Euphorie gelegt. Ein Grund hierfür ist auch die Tatsache, daß in jüngerer Zeit einige Banken den Bereich Investment Banking, der als besonders bedeutend für die internationale Position eines Instituts angesehen wird, nach London verlagert haben.

Insgesamt werden die Chancen für die weitere Entwicklung des Finanzplatzes Frankfurt zur Zeit eher verhalten beurteilt. Damit sind dann auch eher reduzierte Erwartungen in bezug auf die Expansion damit verbundener hochrangiger Dienste (Unternehmensberatung, Informationsdienste, Analyse-/Research-Kapazitäten) geknüpft.

6.7   Verkehrszentralität als Entwicklungsimpuls – der Flughafen Rhein – Main

Bereits für die frühe Entwicklung von Städten in der Region wurde als wichtiger Faktor die Verkehrsgunst – damals erreicht durch die Lage an Wasserwegen und Handelsstraßen – genannt. Diese verkehrsgünstige Lage hat bis heute zum Wachstum des Rhein-Main-Gebiets beigetragen. So stellt Frankfurt heute einen der bedeutendsten deutschen Autobahnknoten und auch eine wichtige Station im Schnellbahnnetz der Bahn dar. Im nationalen Vergleich herausragende Bedeutung hat aber vor allem der Flughafen Rhein – Main, der daher in seiner Bedeutung für die Region im folgenden dargestellt wird. Dabei werden drei Dimensionen unterschieden, die in der Realität vielfältig miteinander verflochten sind:
• der Flughafen als Verkehrsknotenpunkt,
• der Flughafen als Arbeitsplatz und
• der Flughafen als Standortvorteil zur Ansiedlung weiterer wirtschaftlicher Aktivitäten.

6.7.1   Der Flughafen als Verkehrsträger

Der Frankfurter Flughafen ist derzeit mit 35 Mio. beförderten Passagieren und 1,28 Mio. t Luftfracht im Jahre 1994 der bedeutendste deutsche Verkehrsflughafen und hat auch im internationalen Vergleich eine große Bedeutung (1994 in Europa bei Luftfracht Rang 1, bei Passagieren Rang 3; vgl. FAG Geschäftsbericht 1994). Der Flugverkehr hat im Rhein-Main-Gebiet eine lange Tradition; bereits 1909 wurde in Frankfurt ein erstes Flugfeld angelegt. In den 20er Jahren wurden dann – etwa zeitgleich mit der Konzeption der ersten Autobahnen – die Erweiterung und Verlagerung des Flughafens geplant. 1936 wurde der Flugverkehr auf dem noch heute genutzten Gelände an der Peripherie des Stadtgebietes, südwestlich des entstehenden Frankfurter Kreuzes, aufgenommen. Nach 1945 war Rhein – Main einer der bedeutendsten Stützpunkte der US Air Force in Deutschland („Gateway to Europe"), der zivile Flugverkehr war ab 1947 wieder möglich. Aufgrund der zentralen Lage in der Bundesrepublik Deutschland und Europa entwickelte sich der Frankfurter Flughafen in den folgenden Jahrzehnten zu einem der bedeutendsten Luftverkehrsknoten des Kontinents.

Innerhalb Deutschlands ist der Abstand zu den anderen Flughäfen erheblich, im Frachtbereich liegt der Frankfurter Anteil an der Gesamttonnage mit 72,4 % (1994) noch deutlich höher als bei den Passagieren (34,6 %). Diese Anteile haben sich – trotz des starken Ausbaus anderer Standorte (vor allem München, aber auch Köln und Düsseldorf) und des Hinzukommens der Flugplätze in den neuen Bundesländern seit 1990 – in den letzten 20 Jahren kaum verändert (1975: Fracht 72,6 %, Passagiere 33,9 %).

Unter dem zunehmenden nationalen und internationalen Konkurrenzdruck sowie vor dem Hintergrund nach wie vor zunehmenden Flugverkehrs hat die Flughafengesellschaft in Kooperation mit anderen Investoren im letzten Jahrzehnt erhebliche Anstrengungen unternommen, die Attraktivität des Rhein-Main-Flughafens zu steigern. Sichtbarer Ausdruck dieser Bemühungen sind vor allem:

- das 1988 fertiggestellte Büro- und Konferenzgebäude „Frankfurt Airport Center",
- das 1994 in Betrieb genommene neue Terminal, das auf 10 bis 12 Mio. Passagiere im Jahr ausgelegt ist,
- das Projekt Cargo City Süd, durch das auf einem Teil der früheren US Air Base neue Frachtkapazitäten geschaffen werden, sowie
- der Bau des neuen Bahnhofs für die Anbindung des Flughafens an das ICE-Netz.

Am letztgenannten Beispiel wird deutlich, daß auf verschiedene Weise versucht werden soll, Frankfurts Rolle als Verkehrsknoten zu sichern, da die Umsteigemöglichkeit zum Schnellbahnnetz eine sinnvolle Alternative zu Inlandsflügen bildet. Jede wegfallende inländische Flugbewegung schafft Kapazität für weitere internationale Starts und Landungen, d. h., die wesentliche Beschränkung für die Ausweitung der Flugbewegungen in Frankfurt, das nicht im Parallelbetrieb nutzbare und auch nur schwer erweiterbare Rollbahnensystem, soll durch eine Umschichtung der Verkehrsarten aufgefangen werden (s. auch Kap. 6.8).

6.7.2 Der Flughafen als Arbeitsplatz

Das starke Wachstum des Flugverkehrs in den letzten Jahrzehnten hat zu einer steten Ausweitung der Beschäftigtenzahlen am Flughafen geführt (1994: 52 150 Personen). Damit ist Rhein – Main seit etwa einem Jahrzehnt die größte hessische Arbeitsstätte (vor dem Opelwerk in Rüsselsheim und dem Hauptwerk Höchst der Hoechst AG) und seit kurzem die größte lokale Arbeitsstätte in Deutschland (FAG o. J., S. 9).

Etwa ein Viertel der Arbeitsplätze bietet die Betreiberin des Flughafens, die Flughafen AG (FAG) selbst, rund 47% entfallen auf die Luftverkehrsgesellschaften. Die Zahl der bei Behörden Beschäftigen liegt bei etwa 2 800 Personen (5,4%), der Rest entfällt auf andere Wirtschaftsunternehmen (Gastgewerbe, Handel, Gebäudereinigung und andere Dienstleistungen). In allen Bereichen wurden im letzten Jahrzehnt deutliche absolute Zuwächse erzielt (von 1985 bis 1994: + 15 300 Beschäftigte).

Mit der Ausweitung von Laden- und Büroflächen versucht die FAG, weitere Unternehmen am Flughafen anzusiedeln, da Mieten und Konzessionen einen erheblichen Anteil des Gesamterlöses darstellen. Neben dem bereits erwähnten Bau des Airport Center sind im Zusammenhang mit dem Bau des ICE-Bahnhofs weitere Büroflächen geplant.

6.7.3 Der Flughafen als Ansiedlungsanreiz

Die Frage, wie sich der Flughafen auf die Ansiedlungsbereitschaft und Flächennachfrage von Unternehmen auswirkt, läßt sich empirisch kaum vollständig beantworten. Relativ einfach sind noch die Unternehmen zu erfassen, die in ihrer Tätigkeit unmittelbar mit dem Flughafen verbunden sind, z. B. Luftfrachtspeditionen, Catering-Unternehmen oder auch ausgelagerte Funktionen von Luftverkehrsgesellschaften (z. B. Rechenzentrum der Deutschen Lufthansa AG). Hier ergab eine Studie von 1992 / 93 „die Zahl von hochgerechnet 10 000 Beschäftigten bei insgesamt 325 von der FAG registrierten Betrieben im Umland", d.h. in der Stadt Frankfurt und den Nachbargemeinden des Flughafens (FAG o. J., S. 9). Am augenfälligsten zeigt sich die Ansiedlung flughafenbezogener Unternehmen in der direkten Anliegergemeinde des Flughafens, Kelsterbach, wo die Arbeitsstättenzählung 1987 einen Beschäftigtenanteil von 31,7% bei Speditionen und verwandten Betrieben ausweist.

Weitaus schwieriger ist die Erfassung von Unternehmen, für die der Flughafen aufgrund der Möglichkeit schnellen und weltweiten Personen- oder Frachttransports einen wesentlichen Ansiedlungsanreiz bildet. Zahlreiche Untersuchungen haben die Auswirkungen von Flughäfen auf die Wirtschafts- und Beschäftigtenentwicklung des jeweiligen Umlandes analysiert. Dabei sind Beschäftigtenmultiplikatoren von 1,5 bis etwa 2 errechnet worden, d.h., daß jeder Arbeitsplatz am Flughafen 1,5 bis etwa 2 weitere Arbeitsplätze in der Region schafft (vgl. Hübl u. a. 1994, S. 21).

Die Bandbreite dieser Arbeitsplätze ist erheblich. Sie reicht von den Umschlagszentren privater Post- und Paketdienste über die Vertriebs- und Servicezentralen ausländischer Automobilhersteller bis zu Hauptniederlassungen oder Forschungseinrichtungen von multinationalen Unternehmen. Somit wirkt sich der Flughafen sowohl in bezug auf Flächennachfrage als auch hinsichtlich des Arbeitsplatzangebotes sehr differenziert aus.

6.8   Herausforderungen für die künftige Entwicklung

Die Darstellung ausgewählter Themenbereiche hat verschiedene Aspekte von Struktur und Dynamik der Rhein-Main-Region verdeutlicht. Das bisherige Wachstum kann jedoch nicht als Selbstläufer angesehen werden. Vielmehr gibt es verschiedene Problembereiche der künftigen Entwicklung, die abschließend kurz umrissen werden. Dabei handelt es sich zum Teil um Probleme, die rhein-main-spezifisch sind, zum Teil sind es bekannte Probleme vieler Verdichtungsräume.

Fortsetzung des Strukturwandels

Es kann davon ausgegangen werden, daß sich der Beschäftigtenabbau im Produzierenden Gewerbe weiter fortsetzt. Davon sind nicht nur die Kernstädte der Region betroffen, vielmehr häufen sich in jüngerer Zeit die Meldungen von Betriebsschließungen auch im suburbanen Raum. Die Rationalisierungsbestrebungen betreffen auch die Stützen der regionalen Industrie, wie der Arbeitsplatzabbau in den produzierenden Bereichen der Adam Opel AG in Rüsselsheim und die Diskussion um die Zukunft chemischer Großanlagen im Zentrum eines Verdichtungsraums (Hoechst AG) zeigen. Die Annahme, daß wie bisher die Beschäftigtenrückgänge im Produzierenden Gewerbe durch ein überproportionales Wachstum im Dienstleistungsbereich aufgefangen werden können, ist zumindest unsicher.

Rationalisierungsstrategien werden auch für den Dienstleistungssektor diskutiert. Im Handel setzt sich die Tendenz, statt Vollzeitarbeitsplätzen kapazitätsorientierte Teilzeitarbeitsplätze zu schaffen, immer stärker durch. Für den Finanzsektor gibt es Studien, die durch den weiteren Einsatz von Informations- und Kommunikationstechniken einen deutlichen Stellenabbau erwarten. Dies betrifft zwar in erster Linie die personelle Ausdünnung der Zweigstellennetze durch die Verbreitung verschiedener Formen der Kundenselbstbedienung (von Kontoauszugsdruckern bis zum Telefon-Banking), aber auch in den Zentralverwaltungen werden Stellen abgebaut (vgl. SCHUSTER 1995, FR vom 19. 1. 1994 und vom 14. 12. 1995). Insgesamt weisen Analysen des Landesarbeitsamtes Kleinbetriebe des Dienstleistungssektors als „Hoffnungsträger der Beschäftigung" aus (KLEMS u. KOLBE 1995, S. 5 f.). In sektoraler Betrachtung gelten technologieorientiere Unternehmen als innovative und potentiell expansionsfähige Akteure im Wirtschaftsleben, das regionale Potential an High-Tech-Unternehmen wurde in Kapitel 6.5 vorgestellt. Allerdings wird in der Studie konstatiert, daß „auch im High-Tech-Sektor technologieorientierte Dienstleistungen [dominieren]. Trotz der insgesamt schwachen industriellen Basis der Region nimmt aber mit einem Anteil von 40% an den ermittelten High-Tech-Unternehmen der produzierende Bereich eine überdurchschnittliche Position ein" (KOSCHATZKY u. a. 1993 b, S. 82 ff.).

Kapazitätsgrenzen des Rhein-Main-Flughafens

Eine der wesentlichen Restriktionen für einen weiteren Ausbau des Flughafens stellt das Fehlen größerer Erweiterungsflächen dar. So ist es z. B. derzeit unmöglich, das Bahnensystem so zu verändern, daß ein richtiger Parallelverkehr gleichzeitig auf zwei Bahnen stattfinden kann. Bei einem prognostizierten weiteren Wachstum des Flugverkehrs bedeutet dies, daß Rhein – Main Gefahr läuft, Verkehrsanteile an andere deutsche und europäische Flughäfen zu verlieren. Die Gegenmaßnahmen, vor allem der Flughafengesellschaft, wurden teilweise bereits genannt:

- Ausbau der Kapazitäten zur Abfertigung von Passagieren und Fracht (Terminal 2 bzw. Cargo City Süd) zur Optimierung der Abläufe am Boden.
- Einsatz differenzierter technischer Verfahren zur Unterstützung einer optimalen Nutzung der Start- und Landekapazitäten. Ziel dieser Maßnahmen ist die Erhöhung des sogenannten Koordinationseckwertes, d. h. der Zahl der Starts und Landungen pro Stunde.
- Verlagerung von unrentablen Verkehrsarten auf andere Verkehrsträger (innerdeutscher Verkehr auf die Bahn) bzw. andere Flughäfen (Privatflugverkehr nach Egelsbach), um Kapazitäten für stärker ausgelastete internationale Flugverbindungen zu schaffen.

Diese Strategien haben bislang jährliche Wachstumsraten bei Fracht und Passagieren ermöglicht. Auch hier ist jedoch keine automatische Verlängerung des Trends zu erwarten. Allerdings werden sich Ausbaupläne mit der Frage nach der ökologischen und sozialen Belastungsgrenze der Region auseinandersetzen müssen.

Polarisierung Kernstädte – Umland

Aus der seit über 20 Jahren anhaltenden Entwicklung einer selektiven Bevölkerungsverlagerung zwischen Kernstädten und Umland (Suburbanisierung) resultieren eine Reihe von Problemen. Tendenziell sind die besser verdienenden Familien aus den Städten abgewandert; in den Städten verblieben und zugewandert sind Ein-Personen-Haushalte (ältere Menschen und Singles) und ausländische Familien. Versuchen, durch Eigenheimbau auch die einkommensstärkeren Schichten an die Stadt zu binden, sind durch Flächenengpässe enge Grenzen gesetzt. Trotz punktueller Ansätze zur Aufwertung innenstadtnaher Wohngebiete („Gentrification") durch gutverdienende Alleinlebende und Paare („Dinks" – double income, no kids) ist die Bevölkerung der Kernstädte relativ stärker durch einkommensschwache Gruppen gekennzeichnet. Dies führt zu einer tendenziell schwächeren Finanzausstattung der Kernstädte, deren Infrastruktur und kulturelle Einrichtungen auch von der Umlandbevölkerung mit genutzt werden. Dagegen sind die Umlandgemeinden in starkem Maß durch die Freizeitbedürfnisse der Städter sowie durch den Ver- und Entsorgungsbedarf der Zentren belastet. Die Frage der gerechten Verteilung von Kosten und Lasten innerhalb der Region wird in jüngerer Zeit im Rhein-Main-Gebiet wieder intensiv diskutiert.

Ausbau der innerregionalen Kooperation

Eng mit dieser Diskussion verbunden ist die Frage, wie gemeindeübergreifende Probleme auf regionaler Ebene sinnvoll behandelt werden können. Da die Region Anteile an drei Bundesländern hat und die Stadt Frankfurt – anders als beispielsweise Hamburg und München – im Zuge verschiedener Gebietsreformen nie eine entscheidende Ausweitung ihrer administrativen Grenzen erfuhr, sind an der politischen Entscheidungsfindung und deren planerischen Vorbereitung eine Vielzahl von Institutionen beteiligt. Die vorhandene übergemeindliche Institution, der Umlandverband Frankfurt, umfaßt nur einen kleinen Teil der Gesamtregion und kann die gesetzlich festgelegten Aufgaben aufgrund politischer Widerstände und unzureichender finanzieller Ausstattung nicht erfüllen. Seit Beginn der 90er Jahre sind in der Region verstärkt Initiativen zu verzeichnen, die die innerregionale Verflechtung zum Thema machen und bewußt unterstützen wollen. So ging im Mai 1995 der Rhein-Main-Verkehrsverbund (RMV) in Betrieb, der den öffentlichen Personennahverkehr in einem Gebiet vernetzt, das noch über das hier vorgestellte Rhein-Main-Gebiet hinausreicht. Trotz starker Kritik an Preisgestaltung und Serviceangebot des RMV ist die politische Zustimmung zu diesem Projekt dennoch als Erfolg zu werten.

Andere Aktivitäten betreffen vor allem die Wirtschaft. So wurde der Zusammenschluß verschiedener Industrie- und Handelskammern im „Forum Rhein – Main", das regionale Fragen der wirtschaftlichen Entwicklung behandelt, bereits erwähnt. Einen konkreten Schritt zu einer Koordination der Wirtschaftsförderung in der Region stellt der 1995 gegründete Verein „Wirtschaftsförderung Rhein – Main" dar, dessen Mitglieder (Kommunen, Kreise, Kammern, Verbände) durch Diskussionsforen, die Erarbeitung von Entwicklungskonzepten und Informationsangebote einen Beitrag zur wirtschaftlichen Entwicklung der Region leisten wollen (FR vom 26. 10. 1995).

Auch Pläne zur politischen Neustrukturierung des hessischen Teils der Region werden diskutiert, mit dem Ziel, die Zahl der an Planungs- und Entscheidungsprozessen beteiligten Institutionen zu reduzieren. Alle diese Initiativen werden jedoch nur dann erfolgreich sein, wenn es gelingt, Konsens darüber herzustellen, daß im Hinblick auf die künftige regionale Entwicklung lokale oder partikulare Interessen sorgfältig mit den Erfordernissen der regionalen Ebene abzuwägen sind.

Literatur

BLOTEVOGEL, H. H., DOHMS, N., GRAEF, A., u.
I. SCHICKHOFF (1990):
Zentralörtliche Gliederung und Städtesy-
stementwicklung in Nordrhein-Westfalen.
Dortmund. =
Duisburger Geographische Arbeiten, **7**.

BÖRDLEIN, R. (1993):
Das Rhein-Main-Gebiet als Standort
hochrangiger Dienstleistungen. Stand und
Perspektiven des Internationalisierungspro-
zesses einer Region. Frankfurt. =
Rhein-Mainische Forschungen, **110**.

BÖRDLEIN, R. (1995):
Frankfurt als Zentrum hochrangiger Dienst-
leistungen: das Beispiel des Finanzbereichs.
In: MEYER, G. [Hrsg.]: Das Rhein-Main-Gebiet.
Aktuelle Strukturen und Entwicklungspro-
bleme. Mainz, 29 – 43. =
Mainzer Kontaktstudium Geographie, **1**.

DANIELS, P. W. (1986):
Foreign Banks and Metropolitan
Development. A comparison of London
and New York.
TESG, **77**: 269 – 287.

ENGELS, W., u. F. THIESSEN (1994):
Die Chancen Frankfurts im Vergleich zu
den großen Finanzplätzen der Welt. In:
Landesbank Hessen – Thüringen [Hrsg.]:
Finanzplatz Frankfurt.
Frankfurt, 255 – 279.

[FAG] Flughafen Frankfurt Main AG (o. J.):
Flughafen Frankfurt / Main AG: Ein Unter-
nehmen stellt sich vor.
Frankfurt.

[FF] Frankfurter Finanzmarktbericht
(Nr. 21 / 1995):
Forschung und Ausbildung als Wettbewerbs-
faktor internationaler Finanzplätze. 1 – 7.

[FR] Frankfurter Rundschau vom 19. 1. 1994:
Gut 100 000 Bankjobs wackeln. Studie sagt
Geldbranche radikales Schrumpfen voraus.

[FR] Frankfurter Rundschau vom 26. 10. 1995:
Verein will Rhein-Main-Wirtschaft voran-
bringen.

[FR] Frankfurter Rundschau vom 14. 12. 1995:
Dienstleistungsbranche verliert Arbeitsplätze.

FREUND, B. (1991):
Das Rhein-Main-Gebiet. Ein grenzüberschrei-
tender Wirtschaftsraum. Geographische
Rundschau, **43**: 272 – 282.

FREUND, B. (1995):
Die Suburbanisierung von Betrieben im
Rhein-Main-Gebiet. In: MEYER, G. [Hrsg.]: Das
Rhein-Main-Gebiet – Aktuelle Strukturen
und Entwicklungsprobleme. Mainz, 45 – 54.
= Mainzer Kontaktstudium Geographie, **1**.

FRIELING, H.-D. V. (1986):
Stadtentwicklung und Weltmarkt. Ein
Literaturbericht. In: FRIELING, H.-D. V., u.
J. STRASSEL [Hrsg.]: Stadtentwicklung, Welt-
markt, nationales Wirtschaftswachstum.
Bd. 1. Oldenburg, 37 – 88.

FRÖBEL, F., HEINRICHS, J., u. O. KREYE (1986):
Umbruch in der Weltwirtschaft. Reinbek bei
Hamburg. = rororo, **5744**.

GAEBE, W. (1989):
Die Dynamik der internationalen Bank- und
Finanzzentren. Das Beispiel London. In:
WOLF, K. [Hrsg.]: Zum System und zur Dyna-
mik hochrangiger Zentren im nationalen
und internationalen Maßstab.
Frankfurt, 43 – 70. =
Frankfurter Geographische Hefte, **58**.

HÜBL, L., HOHLS-HÜBL, U., WEGENER, B., u.
J. KRAMER (1994):
Der Flughafen Hannover-Langenhagen als
Standort- und Wirtschaftsfaktor. Hannover. =
Beiträge zur regionalen Entwicklung, **42**.

JACOB, A.-F., u. G. M. FÖRSTER (1989):
Die Wahl strategischer Standorte im
internationalen Bankgeschäft.
Wiesbaden.

KLEMS, W., u. B. KOLBE (1995):
Beschäftigung und Arbeitsmarkt in Hessen.
Teil I. Entwicklung der Beschäftigung von
1992 bis 1994. Referat Arbeitsmarkt- und Be-
rufsforschung, Landesarbeitsamt Hessen.
Frankfurt.

KOSCHATZKY, K., BREINER, S., BÖRDLEIN, R., u.
R. STERNBERG (1993 a):
Technologieprofil der Region Rhein – Main.
Hauptstudie, Teil I zum Projekt High-Tech-
Unternehmen in der Region Rhein – Main.
Fraunhofer-Institut für Systemtechnik und
Innovationsforschung (ISI).
Karlsruhe.

KOSCHATZKY, K., BREINER, S., GUNDRUM, U., REGER,
G., BÖRDLEIN, R., u. R. STERNBERG (1993 b):
Standortvoraussetzungen und Fördermaß-
nahmen für High-Tech-Unternehmen in
der Region Rhein – Main. Hauptstudie,
Teil II zum Projekt High-Tech-Unternehmen
in der Region Rhein – Main.
Fraunhofer-Institut für Systemtechnik und
Innovationsforschung (ISI).
Karlsruhe.

KRENZLIN, A. (1961):
Werden und Gefüge des rhein-mainischen
Verstädterungsgebiets.
In: Festschrift zur 125-Jahrfeier der
Frankfurter Geographischen Gesellschaft.
Frankfurt, 311 – 387. =
Frankfurter Geographische Hefte, **37**.

REBENTISCH, D. (1978):
Politik und Raumplanung im Rhein-
Main-Gebiet. Kontinuität und Wandel
seit 100 Jahren.
Archiv für Frankfurts Geschichte und Kunst,
56: 191 – 210.

SASSEN, S. (1990):
Finance and business services in New York
City: international linkages and domestic
effects.
Int. Social Science Journal, **125**: 287 – 306.

SASSEN, S. (1991):
The global city: New York, London, Tokyo.
Princeton, N. J.

SCHNEIDER, E. (1962):
Die Stadt Offenbach am Main im
Frankfurter Raum. Ein Beitrag zum Problem
benachbarter Städte. Frankfurt. =
Rhein-Mainische Forschungen, **52**.

SCHUSTER, L. (1995):
Trends im deutschen Bankwesen.
Zeitschrift für das gesamte Kreditwesen,
Nr. 18: 918 – 923.

[SMH] Schröder Münchmeyer Hengst Research
GmbH (1995):
Herausforderung Research. Das Dilemma
der deutschen Aktienanalyse. Pressenotiz
vom 13. 11. 1995.

TER HART, H., u. P. J. PIERSMA (1990):
Direct Representation in International
Financial Markets: The Case of Foreign
Banks in Amsterdam.
TESG, **81**: 82 – 92.

[UVF] Umlandverband Frankfurt (1995):
Region Rhein – Main. Statistik-Trends.
Stand: 10 / 1995. Frankfurt.

WOLF, K. (1981):
Agglomerationsraum Rhein – Main.
Entwicklungstendenzen von Bevölkerung,
Wohn- und Arbeitsstätten.
Geographische Rundschau, **33**: 400 – 405.

B.7 Die Industrie im Wirtschaftsraum Stuttgart

REINHOLD GROTZ, Bonn

7.1   Die Grundlagen

Die Voraussetzungen für den Aufbau einer überregional bedeutsamen Industrie waren im Kernland Württembergs in der Mitte des letzten Jahrhunderts alles andere als gut. Von THEODOR HEUSS stammt der Satz, daß sich der Wirtschaftsraum um Stuttgart nicht so sehr mit der Natur als vielmehr gegen sie entwickelt habe. In seiner Biographie über ROBERT BOSCH schreibt er: „Der kapitalistische Industrialismus ... lebte in seiner Jugendzeit fast ganz aus der Dampfkraft, und lebte von Eisen und Kohle. Was mochte er für ein Land bedeuten, das keine Kohle, nur geringes Eisen besaß, dessen einziger größerer das Kerngebiet durchströmender Fluß nur knapp über die Grenze weg schiffbar, das verkehrspolitisch mit seinem Gewinkel von Bergen und Tälern nur sehr kostspielig zu erschließen war?" (HEUSS 1946, S. 86). Nicht wenige sagten Württemberg daher eine Zukunft als Agrarstaat voraus. Doch dies war keine Lösung. Eine durch die Realerbteilung begünstigte Übervölkerung hatte in der ersten Hälfte des letzten Jahrhunderts Hunger und Not zur Folge und führte zu großen Auswanderungswellen nach Ost- und Südosteuropa sowie nach Übersee. Ein Überleben für einen Großteil der Bevölkerung konnte nur die Industrie sichern.

In diesem Land entwickelte sich allmählich, aber vor allem nach dem Zweiten Weltkrieg einer der bedeutendsten Wirtschaftsräume Mitteleuropas. Landespolitiker und Historiker (z.B. BORST 1989 u.a.) schreiben diesen Aufstieg gerne einem schöpferischen Unternehmertum, der Tüftlermentalität von Technikern und einer Bevölkerung zu, deren Grundtugenden Fleiß, Zuverlässigkeit und Qualitätssinn waren. Solche Eigenschaften waren in der Entstehungszeit und der Aufbauphase sicherlich wesentliche Voraussetzungen, um Standortnachteile auszugleichen und Märkte zu erobern. Aber während der letzten 50 Jahre, in denen Infrastrukturen ubiquitär wurden (Neckarkanalisierung, Autobahnen, Atomkraftwerke, Erdgasleitungen u.a.), die Bewohner durch Wanderungen immer mehr durchmischt und die Wertehaltungen im Zeitalter der Massenmedien zunehmend einander angeglichen wurden, verloren früher wichtige regionale Besonderheiten an Bedeutung.

Immerhin schufen die nicht als vorteilhaft zu bezeichnenden materiellen Startbedingungen die Grundlagen für eine besondere Wirtschaftsstruktur. Wegen der aus damaliger Sicht sehr langen Wege zu den Kohlerevieren und Einfuhrhäfen, die Energie und Rohstoffe stark verteuerten, entstanden im Neckarland bereits zu Beginn der Industrialisierung Produktionszweige, die weniger auf material- oder energieintensiven Verfahren beruhten, sondern mehr die Arbeitskraft und das Können der Beschäftigten nutzten. Aber ursprünglich vorhandene regionale Standortvorteile und auch -nachteile verwischten sich im Laufe der Zeit zunehmend, und die Erfahrungen der letzten Jahre lehren, daß Standortfragen in Zukunft im Lichte der Europäisierung und der Globalisierung des Wirtschaftsgeschehens viel großräumiger zu betrachten sind als bisher.

Vor diesem Hintergrund stellt sich die Frage, welche Merkmale und Bedeutung die heutige Wirtschaft im Südwesten Deutschlands und besonders im Raum Stuttgart hat. Wie gelingt es ihr, sich angesichts des auf ganz Europa und in vielen Wirtschaftsbereichen auf die globale Ebene ausgedehnten Wettbewerbs auf die sich rasch ändernden Rahmenbedingungen einzustellen? Diesen Fragen soll im folgenden nachgegangen werden, wobei in die Antworten auch die Folgen des technologischen Wandels und organisatorische Aspekte eingehen müssen. Leider ist es aus Datengründen nicht immer möglich, die genauen Verhältnisse in der Region Stuttgart darzustellen; dann muß auf Daten für das ganze Bundesland Baden-Württemberg zurückgegriffen werden.

7.2 Der Wirtschaftsraum Stuttgart im Vergleich

Aus praktischen Erwägungen muß für diese Betrachtung der Wirtschaftsraum Stuttgart mit der Ausdehnung der administrativ festgelegten Region Stuttgart gleichgesetzt werden, obwohl an vielen Stellen, vor allem gegen Westen auf den Nordschwarzwald zu, seine Grenze auszudehnen wäre und andererseits die östlichsten Teile der Region, wirtschaftsgeographisch gesehen, eine größere Eigenständigkeit aufweisen. Zur Region Stuttgart zählen außer der Landeshauptstadt die Landkreise Böblingen, Esslingen, Göppingen, Ludwigsburg sowie der Rems-Murr-Kreis. Mit Ausnahme des Landkreises Göppingen grenzen die anderen Raumeinheiten unmittelbar an Stuttgart an. In der Region mit einer Ausdehnung von 3 654 km² wohnen knapp 2,6 Mio. Einwohner, worunter der Ausländeranteil 17,5% beträgt. Dies entspricht etwa 10% der Fläche bzw. genau einem Viertel der Bevölkerung des Bundeslandes Baden-Württemberg. Hier sind 28% der sozialversicherungspflichtig Beschäftigten konzentriert (1,06 Mio.), und hier werden gut 30% der Bruttowertschöpfung des Landes erwirtschaftet. Damit erweist sich die zentral gelegene Region Baden-Württembergs auch als ihre weitaus bevölkerungsgrößte und wirtschaftsstärkste Raumeinheit. Die beiden im Rang nachfolgenden Regionen (Rhein – Neckar, Karlsruhe) erreichen zusammengenommen nur etwa drei Viertel der Wirtschaftskraft und Beschäftigung des Wirtschaftsraumes am mittleren Neckar.

Bei einem Vergleich mit anderen wirtschaftlich herausragenden Ballungsräumen in den alten Bundesländern erschließen sich weitere Merkmale des württembergischen Kernraumes. In einer Untersuchung des Statistischen Landesamtes Baden-Württemberg über die Wirtschaftskraft (FISCHER 1995) wurden zum Zwecke einer besseren Vergleichbarkeit die jeweiligen Arbeitsmarktregionen herangezogen. Diese Vorgehensweise hat den Vorteil, daß sie im Hinblick auf die Pendlerströme zwischen Wohn- und Arbeitsorten funktionale Verflechtungsbereiche bildet. Diese sind zwar ebenfalls nur kreisscharf abgegrenzt, aber Verzerrungen vor allem bei den Stadtstaaten (z.B. Hamburg) werden vermieden. Zur Arbeitsmarktregion Stuttgart zählen die Kernstadt und die unmittelbar angrenzenden Landkreise sowie der Landkreis Calw. Nach dieser Untersuchung steht die Arbeitsmarktregion Stuttgart mit 99 504 DM Bruttowertschöpfung pro Erwerbstätigen (1992) zwar auf Rang 1 innerhalb Baden-Württembergs, aber im Bundesvergleich nimmt die Region nur Platz 5 ein. Spitzenreiter ist Frankfurt (122 551 DM), relativ dicht gefolgt von München (118 237 DM). Auf den nächsten Plätzen stehen mit deutlichem Abstand zu den beiden ersten, aber nahe zueinander, Hamburg (105 989 DM) und Essen (105 214 DM). Erst dann folgt Stuttgart, das knapp Düsseldorf (99 192 DM) und etwas deutlicher Hannover (93 135 DM) und Köln (92 767 DM) hinter sich lassen kann.

Die Gründe für das Zurückbleiben des Stuttgarter Raumes hinter der wirtschaftlichen Spitzengruppe sind in der unterschiedlichen Wirtschaftsstruktur zu suchen. In den Arbeitsmarktregionen Frankfurt und München tragen die wachstumsstarken und relativ wenig konjunkturabhängigen Dienstleistungsunternehmen mit jeweils über 47% zur gesamten Wertschöpfung bei, während der Anteil in Stuttgart nur 32% beträgt. Auch wenn Stuttgart zwischen 1980 und 1992 seine Wirtschaftsleistung fast verdoppelte und damit das drittbeste Ergebnis hinter Frankfurt und München erzielte, so muß doch festgehalten werden, daß dieser Zuwachs zu einem wesentlich höheren Anteil als bei den anderen 11 Wirtschaftsregionen immer noch vom Verarbeitenden Gewerbe mitgetragen wurde. Es war 1992 mit 39% an der wirtschaftlichen Leistung beteiligt; dieser Prozentwert liegt etwa doppelt so hoch wie in Hamburg, Hannover oder Essen, aber auch wesentlich höher als in Frankfurt (21,5%) oder München (20,9%). Damit wird deutlich, daß die industrielle Produktion im württembergischen Kernland eine weitaus größere Bedeutung für die regionale Wirtschaftskraft hat als bei allen anderen wirtschaftlichen Ballungsräumen.

Auch innerhalb Baden-Württembergs spielt die Region Stuttgart mit ihrer Industrie eine herausragende Rolle. Von den 50 umsatzstärksten Konzernen und Unternehmen des Produzierenden Gewerbes hatten 21 hier ihren Sitz, mit 11 Firmen folgt der Rhein-Neckar-Raum an zweiter Stelle. Waren 1994 im Durchschnitt des Bundeslandes von 1 000 Einwohnern 126 im Verarbeitenden Gewerbe tätig, so waren es im Stuttgarter Raum 148, in der Region Unterer Neckar 113 und im Bundesdurchschnitt 87. Die Werte für die regionsangehörigen Landkreise lagen zwischen 122 (Ludwigsburg) und 202 (Böblingen). Selbst die Landeshauptstadt ragte mit einem Wert von 154 noch über den Durchschnitt hinaus, was auf den hohen Einpendlerüberschuß zurückzuführen ist.

Trotz starker Arbeitsplatzverluste in den letzten Jahren hat sich also die Industrie der Region Stuttgart im Vergleich zu den anderen großen westdeutschen Wirtschaftsräumen relativ gut gehalten. Immerhin betrugen die Umsätze im Verarbeitenden Gewerbe im Jahre 1994 fast 108 Mrd. DM, was den Wert des Bundeslandes Rheinland-Pfalz übertrifft und genau der Summe aller Umsätze in den neuen Bundesländern entspricht. Man kann sich fragen, ob die starke Betonung des Produktionssektors ein Zeichen eines zurückgebliebenen Strukturwandels in der Wirtschaft darstellt oder eher für seine besondere Leistungsfähigkeit spricht. Um diese Frage zu klären, sind weitere Informationen über die Struktur der Wirtschaft und ihre Entwicklungstendenzen nötig.

7.3   Strukturelle Merkmale und räumliche Verteilung der Industrie

7.3.1   Der Wirtschaftsraum im Überblick

Die eingangs erwähnten Besonderheiten der württembergischen Industrie aus ihrer Entstehungszeit lassen sich auch heute noch feststellen (alle Zahlen 1994). Produktionsrichtungen, die als rohstoff- oder energieintensiv zu bezeichnen sind, fehlen weithin. Obwohl die anfänglichen Standortnachteile vor allem während der letzten 40 Jahre gemildert wurden, erwies sich die Persistenz der alten Strukturen als sehr stark. Daher kommt in der Region Stuttgart die Grundstoff- und Produktionsgüterindustrie mit 5,7% aller Arbeitsplätze im Verarbeitenden Gewerbe (21 850) nur auf die Hälfte ihrer Bedeutung im ganzen Bundesland (11,7%) und erreicht nur knapp ein Drittel des Bundeswertes (fast 19%; vgl. Abb. 7.1). Dies bedeutet, daß auch die chemische Industrie relativ schwach vertreten ist, obwohl sie fast die Hälfte der Beschäftigung in dieser Wirtschaftsgruppe stellt (9 900).

Die Präsenz der Verbrauchsgüterindustrie mit ihren 52 000 Beschäftigten (14%) weicht nicht so extrem vom Landes- oder Bundesdurchschnitt (jeweils 19%) ab wie die vorige Gruppe. Die hier zusammengefaßten Branchen verlieren in der Summe zwar seit Jahrzehnten an Bedeutung, doch gibt es eine Ausnahme. Das traditionell mit Stuttgart und durch Suburbanisierungsvorgänge nun auch mit seinem Umland verbundene Verlags- und Druckgewerbe ist in der Region mit 11 600 Beschäftigten sogar überdurchschnittlich vertreten. Dagegen beschäftigt das Textil- und Bekleidungsgewerbe zwar noch 7 400 Personen (2%), doch schrumpft diese Zahl rasch weiter. Nahezu stabil sind seit Jahren die Verhältnisse im Nahrungs- und Genußmittelgewerbe, das mit knapp 13 800 allerdings nur auf 3,6% aller Beschäftigten kommt.

Abb. 7.1: Anteil der Beschäftigten im Verarbeitenden Gewerbe im Vergleich 1994
Quellen: Statistisches Landesamt Baden-Württemberg, Statistisches Bundesamt

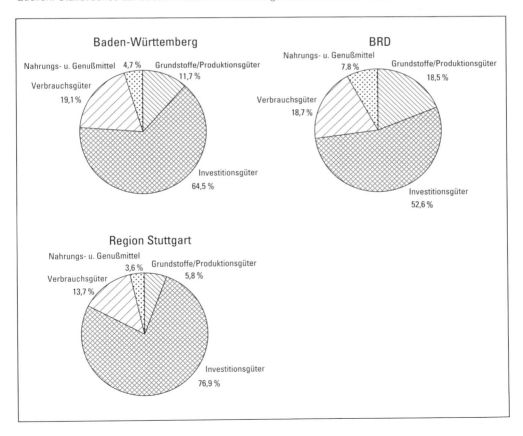

Völlig anders ist die Situation in der Investitionsgüterindustrie. Sie stellt den wirtschaftlichen Kern der Region dar und umfaßt mit 292 400 Beschäftigten fast 77% aller Arbeitsplätze. Da der Landesdurchschnitt um beinahe 13 Prozentpunkte niedriger liegt, trägt die Zentralregion in dieser Branchengruppe überproportional viel zu den Arbeitsplätzen im Lande bei. Der Unterschied zum Bundesdurchschnitt (54%) dokumentiert die Spezialisierung des Wirtschaftsraumes auf diese Produktionsrichtung sehr deutlich. – Es sind vor allem drei Branchen, die zusammen fast zwei Drittel aller Industriearbeitsplätze stellen und etwa in gleicher Höhe für die Umsätze verantwortlich sind (1994): der Fahrzeugbau, die Elektrotechnik und der Maschinenbau mit zusammen fast einer viertel Million Arbeitsplätzen (Tab. 7.1).

Ein intraregionaler Vergleich zeigt, daß der Investitionsgütersektor in der Stadt Stuttgart mit 86% den Regionsdurchschnitt nochmals um 10 Prozentpunkte übersteigt und damit bundesweit in der Spitzengruppe liegt. Keiner der ganz großen Wirtschaftsstandorte in Deutschland erreicht einen so hohen Wert. München kommt mit 80% noch am nächsten, aber die Werte von Frankfurt, Hamburg oder Düsseldorf liegen um die 50%-Marke. Innerhalb der Region gibt es weitere Unterschiede: In den Landkreisen Böblingen und Esslingen, die den Westen und Süden des Wirtschaftsraumes bilden, sind über dem Regionsdurchschnitt liegende Werte für den Investitionsgütersektor festzustellen, während im Norden, Osten und Südosten die Zahlen darunter bleiben. Dennoch hat jeder einzelne Landkreis anteilmäßig mehr Arbeitsplätze im Investitionsgüterbereich als im Durchschnitt des Bundes oder des Landes Baden-Württemberg. Bei den Umsätzen und erst recht bei den Exporten ist die Dominanz dieser Produktionsrichtung noch deutlicher, Investitionsgüter tragen zu 79% bzw. 91% zu den Umsätzen und Industrieexporten bei.

Die innerregionalen Unterschiede in der räumlichen Verteilung beruhen auf wirtschaftshistorischen Entwicklungen (Abb. 7.2). Die rechten Nebenflüsse des Neckars sind wegen der höheren Niederschläge entlang der Keuper- und der Juraschichtstufe in der Regel wasserreicher als die linken. Wo es zu Beginn der Industrialisierung, wie entlang von Neckar, Fils und Lauter, aber auch von Rems und Murr, genügend Wasserkraft zum Antrieb der Maschinen gab, entstanden ab Mitte des letzten Jahrhunderts die ersten Fabriken, die vor allem Verbrauchsgüter herstellten. Als im Eisenbahnzeitalter die Transportkapazitäten laufend vergrößert wurden und nun auch Kohle und Rohstoffe billiger in den Neckarraum gelangen konnten, profitierten wiederum die Standorte in den Tälern, denen die Bahnlinien folgten. Regionale Unterschiede in der Art und Geschwindigkeit der Industrieansiedlung ergaben sich auch aus der unterschiedlichen naturräumlichen Ausstattung, die sich in der landwirtschaftlichen Situation niederschlug (Gäugebiete – Bergland). Darüber hinaus waren die Verhältnisse im Handwerk ebenso für den Start der Industrie von Bedeutung wie das Vorhandensein von kapitalkräftigen Unternehmern. Diese Unterschiede lassen sich beispielhaft im Vergleich der benachbarten Tallandschaften von Fils und Rems nachvollziehen (vgl. GROTZ 1971, S. 15 – 21). Die innerregionalen Unterschiede aus der Anfangszeit der Industrie waren so wirksam, daß sie noch zu Beginn der 1960er Jahre für die Industrieverteilung bestimmend waren.

Der Bedeutungsgewinn der ubiquitär einsetzbaren Lastkraftwagen erweiterte das Standortangebot auf Räume, die vorher für den Schwerlastverkehr nicht erschlossen waren. Dies begünstigte vor allem die Gäuflächen im Norden, Westen und Süden von

Wirtschaftsgruppe	Betriebe		Beschäftigte		Umsatz	
	S	D	S	D	S	D
Chemische Industrie	3,5	3,6	2,6	8,3	3,1	10,9
Übrige Grundstoffindustrie	8,8	14,7	3,1	10,6	2,9	16,0
Grundstoff-, Produktions-güterindustrie insgesamt	12,3	18,3	5,7	18,9	6,0	26,9
Stahlverformung/Stahlbau	6,5	7,5	2,6	5,7	1,8	3,4
Maschinenbau	20,7	13,4	17,8	14,1	15,5	10,6
Fahrzeugbau	6,5	6,3	27,7	12,0	26,7	14,0
Elektrotechnik	12,2	9,0	20,0	13,8	22,5	11,5
Feinmechanik	3,6	2,8	1,9	2,0	1,2	1,2
EBM-Industrie	5,4	5,5	5,1	4,6	4,3	3,5
Büromaschinen/ADV	0,5	0,4	1,9	1,7	6,9	2,1
Sonstige Investitionsgüter	0,0	0,0	0,0		0,0	
Investitionsgüterindustrie insgesamt	55,5	44,9	76,9	53,9	78,9	46,3
Holzverarbeitung/Möbel	4,1	5,2	2,0	3,3	1,4	2,5
Papierverarbeitung	2,3	1,9	1,3	1,6	0,9	1,4
Druckerei/Vervielfältigung	7,1	4,5	3,1	2,7	2,3	1,9
Kunststoffverarbeitung	5,4	5,5	3,3	4,2	2,8	3,4
Textil/Bekleidung	4,2	5,9	1,9	4,2	1,7	3,1
Sonstige Verbrauchsgüter	2,9	3,9	2,1	3,2	1,3	1,8
Verbrauchsgüterindustrie insgesamt	26,0	26,8	13,7	19,2	10,4	14,1
Nahrungs- und Genußmittel-industrie	6,2	10,8	3,6	8,0	4,6	12,6
Insgesamt	100	100	100	100	100	100
Region Stuttgart absolut	2140		380 066		107,8 Mrd. DM	
Exportanteil am Umsatz [%]					36,1	27,8

Tab. 7.1: Merkmale des Verarbeitenden Gewerbes in der Region Stuttgart (S) im Vergleich zum Bundesdurchschnitt (D) in Prozent in Betrieben mit 20 und mehr Beschäftigten 1994
Quellen: Statistisches Landesamt Baden-Württemberg, Statistisches Bundesamt, eigene Berechnungen

Abb. 7.2: Die Region Stuttgart und ihre Städte mit mehr als 8 000 Arbeitsplätzen 1993

Quelle: Statistisches Landesamt Baden-Württemberg

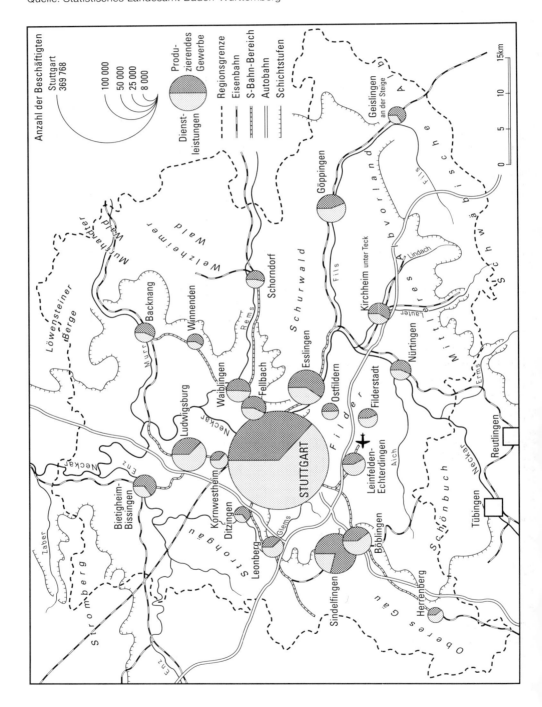

Abb. 7.3: Einwohnerentwicklung 1970 – 1992 und die Entwicklungsachsen in der Region Stuttgart
Quellen: Statistisches Landesamt Baden-Württemberg, Verband Region Stuttgart

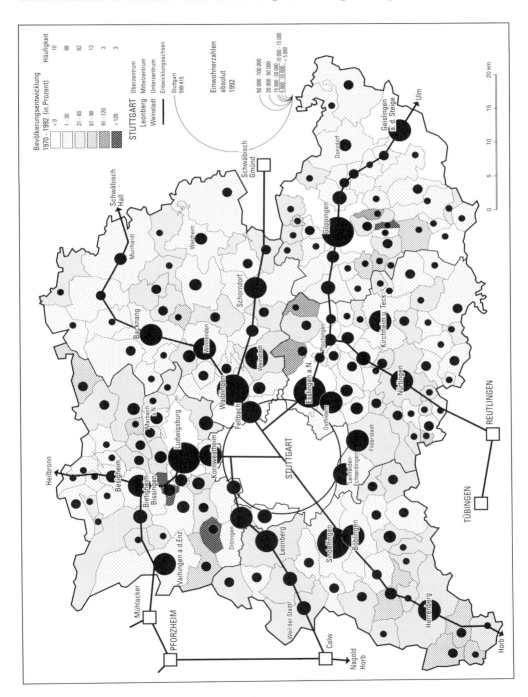

Stuttgart, wo Autobahnverbindungen vorhanden waren und wo verhältnismäßig große und weithin ebene Flächen in den Gäulandschaften für Siedlungs- und Wirtschaftszwecke zur Verfügung standen. Dagegen hatten die zum größten Teil zugebauten Täler im östlichen Bergland bereits in den 70er Jahren fast keine Flächenreserven mehr. Deshalb verlagerte sich die Siedlungs- und Wirtschaftsexpansion zunehmend in den zuvor mehr ländlich geprägten Westteil der Region. Dort sind während der letzten Jahrzehnte die höchsten Bevölkerungs- und Arbeitsplatzzuwächse zu beobachten. Gleichzeitig verlieren die früher entwickelten Räume im Ostteil durch Umstrukturierungen, Verlagerungen und Unternehmensschließungen sowie bei größeren Städten durch Suburbanisierungsprozesse relativ und teilweise auch absolut an Bedeutung (Abb. 7.2 u. 7.3). Dies hat strukturell zur Folge, daß sich die modernen, erst jungen Wirtschaftszweige vornehmlich im westlichen Teil der Region befinden und dort weiterhin expandieren (vgl. zur Struktur und Entwicklung auch BORCHERDT u. KULINAT 1993).

Als Ergebnis dieser Vorgänge lassen sich, wie oben erwähnt, außer in Stuttgart auch in den Landkreisen Böblingen und Esslingen über drei Viertel liegende Anteile der Investitionsgüterindustrie sowie die anderen Landkreise deutlich übersteigende absolute Beschäftigungszahlen im Verarbeitenden Gewerbe feststellen (Tab. 7.2). Als Folge der Industriestruktur ist darüber hinaus der Auslandsumsatzanteil in diesem westlichen Teil der Region höher als in anderen Gebieten. Auch die durchschnittlich bezahlten Stundenlöhne und Gehälter für Angestellte zählen wegen der besonderen Branchenstruktur zu den höchsten in der Region. Interessanterweise nimmt der Landkreis Ludwigsburg, der nur entlang der Achse Kornwestheim – Ludwigsburg – Bietigheim – Besigheim früher industrialisiert wurde, bei den erwähnten Merkmalen eine Zwischenstellung zwischen beiden Regionsteilen ein. Aufgrund des allgemein hohen Einkommensniveaus zählt der mittlere Neckarraum bei den Kaufkraftkennziffern der Gesellschaft für Konsumforschung zur Spitzengruppe in Deutschland. Die Kaufkraft der Einwohner liegt in Stuttgart und im Landkreis Esslingen etwa ein Viertel, in den Landkreisen Böblingen, Ludwigsburg und Rems-Murr um 12 – 20 % und nur im Landkreis Göppingen um einen geringeren Betrag über dem Bundesdurchschnitt (1995).

Stadt- und Land-kreise	Grundstoffe, Produktions-güter	Investitions-güter	Verbrauchs-güter	Nahrungs- u. Genußmittel	Summe
Stuttgart	3 407	75 582	5 787	3 176	90 952
Esslingen	3 498	58 540	11 691	2 379	76 108
Böblingen	2 799	59 588	6 347	1 627	70 361
Ludwigsburg	5 626	39 640	11 270	2 433	58 969
Rems-Murr	3 458	35 259	9 639	2 978	51 334
Göppingen	3 065	20 811	7286	1 196	32 358
Summe	21 846	292 411	52 018	13 791	380 066
Anteil [%]	5,7	76,9	13,7	3,6	100

Tab. 7.2: Beschäftigte im Verarbeitenden Gewerbe in den Stadt- und Landkreisen der Region Stuttgart 1994 (Betriebe mit 20 und mehr Beschäftigten)
Quelle: Statistisches Landesamt Baden-Württemberg

7.3.2 Die Größen- und Branchenstruktur

In der Öffentlichkeit ist weithin die Vorstellung verbreitet, die Industrie Baden-Württembergs sei mittelständisch strukturiert. Nimmt man die Grenze zwischen Mittel- und Großbetrieben bei 500 Beschäftigten an, dann erweist sich diese Vorstellung für den Kernraum des Bundeslandes als falsch. In der Region Stuttgart arbeiten fast 56 % der Beschäftigten im Verarbeitenden Gewerbe in lediglich 111 Großbetrieben, im Durchschnitt des Bundeslandes liegt der Anteil bei 44 % (1994). Insbesondere in Stuttgart sind etwa drei Viertel der noch 91 000 Industriebeschäftigten in nur 22 Großbetrieben tätig. Dort befinden sich die Werke und Firmensitze der weltweit bekannten Namen Daimler-Benz, Bosch, Alcatel-SEL, Porsche, Mahle, Behr, Dürr u. a. Das Daimler-Benz-Werk in Sindelfingen mit 36 000 Beschäftigten (1996) ist bei weitem der größte Einzelstandort in Baden-Württemberg; noch vor wenigen Jahren waren dort 48 000 Menschen tätig. Der Raum Böblingen / Sindelfingen beherbergt zudem die deutschen Hauptwerke von IBM und Hewlett-Packard. Wegen der relativ hohen Konzentration von großen Unternehmen läßt sich statistisch für die Region eine deutlich über den fast gleichen Bundes- und Landesdurchschnitten (jeweils ca. 140 Beschäftigte / Betrieb) liegende durchschnittliche Betriebsgröße für das Verarbeitende Gewerbe errechnen (178 Beschäftigte / Betrieb), was vor allem durch die besonderen Verhältnisse in Stuttgart und im Landkreis Böblingen zu erklären ist.

Wie bereits erwähnt, stellen unter den verschiedenen Branchen der Fahrzeugbau (105 000), die Elektrotechnik (76 000) und der Maschinenbau (67 000) bei weitem die meisten Arbeitsplätze (1994). In diesen drei Branchen sind zusammen fast zwei Drittel der Arbeitnehmer im Verarbeitenden Gewerbe tätig, obwohl die Betriebe noch nicht einmal 40 % der Gesamtzahl ausmachen (vgl. Tab. 7.1). In der Stadt Stuttgart selbst ist der Straßenfahrzeugbau mit knapp 39 000 Arbeitsplätzen eindeutig die dominierende Produktionsrichtung. Der Fahrzeugbau bildet mit 70 % des Gesamtumsatzes und nach wie vor hohen Jahresüberschüssen die tragende Säule des Daimler-Benz-Konzerns, der seinerseits das größte deutsche Unternehmen darstellt (103,5 Mrd. DM Umsatz, 311 000 Beschäftigte 1995). Die Produktionsstätten in Stuttgart, Esslingen und Sindelfingen fertigen nur Pkw bzw. Teile davon und stehen mit den anderen Werken des In- und Auslandes in einem intensiven Materialverbund. In Sindelfingen rollen Autos der C-, E- und S-Klasse vom Band, weitere Montagewerke befinden sich in Bremen und Rastatt. Ist Daimler-Benz einer der größten Automobilhersteller in Deutschland (590 000 Pkw, 300 000 Nutzfahrzeuge), so zählt Porsche mit 19 000 hergestellten Autos, 6 900 Mitarbeitern und 2,8 Mrd. DM Jahresumsatz (1995 / 96) zu den kleinen. Er stellt nicht nur in Stuttgart zwei Sportwagenmodelle her, sondern unterhält in Weissach unweit von Leonberg zudem ein Forschungs- und Entwicklungszentrum, das auch Dienstleistungen für andere Automobilfirmen und Unternehmen anderer Branchen erbringt (1 800 Beschäftigte). Als dritter Fahrzeughersteller sei das Familienunternehmen Auwärter erwähnt, das Omnibusse (Markenname Neoplan) herstellt.

Die für die Region nach Beschäftigung und Umsatz zweitwichtigste elektrotechnische Branche nimmt auch in der Stadt Stuttgart mit einem Viertel der Arbeitsplätze den zweiten Rang ein (23 000 Beschäftigte). Hier ist der Bosch-Konzern mit weltweit 36 Mrd. DM Umsatz und 157 000 Beschäftigten führend. Davon sind zwar nur noch etwa 8 000 im Stammwerk Feuerbach lokalisiert, doch das Unternehmen ist an weiteren Standorten in der Region (Rutesheim, Schwieberdingen, Waiblingen, Leinfelden u. a.) sowie im benachbarten Reutlingen präsent. Bosch wurde mit dem Automobilgeschäft groß, das immer noch mehr als die Hälfte des Umsatzes ausmacht und dem das Unternehmen durch fortlaufende Innovationen seine Expansion verdankt (Zünd- und Einspritzsysteme, ABS, Navigationssysteme, Dynamikregelung).

Die anderen Firmen der Elektrotechnik und Elektronik, zu denen hier auch die Büromaschinenhersteller gezählt werden sollen, sind deutlich kleiner als Bosch. Die bekanntesten unter ihnen sind in ausländischem Besitz: Alcatel-SEL (Frankreich), IBM und Hewlett-Packard (USA). IBM Deutschland mit Sitz in Berlin und Stuttgart setzt im Jahr mit etwa 22 000 Mitarbeitern 9,3 Mrd. DM um (1995). Die Fertigung von Komponenten und Geräten, z. B. des 4-Megabit-Chips in Böblingen, beschäftigt jedoch nur noch einen kleinen Teil der Belegschaft (3 500); etwa 15 000 Personen sind im Bereich Informationssysteme dem Dienstleistungssektor zuzurechnen. – Die Nähe zum EDV-Konkurrenten IBM veranlaßte Hewlett-Packard (HP), bei der Gründung sein deutsches Werk in Böblingen zu errichten, wo außer Computern auch Meß- und Testgeräte für den weltweiten Vertrieb hergestellt werden. Mittlerweile erzielt die deutsche HP-Tochter mit 6 000 Beschäftigten 8,7 Mrd. DM Umsatz (1995). – Bei Alcatel-SEL in Stuttgart-Zuffenhausen wurden nach der Übernahme durch den französischen Konzern im Zuge der Einbindung des Unternehmens in eine umfassende Konzernstrategie sehr viele Arbeitsplätze abgebaut. Wegen der anhaltenden Umstrukturierung sind gegenwärtig keine neuen klaren Strukturen dieses einstmals sehr vielseitigen Unternehmens am Stuttgarter Standort erkennbar.

Auch der Maschinenbau verlor in den letzten Jahren viele Mitarbeiter. Diese Branche ist mit über einem Fünftel aller Betriebe im Verarbeitenden Gewerbe am häufigsten vertreten. Durch die relativ kleinen Betriebsgrößen hat sie eine ausgesprochen mittelständische Prägung, und es fehlen auch ganz große Unternehmen in dieser Sparte. Unter den Firmen sind jedoch eine Anzahl von Spezialfertigern, die sich auf ihren Gebieten große Weltmarktanteile sichern konnten. Beispielsweise bezeichnet sich der Dürr-Konzern aus Stuttgart als Weltmarktführer bei Autolackieranlagen, der ganze Systeme vom Gebäude bis zur Abwasser- und Abluftreinigung schlüsselfertig liefert und dessen Umsätze in Höhe von 1,5 Mrd. DM zu 80% im Ausland zu einem großen Teil von Tochtergesellschaften getätigt werden. Folglich arbeiten nur etwas weniger als die Hälfte der weltweit 3 200 Beschäftigten in Deutschland (1995). – Ähnliches gilt für den Werkzeugmaschinenhersteller Trumpf in Ditzingen, der die Hälfte seines Umsatzes von 800 Mio. DM mit Lasermaschinen zur Blechbearbeitung erwirtschaftet. Auch hier führten die steigenden Auslandsumsätze im Laufe der beiden letzten Jahrzehnte zur Gründung von Auslandsgesellschaften mit der Folge, daß mit weiter sinkender Tendenz nur noch zwei Drittel der insgesamt 3 000 Mitarbeiter im Inland tätig sind (1995). - Der Waiblinger Motorsägenhersteller Stiehl, der 80% seines 1,6 Mrd. DM betragenden Umsatzes im Ausland erzielt, setzt ebenfalls seine Internationalisierung fort. Der Auslandsanteil bei Zulieferteilen hat sich bereits auf 40% erhöht, und da die Auslandsmärkte bei einem stagnierenden Inlandsabsatz weiter wachsen, wird sich der Beschäftigungsschwerpunkt der 5 600 Mitarbeiter, von denen mit abnehmender Tendenz noch 3 200 im Inland tätig sind, ins Ausland verlagern.

Charakteristisch für weite Teile des Maschinen- und Anlagenbaus, aber auch anderer Wirtschaftszweige in der Region ist, daß sie sich während des langjährigen Nachkriegsbooms auf die Nachfrage und Bedürfnisse des wichtigsten Wachstumsmotors, der Automobilindustrie, eingestellt haben. Begünstigt durch die räumliche Nähe zu einem großen Automobilhersteller mit traditionell hohen Ansprüchen, konzentrierten sich viele Unternehmen auf die Belieferung und Ausrüstung des Kfz-Sektors. Dadurch entstand hier ein vielseitiger Produktionskomplex mit Zulieferern, Maschinen- und Anlagenbauern (GROTZ 1991, Abb. 10), der bei einem nur noch langsam wachsenden Inlandsmarkt mit seiner Lieferreichweite längst regionale und nationale Grenzen sprengte und zum Überleben auf weltweite Märkte angewiesen ist. Durch diese spezielle Ausrichtung banden sich die Firmen natürlich auch an die konjunkturellen Schwankungen des Automobilbaus, was in der Folge um so heftigere Ausschläge der regionalen Wirtschaft nach oben oder unten zur Folge hat.

7.3.3 Qualifikationen, Forschung und Entwicklung

Da die Standortregion keine bedeutenden natürlichen Vorteile für den wirtschaftlichen Wettbewerb aufweisen kann, war die Wirtschaft von Anfang an auf die Leistung und die Kreativität ihrer Menschen angewiesen. Das vergleichsweise hohe Wohlstandsniveau Baden-Württembergs und insbesondere der Region Stuttgart beruht hauptsächlich auf der Zusammenballung hochproduktiver Investitionsgüterindustrien mit einer Ausrichtung auf den globalen Markt. Dieses Spektrum unterliegt einem vor allem in den letzten Jahren verschärften Qualitäts-, Innovations- und Kostenwettbewerb, den die Unternehmen nur mit anhaltend hohen Anstrengungen bestehen können. Voraussetzungen hierfür sind ein hochqualifizierter Mitarbeiterstamm und kontinuierliche Forschungs- und Entwicklungsaktivitäten für Produkte und Fertigungsverfahren.

Da für Forschung und Entwicklung (FuE) keine neueren Daten auf Regionsbasis zur Verfügung stehen, müssen sich die folgenden Ausführungen auf Landeszahlen stützen (Bundesministerium für Bildung, Wissenschaft, Forschung und Technologie 1996). Danach scheint der Mitteleinsatz der Wirtschaft für FuE im deutschen Südwesten besonders hoch zu sein. Im Jahre 1993 gaben Unternehmen in Baden-Württemberg etwa 13,5 Mrd. DM für FuE-Zwecke aus, was einem Anteil von rund 27% aller Ausgaben in Deutschland entspricht. Dieser Prozentsatz liegt an der Spitze der Bundesländer, und der Südweststaat übertrifft damit auch Länder mit einer höheren Wirtschaftsleistung (Bayern 24%, Nordrhein-Westfalen 17%).

Auch beim zweiten Indikator, der üblicherweise zur Messung von FuE-Aktivitäten herangezogen wird, nimmt Baden-Württemberg die führende Position ein: In Forschungsstätten von Unternehmen waren 1993 fast 70 000 Personen tätig. Dies entspricht 24% des privatwirtschaftlichen Forschungspersonals in ganz Deutschland (Bayern 23%, Nordrhein-Westfalen 16%, Hessen 11%). Da über 95% des FuE-Personals im Verarbeitenden Gewerbe forschen und entwickeln, unterstreichen die Zahlen nochmals eindrucksvoll die herausragende Bedeutung von FuE für die südwestdeutsche Industrie (vgl. auch HAHN 1989).

In einer älteren Untersuchung (IHK 1990, S. 38) wird herausgestellt, daß in der Region Stuttgart über 40% der Forschungskapazität Baden-Württembergs konzentriert sind. Dieser hohe Anteil hebt die Sonderstellung der Wirtschaftsregion inner- halb des Bundeslandes hervor. Eine neuere Auswertung der Statistik über sozial- versicherungspflichtig Beschäftigte im Verarbeitenden Gewerbe von 1995 zeigt, daß im Durchschnitt Baden-Württembergs fast jeder zwanzigste Beschäftigte (4,6%) FuE- Aufgaben erfüllt, in der Region Stuttgart ist es fast jeder fünfzehnte (6,8%), während es im Bundesdurchschnitt nur jeder sechsundzwanzigste (3,8%) ist (FISCHER u. a. 1996, S. 51). Besonders ins Gewicht fallen hierbei die Großbetriebe der Fahrzeug- industrie, der Elektrotechnik und Elektronik sowie des Maschinenbaus. Doch ver- fügen selbst Kleinbetriebe über personelle Forschungskapazitäten, um mit häufig sehr spezialisierten Produkten ihre Wettbewerbsfähigkeit zu sichern

In der Industrieforschung kommt es jedoch nicht nur auf den Personal- und Mit- teleinsatz an, wichtiger sind die Ergebnisse in Form innovativer Produkte und ko- stensparender Fertigungsverfahren. Weil der Erfolg von FuE nicht direkt meßbar ist, müssen hier andere Indikatoren Verwendung finden: Mit 84 Patentanmeldungen je 100 000 Einwohner lag Baden-Württemberg 1994 bundesweit an der Spitze, gefolgt von Bayern und Hessen mit 67 bzw. 64 Anmeldungen (DECKARM 1995). Dies erinnert an Ergebnisse einer älteren Analyse von BADE (1987, S. 43 ff.) auf Bundesebene, die nachweist, daß ein enger Zusammenhang zwischen dem Erfolg von Zweigen des Ver- arbeitenden Gewerbes und der Intensität ihrer Forschungsanstrengungen besteht.

Die Ergebnisse technischer Forschungs- und Entwicklungsarbeit müssen jedoch auch in die betriebliche Praxis umgesetzt werden können. Produkte der Hochtechnolo- gie mit komplizierten Fertigungsabläufen oder wertschöpfungsintensive Güter und An- lagen, die nur in kleinen Stückzahlen hergestellt werden, erfordern neben technischen Fähigkeiten einen vermehrten Einsatz von Tätigkeiten der Planung, Fertigungssteue- rung, Überwachung und Kontrolle. Solche Tätigkeiten sind in der Regel mit erhöhten Qualifikationsanforderungen verbunden, die ein breiteres und tieferes Ausbildungs- spektrum erfordern, als es viele traditionelle Berufsbilder bieten. Wegen dieses Anfor- derungsprofils ist es überraschend, daß 1995 der Anteil der Beschäftigten ohne Berufs- ausbildung im Verarbeitenden Gewerbe Baden-Württembergs mit 29,2% und in der Re- gion Stuttgart mit 28,7% sogar höher lag als im Bundesdurchschnitt (26,5%). Das Para- doxon wird verstärkt durch die Tatsache, daß der Anteil von Beschäftigten mit einer Be- rufsausbildung ebenfalls um 2 bzw. 4 Prozentpunkte unter dem Bundesdurchschnitt liegt. Jedoch bei den Hochqualifizierten kehren sich die Verhältnisse um. Der Anteil der Beschäftigten mit Fachhochschul- oder Universitätsabschluß liegt auf Bundesebene mit 5,9% deutlich unter dem der Region Stuttgart mit 9,2% und etwas unter dem Landes- durchschnitt Baden-Württembergs mit 6,7% (FISCHER u. a. 1996, S. 96).

Mit dieser vergleichsweisen Polarisierung zwischen Hoch- und Wenigqualifizierten in ihren Belegschaften beschreitet die Industrie des Wirtschaftsraumes einen Sonder- weg, denn in anderen Wirtschaftsräumen werden offenbar mehr Funktionen den mittleren Qualifikationsstufen übertragen. Vermutlich können viele der automatisier- ten Fertigungsabläufe kostengünstig von angelernten Kräften bedient werden, während die anspruchsvollen Funktionen „Planen, Leiten, Forschen, Qualitätssiche- rung" usw. den Hochschulabsolventen vorbehalten bleiben. Die zu beobachtende stär- ker polarisierte Beschäftigungsstruktur geht teilweise auf den in früheren Jahren fast chronischen Mangel an Facharbeitern zurück. Dieser Engpaß, der einen hohen Lohn- kostendruck mit übertariflichen Löhnen und Gehältern verursachte, sowie technische

Entwicklungen und organisatorische Änderungen führten letztlich zu sehr deutlichen Verschiebungen von Tätigkeitsmerkmalen in der industriellen Arbeitswelt.

Es ist zu vermuten, daß der überdurchschnittlich hohe Anteil von Hochqualifizierten und ebenso Nichtqualifizierten bzw. Angelernten auf die Großindustrie im Kern des Wirtschaftsraums zurückgeht, wo einerseits in großem Stil Fließbandarbeit vorherrscht und andererseits große FuE-Abteilungen lokalisiert sind. Das immer wieder gern zitierte Klischee vom Facharbeiter, der für die südwestdeutsche Industrie eine vergleichsweise wichtige Säule sei, läßt sich mit diesen Zahlen für die Region Stuttgart genauso wenig belegen wie zuvor das Bild von den „charakteristischen" Klein- und Mittelbetrieben.

7.4 Probleme, Gefahren, Ausblicke

7.4.1 Beschäftigung und Internationalisierung

Vor 1992 war Baden-Württemberg das Bundesland in Deutschland mit der geringsten Arbeitslosenquote. Diesen Rang mußte das Land inzwischen an Bayern abtreten. Selbst im saisonal günstigen Monat Juni lag 1996 die Arbeitslosenquote bei 6,8 % (Bayern 6,1 %, BRD 9,9 %), und dazu trug die Region Stuttgart sogar überdurchschnittlich viel bei. Wurden während der 80er Jahre bis 1992 am mittleren Neckar zwischen 35 000 und 45 000 Arbeitslose gemeldet, so waren es in den letzten Jahren doppelt so viele. Am Anstieg der Arbeitslosigkeit ist, wie Abbildung 7.4 zeigt, das Verarbeitende Gewerbe wesentlich beteiligt. Hatte sich die Beschäftigung in diesem Wirtschaftsbereich in der Region während der gesamten 80er Jahre besser als im Bundes- und Landesdurchschnitt entwickelt, so kam es nach dem Ende des Wiedervereinigungsbooms 1991 zu einem dramatischen Beschäftigungsverlust, der stärker war als im Bund und Land. Er kostete in nur drei Jahren ein Fünftel bzw. 95 000 der vorhandenen Industriearbeitsplätze. Damit sank der Mitarbeiterstand aller verarbeitenden Betriebe in der Region unter das Niveau von 1976, als die Weltwirtschaft unter den Wirkungen der ersten Ölpreiserhöhung litt (Abb. 7.4).

Der Abbau von Arbeitsplätzen erfolgte in allen Teilen der Region (Abb. 7.5). Besonders stark betroffen waren Stuttgart sowie die beiden im Westen und Süden angrenzenden Landkreise Esslingen und Böblingen, die absolut am meisten Industriebeschäftigte aufweisen. Es handelt sich um die Teile des Wirtschaftsraumes, wo die Investitionsgüterindustrie mit teilweise weit über drei Vierteln der industriellen Arbeitsplätze vertreten ist. Dagegen fielen die Beschäftigungsverluste in den nördlich und östlich von Stuttgart liegenden Landkreisen Ludwigsburg, Rems-Murr und Göppingen deutlich geringer aus; dort ist die Industrie nicht ganz so einseitig vom Investitionsgütersektor geprägt. In der Tat sind es im wesentlichen die drei Schlüsselbranchen Fahrzeugbau, Elektrotechnik und Maschinenbau, die entscheidend die Arbeitssituation in der Region bestimmen (Abb. 7.6). Der Beschäftigungsabbau in diesen drei Zweigen der Investitionsgüterindustrie verlief in den Jahren nach 1990 so dramatisch, daß sich die Region innerhalb weniger Jahre nach einer jahrzehntelangen Fast-Vollbeschäftigung zu einer „Normalregion" mit ähnlichen Problemen wie in anderen Teilen Deutschlands entwickelte.

Mittlerweile zeigen sich deutlich die wirtschaftlichen Gefahren der einseitigen Wirtschaftsstruktur. Bis in die jüngere Vergangenheit nahm das Übergewicht der führenden Branchen Fahrzeug- und Maschinenbau einschließlich Büromaschinen sowie elektrotechnische Industrie zu. Sie erhöhten 1977 – 1991 ihren Anteil von 62 % auf 68 % bei der Beschäftigung und von 63 % auf 71 % bei den Umsätzen. Hinzu kommen die bereits erläuterte intensive innere Verflechtung der Produktionsrichtungen unter der Führerschaft des Automobilbaus sowie eine vergleichsweise hohe Exportorientierung. Ausfuhren waren schon immer ein wesentlicher Teil des Geschäfts der Industrie in der Region Stuttgart. Ihr Anteil an den Umsätzen nahm hier während der beiden letzten Jahrzehnte tendenziell sogar noch stärker zu als im Bundesdurchschnitt (Abb. 7.7). Die Exportorientierung macht jedoch die Unternehmen nicht nur gegenüber Schwankungen des europäischen Marktes, sondern zunehmend auch des Weltmarktes anfällig. Konjunkturelle Schwankungen selbst aus fernen Kontinenten und fremde Risikopotentiale machen sich hier sehr rasch regional bemerkbar. Beispielhaft sei der steile Abfall des US-Dollarkurses Ende der 80er Jahre von 1,90 DM auf letztlich unter 1,50 DM erwähnt, der vielen Firmen hohe Verluste brachte und Porsche mit ursprünglich 60 % USA-Umsatz fast an den Rand des Ruins trieb.

Unterliegen Unternehmen einer hohen Auslandsabhängigkeit – was im Investitionsgütersektor der Normalfall ist –, so versuchen sie, sich gegen die Risiken abzusichern. Sie können dies auf verschiedene Weise tun. Durch erhöhte Rationalisierungsmaßnahmen im Inland oder die teilweise Verlagerung der Fertigung in sogenannte Niedriglohnländer lassen sich Kosten senken und damit die Wettbewerbsfähigkeit erhalten bzw. wieder herstellen. Wo dies nicht ausreicht, kann der Kauf

Abb. 7.4: Die Beschäftigungsentwicklung im Verarbeitenden Gewerbe 1976 – 1994 im Vergleich
Quellen: Statistisches Landesamt Baden-Württemberg, Statistisches Bundesamt, eigene Berechnungen

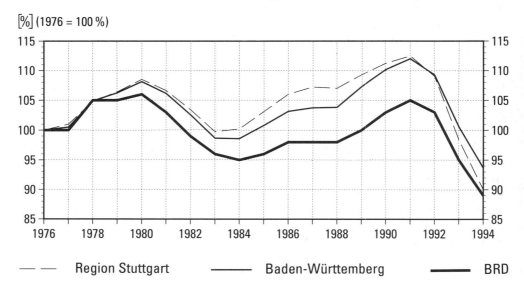

oder die Eigenherstellung von Teilen oder Endprodukten in Fremdwährungsgebie-
ten – vorzugsweise im Dollarraum – das Währungsrisiko mindern. Bei gleichzeitig
stattfindenden Produktivitätszuwächsen entziehen viele Unternehmen auf diesem
Wege der Region Beschäftigung oder verursachen zumindest eine Stagnation bei
evtl. weiterhin steigenden Umsätzen.

Insbesondere im Automobilzulieferbereich verlangt das Just-in-time-Produk-
tionskonzept zunehmend eine abnehmernahe Fertigung, die vor allem export-
orientierte Zulieferer sogar zwingt, Direktinvestitionen im Ausland zu tätigen. Beispielsweise verringerte der Bosch-Konzern die Zahl seiner Mitarbeiter im Inland
1990 – 1996 um 28 000 und erhöhte sie in seinen mehr als 70 ausländischen Produktionsstätten um 5 500. In Deutschland werden hauptsächlich kostensenkende
Investitionen vorgenommen; Fertigungserweiterungen erfolgen vornehmlich in
anderen europäischen Staaten (Großbritannien, Spanien, Frankreich, Belgien u. a.)
sowie außerhalb Europas (USA, Brasilien, Asien). Ein globales Netz von Stützpunk-
ten erlaubt es dem Bosch-Konzern, Währungsschwankungen und unterschiedliche

**Abb. 7.5: Veränderung der Beschäftigung im Verarbeitenden Gewerbe 1976 – 1994 in den Stadt-
und Landkreisen der Region Stuttgart**
Quelle: Statistisches Landesamt Baden-Württemberg

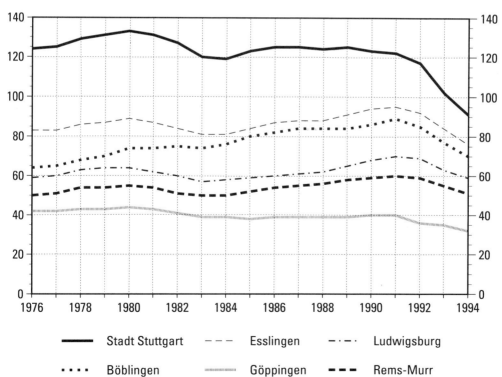

konjunkturelle Entwicklungen in den einzelnen Weltregionen auszugleichen. Dabei entsteht ein internationaler Fertigungsverbund, der neben der Nutzung von economies of scale (Senkung der Stückkosten) durch Großserienfertigungen mit Zulieferungen zwischen den Werken auch der Nutzung von Lohnkostenvorteilen in den verschiedenen Ländern dient (SADLER u. AMIN 1995).

Aufgrund ihrer hohen Weltmarktverflechtung sind die beschriebenen Prozesse in der Wirtschaftsregion Stuttgart stärker wirksam als in weniger exportorientierten Gebieten. Aber Auslandsinvestitionen sind nicht grundsätzlich negativ zu bewerten, wie es oft durch eine besorgte Öffentlichkeit geschieht, denn sie erhöhen die Flexibilität der Unternehmen, erweitern ihre Marktbereiche und sichern damit auch im Inland Arbeitsplätze, die ohne solche Maßnahmen in größerem Maße gefährdet wären. Sehr häufig findet der überwiegende Teil der Wertschöpfung weiterhin im Inland statt, denn die Auslandstöchter beziehen wesentliche, d.h. hochwertige Komponenten von der Muttergesellschaft, bei der zudem die Leitungs- und in der Regel auch die FuE-Funktionen verbleiben. So arbeiten von den 12 000 Bosch-Beschäftigten im FuE-Bereich noch 10 000 im Inland. Allerdings sind selbst diese hochwertigen Funktionen nicht gegen Verlagerungstendenzen gefeit. Viele Auslandsmärkte lassen sich nur gewinnen oder besser durchdringen, wenn dort, oft auf Drängen der nationalen Regierungen, mehr solcher Schlüsselfunktionen lokalisiert werden.

Gefahren für die regionale Wirtschaft drohen trotz einer anhaltend guten Automobilkonjunktur von grundlegenden organisatorischen Veränderungen im Zulieferbereich. Galt bei den großen Automobilfirmen jahrzehntelang das Prinzip der Auftragsstreuung, um in keine Lieferantenabhängigkeit zu geraten und vom Wettbewerb der Anbieter technisch und preislich zu profitieren, so verfolgen sie seit mehreren Jahren zunehmend das Prinzip des single sourcing. Dies bedeutet, daß

Abb. 7.6: Beschäftigungsentwicklung in Zweigen der Investitionsgüterindustrie 1980 – 1994 in der Region Stuttgart   Quellen: Statistisches Landesamt Baden-Württemberg, eigene Berechnungen

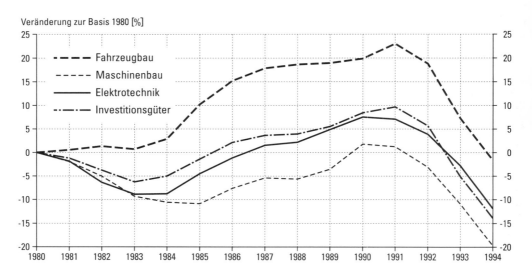

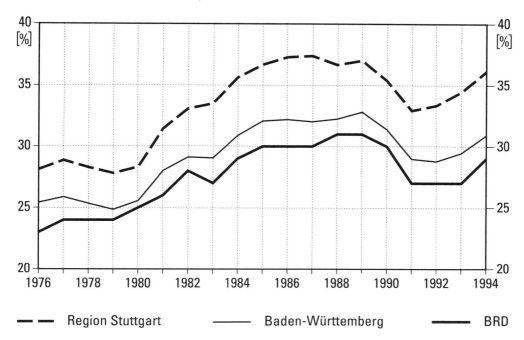

Abb. 7.7: Veränderung der Exportanteile im Verarbeitenden Gewerbe 1976 – 1994 im Vergleich
Quellen: Statistisches Landesamt Baden-Württemberg, eigene Berechnungen

komplexe Komponenten, z. B. eine komplette Auspuffanlage, ein Bremssystem oder die gesamte Motorsteuerung usw., von nur noch einem Anbieter beschafft werden. Die Zusammenarbeit zwischen Endabnehmer und Modulfertiger wird bereits in der Entwicklungsphase eines Produkts viel intensiver und benötigt für die Serienfertigung nicht selten räumliche Nähe zum Montagewerk. Dies kann Standortverlagerungen oder aufwendige Logistikkonzepte zur Folge haben und erfordert Neuinvestitionen oft in sehr großer Höhe (SCHAMP 1995).

Die Region Stuttgart ist zusammen mit dem Frankfurter und Münchener Wirtschaftsraum traditioneller Standort für besonders viele Automobilzulieferer und Anlagenbauer. Vor allem die großen unter ihnen werden von den neuen Produktionssystemen profitieren, zumal die Automobilfirmen gleichzeitig eine deutliche Verminderung ihres Eigenfertigungsanteils anstreben. Neben den großen gibt es aber auch zahlreiche kleine Kfz-Zulieferer, die weder das Know-how noch die finanzielle Kraft haben, zu Systemlieferanten aufzusteigen. Im besten Fall werden sie Zulieferer eines solchen zumeist kapitalkräftigen Modulfertigers, wobei sie leicht über Preisdiktate in Abhängigkeit geraten, übernommen oder ganz aus dem Markt gedrängt werden können. Auch wenn die Umsätze der Automobilfirmen und ihrer Zulieferer vermutlich in Zukunft weiter steigen werden, ist dennoch kaum von wieder steigenden Beschäftigungszahlen auszugehen. Tendenziell wird es jedoch zu einer Umstrukturierung zugunsten höherwertiger Arbeitsplätze kommen (KAISER 1995).

7.4.2 Dienstleistungen als Ausweg?

Die Hoffnung, daß der tertiäre Sektor den wirtschaftlichen Bedeutungsverlust des Produktionssektors ausgleicht, erfüllt sich im Wirtschaftsraum Stuttgart nicht. Dem Rückgang von 100 000 sozialversicherungspflichtig Beschäftigten im Verarbeitenden Gewerbe in den Jahren 1990 – 1995 steht nur ein Zuwachs von 43 000 sozialversicherungspflichtigen Beschäftigungsverhältnissen bei den Dienstleistungen gegenüber. Seit 1993 zeigen sich in den tertiären Wirtschaftsbereichen ebenso Stagnationserscheinungen, die mit Rationalisierungsmaßnahmen (z.B. Verkehr, Banken, Versicherungen), Einsparungen (staatliche Dienste) sowie mit der Umwandlung von sozialversicherungspflichtigen in ungeschützte Arbeitsverhältnisse (Handel) zusammenhängen. Lediglich die privaten sowie die unternehmensbezogenen Dienstleistungen weisen noch Zuwachsraten auf.

Im Beschäftigungszuwachs des tertiären Sektors sind nicht nur neue Stellen enthalten, sondern auch Dienstleistungsfunktionen, die von Firmen des Verarbeitenden Gewerbes ausgegliedert wurden. Wegen der Möglichkeit für Kosteneinsparungen gründeten Industrieunternehmen einzelne Funktionen in Tochtergesellschaften aus, die normalerweise nur für sie in den Bereichen Logistik, Vertrieb, Service, FuE, Immobilien u.a. tätig sind. Diese Auslagerungen haben den Vorteil, daß nicht mehr die relativ hohen Lohn- und Gehaltstarife der Metallindustrie bezahlt werden müssen. Allerdings sind mit der Neuordnung der Unternehmensbereiche nicht selten Rationalisierungsmaßnahmen verbunden, so daß es zu weiteren Personaleinsparungen bzw. Standortverlagerungen kommt. Über solche Neugliederungen hinaus erwartet man insbesondere im Banken- und Versicherungsgewerbe, daß technische und arbeitsorganisatorische Entwicklungen weitere Arbeitsplätze erübrigen werden.

Im Vergleich zu allen alten Bundesländern, wo fast 60% der Erwerbstätigen im Dienstleistungssektor arbeiten, sind es im deutschen Südwesten nur knapp 54%. Damit wies Baden-Württemberg 1993 den niedrigsten Wert aller Bundesländer auf. Dies ist nochmals ein Hinweis darauf, daß der Raum seine wirtschaftliche Stärke aus der Warenproduktion bezieht. Da heute jedoch keine Güterfertigung ohne eine breite Palette vor- und nachgelagerter sowie unterstützender Dienstleistungen auskommt, sind sowohl der Umfang dienstleistender Funktionen innerhalb des Industriesektors als auch der institutionelle Dienstleistungsbereich in raschem Wachstum begriffen. Analysen des Statistischen Landesamtes von Baden-Württemberg (1994, S. 53) ergaben, daß bereits zwei von fünf Industriebeschäftigten tertiäre Funktionen ausüben, aber auch bei reinen Dienstleistungsunternehmen lag 1980 – 1993 der Beschäftigungszuwachs über dem Durchschnitt der westlichen Bundesländer. Baden-Württemberg holt insbesondere bei den unternehmensorientierten Dienstleistungen auf, die sich auch bundesweit als Wachstumsträger erweisen.

Ein wesentlicher Grund dafür, daß der tertiäre Sektor bis heute verhältnismäßig schwach ausgeprägt ist, liegt in der geringen Präsenz großer, überregionaler Dienstleistungsanbieter. Der auffällig stark und wirksam in einzelne Wirtschaftsregionen gegliederte deutsche Südwesten brachte keine eindeutig dominierende Wirtschaftsmetropole hervor, in der sich wie in Bayern, Hessen oder Norddeutschland (München, Frankfurt, Hamburg) überregional oder international operierende Dienstleistungsunternehmen hätten entwickeln können (Statistisches Landesamt 1994, S. 31).

Zwar entwickelten sich im Bundesland zahlreiche bedeutende Technologiekonzerne, doch wuchsen die Diensteanbieter nicht in gleichem Maße mit. Besonders im Finanzbereich gibt es bis heute kein der wirtschaftlichen Bedeutung des Landes entsprechendes Bankinstitut; daher sind alle großen Unternehmen im Raum Stuttgart wie im übrigen Lande auf die Dienste vor allem des Finanzplatzes Frankfurt angewiesen.

7.4.3 Mängel, ihre Folgen und Wege in die Zukunft

Neben allgemein wirksamen Einflüssen auf die Regionalwirtschaft gibt es Mängel und Gefährdungen, die aus dem Wirtschaftsraum selbst stammen. Seit Jahrzehnten herrscht im Kern der Region ein Mangel an Gewerbeflächen, der viele Unternehmen bei der Umstellung auf moderne und oftmals größere Flächen beanspruchende Fertigungstechniken behindert. Trotz sinkender Beschäftigungszahlen besteht immer noch Nachfrage nach Gewerbeflächen, die nicht oder nur unzureichend gedeckt werden kann. Daher sind Industriebrachen fast unbekannt und die Preise für gewerbliche Bauplätze betragen in Stuttgart 300 – 800 DM/m². Selbst in der Umgebung der Landeshauptstadt sind bereits 250 – 350 DM/m² zu bezahlen. Die Preise für eine großflächige Büronutzung in einer gemischt gewerblichen Umgebung liegen sogar bei 1 100 – 1 200 DM/m² (1994).

Der knappe Produktionsfaktor Boden gewährt den Kommunen im Kern der Region und in den engen Tälern des Ostteils kaum noch Spielraum für eine Bestandspflege der ansässigen Betriebe. Da mit den Flächen sehr sparsam umgegangen werden muß, sind stadtplanerisch hohe Nutzungsdichten vorgesehen. In bestehenden Gewerbegebieten der Stadt Stuttgart werden seit Jahren Nachverdichtungen durchgeführt, wobei ebenso wie in Neubaugebieten durchschnittliche Arbeitsplatzdichten von 200 Beschäftigten/ha, bei reiner Büronutzung sogar 350/ha angestrebt und erreicht werden (z.B. Stuttgart-Vaihingen Wallgraben, Stuttgart-Weilimdorf).

Der jahrzehntelange ungedeckte Gewerbeflächenbedarf veranlaßte seit den 50er Jahren zahlreiche Firmen des produzierenden Sektors, aus Stuttgart sowie aus den Mittelstädten seiner Umgebung wegzuziehen (vgl. GROTZ 1991, Abb. 8). Die Dynamik der innerregionalen Verlagerungen ließ in jüngerer Zeit jedoch erheblich nach, seitdem die Internationalisierung von Produktion und Einkauf einsetzte. Nunmehr dienen anstelle der Stuttgarter Umlandkreise ausländische Wachstumsmärkte oder Niedriglohnstandorte zur Aufnahme der Verlagerungspotentiale. Die Umstrukturierungs- und Rationalisierungseinsparungen im Verarbeitenden Gewerbe, die im Umland Stuttgarts bisher wenigstens teilweise durch Zuzüge kompensiert wurden, schlagen sich dort nun wie in der Kernstadt voll auf dem Arbeitsmarkt nieder (FISCHER u.a. 1996). – Bereits seit längerer Zeit und in zunehmendem Maße sind an den beschriebenen Suburbanisierungsprozessen auch Dienstleistungsunternehmen beteiligt, die den hohen Büromieten und, sofern sie gute Verkehrsverbindungen benötigen, den Straßenverkehrsproblemen der größeren Städte entfliehen möchten.

Da verlagerungswillige Firmen nicht auf ihr Stammpersonal verzichten können, bleiben die Wanderungsdistanzen gering und bewegen sich innerhalb der Pendlereinzugsbereiche. Vor allem die zentrumsnah gelegenen und weniger stark reliefierten Landschaften der Region (Gäue, Filder, Teile des Albvorlandes) erleben weitere

Verdichtungen von Wirtschaft und Bevölkerung, die auch die Zwischenräume der regionalplanerisch festgelegten Entwicklungsachsen erfassen (Abb. 7.2). In den stärker zertalten Bereichen, hauptsächlich im Ostteil der Region, kommt dagegen das punkt-axiale Prinzip der Regionalplanung durch die naturgeographischen Zwänge besser zur Geltung.

Unter dem Schrumpfen der wirtschaftlichen Aktivitäten leidet in erster Linie die Landeshauptstadt, nicht nur wegen des Wegfalls von Arbeitsplätzen, sondern auch wegen geringerer Gewerbesteuereinnahmen. Da häufig nicht die schwächeren, sondern gerade die innovativen, ihre Geschäftstätigkeit expandierenden oder durch größere Investitionen ihre Ertragskraft steigernden Firmen abwandern, ist der steuerliche Verlust besonders schmerzhaft. Über viele Jahre hinweg waren die Gewerbesteuereingänge Stuttgarts rückläufig, wozu natürlich konjunkturelle Einflüsse ebenfalls beitrugen. Hinzu kamen interne Umstrukturierungen großer Konzerne, die unter anderem Kosteneinsparungen zum Ziel hatten. Weil beispielsweise die Neuordnung des Daimler-Benz-Konzerns die Verrechnung von Verlusten in einigen Konzernteilen mit den (hohen) Gewinnen aus dem Fahrzeuggeschäft ermöglicht, verloren Stuttgart, Sindelfingen und andere Daimler-Standorte wesentliche Teile ihrer Gewerbesteuereinnahmen.

Auch auf anderen Gebieten stehen der produzierenden Wirtschaft nicht ganz optimale Voraussetzungen zur Verfügung. Die landesweit wichtigste Messe am Stuttgarter Killesberg liegt zwar stadtnah und landschaftlich reizvoll, aber sie ist mit nur etwa 50 000 m² Hallenfläche und fast ohne Freigelände viel zu beengt, um als Schaufenster der Wirtschaft attraktiv zu sein. Gegenwärtig werden Pläne entwickelt, eine zweite Messe am Stuttgarter Flughafen in doppelter Größe neu zu bauen. Aber selbst nach ihrer Verwirklichung wird es wohl keine großen Publikumsmessen geben, sondern wie bisher Fachmessen, die mit EU-weiter Ausstrahlung als Instrumente des Technologietransfers und als Motoren der wirtschaftlichen Entwicklung für die Region und das Land gelten.

Da es in der Konkurrenz der Regionen untereinander in einem größer gewordenen europäischen Binnenmarkt auf ein günstiges Umfeld für die Unternehmen ankommt, wurde für die Region Stuttgart eine bundesweit einmalige politische Organisation geschaffen, mit dem Ziel, die infrastrukturellen Probleme des Raumes besser lösen zu können. Das 1994 vom Landtag beschlossene „Gesetz über die Stärkung der Zusammenarbeit in der Region Stuttgart" führte zur Schaffung eines Regionalverbandes, der als Beschlußorgan eine von der Bevölkerung direkt gewählte Regionalversammlung besitzt. Die wichtigsten Aufgaben des Verbandes sind: Regionalplanung und Siedlungsentwicklung, Regionalverkehrsplanung, Abfallentsorgung sowie Wirtschaftsförderung. Das im Gesetz verankerte Planungsgebot für regional bedeutsame Einrichtungen sieht nicht nur deren Planung vor, sondern auch ihre Verwirklichung durch Eingriffsmöglichkeiten in die lokale Bauleitplanung sowie die Gründung regionaler Trägergesellschaften (PHILIPPI 1995).

Nachdem die Handlungsfähigkeit für regionale Belange durch kommunale Egoismen früher immer wieder verhindert oder verzögert worden war (Flughafenausbau, S-Bahn-Finanzierung u. a.), faßte das Regionalparlament innerhalb eines Jahres nach seiner Konstituierung mehrere Grundsatzbeschlüsse: Übernahme der S-Bahn in die regionale Verantwortung, Auftragserteilung für die Entwicklung eines Regionalverkehrsplans, Gründung einer Wirtschaftsfördergesellschaft, Grundsatzbeschluß zur Verlegung der Messe an den Flughafen. Da die Deutsche Bahn AG zusammen mit der Bundesrepublik Deutschland, dem Land Baden-Württemberg, der Region Stuttgart und der Stadt Stuttgart ein Rahmenabkommen über den Umbau des Stuttgarter Hauptbahnhofes vom Kopfbahnhof zu einem unterirdisch liegenden Durchgangsbahnhof abschloß und dadurch eine Anbindung des Flughafens (6 Mio. Passagiere pro Jahr) und des neuen Messegeländes an die zu bauende Hochgeschwindigkeitsstrecke Stuttgart – München entsteht, ergibt sich im Süden Stuttgarts die seltene Möglichkeit für einen funktional hochwertigen Infrastrukturkomplex. Auch die in einen Talkessel eingezwängte Stadt Stuttgart gewinnt durch das Projekt „Stuttgart 21" rund 100 ha ehemaligen Bahngeländes als Stadtentwicklungsfläche. Dort könnten im Anschluß an die Innenstadt Wohnungen für 11 000 Einwohner und Bauten für etwa 24 000 Arbeitsplätze errichtet werden. Damit wären in bester City-Lage dringend erforderliche Flächen zur weiteren Umstrukturierung der Wirtschaft in Richtung auf Dienstleistungen bereitgestellt.

Über die Projekte herrscht in politischen Gremien und einer breiten Öffentlichkeit Konsens, so daß man sich mit diesem neuen Regionalbewußtsein mittelfristig eine Chance für einen neuen Aufschwung ausrechnet. Ob diese Erwartungen in Erfüllung gehen, hängt aber nicht nur von den regionalen Verhältnissen ab. Vorteilhafte regionale Rahmenbedingungen sind in einer sich immer mehr auf internationale Beschaffungs- und Absatzmärkte einstellenden Wirtschaft notwendige, aber keinesfalls hinreichende Voraussetzungen für wirtschaftliches Wohlergehen. Der Wettbewerb zwischen Regionen ist in dem erweiterten europäischen Binnenmarkt stärker geworden und wird bei weiterhin niedrig liegenden Transaktionskosten noch schärfer werden. Nur solche Regionen werden sich erfolgreich behaupten können, deren Unternehmen innovative Produkte auf einem hohen Qualitätsniveau anbieten, die flexibel auf sich verändernde Situationen reagieren und die ein wirtschaftliches Umfeld vorfinden, das rasche Anpassungsprozesse erleichtert (vgl. GROTZ 1996).

Die Vorzüge der Region liegen eindeutig in der Ansammlung zahlreicher High-Tech-Unternehmen. Allerdings ist der Preis für eine technologische Führerschaft hoch. Großprojekte für „Fabriken der Zukunft" zeigen, daß quantitative und qualitative Leistungssteigerungen mit sehr hohen Investitionen, aber mit deutlich weniger Menschen im Vergleich zu alten Methoden zu schaffen sind. Deshalb wird es immer weniger Arbeitsplätze für Un- und Angelernte geben, und der alte Zustand einer Fast-Vollbeschäftigung rückt in die Ferne. Andererseits ist keine realistische Alternative zum Streben nach weiteren technischen Spitzenprodukten in Sicht. Auch der Umbau der Wirtschaft in Richtung umweltverträglicher Verfahren und Produkte setzt herausragende Ingenieurleistungen voraus. Die Region besitzt in ihren Menschen ein reichhaltiges und hochwertiges Know-how, das durch die großen FuE-Anstrengungen privater und staatlicher Forschungsstätten laufend erneuert und verbessert wird. Gelingt es, die infrastrukturellen Rahmenbedingungen und die Arbeitskosten im europäischen Vergleich wettbewerbsfähig zu halten bzw. auf ein wettbewerbsfähiges Niveau zu bringen, dann verfügt die Region Stuttgart über genügend Substanz und Potentiale, um die wirtschaftliche Zukunft erfolgreich zu meistern.

Literatur

BADE, F. J. (1987):
Regionale Beschäftigungsentwicklung und produktionsorientierte Dienstleistungen. Berlin

BORCHERDT, CH., u. K. KULINAT (1993):
Der Mittlere Neckarraum. In: BORCHERDT, CH. [Hrsg.]: Geographische Landeskunde von Baden-Württemberg. 3. Aufl. Stuttgart, 273 – 298. = Schriften zur politischen Landeskunde Baden-Württembergs, **8**.

BORST, O. [Hrsg.] (1989):
Wege in die Welt – Die Industrie im deutschen Südwesten seit Ausgang des 18. Jahrhunderts. Stuttgart.

Bundesministerium für Bildung, Wissenschaft, Forschung und Technologie [Hrsg.] (1996):
Bundesbericht Forschung 1996. Bonn.

DECKARM, H.: (1995):
Baden-Württembergs Stellung im Bundesgebiet – einige statistische Schlaglichter. Baden-Württemberg in Wort und Zahl, **43**: 454 – 459.

FISCHER, A., GRAMMEL, R., IWER, F., REHBERG, F., u. G. VOGL (1996):
Krise als Normalität. Wirtschafts- und beschäftigungspolitische Lage der Region Stuttgart, Strukturbericht 1996. München.

FISCHER, B. (1995):
Die Bruttowertschöpfung in den Stadt- und Landkreisen Baden-Württembergs von 1980 bis 1992. Baden-Württemberg in Wort und Zahl, **43**: 515 – 520.

GAEBE, W. [Hrsg.] (1997):
Struktur und Dynamik der Region Stuttgart. Stuttgart.

GROTZ, R. (1971):
Entwicklung, Struktur und Dynamik der Industrie im Wirtschaftsraum Stuttgart. Eine industriegeographische Untersuchung. Stuttgart. = Stuttgarter Geographische Studien, **82**.

GROTZ, R. (1991):
Die Industrie im Wirtschaftsraum Stuttgart. Strukturen und Entwicklungen. In: BRÜCHER, W., GROTZ, R., u. A. PLETSCH [Hrsg.]: Industriegeographie der Bundesrepublik Deutschland und Frankreichs in den 1980er Jahren. Frankfurt a. M., 143 – 174. = Studien zur internationalen Schulbuchforschung, **70**.

GROTZ, R. (1996):
Kreative Milieus und Netzwerke als Triebkräfte der Wirtschaft: Ansprüche, Hoffnungen und die Wirklichkeit. In: MAIER, J. [Hrsg.]: Die Bedeutung kreativer Milieus für die Regional- und Landesentwicklung. Bayreuth, 65 – 84. = Arbeitsmaterialien zur Raumordnung und Raumplanung, **153**.

HAHN, R. (1989):
Standorte innovations- und informationsorientierter Unternehmen in Baden-Württemberg: Räumliche Konzentrationen und Standortbedingungen. In: KULINAT, K., u. H. PACHNER [Hrsg.]: Beiträge zur Landeskunde Süddeutschlands. Festschrift für Christoph Borcherdt. Stuttgart, 147 – 164. = Stuttgarter Geographische Studien, **110**.

HEUSS, TH. (1946):
Robert Bosch, Leben und Leistung. Stuttgart, Tübingen.

Industrie- und Handelskammer (IHK) Region Stuttgart [Hrsg.] (1990):
Die Wirtschaftsregion Stuttgart. Strukturen und Entwicklungen. Stuttgart.

Industrie- und Handelskammer (IHK) Region Stuttgart [Hrsg.] (1995):
Die Wirtschaft Baden-Württembergs und der Region Stuttgart. Stuttgart.

KAISER, M. (1995):
Zukunftschancen des Individualverkehrs und Rückwirkungen auf die wirtschaftliche Entwicklung des Landes. Baden-Württemberg in Wort und Zahl, **43**: 555 – 564.

KLUMPP, D. (1996):
  Struktur und Entwicklung der Wirtschaft
  Baden-Württembergs.
  Stuttgart.

PHILIPPI, T. (1995):
  Interkommunale Zusammenarbeit (II).
  Gesetzliche Regelungen für die Region
  Stuttgart. Standort, **19**: 34 – 36.

Regionalverband Stuttgart [Hrsg.] (1994):
  Wirtschafts- und Beschäftigungsentwicklung
  in den Mittelbereichen der Region Stuttgart.
  Stuttgart. =
  Schriftenreihe zur Regionalplanung, **32**.

RICHTER, G. (1988):
  Gefährdungen der Arbeitnehmer durch
  Umstrukturierungsprozesse in der Metall-
  industrie im Wirtschaftsraum Stuttgart
  (Kurzfassung). München (IMU-Institut für
  Medienforschung und Urbanistik).

SADLER, D., u. A. AMIN (1995): "Europeanisation"
  in the Automotive Components Sector and
  its Implications for State and Locality. In:
  HUDSON, R., & E. W. SCHAMP [Eds.]: Towards a
  New Map of Automobile Manufacturing in
  Europe? Berlin, Heidelberg, 39 – 61.

SCHAMP, E. W. (1995):
  The German Automobile Production System
  Going European. In: HUDSON, R., & E. W.
  SCHAMP [Eds.]: Towards a New Map of Auto-
  mobile Manufacturing in Europe? Berlin,
  Heidelberg, 93 – 116.

Statistisches Landesamt Baden-Württemberg
  [Hrsg.] (1994):
  Statistisch-prognostischer Bericht 1994.
  Stuttgart.

WERNER, J. (1992):
  Das industrielle Zentrum des Landes: Die
  Region Stuttgart. Baden-Württemberg in
  Wort und Zahl, **40**: 543 – 554.

B.8 München und Voralpen

ROLF STERNBERG, Köln

8.1   Einführung

Der Untersuchungsraum München – Voralpen umfaßt im vorliegenden Beitrag die vier Raumordnungsregionen München (Nr. 70), Allgäu (72), Oberland (73) sowie Südostoberbayern (74) und deckt damit die an Österreich angrenzenden Teile Bayerns ab (Abb. 8.1). 3,96 Mio. Einwohner (31. 12. 1992) und 1,53 Mio. sozialversicherungspflichtig Beschäftigte (30. 6. 1993) leben bzw. arbeiten in dieser Region (BfLR 1995). Der nach nahezu allen ökonomischen, demographischen, kulturellen und politischen Indikatoren dominierende Teilraum ist die Raumordnungsregion 70 um die Solitärstadt München. Auf diese Raumordnungsregion München, bestehend aus der Stadt München und acht umliegenden Landkreisen, entfallen beispielsweise 61 % der Einwohner, 67 % der sozialversicherungspflichtig Beschäftigten und 71 % der Beschäftigten in in High-Tech-Branchen engagierten Unternehmen im Untersuchungsraum. Infolgedessen konzentriert sich die empirisch orientierte Analyse dieses Kapitels auf die Raumordnungsregion München und seine Teilräume. Auf die funktionale Verflechtung mit dem Voralpengebiet wird immer dann hingewiesen, wenn es Zusammenhänge zwischen der Regionalentwicklung Münchens und seinem weiteren Umland zu erklären gilt (z.B. Bedeutung des touristischen Potentials des Voralpengebiets im Zusammenhang mit „weichen" Standortfaktoren).

Abb. 8.1: Städte, Kreise und Raumordnungsregionen im Raum München – Voralpen

8.2 Charakteristika der regionalen Wirtschaftsstruktur

8.2.1 Indikatoren des Entwicklungsstandes

Die Untersuchungsregion weist sowohl insgesamt als auch für jede einzelne ihrer vier Raumordnungsregionen bei den meisten der in Abbildung 8.2 berücksichtigten Indikatoren des Entwicklungsstandes weit günstigere Werte auf als der nationale Durchschnitt (alte Länder). München stellt sich Mitte der 90er Jahre als nationale und europäische Wirtschaftsmetropole dar, deren komparative Stärken in forschungs- und entwicklungsintensiven Branchen des Verarbeitenden Gewerbes (elektrotechnische Industrie, Teile des Fahrzeugbaus, Luft- und Raumfahrtindustrie), in einem stark wachsenden tertiären Sektor, in einer beständig zunehmenden Zahl an Headquarterfunktionen auch international renommierter Unternehmen sowie in Vorteilen bei den sogenannten weichen Standortfaktoren liegen (vgl.

Abb. 8.2: Indikatoren des Entwicklungsstandes der Region München – Voralpen
Quellen: eigene Berechnungen nach Eurostat (1996), BfLR (1995), Sternberg (1995), NIW/ZEW (1998)

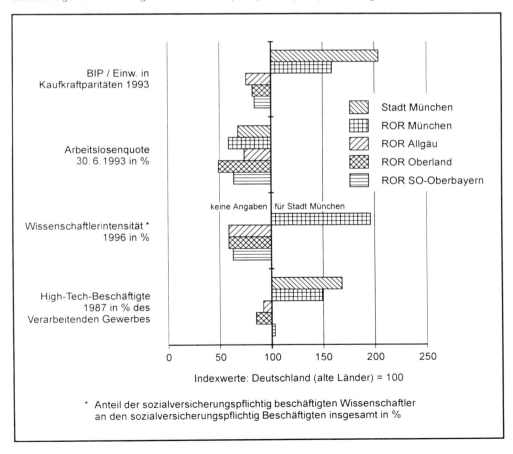

KOLL 1994, BLEYER 1994). Der Weg zu einer „global city" scheint vorgezeichnet, wenn auch in seinen intraregionalen Wirkungen nicht unumstritten (HELBRECHT u. POHL 1994). Zu beobachten sind sowohl für München spezifische Trends (z. B. Spezialisierung auf technologieintensive Elektro- und Elektronikindustrie) als auch Prozesse, wie sie für europäische Wachstumsregionen generell charakteristisch sind (Suburbanisierung, Industriesuburbanisierung); vgl. STERNBERG (1993).

Eine wirtschaftsgeographische Typisierung der Kreise der Untersuchungsregion auf Basis der Wirtschaftskraft ergibt drei Grundtypen: den „Siemens-Typ", den „Dienstleistungstyp" sowie den Typ „Münchner Umland" (vgl. BROCKFELD u. HESS 1994). Der „Siemens-Typ" wird durch die Stadt München repräsentiert und ist gekennzeichnet durch eine starke Tertiärisierung, eine hohe Bildungsbeteiligung sowie eine gute Qualifikationsstruktur. Für den „Dienstleistungstyp", dem z. B. Erding, Starnberg, Bad Tölz, Wolfratshausen und Rosenheim angehören, sind hohe Tertiärisierungsgrade, starke Pendlerbewegungen, eine geringe Steuerkraft infolge von Suburbanisierungsprozessen, aber auch positive Naherholungs- und Fremdenverkehrseffekte charakteristisch. Der Typ „Münchner Umland" schließlich kann als „Speckgürtel" des Verdichtungsraums München interpretiert werden. Er umfaßt die Landkreise Fürstenfeldbruck, Freising, München und Ebersberg und weist als typische Merkmale hohe Anteile an Dienstleistungsberufen, ein hohes Ausbildungsniveau sowie die größte Realsteueraufbringungskraft in ganz Bayern auf.

Industrie- und Hochlohnstaaten wie die Bundesrepublik verfügen im weltwirtschaftlichen Wettbewerb über komparative Vorteile u. a. bei forschungs- und entwicklungsintensiven Produkten und Dienstleistungen. Diese Aussage gilt auch für Regionalwirtschaften. Infolgedessen stehen entsprechende Branchen (vorwiegend, aber nicht ausschließlich) des Verarbeitenden Gewerbes im Interesse von Regionalwissenschaftlern und Wirtschaftspolitikern. Diese Branchen werden landläufig als „High-Tech-Industrien" bezeichnet, wobei zumeist auf eine exakte Definition verzichtet wird. Im Rahmen dieses Beitrages werden zu den High-Tech-Branchen insgesamt 26 Wirtschaftszweige (Drei-, Vier- und Fünfsteller der Wirtschaftszweigsystematik) gezählt, deren Abgrenzung das Ergebnis einer Spektralanalyse der Forschungs- und Entwicklungsintensität aller Wirtschaftsbranchen ist (vgl. GEHRKE u. a. 1994) und für die letztmalig aus der jüngsten Arbeitsstättenzählung vollständige Daten zur Unternehmens- und Beschäftigtenzahl bis auf die Kreisebene untergliedert zur Verfügung stehen (vgl. STERNBERG 1995). Die Stadt und der Landkreis München belegen vorderste Rangplätze unter den 328 (west-) deutschen Städten und Kreisen bei der absoluten und relativen Zahl der Betriebe und Beschäftigten in High-Tech-Branchen. Allein in der Stadt München waren laut Arbeitsstättenzählung 1987 1 352 High-Tech-Betriebe ansässig, nur der Stadtstaat Hamburg sowie Berlin wiesen eine höhere Zahl auf. Insgesamt zählten in der Raumordnungsregion München 1987 2 845 Betriebe mit 181 029 Beschäftigten zum High-Tech-Bereich. Auch bei der Zahl und dem Anteil an Neugründungen im Spitzentechnologiebereich steht München bereits Ende der 80er Jahre an der Spitze der deutschen Raumordnungsregionen (62 Neugründungen, 9,2 % aller Neugründungen im Verarbeitenden Gewerbe; vgl. Institut für Stadtforschung und Strukturpolitik 1991, FRITSCH 1992). Ihre Spitzenstellung hat die Raumordnungsregion München in den 90er Jahren gefestigt: Zwischen 1989 und 1996 gehörte sie zu den führenden westdeutschen

Raumordnungsregionen sowohl bei der Gründungsquote (Gründungen je 10 000 potentielle Erwerbstätige) in FuE-intensiven Industrien als auch im technologie-intensiven Dienstleistungsgewerbe (NIW/ZEW 1998). Besonders ausgeprägt ist die Spitzenposition der Region München bei der Zahl der FuE-Beschäftigten in High-Tech-Sektoren (also einer Teilmenge aller Beschäftigten in den High-Tech-Sektoren): Allein in Stadt und Landkreis München waren 1987 20 246 Personen tätig, fast drei-mal soviel wie in der zweitplazierten Region, der Stadt Stuttgart. Auch wenn alle Be-schäftigten in High-Tech-Branchen gezählt werden, liegt die Stadt München mit mehr als 126 000 Beschäftigten weit vor dem Zweitplazierten, dem Land Berlin (99 078 B.), an erster Stelle in Deutschland. Aktuellere Daten für die Zahl der Be-schäftigten (nur Betriebe mit mehr als 20 Beschäftigten) in denselben High-Tech-In-dustrien für das Jahr 1994 bestätigen die große Dominanz von Stadt und Landkreis München (BENGSCH u. CLEVE 1997). Noch stärker als bei absoluter Betrachtung ist die Dominanz der Region bei der Spezialisierung auf den High-Tech-Sektor. Die ent-sprechenden Standortquotienten lagen 1987 bei der Zahl der FuE-Beschäftigten im High-Tech-Sektor (Landkreis München 6,01, Stadt München 3,39) und bei der Zahl der High-Tech-Betriebe (Landkreis München 1,92, Stadt München 1,36) weit über dem nationalen Durchschnitt und den Werten der großstädtischen Konkurrenz. Auch dieses Faktum dürfte sich Mitte der 90er Jahre kaum verändert haben. Ob-gleich eine vollständige Erhebung aller Arbeitsstätten und damit der Beschäftigten seit 1987 nicht mehr existiert, ist unumstritten, daß die Raumordnungsregion Mün-chen eindeutig die Rangliste der deutschen Verdichtungsregionen nach dem Anteil des FuE-Personals an den Beschäftigten im Verarbeitenden Gewerbe im Jahre 1995 anführt: Der Wert von München liegt bei 14,7% und damit gut doppelt so hoch wie in Stuttgart, dem Verdichtungsraum mit der zweithöchsten FuE-Intensität (NIW/ZEW 1998). Die Werte für das Bruttoinlandsprodukt liegen nur für München über dem westdeutschen Durchschnittswert, dies allerdings drastisch. Auch die Werte der Indikatoren Wissenschaftlerintensität und Arbeitslosenquote belegen Münchens hohen Entwicklungsstand gegenüber den meisten anderen westdeut-schen Regionen. Die Arbeitslosenquote – hier weisen auch die anderen drei Raumordnungsregionen des Untersuchungsraums günstigere Werte als West-deutschland auf – ist zwar auch in München – Voralpen wie überall in Deutschland gestiegen, liegt aber selbst in der Großstadt München 1996 noch bei relativ mode-raten 6,5% (Landeshauptstadt München 1997a).

Häufig arbeitet die Wirtschaftsgeographie mit dem Sektorenansatz, um den Ent-wicklungsstand von Regionen oder Volkswirtschaften zu kennzeichnen. Seit gerau-mer Zeit ist allerdings bekannt, daß die Berücksichtigung aller Beschäftigten bei-spielsweise des sekundären Sektors ein zu grobes Maß darstellt, um die Wettbe-werbsfähigkeit dieses Sektors zu bewerten, da eine Unterscheidung zwischen der formalen Zugehörigkeit zu einem Sektor und den Tätigkeitsmerkmalen der Be-schäftigten ausbleibt. Einen ersten Hinweis auf die „Modernität" des sekundären bzw. tertiären Sektors einer Regionalwirtschaft erhält man, indem die Gesamtzahl der Beschäftigten (bzw. ihr Prozentanteil an allen Beschäftigten) des sekundären Sektors um die Zahl (bzw. den Prozentanteil) der in Fertigungsberufen Tätigen re-duziert wird (dementsprechend Dienstleistungsberufe für den tertiären Sektor). Ist der Saldo positiv, spricht dies im allgemeinen für eine (funktionale) Tertiärisierung des sekundären Sektors bzw. für eine relativ starke produzierende Komponente im Dienstleistungsbereich. Beides darf als zukunftsträchtig gedeutet werden (BfLR 1995). Die Stadt München weist bei beiden Sektoren positive und deutlich günstigere Werte als Westdeutschland sowie alle Teilräume München – Oberbayerns auf.

8.2.2 Indikatoren der Entwicklungsdynamik

Eine räumliche Untergliederung der Wachstumsdynamik der bayerischen Kreise während der vergangenen beiden Dekaden zeigt bei ökonomischen Indikatoren sehr klar das nähere Umland Münchens als wachstumsstärkste Teilregion dieses Bundeslandes (vgl. BROCKFELD u. HESS 1994). Allerdings ist dieser Prozeß, wenigstens gemessen in wirtschaftshistorischen Dimensionen, relativ jung. Die Region München bildet zwar seit langem das eindeutige Solitärzentrum innerhalb des Bundeslandes Bayern; dieses gehörte aber bis Ende der 1960er Jahre zu den ökonomisch rückständigen und primär agrarisch geprägten Regionen in Deutschland. Auch München zählte lange Zeit nicht zu den führenden Städten in Westdeutschland: Noch 1961 belegte die Stadt lediglich Platz 6 bei der Zahl der Industriebeschäftigten. Die größte Dynamik verzeichnete die Region dann in den 1960er und 1970er Jahren (vgl. auch KLINGBEIL 1987). Ein Blick auf die jüngere Epoche macht deutlich, daß die Region bei wichtigen ökonomischen deutlich, bei demographischen Indikatoren der Entwicklungsdynamik aber nur knapp über dem westdeutschen Durchschnitt liegende Werte aufweist (Abb. 8.3). Dies gilt speziell für die Zunahme des Bruttoinlandsprodukts je Einwohner, gemessen in Kaufkraftparitäten, zwischen 1980 und 1993, bei dem Stadt wie Raumordnungsregion München klar über den Werten des Bundes und der übrigen Raumordnungsregionen des Untersuchungsgebietes liegen. Zudem verdeutlicht Abbildung 8.3 (ähnlich wie später Abb. 8.5) auch den Trend der intraregionalen Dezentralisierung: Bei der Bevölkerungsentwicklung läßt sich die erwartete Suburbanisierung mit höheren (bzw. überhaupt existenten) Zuwachsraten in den Umlandgemeinden ebenso belegen wie die dort stärkere Beschäftigtenzunahme gegenüber der Stadt München (Industriesuburbanisierung). Die Bevölkerungszahl als nicht zu unterschätzende interne Wachstumsdeterminante stieg zwischen 1980 und 1992 in der Raumordnungsregion München um 3,7%, wozu nicht nur ein stark positiver Wanderungssaldo (+8,4 / 1 000 Einw.), sondern auch ein positiver natürlicher Bevölkerungssaldo (+1,1 / 1 000 Einw.) beitrugen (BfLR 1995). In der Stadt München hingegen konnte der stark negative natürliche Bevölkerungssaldo durch die leichten Wanderungsgewinne nicht annähernd kompensiert werden. Gleichwohl weist die Stadt München auch derzeit noch einen Wanderungsgewinn auf (+4 581 Personen 1993 / 94), der allerdings absolut deutlich hinter den Gewinnen der Konkurrenzregionen Hamburg und insbesondere Berlin zurückbleibt (vgl. Statistisches Amt der Landeshauptstadt München 1994). Für die Zukunft ist mit weiteren Bevölkerungs- und insbesondere Wanderungsgewinnen zu rechnen, die vorwiegend aus Zuwanderern von außerhalb Bayerns und von außerhalb Deutschlands bestehen dürften. Seriöse Prognosen rechnen mit einem Ausländeranteil von rd. 25% im Jahre 2010 (OCHEL 1993).

Abbildung 8.4 verdeutlicht, warum München zu Recht als dynamischste Wirtschaftsregion unter den deutschen Verdichtungsräumen zählt. Bis 1994 konnte es seine relative Position, bezogen auf das Basisjahr 1976, beim Bundesanteil an den sozialversicherungspflichtig Beschäftigten eindeutig verbessern. Der Beschäftigtenzuwachs Münchens fiel um 7 % höher aus als der Bundesdurchschnitt, während Konkurrenzregionen unterdurchschnittlich oder gar nicht (Ruhrgebiet) wuchsen. Interessant ist auch der Vergleich mit dem Raum Stuttgart, der sich bis zur Wiedervereinigung sehr ähnlich wie München entwickelte, anschließend jedoch einen drastischen Rückgang der relativen Beschäftigtenanteile verzeichnete.

Abb. 8.3: Indikatoren der Entwicklungsdynamik der Region München – Voralpen
Quellen: Eurostat (1996), BfLR (1995)

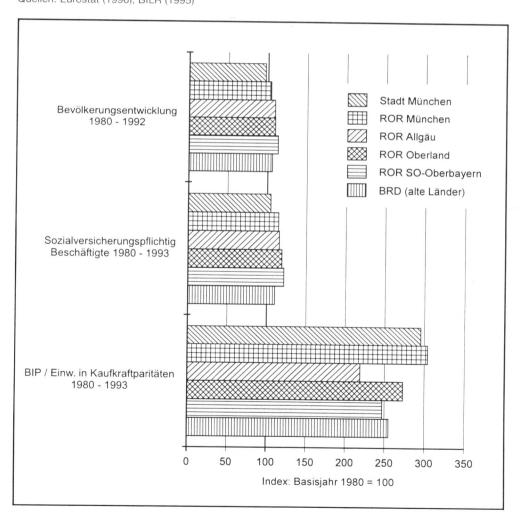

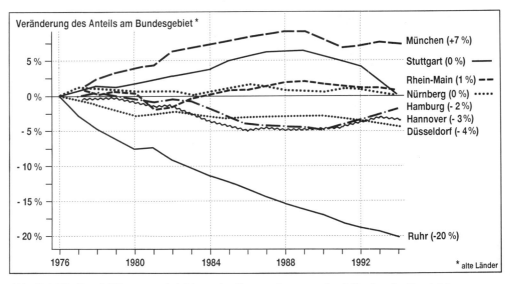

Abb. 8.4: Die Beschäftigungsentwicklung der Raumordnungsregion München im Vergleich zu ausgewählten deutschen Verdichtungsräumen 1976 – 1994　　Quelle: BADE (1995)

Abbildung 8.5 bezieht sich auf einen relativ langen Zeitraum sowie auf die Verschiebung der relativen Anteile an der Gesamtbeschäftigung im (alten) Bundesgebiet und innerhalb des Verarbeitenden Gewerbes. BLEYER (1994) weist mit Recht daraufhin, daß ab 1992 im Verarbeitenden Gewerbe Münchens mehr Arbeitsplätze verlorengingen (vgl. auch Abb. 8.6) als im Dienstleistungssektor hinzugewonnen wurden, d. h. auch in München absolute Beschäftigungsrückgänge zu beobachten sind. In bislang so dynamischen Sektoren wie dem Handel und dem Kredit- und Versicherungsgewerbe zeichnet sich ebenfalls seit 1992 eine Trendwende ab. So gingen in der Summe allein in der Stadt München zwischen 1992 und 1996 knapp 27 000 sozialversicherungspflichtige Dienstleistungsarbeitsplätze verloren (Landeshauptstadt München 1997 a). Lediglich die unternehmensorientierten Dienstleistungen sind weiterhin Träger des Beschäftigtenzuwachses

Die dynamischsten Wirtschaftszweige innerhalb des Verarbeitenden Gewerbes während der vergangenen 35 Jahre waren die Elektrotechnik sowie der Maschinen- und Fahrzeugbau (vgl. STERNBERG 1993). Gesamtwirtschaftlich zeigt aber der Dienstleistungsbereich weitaus größere Beschäftigtenzuwächse. Insbesondere bei Finanzdienstleistungen hat München innerhalb Deutschlands eine Spitzenstellung erreicht. Auch konnte der Standort zu den fünf großen nationalen Messeplätzen aufsteigen und Sitz zahlreicher internationaler Behörden werden. Beide Bereiche weisen z. T. markante Affinitäten zur sehr technologieintensiven elektrotechnischen Industrie auf (z. B. die Messe „Systems" bzw. das Europäische Patentamt).

Eine Analyse zur Regionalökonomie in München wäre ohne Berücksichtigung des Militärbereichs unvollständig. Die Rüstungsindustrie ist eine Querschnittsindustrie, die Teile zahlreicher Industriebranchen umfaßt und folglich auch prä-

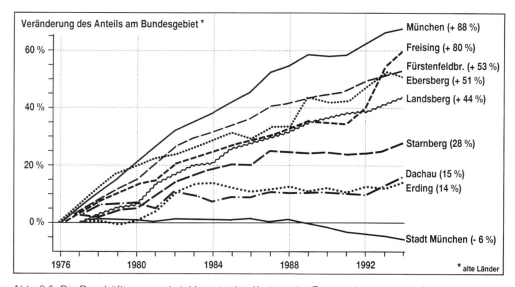

Abb. 8.5: Die Beschäftigungsentwicklung in den Kreisen der Raumordnungsregion München
1976 – 1994   Quelle: BADE (1995)

Abb. 8.6: Die Entwicklung des Verarbeitenden Gewerbes nach Funktionen in der
Raumordnungsregion München 1984 – 1994   Quelle: BADE (1995)

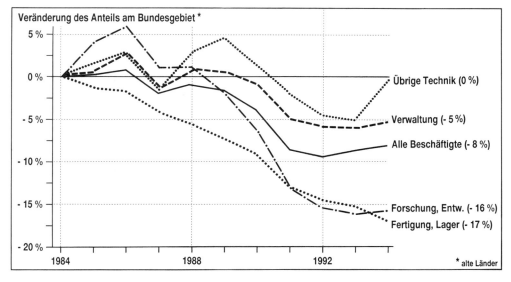

gnante sektorale (sowie regionale) Auswirkungen haben kann (STRÄTER 1991). Die Zusammenhänge zwischen technologischer Entwicklung und Rüstungsforschung sowie -produktion sind in der zweitgrößten deutschen Garnisonsstadt wie in anderen Wachstumsregionen offensichtlich (vgl. HAAS 1991). In einer Rangliste der sechs umsatzstärksten deutschen Unternehmen im Bereich wehrtechnischer Güter im Jahr 1989 belegten Münchner Unternehmen die Plätze 1 (Deutsche Aerospace AG mit MBB, Dornier, Telefunken Systemtechnik und MTU), 2 (Siemens AG) und 6 (Krauss-Maffei-Gruppe; vgl. BERGER u.a. 1991). Aber auch zahlreiche Kleinunternehmen trugen dazu bei, daß gemäß einer vorsichtigen Schätzung im Jahre 1986 etwa 25 000 – 30 000 Arbeitsplätze in der Region direkt oder indirekt von der lokalen Rüstungsindustrie abhingen (HUCK u.a. 1989). Hierbei entfielen allein ca. 13 000 Arbeitsplätze auf die in München stark vertretene militärbezogene Luft- und Raumfahrtindustrie. Es scheint wahrscheinlich, daß die starke Präsenz des Rüstungssektors angesichts der veränderten geopolitischen Lage und der daraus folgenden Budgetkürzungen im deutschen Verteidigungsetat auch in der Region München zu ökonomischen Problemen führen wird (vgl. ZARTH 1992). Die Entscheidung der Deutschen Aerospace AG vom November 1995, die Zahl der Betriebe und der Beschäftigten z. T. drastisch zu reduzieren, trifft auch den Raum München – Voralpen. Das „Dolores-Konzept" sieht vor, daß drei Werke in Deutschland geschlossen und evtl. verkauft werden (u.a. Peißenberg südlich von München mit bislang 270 Beschäftigten). Vom bundesweiten Verlust von ca. 8 800 Arbeitsplätzen im Zeitraum 1995 bis 1998 entfallen gut 3 000 auf Standorte im Untersuchungsraum München – Voralpen (Neuaubing, Ottobrunn [inkl. der DASA-Zentrale], München, Peißenberg, Oberpfaffenhofen / Germering; vgl. Süddeutsche Zeitung vom 25. 10. 1995 und 22. 11. 1995). Allerdings könnte die Region München aufgrund der hohen Forschungsintensität, des geringen Anteils produzierender Tätigkeiten der lokalen Rüstungsbetriebe und der nur im Luft- und Raumfahrzeugbau sehr hohen Abhängigkeit der Münchner Industriesektoren von wehrtechnischen Produkten (vgl. HUCK 1991) relativ weniger vom Stellenabbau betroffen sein als andere stark auf den Militärbereich orientierte Regionen (vgl. HENDERSON 1990 für einen empirischen Beleg am Beispiel US-amerikanischer Regionen).

Wie bereits kurz erwähnt, lassen sich zwei für Wachstumsregionen typische Prozesse auch in München beobachten: die Dezentralisierung von Industrie, Dienstleistungen und Bevölkerung sowie die Tertiärisierung. Während die Stadt München durch relativ abnehmende Beschäftigtenzahlen gekennzeichnet ist, verzeichnen der Landkreis München, aber auch die übrigen Kreise der Raumordnungsregion z. T. kräftige Arbeitsplatzzuwächse, was sich auch in entsprechenden Anteilszuwächsen am bundesdeutschen Beschäftigungsbestand seit 1976 äußert (Abb. 8.5). Etwa 80% der Betriebsverlagerungen der Stadt München haben das „unmittelbare Umland" Münchens zum Ziel (IHK München und Oberbayern 1992, S. 9). Innerhalb der Raumordnungsregion München beschränkt sich die Industriesuburbanisierung keinesfalls auf Produktionsauslagerungen; vielmehr siedeln z. B. amerikanische Betriebe (wie Texas Instruments) auch Dienstleistungsfunktionen gern „auf der grünen Wiese", aber in guter Erreichbarkeit des Zentrums an. Partiell läßt sich dies auch anhand des High-Tech-Sektors belegen, bei dem 1987 beachtliche 30,3% der Beschäftigten und 52,4% der Betriebe auf die Landkreise innerhalb der Raumordnungsregion München entfielen. Innerhalb der Raumordnungsregion München nimmt der Anteil des Umlandes an den sozialversicherungspflichtig Beschäftigten seit den 70er Jahren permanent zu: von 25% 1974 auf über 35% 1996 (Landeshauptstadt München 1997a).

Der Trend zur Tertiärisierung läßt sich anhand einer faktischen und einer funktionalen Tertiärisierung belegen (BIEHLER, BRAKE u. RAMSCHÜTZ 1994). Die faktische Tertiärisierung dokumentiert die Tatsache, daß die Zahl der sozialversicherungspflichtig Beschäftigten im tertiären Sektor in der Stadt München zwischen 1980 und 1993 um 21,9% (Anteil 71,1% an allen sozialversicherungspflichtig Beschäftigten) und in der Raumordnungsregion München sogar um 34,5% (Anteil 67,0%) zunahm.

Die funktionale Tertiärisierung bezeichnet den zunehmenden Anteil von Dienstleistungstätigkeiten auch im sekundären Sektor. Abbildung 8.6 belegt, daß sich die Zahl der sozialversicherungspflichtig Beschäftigten des Verarbeitenden Gewerbes insgesamt in der Raumordnungsregion München im Vergleich zum Bundesgebiet seit 1984 verringert hat (-8%). Hierbei liegen die Verluste in der Fertigung (inkl. Lagertätigkeiten) weitaus höher als beispielsweise bei Verwaltungstätigkeiten oder technischen Dienstleistungen. Während die Fertigungsberufe in der Raumordnungsregion München 1993 lediglich noch einen Anteil von 22,2% an allen sozialversicherungspflichtig Beschäftigten aufwiesen (Stadt München 19,1%), entfielen auf Dienstleistungsberufe 66,4% (Stadt 69,9%). Die Zahl der in Dienstleistungsberufen Tätigen stieg in der Raumordnungsregion München allein zwischen 1989 und 1993 um 10,6% und in den übrigen drei Raumordnungsregionen der Untersuchungsregion noch um einige Prozentpunkte stärker, was auch auf die hohe Dynamik im Fremdenverkehrsbereich dieser Voralpengemeinden zurückzuführen ist (BfLR 1995; vgl. zur Modernität von sekundärem und tertiärem Sektor auch Abb. 8.2). Einen besonders hohen Anteil am Unternehmenszuwachs im Dienstleistungssektor hat der Mediensektor. Im Gebiet der IHK München – Oberbayern waren 1995 allein 6 700 Unternehmen aus den drei wesentlichen Medienbereichen Druck, Multimedia und Werbung angesiedelt, und zwar mit drastischen Zuwachsraten bei Unternehmenszahl und Umsatz während der zurückliegenden Jahre (Landeshauptstadt München 1997b).

8.2.3 Derzeitige Schlüsselbranchen der Region

Die Stärke des ökonomischen Kernraums der Untersuchungsregion basiert derzeit primär auf einigen High-Tech-Industriebranchen sowie auf ausgewählten unternehmensorientierten Dienstleistungen (Unternehmensberatung, Versicherung usw.). Charakteristisch für die Region ist nicht nur eine Spezialisierung des Verarbeitenden Gewerbes auf technologieintensive Industrien, sondern auch eine Spezialisierung des High-Tech-Sektors auf den Bereich der elektrotechnischen Industrie. Von den sechs Wirtschaftszweigen, die aus dem Bereich Elektrotechnik zur Hochtechnologie gehören, besaß die Stadt München im einzigen Wirtschaftszweig der Spitzentechnologie („Zähler-, Meß- und Regeltechnik"; vgl. GEHRKE u.a. 1994) mit 28 267 Personen die absolut größte Beschäftigtenzahl aller Kreise und Städte (West-) Deutschlands 1987. Unter Hinzuziehung des Landkreises München (4 371 Beschäftigte in diesem Wirtschaftszweig) würde sich der Vorsprung noch erheblich vergrößern. Auch die Zahl der Betriebe dokumentiert die Spitzenstellung Münchens im Bereich der Mikroelektronik. Gemäß der Arbeitsstättenzählung von 1987 waren allein in der Stadt München 479 Betriebe in den sechs zur Elektrotechnik gehörenden Wirtschaftszweigen des Hochtechnologiesektors ansässig. Neuere Analysen auf der Basis unveröffentlichter Daten des Bayerischen Landesamtes für Statistik und Datenverarbeitung bestätigen auch für 1994 eine starke Spezialisierung innerhalb des High-Tech-Sektors insbesondere in Stadt und Landkreis München auf die Elektronik sowie mit Abstrichen auf Kraftfahrzeugherstellung (nur Stadt München) sowie Luft- und Raumfahrzeugbau (nur Landkreis München); vgl. BENGSCH u. CLEVE (1997). Auf die strategische Bedeutung dieser intraregionalen Spezialisierung wird später noch verstärkt eingegangen werden. Auch in der Elektro- und Elektronikindustrie, wie in allen High-Tech-Branchen sowie im Verarbeitenden Gewerbe insgesamt, zeigten die Umlandgemeinden während der vergangenen zehn Jahre eine stärkere Wachstumsdynamik als die Stadt München. 1987 waren in den außerhalb der Stadt München gelegenen Landkreisen der Raumordnungsregion München weitere 677 Betriebe der FuE-intensiven Elektrotechnik-Wirtschaftszweige lokalisiert. Das Spektrum reicht von neugegründeten Kleinfirmen bis zum größten Arbeitgeber in München, der als „Standortbildner" für die regionale Wirtschafts- und Technologieentwicklung eminent wichtigen Siemens AG.

Neben Siemens sind mit Siemens-Nixdorf (seit 1990), Digital Equipment, Motorola, Texas Instruments, Compac, Microsystems und IBM, um nur einige der umsatz- und beschäftigungsstärkeren Firmen zu nennen, weitere führende Unternehmen der Elektronikbranche in München vertreten. Lokalisationsvorteile sind sowohl Folge als auch Ursache dieser Entwicklung. Charakteristisch ist zudem ein Prozeß der räumlich-funktionalen Arbeitsteilung mit den Headquarterfunktionen (Verwaltung, Planung, FuE) in Stadt oder Landkreis München und den Ausführungsfunktionen (z.B. Produktion) u.a. in der bayerischen Peripherie (z.B. Siemens Regensburg; KRUMMACHER u.a. 1985). Ein zweites charakteristisches Merkmal der Münchner Elektronikfirmen ist die hohe Technologieintensität der Produkte und Verfahren (vgl. HAAS 1991). Allein die Siemens AG beschäftigte 1997 ca. 15 000 Personen in FuE (37% aller Siemens-Beschäftigten in München) und hat in der Region München mit seinen Bereichen „Öffentliche Kommunikationsnetze", „Elektromechanische Komponenten" und „Private Kommunikationssysteme" und der Zentralabteilung „Technik" die bedeutendsten Niederlassungen der Hochtechnologie innerhalb der Mikroelektronik lokalisiert.

Noch stärker als bei der Elektroindustrie ist die regionale Spezialisierung bei der Luft- und Raumfahrtindustrie. Die Raumordnungsregion München stellte 1987 36,7% aller in Deutschland in der Luft- und Raumfahrtindustrie Beschäftigten und sogar 53,4% der dort in FuE Beschäftigten. In diesem stark protektionierten und – auch in München – eng mit der Rüstungsindustrie verknüpften High-Tech-Wirtschaftszweig waren 1987 in der Raumordnungsregion München 19 Betriebe mit 22 113 Personen tätig (davon 16,4% in FuE). Bezogen auf die Gesamtzahl der Beschäftigten im High-Tech-Sektor, entspricht dies einem Standortquotienten von 6,5. Dies bedeutet, daß in der Region München 12,2% der Beschäftigten in High-Tech-Sektoren auf den Luft- und Raumfahrzeugbau entfielen, bundesweit aber lediglich 1,9%. Auch wenn dieser Industriezweig nach absoluten Größenordnungen hinter der Elektrotechnik und dem Fahrzeugbau (dieser 1987 mit 29 077 Beschäftigten in der Raumordnungsregion) zurücksteht, ist seine Bedeutung als Impulsgeber für die anderen lokalen technologieintensiven Industrien während der Wirtschaftsgeschichte dieser Region nicht zu unterschätzen. Größte Betriebe dieses Industriezweiges in der Region und in Deutschland sind MBB und Dornier als Systemfirmen sowie MTU München als Triebwerkslieferant; diese drei Firmen stellen ca. 70% der Beschäftigten und des Umsatzes der deutschen Luft- und Raumfahrtindustrie (vgl. HAAS 1991).

München weist aber nicht nur bei aktuellen High-Tech-Industrien wie der Elektrotechnik und der Luft- und Raumfahrtindustrie komparative Stärken auf. Bei einigen der vermeintlich zukunftsträchtigen und mittel- bis langfristig beschäftigungswirksam werdenden Technologiebereichen hat sich die Region München schon heute Standortvorteile gesichert. Beispielsweise gilt dies für Teile der Biotechnologie (insbesondere die Gentechnologie; vgl. Bio^M, o.J.) und die künstliche Intelligenz. Obgleich die Region bei beiden Technologien in Relation zu anderen Regionen kaum historische Wurzeln hat, ist es ihr gelungen, Zugang zu den bereits bestehenden internationalen Informationsnetzwerken zu erhalten und entsprechende Fördermittel zu akquirieren (vgl. HILPERT 1992). Beleg für diese Aussage sind sowohl regionsexterne Fördermaßnahmen (die Region München gehört zu den beiden Gewinnerregionen des vom BMBF ausgelobten BioRegio-Wettbewerbs) als auch regionsinterne Wirtschaftsförderungsaktivitäten wie das durch Landesmittel unterstützte und 1996 eröffnete Innovations- und Gründerzentrum in Martinsried, das auf Unternehmen aus dem Biotechnologiesektor spezialisiert ist (Landeshauptstadt München 1997c, BMBF 1996).

Die Stadt München ist mit 6 963 Betrieben und 193 423 Beschäftigten nach Berlin nicht nur die zweitgrößte Industriestadt Deutschlands (lt. Arbeitsstättenzählung 1987), sondern hat auch im sehr dynamischen tertiären Sektor einen Spitzenplatz unter deutschen Großstädten inne. München ist nach Frankfurt der zweitgrößte deutsche Bankenplatz (Hauptsitz von 15 Kreditinstituten; insgesamt ca. 13 000 Beschäftigte). Bei den Versicherungsunternehmen (69 Niederlassungen mit 25 000 Arbeitsplätzen, Rang 3 in Europa; vgl. BLEYER 1994), bei Softwareanbietern (knapp 200 Unternehmen) und bei Unternehmensberatern (28% des bundesdeutschen Gesamtumsatzes dieser Branchen entfallen auf München) stand München Ende der 80er Jahre wie 1996 an der Spitze bundesdeutscher Großstädte (POPP 1988, NIW/ZEW 1998).

Ob die zu beobachtende Dynamik in der Region München – Voralpen auch in Zukunft anhalten wird, ist nicht unumstritten. Empirisch spricht vieles für eine Fortsetzung des Trends. Beispielsweise gehen Empirica (1991) und auch das aktuelle Landesentwicklungsprogramm Bayerns davon aus, daß der Großraum München bis 2010 um 0,25 Mio. Arbeitsplätze und um ca. 0,5 Mio. Einwohner wachsen wird. Skeptiker hingegen befürchten, daß Ballungsnachteile (Verkehrsüberlastung, Wohnungspreise) infolge der starken Dynamik der Vergangenheit dermaßen groß würden, daß die komparativen Vorteile der Region, die vornehmlich in den weichen Standortfaktoren lägen, verlorengehen könnten und damit ein internes Wachstumshemmnis entstehen könnte (vgl. HELBRECHT u. POHL 1994). Während auf das letztgenannte Argument später eingegangen wird, seien hier zwei Aspekte der Zukunftschancen Münchens als Wirtschafts- und insbesondere Technologieregion diskutiert.

Die in weiten Teilen der Regionalwissenschaften sehr kontrovers ausgetragene Debatte um Regionalisierung versus Globalisierung (vgl. exemplarisch AMIN u. THRIFT 1994) deutet darauf hin, daß die zukünftige Wettbewerbsfähigkeit von europäischen Verdichtungsräumen zumindest auch von ihrer Fähigkeit abhängt, regionale Cluster interdependenter Betriebe zu bilden. Insbesondere bei FuE-intensiven Industrien können solche sektoral-regionalen Cluster eine wichtige Funktion haben (STERNBERG 1996 a). Es geht also auch um die Frage der Intensität räumlicher Vernetzung u. a. von industriellen mit Dienstleistungs-„Komplexen". Obwohl vergleichende Aussagen mangels empirischer Analysen bislang schwierig sind, erscheint für die Region München die Existenz derartiger Komplexe plausibel, welche primär das Resultat von Urbanisations- und Lokalisationsvorteilen z. B. der Luft- und Raumfahrtindustrie sind (BIEHLER, BRAKE u. RAMSCHÜTZ 1994). Diese „Komplexe" bestehen im Falle Münchens jeweils aus zentralen Großunternehmen (z. B. BMW, MBB, Siemens), den Zulieferern sowie unternehmensorientierten Dienstleistern. Die diesbezügliche Situation bei forschungsintensiven Industriezweigen ist von besonderer Relevanz. Mit Ausnahme der Region Ruhr weisen alle westdeutschen Verdichtungsräume sektorale Spezialisierungen in einer oder mehreren dieser Industriebranchen auf. Auch hier ragt München heraus. Die Region ist auf fünf der sieben FuE-intensiven Industriezweige spezialisiert: Straßenfahrzeugbau, Luft- und Raumfahrt, Elektrotechnik, Feinmechanik / Optik und Büromaschinen / EDV sind hier überdurchschnittlich vertreten (NIW / ZEW 1998). Diese statistischen Belege sind noch keine Belege für interindustrielle Verflechtungen in forschungsintensiven Industrien, sie machen sie aber wahrscheinlicher. Dies gilt insbesondere für die Verflechtungen zwischen der elektrotechnischen Industrie und dem Luft- und Raumfahrzeugbau im Raum München, deren Intensität auf regionale Wissensverbünde gemäß der regionalen Variante der Wissens-Spill-over schließen läßt (z. B. MSR-Technik, Nachrichtentechnik; vgl. NIW / ZEW 1998). Es spricht also vieles dafür, daß die Region München zumindest einige Merkmale eines „innovativen Milieus" aufweist, auch wenn es derzeit noch zuwenig empirische Analysen über Art, Intensität und räumliche Bindung von innovativen Netzwerken, den konstituierenden Elementen innovativer Milieus, gibt (STERNBERG 1995). Die Region München ist gekennzeichnet durch ein spezifisches regionales Innovationssystem, das die Entstehung und Ausprägung intraregionaler innovativer Netzwerke zwischen Unternehmen sowie zwischen Unternehmen und Forschungseinrichtungen begünstigt und das sich von den Innovationssystemen anderer deutscher Regionen sowie dem nationalen Innovationssystem Deutschlands signifikant unterscheidet (vgl. dazu auch STERNBERG im Druck). Auf der politisch-administrativen Ebene wird die Netzwerkidee bereits umzusetzen versucht: Die Strategie des polyzentrischen Vernetzens soll Verwaltungsgrenzen überschreitende Städtekooperationen ermöglichen und hat mit „MAI" (für München – Augsburg – Ingolstadt) ein erstes Vorbild in Bayern (vgl. AIGNER u. MIOSGA 1994).

Ein anderer Trend stimmt etwas skeptischer im Hinblick auf den Fortbestand Münchens als Technologieregion. Laut Abbildung 8.6 verlor das Verarbeitende Gewerbe in der Raumordnungsregion München überproportional stark bei Forschungs- und Entwicklungstätigkeiten, also jenen Funktionen, die bislang eine komparative Stärke der Münchner Industrie waren. Die Region wird ihre Bedeutung bei High-Tech-Industrien nur behalten, wenn es gelingt, das Verarbeitende Gewerbe forschungsintensiv zu halten, denn eine ausschließliche Orientierung auf unternehmensorientierte Dienstleistungen ist nicht ausreichend. Die entsprechende Kurve in Abbildung 8.6 signalisiert seit etwa 1992 zumindest eine Verringerung der Anteilsverluste der Raumordnungsregion am Bundesgebiet bei Forschung und Entwicklung im Verarbeitenden Gewerbe.

8.3 Bestimmungsfaktoren des regionalökonomischen Strukturwandels in Vergangenheit und Gegenwart

Die folgende Analyse der Gründe des Aufstiegs der Untersuchungsregion zu *der* deutschen Technologieregion beschränkt sich auf den Kernraum München sowie auf die zuvor als wachstumsintensiv identifizierten Branchen.

8.3.1 Allgemeine, die gesamte Wirtschaftsregion betreffende Faktoren

Vier wesentliche Bestimmungsgrößen sind als allgemeine Einflußfaktoren zu nennen. Der erste Aspekt beruht auf wirtschaftshistorischen Wurzeln der Region. Sie verfügt seit dem 19. Jahrhundert über ein traditionelles Gewerbe (Fahrzeug-, Eisenbahn- und Maschinenbau), das als Basis für die spätere Wirtschaftsentwicklung diente. Zudem gibt es in München keine Beispiele für wirkliche Altindustrien, die in den einstigen Wachstumsregionen des Montanbereiches zu massiven Strukturproblemen geführt haben ("Gnade der späten Industrialisierung"). Darüber hinaus stellte die Zuwanderung von ca. 2 Mio. Arbeitskräften aus mittel- und südosteuropäischen Ländern (Sudetenland, Siebenbürgen) nach dem Zweiten Weltkrieg einen begünstigenden Faktor im Rahmen der Industrialisierungsstrategie Bayerns während der 50er Jahre dar (KRUMMACHER u. a. 1985). Insbesondere die sudetendeutschen Flüchtlinge trugen aufgrund ihres technischen Wissens bei exportintensiven Spezialindustrien in den Nachkriegsjahren wesentlich zur Beschleunigung des Industrialisierungstempos in der Region München bei (vgl. SCHREYER 1969). Wichtigster unternehmerischer Impuls war die durch militärisch-politische Zufälligkeiten (Furcht vor Demontage) beeinflußte Verlegung des Hauptsitzes der Siemens AG von Berlin nach München 1948. Warum ausgerechnet München als neuer Unternehmenssitz auserkoren wurde, ist bis heute nicht endgültig geklärt. Fest steht aber, daß entsprechende Pläne bereits vor Ende des Zweiten Weltkrieges im Februar 1945 bestanden (vgl. CASTELLS u. HALL 1994). München trat nicht zuletzt deshalb die Nachfolge von Berlin als Zentrum der elektrotechnischen Industrie in Deutschland an. Die Bedeutung dieser Standortentscheidung für die Entwicklung Münchens kann gar nicht hoch genug eingeschätzt werden. Siemens ist *der* Standortbildner gewesen und hat das Wachstum der elektrotechnischen Industrie, aber auch der Software-Industrie in München direkt und indirekt (z. B. über Zulieferbeziehungen) stark beeinflußt. Mehr als vier Fünftel aller Betriebe der elektrotechnischen Industrie der Region verfügen über Geschäftsbeziehungen zu Siemens (vgl.

HAAS 1991). Siemens folgten bis in die jüngere Vergangenheit hinein andere Unternehmensverlagerungen nach München, wie z.B. MBB, MAN oder 1994 die VIAG nach Fusionierung mit den Bayernwerken (BLEYER 1994).

Zweitens profitiert die Region von ihrem seit geraumer Zeit hervorragenden Image als Wohnort (MONHEIM 1972). 70% der befragten Deutschen gaben München anläßlich einer Repräsentativerhebung als bevorzugten Wohnort an (vgl. KRUMMACHER u.a. 1985). Auch in den 90er Jahren steht München nach Ansicht von 1 000 deutschen Managern mit deutlichem Abstand an der Spitze der Liste der präferierten Wohnsitze (vgl. IFO 1994). Zusammen mit dem anerkannt unternehmerfreundlichen Klima und der politischen Stabilität resultierte hieraus lange Zeit ein weitgehend ungebremster Zuzug von Unternehmen in die Region München. Allerdings wirken in der Stadt München die hohen Lebenshaltungskosten zunehmend begrenzend. Das gute Standortimage Münchens, das sich jedoch eher auf ein Außen- denn auf ein – weniger positives – Innenimage bezieht (vgl. HELBRECHT u. POHL 1994), kann wenigstens partiell durch Vorteile bei den „weichen" Standortfaktoren erklärt werden. Ein überdurchschnittliches Angebot an renommierten Bildungseinrichtungen, die Nähe attraktiver Fremdenverkehrsareale (Alpen, Binnenseen, Mittelmeer) oder das reichhaltige Kulturangebot seien exemplarisch genannt (vgl. CASTELLS u. HALL 1994). Nach Ansicht von HELBRECHT u. POHL (1994) zerstört das allzu starke Wachstum der Vergangenheit jedoch die Vorteile bei weichen Standortvorteilen (Gewerbeflächenengpässe, Wohnpreise). Obwohl diese Aussage grundsätzlich plausibel erscheint, sprechen zwei Argumente dagegen. „Gemütlichkeit und Lebensqualität" (HELBRECHT u. POHL 1994, S. 264) sind sicher nicht allein entscheidend für die ökonomische Prosperität und Wettbewerbsfähigkeit einer Region, zumal sie sich auf das interne Image, also die bereits ansässigen Bewohner beziehen. Zudem konnte die Bedeutung weicher Standortfaktoren bislang, sofern sie überhaupt operationalisiert wurden, im Rahmen etwa von Standortfaktorenanalysen empirisch nicht widerspruchsfrei nachgewiesen werden (vgl. den Überblick bei STERNBERG 1995 sowie GRABOW, HENCKEL u. HOLBACH-GRÖMIG 1995).

Drittens ist für die jüngere Entwicklung die erheblich verbesserte Standortgunst Münchens innerhalb eines im Osten wesentlich besser zugänglichen Europas von Bedeutung, selbst wenn hieraus neue Konkurrenten im grenznahen Raum erwachsen. Aus einer Randlage bis Ende der 80er Jahre innerhalb des marktwirtschaftlichen Europas ist mit der Verwirklichung des Europäischen Binnenmarktes und dem Zusammenbruch der Zentralverwaltungswirtschaften Osteuropas eine günstige Zentrallage geworden (vgl. CARROUÉ 1991 a, KOLL 1994).

Viertens bewirkten die Olympischen Sommerspiele 1972 einen nicht zu unterschätzenden ökonomischen Entwicklungsimpuls für die Region München (vgl. GEIPEL, HELBRECHT u. POHL 1993). Sie erzeugten einen positiven Imageeffekt, verursachten stadträumliche Verschiebungen zugunsten des bis dato unterprivilegierten Münchner Nordens, begünstigten die Ausweitung regionalstruktureller Verflechtungen infolge der Expansion des öffentlichen Personennahverkehrs, erzielten fiskalische Effekte durch umfangreiche überregionale Finanzinputs von Bund und Land, hatten positive Auswirkungen für den lokalen Wohnungsmarkt infolge der Nachfolgenutzung des Olympiageländes und beschleunigten Stadtentwicklungsprozesse durch das Vorziehen ohnehin geplanter Maßnahmen.

8.3.2 Faktoren der Schlüsselbranche der elektrotechnischen Industrie

Die Mikroelektronik-Industrie als Schlüsselbranche der High-Tech-Region München wurde insbesondere durch vier Standortfaktoren begünstigt. An erster Stelle ist die Bedeutung der Siemens AG für die Entwicklung der Mikroelektronik-Industrie im Raum München zu nennen. Die Siemens AG ist nicht nur Anbieter, sondern auch ein wichtiger Kunde mikroelektronischer Betriebe: Für 78 % der in der Agglomeration München ansässigen Unternehmen ist Siemens ein Großkunde (SCHMEISSER 1985). Sowohl die Siemens AG als auch die anderen Elektroindustrie-Unternehmen profitieren von den aus dieser räumlichen Konzentration mehrerer Betriebe derselben Branche entstehenden „Localization Economies". Der Beitrag der Siemens AG zur Entstehung eines innovativen Milieus in der jüngeren Wirtschaftshistorie Münchens, aber auch ihr Einfluß auf technologieintensive Kleinunternehmen in der Region ist noch wenig analysiert, wahrscheinlich aber kaum zu unterschätzen (vgl. dazu auch STERNBERG u. TAMÁSY 1998). Nicht nur Siemens, sondern auch andere Großunternehmen besitzen ein dichtes regionales Zuliefernetz. Beispielsweise liefern 30 % der KMU der Region Produkte an MBB und 12 % an Bosch (vgl. CARROUÉ 1991 b).

Daraus folgend, existiert zweitens ein erhebliches regionales Nachfragepotential hinsichtlich der Produkte der elektrotechnischen Industrie. Als wichtige Großkunden der Produkte der Hard- und Software-Hersteller und Service-Anbieter fungieren zahlreiche Bundes-, Landes- und Kommunalbehörden ebenso wie die stark vertretene Versicherungs- und Bankenbranche. Aber auch in der Wirtschaft selbst ist eine kritische Masse von Herstellern und Nutzern erreicht: Mitte der 80er Jahre produzierten ca. 600 Elektronikbetriebe Komponenten oder Systeme und mehr als 2 400 Betriebe nutzten sie (vgl. CASTELLS u. HALL 1994).

Die Verfügbarkeit hochqualifizierter Arbeitskräfte stellt eine weitere Voraussetzung für das Wachstum der elektrotechnischen Industrie dar. Wie jede FuE-intensive Industrie (und Region) ist die elektrotechnische Industrie dabei auf die Attraktivität der Region als Wohnstandort und / oder auf die Qualität entsprechender Bildungseinrichtungen angewiesen. Beide Voraussetzungen waren bislang im wesentlichen erfüllt, so daß die permanent starke Nachfrage nach hochqualifizierten Arbeitskräften einigermaßen befriedigt wird und sich auch ausländische Betriebe mit ihrem Personal hier niederlassen (vgl. CARROUÉ 1991 b). Die Raumordnungsregion München wies bis Ende der 1980er Jahre unter den 75 westdeutschen Raumordnungsregionen den mit Abstand höchsten Anteil der sozialversicherungspflichtig Beschäftigten mit hochqualifizierter Berufsausbildung auf (vgl. BfLR 1992). Wie Abbildung 8.7 zeigt, handelt es sich bei der hohen Humankapitalintensität Münchens um ein Phänomen, das sich anhand verschiedener Indikatoren nachweisen läßt und das zudem im Zeitablauf noch an Relevanz gewonnen hat. Betrachtet man das Verarbeitende Gewerbe (in dem bekanntlich neben Fertigungs- auch Dienstleistungstätigkeiten ausgeführt werden), dann ist die Humankapitalintensität sowohl der Fertigung als auch der Dienstleistungen in München deutlich höher als im (früheren) Bundesgebiet und in anderen hochverdichteten Raumordnungsregionen. Die Zuwächse bei diesen Intensitäten seit 1980, als solche in allen untersuchten Teilräumen zu beobachten, sind ebenfalls in München am höchsten. Münchens Verarbeitendes Gewerbe weist also nicht nur einen aktuell hohen Entwicklungsstand hinsichtlich der Humankapitalintensität auf, sondern auch eine signifikant größere Dynamik. Bei der Ausgebildetenquote weicht München ebenfalls positiv von anderen hochverdichteten Raumordnungsregionen ab. Am klarsten ist der Abstand Münchens allerdings bei der Wissenschaftlerintensität im Verarbeitenden Gewerbe insgesamt (also nicht nur forschungsintensive Industrien): Hier liegt der Prozentwert Münchens für 1996 sowie den Zeitraum 1980 – 1996 fast doppelt so hoch wie der Durchschnittswert hochverdichteter Raumordnungsregionen. Eine besonders deutliche Spitzenstellung nimmt die Raumordnungsregion München bei der Wissenschaftlerintensität in forschungsintensiven Industrien ein. Bei vier

Abb. 8.7: Sozialversicherungspflichtig Beschäftigte im Verarbeitenden Gewerbe nach Funktionen und Qualität der Funktionen 1996 und 1980 – 1996   Quelle: NIW / ZEW (1998)

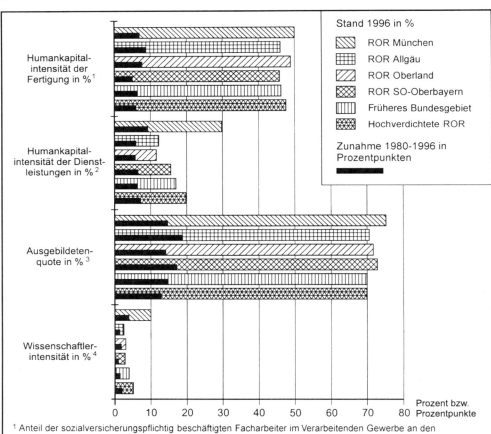

[1] Anteil der sozialversicherungspflichtig beschäftigten Facharbeiter im Verarbeitenden Gewerbe an den sozialversicherungspflichtig beschäftigten Arbeitern insgesamt im Verarbeitenden Gewerbe in %
[2] Anteil der sozialversicherungspflichtig Beschäftigten mit Fachhochschul- oder Universitätsabschluß im Verarbeitenden Gewerbe an den sozialversicherungspflichtig beschäftigten Angestellten im Verarbeitenden Gewerbe in %
[3] Anteil der sozialversicherungspflichtig Beschäftigten mit Berufsausbildung im Verarbeitenden Gewerbe an den sozialversicherungspflichtig Beschäftigten insgesamt im Verarbeitenden Gewerbe in %
[4] Anteil der sozialversicherungspflichtig beschäftigten Wissenschaftler im Verarbeitenden Gewerbe an den sozialversicherungspflichtig Beschäftigten insgesamt im Verarbeitenden Gewerbe in %

der sieben Gruppen forschungsintensiver Industriezweige (nämlich Maschinen-bau, Straßenfahrzeugbau, Elektrotechnik, Feinmechanik/Optik) wies München 1996 den höchsten Anteil der Wissenschaftler an allen Beschäftigten der jeweiligen Industrien unter den 17 größten Verdichtungsräumen Westdeutschlands auf. Beim Luft- und Raumfahrzeugbau belegt München den zweiten Platz. Relative Schwach-stellen existieren lediglich bei der Chemie (6. Platz) und bei Büromaschinen/EDV (5. Platz; vgl. NIW/ZEW 1998). Allerdings scheint sich der langjährige Trend zur ein-seitigen Konzentration hochwertiger Arbeitsplätze in der jüngsten Vergangenheit nicht fortzusetzen: Die Gruppe der Mathematiker, Ingenieure, Physiker und Che-miker wächst in Bayern mittlerweile schneller als in München (BLEYER 1994). Ge-messen am Anteil der Studierenden an der Einwohnerzahl (45,6/1 000 Einw. 1991/92), liegt die Raumordnungsregion München an der Spitze der Raumord-nungsregionen des Typs „Agglomerationsräume" gemäß der BfLR-Klassifizierung (vgl. BfLR 1995). Seit dem Wintersemester 1996/97 ist die LMU nach der Zahl der Studierenden auch wieder die größte Universität in Deutschland. Der daraus resul-tierende große, spezialisierte und offene Arbeitsmarkt stellt eine Voraussetzung für die Entstehung und Funktionsfähigkeit der eingangs genannten Industrie-Dienst-leistungs-Komplexe aus Unternehmenszentralen, Zulieferern und spezialisierten Dienstleistern dar (BIEHLER, BRAKE u. RAMSCHÜTZ 1994).

Schließlich hat sich München zu *dem* Messeplatz für Fachveranstaltungen im Be-reich Mikroelektronik in Deutschland entwickelt. Zu diesen permanent expandieren-den Messen gehören u. a. die „Electronica" (Bauelemente und Baugruppen der Elek-tronik), die „Systems" (elektronische „Laser-Opto-Elektronik"/optoelektronische Ver-fahren), die „Productronica" (Fertigungseinrichtungen der Elektronik) sowie die „Bits&Fun", die „LASER" und die „Analytica". Durch die Verlagerung der Messe auf das alte Flughafengelände in Riem dürfte sich die Wettbewerbsfähigkeit des Messe-standortes München infolge dieses 2,3 Mrd. DM umfassenden Investitionsprojektes weiter verbessern (Eröffnung Februar 1998; vgl. Landeshauptstadt München 1997a).

8.3.3 Wirkungen politischer Akteure und Programme

Die bislang vorgestellten Ursachen des High-Tech-Wachstums in München werden überlagert und in ihrer Bedeutung teilweise übertroffen von Maßnahmen der Poli-tik des Bundes und – in geringerem Maße – des Landes. Auf Bundesebene hatte und hat dabei insbesondere das Verteidigungsressort eine große Bedeutung, ohne aller-dings explizit regionale Ziele mit seinen Programmen zu verfolgen (STERNBERG 1995).

Der sich bereits seit den 1950er Jahren auswirkende Einfluß der Forschungs-und Technologiepolitik des Bundes artikuliert sich insbesondere durch die Stand-ortwahl von öffentlichen Forschungseinrichtungen und die daraus resultierende institutionelle Förderung sowie durch die Projektförderung. Spezifisches Gewicht kommt dem Bund im Falle Münchens zudem durch die FuE-Ausgaben des Vertei-digungsressorts zu.

Die Raumordnungsregion München verfügt derzeit nach quantitativen Krite-rien über die beste Ausstattung mit vollständig oder teilweise staatlich geförderten Forschungseinrichtungen unter allen Raumordnungsregionen. Zu nennen sind

u. a. (Stand 1996; vgl. BMBF 1996) zwölf der 71 deutschen Max-Planck-Institute, drei der 47 Forschungsinstitute der Fraunhofer-Gesellschaft sowie zwei der 16 Großforschungseinrichtungen (zusätzlich zwei Zweigstellen).

Zum größeren Teil fielen die Standortentscheidungen zugunsten der Region München in den 1950er und 1960er Jahren, als die deutsche Technologiepolitik noch durch das Ministerium für Atomfragen betrieben wurde. Mehrere der damals gegründeten staatlichen FuE-Einrichtungen der Region gehören zum Bereich der Kernenergie- und/oder der Rüstungsforschung und verdanken ihren Standort in München mindestens indirekt dem Einfluß des vorübergehenden Verteidigungsministers und langjährigen bayerischen Ministerpräsidenten Strauss. Zwangsläufig fließen durch diese zahlreichen Forschungseinrichtungen des Bundes auch entsprechende Mittel der institutionellen Förderung in die Region. Am Beispiel der Projektförderung des ehemaligen Bundesministeriums für Forschung und Technologie BMFT (heute Bundesministerium für Bildung, Wissenschaft, Forschung und Technologie), die auch der Privatwirtschaft und allen anderen Forschungseinrichtungen offensteht, sei die regionale Inzidenz der Ausgaben überprüft.

In die Raumordnungsregion München flossen zwischen 1985 und 1993 knapp 4,37 Mrd. DM oder 13,8 % der Bundesmittel (Tab. 8.1), womit die Region absolut wie relativ klar vor den anderen 74 westdeutschen Raumordnungsregionen rangiert. Auch die Stadt München steht mit großem Abstand an der Spitze der 328 westdeutschen Städte und Kreise. Naturgemäß entfällt der weitaus überwiegende Teil auf die direkte Projektförderung, in deren Höhe sich auch die gute öffentliche FuE-Infrastruktur der Region widerspiegelt. Bezeichnenderweise steht die Raumord-

Stadt bzw. Raumordnungsregion	Projektförderung insgesamt		Direkte Projektförderung	Indirekte u. indirekt-spezifische Projektförderung
	absolut	je Besch. im Verarb. Gewerbe	absolut	absolut
	Mio. DM	SQ[1]	Mio. DM	Mio. DM
1	2	3	4	5
ROR München	4 367,4	5,03	4 270,1	97,3
davon Stadt München	3 387,3	6,60	3 334,2	53,1
ROR Allgäu	38,6	0,21	22,1	16,5
ROR Oberland	91,3	0,68	77,1	14,2
ROR Südostoberbayern	144,1	0,48	130,6	13,5

[1] Standortquotient; 1,00 für BR Deutschland (entspricht 2 604 DM je Beschäftigten im Verarbeitenden Gewerbe). Nachrichtlich: Zwischen 1985 und 1993 betrug der Anteil der Raumordnungsregion München am Bundesvolumen (Westdeutschland) bei der Projektförderung insgesamt 13,8 %, bei der direkten Projektförderung 16,3 % und bei der indirekten und indirekt-spezifischen Projektförderung 4,1 %.

Tab. 8.1: Der Umfang der Projektförderung des Bundesministeriums für Forschung und Technologie zugunsten der Region München – Voralpen 1985 – 1993
Quelle: eigene Berechnungen nach Bundesminister für Forschung und Technologie (1985 – 1993)

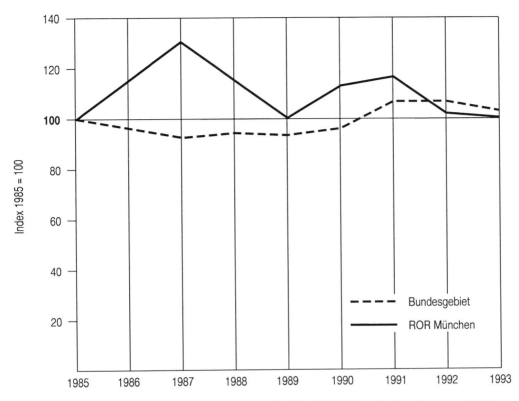

Abb. 8.8: Die Entwicklung der Projektförderung des Bundesministeriums für Forschung und Technologie zugunsten der Raumordnungsregion München 1985 – 1993
Quelle: eigene Berechnungen nach Bundesminister für Forschung und Technologie (1985 – 1993)

nungsregion München aber auch bei der Summe der indirekten und indirekt-spezifischen Projektförderung, die prinzipiell kleine Unternehmen und (damit) Regionen außerhalb von Verdichtungsräumen begünstigt, an erster Stelle in Deutschland. Der Vergleich der Teilräume der Untersuchungsregion München – Voralpen zeigt, daß auf die Raumordnungsregion München allein 95,9 % der gesamten Projektmittel entfallen. Bei der indirekten/indirekt-spezifischen Förderung ist deren Anteil mit 63,0 % geringer. Bei relativer Betrachtung ergibt sich ein ähnliches Resultat: Neben den beiden Münchner Raumeinheiten erreichen nur die Landkreise Starnberg und Freising bei den FuE-Ausgaben je Beschäftigten im Verarbeitenden Gewerbe Standortquotienten über 1,00. Wenn die Projektfördermittel eine Ursache für das Wachstum des High-Tech-Bereichs in München waren und sind, so gilt dies also primär für Stadt und Landkreis München, aber nicht für das übrige Umland. Bei dynamischer Betrachtung macht Abbildung 8.8 allerdings deutlich, daß seit der Wiedervereinigung die in die Raumordnungsregion München fließenden Mittel relativ zur Entwicklung der Bundessumme zurückgehen. Wie andere westdeutsche Regionen auch, leidet München unter der Tatsache, daß der in seinem Volumen nicht wesentlich vergrößerte „Förderkuchen" jetzt auf wesentlich mehr Regionen verteilt werden muß.

Wie beschrieben, ist München auch das deutsche Zentrum der – FuE-intensiven – Rüstungsindustrie. Angesichts der für diesen Sektor typischen oligopolistischen Marktstrukturen mit dem Verteidigungsministerium als einzigem (inländischen) Nachfrager wäre es plausibel, wenn die Region München auch relativ umfangreiche Beschaffungsaufträge und Forschungskontrakte des Verteidigungsministeriums (im folgenden BMVg) erhielte. Obwohl vergleichbare Daten auf Kreisebene von den zuständigen Ministerien nicht publiziert werden, läßt sich aus internen Informationen des BMVg ablesen, daß zwischen 1989 und 1991 im jährlichen Mittel 946 Mio. DM an FuE-Mitteln des BMVg in die „Region München" flossen, was unter Bezug auf die im Bundesbericht Forschung publizierten Zahlen zum FuE-Gesamtetat des BMVg einem Anteil von im Mittel 29,1% entspräche. Dieser Wert erlaubt zwei Interpretationen. Zum einen muß die Region damit an der Spitze aller deutschen Regionen stehen. Zum anderen sind die der Region München zufließenden FuE-Mittel des BMVg im Jahresdurchschnitt etwa doppelt so hoch wie jene des BMFT im Durchschnitt der Jahre 1985 – 1993 (946 Mio. DM vs. 485 Mio. DM). Damit haben die FuE-Ausgaben des BMVg nicht nur relativ, sondern auch absolut eine größere Bedeutung für die Region München als jene des BMFT, das national über ein wesentlich größeres FuE-Budget als das BMVg verfügt.

Zu fragen ist im folgenden, ob neben dem statistischen Zusammenhang zwischen der räumlichen Konzentration militärischer FuE-Ausgaben und dem High-Tech-Sektor in München auch ein kausaler Zusammenhang nachweisbar ist. Die Antwort ergibt sich aus der Analyse der Ursachen der Militärpräsenz in der Region München, wobei drei Aspekte zu nennen sind (vgl. KUNZMANN 1988, STRÄTER 1991):

- die Schlüsselperson F. J. STRAUSS in seiner Eigenschaft als Verteidigungsminister und Ministerpräsident des Landes Bayern, der die Standortwahl militärischer und anderer Forschungsinstitute zugunsten Münchens beeinflußt hat,
- einige aus historischen Gründen bereits lange vor dem Zweiten Weltkrieg in München ansässige Rüstungsfirmen wie Dornier oder Messerschmidt und
- die Verfügbarkeit hochqualifizierter Arbeitskräfte, die partiell aufgrund der überdurchschnittlichen Verdienstmöglichkeiten in die Region kamen (bzw. dort blieben).

Die erste Ursache ist in der Tat politischer, wenn auch nur bedingt technologiepolitischer Natur, und erscheint qualitativ am wichtigsten. Der zweite Aspekt fällt unter die Rubrik historische Zufälligkeiten, wie sie auch in anderen internationalen High-Tech-Regionen zum Ursachenspektrum gehören (vgl. STERNBERG 1996b). Der letzte Aspekt schließlich ist zum Teil bereits Ergebnis ansässiger Rüstungsbetriebe und -institute und deutet auf Interdependenzen zwischen dem Bestand an militärischen High-Tech-Betrieben und dem verfügbaren Potential an Hochqualifizierten hin.

In einem föderal organisierten Staat wie der Bundesrepublik kommt den Bundesländern auch bei der Technologiepolitik eine potentiell wichtige Rolle zu. Bayern gehört zu den Bundesländern, die bereits während der 1970er Jahre technologiepolitische Förderkonzepte entwickelten (vgl. SCHÜTTE 1985). Im Haushaltsjahr 1993 betrugen die FuE-Ausgaben des Landes ca. 1,878 Mrd. DM und lagen damit bei nur etwa 60% der dem Land aus Bundesressorts zufließenden Mittel (vgl. STERNBERG

1995). Erklärtes Ziel der Forschungs- und Technologiepolitik des Landes ist es, „....qualifizierte Forschung in allen Landesteilen anzusiedeln" (BMFT 1993, S. 275), wobei neben der „gut versorgten Region München" (ebd.) insbesondere Nordbayern (Erlangen, Nürnberg), Ostbayern und Schwaben (Augsburg) im vorletzten Bundesbericht Forschung (BMFT 1993) erwähnt werden, während derartige regional bezogene Aussagen zur Technologiepolitik des bayerischen Freistaats bezeichnenderweise im aktuellen Bundeforschungsbericht fehlen (vgl. BMBF 1996). Trotz intensiver Bemühungen der verantwortlichen Politiker, die Vorteile der Technologiepolitik für periphere Landesteile hervorzuheben, zeigt die empirische Analyse, daß auch bei Landesprogrammen auf die ökonomisch und politisch stärkste Region, die Raumordnungsregion München, die meisten Mittel entfallen (vgl. STERNBERG 1995). Auch Mitte der 90er Jahre setzt sich dieser Trend fort. Im Rahmen seines Konzeptes „Offensive Zukunft Bayern" investiert der Freistaat seit 1995 ca. 3 Mrd. DM in Maßnahmen zur zukunftsorientierten Weiterentwicklung der wissenschaftlich-technologischen Infrastruktur (BMBF 1996), die größtenteils im Wirtschaftsraum München installiert wird (Landeshauptstadt München 1997c).

Die Analyse der regionalen Wirkungen der bayerischen Technologiepolitik wäre unvollständig, würde sie sich allein auf die Mittelverteilung beschränken. Nicht quantifizierbar, dafür aber offensichtlich ist die Rolle der Schlüsselperson des ehemaligen Ministerpräsidenten F .J. STRAUSS. Ähnlich wie Schlüsselpersonen in anderen Wachstumsregionen ihre politischen und wirtschaftlichen Beziehungen zugunsten „ihrer" Region genutzt haben, tat dies auch der insbesondere während seiner Zeit als Verteidigungsminister auch auf Bundesebene mit forschungspolitischen Grundsatzentscheidungen betraute Landesvater.

Die genannten technologiepolitischen, aber auch andere sektorpolitische Strategien des Landes haben ohne Zweifel dazu beigetragen, den Verdichtungsraum München als Wachstumspol zu fördern und so die „Münchner Mischung" (HELBRECHT u. POHL 1994) im Sinne eines Nebeneinanders zahlreicher, voneinander abhängiger Branchen zu erzeugen. Dies gilt als ein „guter Schutz gegen Regionalkrisen klassischer Prägung" (Empirica 1991, S. 11).

Auch in der jüngeren Vergangenheit ergaben sich wesentliche, primär infrastrukturelle Verbesserungen, die Resultat der Landes- und/oder Lokalpolitik sind (vgl. KOLL 1994, BLEYER 1994). Hierzu zählen die Verlagerung der Messe nach Riem zzgl. der ebenfalls auf dem alten Flughafengelände erbauten Großsiedlung für 16 000 Einwohner und 7 000 Arbeitsplätze, der neue und wesentlich größere Flughafen in Erding (wenn auch die bisherigen realwirtschaftlichen Effekte geringer als erwartet sind), der Containerumschlagplatz in Riem und der Rangierbahnhof in Allach.

Im Zusammenhang mit den politischen Ursachen der Dynamik im Untersuchungsraum sind auch einige Bemerkungen zur Regional- und Stadtentwicklungsplanung notwendig. Gerade während der aktuellen Phase einer allgemeinen Wachstumsverlangsamung auch im Münchner Raum bei gleichzeitig verstärkt wahrgenommenen Ballungs- und Wachstumsnachteilen gewinnt eine schlagkräftige Regionalplanung wenigstens potentiell an Bedeutung. Sie könnte theoretisch die Interessenkonflikte zwischen den Zuwanderungsgebieten im Umland der Kernstadt München (Industrie- und Bevölkerungssuburbanisierung; s.o.) und der Kernstadt selbst als politisches, infrastrukturelles und kulturelles Zentrum der Region lösen helfen. Kritiker bemängeln hingegen, daß die Aussagen und Ziele der aktuellen Fortschreibung des Landesentwicklungsprogramms, sofern sie die Region München betreffen, im starken Kontrast zu den tatsächlichen Entwicklungen in den Kommunen stünden (vgl. KAGERMAIER 1994). Letztere verfolgten konträre Eigenziele z.B. bezüglich des Siedlungswachstums ("Nimby-Effekt", not in my backyard) und erreichten diese wegen ihrer Planungshoheit erfolgreicher als die Regionalplanung. Eine unbestreitbare Folge sind die Zunahme der Zersiedlung und die Überlastung der primär radialen Verkehrsachsen als Resultat der Monozentralität der Agglomeration München. Auch andere aktuelle oder zukünftige Probleme der Region stellen eine Herausforderung für eine an intraregionaler Kooperation interessierte Regionalplanung dar (z.B. Mangel an Gewerbe- und Wohnflächen, rückläufiges Arbeitskräftepotential in spezifischen Arbeitsmärkten). Offensichtlich scheint es aber sowohl an ernsthaftem Willen bei den Umlandgemeinden als auch an Koordinierungsfähigkeiten der räumlichen Planung z.B. durch Entwicklung eines konsensualen Siedlungsleitbildes zu mangeln, was zumindest partiell auf zwei nahezu gebietsgleiche Planungsverbände (Regionaler Planungsverband der Planungsregion 14 sowie Planungsverband Äußerer Wirtschaftsraum München) zurückzuführen ist. Neue Instrumente, wie Regionalkonferenzen und Städtenetze ("MAI"; s. o.), werden erst sehr zaghaft propagiert und können bis auf weiteres das Mißverhältnis zwischen wahrgenommenem Problemdruck und Umsetzung der Kooperationsnotwendigkeit in neue politische Konzepte nicht auflösen (vgl. AIGNER u. MIOSGA 1994).

8.4 Entwicklungsperspektiven

Die Ursachen der Entwicklung Münchens zu *der* Wachstumsregion in Deutschland während der vergangenen Dekaden sind – wie dargestellt - zu suchen in einer Mischung aus politischer, auch technologiepolitischer Einflußnahme, historischen Zufälligkeiten (Siemens-Verlagerung, Standort traditioneller Rüstungsbetriebe) und vermeintlichen oder tatsächlichen Vorteilen bei weichen Standortfaktoren (Naherholung, Kultur, Bildungsangebot, Lebensqualität). Für die Zukunft erscheint eine einfache Fortsetzung dieser Trends unwahrscheinlich, nicht zuletzt deshalb, weil militärische FuE-Ausgaben des Bundes auch in dieser Region an Bedeutung verlieren werden. Es wird vielmehr darauf ankommen, die sich abzeichnenden Engpässe rechtzeitig zu identifizieren und die daraus potentiell erwachsenen Probleme zu meistern. Letztere sind in erster Linie auf folgenden Feldern zu erwarten (vgl. BIEHLER, BRAKE u. RAMSCHÜTZ 1994, Empirica 1991, BLEYER 1994):

• Die relative und absolute Ballung der Luft- und Raumfahrtindustrie im Raum München – Voralpen wird im Zeichen der Konversion und den partiell daraus resultierenden Konzentrationstendenzen bei der DASA drastisch zurückgehen. Das Ende November 1995 beschlossene "Dolores-Konzept" bedeutet empfindliche direkte und indirekte (bei den Zulieferern) Umsatz- und damit Beschäftigungsverluste für den Untersuchungsraum. Infolgedessen verliert die Region München höherwertige Produktions- und Forschungsbereiche und einen Teil der bislang vorhandenen innovativen und ökonomischen Impulse.

- Innerhalb des Verarbeitenden Gewerbes sind insbesondere die Elektronikindustrie und der Fahrzeugbau von Verlagerungen zumindest der fertigungsorientierten Tätigkeiten bedroht. Diesbezüglich ist Münchens Standortgunst nach der Wiedervereinigung und der Transformation der ehemaligen Ostblockstaaten zugunsten der grenznahen bayerischen Peripherie (z.B. BMW in Regensburg) sowie einiger Standorte in Ostdeutschland und der grenznahen osteuropäischen Staaten gesunken.
- Die hohen und in ihren Wachstumsraten Mitte der 1990er Jahre nur graduell abgeschwächten Standortkosten für Gewerbe- und Wohnfunktionen entwickeln sich zu einem gravierenden Ansiedlungshemmnis in erster Linie für kleine und mittelgroße Unternehmen bzw. für Bevölkerungsschichten mit geringerem Einkommen. Eine Stadt auf dem Wege zu einer „global city" benötigt aber auch diese Unternehmens- bzw. Arbeitsmarktgruppen.
- Der gemäß der Bevölkerungs- und Arbeitsmarktprognosen zu erwartende Mangel an hochqualifizierten Beschäftigten würde, sollte er tatsächlich eintreten, die Wettbewerbsfähigkeit der meisten der Münchens Regionalwirtschaft bislang prägenden wissensintensiven Industrien radikal verschlechtern.

Sollte es nicht gelingen, diese Probleme mittels aktiver Politik zu meistern, befürchten Skeptiker eine Regionalkrise, die zwar nicht vergleichbar mit den Absatz- oder Strukturkrisen der Stahl- oder Werftregionen, aber Ausdruck des „Wachstumsstresses" sei (vgl. Empirica 1991). Eine Politik des „Weiter-so" scheint angesichts der stark gewandelten Rahmenbedingungen nicht angemessen. Bereits die Sicherung der gegenwärtigen, sehr hohen Wettbewerbsfähigkeit erfordert ein gewisses Maß an politisch begleitetem Strukturwandel. Die bisherige indifferente oder abblockende Haltung der Lokalpolitik und Regionalplanungspolitik schadet der Gesamtregion, da es an einem Konsens über die gewünschte Stadt- und Regionalentwicklung ebenso mangelt wie über Vorstellungen, wie ein solches Ziel erreicht werden könnte (vgl. Empirica 1991). Die Landes- und Regionalplanung, sich verstehend als „helfende Planung im Sinne eines Regionalmanagements" (BLEYER 1994, S. 189), bedient sich – stärker, als andere deutsche Verdichtungsräume dies tun – zunehmend prozessualer Planungsansätze und bevorzugt sukzessive Konsensverfahren zwischen öffentlichen Planungsträgern (vgl. AIGNER u. MIOSGA 1994). Auch ein Trend zu wirtschaftsfreundlicheren Praktiken der Regionalplanung ist unverkennbar. Teilweise bemängeln Kritiker jedoch zu Recht, daß die Regionalplanung in München, auch in der Fortschreibung 1992 des Landesentwicklungsprogramms, kaum mehr als ein „zahnloser Tiger" sei (KAGERMAIER 1994, S. 152), der die verkehrs- und siedlungspolitischen, von Egoismen der Umlandgemeinden verursachten Fehlentwicklungen nicht werde stoppen können. Im Vergleich zu den genannten Problembereichen scheint dem Verfasser das Risiko, daß der – ohne Zweifel existente – Widerspruch zwischen globalen und lokalen Ansprüchen der Stadtentwicklung dazu führen könnte, daß sich die Region infolge einer zu starken Entwicklung in Richtung auf eine global city ihrer eigenen Wachstumswurzeln in Form hoher Lebensqualität beraube (vgl. HELBRECHT u. POHL 1994), als relativ gering.

Mein besonderer Dank gilt BIRGIT GEHRKE (Niedersächsisches Institut für Wirtschaftsforschung) und FRANZ-JOSEF BADE (Universität Dortmund) für die großzügige und vorzeitige Überlassung regionaler Strukturdaten sowie GERO STENKE (Universität Köln) für die kritische Durchsicht einer früheren Version des Manuskripts.

Literatur

AIGNER, B., u. M. MIOSGA (1994):
Stadtregionale Kooperationsstrategien.
Regensburg. =
Münchner Geographische Hefte, **71**.

AMIN, A., & N. THRIFT (1994):
Neo-Marshallian nodes in global networks. In:
KRUMBEIN, W. [Hrsg.]: Ökonomische und politische Netzwerke in der Region. Münster, Hamburg, 115 – 140. = Politik und Ökonomie, **1**.

BADE, F.-J. (1995):
Die wirtschaftlichen Aussichten der Region München. Vortrag anläßlich des Edwin-von-Böventer-Kontaktseminars „Technologischer Wandel und Regionalentwicklung bei zunehmender Vernetzung und Globalisierung der Wirtschaft" am 9. November 1995 in München. Dortmund.

BENGSCH, L., u. T. CLEVE (1997):
Entwicklungen, Potentiale und Wachstumsdeterminanten von High-Tech-Regionen – untersucht am Beispiel technologieintensiver Branchen in Bayern und Colorado / USA. München. = WRU-Berichte, **12**.

BERGER, M., u.a. (1991):
Produktion von Wehrgütern in der Bundesrepublik Deutschland. München. =
IFO-Studien zur Industriewirtschaft, **42**.

BIEHLER, H., BRAKE, K., u. E. RAMSCHÜTZ (1994):
Standort München. Sozioökonomische und räumliche Strukturen der Neo-Industrialisierung. München. = IMU Studien, **20**.

BioM AG (o. J.):
Munich's bases for biotechnology. München.

BLEYER, B. (1994):
Wirtschaftsstandort Region München. Strukturwandel eines dynamischen Metropolraums. Mitteilungen der Geographischen Gesellschaft in München, **79**: 179 – 210.

BROCKFELD, H., u. M. HESS (1994):
Die Wirtschaftsstruktur Bayerns – eine multivariate Typisierung. Mitteilungen der Geographischen Gesellschaft in München, **79**: 211 – 230.

Bundesanstalt für Landeskunde und Raumordnung [BfLR] (1995):
Laufende Raumbeobachtung. Aktuelle Daten zur Entwicklung der Städte, Kreise und Gemeinden 1992 / 93. Bonn. = Materialien zur Raumentwicklung, **67**.

Bundesminister für Bildung, Wissenschaft, Forschung und Technologie [BMBF] (1996):
Bundesbericht Forschung 1996. Bonn.

Bundesminister für Forschung und Technologie [BMFT] (1985 – 1993): Regionalkatalog. Direkte Projektförderung des BMFT in der Bundesrepublik Deutschland. Bonn.

Bundesminister für Forschung und Technologie [BMFT] (1993):
Bundesbericht Forschung 1993. Bonn.

CARROUÉ, L. (1991a):
De la périphérie de la C. E. E. au cœur de l'Europe: Nouvelle phase et nouveau mode d'integration pour Munich et la Baviére. Paris. = CRIA-Notes de Recherche, **26**.

CARROUÉ, L. (1991b):
La dynamique savoir/technologie/production dans l'émergence de Munich comme métropole européenne. Paris. = CRIA-Notes de Recherche, **27**.

CASTELLS, M., & P. HALL (1994):
Technopoles of the world. London, New York.

Empirica (1991):
Zukünftige Chancen und Risiken der Landeshauptstadt München als Wirtschaftsstandort. München. = Arbeitsberichte zur Stadtentwicklungsplanung der Landeshauptstadt Hannover, **25**.

Eurostat (1996):
Individuelle Recherchen in der Datenbank „REGIO" im Herbst 1996.

FRITSCH, M. (1992):
Regional differences in new firm formation: evidence from West Germany.
Regional Studies, **26**: 233 – 241.

GEHRKE, B., u.a. (1994):
Innovationspotential und Hochtechnologie.
Technologische Position Deutschlands im
internationalen Wettbewerb. 2. Aufl.
Heidelberg.

GEIPEL, R., HELBRECHT, I., u. J. POHL (1993):
Die Münchner Olympischen Spiele von 1972
als Instrument der Stadtentwicklungspolitik.
In: HÄUSSERMANN, H., u. W. SIEBEL [Hrsg.]:
Festivalisierung der Stadtpolitik. Sonderheft
der Zeitschrift Leviathan. Opladen, 278 – 304.

GRABOW, B., HENCKEL, D., u.
B. HOLBACH-GRÖMIG (1995):
Weiche Standortfaktoren. Stuttgart. =
Schriften des Deutschen Instituts für
Urbanistik, **89**.

HAAS, H.-D. (1991):
München – Zentrum technologieorientierter
Industrie im Süden Deutschlands. In:
BRÜCHER, W., GROTZ, R., u. A. PLETSCH [Hrsg.]:
Industriegeographie der Bundesrepublik
Deutschland und Frankreichs in den 1980er
Jahren. Frankfurt / M., 175 – 198. = Studien
zur internationalen Schulbuchforschung, **70**.

HELBRECHT, I., u. J. POHL (1994):
Von der „Weltstadt mit Herz" zur „Global
City"? Stadtentwicklungspolitik in
München am Scheideweg. Mitteilungen der
Geographischen Gesellschaft in München,
79: 263 – 289.

HENDERSON, Y. K. (1990):
Defense cutbacks and the New England
economy. New England Economic Review,
July / August, 3 – 17.

HILPERT, U. (1992):
Archipelago Europe - Islands of innovation.
Synthesis report. Brüssel. = Monitor / FAST-
Dossiers der EG-Kommission, **18** (FOP 242).

HUCK, B. (1991):
The regional and occupational dependence on
defence contracting in the Greater Munich
Area. In: PAUKERT, L., & P. RICHARDS [eds.]:
Defence expenditure, industrial conversion
and local employment.
Geneva, 51 – 70.

HUCK, B., u.a. (1989):
Rüstungsindustrie und Rüstungskonversion
in der Region München. Frankfurt / M.,
New York.

IFO (1994):
Die Attraktivität europäischer Regionen
als Wohnsitz und Produktionsstätte.
IFO Schnelldienst, 20 – 24.

Industrie- und Handelskammer für München
und Oberbayern (1992):
Betriebsverlagerungen in das Münchner
Umland. München.

Institut für Stadtforschung und Strukturpolitik
GmbH (1991):
Analysen zur Strategie ausgewählter Akteure
im Netzwerk der jungen Technologieunter-
nehmen. Bd. 1 und 2 (Gutachten für das
BMFT). Berlin.

KAGERMAIER, A. (1994):
Des Kaisers neue Kleider. Aussagen der
Fortschreibung 1992 des Landesentwick-
lungsprogrammes Bayern zur Siedlungs-
und Raumstrukturentwicklung in der
Region 14. In: AMMERMANN, U. [Hrsg.]:
Zukunftsgestaltung im Großraum
München - Zugewinngemeinschaft oder
Gütertrennung? München, 147 – 152. =
Berichte und Protokolle des Münchner
Forum e.V., **115**.

KLINGBEIL, D. (1987):
Münchens Wirtschafts- und Bevölkerungs-
entwicklung nach dem II. Weltkrieg. In:
GEIPEL, R., u. G. HEINRITZ [Hrsg.]: München.
Ein sozialgeographischer Exkursionsführer.
München, 43– 66. = Münchner
Geographische Hefte, **55 / 56**.

KOLL, R. (1994):
Die gewandelten Anforderungen an die gro-
ßen Verdichtungsräume im europäischen
Wettbewerb – Das Beispiel München. In:
Industrie- und Handelskammer für Mün-
chen und Oberbayern [Hrsg.]: Europäische
Verdichtungsräume im Wettbewerb – und
München? München, 131 – 140.

KRUMMACHER, M., u. a. (1985):
  Regionalentwicklung zwischen Technologie-
  boom und Resteverwertung – die Beispiele
  Ruhrgebiet und München.
  Bochum.

KUNZMANN, K. R. (1988):
  Military production and regional
  development in the Federal Republic of
  Germany. In: BREHENY, M. [ed.]: Defense
  expenditure and regional development.
  Oxford, 49 – 67.

Landeshauptstadt München, Referat für Arbeit
  und Wirtschaft (1997 a):
  Münchener Jahreswirtschaftsbericht 1996.
  München. =
  Veröffentlichungen des Referates für Arbeit
  und Wirtschaft, **63**.

Landeshauptstadt München, Referat für Arbeit
  und Wirtschaft (1997 b):
  München. Der Wirtschaftsstandort.
  München.

Landeshauptstadt München, Referat für Arbeit
  und Wirtschaft (1997 c):
  München – europäisches Technologie-
  Zentrum. München.

MONHEIM, H. (1972):
  Zur Attraktivität deutscher Städte.
  München. = WGI-Berichte zur
  Regionalforschung, **8**.

Niedersächsisches Institut für Wirtschaftsfor-
  schung [NIW] u. Zentrum für Europäische
  Wirtschaftsforschung [ZEW] (1998):
  NIW / ZEW Materialien zur technologischen
  Leistungsfähigkeit Deutschlands.
  Hannover, Mannheim.

OCHEL, W. (1993):
  Deutschland und Bayern als Zielgebiet
  internationaler Wanderungen seit 1960
  und Szenarien der künftigen Zuwanderung
  über das Jahr 2000 hinaus.
  Raumforschung und Raumordnung,
  51: 295 – 302.

POPP, K. (1988):
  Räumliche Ebenen der Standortwahl mikroelektronischer Betriebe und deren Standort-
  kriterien. Aufgezeigt am Beispiel der Region
  München. Berichte zur deutschen Landeskunde, **62**: 83 – 108.

SCHMEISSER, C. (1985):
  Standortanalyse von Unternehmen der
  Mikroelektronik im Großraum München.
  München [unveröff. Diplomarbeit].

SCHREYER, K. (1969): Bayern – ein Industriestaat.
  Die importierte Industrialisierung.
  München, Wien.

SCHÜTTE, G. (1985):
  Regionale Technologieförderung in der Bun-
  desrepublik Deutschland. Zeitschrift für
  Wirtschaftsgeographie, **29**: 145 – 165.

Statistisches Amt der Landeshauptstadt Mün-
  chen (1994):
  Statistisches Jahrbuch München 1994.
  München.

STERNBERG, R. (1993):
  Wachstumsregionen der EG. In: SCHÄTZL, L.
  [Hrsg.]: Wirtschaftsgeographie der Europäi-
  schen Gemeinschaft. Paderborn [u.a.], 53 – 110.

STERNBERG, R. (1995):
  Technologiepolitik und High-Tech Regionen
  – ein internationaler Vergleich. Münster,
  Hamburg. = Wirtschaftsgeographie, **7**.

STERNBERG, R. (1996 a):
  Regionale Spezialisierung und räumliche
  Konzentration FuE-intensiver Wirtschafts-
  zweige in den Kreisen Westdeutschlands –
  Hinweise auf Industriedistrikte? Berichte zur
  Deutschen Landeskunde, **70**: 133 – 157.

STERNBERG, R. (1996 b):
  Regional Growth Theories and High-Tech
  Regions. International Journal of Urban and
  Regional Research, **20**: 518 – 538.

STERNBERG, R. (im Druck):
  University Industry Systems in Germany
  and their Regional Consequences. In:
  ACS, Z. J. [ed.]: Regional Innovation and Global Change. London. = Science, Technology
  and the International Political Economy, **3**.

STERNBERG, R., & C. TAMÁSY (1998):
Munich as Germany's high-tech region No. 1 – Empirical evidence, theoretical explanations and the role of "small firm – large firm relationships". Köln (mimeo).

STRÄTER, D. (1991):
München – Rüstungszentrum und größte Garnisonsstadt der Bundesrepublik Deutschland. In: AMMERMANN, U., u. D. STRÄTER [Hrsg.]: Abrüstung und Konversion – Perspektiven für die Region München. München. = Berichte und Protokolle des Münchner Forum e. V., **104**, 17 – 28.

Süddeutsche Zeitung vom 25. 10. 1995 („DASA erntet heftige Reaktionen und erste Angebote") und 22. 11. 1995 („Daimler-Benz segnet Dolores-Konzept ab").

ZARTH, M. (1992): Regionale Auswirkungen des Truppenabbaus und der Rüstungskonversion. Informationen zur Raumentwicklung, 311 – 332.

Orts- und Sachregister

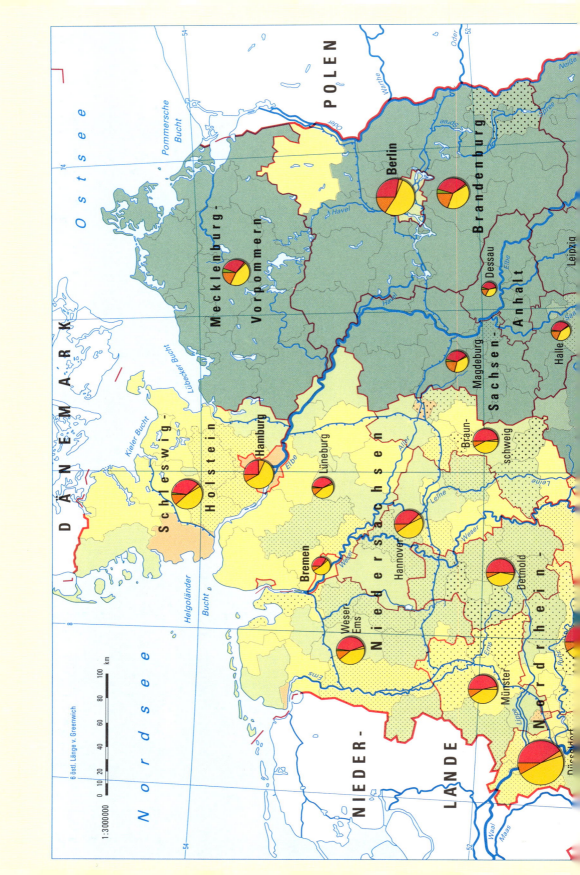